2020年版

中华人民共和国
海关统计商品目录

Commodity Classification for China Customs Statistics

海关总署统计分析司◎编制

中国海关出版社有限公司
中国·北京

图书在版编目（CIP）数据

中华人民共和国海关统计商品目录：2020年版/海关总署统计分析司编制．—北京：中国海关出版社有限公司，2020.1

ISBN 978-7-5175-0417-7

Ⅰ.①中… Ⅱ.①海… Ⅲ.①进出口商品—中国—2020—商品目录
Ⅳ.①F752.65-63

中国版本图书馆CIP数据核字（2019）第282469号

中华人民共和国海关统计商品目录（2020年版）

ZHONGHUA RENMIN GONGHEGUO HAIGUAN TONGJI SHANGPIN MULU（2020 NIAN BAN）

作　　者：海关总署统计分析司
责任编辑：史　娜
助理编辑：衣尚书
出版发行：中国海关出版社有限公司
社　　址：北京市朝阳区东四环南路甲1号　　邮政编码：100023
网　　址：www.hgcbs.com.cn
编 辑 部：01065194242-7538（电话）　　01065194231（传真）
发 行 部：01065194221/4227/4238/4246（电话）　　01065194233（传真）
社办书店：01065195616（电话）　　01065195127（传真）
www.customskb.com/book（网址）
印　　刷：北京新华印刷有限公司　　经　　销：新华书店
开　　本：787mm×1092mm　1/16
印　　张：43　　字　　数：1029千字
版　　次：2020年1月第1版
印　　次：2020年1月第1次印刷
书　　号：ISBN 978-7-5175-0417-7
定　　价：120.00元

前　言

《中华人民共和国海关统计商品目录》（以下简称《统计商品目录》）是以海关合作理事会（世界海关组织）制定的《商品名称及编码协调制度》（Harmonized Commodity Description and Coding System，以下简称《协调制度》）为基础，结合我国实际进出口货物情况编制而成的，自1992年1月1日起实施。根据《商品名称及编码协调制度公约》规定，每4~6年《协调制度》将做一次修订审议循环。2020年版《统计商品目录》是以2017年1月1日在世界范围内实施的2017年版《协调制度》为基础编制而成的。

《协调制度》是在《海关合作理事会分类目录》（CCCN）和联合国编制的《国际贸易标准分类》（SITC）的基础上，参考国际上其他主要的税则、统计、运输等分类目录制定而成的多用途国际贸易商品分类目录。它具有严密的逻辑性和科学性，自1988年问世以来，已为国际上广泛采用。截至目前，已有200多个国家和地区以《协调制度》为基础编制本国的税则及统计目录。采用《协调制度》有利于国际贸易统计资料的收集、对比与分析，便利贸易咨询和谈判，便利国际贸易单证的统一，加速数据的传递，避免国际贸易交往中因采用不同分类而引起贸易成本的增加，对于促进国际贸易的发展具有重要意义。

2020年版《统计商品目录》所列商品分为22类98章（其中第七十七章空缺，以备将来使用），共计8558个八位数商品编码。第一章至第九十七章的前六位数编码及其商品名称与《协调制度》完全一致，第七、第八位数编码是根据我国关税、统计和贸易管理的需要而增设的，本书中的商品编码与2020年版《中华人民共和国进出口税则》的税则号列完全一致。本书第九十八章则仅根据我国海关统计的需要增设。例如，为了满足海关特定管理模式下统计工作的需要，2015年版《统计商品目录》增列9804.0000（低值简易通关商品），用于统计边民互市、快件C类以及跨境电商“清单核放、汇总统计”模式下的进出境商品；2020年版《统计商品目录》增列9805.0000（个人跨境电商商品），用于统计邮件及快件B类通关模式下进出境的跨境电商包裹。

此外，《统计商品目录》还根据海关合作理事会建议书的内容，为每一个八位数编码商品设置了国际标准计量单位。进出口货物的收、发货人或其代理人报关时，必须在报关单上填报八位数的商品编码及《统计商品目录》规定的重量或数量。货物的重量必须是扣除外层包装后所得的自然净重。自2020年起，除商品品目27.16（电力）及品目98.03（定制型计算机软件）外，其他商品编码均包含重量单位。

为便于使用者了解和掌握，2020年版《统计商品目录》全文刊印了《协调制度》的归类总规则，以及海关统计与海关通关系统计量单位代码对照表、度量衡换算表、磁带长度计算表、海关统计进出口主要商品目录。

海关统计进出口主要商品目录规定了进出口统计主要商品的统计范围，是编制对外贸易统计报表、开展统计数据研究和分析的重要基础性统计参数。自1982年《海关统计》创刊起，海关总署即按照该目录编制并公布统计资料。为了充分体现改革开放40年来我国对外贸易结构的发展变化，海关总署在广泛征求相关部委、行业协会等单位的意见的基础上，对 2019 年版目录进行了改版修订。2020 年版目录的列目更加优化，层级结构更加合理，统计口径充分吸收国内外最新分类标准，进一步便利海关统计数据的横向比对和分析。考虑到本次修改幅度较大，在刊印 2020 年版海关统计进出口主要商品目录的同时，书中还保留了 2019 年版本，以供对照使用。

为更好地体现海关统计服务社会职能，自 2019 年起，《统计商品目录》开辟了线上查询功能，经过一年的运行，收到良好的社会效果。2020 年又对查询功能进行了优化升级，增加了按商品目录查询“商品量值”的功能，读者可以在微信公众号“海关发布”或“海关数库”中进行查阅和检索。

参加 2020 年版《统计商品目录》编制工作的人员有李魁文、乔进明、翟小元、李芊、齐卫国、赵波、马建华、张杰、刘迪霞、李琳、彭玉鸽、李垚、谭玲等。

编 者

2019 年 12 月

《中华人民共和国海关统计商品目录》移动版查询系统

权威准确　实时更新　移动便捷

为更好地体现海关统计服务社会职能，海关总署统计分析司委托中国海关出版社有限公司（以下简称中国海关出版社）提供《中华人民共和国海关统计商品目录》（以下简称《统计商品目录》）移动版查询系统免费查询服务。上述查询系统嵌入中国海关出版社“海关数库”微信公众号中，读者通过微信扫描“海关数库”二维码（见图1），关注“海关数库”微信公众号，即可获得免费查询服务。

图1 “海关数库”微信公众号二维码

点击“海关数库”微信公众号界面下方的“海关统计”按钮，在弹出菜单中选择“统计商品目录”（见图2），即可进入查询系统。系统分为商品目录、主要商品、商品量值、用户中心四个版块，各个版块简介如下：

一、商品目录版块

商品目录版块（见图3）的内容源自《统计商品目录》主表。用户可通过HS编码或商品名称关键字，检索查询《统计商品目录》全部98章进出口商品的法定计量单位。目前，2002年版—2020年版《统计商品目录》的全部数据皆可查询。

图2 “海关数库”微信公众号界面

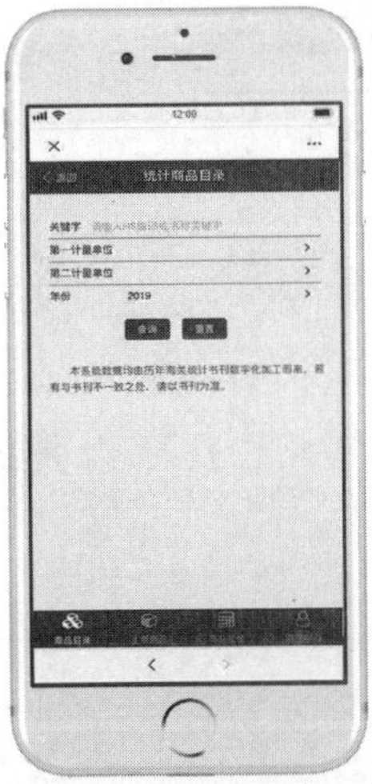

图3　商品目录版块界面

二、主要商品版块

主要商品版块（见图4）的内容源自《统计商品目录》附录“海关统计出口主要商品目录”和“海关统计进口主要商品目录”（上述附录于2019年版《统计商品目录》开始收录，往年内容源自《海关统计》月刊每年第一期）。用户可通过商品名称关键字查询所有主要进出口商品类别、商品编码范围及计量单位。目前，2002年—2020年主要进出口商品的全部数据皆可查询。

三、商品量值版块

商品量值版块(见图5)的内容源自《中国海关统计年鉴》的进出口商品量值表。用户可通过HS编码或商品名称关键字,检索查询进出口商品量值。目前,2002年—2018年进出口商品量值皆可查询。

四、用户中心版块

用户中心版块(见图6)包括三个子项：一是单位换算，换算单位及计算公式源自《统计商品目录》附录三“度量衡换算表”，用户选择相应的度量衡单位，输入数值，即可进行单位换算；二是更新日志，用于实时发布《统计商品目录》的更新内容；三是使用说明，用于介绍系统使用方法，以帮助用户更好地查询使用。

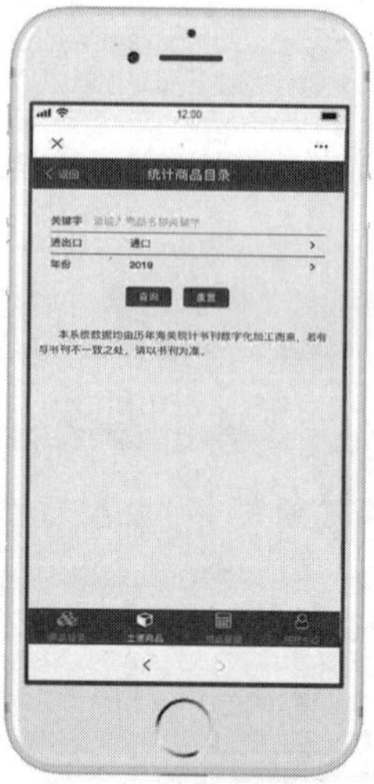

图4 主要商品版块界面

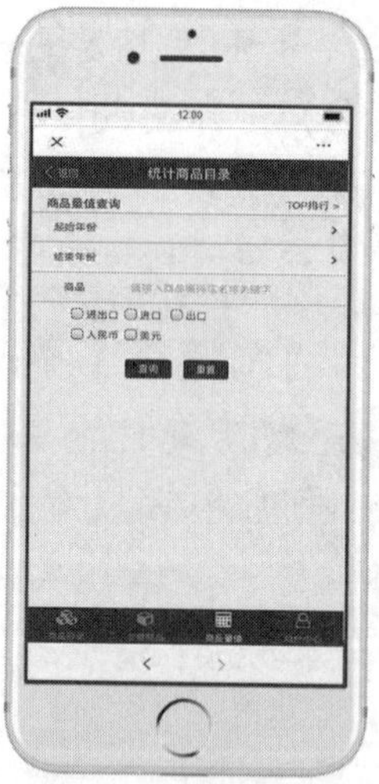

图5 商品量值版块界面

图6 用户中心版块界面

本系统数据均由历年海关统计书刊数字化加工而来，若有与书刊不一致之处，请以书刊为准。

目　录

第一类 活动物;动物产品

注释:

1. 本类所称的各属种动物,除条文另有规定的以外,均包括其幼仔在内。
2. 除条文另有规定的以外,本目录所称干的产品,均包括经脱水、蒸发或冷冻干燥的产品。

第一章 活动物

注释:

1. 本章包括所有活动物,但下列各项除外:
   (1)品目 03.01、03.06、03.07 或 03.08 的鱼、甲壳动物、软体动物及其他水生无脊椎动物;
   (2)品目 30.02 的培养微生物及其他产品;
   (3)品目 95.08 的动物。

品目	商品编码	商品名称	计量单位
01.01		马、驴、骡:	
		-马:	
	0101.2100	--改良种用马	千克/头
	0101.2900	--其他马,改良种用除外	千克/头
		-驴:	
	0101.3010	---改良种用驴	千克/头
	0101.3090	---其他驴,改良种用除外	千克/头
	0101.9000	-骡	千克/头
01.02		牛:	
		-家牛:	
	0102.2100	--改良种用家牛	千克/头
	0102.2900	--其他家牛,改良种用除外	千克/头
		-水牛:	
	0102.3100	--改良种用水牛	千克/头
	0102.3900	--其他水牛,改良种用除外	千克/头
		-其他牛:	
	0102.9010	---改良种用其他牛	千克/头
	0102.9090	---其他牛,改良种用除外	千克/头

品　目	商品编码	商　品　名　称	计量单位
01.03		**猪：**	
	0103.1000	-改良种用猪	千克/头
		-其他猪：	
		--重量在50千克以下：	
	0103.9110	---10千克以下的猪，改良种用除外	千克/头
	0103.9120	---10千克及以上,但50千克以下的猪,改良种用除外	千克/头
	0103.9200	--50千克及以上的猪，改良种用除外	千克/头
01.04		**绵羊、山羊：**	
		-绵羊：	
	0104.1010	---改良种用绵羊	千克/头
	0104.1090	---其他绵羊，改良种用除外	千克/头
		-山羊：	
	0104.2010	---改良种用山羊	千克/头
	0104.2090	---其他山羊，改良种用除外	千克/头
01.05		**家禽，即鸡、鸭、鹅、火鸡及珍珠鸡：**	
		-重量不超过185克：	
		--鸡：	
	0105.1110	---改良种用鸡，重量不超过185克	千克/只
	0105.1190	---其他鸡，改良种用除外，重量不超过185克	千克/只
		--火鸡：	
	0105.1210	---改良种用火鸡,重量不超过185克	千克/只
	0105.1290	---其他火鸡,改良种用除外,重量不超过185克	千克/只
		--鸭：	
	0105.1310	---改良种用鸭,重量不超过185克	千克/只
	0105.1390	---其他鸭,改良种除外,重量不超过185克	千克/只
		--鹅：	
	0105.1410	---改良种用鹅,重量不超过185克	千克/只
	0105.1490	---其他鹅,改良种用除外,重量不超过185克	千克/只
		--珍珠鸡：	
	0105.1510	---改良种用珍珠鸡,重量不超过185克	千克/只
	0105.1590	---其他珍珠鸡,改良种用除外,重量不超过185克	千克/只
		-重量超过185克：	
		--鸡,重量超过185克：	
	0105.9410	---改良种用鸡,重量超过185克	千克/只
	0105.9490	---其他鸡,改良种用除外,重量超过185克	千克/只
		--鸭、鹅、火鸡及珍珠鸡,重量超过185克：	

品 目	商品编码	商 品 名 称	计量单位
	0105.9910	---改良种用鸭、鹅、火鸡及珍珠鸡,重量超过185克	千克/只
		---其他:	
	0105.9991	----鸭,改良种用除外,重量超过185克	千克/只
	0105.9992	----鹅,改良种用除外,重量超过185克	千克/只
	0105.9993	----珍珠鸡,改良种用除外,重量超过185克	千克/只
	0105.9994	----火鸡,改良种用除外,重量超过185克	千克/只
01.06		**其他活动物:**	
		-哺乳动物:	
		--灵长目:	
	0106.1110	---改良种用灵长目动物	千克/只
	0106.1190	---其他灵长目动物,改良种除外	千克/只
		--鲸、海豚及鼠海豚(鲸目哺乳动物);海牛及儒艮(海牛目哺乳动物);海豹、海狮及海象(鳍足亚目哺乳动物):	
		---鲸、海豚及鼠海豚(鲸目哺乳动物);海牛及儒艮(海牛目哺乳动物):	
	0106.1211	----改良种用鲸、海豚及鼠海豚(鲸目哺乳动物);海牛及儒艮(海牛目哺乳动物)	千克/只
	0106.1219	----其他鲸、海豚及鼠海豚(鲸目哺乳动物);海牛及儒艮(海牛目哺乳动物),改良种用除外	千克/只
		---海豹、海狮及海象(鳍足亚目哺乳动物):	
	0106.1221	----改良种用海豹、海狮及海象(鳍足亚目哺乳动物)	千克/只
	0106.1229	----其他海豹、海狮及海象(鳍足亚目哺乳动物),改良种用除外	千克/只
		--骆驼及其他骆驼科动物:	
	0106.1310	---改良种用骆驼及其他骆驼科动物	千克/只
	0106.1390	---其他骆驼及其他骆驼科动物,改良种除外	千克/只
		--家兔及野兔:	
	0106.1410	---改良种用家兔及野兔	千克/只
	0106.1490	---其他家兔及野兔,改良种除外	千克/只
		--其他哺乳动物:	
	0106.1910	---其他改良种用哺乳动物	千克/只
	0106.1990	---未列名哺乳动物,改良种除外	千克/只
		-爬行动物(包括蛇及龟鳖):	
		---改良种用:	
	0106.2011	----改良种用鳄鱼苗	千克/只
	0106.2019	----其他改良种用爬行动物	千克/只

品　目	商品编码	商　品　名　称	计量单位
	0106. 2020	---食用爬行动物	千克/只
	0106. 2090	---未列名爬行动物	千克/只
		-鸟:	
		--猛禽:	
	0106. 3110	---改良种用猛禽	千克/只
	0106. 3190	---其他猛禽,改良种用除外	千克/只
		--鹦形目(包括普通鹦鹉、长尾鹦鹉、金刚鹦鹉及美冠鹦鹉):	
	0106. 3210	---改良种用鹦形目鸟	千克/只
	0106. 3290	---其他鹦形目鸟,改良种用除外	千克/只
		--鸵鸟;鸸鹋:	
	0106. 3310	---改良种用鸵鸟、鸸鹋	千克/只
	0106. 3390	---其他鸵鸟、鸸鹋,改良种用除外	千克/只
		--其他鸟:	
	0106. 3910	---其他改良种用鸟	千克/只
		---其他食用鸟:	
	0106. 3921	----食用乳鸽	千克/只
	0106. 3923	----食用野鸭	千克/只
	0106. 3929	----其他食用鸟	千克/只
	0106. 3990	---未列名鸟	千克/只
		-昆虫:	
		--蜂:	
	0106. 4110	---改良种用蜂	千克/只
	0106. 4190	---其他蜂,改良种用除外	千克/只
		--其他昆虫:	
	0106. 4910	---改良种用昆虫	千克/只
	0106. 4990	---其他昆虫,改良种用除外	千克/只
		-其他活动物:	
		---其他活动物,改良种用:	
	0106. 9011	----改良种用蛙苗	千克/只
	0106. 9019	----其他改良种用活动物	千克/只
	0106. 9090	---其他活动物,改良种用除外	千克/只

第二章 肉及食用杂碎

注释：

1. 本章不包括：

(1)品目02.01至02.08或02.10的不适合供人食用的产品；

(2)动物的肠、膀胱、胃(品目05.04)或动物血(品目05.11、30.02)；

(3)品目02.09所列产品以外的动物脂肪(第十五章)。

品目	商品编码	商品名称	计量单位
02.01		鲜、冷牛肉：	
	0201.1000	-鲜、冷整头及半头牛肉	千克
	0201.2000	-鲜、冷带骨牛肉	千克
	0201.3000	-鲜、冷去骨牛肉	千克
02.02		冻牛肉：	
	0202.1000	-冻整头及半头牛肉	千克
	0202.2000	-冻带骨牛肉	千克
	0202.3000	-冻去骨牛肉	千克
02.03		鲜、冷、冻猪肉：	
		-鲜或冷的：	
		--鲜、冷整头及半头猪肉：	
	0203.1110	---鲜、冷整头及半头乳猪肉	千克
	0203.1190	---其他鲜、冷整头及半头猪肉	千克
	0203.1200	--鲜、冷带骨猪前腿、猪后腿及其肉块	千克
	0203.1900	--其他鲜、冷猪肉	千克
		-冻的：	
		--冻整头及半头猪肉：	
	0203.2110	---冻整头及半头乳猪肉	千克
	0203.2190	---其他冻整头及半头猪肉	千克
	0203.2200	--冻带骨猪前腿、猪后腿及其肉块	千克
	0203.2900	--其他冻猪肉	千克
02.04		鲜、冷、冻绵羊肉或山羊肉：	
	0204.1000	-鲜、冷整头及半头羔羊肉	千克
		-其他鲜、冷绵羊肉：	
	0204.2100	--鲜、冷整头及半头绵羊肉	千克
	0204.2200	--鲜、冷带骨绵羊肉	千克

品　目	商品编码	商　　品　　名　　称	计量单位
	0204.2300	--鲜、冷去骨绵羊肉	千克
	0204.3000	-冻整头及半头羔羊肉	千克
		-其他冻绵羊肉：	
	0204.4100	--冻整头及半头绵羊肉	千克
	0204.4200	--冻带骨绵羊肉	千克
	0204.4300	--冻去骨绵羊肉	千克
	0204.5000	-山羊肉	千克
02.05		**鲜、冷、冻马、驴、骡肉：**	
	0205.0000	鲜、冷、冻马、驴、骡肉	千克
02.06		**鲜、冷、冻牛、猪、绵羊、山羊、马、驴、骡的食用杂碎：**	
	0206.1000	-鲜、冷牛杂碎	千克
		-冻牛杂碎：	
	0206.2100	--冻牛舌	千克
	0206.2200	--冻牛肝	千克
	0206.2900	--其他冻牛杂碎	千克
	0206.3000	-鲜、冷猪杂碎	千克
		-冻猪杂碎：	
	0206.4100	--冻猪肝	千克
	0206.4900	--其他冻猪杂碎	千克
	0206.8000	-其他鲜、冷杂碎(牛、猪杂碎除外)	千克
	0206.9000	-其他冻杂碎(牛、猪杂碎除外)	千克
02.07		**品目01.05所列家禽的鲜、冷、冻肉及食用杂碎：**	
		-鸡：	
	0207.1100	--鲜或冷的整只鸡	千克
	0207.1200	--冻的整只鸡	千克
		--鲜或冷的鸡块及杂碎：	
		---鲜或冷的鸡块：	
	0207.1311	----鲜或冷的带骨鸡块	千克
	0207.1319	----鲜或冷的其他鸡块	千克
		---鲜或冷的鸡杂碎：	
	0207.1321	----鲜或冷的鸡翼(不包括翼尖)	千克
	0207.1329	----鲜或冷的其他鸡杂碎	千克
		--冻的鸡块及杂碎：	
		---冻的鸡块：	
	0207.1411	----带骨的冻鸡块	千克
	0207.1419	----其他冻鸡块	千克

品 目	商品编码	商 品 名 称	计量单位
		---冻的鸡杂碎:	
	0207.1421	----冻鸡翼(不包括翼尖)	千克
	0207.1422	----冻鸡爪	千克
	0207.1429	----其他冻鸡杂碎	千克
		-火鸡:	
	0207.2400	--鲜或冷的整只火鸡	千克
	0207.2500	--冻的整只火鸡	千克
	0207.2600	--鲜或冷的火鸡块及杂碎	千克
	0207.2700	--冻的火鸡块及杂碎	千克
		-鸭:	
	0207.4100	--鲜或冷的整只鸭	千克
	0207.4200	--整只冻鸭	千克
	0207.4300	--鲜或冷的鸭肥肝	千克
	0207.4400	--鲜或冷的鸭块及杂碎	千克
	0207.4500	--冻的鸭块及杂碎	千克
		-鹅:	
	0207.5100	--鲜或冷的整只鹅	千克
	0207.5200	--整只冻鹅	千克
	0207.5300	--鲜或冷的鹅肥肝	千克
	0207.5400	--鲜或冷的鹅块及杂碎	千克
	0207.5500	--冻的鹅块及杂碎	千克
	0207.6000	-珍珠鸡	千克
02.08		**其他鲜、冷、冻肉及食用杂碎:**	
		-鲜、冷、冻家兔或野兔肉及食用杂碎:	
	0208.1010	---鲜、冷兔肉,不包括兔头	千克
	0208.1020	---冻兔肉,不包括兔头	千克
	0208.1090	---鲜、冷、冻野兔肉;兔及野兔的食用杂碎	千克
	0208.3000	-鲜、冷、冻灵长目动物肉及食用杂碎	千克
	0208.4000	-鲜、冷、冻的鲸、海豚及鼠海豚(鲸目哺乳动物)的肉及食用杂碎;海牛及儒艮(海牛目哺乳动物)的肉及食用杂碎;海豹、海狮及海象(鳍足亚目哺乳动物)的肉及食用杂碎	千克
	0208.5000	-鲜、冷、冻爬行动物(包括蛇及龟鳖)的肉及食用杂碎	千克
	0208.6000	-鲜、冷、冻骆驼及其他骆驼科动物的肉及食用杂碎	千克
		-其他:	
	0208.9010	---鲜、冷、冻乳鸽的肉及食用杂碎	千克

品　目	商品编码	商　品　名　称	计量单位
	0208. 9090	---其他鲜、冷、冻肉及食用杂碎	千克
02. 09		**未炼制或用其他方法提取的不带瘦肉的肥猪肉、猪脂肪及家禽脂肪，鲜、冷、冻、干、熏、盐腌或盐渍的：**	
	0209. 1000	-未炼制或用其他方法提取的不带瘦肉的肥猪肉、猪脂肪，鲜、冷、冻、干、熏、盐腌或盐渍的	千克
	0209. 9000	-未炼制或用其他方法提取的不带瘦肉的家禽脂肪，鲜、冷、冻、干、熏、盐腌或盐渍的	千克
02. 10		**肉及食用杂碎，干、熏、盐腌或盐渍的；可供食用的肉或杂碎的细粉、粗粉：**	
		-干、熏、盐腌或盐渍猪肉：	
		--干、熏、盐腌或盐渍带骨猪前腿、猪后腿及其肉块：	
	0210. 1110	---干、熏、盐腌或盐渍带骨猪腿	千克
	0210. 1190	---干、熏、盐腌或盐渍其他带骨猪肉块	千克
	0210. 1200	--干、熏、盐腌或盐渍猪腹肉（五花肉）	千克
	0210. 1900	--其他干、熏、盐腌或盐渍猪肉	千克
	0210. 2000	-干、熏、盐腌或盐渍牛肉	千克
		-其他，包括可供食用的肉或杂碎的细粉、粗粉：	
	0210. 9100	--干、熏、盐腌或盐渍的灵长目的动物肉及食用杂碎，包括可供食用的肉或杂碎的细粉、粗粉	千克
	0210. 9200	--干、熏、盐腌或盐渍的鲸、海豚及鼠海豚（鲸目哺乳动物）的；海牛及儒艮（海牛目哺乳动物）的；海豹、海狮及海象（鳍足亚目哺乳动物）的肉及食用杂碎，包括可供食用的肉或杂碎的细粉、粗粉	千克
	0210. 9300	--干、熏、盐腌或盐渍的爬行动物（包括蛇及龟鳖）的肉及食用杂碎，包括可供食用的肉或杂碎的细粉、粗粉	千克
	0210. 9900	--其他干、熏、盐腌或盐渍肉及食用杂碎，包括可供食用的肉或杂碎的细粉、粗粉	千克

第三章　鱼、甲壳动物、软体动物及其他水生无脊椎动物

注释：

1. 本章不包括：

(1)品目01.06的哺乳动物；

(2)品目01.06的哺乳动物的肉(品目02.08或02.10)；

(3)因品种或鲜度不适合供人食用的死鱼(包括鱼肝、鱼卵及鱼精等)、死甲壳动物、死软体动物及其他死水生无脊椎动物(第五章)；不适合供人食用的鱼、甲壳动物、软体动物、其他水生无脊椎动物的粉、粒(品目23.01)；

(4)鲟鱼子酱及用鱼卵制成的鲟鱼子酱代用品(品目16.04)。

2. 本章所称"团粒"，是指直接挤压或加入少量黏合剂制成的粒状产品。

品　目	商品编码	商　品　名　称	计量单位
03.01		活鱼：	
		-观赏鱼：	
	0301.1100	--淡水观赏鱼	千克
	0301.1900	--其他观赏鱼	千克
		-其他活鱼：	
		--鳟鱼(河鳟、虹鳟、克拉克大麻哈鱼、阿瓜大麻哈鱼、吉雨大麻哈鱼、亚利桑那大麻哈鱼、金腹大麻哈鱼)：	
	0301.9110	---鳟鱼苗(河鳟、虹鳟、克拉克大麻哈鱼、阿瓜大麻哈鱼、吉雨大麻哈鱼、亚利桑那大麻哈鱼、金腹大麻哈鱼)	千克
	0301.9190	---其他活鳟鱼(河鳟、虹鳟、克拉克大麻哈鱼、阿瓜大麻哈鱼、吉雨大麻哈鱼、亚利桑那大麻哈鱼、金腹大麻哈鱼)	千克
		--鳗鱼(鳗鲡属)：	
	0301.9210	---鳗鱼(鳗鲡属)苗	千克
	0301.9290	---其他活鳗(鳗鲡属)鱼	千克
		--鲤科鱼(鲤属、鲫属、草鱼、鲢属、鲮属、青鱼、卡特拉鲃、野鲮属、哈氏纹唇鱼、何氏细须鲃、鲂属)：	
	0301.9310	---鲤科鱼苗(鲤属、鲫属、草鱼、鲢属、鲮属、青鱼、卡特拉鲃、野鲮属、哈氏纹唇鱼、何氏细须鲃、鲂属)	千克
	0301.9390	---其他活鲤科鱼(鲤属、鲫属、草鱼、鲢属、鲮属、青鱼、卡特拉鲃、野鲮属、哈氏纹唇鱼、何氏细须鲃、鲂属)	千克

品　目	商品编码	商　品　名　称	计量单位
		--大西洋及太平洋蓝鳍金枪鱼：	
	0301.9410	---大西洋及太平洋蓝鳍金枪鱼鱼苗	千克
		---其他：	
	0301.9491	----其他活大西洋蓝鳍金枪鱼	千克
	0301.9492	----其他活太平洋蓝鳍金枪鱼	千克
		--南方蓝鳍金枪鱼：	
	0301.9510	---南方蓝鳍金枪鱼苗	千克
	0301.9590	---其他活南方蓝鳍金枪鱼	千克
		--其他：	
		---鱼苗：	
	0301.9911	----鲈鱼苗	千克
	0301.9912	----鲟鱼苗	千克
	0301.9919	----其他鱼苗	千克
		---其他活鱼，鱼苗除外：	
	0301.9991	----活罗非鱼	千克
	0301.9992	----活鲀	千克
	0301.9993	----其他活鲤科鱼	千克
	0301.9999	----其他活鱼	千克
03.02		**鲜、冷鱼，但品目 03.04 的鱼片及其他鱼肉除外：**	
		-鲑科鱼，但子目 0302.91 至 0302.99 的可食用鱼杂碎除外：	
	0302.1100	--鲜、冷鳟鱼（河鳟、虹鳟、克拉克大麻哈鱼、阿瓜大麻哈鱼、吉雨大麻哈鱼、亚利桑那大麻哈鱼、金腹大麻哈鱼）	千克
	0302.1300	--鲜、冷大麻哈鱼［红大麻哈鱼、细鳞大麻哈鱼、大麻哈鱼（种）、大鳞大麻哈鱼、银大麻哈鱼、马苏大麻哈鱼、玫瑰大麻哈鱼］	千克
		--鲜、冷大西洋鲑鱼及多瑙哲罗鱼：	
	0302.1410	---鲜、冷大西洋鲑鱼	千克
	0302.1420	---鲜、冷多瑙哲罗鱼	千克
	0302.1900	--其他鲜、冷鲑科鱼	千克
		-比目鱼（鲽科、鲆科、舌鳎科、鳎科、菱鲆科、刺鲆科），但子目 0302.91 至 0302.99 的可食用鱼杂碎除外：	
	0302.2100	--鲜、冷庸鲽鱼（马舌鲽、庸鲽、狭鳞庸鲽）	千克
	0302.2200	--鲜、冷鲽鱼（鲽）	千克
	0302.2300	--鲜、冷鳎鱼（鳎属）	千克

品 目	商品编码	商 品 名 称	计量单位
	0302.2400	--鲜、冷大菱鲆(瘤棘鲆)	千克
	0302.2900	--其他鲜、冷比目鱼(鲽科、鲆科、舌鳎科、鳎科、菱鲆科、刺鲆科)	千克
		-金枪鱼(金枪鱼属)、鲣鱼或狐鲣(鲣),但子目0302.91至0302.99的可食用鱼杂碎除外:	
	0302.3100	--鲜、冷长鳍金枪鱼	千克
	0302.3200	--鲜、冷黄鳍金枪鱼	千克
	0302.3300	--鲜、冷鲣鱼或狐鲣	千克
	0302.3400	--鲜、冷大眼金枪鱼	千克
		--鲜、冷大西洋及太平洋蓝鳍金枪鱼:	
	0302.3510	---鲜、冷大西洋蓝鳍金枪鱼	千克
	0302.3520	---鲜、冷太平洋蓝鳍金枪鱼	千克
	0302.3600	--鲜、冷南方蓝鳍金枪鱼	千克
	0302.3900	--其他鲜、冷金枪鱼	千克
		-鲜、冷鲱鱼(大西洋鲱鱼、太平洋鲱鱼)、鳀鱼(鳀属)、沙丁鱼(沙丁鱼、沙瑙鱼属)、小沙丁鱼属、黍鲱或西鲱、鲭鱼[大西洋鲭、澳洲鲭(鲐)、日本鲭(鲐)]、印度鲭(羽鳃鲐属)、马鲛鱼(马鲛属)、对称竹荚鱼、新西兰竹荚鱼及竹荚鱼(竹荚鱼属)、鲹鱼(鲹属)、军曹鱼、银鲳(鲳属)、秋刀鱼、圆鲹(圆鲹属)、多春鱼(毛鳞鱼)、剑鱼、鲔鱼、狐鲣(狐鲣属)、枪鱼 、旗鱼、四鳍旗鱼(旗鱼科),但子目0302.91至0302.99的可食用鱼杂碎除外:	
	0302.4100	--鲜、冷鲱鱼(大西洋鲱鱼、太平洋鲱鱼)	千克
	0302.4200	--鲜、冷鳀鱼(鳀属)	千克
	0302.4300	--鲜、冷沙丁鱼(沙丁鱼、沙瑙鱼属)、小沙丁鱼属、黍鲱或西鲱	千克
	0302.4400	--鲜、冷鲭鱼[大西洋鲭、澳洲鲭(鲐)、日本鲭(鲐)]	千克
	0302.4500	--鲜、冷对称竹荚鱼、新西兰竹荚鱼及竹荚鱼(竹荚鱼属)	千克
	0302.4600	--鲜、冷军曹鱼	千克
	0302.4700	--鲜、冷剑鱼	千克
	0302.4900	--鲜、冷印度鲭(羽鳃鲐属)、马鲛鱼(马鲛属)、鲹鱼(鲹属)、银鲳(鲳属)、秋刀鱼、圆鲹(圆鲹属)、多春鱼(毛鳞鱼)、鲔鱼、狐鲣(狐鲣属)、枪鱼 、旗鱼、四鳍旗鱼(旗鱼科)	千克

品　目	商品编码	商　品　名　称	计量单位
		-鲜、冷犀鳕科、多丝真鳕科、鳕科、长尾鳕科、黑鳕科、无须鳕科、深海鳕科及南极鳕科鱼，但子目 0302.91 至 0302.99 的可食用鱼杂碎除外：	
	0302.5100	--鲜、冷鳕鱼（大西洋鳕鱼、格陵兰鳕鱼、太平洋鳕鱼）	千克
	0302.5200	--鲜、冷黑线鳕鱼（黑线鳕）	千克
	0302.5300	--鲜、冷绿青鳕鱼	千克
	0302.5400	--鲜、冷狗鳕鱼（无须鳕属、长鳍鳕属）	千克
	0302.5500	--鲜、冷狭鳕鱼	千克
	0302.5600	--鲜、冷蓝鳕鱼（小鳍鳕、南蓝鳕）	千克
	0302.5900	--其他鲜、冷犀鳕科、多丝真鳕科、鳕科、长尾鳕科、黑鳕科、无须鳕科、深海鳕科及南极鳕科鱼	千克
		-鲜、冷罗非鱼（口孵非鲫属）、鲶鱼（𩷶鲶属、鲶属、胡鲶属、真鮰属）、鲤科鱼（鲤属、鲫属、草鱼、鲢属、鲮属、青鱼、卡特拉鲃、野鲮属、哈氏纹唇鱼、何氏细须鲃、鲂属）、鳗鱼（鳗鲡属）、尼罗河鲈鱼（尼罗尖吻鲈）及黑鱼（鳢属），但子目 0302.91 至 0302.99 的可食用鱼杂碎除外：	
	0302.7100	--鲜、冷罗非鱼（口孵非鲫属）	千克
	0302.7200	--鲜、冷鲶鱼（𩷶鲶属、鲶属、胡鲶属、真鮰属）	千克
	0302.7300	--鲜、冷鲤科鱼（鲤属、鲫属、草鱼、鲢属、鲮属、青鱼、卡特拉鲃、野鲮属、哈氏纹唇鱼、何氏细须鲃、鲂属）	千克
	0302.7400	--鲜、冷鳗鱼（鳗鲡属）	千克
	0302.7900	--尼罗河鲈鱼（尼罗尖吻鲈）及黑鱼（鳢属）	千克
		-其他鲜、冷鱼，但子目 0302.91 至 0302.99 的可食用鱼杂碎除外：	
	0302.8100	--鲜、冷角鲨及其他鲨鱼	千克
	0302.8200	--鲜、冷魟鱼及鳐鱼（鳐科）	千克
	0302.8300	--鲜、冷南极犬牙鱼（南极犬牙鱼属）	千克
	0302.8400	--鲜、冷尖吻鲈鱼（舌齿鲈属）	千克
	0302.8500	--鲜、冷菱羊鲷（鲷科）	千克
		--其他鲜、冷鱼：	
	0302.8910	---鲜、冷带鱼	千克
	0302.8920	---鲜、冷黄鱼	千克
	0302.8930	---鲜、冷鲳鱼	千克
	0302.8940	---鲜、冷鲀	千克
	0302.8990	---其他鲜、冷鱼	千克

品 目	商品编码	商 品 名 称	计量单位
		-鲜、冷鱼肝、鱼卵、鱼精、鱼鳍、鱼头、鱼尾、鱼鳔及其他可食用鱼杂碎:	
	0302.9100	--鲜、冷鱼肝、鱼卵及鱼精	千克
	0302.9200	--鲜、冷鲨鱼翅	千克
	0302.9900	--其他鲜、冷可食用鱼杂碎	千克
03.03		**冻鱼,但品目 03.04 的鱼片及其他鱼肉除外:**	
		-冻鲑科鱼,但子目 0303.91 至 0303.99 的可食用鱼杂碎除外:	
	0303.1100	--冻红大麻哈鱼	千克
	0303.1200	--其他冻大麻哈鱼[细鳞大麻哈鱼、大麻哈鱼(种)、大鳞大麻哈鱼、银大麻哈鱼、马苏大麻哈鱼、玫瑰大麻哈鱼]	千克
	0303.1300	--冻大西洋鲑鱼及多瑙哲罗鱼	千克
	0303.1400	--冻鳟鱼(河鳟、虹鳟、克拉克大麻哈鱼、阿瓜大麻哈鱼、吉雨大麻哈鱼、亚利桑那大麻哈鱼、金腹大麻哈鱼)	千克
	0303.1900	--其他冻鲑科鱼	千克
		-冻罗非鱼(口孵非鲫属)、鲶鱼(鲑鲶属、鲶属、胡鲶属、真鮰属)、鲤科鱼(鲤属、鲫属、草鱼、鲢属、鲮属、青鱼、卡特拉鲃、野鲮属、哈氏纹唇鱼、何氏细须鲃、鲂属)、鳗鱼(鳗鲡属)、尼罗河鲈鱼(尼罗尖吻鲈)及黑鱼(鳢属),但子目 0303.91 至 0303.99 的可食用鱼杂碎除外:	
	0303.2300	--冻罗非鱼(口孵非鲫属)	千克
	0303.2400	--冻鲶鱼(鲑鲶属、鲶属、胡鲶属、真鮰属)	千克
	0303.2500	--冻鲤科鱼(鲤属、鲫属、草鱼、鲢属、鲮属、青鱼、卡特拉鲃、野鲮属、哈氏纹唇鱼、何氏细须鲃、鲂属)	千克
	0303.2600	--冻鳗鱼(鳗鲡属)	千克
	0303.2900	--冻尼罗河鲈鱼(尼罗尖吻鲈)及黑鱼(鳢属)	千克
		-冻比目鱼(鲽科、鲆科、舌鳎科、鳎科、菱鲆科、刺鲆科),但子目 0303.91 至 0303.99 的可食用鱼杂碎除外:	
		--冻庸鲽鱼(马舌鲽、庸鲽、狭鳞庸鲽):	
	0303.3110	---冻格陵兰庸鲽鱼	千克
	0303.3190	---其他冻庸鲽鱼	千克
	0303.3200	--冻鲽鱼(鲽)	千克
	0303.3300	--冻鳎鱼(鳎属)	千克
	0303.3400	--冻大菱鲆(瘤棘鲆)	千克

品　目	商品编码	商　品　名　称	计量单位
	0303.3900	--其他冻比目鱼(鲽科、鲆科、舌鳎科、鳎科、菱鲆科、刺鲆科)	千克
		-冻金枪鱼(金枪鱼属)、鲣鱼或狐鲣(鲣),但子目0303.91至0303.99的可食用鱼杂碎除外:	
	0303.4100	--冻长鳍金枪鱼	千克
	0303.4200	--冻黄鳍金枪鱼	千克
	0303.4300	--冻鲣鱼或狐鲣	千克
	0303.4400	--冻大眼金枪鱼	千克
		--冻大西洋及太平洋蓝鳍金枪鱼:	
	0303.4510	---冻大西洋蓝鳍金枪鱼	千克
	0303.4520	---冻太平洋蓝鳍金枪鱼	千克
	0303.4600	--冻南方蓝鳍金枪鱼	千克
	0303.4900	--其他冻金枪鱼(金枪鱼属)	千克
		-冻鲱鱼(大西洋鲱鱼、太平洋鲱鱼)、冻鳀鱼(鳀属)、冻沙丁鱼(沙丁鱼、沙瑙鱼属)、冻小沙丁鱼属、冻黍鲱或西鲱、冻鲭鱼[大西洋鲭、澳洲鲭(鲐)、日本鲭(鲐)]、冻印度鲭(羽鳃鲐属)、冻马鲛鱼(马鲛属)、冻对称竹荚鱼、冻新西兰竹荚鱼及竹荚鱼(竹荚鱼属)、冻鲹鱼(鲹属)、冻军曹鱼、冻银鲳(鲳属)、冻秋刀鱼、冻圆鲹(圆鲹属)、冻多春鱼(毛鳞鱼)、冻剑鱼、冻鲔鱼、冻狐鲣(狐鲣属)、冻枪鱼 、冻旗鱼、冻四鳍旗鱼(旗鱼科),但子目0303.91至0303.99的可食用鱼杂碎除外:	
	0303.5100	--冻鲱鱼(大西洋鲱鱼、太平洋鲱鱼)	千克
	0303.5300	--冻沙丁鱼(沙丁鱼、沙瑙鱼属)、小沙丁鱼属、黍鲱或西鲱	千克
	0303.5400	--冻鲭鱼[大西洋鲭、澳洲鲭(鲐)、日本鲭(鲐)]	千克
	0303.5500	--冻对称竹荚鱼、新西兰竹荚鱼及竹荚鱼(竹荚鱼属)	千克
	0303.5600	--冻军曹鱼	千克
	0303.5700	--冻剑鱼	千克
	0303.5900	--冻鳀鱼(鳀属)、冻印度鲭(羽鳃鲐属)、冻马鲛鱼(马鲛属)、冻鲹鱼(鲹属)、冻银鲳(鲳属)、冻秋刀鱼、冻圆鲹(圆鲹属)、冻多春鱼(毛鳞鱼)、冻鲔鱼、冻狐鲣(狐鲣属)、冻枪鱼 、冻旗鱼、冻四鳍旗鱼(旗鱼科)	千克
		-冻犀鳕科、冻多丝真鳕科、冻鳕科、冻长尾鳕科、冻黑鳕科、冻无须鳕科、冻深海鳕科及南极鳕科鱼,但子目0303.91至0303.99的可食用鱼杂碎除外:	

品目	商品编码	商品名称	计量单位
	0303.6300	--冻鳕鱼(大西洋鳕鱼、格陵兰鳕鱼、太平洋鳕鱼)	千克
	0303.6400	--冻黑线鳕鱼(黑线鳕)	千克
	0303.6500	--冻绿青鳕鱼	千克
	0303.6600	--冻狗鳕鱼(无须鳕属、长鳍鳕属)	千克
	0303.6700	--冻狭鳕鱼	千克
	0303.6800	--冻蓝鳕鱼(小鳍鳕、南蓝鳕)	千克
	0303.6900	--其他冻犀鳕科、冻多丝真鳕科、冻鳕科、冻长尾鳕科、冻黑鳕科、冻无须鳕科、冻深海鳕科及南极鳕科鱼	千克
		-其他冻鱼,但子目0303.91至0303.99的可食用鱼杂碎除外:	
	0303.8100	--冻角鲨及其他鲨鱼	千克
	0303.8200	--冻魟鱼及鳐鱼(鳐科)	千克
	0303.8300	--冻南极犬牙鱼(南极犬牙鱼属)	千克
	0303.8400	--冻尖吻鲈鱼(舌齿鲈属)	千克
		--其他冻鱼:	
	0303.8910	---冻带鱼	千克
	0303.8920	---冻黄鱼	千克
	0303.8930	---冻鲳鱼	千克
	0303.8990	---其他未列名冻鱼	千克
		-冻鱼肝、鱼卵、鱼精、鱼鳍、鱼头、鱼尾、鱼鳔及其他可食用杂碎:	
	0303.9100	--冻鱼肝、鱼卵及鱼精	千克
	0303.9200	--冻鲨鱼翅	千克
	0303.9900	--其他冻可食用鱼杂碎	千克
03.04		**鲜、冷、冻鱼片及其他鱼肉(不论是否绞碎):**	
		-鲜或冷的罗非鱼(口孵非鲫属)、鲶鱼(鲑鲶属、鲶属、胡鲶属、真鮰属)、鲤科鱼(鲤属、鲫属、草鱼、鲢属、鲮属、青鱼、卡特拉鲃、野鲮属、哈氏纹唇鱼、何氏细须鲃、鲂属)、鳗鱼(鳗鲡属)、尼罗河鲈鱼(尼罗尖吻鲈)及黑鱼(鳢属)的鱼片(不论是否绞碎):	
	0304.3100	--鲜或冷罗非鱼(口孵非鲫属)鱼片	千克
	0304.3200	--鲜或冷鲶鱼(鲑鲶属、鲶属、胡鲶属、真鮰属)鱼片	千克
	0304.3300	--鲜或冷尼罗河鲈鱼(尼罗尖吻鲈)鱼片	千克

品 目	商品编码	商 品 名 称	计量单位
	0304.3900	--鲜或冷的鲤科鱼(鲤属、鲫属、草鱼、鲢属、鲮属、青鱼、卡特拉鲃、野鲮属、哈氏纹唇鱼、何氏细须鲃、鲂属)、鳗鱼(鳗鲡属)及黑鱼(鳢属)的鱼片	千克
		-鲜或冷的其他鱼片(不论是否绞碎):	
	0304.4100	--鲜或冷大麻哈鱼[红大麻哈鱼、细鳞大麻哈鱼、大麻哈鱼(种)、大鳞大麻哈鱼、银大麻哈鱼、马苏大麻哈鱼、玫瑰大麻哈鱼]、大西洋鲑鱼及多瑙哲罗鱼鱼片	千克
	0304.4200	--鲜或冷鳟鱼(河鳟、虹鳟、克拉克大麻哈鱼、阿瓜大麻哈鱼、吉雨大麻哈鱼、亚利桑那大麻哈鱼、金腹大麻哈鱼) 的鱼片	千克
	0304.4300	--鲜或冷比目鱼(鲽科、鲆科、舌鳎科、鳎科、菱鲆科、刺鲆科)的鱼片	千克
	0304.4400	--鲜或冷犀鳕科、多丝真鳕科、鳕科、长尾鳕科、黑鳕科、无须鳕科、深海鳕科及南极鳕科鱼鱼片	千克
	0304.4500	--鲜或冷剑鱼鱼片	千克
	0304.4600	--鲜或冷南极犬牙鱼(南极犬牙鱼属)鱼片	千克
	0304.4700	--鲜或冷角鲨及其他鲨鱼鱼片	千克
	0304.4800	--鲜或冷魟鱼及鳐鱼(鳐科)鱼片	千克
	0304.4900	--其他鲜或冷的鱼片	千克
		-其他鱼肉,鲜或冷的(不论是否绞碎):	
	0304.5100	--鲜或冷的罗非鱼(口孵非鲫属)、鲶鱼(鲑鲶属、鲶属、胡鲶属、真鮰属)、鲤科鱼(鲤属、鲫属、草鱼、鲢属、鲮属、青鱼、卡特拉鲃、野鲮属、哈氏纹唇鱼、何氏细须鲃、鲂属)、鳗鱼(鳗鲡属)、尼罗河鲈鱼(尼罗尖吻鲈)及黑鱼(鳢属)鱼肉	千克
	0304.5200	--鲜或冷的鲑科鱼鱼肉	千克
	0304.5300	--鲜或冷的犀鳕科、多丝真鳕科、鳕科、长尾鳕科、黑鳕科、无须鳕科、深海鳕科及南极鳕科鱼鱼肉	千克
	0304.5400	--鲜或冷的剑鱼鱼肉	千克
	0304.5500	--鲜或冷的南极犬牙鱼(南极犬牙鱼属)鱼肉	千克
	0304.5600	--鲜或冷的角鲨及其他鲨鱼鱼肉	千克
	0304.5700	--鲜或冷的魟鱼及鳐鱼(鳐科)鱼肉	千克
	0304.5900	--其他鲜或冷的鱼肉	千克

品 目	商品编码	商 品 名 称	计量单位
		-冻的罗非鱼(口孵非鲫属)、鲶鱼(鲶鲶属、鲶属、胡鲶属、真鮰属)、鲤科鱼(鲤属、鲫属、草鱼、鲢属、鲮属、青鱼、卡特拉鲃、野鲮属、哈氏纹唇鱼、何氏细须鲃、鲂属)、鳗鱼(鳗鲡属)、尼罗河鲈鱼(尼罗尖吻鲈)及黑鱼(鳢属)的鱼片(不论是否绞碎):	
	0304.6100	--冻罗非鱼(口孵非鲫属)的鱼片	千克
		--冻鲶鱼(鲶鲶属、鲶属、胡鲶属、真鮰属)的鱼片:	
		---冻叉尾鮰鱼(真鮰属)的鱼片:	
	0304.6211	----冻斑点叉尾鮰鱼的鱼片	千克
	0304.6219	----其他冻叉尾鮰鱼的鱼片	千克
	0304.6290	---其他冻鲶鱼(鲶鲶属、鲶属、胡鲶属、真鮰属)的鱼片	千克
	0304.6300	--冻尼罗河鲈鱼(尼罗尖吻鲈)的鱼片	千克
	0304.6900	--冻鲤科鱼(鲤属、鲫属、草鱼、鲢属、鲮属、青鱼、卡特拉鲃、野鲮属、哈氏纹唇鱼、何氏细须鲃、鲂属)、鳗鱼(鳗鲡属)及黑鱼(鳢属)的鱼片	千克
		-冻犀鳕科、多丝真鳕科、鳕科、长尾鳕科、黑鳕科、无须鳕科、深海鳕科及南极鳕科鱼的鱼片(不论是否绞碎):	
	0304.7100	--冻鳕鱼(大西洋鳕鱼、格陵兰鳕鱼、太平洋鳕鱼)鱼片	千克
	0304.7200	--冻黑线鳕鱼(黑线鳕)鱼片	千克
	0304.7300	--冻绿青鳕鱼鱼片	千克
	0304.7400	--冻狗鳕鱼(无须鳕属、长鳍鳕属)鱼片	千克
	0304.7500	--冻狭鳕鱼鱼片	千克
	0304.7900	--其他冻犀鳕科、多丝真鳕科、鳕科、长尾鳕科、黑鳕科、无须鳕科、深海鳕科及南极鳕科鱼的鱼片	千克
		-其他冻鱼片(不论是否绞碎):	
	0304.8100	--冻大麻哈鱼[红大麻哈鱼、细鳞大麻哈鱼、大麻哈鱼(种)、大鳞大麻哈鱼、银大麻哈鱼、马苏大麻哈鱼、玫瑰大麻哈鱼]、大西洋鲑鱼及多瑙哲罗鱼的鱼片	千克
	0304.8200	--冻鳟鱼(河鳟、虹鳟、克拉克大麻哈鱼、阿瓜大麻哈鱼、吉雨大麻哈鱼、亚利桑那大麻哈鱼、金腹大麻哈鱼)的鱼片	千克
	0304.8300	--冻比目鱼(鲽科、鲆科、舌鳎科、鳎科、菱鲆科、刺鲆科)的鱼片	千克
	0304.8400	--冻剑鱼的鱼片	千克
	0304.8500	--冻南极犬牙鱼(南极犬牙鱼属)的鱼片	千克
	0304.8600	--冻鲱鱼(大西洋鲱鱼、太平洋鲱鱼)的鱼片	千克
	0304.8700	--冻金枪鱼(金枪鱼属)、鲣鱼或狐鲣(鲣)的鱼片	千克

品 目	商品编码	商 品 名 称	计量单位
	0304.8800	--冻的角鲨、其他鲨鱼、魟鱼及鳐鱼(鳐科)的鱼片	千克
	0304.8900	--其他冻鱼片	千克
		-其他冻鱼肉(不论是否绞碎)：	
	0304.9100	--冻剑鱼鱼肉	千克
	0304.9200	--冻南极犬牙鱼(南极犬牙鱼属)鱼肉	千克
	0304.9300	--冻的罗非鱼(口孵非鲫属)、鲶鱼(鲑鲶属、鲶属、胡鲶属、真鮰属)、鲤科鱼(鲤属、鲫属、草鱼、鲢属、鲮属、青鱼、卡特拉鲃、野鲮属、哈氏纹唇鱼、何氏细须鲃、鲂属)、鳗鱼(鳗鲡属)、尼罗河鲈鱼(尼罗尖吻鲈)及黑鱼(鳢属)鱼肉	千克
	0304.9400	--冻狭鳕鱼鱼肉	千克
	0304.9500	--冻的犀鳕科、多丝真鳕科、鳕科、长尾鳕科、黑鳕科、无须鳕科、深海鳕科及南极鳕科鱼鱼肉,狭鳕鱼的除外	千克
	0304.9600	--冻的角鲨及其他鲨鱼鱼肉	千克
	0304.9700	--冻的魟鱼及鳐鱼(鳐科)鱼肉	千克
	0304.9900	--其他冻鱼肉	千克
03.05		**干、盐腌或盐渍的鱼；熏鱼,不论在熏制前或熏制过程中是否烹煮；适合供人食用的鱼的细粉、粗粉及团粒：**	
	0305.1000	-适合供人食用的鱼的细粉、粗粉及团粒	千克
	0305.2000	-干、熏、盐腌或盐渍的鱼肝、鱼卵及鱼精	千克
		-干、盐腌或盐渍的鱼片,但熏制的除外：	
	0305.3100	--干、盐腌或盐渍的罗非鱼(口孵非鲫属)、鲶鱼(鲑鲶属、鲶属、胡鲶属、真鮰属)、鲤科鱼(鲤属、鲫属、草鱼、鲢属、鲮属、青鱼、卡特拉鲃、野鲮属、哈氏纹唇鱼、何氏细须鲃、鲂属)、鳗鱼(鳗鲡属)、尼罗河鲈鱼(尼罗尖吻鲈)及黑鱼(鳢属)的鱼片	千克
	0305.3200	--干、盐腌或盐渍犀鳕科、多丝真鳕科、鳕科、长尾鳕科、黑鳕科、无须鳕科、深海鳕科及南极鳕科鱼的鱼片	千克
	0305.3900	--其他干、盐腌或盐渍的鱼片	千克
		-熏鱼,包括鱼片,但食用杂碎除外：	
		--熏大麻哈鱼[红大麻哈鱼、细鳞大麻哈鱼、大麻哈鱼(种)、大鳞大麻哈鱼、银大麻哈鱼、马苏大麻哈鱼、玫瑰大麻哈鱼]、熏大西洋鲑鱼及多瑙哲罗鱼：	
	0305.4110	---熏大西洋鲑鱼	千克
	0305.4120	---熏大麻哈鱼及多瑙哲罗	千克
	0305.4200	--熏鲱鱼(大西洋鲱鱼、太平洋鲱鱼)	千克

品 目	商品编码	商 品 名 称	计量单位
	0305.4300	--熏鳟鱼(河鳟、虹鳟、克拉克大麻哈鱼、阿瓜大麻哈鱼、吉雨大麻哈鱼、亚利桑那大麻哈鱼、金腹大麻哈鱼)	千克
	0305.4400	--熏的罗非鱼(口孵非鲫属)、鲶鱼(鲿鲶属、鲶属、胡鲶属、真鮰属)、鲤科鱼(鲤属、鲫属、草鱼、鲢属、鲮属、青鱼、卡特拉鲃、野鲮属、哈氏纹唇鱼、何氏细须鲃、鲂属)、鳗鱼(鳗鲡属)、尼罗河鲈鱼(尼罗尖吻鲈)及黑鱼(鳢属)	千克
	0305.4900	--其他熏鱼	千克
		-干鱼(不包括食用杂碎),不论是否盐腌,但熏制的除外:	
	0305.5100	--干鳕鱼(大西洋鳕鱼、格陵兰鳕鱼、太平洋鳕鱼)	千克
	0305.5200	--干的罗非鱼(口孵非鲫属)、鲶鱼(鲿鲶属、鲶属、胡鲶属、真鮰属)、鲤科鱼(鲤属、鲫属、草鱼、鲢属、鲮属、青鱼、卡特拉鲃、野鲮属、哈氏纹唇鱼、何氏细须鲃、鲂属)、鳗鱼(鳗鲡属)、尼罗河鲈鱼(尼罗尖吻鲈)及黑鱼(鳢属)	千克
	0305.5300	--干的犀鳕科、多丝真鳕科、鳕科、长尾鳕科、黑鳕科、无须鳕科、深海鳕科及南极鳕科鱼,鳕鱼(大西洋鳕鱼、格陵兰鳕鱼、太平洋鳕鱼)除外	千克
	0305.5400	--干的鲱鱼(大西洋鲱鱼、太平洋鲱鱼)、鳀鱼(鳀属)、沙丁鱼(沙丁鱼、沙瑙鱼属)、小沙丁鱼属、黍鲱或西鲱、鲭鱼[大西洋鲭、澳洲鲭(鲐)、日本鲭(鲐)]、印度鲭(羽鳃鲐属)、马鲛鱼(马鲛属)、对称竹荚鱼、新西兰竹荚鱼及竹荚鱼(竹荚鱼属)、鲹鱼(鲹属)、军曹鱼、银鲳(鲳属)、秋刀鱼、圆鲹(圆鲹属)、多春鱼(毛鳞鱼)、剑鱼、鲔鱼、狐鲣(狐鲣属)、枪鱼 、旗鱼、四鳍旗鱼(旗鱼科)	千克
		--其他:	
	0305.5910	---干的海龙、海马	千克
	0305.5990	---其他干鱼	千克
		-盐腌及盐渍的鱼(不包括食用杂碎),但干或熏制的除外:	
	0305.6100	--盐腌及盐渍的鲱鱼(大西洋鲱鱼、太平洋鲱鱼)	千克
	0305.6200	--盐腌及盐渍的鳕鱼(大西洋鳕鱼、格陵兰鳕鱼、太平洋鳕鱼)	千克
	0305.6300	--盐腌及盐渍的鳀鱼(鳀属)	千克

品　目	商品编码	商　　品　　名　　称	计量单位
	0305.6400	--盐腌及盐渍的罗非鱼(口孵非鲫属)、鲶鱼(𩷶鲶属、鲶属、胡鲶属、真鮰属)、鲤科鱼(鲤属、鲫属、草鱼、鲢属、鲮属、青鱼、卡特拉鲃、野鲮属、哈氏纹唇鱼、何氏细须鲃、鲂属)、鳗鱼(鳗鲡属)、尼罗河鲈鱼(尼罗尖吻鲈)及黑鱼(鳢属)	千克
		--其他盐腌及盐渍的鱼:	
	0305.6910	---盐腌及盐渍的带鱼	千克
	0305.6920	---盐腌及盐渍的黄鱼	千克
	0305.6930	---盐腌及盐渍的鲳鱼	千克
	0305.6990	---未列名盐腌及盐渍的鱼	千克
		-鱼鳍、鱼头、鱼尾、鱼鳔及其他可食用杂碎:	
	0305.7100	--鲨鱼翅	千克
	0305.7200	--鱼头、鱼尾、鱼鳔	千克
	0305.7900	--其他鱼鳍及其他可食用杂碎	千克
03.06		**带壳或去壳的甲壳动物,活、鲜、冷、冻、干、盐腌或盐渍的;熏制的带壳或去壳甲壳动物,不论在熏制前或熏制过程中是否烹煮;蒸过或用水煮过的带壳甲壳动物,不论是否冷、冻、干、盐腌或盐渍的;适合供人食用的甲壳动物的细粉、粗粉及团粒:**	
		-冻的:	
	0306.1100	--冻的岩礁虾和其他龙虾(真龙虾属、龙虾属、岩龙虾属)	千克
	0306.1200	--冻螯龙虾(螯龙虾属)	千克
		--冻蟹:	
	0306.1410	---冻梭子蟹	千克
	0306.1490	---其他冻蟹	千克
	0306.1500	--冻挪威海螯虾	千克
		--冻冷水小虾及对虾(长额虾属、褐虾):	
		---冻冷水小虾:	
	0306.1611	----冻冷水小虾仁	千克
	0306.1612	----其他冻北方长额小虾	千克
	0306.1619	----其他冻冷水小虾	千克
		---冻冷水对虾:	
	0306.1621	----冻冷水对虾仁	千克
	0306.1629	----其他冻冷水对虾	千克
		--其他冻小虾及对虾(长额虾属、褐虾):	
		---冻小虾:	

品 目	商品编码	商 品 名 称	计量单位
	0306.1711	----其他冻小虾仁	千克
	0306.1719	----其他冻小虾	千克
		---冻对虾:	
	0306.1721	----其他冻对虾仁	千克
	0306.1729	----其他冻对虾	千克
		--其他冻甲壳动物,包括适合供人食用的甲壳动物的细粉、粗粉及团粒:	
		---冻淡水小龙虾:	
	0306.1911	----冻淡水小龙虾仁	千克
	0306.1919	----其他冻淡水小龙虾	千克
	0306.1990	---其他冻甲壳动物,包括适合供人食用的甲壳动物的细粉、粗粉及团粒	千克
		-活、鲜或冷的:	
		--岩礁虾及其他龙虾(真龙虾属、龙虾属、岩龙虾属):	
	0306.3110	---岩礁虾和其他龙虾(真龙虾属、龙虾属、岩龙虾属)种苗	千克
	0306.3190	---其他活、鲜或冷的岩礁虾和其他龙虾(真龙虾属、龙虾属、岩龙虾属)	千克
		--螯龙虾(螯龙虾属):	
	0306.3210	---螯龙虾(螯龙虾属)种苗	千克
	0306.3290	---其他活、鲜或冷的螯龙虾(螯龙虾属)	千克
		--蟹:	
	0306.3310	---蟹种苗	千克
		---其他:	
	0306.3391	----活、鲜或冷的中华绒螯蟹	千克
	0306.3392	----活、鲜或冷的梭子蟹	千克
	0306.3399	----其他活、鲜或冷的蟹	千克
		--挪威海螯虾:	
	0306.3410	---挪威海螯虾种苗	千克
	0306.3490	---其他活、鲜或冷的挪威海螯虾	千克
		--冷水小虾及对虾(长额虾属、褐虾):	
	0306.3510	---冷水小虾种苗及冷水对虾种苗	千克
	0306.3520	---其他鲜、冷的冷水对虾	千克
	0306.3590	---其他活的冷水对虾及活、鲜或冷的冷水小虾	千克
		--其他小虾及对虾,冷水除外:	
	0306.3610	---其他小虾种苗及对虾种苗	千克

品　目	商品编码	商　品　名　称	计量单位
	0306.3620	－－－其他鲜、冷的对虾	千克
	0306.3690	－－－其他活的对虾及活、鲜或冷的小虾	千克
		－－其他活、鲜或冷的甲壳动物，包括适合供人食用的甲壳动物的细粉、粗粉及团粒：	
	0306.3910	－－－其他甲壳动物的种苗	千克
	0306.3990	－－－未列名活、鲜或冷的甲壳动物，包括适合供人食用的甲壳动物的细粉、粗粉及团粒	千克
		－本品目所列其他方法加工的甲壳动物：	
	0306.9100	－－本品目所列其他方法加工的岩礁虾及其他龙虾（真龙虾属、龙虾属、岩龙虾属）	千克
	0306.9200	－－本品目所列其他方法加工的螯龙虾（螯龙虾属）	千克
		－－本品目所列其他方法加工的蟹：	
	0306.9310	－－－本品目所列其他方法加工的中华绒螯蟹	千克
	0306.9320	－－－本品目所列其他方法加工的梭子蟹	千克
	0306.9390	－－－本品目所列其他方法加工的其他蟹	千克
	0306.9400	－－本品目所列其他方法加工的挪威海螯虾	千克
		－－本品目所列其他方法加工的小虾及对虾：	
	0306.9510	－－－本品目所列其他方法加工的冷水小虾及对虾（长额虾属、褐虾）	千克
	0306.9590	－－－本品目所列其他方法加工的其他小虾及对虾	千克
	0306.9900	－－本品目所列其他方法加工的未列名甲壳动物，包括适合供人食用的甲壳动物的细粉、粗粉及团粒	千克
03.07		**带壳或去壳的软体动物，活、鲜、冷、冻、干、盐腌或盐渍的；熏制的带壳或去壳软体动物，不论在熏制前或熏制过程中是否烹煮；适合供人食用的软体动物的细粉、粗粉及团粒：**	
		－牡蛎（蚝）：	
		－－活、鲜或冷的：	
	0307.1110	－－－牡蛎（蚝）种苗	千克
	0307.1190	－－－其他活、鲜或冷的牡蛎（蚝）	千克
	0307.1200	－－冻的牡蛎（蚝）	千克
	0307.1900	－－干、盐腌、盐渍或熏制的牡蛎（蚝）	千克
		－扇贝，包括海扇：	
		－－活、鲜或冷的扇贝：	
	0307.2110	－－－扇贝种苗	千克
	0307.2190	－－－其他活、鲜、冷的扇贝	千克

品 目	商品编码	商 品 名 称	计量单位
	0307.2200	--冻的扇贝	千克
	0307.2900	--干、盐腌、盐渍或熏制的扇贝	千克
		-贻贝:	
		--活、鲜或冷的:	
	0307.3110	---贻贝种苗	千克
	0307.3190	---其他活、鲜、冷的贻贝	千克
	0307.3200	--冻的贻贝	千克
	0307.3900	--干、盐腌、盐渍或熏制的贻贝	千克
		-墨鱼及鱿鱼:	
		--活、鲜或冷的:	
	0307.4210	---墨鱼及鱿鱼种苗	千克
		---其他:	
	0307.4291	----其他活、鲜或冷的墨鱼(乌贼属、巨粒僧头乌贼、耳乌贼属)及鱿鱼(柔鱼属、枪乌贼属、双柔鱼属、拟乌贼属)	千克
	0307.4299	----未列名活、鲜或冷的墨鱼及鱿鱼	千克
		--冻的:	
	0307.4310	---冻的墨鱼(乌贼属、巨粒僧头乌贼、耳乌贼属)及鱿鱼(柔鱼属、枪乌贼属、双柔鱼属、拟乌贼属)	千克
	0307.4390	---其他冻的墨鱼及鱿鱼	千克
		--干、盐腌、盐渍或熏制的:	
	0307.4910	---干、盐腌、盐渍或熏制的墨鱼(乌贼属、巨粒僧头乌贼、耳乌贼属)及鱿鱼(柔鱼属、枪乌贼属、双柔鱼属、拟乌贼属)	千克
	0307.4990	---其他干、盐腌、盐渍或熏制的墨鱼及鱿鱼	千克
		-章鱼:	
	0307.5100	--活、鲜或冷的章鱼	千克
	0307.5200	--冻的章鱼	千克
	0307.5900	--干、盐腌、盐渍或熏制的章鱼	千克
		-蜗牛及螺,海螺除外:	
	0307.6010	---蜗牛及螺种苗,海螺除外	千克
	0307.6090	---其他活、鲜、冷、冻、干、盐腌、盐渍或熏制的蜗牛及螺	千克
		-蛤、鸟蛤及舟贝(蚶科、北极蛤科、鸟蛤科、斧蛤科、缝栖蛤科、蛤蜊科、中带蛤科、海螂科、双带蛤科、截蛏科、竹蛏科、砗磲科、帘蛤科):	
		--活、鲜或冷的:	

品　目	商品编码	商　品　名　称	计量单位
	0307.7110	---蛤、鸟蛤及舟贝的种苗(蚶科、北极蛤科、鸟蛤科、斧蛤科、缝栖蛤科、蛤蜊科、中带蛤科、海螂科、双带蛤科、截蛏科、竹蛏科、砗磲科、帘蛤科)	千克
		---其他:	
	0307.7191	----其他活、鲜或冷的蛤	千克
	0307.7199	----其他活、鲜或冷的鸟蛤及舟贝(蚶科、北极蛤科、鸟蛤科、斧蛤科、缝栖蛤科、蛤蜊科、中带蛤科、海螂科、双带蛤科、截蛏科、竹蛏科、砗磲科、帘蛤科)	千克
	0307.7200	--冻的蛤、鸟蛤及舟贝(蚶科、北极蛤科、鸟蛤科、斧蛤科、缝栖蛤科、蛤蜊科、中带蛤科、海螂科、双带蛤科、截蛏科、竹蛏科、砗磲科、帘蛤科)	千克
	0307.7900	--干、盐腌、盐渍或熏制的蛤、鸟蛤及舟贝(蚶科、北极蛤科、鸟蛤科、斧蛤科、缝栖蛤科、蛤蜊科、中带蛤科、海螂科、双带蛤科、截蛏科、竹蛏科、砗磲科、帘蛤科)	千克
		-鲍鱼(鲍属)及凤螺(凤螺属):	
		--活、鲜或冷的鲍鱼(鲍属):	
	0307.8110	---鲍鱼(鲍属)种苗	千克
	0307.8190	---其他活、鲜或冷的鲍鱼(鲍属)	千克
		--活、鲜或冷的凤螺(凤螺属):	
	0307.8210	---凤螺(凤螺属)种苗	千克
	0307.8290	---其他活、鲜或冷的凤螺(凤螺属)	千克
	0307.8300	--冻的鲍鱼(鲍属)	千克
	0307.8400	--冻的凤螺(凤螺属)	千克
	0307.8700	--干、盐腌、盐渍或熏制的鲍鱼(鲍属)	千克
	0307.8800	--干、盐腌、盐渍或熏制的凤螺(凤螺属)	千克
		-其他软体动物,包括适合供人食用的软体动物细粉、粗粉及团粒:	
		--活、鲜或冷的:	
	0307.9110	---其他软体动物的种苗	千克
	0307.9190	---未列名活、鲜、冷的软体动物	千克
	0307.9200	--未列名冻的软体动物	千克
	0307.9900	--未列名干、盐腌、盐渍或熏制的软体动物,包括适合供人食用的软体动物细粉、粗粉及团粒	千克

品目	商品编码	商品名称	计量单位
03.08		**不属于甲壳动物及软体动物的水生无脊椎动物,活、鲜、冷、冻、干、盐腌或盐渍的;熏制的不属于甲壳动物及软体动物的水生无脊椎动物,不论在熏制前或熏制过程中是否烹煮;适合供人食用的不属于甲壳动物及软体动物的水生无脊椎动物的细粉、粗粉及团粒:**	
		-海参(仿刺参、海参纲):	
		--活、鲜或冷的:	
	0308.1110	---海参(仿刺参、海参纲)种苗	千克
	0308.1190	---其他活、鲜或冷的海参(仿刺参、海参纲)	千克
	0308.1200	--冻的海参(仿刺参、海参纲)	千克
	0308.1900	--干、盐腌、盐渍或熏制的海参(仿刺参、海参纲)	千克
		-海胆(球海胆属、拟球海胆、智利海胆、食用正海胆):	
		--活、鲜或冷的:	
	0308.2110	---海胆(球海胆属、拟球海胆、智利海胆、食用正海胆)种苗	千克
	0308.2190	---其他活、鲜或冷的海胆(球海胆属、拟球海胆、智利海胆、食用正海胆)	千克
	0308.2200	--冻的海胆(球海胆属、拟球海胆、智利海胆、食用正海胆)	千克
	0308.2900	--干、盐腌、盐渍或熏制的海胆(球海胆属、拟球海胆、智利海胆、食用正海胆)	千克
		-海蜇(海蜇属):	
		---活、鲜或冷的:	
	0308.3011	----海蜇(海蜇属)种苗	千克
	0308.3019	----其他活、鲜或冷的海蜇(海蜇属)	千克
	0308.3090	---冻、干、盐腌、盐渍或熏制的海蜇(海蜇属)	千克
		-其他水生无脊椎动物;适合供人食用的不属于甲壳动物及软体动物的水生无脊椎动物的细粉、粗粉及团粒:	
		---活、鲜或冷的:	
	0308.9011	----其他不属于甲壳动物及软体动物的水生无脊椎动物种苗	千克
	0308.9012	----其他活、鲜或冷的沙蚕	千克
	0308.9019	----未列名活、鲜或冷的不属于甲壳动物及软体动物的水生无脊椎动物	千克

品　目	商品编码	商　品　名　称	计量单位
	0308.9090	---其他冻、干、盐腌、盐渍或熏制的不属于甲壳动物及软体动物的水生无脊椎动物；适合供人食用的不属于甲壳动物及软体动物的水生无脊椎动物的细粉、粗粉及团粒	千克

第四章 乳品；蛋品；天然蜂蜜；其他食用动物产品

注释：

1. 所称“乳”，是指全脂乳及半脱脂或全脱脂的乳。
2. 品目 04.05 所称：
   (1)“黄油”，指从乳中提取的天然黄油，乳清黄油及调制黄油（淡的，加盐或酸败的，包括罐装黄油），按重量计乳脂含量在 80%及以上，但不超过 95%，乳的无脂固形物最大含量不超过 2%，以及水的最大含量不超过 16%，黄油中不含添加的乳化剂，但可含有氯化钠、食用色素、中和盐及无害乳酸菌的培养物；
   (2)“乳酱”，是一种油包水型可涂抹的乳状物，乳脂是该制品所含的唯一的脂肪，按重量计其含量在 39%及以上，但小于 80%。
3. 乳清经浓缩并加入乳或乳脂制成的产品，若同时具有下列三种特性，则视为乳酪归入品目04.06：
   (1)按干重计乳脂含量在 5%及以上的；
   (2)按重量计干质成分至少为 70%，但不超过 85%的；
   (3)已成形或可以成形的。
4. 本章不包括：
   (1)按重量计乳糖含量（以干燥无水乳糖计）超过 95%的乳清制品（品目 17.02）；
   (2)以一种物质（例如，油酸脂）代替乳中一种或多种天然成分（例如，丁酸脂）而制得的产品（品目 19.01 或 21.06）；
   (3)白蛋白（包括按重量计干质成分的乳清蛋白含量超过 80%的两种或两种以上的乳清蛋白浓缩物）（品目 35.02）及球蛋白（品目 35.04）。

子目注释：

1. 子目 0404.10 所称“改性乳清”，是指由乳清成分构成的制品，即全部或部分去除乳糖、蛋白或矿物质的乳清、加入天然乳清成分的乳清及由混入天然乳清成分制成的产品。
2. 子目 0405.10 所称“黄油”不包括脱水黄油及印度酥油（子目 0405.90）。

品目	商品编码	商品名称	计量单位
04.01		**未浓缩及未加糖或其他甜物质的乳及奶油：**	
	0401.1000	-未浓缩及未加糖或其他甜物质的乳及奶油，含脂量不超过 1%	千克
	0401.2000	-未浓缩及未加糖或其他甜物质的乳及奶油，含脂量超过 1%，但不超过 6%	千克

品　目	商品编码	商　品　名　称	计量单位
	0401.4000	-未浓缩及未加糖或其他甜物质的乳及奶油，含脂量超过6%，但不超过10%	千克
	0401.5000	-未浓缩及未加糖或其他甜物质的乳及奶油，含脂量超过10%	千克
04.02		**浓缩、加糖或其他甜物质的乳及奶油：**	
	0402.1000	-粉状、粒状或其他固状乳及奶油，含脂量不超过1.5%	千克
		-粉状、粒状或其他固体状乳及奶油，含脂量超过1.5%：	
	0402.2100	--粉状、粒状或其他固状乳及奶油，含脂量超过1.5%，未加糖或其他甜物质	千克
	0402.2900	--粉状、粒状或其他固状乳及奶油，含脂量超过1.5%，加糖或其他甜物质	千克
		-其他：	
	0402.9100	--非固状乳及奶油，未加糖或其他甜物质	千克
	0402.9900	--非固状乳及奶油，加糖或其他甜物质	千克
04.03		**酪乳、结块的乳及奶油、酸乳、酸乳酒及其他发酵或酸化的乳和奶油，不论是否浓缩、加糖、加其他甜物质、加香料、加水果、加坚果或加可可：**	
	0403.1000	-酸乳	千克
	0403.9000	-其他酪乳、结块的乳及奶油、酸乳酒及其他发酵或酸化的乳和奶油	千克
04.04		**乳清，不论是否浓缩、加糖或其他甜物质；其他品目未列名的含天然乳的产品，不论是否加糖或其他甜物质：**	
	0404.1000	-乳清及改性乳清，不论是否浓缩、加糖或其他甜物质	千克
	0404.9000	-未列名含天然乳产品，不论是否加糖或其他甜物质	千克
04.05		**黄油及其他从乳中提取的脂和油；乳酱：**	
	0405.1000	-黄油	千克
	0405.2000	-乳酱	千克
	0405.9000	-其他	千克
04.06		**乳酪及凝乳：**	
	0406.1000	-鲜乳酪（未熟化或未固化的）包括乳清乳酪；凝乳	千克
	0406.2000	-各种磨碎或粉化的乳酪	千克
	0406.3000	-经加工的乳酪（但磨碎或粉化的除外）	千克
	0406.4000	-蓝纹乳酪和娄地青霉生产的带纹理的其他乳酪	千克
	0406.9000	-其他乳酪	千克
04.07		**带壳禽蛋，鲜、腌制或煮过的：**	
		-孵化用受精禽蛋：	

品 目	商品编码	商 品 名 称	计量单位
	0407.1100	--孵化用受精鸡蛋	千克/个
	0407.1900	--其他孵化用受精禽蛋	千克/个
		-其他鲜蛋：	
	0407.2100	--鲜鸡蛋	千克/个
	0407.2900	--其他鲜禽蛋	千克/个
		-其他：	
	0407.9010	---咸蛋	千克/个
	0407.9020	---皮蛋	千克/个
	0407.9090	---未列名腌制或煮过的带壳禽蛋	千克/个
04.08		**去壳禽蛋及蛋黄，鲜、干、冻、蒸过或水煮、制成形或用其他方法保藏的，不论是否加糖或其他甜物质：**	
		-蛋黄：	
	0408.1100	--干蛋黄	千克
	0408.1900	--其他蛋黄	千克
		-其他：	
	0408.9100	--干去壳禽蛋	千克
	0408.9900	--其他去壳禽蛋	千克
04.09		**天然蜂蜜：**	
	0409.0000	天然蜂蜜	千克
04.10		**其他处未列名的食用动物产品：**	
	0410.0010	---燕窝	千克
		---蜂产品：	
	0410.0041	----鲜蜂王浆	千克
	0410.0042	----鲜蜂王浆粉	千克
	0410.0043	----蜂花粉	千克
	0410.0049	----其他蜂产品	千克
	0410.0090	---未列名食用动物产品	千克

第五章　其他动物产品

注释：

1. 本章不包括：

　(1)食用产品(整个或切块的动物肠、膀胱和胃,以及液态或干制的动物血除外)；

　(2)生皮或毛皮(第四十一章、第四十三章),但品目05.05的货品及品目05.11的生皮或毛皮的边角废料仍归入本章；

　(3)马毛及废马毛以外的动物纺织原料(第十一类)；

　(4)供制帚、制刷用的成束、成簇的材料(品目96.03)。

2. 仅按长度而未按发根和发梢整理的人发,视为未加工品,归入品目05.01。

3. 本目录所称“兽牙”,是指象、河马、海象、一角鲸和野猪的长牙、犀角及其他动物的牙齿。

4. 本目录所称“马毛”,是指马科、牛科动物的鬃毛和尾毛。品目05.11主要包括马毛及废马毛,不论是否制成带衬垫或不带衬垫的毛片。

品　目	商品编码	商　品　名　称	计量单位
05.01		**未经加工的人发,不论是否洗涤；废人发：**	
	0501.0000	未经加工的人发,不论是否洗涤；废人发	千克
05.02		**猪鬃、猪毛；獾毛及其他制刷用兽毛；上述鬃毛的废料：**	
		-猪鬃、猪毛及其废料：	
	0502.1010	---猪鬃	千克
	0502.1020	---猪毛	千克
	0502.1030	---猪鬃或猪毛的废料	千克
		-其他：	
		---獾毛及其他制刷用兽毛：	
	0502.9011	----制刷用山羊毛	千克
	0502.9012	----制刷用黄鼠狼尾毛	千克
	0502.9019	----未列名制刷用兽毛	千克
	0502.9020	---獾毛及其他制刷用兽毛的废料	千克
05.04		**整个或切块的动物(鱼除外)的肠、膀胱及胃,鲜、冷、冻、干、熏、盐腌及盐渍的：**	
		---肠衣：	
	0504.0011	----盐渍猪肠衣(猪大肠头除外)	千克
	0504.0012	----盐渍绵羊肠衣	千克
	0504.0013	----盐渍山羊肠衣	千克

品　目	商品编码	商　品　名　称	计量单位
	0504.0014	----盐渍猪大肠头	千克
	0504.0019	----其他动物肠衣	千克
		---胃:	
	0504.0021	----冷、冻的鸡肫	千克
	0504.0029	----其他动物的胃	千克
	0504.0090	---其他动物肠、膀胱及胃,整个或切块	千克
05.05		**带有羽毛或羽绒的鸟皮及鸟体其他部分;羽毛及不完整羽毛(不论是否修边)、羽绒,仅经洗涤、消毒或为了保藏而作过处理,但未经进一步加工;羽毛或不完整羽毛的粉末及废料:**	
	0505.1000	-填充用羽毛;羽绒	千克
		-其他:	
	0505.9010	---羽毛或不完整羽毛的粉末及废料	千克
	0505.9090	---其他羽毛;带有羽毛或羽绒的鸟皮及鸟体其他部分	千克
05.06		**骨及角柱,未经加工或经脱脂、简单整理(但未切割成形)、酸处理或脱胶;上述产品的粉末及废料:**	
	0506.1000	-经酸处理的骨胶原及骨	千克
		-其他:	
		---骨粉及骨废料:	
	0506.9011	----含牛羊成分的骨粉及骨废料	千克
	0506.9019	----其他骨粉及骨废料	千克
	0506.9090	---其他未经加工或经脱脂等加工的骨及角柱	千克
05.07		**兽牙、龟壳、鲸须、鲸须毛、角、鹿角、蹄、甲、爪及喙,未经加工或仅简单整理但未切割成形;上述产品的粉末及废料:**	
	0507.1000	-兽牙;兽牙粉末及废料	千克
		-其他:	
	0507.9010	---羚羊角及其粉末和废料	千克
	0507.9020	---鹿茸及其粉末	千克
	0507.9090	---龟壳、鲸须、鲸须毛、其他兽角、蹄、甲、爪及喙;上述产品的粉末及废料	千克
05.08		**珊瑚及类似品,未经加工或仅简单整理但未经进一步加工;软体动物壳、甲壳动物壳、棘皮动物壳、墨鱼骨,未经加工或仅简单整理但未切割成形,上述壳、骨的粉末及废料:**	

品 目	商品编码	商 品 名 称	计量单位
	0508.0010	---软体、甲壳或棘皮动物壳及墨鱼骨的粉末及废料	千克
	0508.0090	---珊瑚及类似品;软体、甲壳或棘皮动物壳、墨鱼骨	千克
05.10		**龙涎香、海狸香、灵猫香及麝香;斑蝥;胆汁,不论是否干制;供配制药用的腺体及其他动物产品,鲜、冷、冻或用其他方法暂时保藏的:**	
	0510.0010	---黄药	千克
	0510.0020	---龙涎香、海狸香、灵猫香	千克
	0510.0030	---麝香	千克
	0510.0040	---斑蝥	千克
	0510.0090	---未列名配药用腺体及其他动物产品	千克
05.11		**其他处未列名的动物产品;不适合供人食用的第一章或第三章的死动物:**	
	0511.1000	-牛的精液	千克
		-其他:	
		--鱼、甲壳动物、软体动物及其他水生无脊椎动物的产品;第三章的死动物:	
		---鱼产品:	
	0511.9111	----受精鱼卵	千克
	0511.9119	----其他鱼产品	千克
	0511.9190	---未列名甲壳动物、软体动物及其他水生无脊椎动物的产品;第三章的死动物	千克
		--其他:	
	0511.9910	---动物精液(牛的精液除外)	千克
	0511.9920	---动物胚胎	千克
	0511.9930	---蚕种	千克
	0511.9940	---马毛及废马毛,不论是否制成有或无衬垫的毛片	千克
	0511.9990	---其他编码未列名动物产品;不适合供人食用的第一章的死动物	千克

第二类 植物产品

注释：

1. 本类所称“团粒”，是指直接挤压或加入按重量计比例不超过3%的黏合剂制成的粒状产品。

第六章 活树及其他活植物；鳞茎、根及类似品；插花及装饰用簇叶

注释：

1. 除品目06.01的菊苣植物及其根以外，本章只包括通常由苗圃或花店供应为种植或装饰用的活树及其他货品（包括植物秧苗）；但不包括马铃薯、洋葱、青葱、大蒜及其他第七章的产品。
2. 品目06.03、06.04的各种货品，包括全部或部分用这些货品制成的花束、花篮、花圈及类似品，不论是否有其他材料制成的附件。但这些货品不包括品目97.01的拼贴画或类似的装饰板。

品 目	商品编码	商 品 名 称	计量单位
06.01		**鳞茎、块茎、块根、球茎、根颈及根茎，休眠、生长或开花的；菊苣植物及其根，但品目12.12的根除外：**	
		-休眠的鳞茎、块茎、块根、球茎、根颈及根茎：	
	0601.1010	---番红花球茎	个/千克
		---百合球茎：	
	0601.1021	----种用百合球茎	个/千克
	0601.1029	----其他百合球茎	个/千克
		---其他：	
	0601.1091	----种用休眠的鳞茎、块茎、块根、球茎、根颈及根茎	个/千克
	0601.1099	----未列名休眠的鳞茎、块茎、块根、球茎、根颈及根茎	个/千克
	0601.2000	-生长或开花的鳞茎、块茎、块根、球茎、根颈及根茎；菊苣植物及其根	个/千克
06.02		**其他活植物（包括其根）、插枝及接穗；蘑菇菌丝：**	
	0602.1000	-无根插枝及接穗植物	株/千克
		-食用水果或食用坚果的树、灌木，不论是否嫁接：	

品　目	商品编码	商　品　名　称	计量单位
	0602.2010	---食用水果或坚果种用苗木	株/千克
	0602.2090	---食用水果或坚果树、灌木，种用除外	株/千克
		-杜鹃，不论是否嫁接：	
	0602.3010	---种用杜鹃	株/千克
	0602.3090	---其他杜鹃	株/千克
		-玫瑰，不论是否嫁接：	
	0602.4010	---种用玫瑰	株/千克
	0602.4090	---其他玫瑰	株/千克
		-其他：	
	0602.9010	---蘑菇菌丝	千克
		---其他：	
	0602.9091	----其他种用苗木	株/千克
	0602.9092	----兰花，种用除外	株/千克
	0602.9093	----菊花，种用除外	株/千克
	0602.9094	----百合，种用除外	株/千克
	0602.9095	----康乃馨，种用除外	株/千克
	0602.9099	----未列名活植物	株/千克
06.03		**制花束或装饰用的插花及花蕾，鲜、干、染色、漂白、浸渍或用其他方法处理的：**	
		-鲜的制花束或装饰用的插花及花蕾：	
	0603.1100	--鲜的制花束或装饰用的玫瑰插花及花蕾	千克/枝
	0603.1200	--鲜的制花束或装饰用的康乃馨插花及花蕾	千克/枝
	0603.1300	--鲜的制花束或装饰用的兰花插花及花蕾	千克/枝
	0603.1400	--鲜的制花束或装饰用的菊花插花及花蕾	千克/枝
	0603.1500	--鲜的制花束或装饰用的百合花(百合属)插花及花蕾	千克/枝
	0603.1900	--其他鲜的制花束或装饰用的插花及花蕾	千克/枝
	0603.9000	-制花束或装饰用的插花及花蕾(鲜的除外)	千克/枝
06.04		**制花束或装饰用的不带花及花蕾的植物枝、叶或其他部分、草、苔藓及地衣，鲜、干、染色、漂白、浸渍或用其他方法处理的：**	
		-鲜的：	
	0604.2010	---鲜的苔藓及地衣	千克
	0604.2090	---鲜的制花束或装饰用的不带花及花蕾的植物枝、叶或其他部分、草	千克

品　目	商品编码	商　品　名　称	计量单位
		-其他：	
	0604.9010	---其他苔藓及地衣	千克
	0604.9090	---其他制花束或装饰用的不带花及花蕾的植物枝、叶或其他部分、草	千克

第七章　食用蔬菜、根及块茎

注释：

1. 本章不包括品目12.14的草料。
2. 品目07.09、07.10、07.11及07.12所称“蔬菜”，包括食用的蘑菇、块菌、油橄榄、刺山柑、菜葫芦、南瓜、茄子、甜玉米、辣椒、茴香菜、欧芹、细叶芹、龙蒿、水芹、甜茉乔栾那。
3. 品目07.12包括干制的归入品目07.01至07.11的各种蔬菜，但下列各项除外：
   (1)作蔬菜用的脱荚干豆(品目07.13)；
   (2)品目11.02至11.04所列形状的甜玉米；
   (3)马铃薯细粉、粗粉、粉末、粉片、颗粒及团粒(品目11.05)；
   (4)用品目07.13的干豆制成的细粉、粗粉及粉末(品目11.06)。
4. 本章不包括辣椒干及辣椒粉(品目09.04)。

品　目	商品编码	商　品　名　称	计量单位
07.01		**鲜或冷藏的马铃薯：**	
	0701.1000	-种用马铃薯	千克
	0701.9000	-鲜或冷藏的马铃薯，种用除外	千克
07.02		**鲜或冷藏的番茄：**	
	0702.0000	鲜或冷藏的番茄	千克
07.03		**鲜或冷藏的洋葱、青葱、大蒜、韭葱及其他葱属蔬菜：**	
		-鲜或冷藏的洋葱及青葱：	
	0703.1010	---鲜或冷藏的洋葱	千克
	0703.1020	---鲜或冷藏的青葱	千克
		-鲜或冷藏的大蒜：	
	0703.2010	---鲜或冷藏的蒜头	千克
	0703.2020	---鲜或冷藏的蒜薹及蒜苗(青蒜)	千克
	0703.2090	---其他鲜或冷藏的大蒜	千克
		-鲜或冷藏的韭葱及其他葱属蔬菜：	
	0703.9010	---鲜或冷藏的韭葱	千克
	0703.9020	---鲜或冷藏的大葱	千克
	0703.9090	---鲜或冷藏的其他葱属蔬菜	千克
07.04		**鲜或冷藏的卷心菜、菜花、球茎甘蓝、羽衣甘蓝及类似的食用芥菜类蔬菜：**	
	0704.1000	-鲜或冷藏的菜花及硬花甘蓝	千克
	0704.2000	-鲜或冷藏的抱子甘蓝	千克

品 目	商品编码	商 品 名 称	计量单位
		-其他鲜或冷藏的食用芥菜类蔬菜:	
	0704.9010	---鲜或冷藏的卷心菜	千克
	0704.9020	---鲜或冷藏的西兰花	千克
	0704.9090	---未列名鲜或冷藏的食用芥菜类蔬菜	千克
07.05		**鲜或冷藏的莴苣及菊苣:**	
		-莴苣:	
	0705.1100	--鲜或冷藏的结球莴苣(包心生菜)	千克
	0705.1900	--其他鲜或冷藏的莴苣	千克
		-菊苣:	
	0705.2100	--鲜或冷藏的维特罗夫菊苣	千克
	0705.2900	--其他鲜或冷藏的菊苣	千克
07.06		**鲜或冷藏的胡萝卜、萝卜、色拉甜菜根、婆罗门参、块根芹、小萝卜及类似的食用根茎:**	
	0706.1000	-鲜或冷藏的胡萝卜及萝卜	千克
	0706.9000	-其他鲜或冷藏的食用根茎	千克
07.07		**鲜或冷藏的黄瓜及小黄瓜:**	
	0707.0000	鲜或冷藏的黄瓜及小黄瓜	千克
07.08		**鲜或冷藏的豆类蔬菜,不论是否脱荚:**	
	0708.1000	-鲜或冷藏的豌豆	千克
	0708.2000	-鲜或冷藏的豇豆及菜豆	千克
	0708.9000	-其他鲜或冷藏的豆类蔬菜	千克
07.09		**鲜或冷藏的其他蔬菜:**	
	0709.2000	-鲜或冷藏的芦笋	千克
	0709.3000	-鲜或冷藏的茄子	千克
	0709.4000	-鲜或冷藏的芹菜(块根芹除外)	千克
		-蘑菇及块菌:	
	0709.5100	--鲜或冷藏的伞菌属蘑菇	千克
		--鲜或冷藏的其他蘑菇及块菌:	
	0709.5910	---鲜或冷藏的松茸	千克
	0709.5920	---鲜或冷藏的香菇	千克
	0709.5930	---鲜或冷藏的金针菇	千克
	0709.5940	---鲜或冷藏的草菇	千克
	0709.5950	---鲜或冷藏的口蘑	千克
	0709.5960	---鲜或冷藏的块菌	千克
	0709.5990	---其他鲜或冷藏的蘑菇	千克
	0709.6000	-鲜或冷藏的辣椒,包括甜椒	千克

品　目	商品编码	商　品　名　称	计量单位
	0709. 7000	-鲜或冷藏的菠菜	千克
		-其他蔬菜：	
	0709. 9100	--鲜或冷藏的洋蓟	千克
	0709. 9200	--鲜或冷藏的油橄榄	千克
	0709. 9300	--鲜或冷藏的南瓜、笋瓜及瓠瓜(南瓜属)	千克
		--其他：	
	0709. 9910	---鲜或冷藏的竹笋	千克
	0709. 9990	---未列名鲜或冷藏的蔬菜	千克
07. 10		**冷冻蔬菜(不论是否蒸煮)：**	
	0710. 1000	-冷冻马铃薯	千克
		-豆类蔬菜,不论是否脱荚：	
	0710. 2100	--冷冻豌豆	千克
		--冷冻豇豆及菜豆：	
	0710. 2210	---冷冻红小豆(赤豆)	千克
	0710. 2290	---冷冻豇豆及其他菜豆	千克
	0710. 2900	--其他冷冻豆类蔬菜	千克
	0710. 3000	-冷冻菠菜	千克
	0710. 4000	-冷冻甜玉米	千克
		-冷冻未列名蔬菜：	
	0710. 8010	---冷冻松茸	千克
	0710. 8020	---冷冻蒜薹及蒜苗(青蒜)	千克
	0710. 8030	---冷冻蒜头	千克
	0710. 8040	---冷冻牛肚菌	千克
	0710. 8090	---冷冻未列名蔬菜	千克
	0710. 9000	-冷冻什锦蔬菜	千克
07. 11		**暂时保藏(例如,使用二氧化硫气体、盐水、亚硫酸水或其他防腐液)的蔬菜,但不适于直接食用的：**	
	0711. 2000	-暂时保藏的油橄榄	千克
	0711. 4000	-暂时保藏的黄瓜及小黄瓜	千克
		-蘑菇及块菌：	
		--伞菌属蘑菇：	
		---盐水的：	
	0711. 5112	----盐水小白蘑菇	千克
	0711. 5119	----盐水的其他伞菌属蘑菇	千克
	0711. 5190	---其他暂时保藏的伞菌属蘑菇	千克
		--其他：	

品目	商品编码	商品名称	计量单位
		---盐水其他蘑菇及块菌:	
	0711.5911	----盐水松茸	千克
	0711.5919	----盐水其他蘑菇及块菌	千克
	0711.5990	---其他暂时保藏的蘑菇及块菌	千克
		-其他蔬菜;什锦蔬菜:	
		---盐水的:	
	0711.9031	----盐水竹笋	千克
	0711.9034	----盐水大蒜	千克
	0711.9039	----盐水的其他蔬菜及什锦蔬菜	千克
	0711.9090	---未列名暂时保藏的蔬菜及什锦蔬菜	千克
07.12		**干蔬菜,整个、切块、切片、破碎或制成粉状,但未经进一步加工的:**	
	0712.2000	-干洋葱	千克
		-蘑菇、木耳、银耳及块菌:	
	0712.3100	--干伞菌属蘑菇	千克
	0712.3200	--干木耳	千克
	0712.3300	--干银耳	千克
		--其他干蘑菇及块菌:	
	0712.3910	---干香菇	千克
	0712.3920	---干金针菇	千克
	0712.3950	---干牛肝菌	千克
		---其他:	
	0712.3991	----干羊肚菌	千克
	0712.3999	----未列名干磨菇及块菌	千克
		-其他蔬菜;什锦蔬菜:	
	0712.9010	---笋干丝	千克
	0712.9020	---紫萁(薇菜干)	千克
	0712.9030	---金针菜(黄花菜)	千克
	0712.9040	---蕨菜干	千克
	0712.9050	---干大蒜	千克
		---其他:	
	0712.9091	----干辣根	千克
	0712.9099	----未列名干蔬菜及什锦蔬菜	千克
07.13		**脱荚的干豆,不论是否去皮或分瓣:**	
		-干豌豆:	

品　目	商品编码	商　　品　　名　　称	计量单位
	0713.1010	---种用豌豆	千克
	0713.1090	---其他干豌豆	千克
		-干鹰嘴豆：	
	0713.2010	---种用鹰嘴豆	千克
	0713.2090	---其他干鹰嘴豆	千克
		-豇豆属及菜豆属：	
		--绿豆：	
	0713.3110	---种用绿豆	千克
	0713.3190	---其他绿豆	千克
		--红小豆(赤豆)：	
	0713.3210	---种用红小豆(赤豆)	千克
	0713.3290	---其他红小豆(赤豆)	千克
		--芸豆：	
	0713.3310	---种用芸豆	千克
	0713.3390	---其他干芸豆	千克
	0713.3400	--干巴姆巴拉豆	千克
	0713.3500	--干牛豆(豇豆)	千克
	0713.3900	--未列名豇豆属及菜豆属的干豆	千克
		-干扁豆：	
	0713.4010	---种用扁豆	千克
	0713.4090	---其他干扁豆	千克
		-干蚕豆：	
	0713.5010	---种用蚕豆	千克
	0713.5090	---其他干蚕豆	千克
		-木豆(木豆属)：	
	0713.6010	---种用木豆(木豆属)	千克
	0713.6090	---其他木豆(木豆属)	千克
		-其他脱荚干豆：	
	0713.9010	---种用其他脱荚干豆	千克
	0713.9090	---未列名脱荚干豆	千克
07.14		**鲜、冷、冻或干的木薯、竹芋、兰科植物块茎、菊芋、甘薯及含有高淀粉或菊粉的类似根茎，不论是否切片或制成团粒；西谷茎髓：**	
		-木薯：	

品 目	商品编码	商 品 名 称	计量单位
	0714.1010	---鲜木薯	千克
	0714.1020	---木薯干	千克
	0714.1030	---冷或冻的木薯	千克
		-甘薯:	
		---鲜甘薯:	
	0714.2011	----种用甘薯	千克
	0714.2019	----其他鲜甘薯	千克
	0714.2020	---甘薯干	千克
	0714.2030	---冷或冻甘薯	千克
	0714.3000	-山药	千克
	0714.4000	-芋头(芋属)	千克
	0714.5000	-箭叶黄体芋(黄肉芋属)	千克
		-其他:	
	0714.9010	---荸荠	千克
		---藕:	
	0714.9021	----种用藕	千克
	0714.9029	----其他藕	千克
	0714.9090	---鲜、冷、冻或干的竹芋、兰科植物块茎、菊芋及未列名含有高淀粉或菊粉的类似根茎;西谷茎髓	千克

第八章　食用水果及坚果；甜瓜或柑橘属水果的果皮

注释：

1. 本章不包括非供食用的坚果或水果。
2. 冷藏的水果和坚果应按相应的鲜果品目归类。
3. 本章的干果可以部分复水或为下列目的进行其他处理：

（1）为保藏或保持其稳定性（例如，经适度热处理或硫化处理、添加山梨酸或山梨酸钾）；

（2）改进或保持其外观（例如，添加植物油或少量葡萄糖浆）。

但必须保持干果的特征。

品　目	商品编码	商　品　名　称	计量单位
08.01		鲜或干的椰子、巴西果及腰果，不论是否去壳或去皮：	
		-椰子：	
	0801.1100	--椰子干	千克
	0801.1200	--未去内壳（内果皮）椰子	千克
		--其他椰子：	
	0801.1910	---种用椰子	千克
	0801.1990	---其他椰子	千克
		-巴西果：	
	0801.2100	--未去壳巴西果	千克
	0801.2200	--去壳巴西果	千克
		-腰果：	
	0801.3100	--未去壳腰果	千克
	0801.3200	--去壳腰果	千克
08.02		鲜或干的其他坚果，不论是否去壳或去皮：	
		-扁桃核及仁：	
	0802.1100	--未去壳扁桃核	千克
	0802.1200	--扁桃仁	千克
		-榛子：	
	0802.2100	--未去壳榛子	千克
	0802.2200	--榛子仁	千克
		-核桃：	
	0802.3100	--未去壳核桃	千克

品　目	商品编码	商　品　名　称	计量单位
	0802.3200	--核桃仁	千克
		-栗子:	
		--未去壳:	
	0802.4110	---未去壳板栗	千克
	0802.4190	---其他未去壳栗子	千克
		--去壳:	
	0802.4210	---去壳板栗	千克
	0802.4290	---其他去壳栗子	千克
		-阿月浑子果(开心果):	
	0802.5100	--未去壳阿月浑子果(开心果)	千克
	0802.5200	--去壳阿月浑子果(开心果)	千克
		-马卡达姆坚果(夏威夷果):	
		--未去壳:	
	0802.6110	---种用未去壳马卡达姆坚果(夏威夷果)	千克
	0802.6190	---其他未去壳马卡达姆坚果(夏威夷果)	千克
	0802.6200	--去壳马卡达姆坚果(夏威夷果)	千克
	0802.7000	-可乐果(可乐果属)	千克
	0802.8000	-槟榔果	千克
		-其他:	
	0802.9020	---白果	千克
	0802.9030	---松子仁	千克
	0802.9090	---未列名鲜或干坚果	千克
08.03		**鲜或干的香蕉,包括芭蕉:**	
	0803.1000	-鲜或干的芭蕉	千克
	0803.9000	-其他鲜或干的香蕉,芭蕉除外	千克
08.04		**鲜或干的椰枣、无花果、菠萝、鳄梨、番石榴、芒果及山竹果:**	
	0804.1000	-椰枣	千克
	0804.2000	-无花果	千克
	0804.3000	-菠萝	千克
	0804.4000	-鳄梨	千克
		-番石榴、芒果及山竹果:	
	0804.5010	---番石榴	千克

品 目	商品编码	商　品　名　称	计量单位
	0804. 5020	---芒果	千克
	0804. 5030	---山竹果	千克
08. 05		**鲜或干的柑橘属水果:**	
	0805. 1000	-橙	千克
		-柑橘(包括小蜜橘及萨摩蜜柑橘);克里曼丁橘、韦尔金橘及类似的杂交柑橘:	
		--柑橘(包括小蜜橘及萨摩蜜柑橘):	
	0805. 2110	---蕉柑	千克
	0805. 2190	---其他柑橘(包括小蜜橘及萨摩蜜柑橘)	千克
	0805. 2200	--克里曼丁橘	千克
	0805. 2900	--韦尔金橘及类似的杂交柑橘	千克
	0805. 4000	-葡萄柚,包括柚	千克
	0805. 5000	-柠檬及酸橙	千克
	0805. 9000	-未列名柑橘属水果	千克
08. 06		**鲜或干的葡萄:**	
	0806. 1000	-鲜葡萄	千克
	0806. 2000	-葡萄干	千克
08. 07		**鲜的甜瓜(包括西瓜)及木瓜:**	
		-甜瓜,包括西瓜:	
	0807. 1100	--鲜西瓜	千克
		--其他:	
	0807. 1910	---鲜哈密瓜	千克
	0807. 1920	---罗马甜瓜及加勒比甜瓜	千克
	0807. 1990	---其他鲜甜瓜	千克
	0807. 2000	-鲜木瓜	千克
08. 08		**鲜的苹果、梨及榅桲:**	
	0808. 1000	-鲜苹果	千克
		-鲜梨:	
	0808. 3010	---鲜鸭梨及雪梨	千克
	0808. 3020	---鲜香梨	千克
	0808. 3090	---其他鲜梨	千克
	0808. 4000	-鲜榅桲	千克
08. 09		**鲜的杏、樱桃、桃(包括油桃)、梅及李:**	
	0809. 1000	-鲜杏	千克
		-鲜樱桃:	

品 目	商品编码	商 品 名 称	计量单位
	0809.2100	--鲜欧洲酸樱桃	千克
	0809.2900	--其他鲜樱桃	千克
	0809.3000	-鲜桃,包括油桃	千克
	0809.4000	-鲜梅及李	千克
08.10		**其他鲜果:**	
	0810.1000	-鲜草莓	千克
	0810.2000	-鲜木莓、黑莓、桑椹及罗甘莓	千克
	0810.3000	-鲜黑、白或红的穗醋栗(加仑子)及醋栗	千克
	0810.4000	-鲜蔓越橘及越橘	千克
	0810.5000	-鲜猕猴桃	千克
	0810.6000	-鲜榴莲	千克
	0810.7000	-鲜柿子	千克
		-其他:	
	0810.9010	---鲜荔枝	千克
	0810.9030	---鲜龙眼	千克
	0810.9040	---鲜红毛丹	千克
	0810.9050	---鲜蕃荔枝	千克
	0810.9060	---鲜杨桃	千克
	0810.9070	---鲜莲雾	千克
	0810.9080	---鲜火龙果	千克
	0810.9090	---未列名鲜果	千克
08.11		**冷冻水果及坚果,不论是否蒸煮,加糖或其他甜物质:**	
	0811.1000	-冷冻草莓	千克
	0811.2000	-冷冻木莓、黑莓、桑葚、罗甘莓,以及黑、白或红的穗醋栗(加仑子)及醋栗	千克
		-其他冷冻水果及坚果:	
	0811.9010	---冷冻栗子,未去壳	千克
	0811.9090	---未列名冷冻水果及坚果	千克
08.12		**暂时保藏(例如,使用二氧化硫气体、盐水、亚硫酸水或其他防腐液)的水果及坚果,但不适于直接食用的:**	
	0812.1000	-暂时保藏的樱桃	千克
	0812.9000	-其他暂时保藏的水果及坚果	千克
08.13		**品目 08.01 至 08.06 以外的干果;本章的什锦坚果或干果:**	
	0813.1000	-杏干	千克
	0813.2000	-梅干及李干	千克

品　目	商品编码	商　品　名　称	计量单位
	0813.3000	-苹果干	千克
		-其他干果：	
	0813.4010	---龙眼干、肉	千克
	0813.4020	---柿饼	千克
	0813.4030	---红枣	千克
	0813.4040	---荔枝干	千克
	0813.4090	---未列名干果	千克
	0813.5000	-本章的什锦坚果或干果	千克
08.14		**柑橘属水果或甜瓜（包括西瓜）的果皮，鲜、冻、干或用盐水、亚硫酸水或其他防腐液暂时保藏的：**	
	0814.0000	柑橘属水果或甜瓜（包括西瓜）的果皮，鲜、冻、干或用盐水、亚硫酸水或其他防腐液暂时保藏的	千克

第九章　咖啡、茶、马黛茶及调味香料

注释：

1. 品目09.04至09.10所列产品的混合物，应按下列规定归类：
   (1)同一品目的两种或两种以上产品的混合物仍应归入该品目；
   (2)不同品目的两种或两种以上产品的混合物应归入品目09.10。

   品目09.04至09.10的产品[或上述(1)或(2)项的混合物]如添加了其他物质，只要所得的混合物保持了原产品的基本特性，其归类应不受影响。基本特性已经改变的，则不应归入本章；构成混合调味品的，应归入品目21.03。
2. 本章不包括荜澄茄椒或品目12.11的其他产品。

品　目	商品编码	商　品　名　称	计量单位
09.01		**咖啡，不论是否焙炒或浸除咖啡碱；咖啡豆荚及咖啡豆皮；含咖啡的咖啡代用品：**	
		-未焙炒的咖啡：	
	0901.1100	--未焙炒未浸除咖啡碱的咖啡	千克
	0901.1200	--未焙炒已浸除咖啡碱的咖啡	千克
		-已焙炒的咖啡：	
	0901.2100	--已焙炒未浸除咖啡碱的咖啡	千克
	0901.2200	--已焙炒已浸除咖啡碱的咖啡	千克
		-其他：	
	0901.9010	---咖啡壳及咖啡皮	千克
	0901.9020	---含咖啡的咖啡代用品	千克
09.02		**茶，不论是否加香料：**	
		-绿茶(未发酵)，内包装每件净重不超过3千克：	
	0902.1010	---花茶，内包装每件净重不超过3千克	千克
	0902.1090	---绿茶(花茶除外)，内包装每件净重不超过3千克	千克
		-其他绿茶(未发酵)：	
	0902.2010	---花茶，内包装每件净重超过3千克	千克
	0902.2090	---绿茶(花茶除外)，内包装每件净重超过3千克	千克
		-红茶(已发酵)及半发酵茶，内包装每件净重不超过3千克：	
	0902.3010	---乌龙茶，内包装每件净重不超过3千克	千克
	0902.3020	---普洱茶，内包装每件净重不超过3千克	千克

品　目	商品编码	商　品　名　称	计量单位
	0902.3090	---红茶(乌龙茶、普洱茶除外)及其他半发酵茶,内包装每件净重不超过3千克	千克
		-其他红茶(已发酵)及半发酵茶:	
	0902.4010	---乌龙茶,内包装每件净重超过3千克	千克
	0902.4020	---普洱茶,内包装每件净重超过3千克	千克
	0902.4090	---红茶(乌龙茶、普洱茶除外)及其他半发酵茶,内包装每件净重超过3千克	千克
09.03		**马黛茶:**	
	0903.0000	马黛茶	千克
09.04		**胡椒;辣椒干及辣椒粉:**	
		-胡椒:	
	0904.1100	--未磨胡椒	千克
	0904.1200	--已磨胡椒	千克
		-辣椒:	
	0904.2100	--未磨辣椒干	千克
	0904.2200	--已磨辣椒	千克
09.05		**香子兰豆:**	
	0905.1000	-未磨香子兰豆	千克
	0905.2000	-已磨香子兰豆	千克
09.06		**肉桂及肉桂花:**	
		-未磨肉桂及肉桂花:	
	0906.1100	--未磨锡兰肉桂	千克
	0906.1900	--其他未磨肉桂及肉桂花	千克
	0906.2000	-已磨肉桂及肉桂花	千克
09.07		**丁香(母丁香、公丁香及丁香梗):**	
	0907.1000	-未磨丁香(母丁香、公丁香及丁香梗)	千克
	0907.2000	-已磨丁香(母丁香、公丁香及丁香梗)	千克
09.08		**肉豆蔻、肉豆蔻衣及豆蔻:**	
		-肉豆蔻:	
	0908.1100	--未磨肉豆蔻	千克
	0908.1200	--已磨肉豆蔻	千克
		-肉豆蔻衣:	
	0908.2100	--未磨肉豆蔻衣	千克
	0908.2200	--已磨肉豆蔻衣	千克
		-豆蔻:	
	0908.3100	--未磨豆蔻	千克

品目	商品编码	商品名称	计量单位
	0908.3200	--已磨豆蔻	千克
09.09		**茴芹子、八角茴香、小茴香子、芫荽子、枯茗子及贲蒿子;杜松果:**	
		-芫荽子:	
	0909.2100	--未磨芫荽子	千克
	0909.2200	--已磨芫荽子	千克
		-枯茗子:	
	0909.3100	--未磨枯茗子	千克
	0909.3200	--已磨枯茗子	千克
		-茴芹子或八角茴香、贲蒿子或小茴香子;杜松果:	
		--未磨:	
	0909.6110	---未磨八角茴香	千克
	0909.6190	---未磨茴芹子、贲蒿子或小茴香子;未磨杜松果	千克
		--已磨:	
	0909.6210	---已磨八角茴香	千克
	0909.6290	---已磨茴芹子、贲蒿子或小茴香子;已磨杜松果	千克
09.10		**姜、番红花、姜黄、麝香草、月桂叶、咖喱及其他调味香料:**	
		-姜:	
	0910.1100	--未磨姜	千克
	0910.1200	--已磨姜	千克
	0910.2000	-番红花	千克
	0910.3000	-姜黄	千克
		-其他调味香料:	
	0910.9100	--不同品目的两种或两种以上调味香料的混合物	千克
	0910.9900	--未列名调味香料	千克

第十章　谷　　物

注释：

1. (1)本章各品目所列产品必须带有谷粒，不论是否成穗或带秆。
   (2)本章不包括已去壳或经其他加工的谷物；但去壳、碾磨、磨光、上光、半熟或破碎的稻米仍应归入品目10.06。
2. 品目10.05不包括甜玉米（第七章）。

子目注释：

1. 所称“硬粒小麦”，是指硬粒小麦属的小麦及以该属具有相同染色体数目(28)的小麦种间杂交所得的小麦。

品　目	商品编码	商　品　名　称	计量单位
10.01		小麦及混合麦：	
		-硬粒小麦：	
	1001.1100	--种用硬粒小麦	千克
	1001.1900	--其他硬粒小麦	千克
		-其他小麦及混合麦：	
	1001.9100	--种用其他小麦及混合麦	千克
	1001.9900	--其他小麦及混合麦	千克
10.02		黑麦：	
	1002.1000	-种用黑麦	千克
	1002.9000	-其他黑麦	千克
10.03		大麦：	
	1003.1000	-种用大麦	千克
	1003.9000	-其他大麦	千克
10.04		燕麦：	
	1004.1000	-种用燕麦	千克
	1004.9000	-其他燕麦	千克
10.05		玉米：	
	1005.1000	-种用玉米	千克
	1005.9000	-玉米，种用除外	千克
10.06		稻谷、大米：	
		-稻谷：	
		---种用稻谷：	

品 目	商品编码	商 品 名 称	计量单位
	1006.1021	----种用长粒米稻谷(粒长大于6毫米或长宽比大于等于2)	千克
	1006.1029	----种用中短粒米稻谷(粒长小于等于6毫米且长宽比小于2)	千克
		---其他稻谷:	
	1006.1081	----其他长粒米稻谷(粒长大于6毫米或长宽比大于等于2)	千克
	1006.1089	----其他中短粒米稻谷(粒长小于等于6毫米且长宽比小于2)	千克
		-糙米:	
	1006.2020	---长粒米糙米(粒长大于6毫米或长宽比大于等于2)	千克
	1006.2080	---中短粒米糙米(粒长小于等于6毫米且长宽比小于2)	千克
		-精米,不论是否磨光或上光:	
	1006.3020	---长粒米精米(粒长大于6毫米或长宽比大于等于2)	千克
	1006.3080	---中短粒米精米(粒长小于等于6毫米且长宽比小于2)	千克
		-碎米:	
	1006.4020	---长粒米碎米(用粒长大于6毫米或长宽比大于等于2的米制)	千克
	1006.4080	---中短粒米碎米(用粒长小于等于6毫米且长宽比小于2的米制)	千克
10.07		**食用高粱:**	
	1007.1000	-种用食用高粱	千克
	1007.9000	-其他食用高粱	千克
10.08		**荞麦、谷子及加那利草子;其他谷物:**	
	1008.1000	-荞麦	千克
		-谷子:	
	1008.2100	--种用谷子	千克
	1008.2900	--其他谷子	千克
	1008.3000	-加那利草子	千克
		-直长马唐(马唐属):	
	1008.4010	---种用直长马唐(马唐属)	千克
	1008.4090	---其他直长马唐(马唐属)	千克
		-昆诺阿藜:	
	1008.5010	---种用昆诺阿藜	千克
	1008.5090	---其他昆诺阿藜	千克
		-黑小麦:	

品目	商品编码	商品名称	计量单位
	1008. 6010	---种用黑小麦	千克
	1008. 6090	---其他黑小麦	千克
		-其他谷物：	
	1008. 9010	---其他种用谷物	千克
	1008. 9090	---未列名谷物	千克

第十一章　制粉工业产品；麦芽；淀粉；菊粉；面筋

注释：

1. 本章不包括：
 (1)作为咖啡代用品的焙制麦芽(品目09.01或21.01)；
 (2)品目19.01的经制作的细粉、粗粒、粗粉或淀粉；
 (3)品目19.04的玉米片及其他产品；
 (4)品目20.01、20.04或20.05的经加工或保藏的蔬菜；
 (5)药品(第三十章)；
 (6)具有芳香料制品或化妆盥洗品性质的淀粉(第三十三章)。
2. (1)下表所列谷物碾磨产品按干制品重量计如果同时符合以下两个条件，应归入本章。但是，整粒、滚压、制片或磨碎的谷物胚芽均归入品目11.04：
 ①淀粉含量(按修订的尤艾斯旋光法测定)超过表列第(2)栏的比例；
 ②灰分含量(除去任何添加的矿物质)不超过表列第(3)栏的比例。否则，应归入品目23.02。
 (2)符合上述规定归入本章的产品，如果用表列第(4)或第(5)栏规定孔径的金属丝网筛过筛，其通过率按重量计不低于表列比例的，应归入品目11.01或11.02。否则，应归入品目11.03或11.04。

谷　物 (1)	淀　粉　含　量 (2)	灰　分　含　量 (3)	通过下列孔径筛子的比率	
			315微米 (4)	500微米 (5)
小麦及黑麦	45%	2.5%	80%	-
大麦	45%	3%	80%	-
燕麦	45%	5%	80%	-
玉米及高粱	45%	2%	-	90%
大米	45%	1.6%	80%	-
荞麦	45%	4%	80%	-

3. 品目11.03所称“粗粒”及“粗粉”，是指谷物经碾碎所得的下列产品：
 (1)玉米产品，用2毫米孔径的金属丝网筛过筛后，通过率按重量计不低于95%的；
 (2)其他谷物产品，用1.25毫米孔径的金属丝网筛过筛后，通过率按重量计不低于95%的。

品　目	商品编码	商　　品　　名　　称	计量单位
11.01		**小麦或混合麦的细粉：**	
	1101.0000	小麦或混合麦的细粉	千克
11.02		**其他谷物细粉，但小麦或混合麦的细粉除外：**	
	1102.2000	-玉米细粉	
		-其他谷物细粉：	
		---大米细粉：	
	1102.9021	----长粒米大米细粉（用粒长大于6毫米或长宽比大于等于2的米制）	千克
	1102.9029	----中短粒米大米细粉（用粒长小于等于6毫米且长宽比小于2的米制）	千克
	1102.9090	---未列名谷物细粉	千克
11.03		**谷物的粗粒、粗粉及团粒：**	
		-粗粒及粗粉：	
	1103.1100	--小麦粗粒、粗粉	千克
	1103.1300	--玉米粗粒、粗粉	千克
		--其他：	
	1103.1910	---燕麦粗粒、粗粉	千克
		---大米粗粒、粗粉：	
	1103.1931	----长粒米粗粒、粗粉（用粒长大于6毫米或长宽比大于等于2的米制）	千克
	1103.1939	----中短粒米粗粒、粗粉（用粒长小于等于6毫米且长宽比小于2的米制）	千克
	1103.1990	---其他谷物粗粒、粗粉	千克
		-团粒：	
	1103.2010	---小麦团粒	千克
	1103.2090	---其他谷物团粒	千克
11.04		**经其他加工的谷物（例如，去壳、滚压、制片、制成粒状、切片或粗磨），但品目10.06的稻谷、大米除外；谷物胚芽，整粒、滚压、制片或磨碎的：**	
		-滚压或制片的谷物：	
	1104.1200	--滚压或制片的燕麦	千克
		--其他：	
	1104.1910	---滚压或制片的大麦	千克
	1104.1990	---其他滚压或制片的谷物	千克
		-经其他加工的谷物（例如，去壳、制成粒状、切片或粗磨）：	

品 目	商品编码	商 品 名 称	计量单位
	1104.2200	--经其他加工的燕麦	千克
	1104.2300	--经其他加工的玉米	千克
		--经其他加工的谷物:	
	1104.2910	---经其他加工的大麦	千克
	1104.2990	---经其他加工的未列名谷物	千克
	1104.3000	-谷物胚芽,整粒、滚压、制片或磨碎的	千克
11.05		**马铃薯的细粉、粗粉、粉末、粉片、颗粒及团粒:**	
	1105.1000	-马铃薯的细粉、粗粉、粉末	千克
	1105.2000	-马铃薯的粉片、颗粒及团粒	千克
11.06		**用品目07.13的干豆或品目07.14的西谷茎髓及植物根茎、块茎制成的细粉、粗粉及粉末;用第八章产品制成的细粉、粗粉及粉末:**	
	1106.1000	-品目07.13干豆制细粉、粗粉及粉末	千克
	1106.2000	-品目07.14西谷茎髓及植物根茎、块茎制细粉、粗粉及粉末	千克
	1106.3000	-第八章的产品制细粉、粗粉及粉末	千克
11.07		**麦芽,不论是否焙制:**	
	1107.1000	-未焙制的麦芽	千克
	1107.2000	-已焙制的麦芽	千克
11.08		**淀粉;菊粉:**	
		-淀粉:	
	1108.1100	--小麦淀粉	千克
	1108.1200	--玉米淀粉	千克
	1108.1300	--马铃薯淀粉	千克
	1108.1400	--木薯淀粉	千克
	1108.1900	--未列名淀粉	千克
	1108.2000	-菊粉	千克
11.09		**面筋,不论是否干制:**	
	1109.0000	面筋,不论是否干制	千克

第十二章　含油子仁及果实；杂项子仁及果实；工业用或药用植物；稻草、秸秆及饲料

注释：

1. 品目12.07主要包括油棕果及油棕仁、棉子、蓖麻子、芝麻、芥子、红花子、罂粟子、牛油树果。但不包括品目08.01或08.02的产品及油橄榄（第七章或第二十章）。
2. 品目12.08不仅包括未脱脂的细粉和粗粉，而且包括部分或全部脱脂以及用其本身的油料全部或部分复脂的细粉和粗粉。但不包括品目23.04至23.06的残渣。
3. 甜菜子、草子及其他草本植物种子、观赏用花的种子、蔬菜种子、林木种子、果树种子、巢菜子（蚕豆除外）、羽扇豆属植物种子，可一律视为种植用种子，归入品目12.09。

   但是，下列各项即使作种子用，也不归入品目12.09：

   (1)第七章作蔬菜用的豆类或甜玉米；

   (2)第九章的调味香料及其他产品；

   (3)第十章的谷物；

   (4)品目12.01至12.07或12.11的产品。
4. 品目12.11主要包括下列植物或这些植物的某部分：

   罗勒、琉璃苣、人参、海索草、甘草、薄荷、迷迭香、芸香、鼠尾草及苦艾。

   但品目12.11不包括：

   (1)第三十章的药品；

   (2)第三十三章的芳香料制品及化妆盥洗品；

   (3)品目38.08的杀虫剂、杀菌剂、除草剂、消毒剂及类似产品。
5. 品目12.12的"海草及其他藻类"不包括：

   (1)品目21.02的已死的单细胞微生物；

   (2)品目30.02的培养微生物；

   (3)品目31.01或31.05的肥料。

子目注释：

1. 子目1205.10所称"低芥子酸油菜子"，是指所获取的固定油中芥子酸含量按重量计低于2%，以及所得的固体成分每克葡萄糖苷酸（酯）含量低于30微摩尔的油菜子。

品　目	商品编码	商　品　名　称	计量单位
12.01		**大豆，不论是否破碎：**	
	1201.1000	-种用大豆	千克
		-其他大豆，不论是否破碎：	
	1201.9010	---黄大豆	千克
	1201.9020	---黑大豆	千克

品　目	商品编码	商　　品　　名　　称	计量单位
	1201.9030	---青大豆	千克
	1201.9090	---其他大豆	千克
12.02		**未焙炒或未烹煮的花生,不论是否去壳或破碎:**	
	1202.3000	-种用花生	千克
		-其他花生:	
	1202.4100	--其他未去壳花生	千克
	1202.4200	--其他去壳花生	千克
12.03		**干椰子肉:**	
	1203.0000	干椰子肉	千克
12.04		**亚麻子,不论是否破碎:**	
	1204.0000	亚麻子,不论是否破碎	千克
12.05		**油菜子,不论是否破碎:**	
		-低芥子酸油菜子:	
	1205.1010	---种用低芥子酸油菜子	千克
	1205.1090	---其他低芥子酸油菜子	千克
		-其他:	
	1205.9010	---其他种用油菜子	千克
	1205.9090	---未列名油菜子	千克
12.06		**葵花子,不论是否破碎:**	
	1206.0010	---种用葵花子	千克
	1206.0090	---其他葵花子	千克
12.07		**其他含油子仁及果实,不论是否破碎:**	
		-棕榈果及棕榈仁:	
	1207.1010	---种用棕榈果及棕榈仁	千克
	1207.1090	---其他棕榈果及棕榈仁	千克
		-棉子:	
	1207.2100	--种用棉子	千克
	1207.2900	--其他棉子	千克
		-蓖麻子:	
	1207.3010	---种用蓖麻子	千克
	1207.3090	---其他蓖麻子	千克
		-芝麻:	
	1207.4010	---种用芝麻	千克
	1207.4090	---其他芝麻	千克
		-芥子:	
	1207.5010	---种用芥子	千克

品　目	商品编码	商　品　名　称	计量单位
	1207.5090	---其他芥子	千克
		-红花子：	
	1207.6010	---种用红花子	千克
	1207.6090	---其他红花子	千克
		-甜瓜子：	
	1207.7010	---种用甜瓜子	千克
		---其他甜瓜子：	
	1207.7091	----黑瓜子	千克
	1207.7092	----红瓜子	千克
	1207.7099	----未列名甜瓜子	千克
		-其他：	
	1207.9100	--罂粟子	千克
		--其他含油子仁及果实：	
	1207.9910	---其他种用含油子仁及果实	千克
		---其他非种用含油子仁及果实：	
	1207.9991	----牛油树果	千克
	1207.9999	----未列名非种用含油子仁及果实	千克
12.08		**含油子仁或果实的细粉及粗粉，但芥子粉除外：**	
	1208.1000	-大豆粉	千克
	1208.9000	-其他含油子仁或果实的细粉及粗粉，芥子粉除外	千克
12.09		**种植用的种子、果实及孢子：**	
	1209.1000	-糖甜菜子	千克
		-饲料植物种子：	
	1209.2100	--紫苜蓿子	千克
	1209.2200	--三叶草子	千克
	1209.2300	--羊茅子	千克
	1209.2400	--草地早熟禾子	千克
	1209.2500	--黑麦草种子	千克
		--其他饲料植物种子：	
	1209.2910	---甜菜子（糖甜菜子除外）	千克
	1209.2990	---其他饲料植物种子	千克
	1209.3000	-草本花卉植物种子	千克
		-其他：	
	1209.9100	--蔬菜种子	千克

品　目	商品编码	商　品　名　称	计量单位
	1209.9900	--其他种植用种子、果实及孢子	千克
12.10		**鲜或干的啤酒花,不论是否研磨或制成团粒;蛇麻腺:**	
	1210.1000	-啤酒花,未经研磨也未制成团粒	千克
	1210.2000	-啤酒花,经研磨或制成团粒;蛇麻腺	千克
12.11		**主要用作香料、药料、杀虫、杀菌或类似用途的植物或这些植物的某部分(包括子仁及果实),鲜、冷、冻或干的,不论是否切割、压碎或研磨成粉:**	
		-人参:	
	1211.2010	---西洋参	千克
	1211.2020	---野山参(西洋参除外)	千克
		---其他人参:	
	1211.2091	----鲜人参	千克
	1211.2099	----其他人参	千克
	1211.3000	-古柯叶	千克
	1211.4000	-罂粟秆	千克
	1211.5000	-麻黄	千克
		-其他:	
		---主要用做药料的植物及其某部分:	
	1211.9011	----当归	千克
	1211.9012	----三七(田七)	千克
	1211.9013	----党参	千克
	1211.9014	----黄连	千克
	1211.9015	----菊花	千克
	1211.9016	----冬虫夏草	千克
	1211.9017	----贝母	千克
	1211.9018	----川芎	千克
	1211.9019	----半夏	千克
	1211.9021	----白芍	千克
	1211.9022	----天麻	千克
	1211.9023	----黄芪	千克
	1211.9024	----大黄、籽黄	千克
	1211.9025	----白术	千克
	1211.9026	----地黄	千克
	1211.9027	----槐米	千克
	1211.9028	----杜仲	千克
	1211.9029	----茯苓	千克

品　目	商品编码	商　　品　　名　　称	计量单位
	1211.9031	----枸杞	千克
	1211.9032	----大海子	千克
	1211.9033	----沉香	千克
	1211.9034	----沙参	千克
	1211.9035	----青蒿	千克
	1211.9036	----甘草	千克
	1211.9037	----黄芩	千克
	1211.9038	----椴树(欧椴)花及叶	千克
	1211.9039	----未列名主要用做药料的植物及其某部分	千克
	1211.9050	---主要用做香料的植物及其某部分	千克
		---其他：	
	1211.9091	----鱼藤根、除虫菊	千克
	1211.9099	----主要用做杀虫、杀菌或类似用途的植物及其某部分	千克
12.12		**鲜、冷、冻或干的刺槐豆、海草及其他藻类、甜菜及甘蔗，不论是否碾磨；主要供人食用的其他品目未列名的果核、果仁及植物产品(包括未焙制的菊苣根)：**	
		-海草及其他藻类：	
		--适合供人食用的：	
	1212.2110	---海带	千克
	1212.2120	---发菜	千克
		---裙带菜：	
	1212.2131	----干的裙带菜	千克
	1212.2132	----鲜的裙带菜	千克
	1212.2139	----其他裙带菜	千克
		---紫菜：	
	1212.2141	----干紫菜	千克
	1212.2142	----鲜紫菜	千克
	1212.2149	----其他紫菜	千克
		---麒麟菜：	
	1212.2161	----干麒麟菜	千克
	1212.2169	----其他麒麟菜	千克
		---江蓠：	
	1212.2171	----干江蓠	千克
	1212.2179	----其他江蓠	千克

品 目	商品编码	商 品 名 称	计量单位
	1212.2190	---未列名适合供人食用的海草及其他藻类	千克
		--不适合供人食用的海草及其他藻类:	
	1212.2910	---马尾藻	千克
	1212.2990	---其他不适合供人食用的海草及其他藻类	千克
		-其他:	
	1212.9100	--甜菜	千克
	1212.9200	--刺槐豆,包括刺槐豆子	千克
	1212.9300	--甘蔗	千克
	1212.9400	--菊苣根	千克
		--其他:	
		---杏、桃(包括油桃)、梅或李的核及核仁:	
	1212.9911	----苦杏仁	千克
	1212.9912	----甜杏仁	千克
	1212.9919	----杏核;桃(包括油桃)、梅或李的核及核仁	千克
		---其他:	
	1212.9993	----白瓜子	千克
	1212.9994	----莲子	千克
	1212.9996	----甜叶菊叶	千克
	1212.9999	----未列名食用植物产品	千克
12.13		**未经处理的谷类植物的茎、秆及谷壳,不论是否切碎、碾磨、挤压或制成团粒:**	
	1213.0000	未经处理的谷类植物的茎、秆及谷壳,不论是否切碎、碾磨、挤压或制成团粒	千克
12.14		**芜菁甘蓝、饲料甜菜、饲料用根、干草、紫苜蓿、三叶草、驴喜豆、羽衣甘蓝、羽扇豆、巢菜及类似饲料,不论是否制成团粒:**	
	1214.1000	-紫苜蓿粗粉及团粒	千克
	1214.9000	-其他草饲料	千克

第十三章　虫胶；树胶、树脂及其他植物液、汁

注释：

1. 品目13.02主要包括甘草、除虫菊、啤酒花、芦荟的浸膏及鸦片，但不包括：
   （1）按重量计蔗糖含量在10%以上或制成糖食的甘草浸膏（品目17.04）；
   （2）麦芽膏（品目19.01）；
   （3）咖啡精、茶精、马黛茶精（品目21.01）；
   （4）构成含酒精饮料的植物的汁、液（第二十二章）；
   （5）樟脑、甘草甜及品目29.14或29.38的其他产品；
   （6）罂粟秆浓缩物，按重量计生物碱含量不低于50%（品目29.39）；
   （7）品目30.03或30.04的药品及品目30.06的血型试剂；
   （8）鞣料或染料的浸膏（品目32.01或32.03）；
   （9）精油、浸膏、净油、香膏提取的油树脂及精油的水质馏出液或其水溶液，饮料制造业用的以芳香物质为基料的制剂（第三十三章）；
   （10）天然橡胶、巴拉塔胶、古塔波胶、银胶菊胶、糖胶树胶或类似的天然树胶（品目40.01）。

品　目	商品编码	商　品　名　称	计量单位
13.01		**虫胶；天然树胶、树脂、树胶脂及油树脂（例如，香树脂）：**	
	1301.2000	-阿拉伯胶	千克
		-其他：	
	1301.9010	---胶黄耆树胶（卡喇杆胶）	千克
	1301.9020	---乳香、没药及血竭	千克
	1301.9030	---阿魏	千克
	1301.9040	---松脂	千克
	1301.9090	---未列名树胶、树脂	千克
13.02		**植物液汁及浸膏；果胶、果胶酸盐及果胶酸酯；从植物产品制得的琼脂、其他胶液及增稠剂，不论是否改性：**	
		-植物液汁及浸膏：	
	1302.1100	--鸦片的液汁及浸膏	千克
	1302.1200	--甘草的液汁及浸膏	千克
	1302.1300	--啤酒花的液汁及浸膏	千克
	1302.1400	--麻黄的液汁及浸膏	千克
		--其他：	
	1302.1910	---生漆	千克

品　目	商品编码	商　品　名　称	计量单位
	1302.1920	---印楝素	千克
	1302.1930	---除虫菊的或含鱼藤酮植物根茎的液汁及浸膏	千克
	1302.1940	---银杏的液汁及浸膏	千克
	1302.1990	---其他植物液汁及浸膏	千克
	1302.2000	-果胶、果胶酸盐及果胶酸酯	千克
		-从植物产品制得的胶液及增稠剂,不论是否改性:	
	1302.3100	--琼脂	千克
	1302.3200	--从刺槐豆、刺槐豆子或瓜尔豆制得的胶液及增稠剂,不论是否改性	千克
		--其他:	
		---海草及其他藻类产品制得的:	
	1302.3911	----卡拉胶	千克
	1302.3912	----褐藻胶	千克
	1302.3919	----未列名海草及其他藻类产品制得的胶液及增稠剂	千克
	1302.3990	---其他植物产品制得的胶液及增稠剂	千克

第十四章　编结用植物材料；其他植物产品

注释：

1. 本章不包括归入第十一类的下列产品：
   主要供纺织用的植物材料或植物纤维，不论其加工程度如何；或经过处理使其只能作为纺织原料用的其他植物材料。
2. 品目 14.01 主要包括竹子（不论是否劈开、纵锯、切段、圆端、漂白、磨光、染色或进行不燃处理）、劈开的柳条、芦苇及类似品和藤心、藤丝、藤片，但不包括木片条（品目 44.04）。
3. 品目 14.04 不包括木丝（品目 44.05）及供制帚、制刷用成束、成簇的材料（品目 96.03）。

品　目	商品编码	商　品　名　称	计量单位
14.01		**主要作编结用的植物材料（例如，竹子、藤、芦苇、灯芯草、柳条、酒椰叶，已净、漂白或染色的谷类植物的茎秆，椴树皮）：**	
	1401.1000	-竹	千克
	1401.2000	-藤	千克
		-其他：	
	1401.9010	---谷类植物的茎秆（麦秸除外）	千克
	1401.9020	---芦苇	千克
		---灯芯草属植物材料：	
	1401.9031	----蔺草	千克
	1401.9039	----其他灯芯草属植物材料	千克
	1401.9090	---未列名主要作编结用的植物材料	千克
14.04		**其他处未列名的植物产品：**	
	1404.2000	-棉短绒	千克
		-其他：	
	1404.9010	---主要供染料、鞣料用的植物原料	千克
	1404.9090	---其他处未列名的植物产品	千克

第三类 动、植物油、脂及其分解产品；精制的食用油脂；动、植物蜡

第十五章 动、植物油、脂及其分解产品；精制的食用油脂；动、植物蜡

注释：

1. 本章不包括：

(1)品目02.09的猪脂肪及家禽脂肪；

(2)可可脂、可可油(品目18.04)；

(3)按重量计品目04.05所列产品的含量超过15%的食品(通常归入第二十一章)；

(4)品目23.01的油渣或品目23.04至23.06的残渣；

(5)第六类的脂肪酸、精制蜡、药品、油漆、清漆、肥皂、香水、化妆品、盥洗品、磺化油以及其他货品；

(6)从油类提取的油膏(品目40.02)。

2. 品目15.09不包括用溶剂提取的橄榄油(品目15.10)。

3. 品目15.18不包括变性的油、脂及其分离品，这些货品应归入其相应的未变性油、脂及其分离品的品目。

4. 皂料、油脚、硬脂沥青、甘油沥青及羊毛脂残渣，归入品目15.22。

子目注释：

1. 子目1514.11及1514.19所称“低芥子酸菜子油”，是指按重量计芥子酸含量低于2%的固定油。

品目	商品编码	商品名称	计量单位
15.01		**猪脂肪(包括已炼制的猪油)及家禽脂肪，但品目02.09及15.03的货品除外：**	
	1501.1000	-猪油	千克
	1501.2000	-其他猪脂肪，但品目02.09及15.03的货品除外	千克
	1501.9000	-家禽脂肪，但品目02.09及15.03的货品除外	千克
15.02		**牛、羊脂肪，但品目15.03的货品除外：**	
	1502.1000	-牛、羊油脂	千克
	1502.9000	-其他牛、羊脂肪	千克

品 目	商品编码	商 品 名 称	计量单位
15.03		**猪油硬脂、液体猪油、油硬脂、食用或非食用脂油，未经乳化、混合或其他方法制作：**	
	1503.0000	猪油硬脂、液体猪油、油硬脂、食用或非食用脂油，未经乳化、混合或其他方法制作	千克
15.04		**鱼或海生哺乳动物的油、脂及其分离品，不论是否精制，但未经化学改性：**	
	1504.1000	-鱼肝油及其分离品	千克
	1504.2000	-除鱼肝油以外的鱼油、脂及其分离品	千克
	1504.3000	-海生哺乳动物的油、脂及其分离品	千克
15.05		**羊毛脂及从羊毛脂制得的脂肪物质(包括纯净的羊毛脂)：**	
	1505.0000	羊毛脂及从羊毛脂制得的脂肪物质(包括纯净的羊毛脂)	千克
15.06		**其他动物油、脂及其分离品，不论是否精制，但未经化学改性：**	
	1506.0000	其他动物油、脂及其分离品，不论是否精制，但未经化学改性	千克
15.07		**豆油及其分离品，不论是否精制，但未经化学改性：**	
	1507.1000	-初榨的豆油	千克
	1507.9000	-其他豆油及其分离品	千克
15.08		**花生油及其分离品，不论是否精制，但未经化学改性：**	
	1508.1000	-初榨的花生油	千克
	1508.9000	-其他花生油及其分离品	千克
15.09		**油橄榄油及其分离品，不论是否精制，但未经化学改性：**	
	1509.1000	-初榨的油橄榄油	千克
	1509.9000	-其他油橄榄油及其分离品	千克
15.10		**其他橄榄油及其分离品，不论是否精制，但未经化学改性：**	
	1510.0000	其他橄榄油及其分离品，不论是否精制，但未经化学改性	千克
15.11		**棕榈油及其分离品，不论是否精制，但未经化学改性：**	
	1511.1000	-初榨的棕榈油	千克
		-其他：	
	1511.9010	---棕榈液油(熔点19℃~24℃)	千克
	1511.9020	---棕榈硬脂(熔点44℃~56℃)	千克
	1511.9090	---其他棕榈油及其分离品	千克
15.12		**葵花油、红花油或棉子油及其分离品，不论是否精制，但未经化学改性：**	
		-葵花油或红花油及其分离品：	

品 目	商品编码	商 品 名 称	计量单位
	1512.1100	--初榨的葵花油或红花油	千克
	1512.1900	--其他葵花油或红花油及其分离品	千克
		-棉子油及其分离品:	
	1512.2100	--初榨的棉子油,不论是否去除棉子酚	千克
	1512.2900	--其他棉子油及其分离品	千克
15.13		**椰子油、棕榈仁油或巴巴苏棕榈果油及其分离品,不论是否精制,但未经化学改性:**	
		-椰子油及其分离品:	
	1513.1100	--初榨的椰子油	千克
	1513.1900	--其他椰子油及其分离品	千克
		-棕榈仁油或巴巴苏棕榈果油及其分离品:	
	1513.2100	--初榨的棕榈仁油或巴巴苏棕榈果油	千克
	1513.2900	--其他棕榈仁油或巴巴苏棕榈果油及其分离品	千克
15.14		**菜子油或芥子油及其分离品,不论是否精制,但未经化学改性:**	
		-低芥子酸菜子油及其分离品:	
	1514.1100	--初榨的低芥子酸菜子油	千克
	1514.1900	--其他低芥子酸菜子油及其分离品	千克
		-其他:	
		--初榨的菜子油或芥子油:	
	1514.9110	---初榨的菜子油	千克
	1514.9190	---初榨的芥子油	千克
	1514.9900	--其他菜子油或芥子油及其分离品	千克
15.15		**其他固定植物油、脂(包括希蒙得木油)及其分离品,不论是否精制,但未经化学改性:**	
		-亚麻子油及其分离品:	
	1515.1100	--初榨的亚麻子油	千克
	1515.1900	--其他亚麻子油及其分离品	千克
		-玉米油及其分离品:	
	1515.2100	--初榨的玉米油	千克
	1515.2900	--其他玉米油及其分离品	千克
	1515.3000	-蓖麻油及其分离品	千克
	1515.5000	-芝麻油及其分离品	千克
		-其他:	
	1515.9010	---希蒙得木油及其分离品	千克
	1515.9020	---印楝油及其分离品	千克

品　目	商品编码	商　品　名　称	计量单位
	1515. 9030	---桐油及其分离品	千克
	1515. 9090	---未列名固定植物油、脂及其分离品	千克
15. 16		**动、植物油、脂及其分离品，全部或部分氢化、相互酯化、再酯化或反油酸化，不论是否精制，但未经进一步加工：**	
	1516. 1000	-动物油、脂及其分离品	千克
	1516. 2000	-植物油、脂及其分离品	千克
15. 17		**人造黄油；本章各种动、植物油、脂及其分离品混合制成的食用油、脂或制品，但品目 15. 16 的食用油、脂及其分离品除外：**	
	1517. 1000	-人造黄油，液态的除外	千克
		-本章动植物油脂及其分离品混合制成的食用油、脂或制品：	
	1517. 9010	---起酥油	千克
	1517. 9090	---其他本章动植物油脂及其分离品混合制成的食用油、脂或制品（品目 15. 16 的产品除外）	千克
15. 18		**动、植物油、脂及其分离品，经过熟化、氧化、脱水、硫化、吹制或在真空、惰性气体中加热聚合及用其他化学方法改性的，但品目 15. 16 的产品除外；本章各种油、脂或其分离品制成的其他品目未列名的非食用混合物或制品：**	
	1518. 0000	动、植物油、脂及其分离品，经过熟化、氧化、脱水、硫化、吹制或在真空、惰性气体中加热聚合及用其他化学方法改性的，但品目 15. 16 的产品除外；本章各种油、脂或其分离品制成的其他品目未列名的非食用混合物或制品	千克
15. 20		**粗甘油；甘油水及甘油碱液：**	
	1520. 0000	粗甘油；甘油水及甘油碱液	千克
15. 21		**植物蜡（甘油三酸酯除外）、蜂蜡、其他虫蜡及鲸蜡，不论是否精炼或着色：**	
	1521. 1000	-植物蜡	千克
		-其他：	
	1521. 9010	---蜂蜡	千克
	1521. 9090	---其他虫蜡及鲸蜡	千克
15. 22		**油鞣回收脂；加工处理油脂物质及动、植物蜡所剩的残渣：**	
	1522. 0000	油鞣回收脂；加工处理油脂物质及动、植物蜡所剩的残渣	千克

第四类　食品；饮料、酒及醋；烟草、烟草及烟草代用品的制品

注释：

1. 本类所称“团粒”，是指直接挤压或加入按重量计比例不超过3%的黏合剂制成的粒状产品。

第十六章　肉、鱼、甲壳动物、软体动物及其他水生无脊椎动物的制品

注释：

1. 本章不包括用第二章、第三章及品目05.04所列方法制作或保藏的肉、食用杂碎、鱼、甲壳动物、软体动物或其他水生无脊椎动物。
2. 本章的食品按重量计必须含有20%以上的香肠、肉、食用杂碎、动物血、鱼、甲壳动物、软体动物或其他水生无脊椎动物及其混合物。对于含有两种或两种以上前述产品的食品，则应按其中重量最大的产品归入第十六章的相应品目。但本条规定不适用于品目19.02的包馅食品或品目21.03或21.04的食品。

子目注释：

1. 子目1602.10的“均化食品”，是指用肉、食用杂碎或动物血经精细均化制成，供婴幼儿食用或营养用的零售包装食品（每件净重不超过250克）。为了调味、保藏或其他目的，均化食品中可以加入少量其他配料，还可以含有少量可见的肉粒或食用杂碎粒。归类时该子目优先于品目16.02的其他子目。
2. 品目16.04或16.05项下各子目所列的是鱼、甲壳动物、软体动物及其他水生无脊椎动物的俗名，它们与第三章中相同名称的鱼、甲壳动物、软体动物及其他水生无脊椎动物种类范围相同。

品　目	商品编码	商　品　名　称	计量单位
16.01		肉、食用杂碎或动物血制成的香肠及类似产品；用香肠制成的食品：	
	1601.0010	---用天然肠衣做外包装的肉、食用杂碎或动物血制成的香肠及类似产品	千克
	1601.0020	---其他肉、食用杂碎或动物血制成的香肠及类似产品	千克
	1601.0030	---用香肠制成的食品	千克

品　目	商品编码	商　品　名　称	计量单位
16.02		**其他方法制作或保藏的肉、食用杂碎或动物血：**	
	1602.1000	-均化食品	千克
	1602.2000	-制作或保藏的动物肝	千克
		-品目01.05的家禽的：	
	1602.3100	--其他制作或保藏的火鸡的肉及食用杂碎	千克
		--制作或保藏的鸡：	
	1602.3210	---鸡罐头	千克
		---其他：	
	1602.3291	----其他制作或保藏的鸡胸肉	千克
	1602.3292	----其他制作或保藏的鸡腿肉	千克
	1602.3299	----其他制作或保藏的鸡肉及食用杂碎	千克
		--其他：	
	1602.3910	---其他家禽肉及杂碎罐头	千克
		---其他：	
	1602.3991	----其他制作或保藏的鸭肉及食用杂碎	千克
	1602.3999	----其他制作或保藏的家禽肉及食用杂碎	千克
		-猪的：	
	1602.4100	--制作或保藏的猪后腿及其肉块	千克
	1602.4200	--制作或保藏的猪前腿及其肉块	千克
		--其他，包括混合的肉：	
	1602.4910	---猪肉及杂碎罐头	千克
	1602.4990	---其他制作或保藏的猪肉及杂碎	千克
		-牛的：	
	1602.5010	---牛肉及杂碎罐头	千克
	1602.5090	---其他制作或保藏的牛肉及杂碎	千克
		-其他，包括动物血的食品：	
	1602.9010	---未列名肉及杂碎罐头	千克
	1602.9090	---未列名制作或保藏的肉、食用杂碎及动物血	千克
16.03		**肉、鱼、甲壳动物、软体动物或其他水生无脊椎动物的精及汁：**	
	1603.0000	肉、鱼、甲壳动物、软体动物或其他水生无脊椎动物的精及汁	千克
16.04		**制作或保藏的鱼；鲟鱼子酱及鱼卵制的鲟鱼子酱代用品：**	
		-鱼，整条或切块，但未绞碎：	
		--制作或保藏的鲑鱼，整条或切块：	
	1604.1110	---制作或保藏的大西洋鲑鱼，整条或切块	千克

品　目	商品编码	商　　品　　名　　称	计量单位
	1604.1190	---制作或保藏的其他鲑鱼,整条或切块	千克
	1604.1200	--制作或保藏的鲱鱼,整条或切块	千克
	1604.1300	--制作或保藏的沙丁鱼、小沙丁鱼属、黍鲱或西鲱,整条或切块	千克
	1604.1400	--制作或保藏的金枪鱼、鲣鱼及狐鲣(狐鲣属),整条或切块	千克
	1604.1500	--制作或保藏的鲭鱼,整条或切块	千克
	1604.1600	--制作或保藏的鳀鱼,整条或切块	千克
	1604.1700	--制作或保藏的鳗鱼(鳗鲡属),整条或切块	千克
	1604.1800	--制作或保藏的鲨鱼翅	千克
		--其他制作或保藏的鱼,整条或切块:	
	1604.1920	---制作或保藏的罗非鱼,整条或切块	千克
		---叉尾鮰鱼:	
	1604.1931	----制作或保藏的斑点叉尾鮰鱼,整条或切块	千克
	1604.1939	----制作或保藏的其他叉尾鮰鱼,整条或切块	千克
	1604.1990	---未列名制作或保藏的鱼,整条或切块	千克
		-绞碎制作或保藏的鱼:	
		---罐头:	
	1604.2011	----绞碎制作或保藏的鱼翅罐头	千克
	1604.2019	----其他绞碎制作或保藏的鱼罐头	千克
		---其他:	
	1604.2091	----绞碎制作或保藏的鱼翅	千克
	1604.2099	----其他绞碎制作或保藏的鱼	千克
		-鲟鱼子酱及鲟鱼子酱代用品:	
	1604.3100	--鲟鱼子酱	千克
	1604.3200	--鲟鱼子酱代用品	千克
16.05		**制作或保藏的甲壳动物、软体动物及其他水生无脊椎动物:**	
	1605.1000	-制作或保藏的蟹	千克
		-制作或保藏的小虾及对虾:	
	1605.2100	--非密封包装制作或保藏的小虾及对虾	千克
	1605.2900	--其他制作或保藏的小虾及对虾	千克
	1605.3000	-制作或保藏的龙虾	千克
		-其他制作或保藏的甲壳动物:	
		---制作或保藏的淡水小龙虾:	
	1605.4011	----制作或保藏的淡水小龙虾仁	千克
	1605.4019	----制作或保藏的带壳淡水小龙虾	千克

品　目	商品编码	商　品　名　称	计量单位
	1605. 4090	---未列名制作或保藏的甲壳动物	千克
		-制作或保藏的软体动物：	
	1605. 5100	--制作或保藏的牡蛎(蚝)	千克
	1605. 5200	--制作或保藏的扇贝,包括海扇	千克
	1605. 5300	--制作或保藏的贻贝	千克
	1605. 5400	--制作或保藏的墨鱼及鱿鱼	千克
	1605. 5500	--制作或保藏的章鱼	千克
		--制作或保藏的蛤、鸟蛤及舟贝：	
	1605. 5610	---制作或保藏的蛤	千克
	1605. 5620	---制作或保藏的鸟蛤及舟贝	千克
	1605. 5700	--制作或保藏的鲍鱼	千克
	1605. 5800	--制作或保藏的蜗牛及螺,海螺除外	千克
	1605. 5900	--其他制作或保藏的软体动物	千克
		-其他制作或保藏的水生无脊椎动物：	
	1605. 6100	--制作或保藏的海参	千克
	1605. 6200	--制作或保藏的海胆	千克
	1605. 6300	--制作或保藏的海蜇	千克
	1605. 6900	--其他制作或保藏的水生无脊椎动物	千克

第十七章 糖及糖食

注释：

1. 本章不包括：

(1)含有可可的糖食(品目 18.06)；

(2)品目 29.40 的化学纯糖(蔗糖、乳糖、麦芽糖、葡萄糖及果糖除外)及其他产品；

(3)第三十章的药品及其他产品。

子目注释：

1. 子目 1701.12、1701.13 及 1701.14 所称"原糖"，是指按重量计干燥状态的蔗糖含量对应的旋光读数低于 99.5°的糖。

2. 子目 1701.13 仅包括非离心甘蔗糖，其按重量计干燥状态的蔗糖含量对应的旋光读数不低于 69°但低于 93°。该产品仅含肉眼不可见的不规则形状天然他形微晶，外被糖蜜残余及其他甘蔗成分。

品 目	商品编码	商 品 名 称	计量单位
17.01		**固体甘蔗糖、甜菜糖及化学纯蔗糖：**	
		-未加香料或着色剂的原糖：	
	1701.1200	--甜菜原糖，未加香料或着色剂	千克
	1701.1300	--非离心甘蔗糖，符合本章子目注释 2 所述标准，未加香料或着色剂	千克
	1701.1400	--其他甘蔗糖，未加香料或着色剂	千克
		-其他：	
	1701.9100	--加有香料或着色剂的甘蔗糖、甜菜糖	千克
		--其他：	
	1701.9910	---砂糖	千克
	1701.9920	---绵白糖	千克
	1701.9990	---其他精制糖；化学纯蔗糖	千克
17.02		**其他固体糖，包括化学纯乳糖、麦芽糖、葡萄糖及果糖；未加香料或着色剂的糖浆；人造蜜，不论是否掺有天然蜂蜜；焦糖：**	
		-乳糖及乳糖浆：	
	1702.1100	--无水乳糖，按重量计干燥状态的乳糖含量在 99%及以上	千克
	1702.1900	--其他乳糖及乳糖浆	千克
	1702.2000	-槭糖及槭糖浆	千克

品　目	商品编码	商　品　名　称	计量单位
	1702. 3000	-葡萄糖及葡萄糖浆,不含果糖或按重量计干燥状态的果糖含量在 20%以下	千克
	1702. 4000	-葡萄糖及葡萄糖浆,按重量计干燥状态的果糖含量在 20%及以上,但在 50%以下,转化糖除外	千克
	1702. 5000	-化学纯果糖	千克
	1702. 6000	-其他果糖及果糖浆,按重量计干燥状态的果糖含量在 50%以上,转化糖除外	千克
	1702. 9000	-其他固体糖及未加香料或着色剂的糖浆,包括转化糖及其他按重量计干燥状态的果糖含量为 50%的糖及糖浆混合物;人造蜜,不论是否掺有天然蜂蜜;焦糖	千克
17. 03		**制糖后所剩的糖蜜:**	
	1703. 1000	-甘蔗糖蜜	千克
	1703. 9000	-其他糖蜜	千克
17. 04		**不含可可的糖食(包括白巧克力):**	
	1704. 1000	-口香糖,不论是否裹糖	千克
	1704. 9000	-不含可可的糖食(口香糖除外)	千克

第十八章　可可及可可制品

注释：

1. 本章不包括品目04.03、19.01、19.04、19.05、21.05、22.02、22.08、30.03、30.04的制品。
2. 品目18.06包括含有可可的糖食及注释1以外的其他含可可的食品。

品　目	商品编码	商　品　名　称	计量单位
18.01		**整颗或破碎的可可豆，生的或焙炒的：**	
	1801.0000	整颗或破碎的可可豆，生的或焙炒的	千克
18.02		**可可荚、壳、皮及废料：**	
	1802.0000	可可荚、壳、皮及废料	千克
18.03		**可可膏，不论是否脱脂：**	
	1803.1000	-未脱脂可可膏	千克
	1803.2000	-全脱脂或部分脱脂可可膏	千克
18.04		**可可脂、可可油：**	
	1804.0000	可可脂、可可油	千克
18.05		**未加糖或其他甜物质的可可粉：**	
	1805.0000	未加糖或其他甜物质的可可粉	千克
18.06		**巧克力及其他含可可的食品：**	
	1806.1000	-含糖或其他甜物质的可可粉	千克
	1806.2000	-其他重量超过2千克的块状或条状含可可食品；液状、膏状、粉状、粒状或其他散装形状的含可可食品，容器包装或内包装每件净重超过2千克的	千克
		-其他块状或条状的含可可的食品：	
	1806.3100	--块状或条状含可可的夹心食品，重量不超过2千克	千克
	1806.3200	--块状或条状含可可的非夹心食品，重量不超过2千克	千克
	1806.9000	-未列名含可可的食品	千克

第十九章　谷物、粮食粉、淀粉或乳的制品；糕饼点心

注释：

1. 本章不包括：
   (1) 按重量计含香肠、肉、食用杂碎、动物血、鱼、甲壳动物、软体动物、其他水生无脊椎动物及其混合物超过20%的食品（第十六章），但品目19.02的包馅食品除外；
   (2) 用粮食粉或淀粉制的专作动物饲料用的饼干及其他制品（品目23.09）；
   (3) 第三十章的药品及其他产品。
2. 品目19.01所称：
   (1) "粗粒"是指第十一章谷物的粗粒；
   (2) "细粉"及"粗粉"，是指：
      ①第十一章谷物的细粉及粗粉；
      ②其他章植物的细粉、粗粉及粉末，但不包括干蔬菜、马铃薯和干豆类的细粉、粗粉及粉末（应分别归入品目07.12、11.05和11.06）。
3. 品目19.04不包括按重量计全脱脂可可含量超过6%或用巧克力完全包裹的食品以及其他含可可的食品（品目18.06）。
4. 品目19.04所称"其他方法制作的"，是指制作或加工程度超过第十章或第十一章各品目或注释所规定范围的。

品　目	商品编码	商　品　名　称	计量单位
19.01		**麦精；细粉、粗粒、粗粉、淀粉或麦精制的其他品目未列名的食品，不含可可或按重量计全脱脂可可含量低于40%；品目04.01至04.04所列货品制的其他品目未列名的食品，不含可可或按重量计全脱脂可可含量低于5%：**	
		-供婴幼儿食用的零售包装食品：	
	1901.1010	---供婴幼儿食用的零售包装配方奶粉，全脱脂可可含量低于5%的乳品制	千克
	1901.1090	---其他供婴幼儿食用的零售包装食品，全脱脂可可含量低于40%的粉、淀粉或麦精制，或全脱脂可可含量低于5%的乳品制	千克
	1901.2000	-供烘焙品目19.05所列面包糕饼用的调制品及面团，全脱脂可可含量低于40%的粉、淀粉或麦精制，或全脱脂可可含量低于5%的乳品制	千克
	1901.9000	-麦精；未列名的食品，全脱脂可可含量低于40%的粉、淀粉或麦精制，或全脱脂可可含量低于5%的乳品制	千克

品 目	商品编码	商 品 名 称	计量单位
19.02		**面食,不论是否煮熟、包馅(肉馅或其他馅)或其他方法制作,例如,通心粉、面条、汤团、馄饨、饺子、奶油面卷;古斯古斯面食,不论是否制作:**	
		-生的面食,未包馅或未经其他方法制作:	
	1902.1100	--含蛋生面食,未包馅或未经其他方法制作	千克
	1902.1900	--其他生面食,未包馅或未经其他方法制作	千克
	1902.2000	-包馅面食,不论是否烹煮或经其他方法制作	千克
		-其他面食:	
	1902.3010	---米粉干	千克
	1902.3020	---粉丝	千克
	1902.3030	---即食或快熟面条	千克
	1902.3090	---未列名面食	千克
	1902.4000	-古斯古斯面食	千克
19.03		**珍粉及淀粉制成的珍粉代用品,片、粒、珠、粉或类似形状的:**	
	1903.0000	珍粉及淀粉制成的珍粉代用品,片、粒、珠、粉或类似形状的	千克
19.04		**谷物或谷物产品经膨化或烘炒制成的食品(例如,玉米片);其他品目未列名的预煮或经其他方法制作的谷粒(玉米除外)、谷物片或经其他加工的谷粒(细粉、粗粒及粗粉除外):**	
	1904.1000	-谷物或谷物产品经膨化或烘炒所得的食品	千克
	1904.2000	-未烘炒谷物片制成的食品及未烘炒的谷物片与烘炒的谷物片或膨化的谷物混合制成的食品	千克
	1904.3000	-碾碎的干小麦	千克
	1904.9000	-未列名预煮或经其他方法制作的谷粒(玉米除外)、谷物片或经其他加工的谷物	千克
19.05		**面包、糕点、饼干及其他焙烘糕饼,不论是否含可可;圣餐饼、装药空囊、封缄、糯米纸及类似制品:**	
	1905.1000	-黑麦脆面包片	千克
	1905.2000	-姜饼及类似品	千克
		-甜饼干;华夫饼干及圣餐饼:	
	1905.3100	--甜饼干	千克

品　目	商品编码	商　品　名　称	计量单位
	1905.3200	--华夫饼干及圣餐饼	千克
	1905.4000	-面包干、吐司及类似的烤面包	千克
	1905.9000	-未列名面包、糕点、饼干及其他焙烘糕饼；装药空囊、封缄、糯米纸及类似品	千克

第二十章 蔬菜、水果、坚果或植物其他部分的制品

注释:

1. 本章不包括:

(1)用第七章、第八章或第十一章所列方法制作或保藏的蔬菜、水果或坚果;

(2)按重量计含香肠、肉、食用杂碎、动物血、鱼、甲壳动物、软体动物、其他水生无脊椎动物及其混合物超过20%的食品(第十六章);

(3)品目19.05的烘焙糕饼及其他制品;

(4)品目21.04的均化混合食品。

2. 品目20.07及20.08不包括制成糖食的果冻、果膏、糖衣杏仁或类似品(品目17.04)及巧克力糖食(品目18.06)。

3. 品目20.01、20.04及20.05仅分别包括用本章注释1(1)以外的方法制作或保藏的第七章或品目11.05、11.06的产品(第八章产品的细粉、粗粉除外)。

4. 干重量在7%及以上的番茄汁归入品目20.02。

5. 品目20.07所称"烹煮的"是指,在常压或减压下,通过减少水分或其他方法增加产品粘稠度的热处理。

6. 品目20.09所称"未发酵及未加酒精的水果汁",是指按容量计酒精浓度(标准见第二十二章注释2)不超过0.5%的水果汁。

子目注释:

1. 子目2005.10所称"均化蔬菜",是指蔬菜经精细均化制成供婴幼儿食用或营养用的零售包装食品(每件净重不超过250克)。为了调味、保藏或其他目的,均化蔬菜中可以加入少量其他配料,还可以含有少量可见的蔬菜粒。归类时,子目2005.10优先于品目20.05的其他子目。

2. 子目2007.10所称"均化食品",是指果实经精细均化制成供婴幼儿食用或营养用的零售包装食品(每件净重不超过250克)。为了调味、保藏或其他目的,均化食品中可以加入少量其他配料,还可以含有少量可见的果粒。归类时,子目2007.10优先于品目20.07的其他子目。

3. 子目2009.12、2009.21、2009.31、2009.41、2009.61及2009.71所称"白利糖度值",是指直接从白利糖度计读取的度数或在20℃时从折射计读取的以蔗糖百分比含量计的折射率,在其他温度下读取的数值应折算为20℃时的折射率。

品目	商品编码	商品名称	计量单位
20.01		**蔬菜、水果、坚果及植物的其他食用部分，用醋或醋酸制作或保藏的：**	
	2001.1000	-用醋或醋酸制作或保藏的黄瓜及小黄瓜	千克
		-其他：	
	2001.9010	---用醋或醋酸制作或保藏的大蒜	千克
	2001.9090	---未列名用醋或醋酸制作或保藏的蔬菜、水果、坚果及植物的其他食用部分	千克
20.02		**番茄，用醋或醋酸以外的其他方法制作或保藏的：**	
		-番茄，整个或切片：	
	2002.1010	---番茄罐头	千克
	2002.1090	---其他制作或保藏的整个或切片番茄	千克
		-其他：	
		---番茄酱罐头：	
	2002.9011	----番茄酱罐头，重量不超过5千克	千克
	2002.9019	----番茄酱罐头，重量超过5千克	千克
	2002.9090	---其他制作或保藏的绞碎番茄	千克
20.03		**蘑菇及块菌，用醋或醋酸以外的其他方法制作或保藏的：**	
		-伞菌属蘑菇：	
		---伞菌属蘑菇罐头：	
	2003.1011	----小白蘑菇（洋蘑菇）罐头	千克
	2003.1019	----其他伞菌属蘑菇罐头	千克
	2003.1090	---其他制作或保藏的伞菌属蘑菇	千克
		-其他：	
	2003.9010	---其他蘑菇罐头	千克
	2003.9090	---制作或保藏的其他蘑菇及块菌	千克
20.04		**其他冷冻蔬菜，用醋或醋酸以外的其他方法制作或保藏的，品目20.06的货品除外：**	
	2004.1000	-制作或保藏的冷冻马铃薯	千克
	2004.9000	-其他制作或保藏的冷冻蔬菜及什锦蔬菜	千克
20.05		**其他未冷冻蔬菜，用醋或醋酸以外的其他方法制作或保藏的，品目20.06的货品除外：**	
	2005.1000	-均化蔬菜	千克
	2005.2000	-制作或保藏的未冷冻马铃薯	千克
	2005.4000	-制作或保藏的未冷冻豌豆	千克
		-制作或保藏的未冷冻豇豆及菜豆：	
		--脱荚的：	

品目	商品编码	商品名称	计量单位
		---脱荚豇豆及菜豆罐头:	
	2005.5111	----赤豆馅罐头	千克
	2005.5119	----其他脱荚豇豆及菜豆罐头	千克
		---其他:	
	2005.5191	----未冷冻赤豆馅,罐头除外	千克
	2005.5199	----其他制作或保藏的未冷冻脱荚豇豆及菜豆	千克
		--其他:	
	2005.5910	---未脱荚豇豆及菜豆罐头	千克
	2005.5990	---其他制作或保藏的未冷冻未脱荚豇豆及菜豆	千克
		-芦笋:	
	2005.6010	---芦笋罐头	千克
	2005.6090	---其他制作或保藏的芦笋	千克
	2005.7000	-油橄榄	千克
	2005.8000	-甜玉米	千克
		-其他蔬菜及什锦蔬菜:	
		--竹笋:	
	2005.9110	---竹笋罐头	千克
	2005.9190	---其他制作或保藏的未冷冻竹笋	千克
		--其他:	
	2005.9920	---蚕豆罐头	千克
	2005.9940	---制作或保藏榨菜	千克
	2005.9950	---制作或保藏咸蕨菜	千克
	2005.9960	---制作或保藏咸藠头	千克
		---其他制作或保藏的未冷冻蔬菜及什锦蔬菜:	
	2005.9991	----其他制作或保藏的未冷冻蔬菜及什锦蔬菜罐头	千克
	2005.9999	----未列名制作或保藏的未冷冻蔬菜及什锦蔬菜	千克
20.06		**糖渍蔬菜、水果、坚果、果皮及植物的其他部分(沥干、糖渍或裹糖的):**	
	2006.0010	---蜜枣	千克
	2006.0020	---糖渍橄榄	千克
	2006.0090	---其他糖渍蔬菜、水果、坚果、果皮及植物的其他部分	千克
20.07		**烹煮的果酱、果冻、柑橘酱、果泥及果膏,不论是否加糖或其他甜物质:**	
	2007.1000	-均化食品	千克
		-其他:	
	2007.9100	--柑橘属水果制果酱、果冻、果泥及果膏	千克

品　目	商品编码	商　品　名　称	计量单位
		--非柑橘属水果制果酱、果冻、果泥及果膏：	
	2007.9910	---非柑橘属水果制果酱、果冻、果泥及果膏罐头	千克
	2007.9990	---其他非柑橘属水果制果酱、果冻、果泥及果膏	千克
20.08		**用其他方法制作或保藏的其他品目未列名水果、坚果及植物的其他食用部分，不论是否加酒、加糖或其他甜物质：**	
		-坚果、花生及其他子仁，不论是否混合：	
		--花生：	
	2008.1110	---花生米罐头	千克
	2008.1120	---烘焙花生	千克
	2008.1130	---花生酱	千克
	2008.1190	---其他制作或保藏的花生	千克
		--其他，包括什锦坚果及其他子仁：	
	2008.1910	---核桃仁罐头	千克
	2008.1920	---其他果仁罐头	千克
		---其他：	
	2008.1991	----其他制作或保藏的栗仁	千克
	2008.1992	----其他制作或保藏的芝麻	千克
	2008.1999	----未列名制作或保藏的坚果及其他子仁	千克
		-菠萝：	
	2008.2010	---菠萝罐头	千克
	2008.2090	---其他制作或保藏的菠萝	千克
		-柑橘属水果：	
	2008.3010	---柑橘属水果罐头	千克
	2008.3090	---其他制作或保藏的柑橘属水果	千克
		-梨：	
	2008.4010	---梨罐头	千克
	2008.4090	---其他制作或保藏的梨	千克
	2008.5000	-其他制作或保藏的杏	千克
		-樱桃：	
	2008.6010	---樱桃罐头	千克
	2008.6090	---其他制作或保藏的樱桃	千克
		-桃，包括油桃：	
	2008.7010	---桃罐头	千克
	2008.7090	---其他制作或保藏的桃	千克
	2008.8000	-其他制作或保藏的草莓	千克
		-其他，包括子目2008.19以外的什锦果实：	

品目	商品编码	商品名称	计量单位
	2008.9100	--其他制作或保藏的棕榈芯	千克
	2008.9300	--其他制作或保藏的蔓越橘(大果蔓越橘、小果蔓越橘、越橘)	千克
	2008.9700	--其他制作或保藏的什锦果实	千克
		--其他制作或保藏的水果、坚果及植物的其他食用部分:	
	2008.9910	---荔枝罐头	千克
	2008.9920	---龙眼罐头	千克
		---海草及其他藻类制品:	
	2008.9931	----调味紫菜	千克
	2008.9932	----盐腌海带	千克
	2008.9933	----盐腌裙带菜	千克
	2008.9934	----烤紫菜	千克
	2008.9939	----未列名制作或保藏的海草及其他藻类制品	千克
	2008.9940	---清水荸荠(马蹄)罐头	千克
	2008.9990	---未列名的制作或保藏的水果、坚果及植物的其他食用部分	千克
20.09		**未发酵及未加酒精的水果汁(包括酿酒葡萄汁)、蔬菜汁,不论是否加糖或其他甜物质:**	
		-橙汁:	
	2009.1100	--冷冻橙汁	千克
	2009.1200	--非冷冻橙汁,白利糖度值不超过20	千克
	2009.1900	--其他橙汁	千克
		-葡萄柚(包括柚)汁:	
	2009.2100	--葡萄柚(包括柚)汁,白利糖度值不超过20	千克
	2009.2900	--其他葡萄柚(包括柚)汁	千克
		-其他未混合柑橘属水果汁:	
		--白利糖度值不超过20的:	
	2009.3110	---柠檬汁,白利糖度值不超过20	千克
	2009.3190	---其他未混合柑橘属水果汁,白利糖度值不超过20	千克
		--其他:	
	2009.3910	---其他柠檬汁	千克
	2009.3990	---其他未混合柑橘属水果汁	千克
		-菠萝汁:	
	2009.4100	--菠萝汁,白利糖度值不超过20	千克
	2009.4900	--其他菠萝汁	千克

品　目	商品编码	商　品　名　称	计量单位
	2009.5000	-番茄汁	千克
		-葡萄汁,包括酿酒葡萄汁:	
	2009.6100	--葡萄汁,白利糖度值不超过30	千克
	2009.6900	--其他葡萄汁	千克
		-苹果汁:	
	2009.7100	--苹果汁,白利糖度值不超过20	千克
	2009.7900	--其他苹果汁	千克
		-其他未混合的水果汁或蔬菜汁:	
	2009.8100	--蔓越橘汁(大果蔓越橘、小果蔓越橘、越橘)	千克
		--其他未混合的水果汁或蔬菜汁:	
		---未混合的水果汁:	
	2009.8912	----芒果汁	千克
	2009.8913	----西番莲果汁	千克
	2009.8914	----番石榴果汁	千克
	2009.8915	----梨汁	千克
	2009.8919	----其他未混合的水果汁	千克
	2009.8920	---未混合的蔬菜汁	千克
		-混合汁:	
	2009.9010	---混合水果汁	千克
	2009.9090	---混合蔬菜汁;水果与蔬菜的混合汁	千克

第二十一章 杂项食品

注释：

1. 本章不包括：
   (1)品目07.12的什锦蔬菜；
   (2)含咖啡的焙炒咖啡代用品(品目09.01)；
   (3)加香料的茶(品目09.02)；
   (4)品目09.04至09.10的调味香料或其他产品；
   (5)按重量计含香肠、肉、食用杂碎、动物血、鱼、甲壳动物、软体动物、其他水生无脊椎动物及其混合物超过20%的食品(第十六章)，但品目21.03或21.04的产品除外；
   (6)品目30.03或30.04的药用酵母及其他产品；
   (7)品目35.07的酶制品。
2. 上述注释1(2)所述咖啡代用品的精汁归入品目21.01。
3. 品目21.04所称"均化混合食品"，是指两种或两种以上的基本配料，例如，肉、鱼、蔬菜或果实等，经精细均化制成供婴幼儿食用或营养用的零售包装食品(每件净重不超过250克)。为了调味、保藏或其他目的，可以加入少量其他配料，还可以含有少量可见的小块配料。

品目	商品编码	商品名称	计量单位
21.01		**咖啡、茶、马黛茶的浓缩精汁及以其为基本成分或以咖啡、茶、马黛茶为基本成分的制品；烘焙菊苣和其他烘焙咖啡代用品及其浓缩精汁：**	
		-咖啡浓缩精汁及以其为基本成分或以咖啡为基本成分的制品：	
	2101.1100	--咖啡的浓缩精汁	千克
	2101.1200	--以咖啡浓缩精汁或以咖啡为基本成分的制品	千克
	2101.2000	-茶、马黛茶的浓缩精汁及以其为基本成分或以茶、马黛茶为基本成分的制品	千克
	2101.3000	-烘焙菊苣和其他烘焙咖啡代用品及其浓缩精汁	千克
21.02		**酵母(活性或非活性)；已死的其他单细胞微生物(不包括品目30.02的疫苗)；发酵粉：**	
	2102.1000	-活性酵母	千克
	2102.2000	-非活性酵母；已死的其他单细胞微生物	千克
	2102.3000	-发酵粉	千克
21.03		**调味汁及其制品；混合调味品；芥子粉及其调制品：**	

品　目	商品编码	商　品　名　称	计量单位
	2103.1000	-酱油	千克
	2103.2000	-番茄沙司及其他番茄调味汁	千克
	2103.3000	-芥子粉及其调制品	千克
		-其他：	
	2103.9010	---味精	千克
	2103.9020	---别特酒（Aromatic bitters），按体积计酒精含量44.2%~49.2%，按重量计含1.5%~6%的香料、各种配料以及4%~10%的糖	千克
	2103.9090	---其他调味汁及其制品；混合调味品	千克
21.04		**汤料及其制品；均化混合食品：**	
	2104.1000	-汤料及其制品	千克
	2104.2000	-均化混合食品	千克
21.05		**冰淇淋及其他冰制食品，不论是否含可可：**	
	2105.0000	冰淇淋及其他冰制食品，不论是否含可可	千克
21.06		**其他品目未列名的食品：**	
	2106.1000	-浓缩蛋白质及人造蛋白物质	千克
		-其他：	
	2106.9010	---制碳酸饮料的浓缩物	千克
	2106.9020	---制饮料用的复合酒精制品	千克
	2106.9030	---蜂王浆制剂	千克
	2106.9040	---椰子汁	千克
	2106.9050	---海豹油胶囊	千克
	2106.9090	---未列名食品	千克

第二十二章　饮料、酒及醋

注释：

1. 本章不包括：
   (1)本章的产品(品目22.09的货品除外)经配制后，用于烹饪而不适于作为饮料的制品(通常归入品目21.03)；
   (2)海水(品目25.01)；
   (3)蒸馏水、导电水及类似的纯净水(品目28.53)；
   (4)按重量计浓度超过10%的醋酸(品目29.15)；
   (5)品目30.03或30.04的药品；
   (6)芳香料制品及盥洗品(第三十三章)。
2. 本章及第二十章和第二十一章所称“按容量计酒精浓度”，应是温度在20℃时测得的浓度。
3. 品目22.02所称“无酒精饮料”，是指按容量计酒精浓度不超过0.5%的饮料。含酒精饮料应分别归入品目22.03至22.06或品目22.08。

子目注释：

1. 子目2204.10所称“汽酒”，是指温度在20℃时装在密封容器中超过大气压力3巴及以上的酒。

品　目	商品编码	商　品　名　称	计量单位
22.01		**未加糖或其他甜物质及未加味的水，包括天然或人造矿泉水及汽水；冰及雪：**	
		-矿泉水及汽水：	
	2201.1010	---未加味、加糖或其他甜物质的矿泉水	升/千克
	2201.1020	---未加味、加糖或其他甜物质的汽水	升/千克
		-其他：	
		---天然水：	
	2201.9011	----已包装未加味、加糖或其他甜物质的天然水	千升/千克
	2201.9019	----未包装未加味、加糖或其他甜物质的天然水	千升/千克
	2201.9090	---未列名未加味、加糖或其他甜物质的水；冰及雪	千升/千克
22.02		**加味、加糖或其他甜物质的水，包括矿泉水及汽水，其他无酒精饮料，但不包括品目20.09的水果汁或蔬菜汁：**	
	2202.1000	-加味、加糖或其他甜物质的水，包括矿泉水及汽水	升/千克
		-其他：	
	2202.9100	--无醇啤酒	升/千克
	2202.9900	--其他无酒精饮料	升/千克

品　目	商品编码	商　品　名　称	计量单位
22.03		**麦芽酿造的啤酒：**	
	2203.0000	麦芽酿造的啤酒	升/千克
22.04		**鲜葡萄酿造的酒，包括加酒精的；品目 20.09 以外的酿酒葡萄汁：**	
	2204.1000	-葡萄汽酒(未加香料)	升/千克
		-其他酒；加酒精抑制发酵的酿酒葡萄汁：	
	2204.2100	--装入2升及以下容器的鲜葡萄酿造的酒(未加香料)	升/千克
	2204.2200	--装入2升以上但不超过10升容器的鲜葡萄酿造的酒(未加香料)	升/千克
	2204.2900	--装入10升以上容器的鲜葡萄酿造的酒(未加香料)	升/千克
	2204.3000	-品目20.09以外的酿酒葡萄汁(未加香料)	升/千克
22.05		**味美思酒及其他加植物或香料的用鲜葡萄酿造的酒：**	
	2205.1000	-装入2升及以下容器的味美思酒及其他加植物或香料的用鲜葡萄酿造的酒	升/千克
	2205.9000	-装入2升以上容器的味美思酒及其他加植物或香料的用鲜葡萄酿造的酒	升/千克
22.06		**其他发酵饮料(例如，苹果酒、梨酒、蜂蜜酒、清酒)；其他品目未列名的发酵饮料的混合物及发酵饮料与无酒精饮料的混合物：**	
	2206.0010	---黄酒	升/千克
	2206.0090	---其他发酵饮料(例如，苹果酒、梨酒、蜂蜜酒、清酒)；其他品目未列名的发酵饮料的混合物及发酵饮料与无酒精饮料的混合物	升/千克
22.07		**未改性乙醇，按容量计酒精浓度在80%及以上；任何浓度的改性乙醇及其他酒精：**	
	2207.1000	-未改性乙醇，按容量计酒精浓度在80%及以上	升/千克
	2207.2000	-任何浓度的改性乙醇及其他酒精	升/千克
22.08		**未改性乙醇，按容量计酒精浓度在80%以下；蒸馏酒、利口酒及其他酒精饮料：**	
	2208.2000	-蒸馏葡萄酒制得的烈性酒	升/千克
	2208.3000	-威士忌酒	升/千克
	2208.4000	-朗姆酒及蒸馏已发酵甘蔗产品制得的其他烈性酒	升/千克
	2208.5000	-杜松子酒	升/千克
	2208.6000	-伏特加酒	升/千克
	2208.7000	-利口酒及柯迪尔酒	升/千克

品 目	商品编码	商 品 名 称	计量单位
		-未改性乙醇,按容量计酒精浓度在80%以下;其他蒸馏酒及酒精饮料:	
	2208.9010	---龙舌兰酒	升/千克
	2208.9020	---白酒	升/千克
	2208.9090	---未改性乙醇,按容量计酒精浓度在80%以下;其他蒸馏酒及酒精饮料	升/千克
22.09		**醋及用醋酸制得的醋代用品:**	
	2209.0000	醋及用醋酸制得的醋代用品	升/千克

第二十三章　食品工业的残渣及废料；配制的动物饲料

注释：

1. 品目23.09包括其他品目未列名的配制动物饲料，这些饲料是由动、植物原料加工而成的，并且已改变了原料的基本特性，但加工过程中的植物废料、植物残渣及副产品除外。

子目注释：

1. 子目2306.41所称"低芥子酸油菜子"，是指第十二章子目注释1所定义的油菜子。

品　目	商品编码	商　品　名　称	计量单位
23.01		**不适于供人食用的肉、杂碎、鱼、甲壳动物、软体动物或其他水生无脊椎动物的渣粉及团粒；油渣：**	
		-肉、杂碎的渣粉及团粒；油渣：	
		---肉骨粉：	
	2301.1011	----含牛羊成分的肉骨粉	千克
	2301.1019	----其他动物的肉骨粉	千克
	2301.1020	---油渣	千克
	2301.1090	---其他肉、杂碎的渣粉及团粒	千克
		-鱼、甲壳动物、软体动物或其他水生无脊椎动物的渣粉及团粒：	
	2301.2010	---饲料用鱼粉	千克
	2301.2090	---其他鱼、甲壳动物、软体动物或其他水生无脊椎动物的渣粉及团粒	千克
23.02		**谷物或豆类植物在筛、碾或其他加工过程中所产生的糠、麸及其他残渣，不论是否制成团粒：**	
	2302.1000	-玉米的糠、麸及其他残渣	千克
	2302.3000	-小麦的糠、麸及其他残渣	千克
	2302.4000	-其他谷物的糠、麸及其他残渣	千克
	2302.5000	-豆类植物的糠、麸及其他残渣	千克
23.03		**制造淀粉过程中的残渣及类似的残渣、甜菜渣、甘蔗渣及制糖过程中的其他残渣，酿造及蒸馏过程中的糟粕及残渣，不论是否制成团粒：**	
	2303.1000	-制造淀粉过程中的残渣及类似的残渣	千克
	2303.2000	-甜菜渣、甘蔗渣及制糖过程中的其他残渣	千克
	2303.3000	-酿造及蒸馏过程中的糟粕及残渣	千克

品　目	商品编码	商　品　名　称	计量单位
23.04		**提炼豆油所得的油渣饼及其他固体残渣，不论是否碾磨或制成团粒：**	
	2304.0010	---提炼豆油所得的油饼(豆饼)	千克
	2304.0090	---提炼豆油所得的其他固体残渣，不论是否碾磨或制成团粒	千克
23.05		**提炼花生油所得的油渣饼及其他固体残渣，不论是否碾磨或制成团粒：**	
	2305.0000	提炼花生油所得的油渣饼及其他固体残渣，不论是否碾磨或制成团粒	千克
23.06		**品目23.04或23.05以外的提炼植物油脂所得的油渣饼及其他固体残渣，不论是否碾磨或制成团粒：**	
	2306.1000	-棉子的油渣饼及其他固体残渣	千克
	2306.2000	-亚麻子的油渣饼及其他固体残渣	千克
	2306.3000	-葵花子的油渣饼及其他固体残渣	千克
		-油菜子的：	
	2306.4100	--低芥子酸油菜子的油渣饼及其他固体残渣	千克
	2306.4900	--其他油菜子的油渣饼及其他固体残渣	千克
	2306.5000	-椰子或干椰肉的油渣饼及其他固体残渣	千克
	2306.6000	-油棕果或油棕仁的油渣饼及其他固体残渣	千克
	2306.9000	-未列名植物的油渣饼及其他固体残渣	千克
23.07		**葡萄酒渣；粗酒石：**	
	2307.0000	葡萄酒渣；粗酒石	千克
23.08		**动物饲料用的其他处未列名的植物原料、废料、残渣及副产品，不论是否制成团粒：**	
	2308.0000	动物饲料用的其他处未列名的植物原料、废料、残渣及副产品，不论是否制成团粒	千克
23.09		**配制的动物饲料：**	
		-零售包装的狗食或猫食：	
	2309.1010	---零售包装的狗食或猫食罐头	千克
	2309.1090	---其他零售包装的狗食或猫食	千克
		-其他：	
	2309.9010	---制成的饲料添加剂	千克
	2309.9090	---其他配制的动物饲料	千克

第二十四章　烟草、烟草及烟草代用品的制品

注释：

1. 本章不包括药用卷烟(第三十章)。

子目注释：

1. 子目2403.11所称“水烟料”，是指由烟草和甘油混合而成用水烟筒吸用的烟草，不论是否含有芳香油及提取物、糖蜜或糖，也不论是否用水果调味，但供在水烟筒中吸用的非烟草产品除外。

品　目	商品编码	商　品　名　称	计量单位
24.01		**烟草；烟草废料：**	
		-未去梗的烟草：	
	2401.1010	---未去梗的烤烟	千克
	2401.1090	---其他未去梗的烟草	千克
		-部分或全部去梗的烟草：	
	2401.2010	---部分或全部去梗的烤烟	千克
	2401.2090	---其他部分或全部去梗的烟草	千克
	2401.3000	-烟草废料	千克
24.02		**烟草或烟草代用品制成的雪茄烟及卷烟：**	
	2402.1000	-烟草制的雪茄烟	千克/千支
	2402.2000	-烟草制的卷烟	千克/千支
	2402.9000	-烟草代用品制成的雪茄烟及卷烟	千克/千支
24.03		**其他烟草及烟草代用品的制品；“均化”或“再造”烟草；烟草精汁：**	
		-供吸用的烟草，不论是否含有任何比例的烟草代用品：	
	2403.1100	--本章子目注释所述的水烟料	千克
	2403.1900	--其他供吸用的烟草，不论是否含有任何比例的烟草代用品	千克
		-其他：	
	2403.9100	--“均化”或“再造”烟草	千克
	2403.9900	--其他烟草或烟草代用品的制品；烟草精汁	千克

第五类 矿 产 品

第二十五章 盐；硫磺；泥土及石料；石膏料、石灰及水泥

注释：

1. 除条文及注释4另有规定的以外，本章各品目只包括原产状态的矿产品，或只经过洗涤（包括用化学物质清除杂质而未改变产品结构的）、破碎、磨碎、研粉、淘洗、筛分以及用浮选、磁选和其他机械物理方法（不包括结晶法）精选过的货品，但不得经过焙烧、煅烧、混合或超过品目所列的加工范围。

   本章产品可含有添加的抗尘剂，但所加剂料并不使原产品改变其一般用途而适用于某些特殊用途。

2. 本章不包括：

   (1) 升华硫磺、沉淀硫磺及胶态硫磺（品目28.02）；

   (2) 土色料，按重量计三氧化二铁含量在70%及以上（品目28.21）；

   (3) 第三十章的药品及其他产品；

   (4) 芳香料制品及化妆盥洗品（第三十三章）；

   (5) 长方砌石、路缘石、扁平石（品目68.01）、镶嵌石或类似石料（品目68.02）及铺屋顶、饰墙面或防潮用的板石（品目68.03）；

   (6) 宝石或半宝石（品目71.02或71.03）；

   (7) 每颗重量不低于2.5克的氯化钠或氧化镁培养晶体（光学元件除外）（品目38.24）；氯化钠或氧化镁制的光学元件（品目90.01）；

   (8) 台球用粉块（品目95.04）；

   (9) 书写或绘画用粉笔及裁缝划粉（品目96.09）。

3. 既可归入品目25.17又可归入本章其他品目的产品，应归入品目25.17。

4. 品目25.30主要包括：未膨胀的蛭石、珍珠岩及绿泥石；不论是否煅烧或混合的土色料；天然云母氧化铁；海泡石（不论是否磨光成块）；琥珀；模制后未经进一步加工的片、条、杆或类似形状的粘聚海泡石及粘聚琥珀；黑玉；菱锶矿（不论是否煅烧），但不包括氧化锶；陶器、砖或混凝土的碎块。

品目	商品编码	商品名称	计量单位
25.01		**盐(包括精制盐及变性盐)及纯氯化钠,不论是否为水溶液,也不论是否添加抗结块剂或松散剂;海水:**	
		---盐:	
	2501.0011	----食用盐	千克
	2501.0019	----其他盐	千克
	2501.0020	---纯氯化钠	千克
	2501.0030	---海水	千克
25.02		**未焙烧的黄铁矿:**	
	2502.0000	未焙烧的黄铁矿	千克
25.03		**各种硫磺,但升华硫磺、沉淀硫磺及胶态硫磺除外:**	
	2503.0000	各种硫磺,但升华硫磺、沉淀硫磺及胶态硫磺除外	千克
25.04		**天然石墨:**	
		-粉末或粉片天然石墨:	
	2504.1010	---鳞片天然石墨	千克
		---其他粉末或粉片天然石墨:	
	2504.1091	----球化石墨	千克
	2504.1099	----其他粉末或粉片天然石墨	千克
	2504.9000	-天然石墨(粉末或粉片除外)	千克
25.05		**各种天然砂,不论是否着色,但第二十六章的含金属矿砂除外:**	
	2505.1000	-硅砂及石英砂	千克
	2505.9000	-其他天然砂	千克
25.06		**石英(天然砂除外);石英岩,不论是否粗加修整或仅用锯或其他方法切割成矩形(包括正方形)的板、块:**	
	2506.1000	-石英	千克
	2506.2000	-石英岩	千克
25.07		**高岭土及类似土,不论是否煅烧:**	
	2507.0010	---高岭土	千克
	2507.0090	---高岭土的类似土(高岭土除外)	千克
25.08		**其他黏土(不包括品目68.06的膨胀黏土)、红柱石、蓝晶石及硅线石,不论是否煅烧;富铝红柱石;火泥及第纳斯土:**	
	2508.1000	-膨润土	千克
	2508.3000	-耐火黏土	千克
	2508.4000	-其他黏土	千克
	2508.5000	-红柱石、蓝晶石及硅线石	千克

品　目	商品编码	商　品　名　称	计量单位
	2508.6000	-富铝红柱石	千克
	2508.7000	-火泥及第纳斯土	千克
25.09		**白垩:**	
	2509.0000	白垩	千克
25.10		**天然磷酸钙、天然磷酸铝钙及磷酸盐白垩:**	
		-未碾磨:	
	2510.1010	---未碾磨磷灰石	千克
	2510.1090	---未碾磨其他天然磷酸钙、天然磷酸铝钙及磷酸盐白垩	千克
		-已碾磨:	
	2510.2010	---已碾磨磷灰石	千克
	2510.2090	---已碾磨其他天然磷酸钙、天然磷酸铝钙及磷酸盐白垩	千克
25.11		**天然硫酸钡(重晶石);天然碳酸钡(毒重石),不论是否煅烧,但品目28.16的氧化钡除外:**	
	2511.1000	-天然硫酸钡(重晶石)	千克
	2511.2000	-天然碳酸钡(毒重石)	千克
25.12		**硅质化石粗粉(例如,各种硅藻土)及类似的硅质土,不论是否煅烧,其表观比重不超过1:**	
	2512.0010	---硅藻土	千克
	2512.0090	---其他硅质化石粗粉及类似的硅质土	千克
25.13		**浮石;刚玉岩;天然刚玉砂;天然石榴石及其他天然磨料,不论是否热处理:**	
	2513.1000	-浮石	千克
	2513.2000	-刚玉岩;天然刚玉砂;天然石榴石及其他天然磨料	千克
25.14		**板岩,不论是否粗加修整或仅用锯或其他方法切割成矩形(包括正方形)的板、块:**	
	2514.0000	板岩,不论是否粗加修整或仅用锯或其他方法切割成矩形(包括正方形)的板、块	千克
25.15		**大理石、石灰华及其他石灰质碑用或建筑用石,表观比重为2.5及以上,蜡石,不论是否粗加修整或仅用锯或其他方法切割成矩形(包括正方形)的板、块:**	
		-大理石及石灰华:	
	2515.1100	--原状或粗加修整的大理石及石灰华	千克

品　目	商品编码	商　品　名　称	计量单位
	2515.1200	--用锯或其他方法切割成矩形(包括正方形)的大理石及石灰华	千克
	2515.2000	-其他石灰质碑用或建筑用石;蜡石	千克
25.16		**花岗岩、斑岩、玄武岩、砂岩以及其他碑用或建筑用石,不论是否粗加修整或仅用锯或其他方法切割成矩形(包括正方形)的板、块:**	
		-花岗岩:	
	2516.1100	--原状或粗加修整的花岗岩	千克
	2516.1200	--仅用锯或其他方法切割成矩形(包括正方形)的花岗岩	千克
	2516.2000	-砂岩	千克
	2516.9000	-其他碑用或建筑用石	千克
25.17		**通常作混凝土粒料、铺路、铁道路基或其他路基用的卵石、砾石及碎石,圆石子及燧石,不论是否热处理;矿渣、浮渣及类似的工业残渣,不论是否混有本品目第一部分所列的材料;沥青碎石,品目25.15、25.16所列各种石料的碎粒、碎屑及粉末,不论是否热处理:**	
	2517.1000	-通常作混凝土粒料、铺路、铁道路基或其他路基用的卵石、砾石及碎石,圆石子及燧石,不论是否热处理	千克
	2517.2000	-矿渣、浮渣及类似的工业残渣,不论是否混有子目2517.10所列的材料	千克
	2517.3000	-沥青碎石	千克
		-品目25.15及25.16所列各种石料的碎粒、碎屑及粉末,不论是否热处理:	
	2517.4100	--大理石的碎粒、碎屑及粉末	千克
	2517.4900	--品目25.15及25.16所列其他各种石料的碎粒、碎屑及粉末(大理石除外)	千克
25.18		**白云石,不论是否煅烧或烧结、粗加修整或仅用锯或其他方法切割成矩形(包括正方形)的板、块;夯混白云石:**	
	2518.1000	-未煅烧或烧结白云石	千克
	2518.2000	-已煅烧或烧结白云石	千克
	2518.3000	-夯混白云石	千克
25.19		**天然碳酸镁(菱镁矿);熔凝镁氧矿;烧结镁氧矿,不论烧结前是否加入少量其他氧化物;其他氧化镁不论是否纯净:**	
	2519.1000	-天然碳酸镁(菱镁矿)	千克

品目	商品编码	商品名称	计量单位
		-其他:	
	2519.9010	---熔凝镁氧矿	千克
	2519.9020	---烧结镁氧矿(重烧镁)	千克
	2519.9030	---碱烧镁(轻烧镁)	千克
		---其他氧化镁:	
	2519.9091	----化学纯氧化镁	千克
	2519.9099	----其他氧化镁	千克
25.20		**生石膏;硬石膏;熟石膏(由煅烧的生石膏或硫酸钙构成),不论是否着色,也不论是否带有少量促凝剂或缓凝剂:**	
	2520.1000	-生石膏;硬石膏	千克
		-熟石膏:	
	2520.2010	---牙科用熟石膏	千克
	2520.2090	---其他熟石膏	千克
25.21		**石灰石助熔剂;通常用于制造石灰或水泥的石灰石及其他钙质石:**	
	2521.0000	石灰石助熔剂;通常用于制造石灰或水泥的石灰石及其他钙质石	千克
25.22		**生石灰、熟石灰及水硬石灰,但品目28.25的氧化钙及氢氧化钙除外:**	
	2522.1000	-生石灰	千克
	2522.2000	-熟石灰	千克
	2522.3000	-水硬石灰	千克
25.23		**硅酸盐水泥、矾土水泥、矿渣水泥、富硫酸盐水泥及类似的水凝水泥:**	
	2523.1000	-水泥熟料	千克
		-硅酸盐水泥:	
	2523.2100	--白水泥,不论是否人工着色	千克
	2523.2900	--其他硅酸盐水泥	千克
	2523.3000	-矾土水泥	千克
	2523.9000	-其他水凝水泥	千克
25.24		**石棉:**	
	2524.1000	-青石棉	千克
		-其他:	
	2524.9010	---其他长纤维石棉	千克
	2524.9090	---其他石棉	千克

品目	商品编码	商品名称	计量单位
25.25		**云母，包括云母片；云母废料：**	
	2525.1000	-原状云母及劈开的云母片	千克
	2525.2000	-云母粉	千克
	2525.3000	-云母废料	千克
25.26		**天然冻石，不论是否粗加修整或仅用锯或其他方法切割成矩形（包括正方形）的板、块；滑石：**	
		-未破碎及未研粉：	
	2526.1010	---未破碎及未研粉的冻石	千克
	2526.1020	---未破碎及未研粉的滑石	千克
		-已破碎或已研粉：	
	2526.2010	---已破碎或已研粉的冻石	千克
	2526.2020	---已破碎或已研粉的滑石	千克
25.28		**天然硼酸盐及其精矿（不论是否煅烧），但不包括从天然盐水析离的硼酸盐；天然粗硼酸，含硼酸干重不超过85%：**	
	2528.0010	---天然硼砂及其精矿（不论是否煅烧）	千克
	2528.0090	---其他天然硼酸盐及其精矿（不论是否煅烧），但不包括从天然盐水析离的硼酸盐；天然粗硼酸，含硼酸干重不超过85%	千克
25.29		**长石；白榴石；霞石及霞石正长岩；萤石（氟石）：**	
	2529.1000	-长石	千克
		-萤石：	
	2529.2100	--按重量计氟化钙含量在97%及以下的萤石	千克
	2529.2200	--按重量计氟化钙含量在97%以上的萤石	千克
	2529.3000	-白榴石；霞石及霞石正长岩	千克
25.30		**其他品目未列名的矿产品：**	
		-蛭石、珍珠岩石及绿泥石：	
	2530.1010	---未膨胀绿泥石	千克
	2530.1020	---未膨胀的蛭石及珍珠岩石	千克
	2530.2000	-硫镁矾矿及泻盐矿（天然硫酸镁）	千克
		-其他：	
	2530.9010	---矿物性药材	千克
	2530.9020	---稀土金属矿	千克
		---其他：	
	2530.9091	----硅灰石	千克
	2530.9099	----未列名矿产品	千克

第二十六章 矿砂、矿渣及矿灰

注释：

1. 本章不包括：

(1)供铺路用的矿渣及类似的工业废渣(品目25.17)；

(2)天然碳酸镁(菱镁矿)，不论是否煅烧(品目25.19)；

(3)主要含有石油的石油储罐的淤渣(品目27.10)；

(4)第三十一章的碱性熔渣；

(5)矿物棉(品目68.06)；

(6)贵金属或包贵金属的废碎料；主要用于回收贵金属的含贵金属或贵金属化合物的其他废碎料(品目71.12)；

(7)通过熔炼所产生的铜锍、镍锍或钴锍(第十五类)。

2. 品目26.01至26.17所称"矿砂"，是指冶金工业中提炼汞、品目28.44的金属以及第十四类、第十五类金属的矿物，即使这些矿物不用于冶金工业，也包括在内。但品目26.01至26.17不包括不是以冶金工业正常加工方法处理的各种矿物。

3. 品目26.20仅适用于：

(1)在工业上提炼金属或作为生产金属化合物基本原料的矿渣、矿灰及残渣，但焚化城市垃圾所产生的灰、渣除外(品目26.21)；

(2)含有砷的矿渣、矿灰及残渣，不论其是否含有金属，用于提取或生产砷、金属及其化合物。

子目注释：

1. 子目2620.21所称"含铅汽油的淤渣及含铅抗震化合物的淤渣"，是指含铅汽油及含铅抗震化合物(例如，四乙基铅)储罐的淤渣，主要含有铅、铅化合物以及铁的氧化物。

2. 含有砷、汞、铊及其混合物的矿渣、矿灰及残渣，用于提取或生产砷、汞、铊及其化合物，归入子目2620.60。

品 目	商品编码	商 品 名 称	计量单位
26.01		铁矿砂及其精矿，包括焙烧黄铁矿：	
		-铁矿砂及其精矿，但焙烧黄铁矿除外：	
		--未烧结：	
	2601.1110	---平均粒度小于0.8毫米的未烧结铁矿砂及其精矿	千克
	2601.1120	---平均粒度在0.8毫米及以上，但小于6.3毫米的未烧结铁矿砂及其精矿	千克
	2601.1190	---平均粒度在6.3毫米及以上的未烧结铁矿砂及其精矿	千克

品目	商品编码	商品名称	计量单位
	2601.1200	--已烧结的铁矿砂及其精矿	千克
	2601.2000	-焙烧黄铁矿	千克
26.02		**锰矿砂及其精矿,包括以干重计锰含量在20%及以上的含铁锰矿及其精矿:**	
	2602.0000	锰矿砂及其精矿,包括以干重计锰含量在20%及以上的含铁锰矿及其精矿	千克
26.03		**铜矿砂及其精矿:**	
	2603.0000	铜矿砂及其精矿	千克
26.04		**镍矿砂及其精矿:**	
	2604.0000	镍矿砂及其精矿	千克
26.05		**钴矿砂及其精矿:**	
	2605.0000	钴矿砂及其精矿	千克
26.06		**铝矿砂及其精矿:**	
	2606.0000	铝矿砂及其精矿	千克
26.07		**铅矿砂及其精矿:**	
	2607.0000	铅矿砂及其精矿	千克
26.08		**锌矿砂及其精矿:**	
	2608.0000	锌矿砂及其精矿	千克
26.09		**锡矿砂及其精矿:**	
	2609.0000	锡矿砂及其精矿	千克
26.10		**铬矿砂及其精矿:**	
	2610.0000	铬矿砂及其精矿	千克
26.11		**钨矿砂及其精矿:**	
	2611.0000	钨矿砂及其精矿	千克
26.12		**铀或钍矿砂及其精矿:**	
	2612.1000	-铀矿砂及其精矿	千克
	2612.2000	-钍矿砂及其精矿	千克
26.13		**钼矿砂及其精矿:**	
	2613.1000	-已焙烧的钼矿砂及其精矿	千克
	2613.9000	-其他钼矿砂及其精矿	千克
26.14		**钛矿砂及其精矿:**	
	2614.0000	钛矿砂及其精矿	千克
26.15		**铌、钽、钒或锆矿砂及其精矿:**	
	2615.1000	-锆矿砂及其精矿	千克
		-其他:	
	2615.9010	---水合钽铌原料(钽铌矿富集物)	千克

品 目	商品编码	商 品 名 称	计量单位
	2615.9090	---其他铌、钽、钒矿砂及其精矿	千克
26.16		**贵金属矿砂及其精矿:**	
	2616.1000	-银矿砂及其精矿	千克
	2616.9000	-其他贵金属矿砂及其精矿	千克
26.17		**其他矿砂及其精矿:**	
		-锑矿砂及其精矿:	
	2617.1010	---生锑(锑精矿,选矿产品)	千克
	2617.1090	---其他锑矿砂及其精矿	千克
		-其他:	
	2617.9010	---朱砂(辰砂)	千克
	2617.9090	---未列名矿砂及其精矿	千克
26.18		**冶炼钢铁所产生的粒状熔渣(熔渣砂):**	
	2618.0010	---主要含锰的冶炼钢铁所产生的粒状熔渣(熔渣砂)	千克
	2618.0090	---其他冶炼钢铁所产生的粒状熔渣(熔渣砂)	千克
26.19		**冶炼钢铁所产生的熔渣、浮渣(粒状熔渣除外)、氧化皮及其他废料:**	
	2619.0000	冶炼钢铁所产生的熔渣、浮渣(粒状熔渣除外)、氧化皮及其他废料	千克
26.20		**含有金属、砷及其化合物的矿渣、矿灰及残渣(冶炼钢铁所产生的灰、渣除外):**	
		-主要含锌:	
	2620.1100	--主要含硬锌的矿渣、矿灰及残渣	千克
	2620.1900	--其他主要含锌的矿渣、矿灰及残渣	千克
		-主要含铅:	
	2620.2100	--主要含铅汽油的淤渣及含铅抗震化合物的淤渣	千克
	2620.2900	--其他主要含铅的淤渣及含铅抗震化合物的淤渣	千克
	2620.3000	-主要含铜的矿渣、矿灰及残渣	千克
	2620.4000	-主要含铝的矿渣、矿灰及残渣	千克
	2620.6000	-含砷、汞、铊及其混合物的矿渣、矿灰及残渣,用于提取或生产砷、汞、铊及其化合物	千克
		-其他:	
	2620.9100	--含锑、铍、镉、铬及其混合物的矿渣、矿灰及残渣	千克
		--其他:	
	2620.9910	---主要含钨的矿渣、矿灰及残渣	千克
	2620.9990	---未列名含有金属或金属化合物的矿渣、矿灰及残渣	千克

品　目	商品编码	商　品　名　称	计量单位
26.21		**其他矿渣及矿灰,包括海藻灰(海草灰);焚化城市垃圾所产生的灰、渣:**	
	2621.1000	-焚化城市垃圾所产生的灰、渣	千克
	2621.9000	-其他矿渣及矿灰,包括海藻灰(海草灰)	千克

第二十七章 矿物燃料、矿物油及其蒸馏产品；沥青物质；矿物蜡

注释：

1. 本章不包括：
   (1)单独的已有化学定义的有机化合物，但纯甲烷及纯丙烷应归入品目27.11；
   (2)品目30.03及30.04的药品；
   (3)品目33.01、33.02及38.05的不饱和烃混合物。
2. 品目27.10所称"石油及从沥青矿物提取的油类"，不仅包括石油、从沥青矿物提取的油及类似油，还包括那些用任何方法提取的主要含有不饱和烃混合物的油，但其非芳族成分的重量必须超过芳族成分。然而，它不包括温度在300℃时，压力转为1013毫巴后减压蒸馏出以体积计小于60%的液体合成聚烯烃(第三十九章)。
3. 品目27.10所称"废油"，是指主要含石油及从沥青矿物提取的油类(参见本章注释2)的废油，不论其是否与水混合。它们包括：
   (1)不再适于作为原产品使用的废油(例如，用过的润滑油、液压油、变压器油)；
   (2)石油储罐的淤渣油，主要含废油及高浓度的在生产原产品时使用的添加剂(例如，化学品)；
   (3)水乳浊液状或与水混合的废油，例如，浮油、清洗油罐所得的油或机械加工中已用过的切削油。

子目注释：

1. 子目2701.11所称"无烟煤"，是指含挥发物(以干燥、无矿物质计)不超过14%的煤。
2. 子目2701.12所称"烟煤"，是指含挥发物(以干燥、无矿物质计)超过14%，并且热值(以潮湿、无矿物质计)等于或大于5833大卡/千克的煤。
3. 子目2707.10、2707.20、2707.30、2707.40所称"粗苯""粗甲苯""粗二甲苯""萘"，分别指按重量计苯、甲苯、二甲苯、萘的含量在50%以上的产品。
4. 子目2710.12所称"轻油及其制品"，是指根据ISO 3405方法(等同于ASTM D86方法)，温度在210℃时以体积计馏出量(包括损耗)在90%及以上的产品。
5. 品目27.10的子目所称"生物柴油"，是指从动植物油脂(不论是否使用过)得到的用做燃料的脂肪酸单烷基脂。

品目	商品编码	商品名称	计量单位
27.01		**煤；煤砖、煤球及用煤制成的类似固体燃料：**	
		-煤，不论是否粉化，但未制成型：	
	2701.1100	--无烟煤	千克
		--烟煤：	

品　目	商品编码	商　品　名　称	计量单位
	2701.1210	---炼焦煤	千克
	2701.1290	---其他烟煤	千克
	2701.1900	--其他煤	千克
	2701.2000	-煤砖、煤球及用煤制成的类似固体燃料	千克
27.02		**褐煤，不论是否制成型，但不包括黑玉：**	
	2702.1000	-褐煤，不论是否粉化，但未制成型	千克
	2702.2000	-制成型的褐煤	千克
27.03		**泥煤（包括肥料用泥煤），不论是否制成型：**	
	2703.0000	泥煤（包括肥料用泥煤），不论是否制成型	千克
27.04		**煤、褐煤或泥煤制成的焦炭及半焦炭，不论是否制成型；甑炭：**	
	2704.0010	---焦炭及半焦炭	千克
	2704.0090	---甑炭	千克
27.05		**煤气、水煤气、炉煤气及类似气体，但石油气及其他烃类气除外：**	
	2705.0000	煤气、水煤气、炉煤气及类似气体，但石油气及其他烃类气除外	千克
27.06		**从煤、褐煤或泥煤蒸馏所得的焦油及其他矿物焦油，不论是否脱水或部分蒸馏，包括再造焦油：**	
	2706.0000	从煤、褐煤或泥煤蒸馏所得的焦油及其他矿物焦油，不论是否脱水或部分蒸馏，包括再造焦油	千克
27.07		**蒸馏高温煤焦油所得的油类及其他产品；芳族成分重量超过非芳族成分的类似产品：**	
	2707.1000	-粗苯	千克
	2707.2000	-粗甲苯	千克
	2707.3000	-粗二甲苯	千克
	2707.4000	-萘	千克
	2707.5000	-其他芳烃混合物，根据 ISO 3405 方法（等同于 ASTM D 86 方法），温度在 250℃时的馏出量以体积计（包括损耗）在 65%及以上	千克
		-其他：	
	2707.9100	--杂酚油	千克
		--其他：	
	2707.9910	---酚	千克
	2707.9990	---其他蒸馏高温煤焦油所得的焦油及其他产品；其他芳族成分重量超过非芳族成分的类似产品	千克

品　目	商品编码	商　品　名　称	计量单位
27.08		**从煤焦油或其他矿物焦油所得的沥青及沥青焦:**	
	2708.1000	-沥青	千克
	2708.2000	-沥青焦	千克
27.09		**石油原油及从沥青矿物提取的原油:**	
	2709.0000	石油原油及从沥青矿物提取的原油	千克
27.10		**石油及从沥青矿物提取的油类,但原油除外;以上述油为基本成分(按重量计不低于70%)的其他品目未列名制品;废油:**	
		-石油及从沥青矿物提取的油类,但原油除外;以上述油为基本成分(按重量计不低于70%)的其他品目未列名制品,不含有生物柴油,但废油除外:	
		--轻油及其制品:	
	2710.1210	---车用汽油和航空汽油	千克/升
	2710.1220	---石脑油	千克/升
	2710.1230	---橡胶溶剂油、油漆溶剂油、抽提溶剂油	千克/升
		---其他:	
	2710.1291	----壬烯	千克
	2710.1299	----未列名轻油及其制品	千克
		--其他:	
		---煤油馏分:	
	2710.1911	----航空煤油	千克/升
	2710.1912	----灯用煤油	千克/升
	2710.1919	----其他煤油馏分	千克/升
		---柴油及其他燃料油:	
	2710.1922	----5~7号燃料油	千克/升
	2710.1923	----柴油	千克/升
	2710.1929	----其他燃料油	千克/升
		---润滑油、润滑脂及其他重油;以上述油为基本成分的未列名制品:	
	2710.1991	----润滑油	千克/升
	2710.1992	----润滑脂	千克/升
	2710.1993	----润滑油基础油	千克/升
	2710.1994	----液体石蜡和重质液体石蜡	千克
	2710.1999	----其他重油;以石油及从沥青矿物提取的油类为基础成分的未列名制品	千克/升

品目	商品编码	商品名称	计量单位
	2710.2000	-石油及从沥青矿物提取的油类，但原油除外；以上述油为基本成分（按重量计不低于70%）的其他品目未列名制品，含有生物柴油，但废油除外	千克/升
		-废油：	
	2710.9100	--含多氯联苯（PCBs）、多氯三联苯（PCTs）或多溴联苯（PBBs）的废油	千克
	2710.9900	--其他废油	千克
27.11		**石油气及其他烃类气：**	
		-液化的：	
	2711.1100	--液化天然气	千克
	2711.1200	--液化丙烷	千克
		--丁烷：	
	2711.1310	---直接灌注香烟打火机及类似打火器用的液化丁烷，其包装容器的容积超过300立方厘米	千克
	2711.1390	---其他液化丁烷	千克
	2711.1400	--液化乙烯、丙烯、丁烯及丁二烯	千克
		--其他：	
	2711.1910	---直接灌注香烟打火机及类似打火器用的液化燃料，其包装容器的容积超过300立方厘米	千克
	2711.1990	---未列名液化石油气及其他烃类气	千克
		-气态的：	
	2711.2100	--天然气	千克
	2711.2900	--气态石油气及其他烃类气	千克
27.12		**凡士林；石蜡、微晶石蜡、疏松石蜡、地蜡、褐煤蜡、泥煤蜡、其他矿物蜡及用合成或其他方法制得的类似产品，不论是否着色：**	
	2712.1000	-凡士林	千克
	2712.2000	-石蜡，按重量计含油量小于0.75%	千克
		-其他石蜡、微晶石蜡、疏松石蜡、地蜡、褐煤蜡、泥煤蜡、其他矿物蜡及用合成或其他方法制得类似产品，不论是否着色：	
	2712.9010	---微晶石蜡	千克
	2712.9090	---其他石蜡、疏松石蜡、地蜡、褐煤蜡、泥煤蜡、其他矿物蜡及用合成或其他方法制得的类似产品，不论是否着色	千克

品目	商品编码	商品名称	计量单位
27.13		**石油焦、石油沥青及其他石油或从沥青矿物提取的油类残渣：**	
		-石油焦：	
		--未煅烧：	
	2713.1110	---含硫量小于3%的未煅烧石油焦	千克
	2713.1190	---其他未煅烧石油焦	千克
		--已煅烧：	
	2713.1210	---含硫量小于0.8%的已煅烧石油焦	千克
	2713.1290	---其他已煅烧石油焦	千克
	2713.2000	-石油沥青	千克
	2713.9000	-其他石油或从沥青矿物提取的油类的残渣	千克
27.14		**天然沥青(地沥青)、沥青页岩、油页岩及焦油砂；沥青岩：**	
	2714.1000	-沥青页岩、油页岩及焦油砂	千克
		-其他：	
	2714.9010	---天然沥青(地沥青)	千克
	2714.9020	---乳化沥青	千克
	2714.9090	---沥青岩	千克
27.15		**以天然沥青(地沥青)、石油沥青、矿物焦油或矿物焦油沥青为基本成分的沥青混合物(例如，沥青胶粘剂、稀释沥青)：**	
	2715.0000	以天然沥青(地沥青)、石油沥青、矿物焦油或矿物焦油沥青为基本成分的沥青混合物(例如，沥青胶粘剂、稀释沥青)	千克
27.16		**电力：**	
	2716.0000	电力	千瓦时

第六类　化学工业及其相关工业的产品

注释：

1. (1)凡符合品目28.44、28.45规定的货品(放射性矿砂除外),应分别归入这两个品目而不归入本目录的其他品目。
   (2)除上述(1)款另有规定的以外,凡符合品目28.43、28.46或28.52规定的货品,应分别归入以上品目而不归入本类的其他品目。
2. 除上述注释1另有规定的以外,凡由于按一定剂量或作为零售包装而可归入品目30.04、30.05、30.06、32.12、33.03、33.04、33.05、33.06、33.07、35.06、37.07及38.08的货品,应分别归入以上品目,而不归入本目录的其他品目。
3. 由两种或两种以上单独成分配套的货品,其部分或全部成分属于本类范围以内,混合后则构成第六类或第七类的货品,应按混合后产品归入相应的品目,但其组成成分必须同时符合下列条件:
   (1)其包装形式足以表明这些成分不需经过改装就可一起使用的;
   (2)一起进口或出口的;
   (3)这些成分的属性及相互比例足以表明是相互配用的。

第二十八章　无机化学品;贵金属、稀土金属、放射性元素及其同位素的有机及无机化合物

注释：

1. 除条文另有规定的以外,本章各品目只适用于:
   (1)单独的化学元素及单独的已有化学定义的化合物,不论是否含有杂质;
   (2)上述(1)款产品的水溶液;
   (3)溶于其他溶剂的上述(1)款产品,但该产品处于溶液状态只是为了安全或运输所采取的正常必要方法,其所用溶剂并不使该产品改变其一般用途而适合于某些特殊用途;
   (4)为了保存或运输需要,加入稳定剂(包括抗结块剂)的上述(1)、(2)、(3)款产品;
   (5)为了便于识别或安全起见,加入抗尘剂或着色剂的上述(1)、(2)、(3)、(4)款产品,但所加剂料并不使原产品改变其一般用途而适合于某些特殊用途。
2. 除以有机物质稳定的连二亚硫酸盐及次硫酸盐(品目28.31),无机碱的碳酸盐及过碳酸盐(品目28.36),无机碱的氰化物、氧氰化物及氰络合物(品目28.37),无机碱的雷酸盐、氰酸盐及硫氰酸盐(品目28.42),品目28.43至28.46及28.52的有机产品,以

及碳化物(品目 28.49)之外,本章仅包括下列碳化合物:

(1)碳的氧化物,氰化氢及雷酸、异氰酸、硫氰酸及其他简单或络合氰酸(品目 28.11);

(2)碳的卤氧化物(品目 28.12);

(3)二硫化碳(品目 28.13);

(4)硫代碳酸盐、硒代碳酸盐、碲代碳酸盐、硒代氰酸盐、碲代氰酸盐、四氰硫基二氨基络酸盐及其他无机碱络合氰酸盐(品目 28.42);

(5)用尿素固化的过氧化氢(品目 28.47)、氧硫化碳、硫代羰基卤化物、氰、卤化氰、氨基氰及其金属衍生物(品目 28.53),不论是否纯净,但氰氨化钙除外(第三十一章)。

3. 除第六类注释 1 另有规定的以外,本章不包括:

(1)氯化钠或氧化镁(不论是否纯净)及第五类的其他产品;

(2)上述注释 2 所述以外的有机—无机化合物;

(3)第三十一章注释 2、3、4、5 所述的产品;

(4)品目 32.06 的用做发光剂的无机产品;品目 32.07 的搪瓷玻璃料及其他玻璃,呈粉、粒或粉片状的;

(5)人造石墨(品目 38.01);品目 38.13 的灭火器的装配药及已装药的灭火弹;品目 38.24 的零售包装的除墨剂;品目 38.24 的每颗重量不少于 2.5 克的碱金属或碱土金属卤化物的培养晶体(光学元件除外);

(6)宝石或半宝石(天然、合成或再造)及这些宝石、半宝石的粉末(品目 71.02 至 71.05),第七十一章的贵金属及贵金属合金;

(7)第十五类的金属(不论是否纯净)、金属合金或金属陶瓷,包括硬质合金物(与金属烧结的金属碳化物);

(8)光学元件,例如,用碱金属或碱土金属卤化物制成的(品目 90.01)。

4. 由本章第二分章的非金属酸和第四分章的金属酸所构成的已有化学定义的络酸,应归入品目 28.11。

5. 品目 28.26 至 28.42 只适用于金属盐、铵盐及过氧酸盐。除条文另有规定的以外,复盐及络盐应归入品目 28.42。

6. 品目 28.44 只适用于:

(1)锝(原子序 43)、钷(原子序 61)、钋(原子序 84)及原子序数大于 84 的所有化学元素;

(2)天然或人造放射性同位素(包括第十四类及第十五类的贵金属和贱金属的放射性同位素),不论是否混合;

(3)上述元素或同位素的无机或有机化合物,不论是否已有化学定义或是否混合;

(4)含有上述元素或同位素及其无机或有机化合物并且具有某种放射性强度超过 74BQ/g(0.002微居里/克)的合金、分散体(包括金属陶瓷)、陶瓷产品及混合物;

(5)核反应堆已耗尽(已辐照)的燃料元件(释热元件);

(6)放射性的残渣,不论是否有用。

品目 28.44、28.45 及本注释所称“同位素”,是指:

①单独的核素,但不包括自然界中以单一同位素状态存在的核素;

②同一元素的同位素混合物，其中一种或几种同位素已被浓缩，即人工地改变了该元素同位素的自然构成。

7. 品目28.53包括按重量计含磷量超过15%的磷化铜（磷铜）。
8. 经掺杂用于电子工业的化学元素（例如，硅、硒），如果拉制后未经加工或呈圆筒形、棒形，应归入本章；如果已切成圆片、薄片或类似形状，则归入品目38.18。

子目注释：

1. 子目2852.10所称"已有化学定义"是指符合第二十八章注释1（1）至（5）或第二十九章注释1（1）至（8）规定的汞的无机或有机化合物。

品目	商品编码	商品名称	计量单位
		第一分章　化学元素	
28.01		**氟、氯、溴及碘：**	
	2801.1000	-氯	千克
	2801.2000	-碘	千克
		-氟；溴：	
	2801.3010	---氟	千克
	2801.3020	---溴	千克
28.02		**升华硫磺、沉淀硫磺；胶态硫磺：**	
	2802.0000	升华硫磺、沉淀硫磺；胶态硫磺	千克
28.03		**碳（炭黑及其他品目未列名的其他形态的碳）：**	
	2803.0000	碳（炭黑及其他品目未列名的其他形态的碳）	千克
28.04		**氢、稀有气体及其他非金属：**	
	2804.1000	-氢	千克/立方米
		-稀有气体：	
	2804.2100	--氩	千克/立方米
	2804.2900	--其他稀有气体	千克/立方米
	2804.3000	-氮	千克/立方米
	2804.4000	-氧	千克/立方米
	2804.5000	-硼；碲	千克
		-硅：	
		--按重量计含硅量不少于99.99%：	
		---经掺杂用于电子工业的单晶硅棒，直径在7.5厘米及以上：	
	2804.6117	----经掺杂用于电子工业的单晶硅棒，含硅量不少于99.99%，直径在30厘米及以上	千克

品 目	商品编码	商 品 名 称	计量单位
	2804.6119	----经掺杂用于电子工业的单晶硅棒,含硅量不少于99.99%,直径在7.5厘米及以上,但小于30厘米	千克
	2804.6120	---经掺杂用于电子工业的单晶硅棒,含硅量不少于99.99%,直径在7.5厘米以下	千克
	2804.6190	---其他含硅量不少于99.99%的硅	千克
	2804.6900	--其他硅	千克
		-磷:	
	2804.7010	---黄磷(白磷)	千克
	2804.7090	---其他磷	千克
	2804.8000	-砷	千克
		-硒:	
	2804.9010	---经掺杂用于电子工业的硒晶体棒	千克
	2804.9090	---其他硒	千克
28.05		**碱金属、碱土金属;稀土金属、钪及钇,不论是否相互混合或相互熔合;汞:**	
		-碱金属及碱土金属:	
	2805.1100	--钠	千克
	2805.1200	--钙	千克
		--其他碱金属及碱土金属:	
	2805.1910	---锂	千克
	2805.1990	---其他碱金属及碱土金属	千克
		-稀土金属、钪及钇,不论是否相互混合或相互熔合:	
		---稀土金属、钪及钇,未相互混合或相互熔合:	
	2805.3011	----钕,未相互混合或相互熔合	千克
	2805.3012	----镝,未相互混合或相互熔合	千克
	2805.3013	----铽,未相互混合或相互熔合	千克
	2805.3014	----镧,未相互混合或相互熔合	千克
	2805.3015	----铈,未相互混合或相互熔合	千克
	2805.3016	----镨,未相互混合或相互熔合	千克
	2805.3017	----钇,未相互混合或相互熔合	千克
	2805.3019	----其他稀土金属、钪,未相互混合或相互熔合	千克
		---稀土金属、钪及钇,已相互混合或相互熔合:	
	2805.3021	----电池级稀土金属、钪及钇,已相互混合或相互熔合	千克
	2805.3029	----其他稀土金属、钪及钇,已相互混合或相互熔合	千克
	2805.4000	-汞	千克

品目	商品编码	商品名称	计量单位
		第二分章　无机酸及非金属无机氧化物	
28.06		**氯化氢(盐酸);氯磺酸:**	
	2806.1000	-氯化氢(盐酸)	千克
	2806.2000	-氯磺酸	千克
28.07		**硫酸;发烟硫酸:**	
	2807.0000	硫酸;发烟硫酸	千克
28.08		**硝酸;磺硝酸:**	
	2808.0000	硝酸;磺硝酸	千克
28.09		**五氧化二磷;磷酸;多磷酸,不论是否已有化学定义:**	
	2809.1000	-五氧化二磷	千克
		-磷酸及多磷酸:	
		---磷酸及偏磷酸、焦磷酸:	
	2809.2011	----食品级磷酸	千克
	2809.2019	----其他磷酸及偏磷酸、焦磷酸	千克
	2809.2090	---其他多磷酸	千克
28.10		**硼的氧化物;硼酸:**	
	2810.0010	---硼的氧化物	千克
	2810.0020	---硼酸	千克
28.11		**其他无机酸及非金属无机氧化物:**	
		-其他无机酸:	
		--氟化氢(氢氟酸):	
	2811.1110	---电子级氢氟酸	千克
	2811.1190	---其他氟化氢(氢氟酸)	千克
	2811.1200	--氰化氢(氢氰酸)	千克
		--其他:	
	2811.1920	---硒化氢	千克
	2811.1990	---未列名无机酸	千克
		-其他非金属无机氧化物:	
	2811.2100	--二氧化碳	千克
		--二氧化硅:	
	2811.2210	---硅胶	千克
	2811.2290	---其他二氧化硅	千克
	2811.2900	--未列名非金属无机氧化物	千克

品 目	商品编码	商 品 名 称	计量单位
		第三分章 非金属卤化物及硫化物	
28.12		**非金属卤化物及卤氧化物:**	
		-氯化物及氯氧化物:	
	2812.1100	--碳酰二氯(光气)	千克
	2812.1200	--氧氯化磷	千克
	2812.1300	--三氯化磷	千克
	2812.1400	--五氯化磷	千克
	2812.1500	--一氯化硫	千克
	2812.1600	--二氯化硫	千克
	2812.1700	--亚硫酰氯	千克
	2812.1900	--其他非金属氯化物及氯氧化物	千克
		-其他:	
		---氟化物及氟氧化物:	
	2812.9011	----三氟化氮	千克
	2812.9019	----其他氟化物及氟氧化物	千克
	2812.9090	---未列名非金属卤化物及卤氧化物	千克
28.13		**非金属硫化物;商品三硫化二磷:**	
	2813.1000	-二硫化碳	千克
	2813.9000	-未列名非金属硫化物;商品三硫化二磷	千克
		第四分章 无机碱和金属氧化物、氢氧化物及过氧化物	
28.14		**氨及氨水:**	
	2814.1000	-氨	千克
	2814.2000	-氨水	千克
28.15		**氢氧化钠(烧碱);氢氧化钾(苛性钾);过氧化钠及过氧化钾:**	
		-氢氧化钠(烧碱):	
	2815.1100	--固体氢氧化钠	千克
	2815.1200	--氢氧化钠水溶液	千克
	2815.2000	-氢氧化钾(苛性钾)	千克
	2815.3000	-过氧化钠及过氧化钾	千克
28.16		**氢氧化镁及过氧化镁;锶或钡的氧化物、氢氧化物及过氧化物:**	
	2816.1000	-氢氧化镁及过氧化镁	千克

品 目	商品编码	商 品 名 称	计量单位
	2816.4000	-锶或钡的氧化物、氢氧化物及过氧化物	千克
28.17		**氧化锌及过氧化锌：**	
	2817.0010	---氧化锌	千克
	2817.0090	---过氧化锌	千克
28.18		**人造刚玉，不论是否已有化学定义；氧化铝；氢氧化铝：**	
		-人造刚玉，不论是否已有化学定义：	
	2818.1010	---棕刚玉	千克
	2818.1090	---其他人造刚玉，不论是否已有化学定义	千克
	2818.2000	-氧化铝，但人造刚玉除外	千克
	2818.3000	-氢氧化铝	千克
28.19		**铬的氧化物及氢氧化物：**	
	2819.1000	-三氧化铬	千克
	2819.9000	-未列名铬的氧化物及氢氧化物	千克
28.20		**锰的氧化物：**	
	2820.1000	-二氧化锰	千克
	2820.9000	-未列名锰的氧化物	千克
28.21		**铁的氧化物及氢氧化物；土色料，按重量计三氧化二铁含量在70%及以上：**	
	2821.1000	-铁的氧化物及氢氧化物	千克
	2821.2000	-土色料	千克
28.22		**钴的氧化物及氢氧化物；商品氧化钴：**	
	2822.0010	---四氧化三钴	千克
	2822.0090	---未列名钴的氧化物及氢氧化物；商品氧化钴	千克
28.23		**钛的氧化物：**	
	2823.0000	钛的氧化物	千克
28.24		**铅的氧化物；铅丹及铅橙：**	
	2824.1000	-一氧化铅（铅黄、黄丹）	千克
		-其他：	
	2824.9010	---铅丹及铅橙	千克
	2824.9090	---未列名铅的氧化物	千克
28.25		**肼（联氨）、胲（羟胺）及其无机盐；其他无机碱；其他金属氧化物、氢氧化物及过氧化物：**	
		-肼（联氨）、胲（羟胺）及其无机盐：	
	2825.1010	---水合肼	千克
	2825.1020	---硫酸羟胺	千克

品 目	商品编码	商 品 名 称	计量单位
	2825.1090	---未列名肼(联氨)、胲(羟胺)及其无机盐	千克
		-锂的氧化物及氢氧化物:	
	2825.2010	---氢氧化锂	千克
	2825.2090	---未列名锂的氧化物及氢氧化物	千克
		-钒的氧化物及氢氧化物:	
	2825.3010	---五氧化二钒	千克
	2825.3090	---未列名钒的氧化物及氢氧化物	千克
	2825.4000	-镍的氧化物及氢氧化物	千克
	2825.5000	-铜的氧化物及氢氧化物	千克
	2825.6000	-锗的氧化物及二氧化锆	千克
	2825.7000	-钼的氧化物及氢氧化物	千克
	2825.8000	-锑的氧化物	千克
		-其他:	
		---钨的氧化物及氢氧化物:	
	2825.9011	----钨酸	千克
	2825.9012	----三氧化钨	千克
	2825.9019	----其他钨的氧化物及氢氧化物	千克
		---铋的氧化物及氢氧化物:	
	2825.9021	----三氧化二铋	千克
	2825.9029	----其他铋的氧化物及氢氧化物	千克
		---锡的氧化物及氢氧化物:	
	2825.9031	----二氧化锡	千克
	2825.9039	----其他锡的氧化物及氢氧化物	千克
		---铌的氧化物及氢氧化物:	
	2825.9041	----一氧化铌	千克
	2825.9049	----其他铌的氧化物及氢氧化物	千克
	2825.9090	---未列名无机碱;金属氧化物、氢氧化物及过氧化物	千克
		第五分章 无机酸盐、无机过氧酸盐及金属酸盐、金属过氧酸盐	
28.26		**氟化物;氟硅酸盐、氟铝酸盐及其他氟络盐:**	
		-氟化物:	
		--氟化铝:	
	2826.1210	---无水氟化铝	千克

品　目	商品编码	商　品　名　称	计量单位
	2826.1290	---其他氟化铝	千克
		--其他：	
	2826.1910	---铵的氟化物	千克
	2826.1920	---钠的氟化物	千克
	2826.1990	---其他氟化物	千克
	2826.3000	-六氟铝酸钠(人造冰晶石)	千克
		-其他：	
	2826.9010	---氟硅酸盐	千克
	2826.9020	---六氟磷酸锂	千克
	2826.9090	---未列名氟铝酸盐及其他氟络盐	千克
28.27		**氯化物、氯氧化物及氢氧基氯化物；溴化物及溴氧化物；碘化物及碘氧化物：**	
		-氯化铵：	
	2827.1010	---肥料用氯化铵	千克
	2827.1090	---非肥料用氯化铵	千克
	2827.2000	-氯化钙	千克
		-其他氯化物：	
	2827.3100	--氯化镁	千克
	2827.3200	--氯化铝	千克
	2827.3500	--氯化镍	千克
		--未列名氯化物：	
	2827.3910	---氯化锂	千克
	2827.3920	---氯化钡	千克
	2827.3930	---氯化钴	千克
	2827.3990	---其他未列名氯化物	千克
		-氯氧化物及氢氧基氯化物：	
	2827.4100	--铜的氯氧化物及氢氧基氯化物	千克
		--其他：	
	2827.4910	---锆的氯氧化物及氢氧基氯化物	千克
	2827.4990	---其他氯氧化物及氢氧基氯化物	千克
		-溴化物及溴氧化物：	
	2827.5100	--溴化钠及溴化钾	千克
	2827.5900	--其他溴化物及溴氧化物	千克
	2827.6000	-碘化物及碘氧化物	千克
28.28		**次氯酸盐；商品次氯酸钙；亚氯酸盐；次溴酸盐：**	
	2828.1000	-商品次氯酸钙及其他钙的次氯酸盐	千克
	2828.9000	-亚氯酸盐；次溴酸盐及其他次氯酸盐	千克

品目	商品编码	商品名称	计量单位
28.29		**氯酸盐及高氯酸盐;溴酸盐及过溴酸盐;碘酸盐及高碘酸盐:**	
		-氯酸盐:	
	2829.1100	--氯酸钠	千克
		--其他:	
	2829.1910	---氯酸钾(洋硝)	千克
	2829.1990	---其他氯酸盐	千克
	2829.9000	-高氯酸盐;溴酸盐及过溴酸盐;碘酸盐及高碘酸盐	千克
28.30		**硫化物;多硫化物,不论是否已有化学定义:**	
		-钠的硫化物:	
	2830.1010	---硫化钠	千克
	2830.1090	---钠的其他硫化物	千克
		-其他:	
	2830.9020	---硫化锑	千克
	2830.9030	---硫化钴	千克
	2830.9090	---未列名硫化物;多硫化物	千克
28.31		**连二亚硫酸盐及次硫酸盐:**	
		-钠的连二亚硫酸盐及次硫酸盐:	
	2831.1010	---钠的连二亚硫酸盐	千克
	2831.1020	---钠的次硫酸盐	千克
	2831.9000	-其他连二亚硫酸盐及次硫酸盐	千克
28.32		**亚硫酸盐;硫代硫酸盐:**	
	2832.1000	-钠的亚硫酸盐	千克
	2832.2000	-其他亚硫酸盐	千克
	2832.3000	-硫代硫酸盐	千克
28.33		**硫酸盐;矾;过硫酸盐:**	
		-钠的硫酸盐:	
	2833.1100	--硫酸二钠	千克
	2833.1900	--钠的其他硫酸盐	千克
		-其他硫酸盐:	
	2833.2100	--硫酸镁	千克
	2833.2200	--硫酸铝	千克
	2833.2400	--镍的硫酸盐	千克
	2833.2500	--铜的硫酸盐	千克
	2833.2700	--硫酸钡	千克
		--其他:	
	2833.2910	---硫酸亚铁	千克

品　目	商品编码	商　品　名　称	计量单位
	2833.2920	---铬的硫酸盐	千克
	2833.2930	---硫酸锌	千克
	2833.2990	---未列名硫酸盐	千克
		-矾：	
	2833.3010	---钾铝矾	千克
	2833.3090	---其他矾	千克
	2833.4000	-过硫酸盐	千克
28.34		**亚硝酸盐；硝酸盐：**	
	2834.1000	-亚硝酸盐	千克
		-硝酸盐：	
		--硝酸钾：	
	2834.2110	---肥料用硝酸钾	千克
	2834.2190	---非肥料用硝酸钾	千克
		--其他：	
	2834.2910	---硝酸钴	千克
	2834.2990	---未列名硝酸盐	千克
28.35		**次磷酸盐、亚磷酸盐及磷酸盐；多磷酸盐，不论是否已有化学定义：**	
	2835.1000	-次磷酸盐及亚磷酸盐	千克
		-磷酸盐：	
	2835.2200	--磷酸一钠及磷酸二钠	千克
	2835.2400	--钾的磷酸盐	千克
		--正磷酸氢钙（磷酸二钙）：	
	2835.2510	---饲料级的正磷酸氢钙（磷酸二钙）	千克
	2835.2520	---食品级的正磷酸氢钙（磷酸二钙）	千克
	2835.2590	---其他正磷酸氢钙（磷酸二钙）	千克
	2835.2600	--其他磷酸钙	千克
		--其他：	
	2835.2910	---磷酸三钠	千克
	2835.2990	---其他磷酸盐	千克
		-多磷酸盐：	
		--三磷酸钠（三聚磷酸钠）：	
	2835.3110	---食品级的三磷酸钠（三聚磷酸钠）	千克
	2835.3190	---其他三磷酸钠（三聚磷酸钠）	千克
		--其他多磷酸盐：	

品 目	商品编码	商 品 名 称	计量单位
		---六偏磷酸钠：	
	2835.3911	----食品级的六偏磷酸钠	千克
	2835.3919	----其他六偏磷酸钠	千克
	2835.3990	---其他多磷酸盐	千克
28.36		**碳酸盐；过碳酸盐；含氨基甲酸铵的商品碳酸铵：**	
	2836.2000	-碳酸钠(纯碱)	千克
	2836.3000	-碳酸氢钠(小苏打)	千克
	2836.4000	-钾的碳酸盐	千克
	2836.5000	-碳酸钙	千克
	2836.6000	-碳酸钡	千克
		-其他：	
	2836.9100	--锂的碳酸盐	千克
	2836.9200	--锶的碳酸盐	千克
		--其他：	
	2836.9910	---碳酸镁	千克
	2836.9930	---碳酸钴	千克
	2836.9940	---商品碳酸铵及其他铵的碳酸盐	千克
	2836.9950	---碳酸锆	千克
	2836.9990	---其他碳酸盐；过碳酸盐	千克
28.37		**氰化物、氧氰化物及氰络合物：**	
		-氰化物及氧氰化物：	
		--氰化钠及氧氰化钠：	
	2837.1110	---氰化钠	千克
	2837.1120	---氧氰化钠	千克
		--其他：	
	2837.1910	---氰化钾	千克
	2837.1990	---其他氰化物及氧氰化物	千克
	2837.2000	-氰络合物	千克
28.39		**硅酸盐；商品碱金属硅酸盐：**	
		-钠盐：	
	2839.1100	--偏硅酸钠	千克
		--其他钠盐：	
	2839.1910	---硅酸钠	千克
	2839.1990	---其他钠盐	千克
	2839.9000	-其他硅酸盐、商品碱金属硅酸盐	千克

品目	商品编码	商品名称	计量单位
28.40		**硼酸盐及过硼酸盐：**	
		-四硼酸钠(精炼硼砂)：	
	2840.1100	--无水四硼酸钠	千克
	2840.1900	--其他四硼酸钠	千克
	2840.2000	-其他硼酸盐	千克
	2840.3000	-过硼酸盐	千克
28.41		**金属酸盐及过金属酸盐：**	
	2841.3000	-重铬酸钠	千克
	2841.5000	-其他铬酸盐及重铬酸盐；过铬酸盐	千克
		-亚锰酸盐、锰酸盐及高锰酸盐：	
	2841.6100	--高锰酸钾	千克
		--其他：	
	2841.6910	---锰酸锂	千克
	2841.6990	---其他亚锰酸盐、锰酸盐及高锰酸盐	千克
		-钼酸盐：	
	2841.7010	---钼酸铵	千克
	2841.7090	---其他钼酸盐	千克
		-钨酸盐：	
	2841.8010	---仲钨酸铵	千克
	2841.8020	---钨酸钠	千克
	2841.8030	---钨酸钙	千克
	2841.8040	---偏钨酸铵	千克
	2841.8090	---其他钨酸盐	千克
	2841.9000	-其他金属酸盐及过金属酸盐	千克
28.42		**其他无机酸盐及过氧酸盐(包括不论是否已有化学定义的硅铝酸盐)，但叠氮化物除外：**	
	2842.1000	-硅酸复盐或硅酸络盐，包括不论是否已有化学定义的硅铝酸盐	千克
		-其他：	
		---雷酸盐、氰酸盐及硫氰酸盐：	
	2842.9011	----硫氰酸钠	千克
	2842.9019	----雷酸盐、氰酸盐及其他硫氰酸盐	千克
	2842.9020	---碲化镉	千克
	2842.9030	---锂镍钴锰氧化物	千克
	2842.9040	---磷酸铁锂	千克

品目	商品编码	商品名称	计量单位
	2842.9050	---硒酸盐及亚硒酸盐	千克
	2842.9060	---锂镍钴铝氧化物	千克
	2842.9090	---未列名无机酸盐及过氧酸盐,但叠氮化物除外	千克
		第六分章　杂项产品	
28.43		**胶态贵金属;贵金属的无机或有机化合物,不论是否已有化学定义;贵金属汞齐:**	
	2843.1000	-胶态贵金属	克
		-银化合物:	
	2843.2100	--硝酸银	克
	2843.2900	--其他银化合物	克
	2843.3000	-金化合物	克
	2843.9000	-其他贵金属化合物;贵金属汞齐	克
28.44		**放射性化学元素及放射性同位素(包括可裂变或可转换的化学元素及同位素)及其化合物;含上述产品的混合物及残渣:**	
	2844.1000	-天然铀及其化合物;含天然铀或天然铀化合物的合金、分散体(包括金属陶瓷)、陶瓷产品及混合物	克/百万贝可
	2844.2000	-U235浓缩铀及其化合物;钚及其化合物;含U235浓缩铀、钚或它们的化合物的合金、分散体(包括金属陶瓷)、陶瓷产品及混合物	克/百万贝可
	2844.3000	-U235贫化铀及其化合物;钍及其化合物;含U235贫化铀、钍或它们的化合物的合金、分散体(包括金属陶瓷)、陶瓷产品及混合物	克/百万贝可
		-除子目2844.10、2844.20及2844.30以外的放射性元素、同位素及其化合物;含这些元素、同位素及其化合物的合金、分散体(包括金属陶瓷)、陶瓷产品及混合物:	
	2844.4010	---镭及镭盐	克/百万贝可
	2844.4020	---钴及钴盐	克/百万贝可
	2844.4090	---其他除子目2844.10、2844.20及2844.30以外的放射性元素、同位素及其化合物;含这些元素、同位素及其化合物的合金、分散体(包括金属陶瓷)、陶瓷产品及混合物	克/百万贝可
	2844.5000	-核反应堆已耗尽(已辐照)的燃料元件(释热元件)	克

品目	商品编码	商品名称	计量单位
28.45		**品目 28.44 以外的同位素；这些同位素的无机或有机化合物，不论是否已有化学定义：**	
	2845.1000	-重水（氧化氘）	克
	2845.9000	-品目 28.44 以外的其他同位素；这些同位素的无机或有机化合物，不论是否已有化学定义	克
28.46		**稀土金属、钇、钪及其混合物的无机或有机化合物：**	
		-铈的化合物：	
	2846.1010	---氧化铈	千克
	2846.1020	---氢氧化铈	千克
	2846.1030	---碳酸铈	千克
	2846.1090	---其他铈的化合物	千克
		-其他：	
		---其他氧化稀土（氧化铈除外）：	
	2846.9011	----氧化钇	千克
	2846.9012	----氧化镧	千克
	2846.9013	----氧化钕	千克
	2846.9014	----氧化铕	千克
	2846.9015	----氧化镝	千克
	2846.9016	----氧化铽	千克
	2846.9017	----氧化镨	千克
	2846.9019	----未列名氧化稀土	千克
		---氯化稀土：	
	2846.9021	----氯化铽	千克
	2846.9022	----氯化镝	千克
	2846.9023	----氯化镧	千克
	2846.9024	----氯化钕	千克
	2846.9025	----氯化镨	千克
	2846.9026	----氯化钇	千克
	2846.9028	----混合氯化稀土	千克
	2846.9029	----其他氯化稀土	千克
		---氟化稀土：	
	2846.9031	----氟化铽	千克
	2846.9032	----氟化镝	千克
	2846.9033	----氟化镧	千克
	2846.9034	----氟化钕	千克
	2846.9035	----氟化镨	千克

品 目	商品编码	商 品 名 称	计量单位
	2846.9036	----氟化钇	千克
	2846.9039	----其他氟化稀土	千克
		---碳酸稀土：	
	2846.9041	----碳酸镧	千克
	2846.9042	----碳酸铽	千克
	2846.9043	----碳酸镝	千克
	2846.9044	----碳酸钕	千克
	2846.9045	----碳酸镨	千克
	2846.9046	----碳酸钇	千克
	2846.9048	----混合碳酸稀土	千克
	2846.9049	----其他碳酸稀土	千克
		---其他稀土金属、钇、钪及其混合物的无机或有机化合物：	
	2846.9091	----镧的其他化合物	千克
	2846.9092	----钕的其他化合物	千克
	2846.9093	----铽的其他化合物	千克
	2846.9094	----镝的其他化合物	千克
	2846.9095	----镨的其他化合物	千克
	2846.9096	----钇的其他化合物	千克
	2846.9099	----其他稀土金属、钪及其混合物的无机或有机化合物	千克
28.47		**过氧化氢，不论是否用尿素固化：**	
	2847.0000	过氧化氢，不论是否用尿素固化	千克
28.49		**碳化物，不论是否已有化学定义：**	
	2849.1000	-碳化钙	千克
	2849.2000	-碳化硅	千克
		-其他：	
	2849.9010	---碳化硼	千克
	2849.9020	---碳化钨	千克
	2849.9090	---其他碳化物	千克
28.50		**氢化物、氮化物、叠氮化物、硅化物及硼化物，不论是否已有化学定义，但可归入品目 28.49 的碳化物除外：**	
		---氮化物：	
	2850.0011	----氮化锰	千克
	2850.0012	----氮化硼	千克

品　目	商品编码	商　品　名　称	计量单位
	2850.0019	----其他氮化物	千克
	2850.0090	---氢化物、叠氮化物、硅化物及硼化物，不论是否已有化学定义，但可归入品目 28.49 的碳化物除外	千克
28.52		**汞的无机或有机化合物，不论是否已有化学定义，汞齐除外：**	
	2852.1000	-已有化学定义的汞的无机或有机化合物，汞齐除外	千克
	2852.9000	-未有化学定义的汞的无机或有机化合物，汞齐除外	千克
28.53		**磷化物，不论是否已有化学定义，但磷铁除外；其他无机化合物（包括蒸馏水、导电水及类似的纯净水）；液态空气（不论是否除去稀有气体）；压缩空气；汞齐，但贵金属汞齐除外：**	
	2853.1000	-氯化氰	千克
		-其他：	
	2853.9010	---饮用蒸馏水	千克
	2853.9030	---镍钴锰氢氧化物	千克
	2853.9040	---磷化物，不论是否已有化学定义，但磷铁除外	千克
	2853.9050	---镍钴铝氢氧化物	千克
	2853.9090	---其他无机化合物（包括非饮用蒸馏水、导电水及类似的纯净水）；液态空气（不论是否除去稀有气体）；压缩空气；汞齐，但贵金属汞齐除外	千克

第二十九章 有机化学品

注释:

1. 除条文另有规定的以外,本章各品目只适用于:
   (1)单独的已有化学定义的有机化合物,不论是否含有杂质;
   (2)同一有机化合物的两种或两种以上异构体的混合物(不论是否含有杂质),但无环烃异构体的混合物(立体异构体除外),不论是否饱和,应归入第二十七章;
   (3)品目29.36至29.39的产品,品目29.40的糖醚、糖缩醛、糖酯及其盐类和品目29.41的产品,不论是否已有化学定义;
   (4)上述(1)、(2)、(3)款产品的水溶液;
   (5)溶于其他溶剂的上述(1)、(2)、(3)款的产品,但该产品处于溶液状态只是为了安全或运输所采取的正常必要方法,其所用溶剂并不使该产品改变其一般用途而适合于某些特殊用途;
   (6)为了保存或运输的需要,加入了稳定剂(包括抗结块剂)的上述(1)、(2)、(3)、(4)、(5)各款产品;
   (7)为了便于识别或安全起见,加入抗尘剂、着色剂或气味剂的上述(1)、(2)、(3)、(4)、(5)、(6)各款产品,但所加剂料并不使原产品改变其一般用途而适用于某些特殊用途;
   (8)为生产偶氮染料而稀释至标准浓度的下列产品:重氮盐,用于重氮盐、可重氮化的胺及其盐类的耦合剂。
2. 本章不包括:
   (1)品目15.04的货品及品目15.20的粗甘油;
   (2)乙醇(品目22.07或22.08);
   (3)甲烷及丙烷(品目27.11);
   (4)第二十八章注释2所述的碳化合物;
   (5)品目30.02的免疫制品;
   (6)尿素(品目31.02或31.05);
   (7)植物性或动物性着色料(品目32.03)、合成有机着色料、用做荧光增白剂或发光体的合成有机产品(品目32.04)及零售包装的染料或其他着色料(品目32.12);
   (8)酶(品目35.07);
   (9)聚乙醛、环六亚甲基四胺(乌洛托品)及类似物质,制成片、条或类似形状作为燃料用的,以及包装容器的容积不超过300立方厘米的直接灌注香烟打火机及类似打火器用的液体燃料或液化气体燃料(品目36.06);
   (10)灭火器的装配药及已装药的灭火弹(品目38.13),零售包装的除墨剂(品目38.24);
   (11)光学元件,例如,用酒石酸乙二胺制成的(品目90.01)。

3. 可以归入本章两个或两个以上品目的货品，应归入有关品目中的最后一个品目。
4. 品目29.04至29.06、29.08至29.11及29.13至29.20的卤化、磺化、硝化或亚硝化衍生物均包括复合衍生物，例如，卤磺化、卤硝化、磺硝化及卤磺硝化衍生物。硝基及亚硝基不作为品目29.29的含氮基官能团。

品目29.11、29.12、29.14、29.18及29.22所称“含氧基”，仅限于品目29.05至29.20的各种含氧基（其特征为有机含氧基）。

5.（1）本章第一分章至第七分章的酸基有机化合物与这些分章的有机化合物构成的酯，应归入上述分章有关品目中的最后一个品目。

（2）乙醇与本章第一分章至第七分章的酸基有机化合物所构成的酯，应按有关酸基化合物归类。

（3）除第六类注释1及第二十八章注释2另有规定的以外：

①第一分章至第十分章及品目29.42的有机化合物的无机盐，例如，含酸基、酚基或烯醇基的化合物及有机碱的无机盐，应归入相应的有机化合物的品目；

②第一分章至第十分章及品目29.42的有机化合物之间生成的盐，应按生成该盐的碱或酸（包括酚基或烯醇基化合物）归入本章有关品目中的最后一个品目；

③除第十一分章或品目29.41的产品外，配位化合物应按该化合物所有金属键（金属—碳键除外）“断开”所形成的片段归入第二十九章有关品目中的最后一个品目。

（4）金属醇化物应按相应的醇归类，但乙醇除外（品目29.05）。

（5）羧酸酰卤化物应按相应的酸归类。

6. 品目29.30及29.31的化合物是指有机化合物，其分子中除含氢、氧或氮原子外，还含有与碳原子直接连接的其他非金属或金属原子（例如，硫、砷或铅）。

品目29.30（有机硫化合物）及品目29.31（其他有机—无机化合物）不包括某些磺化或卤化衍生物（含复合衍生物）。这些衍生物分子中除氢、氧、氮之外，只有具有磺化或卤化衍生物（或复合衍生物）性质的硫原子或卤素原子与碳原子直接连接。

7. 品目29.32、29.33及29.34不包括三节环环氧化物、过氧化酮、醛或硫醛的环聚合物、多元羧酸酐、多元醇或酚与多元酸构成的环酯及多元酸酰亚胺。

本条规定只适用于由本条所列环化功能形成环内杂原子的化合物。

8. 品目29.37所称：

（1）“激素”包括激素释放因子、激素刺激和释放因子、激素抑制剂及激素抗体；

（2）“主要起激素作用的”，不仅适用于激素衍生物及主要起激素作用的结构类似物，也适用于在本品目所列产品合成过程中主要用做中间体的激素衍生物及结构类似物。

子目注释：

1. 属于本章任一品目项下的一种（组）化合物的衍生物，如果该品目其他子目未明确将其包括在内，而且有关的子目中又无列名为“其他”的子目，则应与该种（组）化合物归入同一子目。
2. 第二十九章注释3不适用于本章的子目。

品 目	商品编码	商 品 名 称	计量单位
		第一分章 烃类及其卤化、磺化、硝化或亚硝化衍生物	
29.01		无环烃:	
	2901.1000	-饱和无环烃	千克
		-不饱和:	
	2901.2100	--乙烯	千克
	2901.2200	--丙烯	千克
		--丁烯及其异构体:	
	2901.2310	---1-丁烯	千克
	2901.2320	---2-丁烯	千克
	2901.2330	---2-甲基丙烯	千克
		--1,3-丁二烯及异戊二烯:	
	2901.2410	---1,3-丁二烯	千克
	2901.2420	---异戊二烯	千克
		--其他:	
	2901.2910	---异戊烯	千克
	2901.2920	---乙炔	千克
	2901.2990	---其他不饱和无环烃	千克
29.02		环烃:	
		-环烷烃、环烯及环萜烯:	
	2902.1100	--环已烷	千克
		--其他环烷烃;环烯及环萜烯:	
	2902.1910	---蒎烯	千克
	2902.1920	---4-烷基-4'-烷基双环已烷	千克
	2902.1990	---其他环烷烃;其他环烯及环萜烯	千克
	2902.2000	-苯	千克
	2902.3000	-甲苯	千克
		-二甲苯:	
	2902.4100	--邻二甲苯	千克
	2902.4200	--间二甲苯	千克
	2902.4300	--对二甲苯	千克
	2902.4400	--混合二甲苯异构体	千克
	2902.5000	-苯乙烯	千克
	2902.6000	-乙苯	千克
	2902.7000	-异丙基苯	千克

品　目	商品编码	商　品　名　称	计量单位
		-其他：	
	2902. 9010	---四氢萘	千克
	2902. 9020	---精萘	千克
	2902. 9030	---十二烷基苯	千克
	2902. 9040	---4-(4'-烷基环己基)环己基乙烯	千克
	2902. 9050	---1-烷基-4-(4-烷烯基-1,1'-双环己基)苯	千克
	2902. 9090	---其他环烃	千克
29. 03		**烃的卤化衍生物：**	
		-无环烃的饱和氯化衍生物：	
	2903. 1100	---一氯甲烷及氯乙烷	千克
	2903. 1200	--二氯甲烷	千克
	2903. 1300	--氯仿(三氯甲烷)	千克
	2903. 1400	--四氯化碳	千克
	2903. 1500	--1,2-二氯乙烷(ISO)	千克
		--其他无环烃的饱和氯化衍生物：	
	2903. 1910	---1,1,1-三氯乙烷(甲基氯仿)	千克
	2903. 1990	---其他未列名无环烃的饱和氯化衍生物	千克
		-无环烃的不饱和氯化衍生物：	
	2903. 2100	--氯乙烯	千克
	2903. 2200	--三氯乙烯	千克
	2903. 2300	--四氯乙烯(全氯乙烯)	千克
		--其他：	
	2903. 2910	---3-氯-1-丙烯(氯丙烯)	千克
	2903. 2990	---其他无环烃的不饱和氯化衍生物	千克
		-无环烃的氟化、溴化或碘化衍生物：	
	2903. 3100	--1,2-二溴乙烷(ISO)	千克
		--其他：	
	2903. 3910	---1,1,3,3,3-五氟-2-三氟甲基-1-丙烯(全氟异丁烯;八氟异丁烯)	千克
	2903. 3990	---其他无环烃的氟化、溴化或碘化衍生物	千克
		-含有两种或两种以上不同卤素的无环烃卤化衍生物：	
	2903. 7100	---一氯二氟甲烷	千克
	2903. 7200	--二氯三氟乙烷	千克
	2903. 7300	--二氯一氟乙烷	千克
	2903. 7400	---一氯二氟乙烷	千克
	2903. 7500	--二氯五氟丙烷	千克

品 目	商品编码	商 品 名 称	计量单位
	2903.7600	--溴氯二氟甲烷、溴三氟甲烷及二溴四氟乙烷	千克
		--仅含氟和氯的无环烃全卤化衍生物:	
	2903.7710	---三氯氟甲烷	千克
	2903.7720	---其他仅含氟和氯的甲烷、乙烷及丙烷的全卤化物	千克
	2903.7790	---仅含氟和氯的其他无环烃全卤化衍生物	千克
	2903.7800	--其他含有两种或两种以上的不同卤素的无环烃全卤化衍生物	千克
		--其他含有两种或两种以上的不同卤素的无环烃卤化衍生物:	
	2903.7910	---其他仅含氟和氯的甲烷、乙烷及丙烷的卤化衍生物	千克
	2903.7990	---其他含有两种或两种以上不同卤素的无环烃卤化衍生物	千克
		-环烷烃、环烯烃或萜烯烃的卤化衍生物:	
	2903.8100	--1,2,3,4,5,6-六氯环己烷[六六六(ISO)],包括林丹(ISO,INN)	千克
	2903.8200	--艾氏剂(ISO)、氯丹(ISO)及七氯(ISO)	千克
	2903.8300	--灭蚁灵(ISO)	千克
	2903.8900	--其他环烷烃、环烯烃或萜烯烃的卤化衍生物	千克
		-芳烃卤化衍生物:	
		--氯苯、邻二氯苯及对二氯苯:	
	2903.9110	---邻二氯苯	千克
	2903.9190	---氯苯、对二氯苯	千克
	2903.9200	--六氯苯(ISO)及滴滴涕(ISO,INN)[1,1,1-三氯-2,2-双(4-氯苯基)乙烷]	千克
	2903.9300	--五氯苯(ISO)	千克
	2903.9400	--六溴联苯	千克
		--其他:	
	2903.9910	---对氯甲苯	千克
	2903.9920	---3,4-二氯三氟甲苯	千克
	2903.9930	---4-(4'-烷基苯基)-1-(4'-烷基苯基)-2-氟苯	千克
	2903.9990	---其他芳烃卤化衍生物	千克
29.04		**烃的磺化、硝化或亚硝化衍生物,不论是否卤化:**	
	2904.1000	-仅含磺基的衍生物及其盐和乙酯	千克
		-仅含硝基或亚硝基的衍生物:	
	2904.2010	---硝基苯	千克
	2904.2020	---硝基甲苯	千克

品目	商品编码	商品名称	计量单位
	2904.2030	---二硝基甲苯	千克
	2904.2040	---三硝基甲苯(TNT)	千克
	2904.2090	---其他仅含硝基或亚硝基的衍生物	千克
		-全氟辛基磺酸及其盐和全氟辛基磺酰氟：	
	2904.3100	--全氟辛基磺酸	千克
	2904.3200	--全氟辛基磺酸铵	千克
	2904.3300	--全氟辛基磺酸锂	千克
	2904.3400	--全氟辛基磺酸钾	千克
	2904.3500	--其他全氟辛基磺酸盐	千克
	2904.3600	--全氟辛基磺酰氟	千克
		-其他：	
	2904.9100	--三氯硝基甲烷(氯化苦)	千克
	2904.9900	--其他烃的磺化、硝化或亚硝化衍生物	千克
		第二分章　醇类及其卤化、磺化、硝化或亚硝化衍生物	
29.05		**无环醇及其卤化、磺化、硝化或亚硝化衍生物：**	
		-饱和一元醇：	
	2905.1100	--甲醇	千克
		--丙醇及异丙醇：	
	2905.1210	---丙醇	千克
	2905.1220	---异丙醇	千克
	2905.1300	--正丁醇	千克
		--其他丁醇：	
	2905.1410	---异丁醇	千克
	2905.1420	---仲丁醇	千克
	2905.1430	---叔丁醇	千克
		--辛醇及其异构体：	
	2905.1610	---正辛醇	千克
	2905.1690	---其他辛醇及其异构体	千克
	2905.1700	--十二醇、十六醇及十八醇	千克
		--其他饱和一元醇：	
	2905.1910	---3,3-二甲基丁-2-醇(频哪基醇)	千克
	2905.1990	---未列名饱和一元醇	千克
		-不饱和一元醇：	
		--无环萜烯醇：	

品目	商品编码	商品名称	计量单位
	2905.2210	---香叶醇、橙花醇(3,7-二甲基-2,6-辛二烯-1-醇)	千克
	2905.2220	---香茅醇(3,7-二甲基-6-辛烯-1-醇)	千克
	2905.2230	---芳樟醇	千克
	2905.2290	---其他无环萜烯醇	千克
	2905.2900	--其他不饱和一元醇	千克
		-二元醇:	
	2905.3100	--1,2-乙二醇	千克
	2905.3200	--丙二醇	千克
		--其他:	
	2905.3910	---2,5-二甲基己二醇	千克
	2905.3990	---其他二元醇	千克
		-其他多元醇:	
	2905.4100	--2-乙基-2-(羟甲基)丙烷-1,3-二醇(三羟基甲基丙烷)	千克
	2905.4200	--季戊四醇	千克
	2905.4300	--甘露糖醇	千克
	2905.4400	--山梨醇	千克
	2905.4500	--丙三醇(甘油)	千克
		--其他多元醇:	
	2905.4910	---木糖醇	千克
	2905.4990	---其他多元醇	千克
		-无环醇的卤化、磺化、硝化或亚硝化衍生物:	
	2905.5100	--乙氯维诺(INN)	千克
	2905.5900	--其他无环醇的卤化、磺化、硝化或亚硝化衍生物	千克
29.06		**环醇及其卤化、磺化、硝化或亚硝化衍生物:**	
		-环烷醇、环烯醇及环萜烯醇:	
	2906.1100	--薄荷醇	千克
	2906.1200	--环己醇、甲基环己醇及二甲基环己醇	千克
		--固醇及肌醇:	
	2906.1310	---固醇	千克
	2906.1320	---肌醇	千克
		--其他:	
	2906.1910	---萜品醇	千克
	2906.1990	---其他环烷醇、环烯醇及环萜烯醇	千克
		-芳香醇:	
	2906.2100	--苄醇	千克

品　目	商品编码	商　品　名　称	计量单位
		--其他：	
	2906.2910	---2-苯基乙醇	千克
	2906.2990	---其他芳香醇	千克
		第三分章　酚；酚醇及其卤化、磺化、硝化或亚硝化衍生物	
29.07		酚；酚醇：	
		-一元酚：	
		--苯酚及其盐：	
	2907.1110	---苯酚	千克
	2907.1190	---苯酚盐	千克
		--甲酚及其盐：	
		---甲酚：	
	2907.1211	----间甲酚	千克
	2907.1212	----邻甲酚	千克
	2907.1219	----其他甲酚	千克
	2907.1290	---甲酚盐	千克
		--辛基酚、壬基酚及其异构体以及它们的盐：	
	2907.1310	---壬基酚	千克
	2907.1390	---辛基酚及其异构体和盐，壬基酚异构体和盐	千克
		--萘酚及其盐：	
	2907.1510	---β-萘酚（2-萘酚）	千克
	2907.1590	---其他萘酚及萘酚盐	千克
		--其他：	
	2907.1910	---邻仲丁基酚、邻异丙基酚	千克
	2907.1990	---其他一元酚	千克
		-多元酚；酚醇：	
	2907.2100	--间苯二酚	千克
		--对苯二酚及其盐：	
	2907.2210	---对苯二酚	千克
	2907.2290	---对苯二酚盐	千克
	2907.2300	--4,4-异亚丙基联苯酚（双酚A，二苯基酚丙烷）及其盐	千克
		--其他：	
	2907.2910	---邻苯二酚	千克

品 目	商品编码	商 品 名 称	计量单位
	2907.2990	---其他多元酚；酚醇	千克
29.08		**酚及酚醇的卤化、磺化、硝化或亚硝化衍生物：**	
		-仅含卤素取代基的酚及酚醇衍生物及其盐：	
	2908.1100	--五氯苯酚（ISO）	千克
		--其他：	
	2908.1910	---对氯苯酚	千克
	2908.1990	---其他仅含卤素取代基的酚及酚醇衍生物及其盐	千克
		-其他：	
	2908.9100	--地乐酚（ISO）及其盐	千克
	2908.9200	--4,6-二硝基邻甲酚［二硝酚（ISO）］及其盐	千克
		--其他：	
	2908.9910	---对硝基酚、对硝基酚钠	千克
	2908.9990	---其他酚及酚醇的卤化、磺化、硝化或亚硝化衍生物	千克
		第四分章 醚、过氧化醇、过氧化醚、过氧化酮、三节环环氧化物、缩醛及半缩醛及其卤化、磺化、硝化或亚硝化衍生物	
29.09		**醚、醚醇、醚酚、醚醇酚、过氧化醇、过氧化醚、过氧化酮(不论是否已有化学定义)及其卤化、磺化、硝化或亚硝化衍生物：**	
		-无环醚及其卤化、磺化、硝化或亚硝化衍生物：	
	2909.1100	--乙醚	千克
		--其他：	
	2909.1910	---甲醚	千克
	2909.1990	---其他无环醚及其卤化、磺化、硝化或亚硝化衍生物	千克
	2909.2000	-环烷醚、环烯醚或环萜烯醚及其卤化、磺化、硝化或亚硝化衍生物	千克
		-芳香醚及其卤化、磺化、硝化或亚硝化衍生物：	
	2909.3010	---1-烷氧基-4-(4-乙烯基环己基)-2,3-二氟苯	千克
	2909.3020	---4-(4-烷氧基苯基)-4'-烷烯基-1,1'-双环己烷及其氟代衍生物	千克
	2909.3090	---其他芳香醚及其卤化、磺化、硝化或亚硝化衍生物	千克
		-醚醇及其卤化、磺化、硝化或亚硝化衍生物：	
	2909.4100	--2,2-氧联二乙醇(二甘醇)	千克

品目	商品编码	商品名称	计量单位
	2909.4300	--乙二醇或二甘醇的单丁醚	千克
	2909.4400	--乙二醇或二甘醇的其他单烷基醚	千克
		--其他：	
	2909.4910	---间苯氧基苄醇	千克
	2909.4990	---其他醚醇及其卤化、磺化、硝化或亚硝化衍生物	千克
	2909.5000	-醚酚、醚醇酚及其卤化、磺化、硝化或亚硝化衍生物	千克
	2909.6000	-过氧化醇、过氧化醚、过氧化酮及其卤化、磺化、硝化或亚硝化衍生物	千克
29.10		**三节环环氧化物、环氧醇、环氧酚、环氧醚及其卤化、磺化、硝化或亚硝化衍生物：**	
	2910.1000	-环氧乙烷（氧化乙烯）	千克
	2910.2000	-甲基环氧乙烷（氧化丙烯）	千克
	2910.3000	-1-氯-2,3-环氧丙烷（表氯醇）	千克
	2910.4000	-狄氏剂（ISO,INN）	千克
	2910.5000	-异狄氏剂（ISO）	千克
	2910.9000	-其他三节环环氧化物、环氧醇、环氧酚、环氧醚及其卤化、磺化、硝化或亚硝化衍生物	千克
29.11		**缩醛及半缩醛，不论是否含有其他含氧基，及其卤化、磺化、硝化或亚硝化衍生物：**	
	2911.0000	缩醛及半缩醛，不论是否含有其他含氧基，及其卤化、磺化、硝化或亚硝化衍生物	千克
		第五分章　醛基化合物	
29.12		**醛，不论是否含有其他含氧基；环聚醛；多聚甲醛：**	
		-不含其他含氧基的无环醛：	
	2912.1100	--甲醛	千克
	2912.1200	--乙醛	千克
	2912.1900	--未列名不含其他含氧基的无环醛	千克
		-不含其他含氧基的环醛：	
	2912.2100	--苯甲醛	千克
		--其他不含其他含氧基的环醛：	
	2912.2910	---铃兰醛（对叔丁基-α-甲基-氧化肉硅醛）	千克
	2912.2990	---未列名不含其他含氧基的环醛	千克
		-醛醇、醛醚、醛酚及含其他含氧基的醛：	

品目	商品编码	商品名称	计量单位
	2912.4100	--香草醛(3-甲氧基-4-羟基苯甲醛)	千克
	2912.4200	--乙基香草醛(3-乙氧基-4-羟基苯甲醛)	千克
		-其他醛醇、醛醚、醛酚及含其他含氧基的醛:	
	2912.4910	---醛醇	千克
	2912.4990	---未列名醛醚、醛酚及含其他含氧基的醛	千克
	2912.5000	-环聚醛	千克
	2912.6000	-多聚甲醛	千克
29.13		**品目29.12所列产品的卤化、磺化、硝化或亚硝化衍生物:**	
	2913.0000	品目29.12所列产品的卤化、磺化、硝化或亚硝化衍生物	千克
		第六分章 酮基化合物及醌基化合物	
29.14		**酮及醌,不论是否含有其他含氧基,及其卤化、磺化、硝化或亚硝化衍生物:**	
		-不含其他含氧基的无环酮:	
	2914.1100	--丙酮	千克
	2914.1200	--丁酮(甲基乙基(甲)酮)	千克
	2914.1300	--4-甲基-2-戊酮(甲基异丁基(甲)酮)	千克
	2914.1900	--未列名不含其他含氧基的无环酮	千克
		-不含其他含氧基的环烷酮、环烯酮或环萜烯酮:	
	2914.2200	--环已酮及甲基环已酮	千克
	2914.2300	--芷香酮及甲基芷香酮	千克
		--其他不含其他含氧基的环烷酮、环烯酮或环萜烯酮:	
	2914.2910	---樟脑	千克
	2914.2990	---未列名不含其他含氧基的环烷酮、环烯酮或环萜烯酮	千克
		-不含其他含氧基的芳香酮:	
	2914.3100	--苯丙酮(苯基丙-2-酮)	千克
		--其他:	
	2914.3910	---苯乙酮	千克
	2914.3990	---未列名不含其他含氧基的芳香酮	千克
	2914.4000	-酮醇及酮醛	千克
		-酮酚及含有其他含氧基的酮:	
		---酮酚:	
	2914.5011	----覆盆子酮	千克

品　目	商品编码	商　品　名　称	计量单位
	2914.5019	----其他酮酚	千克
	2914.5020	---2-羟基-4-甲氧基二苯甲酮	千克
	2914.5090	---未列名含有其他含氧基的酮	千克
		-醌：	
	2914.6100	--蒽醌	千克
	2914.6200	--辅酶Q10［癸烯醌（INN）］	千克
	2914.6900	--未列名醌	千克
		-卤化、磺化、硝化或亚硝化衍生物：	
	2914.7100	--十氯酮（ISO）	千克
	2914.7900	--其他酮及醌的卤化、磺化、硝化或亚硝化衍生物	千克
		第七分章　羧酸及其酸酐、酰卤化物、过氧化物和过氧酸以及它们的卤化、磺化、硝化或亚硝化衍生物	
29.15		**饱和无环一元羧酸及其酸酐、酰卤化物、过氧化物和过氧酸以及它们的卤化、磺化、硝化或亚硝化衍生物：**	
		-甲酸及其盐和酯：	
	2915.1100	--甲酸	千克
	2915.1200	--甲酸盐	千克
	2915.1300	--甲酸酯	千克
		-乙酸及其盐；乙酸酐：	
		--乙酸：	
		---冰乙酸：	
	2915.2111	----食品级冰乙酸	千克
	2915.2119	----其他冰乙酸	千克
	2915.2190	---乙酸（冰乙酸除外）	千克
	2915.2400	--乙酸酐	千克
		--其他乙酸盐：	
	2915.2910	---乙酸钠	千克
	2915.2990	---其他乙酸盐	千克
		-乙酸酯：	
	2915.3100	--乙酸乙酯	千克
	2915.3200	--乙酸乙烯酯	千克
	2915.3300	--乙酸（正）丁酯	千克
	2915.3600	--地乐酚（ISO）乙酸酯	千克

品 目	商品编码	商 品 名 称	计量单位
	2915.3900	--未列名乙酸酯	千克
	2915.4000	-一氯代乙酸、二氯乙酸或三氯乙酸及其盐和酯	千克
		-丙酸及其盐和酯：	
	2915.5010	---丙酸	千克
	2915.5090	---丙酸盐和酯	千克
	2915.6000	-丁酸、戊酸及其盐和酯	千克
		-棕榈酸、硬脂酸及其盐和酯：	
	2915.7010	---硬脂酸	千克
	2915.7090	---棕榈酸及其盐和酯、硬脂酸盐和酯	千克
	2915.9000	-其他饱和无环一元羧酸及未列名饱和无环一元羧酸的酸酐、酰卤化物、过氧化物和过氧酸以及它们的卤化、磺化、硝化或亚硝化衍生物	千克
29.16		**不饱和无环一元羧酸、环一元羧酸及其酸酐、酰卤化物、过氧化物和过氧酸以及它们的卤化、磺化、硝化或亚硝化衍生物：**	
		-不饱和无环一元羧酸及其酸酐、酰卤化物、过氧化物和过氧酸以及它们的衍生物：	
	2916.1100	--丙烯酸及其盐	千克
		--丙烯酸酯：	
	2916.1210	---丙烯酸甲酯	千克
	2916.1220	---丙烯酸乙酯	千克
	2916.1230	---丙烯酸丁酯	千克
	2916.1240	---丙烯酸异辛酯	千克
	2916.1290	---其他丙烯酸酯	千克
	2916.1300	--甲基丙烯酸及其盐	千克
	2916.1400	--甲基丙烯酸酯	千克
	2916.1500	--油酸、亚油酸或亚麻酸及其盐和酯	千克
	2916.1600	--乐杀螨(ISO)	千克
	2916.1900	--其他不饱和无环一元羧酸及其酸酐、酰卤化物、过氧化物和过氧酸以及它们的衍生物	千克
		-环烷一元羧酸、环烯一元羧酸或环萜烯一元羧酸及其酸酐、酰卤化物、过氧化物和过氧酸以及它们的衍生物：	
	2916.2010	---二溴菊酸、DV 菊酸甲酯	千克

品　目	商品编码	商　品　名　称	计量单位
	2916.2090	---其他环烷一元羧酸、环烯一元羧酸或环萜烯一元羧酸及其酸酐、酰卤化物、过氧化物和过氧酸以及它们的衍生物	千克
		-芳香一元羧酸及其酸酐、酰卤化物、过氧化物和过氧酸以及它们的衍生物：	
	2916.3100	--苯甲酸及其盐和酯	千克
	2916.3200	--过氧化苯甲酰及苯甲酰氯	千克
	2916.3400	--苯乙酸及其盐	千克
		--其他：	
	2916.3910	---邻甲基苯甲酸	千克
	2916.3920	---布洛芬	千克
	2916.3930	---2-(3-碘-4-乙基苯基)-2-甲基丙酸	千克
	2916.3990	---其他芳香一元羧酸及其酸酐、酰卤化物、过氧化物和过氧酸以及它们的衍生物	千克
29.17		**多元羧酸及其酸酐、酰卤化物、过氧化物和过氧酸以及它们的卤化、磺化、硝化或亚硝化衍生物：**	
		-无环多元羧酸及其酸酐、酰卤化物、过氧化物和过氧酸以及它们的衍生物：	
		--草酸及其盐和酯：	
	2917.1110	---草酸	千克
	2917.1120	---草酸钴	千克
	2917.1190	---其他草酸盐和酯	千克
	2917.1200	--己二酸及其盐和酯	千克
		--壬二酸、癸二酸及其盐和酯：	
	2917.1310	---癸二酸及其盐和酯	千克
	2917.1390	---壬二酸及其盐和酯	千克
	2917.1400	--马来酐	千克
	2917.1900	--其他无环多元羧酸及其酸酐、酰卤化物、过氧化物和过氧酸以及它们的衍生物	千克
		-环烷多元羧酸、环烯多元羧酸、环萜烯多元羧酸及其酸酐、酰卤化物、过氧化物和过氧酸以及它们的衍生物：	
	2917.2010	---四氢苯酐	千克
	2917.2090	---其他环烷多元羧酸、环烯多元羧酸、环萜烯多元羧酸及其酸酐、酰卤化物、过氧化物和过氧酸以及它们的衍生物	千克

品 目	商品编码	商 品 名 称	计量单位
		-芳香多元羧酸及其酸酐、酰卤化物、过氧化物和过氧酸以及它们的衍生物：	
	2917.3200	--邻苯二甲酸二辛酯	千克
	2917.3300	--邻苯二甲酸二壬酯及邻苯二甲酸二癸酯	千克
		--其他邻苯二甲酸酯：	
	2917.3410	---邻苯二甲酸二丁酯	千克
	2917.3490	---其他邻苯二甲酸酯	千克
	2917.3500	--邻苯二甲酸酐	千克
		--对苯二甲酸及其盐：	
		---对苯二甲酸：	
	2917.3611	----精对苯二甲酸	千克
	2917.3619	----其他对苯二甲酸	千克
	2917.3690	---对苯二甲酸盐	千克
	2917.3700	--对苯二甲酸二甲酯	千克
		--其他：	
	2917.3910	---间苯二甲酸	千克
	2917.3990	---其他芳香多元羧酸及其酸酐、酰卤化物、过氧化物和过氧酸以及它们的衍生物	千克
29.18		**含附加含氧基的羧酸及其酸酐、酰卤化物、过氧化物和过氧酸以及它们的卤化、磺化、硝化或亚硝化衍生物：**	
		-含醇基但不含其他含氧基的羧酸及其酸酐、酰卤化物、过氧化物和过氧酸以及它们的衍生物：	
	2918.1100	--乳酸及其盐和酯	千克
	2918.1200	--酒石酸	千克
	2918.1300	--酒石酸盐及酒石酸酯	千克
	2918.1400	--柠檬酸	千克
	2918.1500	--柠檬酸盐及柠檬酸酯	千克
	2918.1600	--葡糖酸及其盐和酯	千克
	2918.1700	--2,2-二苯基-2-羟基乙酸(二苯基乙醇酸)	千克
	2918.1800	--乙酯杀螨醇(ISO)	千克
	2918.1900	--其他含醇基但不含其他含氧基的羧酸及其酸酐、酰卤化物、过氧化物和过氧酸以及它们的衍生物	千克
		-含酚基但不含其他含氧基的羧酸及其酸酐、酰卤化物、过氧化物和过氧酸以及它们的衍生物：	
		--水杨酸及其盐：	
	2918.2110	---水杨酸、水杨酸钠	千克

品目	商品编码	商品名称	计量单位
	2918.2190	---其他水杨酸盐	千克
		--邻乙酰水杨酸及其盐和酯：	
	2918.2210	---邻乙酰水杨酸(阿司匹林)	千克
	2918.2290	---邻乙酰水杨酸盐和酯	千克
	2918.2300	--水杨酸的其他酯及其盐	千克
	2918.2900	--未列名含酚基但不含其他含氧基的羧酸及其酸酐、酰卤化物、过氧化物和过氧酸以及它们的衍生物	千克
	2918.3000	-含醛基或酮基但不含其他含氧基的羧酸及其酸酐、酰卤化物、过氧化物和过氧酸以及它们的衍生物	千克
		-其他：	
	2918.9100	--2,4,5-涕(ISO)(2,4,5-三氯苯氧基乙酸)及其盐和酯	千克
	2918.9900	--其他含附加含氧基的羧酸及其酸酐、酰卤化物、过氧化物和过氧酸以及它们的卤化、磺化、硝化或亚硝化衍生物	千克
		第八分章　非金属无机酸酯及其盐以及它们的卤化、磺化、硝化或亚硝化衍生物	
29.19		**磷酸酯及其盐，包括乳磷酸盐，以及它们的卤化、磺化、硝化或亚硝化衍生物：**	
	2919.1000	-三(2,3-二溴丙基)磷酸酯	千克
	2919.9000	-其他磷酸酯及其盐，包括乳磷酸盐，以及它们的卤化、磺化、硝化或亚硝化衍生物	千克
29.20		**其他非金属无机酸酯(不包括卤化氢的酯)及其盐以及它们的卤化、磺化、硝化或亚硝化衍生物：**	
		-硫代磷酸酯及其盐以及它们的卤化、磺化、硝化或亚硝化衍生物：	
	2920.1100	--对硫磷(ISO)及甲基对硫磷(ISO)	千克
	2920.1900	--其他硫代磷酸酯及其盐以及它们的卤化、磺化、硝化或亚硝化衍生物	千克
		-亚磷酸酯及其盐以及它们的卤化、磺化、硝化或亚硝化衍生物：	
	2920.2100	--亚磷酸二甲酯	千克
	2920.2200	--亚磷酸二乙酯	千克
	2920.2300	--亚磷酸三甲酯	千克
	2920.2400	--亚磷酸三乙酯	千克
		--其他：	

品目	商品编码	商品名称	计量单位
	2920.2910	---其他亚磷酸酯	千克
	2920.2990	---亚磷酸酯的盐,以及亚磷酸酯及其盐的卤化、磺化、硝化或亚硝化衍生物	千克
	2920.3000	-硫丹(ISO)	千克
	2920.9000	-未列名非金属无机酸酯(不包括卤化氢的酯)及其盐以及它们的卤化、磺化、硝化或亚硝化衍生物	千克
		第九分章　含氮基化合物	
29.21		**氨基化合物:**	
		-无环单胺及其衍生物以及它们的盐:	
	2921.1100	--甲胺、二甲胺或三甲胺及其盐	千克
	2921.1200	--2-(N,N-二甲基氨基)氯乙烷盐酸盐	千克
	2921.1300	--2-(N,N-二乙基氨基)氯乙烷盐酸盐	千克
	2921.1400	--2-(N,N-二异丙基氨基)氯乙烷盐酸盐	千克
		--其他:	
	2921.1910	---二正丙胺	千克
	2921.1920	---异丙胺	千克
	2921.1930	---N,N-二(2-氯乙基)乙胺	千克
	2921.1940	---N,N-二(2-氯乙基)甲胺	千克
	2921.1950	---三(2-氯乙基)胺	千克
	2921.1960	---二烷(甲、乙、正丙或异丙)氨基乙基-2-氯及其质子化盐	千克
	2921.1990	---其他无环单胺及其衍生物以及它们的盐	千克
		-无环多胺及其衍生物以及它们的盐:	
		--乙二胺及其盐:	
	2921.2110	---乙二胺	千克
	2921.2190	---乙二胺盐	千克
		--六亚甲基二胺及其盐:	
	2921.2210	---己二酸己二胺盐(尼龙66盐)	千克
	2921.2290	---六亚甲基二胺及其未列名盐	千克
	2921.2900	--其他无环多胺及其衍生物以及它们的盐	千克
	2921.3000	-环烷单胺或多胺、环烯单胺或多胺、环萜烯单胺或多胺及其衍生物以及它们的盐	千克
		-芳香单胺及其衍生物以及它们的盐:	
		--苯胺及其盐:	
	2921.4110	---苯胺	千克

品目	商品编码	商品名称	计量单位
	2921.4190	---苯胺盐	千克
	2921.4200	--苯胺衍生物及其盐	千克
	2921.4300	--甲苯胺及其衍生物以及它们的盐	千克
	2921.4400	--二苯胺及其衍生物以及它们的盐	千克
	2921.4500	--1-萘胺（α-萘胺）、2-萘胺（β-萘胺）及其衍生物以及它们的盐	千克
	2921.4600	--安非他明（INN）、苄非他明（INN）、右苯丙胺（INN）、乙非他明、芬坎法明（INN）、利非他明、左苯丙胺（INN）、美芬雷司（INN）、苯丁胺（INN）以及它们的盐	千克
		--其他：	
	2921.4910	---对异丙基苯胺	千克
	2921.4920	---二甲基苯胺	千克
	2921.4930	---2,6-甲基乙基苯胺	千克
	2921.4940	---2,6-二乙基苯胺	千克
	2921.4990	---其他芳香单胺及其衍生物以及它们的盐	千克
		-芳香多胺及其衍生物以及它们的盐：	
		--邻-、间-、对-苯二胺，二氨基甲苯及其衍生物以及它们的盐：	
	2921.5110	---邻苯二胺	千克
	2921.5190	---间-、对-苯二胺，二氨基甲苯及其衍生物以及它们的盐；邻苯二胺的衍生物及盐	千克
	2921.5900	--其他芳香多胺及其衍生物以及它们的盐	千克
29.22		**含氧基氨基化合物：**	
		-氨基醇（但含有一种以上含氧基的除外）及其醚和酯，以及它们的盐：	
	2922.1100	--单乙醇胺及其盐	千克
	2922.1200	--二乙醇胺及其盐	千克
	2922.1400	--右丙氧吩（INN）及其盐	千克
	2922.1500	--三乙醇胺	千克
	2922.1600	--全氟辛基磺酸二乙醇铵	千克
	2922.1700	--甲基二乙醇胺和乙基二乙醇胺	千克
	2922.1800	--2-（N,N-二异丙基氨基）乙醇	千克
		--其他：	
	2922.1910	---乙胺丁醇	千克
		---二烷（甲、乙、正丙或异丙）氨基乙-2-醇及其质子化盐：	

品 目	商品编码	商 品 名 称	计量单位
	2922.1921	----二甲氨基乙醇及其质子化盐	千克
	2922.1922	----二乙氨基乙醇及其质子化盐	千克
	2922.1929	----其他二烷(甲、乙、正丙或异丙)氨基乙-2-醇及其质子化盐	千克
	2922.1930	---乙基二乙醇胺盐	千克
	2922.1940	---甲基二乙醇胺盐	千克
	2922.1950	---本芴醇	千克
	2922.1990	---其他氨基醇及其醚和酯以及它们的盐	千克
		-氨基萘酚和其他氨基酚(但含有一种以上含氧基的除外)及其醚和酯,以及它们的盐:	
	2922.2100	--氨基羟基萘磺酸及其盐	千克
		--其他:	
	2922.2910	---茴香胺、二茴香胺、氨基苯乙醚及其盐	千克
	2922.2990	---其他氨基萘酚和其他氨基酚及其醚和酯,以及它们的盐	千克
		-氨基醛、氨基酮和氨基醌(但含有一种以上含氧基的除外)及它们的盐:	
	2922.3100	--安非拉酮、美沙酮和去甲美沙酮以及它们的盐	千克
		--其他:	
	2922.3910	---4-甲基甲卡西酮	千克
	2922.3920	---安非他酮及其盐	千克
	2922.3990	---其他氨基醛、氨基酮和氨基醌,以及它们的盐	千克
		-氨基酸(但含有一种以上含氧基的除外)及其酯,以及它们的盐:	
		--赖氨酸及其酯,以及它们的盐:	
	2922.4110	---赖氨酸	千克
	2922.4190	---赖氨酸酯及盐	千克
		--谷氨酸及其盐:	
	2922.4210	---谷氨酸	千克
	2922.4220	---谷氨酸钠	千克
	2922.4290	---其他谷氨酸盐	千克
		--邻氨基苯甲酸(氨茴酸)及其盐:	
	2922.4310	---邻氨基苯甲酸(氨茴酸)	千克
	2922.4390	---邻氨基苯甲酸(氨茴酸)盐	千克
	2922.4400	--替利定(INN)及其盐	千克
		--其他:	

品　目	商品编码	商　品　名　称	计量单位
		---其他氨基酸：	
	2922.4911	----氨甲环酸	千克
	2922.4919	----未列名氨基酸	千克
		---其他：	
	2922.4991	----普鲁卡因	千克
	2922.4999	----其他氨基酸酯及盐	千克
		-氨基醇酚、氨基酸酚及其他含氧基氨基化合物：	
	2922.5010	---对羟基苯甘氨酸及其邓钾盐	千克
	2922.5020	---莱克多巴胺和盐酸莱克多巴胺	千克
	2922.5090	---其他氨基醇酚、氨基酸酚及其他含氧基氨基化合物	千克
29.23		**季铵盐及季铵碱；卵磷脂及其他磷氨基类脂，不论是否已有化学定义：**	
	2923.1000	-胆碱及其盐	千克
	2923.2000	-卵磷脂及其他磷氨基类脂	千克
	2923.3000	-全氟辛基磺酸四乙基铵	千克
	2923.4000	-全氟辛基磺酸二癸基二甲基铵	千克
	2923.9000	-其他季铵盐及季铵碱	千克
29.24		**羧基酰胺基化合物；碳酸酰胺基化合物：**	
		-无环酰胺（包括无环氨基甲酸酯）及其衍生物以及它们的盐：	
	2924.1100	--甲丙氨酯（INN）	千克
	2924.1200	--氟乙酰胺（ISO）、久效磷（ISO）及磷胺（ISO）	千克
		--其他：	
	2924.1910	---N,N-二甲基甲酰胺	千克
	2924.1990	---其他无环酰胺（包括无环氨基甲酸酯）及其衍生物以及它们的盐	千克
		-环酰胺（包括环氨基甲酸酯）及其衍生物以及它们的盐：	
	2924.2100	--酰脲及其衍生物以及它们的盐	千克
	2924.2300	--2-乙酰氨基苯甲酸（N-乙酰邻氨基苯甲酸）及其盐	千克
	2924.2400	--炔已蚁胺（INN）	千克
	2924.2500	--甲草胺（ISO）	千克
		--其他：	
	2924.2910	---对乙酰氨基苯乙醚（非那西丁）	千克
	2924.2920	---对乙酰氨基酚（扑热息痛）	千克
	2924.2930	---阿斯巴甜	千克

品 目	商品编码	商 品 名 称	计量单位
	2924.2990	---其他环酰胺(包括环氨基甲酸酯)及其衍生物以及它们的盐	千克
29.25		**羧基酰亚胺化合物(包括糖精及其盐)及亚胺基化合物:**	
		-酰亚胺及其衍生物以及它们的盐:	
	2925.1100	--糖精及其盐	千克
	2925.1200	--格鲁米特(INN)	千克
	2925.1900	--其他酰亚胺及其衍生物以及它们的盐	千克
		-亚胺及其衍生物以及它们的盐:	
	2925.2100	--杀虫脒(ISO)	千克
	2925.2900	--其他亚胺及其衍生物以及它们的盐	千克
29.26		**腈基化合物:**	
	2926.1000	-丙烯腈	千克
	2926.2000	-1-氰基胍(双氰胺)	千克
	2926.3000	-芬普雷司(INN)及其盐;美沙酮中间体(4-氰基-2-二甲氨基-4,4-二苯基丁烷)	千克
	2926.4000	-α-苯基乙酰基乙腈	千克
		-其他:	
	2926.9010	---对氯氰苄	千克
	2926.9020	---间苯二甲氰	千克
	2926.9090	---其他腈基化合物	千克
29.27		**重氮化合物、偶氮化合物及氧化偶氮化合物:**	
	2927.0000	重氮化合物、偶氮化合物及氧化偶氮化合物	千克
29.28		**肼(联氨)及胲(羟胺)的有机衍生物:**	
	2928.0000	肼(联氨)及胲(羟胺)的有机衍生物	千克
29.29		**其他含氮基化合物:**	
		-异氰酸酯:	
	2929.1010	---2,4-和2,6-甲苯二异氰酸酯混合物(甲苯二异氰酸酯TDI)	千克
	2929.1020	---二甲苯二异氰酸酯(TODI)	千克
	2929.1030	---二苯基甲烷二异氰酸酯(纯MDI)	千克
	2929.1040	---六亚甲基二异氰酸酯	千克
	2929.1090	---其他异氰酸酯	千克
		-其他:	
	2929.9010	---环已基氨基磺酸钠(甜蜜素)	千克

品 目	商品编码	商 品 名 称	计量单位
	2929.9020	---二烷(甲、乙、正丙或异丙)氨基膦酰二卤	千克
	2929.9030	---二烷(甲、乙、正丙或异丙)氨基膦酸二烷(甲、乙、正丙或异丙)酯	千克
	2929.9040	---乙酰甲胺磷	千克
	2929.9090	---未列名含氮基化合物	千克
		第十分章 有机—无机化合物、杂环化合物、核酸及其盐以及磺(酰)胺	
29.30		**有机硫化合物：**	
	2930.2000	-硫代氨基甲酸盐(或酯)及二硫代氨基甲酸盐(或酯)	千克
	2930.3000	-一硫化二烃氨基硫羰、二硫化二烃氨基硫羰及四硫化二烃氨基硫羰	千克
	2930.4000	-甲硫氨酸(蛋氨酸)	千克
	2930.6000	-2-(N,N-二乙基氨基)乙硫醇	千克
	2930.7000	-二(2-羟乙基)硫醚[硫二甘醇(INN)]	千克
	2930.8000	-涕灭威(ISO)、敌菌丹(ISO)及甲胺磷(ISO)	千克
		-其他：	
	2930.9010	---双巯丙氨酸(胱氨酸)	千克
	2930.9020	---二硫代碳酸酯(或盐)[黄原酸酯(或盐)]	千克
	2930.9090	---其他有机硫化合物	千克
29.31		**其他有机—无机化合物：**	
	2931.1000	-四甲基铅及四乙基铅	千克
	2931.2000	-三丁基锡化合物	千克
		-其他有机磷衍生物：	
	2931.3100	--甲基膦酸二甲酯	千克
	2931.3200	--丙基膦酸二甲酯	千克
	2931.3300	--乙基膦酸二乙酯	千克
	2931.3400	--3-(三羟基硅烷基)丙基甲基膦酸钠	千克
	2931.3500	--1-丙基磷酸环酐	千克
	2931.3600	--(5-乙基-2-甲基-2-氧代-1,3,2-二 氧磷杂环已-5-基)甲基膦酸二甲酯	千克
	2931.3700	--双[(5-乙基-2-甲基-2-氧代-1,3,2-二氧磷杂环已-5-基)甲基]基膦酸酯(阻燃剂 FRC-1)	千克
	2931.3800	--甲基膦酸和脒基尿素(1:1)生成的盐	千克

品目	商品编码	商品名称	计量单位
		--其他：	
	2931.3910	---双甘膦	千克
	2931.3990	---未列名有机磷衍生物	千克
	2931.9000	-未列名有机—无机化合物	千克
29.32		**仅含氧杂原子的杂环化合物：**	
		-结构上含有一个非稠合呋喃环(不论是否氢化)的化合物：	
	2932.1100	--四氢呋喃	千克
	2932.1200	--2-糠醛	千克
	2932.1300	--糠醇及四氢糠醇	千克
	2932.1400	--三氯蔗糖	千克
	2932.1900	--其他结构上含有一个非稠合呋喃环的化合物	千克
		-内酯：	
	2932.2010	---香豆素、甲基香豆素及乙基香豆素	千克
	2932.2090	---其他内酯	千克
		-其他：	
	2932.9100	--4-丙烯基-1,2-亚甲二氧基苯(异黄樟脑)	千克
	2932.9200	--1-(1,3-苯并二噁茂-5-基)丙烷-2-酮	千克
	2932.9300	--3,4-亚甲二氧基苯甲醛(胡椒醛)	千克
	2932.9400	--4-烯丙基-1,2-亚甲二氧基苯(黄樟脑)	千克
	2932.9500	--四氢大麻酚(所有的异构体)	千克
		--其他：	
	2932.9910	---7-羟基苯并呋喃(呋喃酚)	千克
	2932.9920	---2,2'-双甲氧羰基-4,4'-双甲氧基-5,6,5',6'-双亚甲二氧基联苯(联苯双酯)	千克
	2932.9930	---蒿甲醚	千克
	2932.9990	---其他仅含有氧杂原子的杂环化合物	千克
29.33		**仅含有氮杂原子的杂环化合物：**	
		-结构上含有一个非稠合吡唑环(不论是否氢化)的化合物：	
	2933.1100	--二甲基苯基吡唑酮(安替比林)及其衍生物	千克
		--其他：	
	2933.1920	---安乃近	千克
	2933.1990	---其他结构上含有一个非稠合吡唑环的化合物	千克

品 目	商品编码	商 品 名 称	计量单位
		-结构上含有一个非稠合咪唑环(不论是否氢化)的化合物:	
	2933.2100	--乙内酰脲及其衍生物	千克
	2933.2900	--其他结构上含有一个非稠合咪唑环的化合物	千克
		-结构上含有一个非稠合吡啶环(不论是否氢化)的化合物:	
	2933.3100	--吡啶及其盐	千克
		--哌啶及其盐:	
	2933.3210	---哌啶	千克
	2933.3220	---哌啶盐	千克
	2933.3300	--阿芬太尼(INN)、阿尼利定(INN)、苯氰米特(INN)、溴西泮(INN)、地芬诺新(INN)、地芬诺酯(INN)、地匹哌酮(INN)、芬太尼(INN)、凯托米酮(INN)、哌醋甲酯(INN)、喷他左辛(INN)、哌替啶(INN)、哌替啶中间体A(INN)、苯环利定(INN)、苯哌利定(INN)、哌苯甲醇(INN)、哌氰米特(INN)、哌丙吡胺(INN)及三甲利定(INN)以及它们的盐	千克
		--其他结构上含有一个非稠合吡啶环的化合物:	
	2933.3910	---二苯乙醇酸-3-奎宁环酯	千克
	2933.3920	---奎宁环-3-醇	千克
	2933.3990	---未列名结构上含有一个非稠合吡啶环的化合物	千克
		-结构上含有一个喹啉或异喹啉环系(不论是否氢化)的化合物,但未经进一步稠合的:	
	2933.4100	--左非诺(INN)及其盐	千克
	2933.4900	--其他结构上含有一个喹啉或异喹啉环系(不论是否氢化)的化合物,但未经进一步稠合的	千克
		-结构上含有一个嘧啶环(不论是否氢化)或哌嗪环的化合物:	
	2933.5200	--丙二酰脲(巴比土酸)及其盐	千克
	2933.5300	--阿洛巴比妥(INN)、异戊巴比妥(INN)、巴比妥(INN)、布他比妥(INN)、正丁巴比妥(INN)、环己巴比妥(INN)、甲苯巴比妥(INN)、戊巴比妥(INN)、苯巴比妥(INN)、仲丁巴比妥(INN)、司可巴比妥(INN)及乙烯比妥(INN)以及它们的盐	千克

品目	商品编码	商品名称	计量单位
	2933.5400	--其他丙二酰脲(巴比土酸)的衍生物以及它们的盐	千克
	2933.5500	--氯普唑仑(INN)、甲氯喹酮(INN)、甲喹酮(INN)及齐培丙醇(INN)以及它们的盐	千克
		--其他结构上含有一个嘧啶环或哌嗪环的化合物:	
	2933.5910	---胞嘧啶	千克
	2933.5920	---环丙氟哌酸	千克
	2933.5990	---其他结构上含有一个嘧啶环或哌嗪环的化合物	千克
		-结构上含有非稠合三嗪环(不论是否氧化)的化合物:	
	2933.6100	--三聚氰胺(蜜胺)	千克
		--其他结构上含有一个非稠合三嗪环的化合物:	
	2933.6910	---三聚氰氯	千克
		---异氰脲酸氯化衍生物:	
	2933.6921	----二氯异氰脲酸	千克
	2933.6922	----三氯异氰脲酸	千克
	2933.6929	----其他异氰脲酸氯化衍生物	千克
	2933.6990	---其他结构上含有一个非稠合三嗪环的化合物	千克
		-内酰胺:	
	2933.7100	--6-己内酰胺	千克
	2933.7200	--氯巴占(INN)及甲乙哌酮(INN)	千克
	2933.7900	--其他内酰胺	千克
		-其他仅含有氮杂原子的杂环化合物:	
	2933.9100	--阿普唑仑(INN)、卡马西泮(INN)、氯氮卓(INN)、氯硝西泮(INN)、氯拉卓酸、地洛西泮(INN)、地西泮(INN)、艾司唑仑(INN)、氯氟卓乙酯(INN)、氟地西泮(INN)、氟硝西泮(INN)、氟西泮(INN)、哈拉西泮(INN)、劳拉西泮(INN)、氯甲西泮(INN)、马吲哚(INN)、美达西泮(INN)、咪达唑仑(INN)、硝甲西泮(INN)、硝西泮(INN)、去甲西泮(INN)、奥沙西泮(INN)、匹那西泮(INN)、普拉西泮(INN)、吡咯戊酮(INN)、替马西泮(INN)、四氢西泮(INN)及三唑仑(INN)以及它们的盐	千克
	2933.9200	--甲基谷硫磷(ISO)	千克
	2933.9900	--未列名仅含有氮杂原子的杂环化合物	千克
29.34		**核酸及其盐,不论是否已有化学定义;其他杂环化合物:**	
		-结构上含有一个非稠合噻唑环(不论是否氢化)的化合物:	

品目	商品编码	商品名称	计量单位
	2934.1010	---三苯甲基氨噻肟酸	千克
	2934.1090	---其他结构上含有一个非稠合噻唑环(不论是否氢化)的化合物	千克
	2934.2000	-结构上含有一个苯并噻唑环系(不论是否氢化)的化合物,但未经进一步稠合的	千克
	2934.3000	-结构上含有一个吩噻嗪环系(不论是否氢化)的化合物,但未经进一步稠合的	千克
		-其他:	
	2934.9100	--阿米雷司(INN)、溴替唑仑(INN)、氯噻西泮(INN)、氯恶唑仑(INN)、右吗拉胺(INN)、卤恶唑仑(INN)、凯他唑仑(INN)、美索卡(INN)、恶唑仑(INN)、匹莫林(INN)、苯巴曲嗪(INN)、芬美曲嗪(INN)及舒芬太尼(INN),以及它们的盐	千克
		--其他:	
	2934.9910	---磺内酯及磺内酰胺	千克
	2934.9920	---呋喃唑酮	千克
	2934.9930	---核酸及其盐	千克
	2934.9940	---奈韦拉平、依发韦仑、利托那韦及其盐	千克
	2934.9950	---克拉维酸及其盐	千克
	2934.9960	---7-苯乙酰氨基-3-氯甲基-4-头孢烷酸对甲氧基苄酯、7-氨基头孢烷酸、7-氨基脱乙酰氧基头孢烷酸	千克
	2934.9990	---未列名杂环化合物	千克
29.35		**磺(酰)胺:**	
	2935.1000	-N-甲基全氟辛基磺酰胺	千克
	2935.2000	-N-乙基全氟辛基磺酰胺	千克
	2935.3000	-N-乙基-N-(2-羟乙基)全氟辛基磺酰胺	千克
	2935.4000	-N-(2-羟乙基)-N-甲基全氟辛基磺酰胺	千克
	2935.5000	-其他全氟辛基磺酰胺	千克
	2935.9000	-其他磺(酰)胺	千克
		第十一分章　维生素原、维生素及激素	
29.36		**天然或合成再制的维生素原和维生素(包括天然浓缩物)及其主要用做维生素的衍生物,上述产品的混合物,不论是否溶于溶剂:**	
		-未混合的维生素及其衍生物:	

品 目	商品编码	商　品　名　称	计量单位
	2936.2100	--未混合的维生素 A 及其衍生物	千克
	2936.2200	--未混合的维生素 B_1 及其衍生物	千克
	2936.2300	--未混合的维生素 B_2 及其衍生物	千克
	2936.2400	--未混合的 D 或 DL-泛酸（维生素 B_3 或维生素 B_5）及其衍生物	千克
	2936.2500	--未混合的维生素 B_6 及其衍生物	千克
	2936.2600	--未混合的维生素 B_{12} 及其衍生物	千克
	2936.2700	--未混合的维生素 C 及其衍生物	千克
	2936.2800	--未混合的维生素 E 及其衍生物	千克
	2936.2900	--其他未混合的维生素及其衍生物	千克
		-其他：	
	2936.9010	---维生素 AD_3	千克
	2936.9090	---天然或合成再制的维生素原和其他维生素（包括天然浓缩物）及其主要用做维生素的衍生物；本品目所述产品的其他混合物	千克
29.37		**天然或合成再制的激素、前列腺素、血栓烷、白细胞三烯及其衍生物和结构类似物，包括主要用做激素的改性链多肽：**	
		-多肽激素、蛋白激素、糖蛋白激素及其衍生物和结构类似物：	
	2937.1100	--生长激素及其衍生物和结构类似物	千克
		--胰岛素及其盐：	
	2937.1210	---重组人胰岛素及其盐	千克
	2937.1290	---其他胰岛素及其盐	千克
	2937.1900	--其他多肽激素、蛋白激素、糖蛋白激素及其衍生物和结构类似物	千克
		-甾族激素及其衍生物和结构类似物：	
	2937.2100	--可的松、氢化可的松、脱氢可的松和脱氢皮质醇	千克
		--皮质甾类激素的卤化衍生物：	
	2937.2210	---地塞米松	千克
	2937.2290	---其他皮质甾类激素的卤化衍生物	千克
		--雌（甾）激素和孕激素：	
		---动物源的：	
	2937.2311	----孕马结合雌激素	千克
	2937.2319	----其他动物源的雌（甾）激素和孕激素	千克
	2937.2390	---其他雌（甾）激素和孕激素	千克
	2937.2900	--其他甾族激素及其衍生物和结构类似物	千克

品　目	商品编码	商　品　名　称	计量单位
	2937.5000	-前列腺素、血栓烷和白细胞三烯及其衍生物和结构类似物	千克
	2937.9000	-其他未列名天然或合成再制的激素，包括主要用做激素的改性链多肽	千克
		第十二分章　天然或合成再制的苷（配糖物）、生物碱及其盐、醚、酯和其他衍生物	
29.38		**天然或合成再制的苷（配糖物）及其盐、醚、酯和其他衍生物：**	
	2938.1000	-芸香苷及其衍生物	千克
		-其他：	
	2938.9010	---齐多夫定、拉米夫定、司他夫定、地达诺新及其盐	千克
	2938.9090	---其他天然或合成再制的苷（配糖物）及其盐、醚、酯和其他衍生物	千克
29.39		**天然或合成再制的生物碱及其盐、醚、酯和其他衍生物：**	
		-鸦片碱及其衍生物以及它们的盐：	
	2939.1100	--罂粟秆浓缩物、丁丙诺啡（INN）、可待因、双氢可待因（INN）、乙基吗啡、埃托啡（INN）、海洛因、氢可酮（INN）、氢吗啡酮（INN）、吗啡、尼可吗啡（INN）、羟考酮（INN）、羟吗啡酮（INN）、福尔可定（INN）、醋氢可酮（INN）和蒂巴因以及它们的盐	千克
	2939.1900	--其他鸦片碱及其衍生物以及它们的盐	千克
	2939.2000	-金鸡纳生物碱及其衍生物以及它们的盐	千克
	2939.3000	-咖啡因及其盐	千克
		-麻黄碱类及其盐：	
	2939.4100	--麻黄碱及其盐	千克
	2939.4200	--假麻黄碱及其盐	千克
	2939.4300	--d-去甲假麻黄碱（INN）及其盐	千克
	2939.4400	--去甲麻黄碱及其盐	千克
	2939.4900	--其他麻黄碱及其盐	千克
		-茶碱和氨茶碱及其衍生物以及它们的盐：	
	2939.5100	--芬乙茶碱（INN）及其盐	千克
	2939.5900	--其他茶碱和氨茶碱及其衍生物以及它们的盐	千克
		-麦角生物碱及其衍生物以及它们的盐：	
	2939.6100	--麦角新碱（麦角袂春）及其盐	千克
	2939.6200	--麦角胺及其盐	千克
	2939.6300	--麦角酸及其盐	千克
	2939.6900	--其他麦角生物碱及其衍生物以及它们的盐	千克

品目	商品编码	商品名称	计量单位
		-植物来源的其他天然或合成的生物碱及其盐:	
		--可卡因、芽子碱、左甲苯丙胺、去氧麻黄碱(INN)、去氧麻黄碱外消旋体,它们的盐、酯及其他衍生物:	
	2939.7110	---可卡因及其盐	千克
	2939.7190	---可卡因酯及其他衍生物;芽子碱、左甲苯丙胺、去氧麻黄碱(INN)、去氧麻黄碱外消旋体,它们的盐、酯及其他衍生物	千克
		--其他:	
	2939.7910	---烟碱及其盐	千克
	2939.7920	---番木鳖碱(士的年)及其盐	千克
	2939.7990	---植物来源的其他天然或合成再制的植物碱及其盐、醚、酯和其他衍生物	千克
	2939.8000	-非植物来源的其他天然或合成再制的生物碱及其盐、醚、酯和其他衍生物	千克
		第十三分章 其他有机化合物	
29.40		**化学纯糖,但蔗糖、乳糖、麦芽糖、葡萄糖及果糖除外;糖醚、糖缩醛、糖酯及其盐,但不包括品目 29.37、29.38 及 29.39 的产品:**	
	2940.0010	---木糖	千克
	2940.0090	---其他化学纯糖,但蔗糖、乳糖、麦芽糖、葡萄糖及果糖除外;糖醚、糖缩醛、糖酯及其盐,但不包括品目 29.37、29.38 及 29.39 的产品	千克
29.41		**抗菌素:**	
		-青霉素和具有青霉烷酸结构的青霉素衍生物及其盐:	
		---氨苄青霉素及其盐:	
	2941.1011	----氨苄青霉素	千克
	2941.1012	----氨苄青霉素三水酸	千克
	2941.1019	----氨苄青霉素盐	千克
		---其他青霉素和具有青霉烷酸结构的青霉素衍生物及其盐:	
	2941.1091	----羟氨苄青霉素	千克
	2941.1092	----羟氨苄青霉素三水酸	千克
	2941.1093	----6 氨基青霉烷酸(6APA)	千克
	2941.1094	----青霉素 V	千克
	2941.1095	----磺苄青霉素	千克

品　目	商品编码	商　品　名　称	计量单位
	2941.1096	----邻氯青霉素	千克
	2941.1099	----未列名青霉素和具有青霉烷酸结构的青霉素衍生物及其盐	千克
	2941.2000	-链霉素及其衍生物以及它们的盐	千克
		-四环素及其衍生物以及它们的盐：	
		---四环素及其盐：	
	2941.3011	----四环素	千克
	2941.3012	----四环素盐	千克
	2941.3020	---四环素衍生物及其盐	千克
	2941.4000	-氯霉素及其衍生物以及它们的盐	千克
	2941.5000	-红霉素及其衍生物以及它们的盐	千克
		-其他抗菌素：	
	2941.9010	---庆大霉素及其衍生物以及它们的盐	千克
	2941.9020	---卡那霉素及其衍生物以及它们的盐	千克
	2941.9030	---利福平及其衍生物以及它们的盐	千克
	2941.9040	---林可霉素及其衍生物以及它们的盐	千克
		---头孢菌素及其衍生物以及它们的盐：	
	2941.9052	----头孢氨苄及其盐	千克
	2941.9053	----头孢唑啉及其盐	千克
	2941.9054	----头孢拉啶及其盐	千克
	2941.9055	----头孢三嗪(头孢曲松)及其盐	千克
	2941.9056	----头孢哌酮及其盐	千克
	2941.9057	----头孢噻肟及其盐	千克
	2941.9058	----头孢克罗及其盐	千克
	2941.9059	----其他头孢菌素及其衍生物以及它们的盐	千克
	2941.9060	---麦迪霉素及其衍生物以及它们的盐	千克
	2941.9070	---乙酰螺旋霉素及其衍生物以及它们的盐	千克
	2941.9090	---其他抗菌素	千克
29.42		**其他有机化合物：**	
	2942.0000	其他有机化合物	千克

第三十章 药 品

注释：

1. 本章不包括：

(1)食品及饮料（例如，营养品、糖尿病食品、强化食品、保健食品、滋补饮料及矿泉水）（第四类），但不包括供静脉摄入用的滋养品；

(2)用于帮助吸烟者戒烟的制剂，例如，片剂、咀嚼胶或透皮贴片（品目21.06或38.24）；

(3)经特殊煅烧或精细研磨的牙科用熟石膏（品目25.20）；

(4)适合医药用的精油水馏液及水溶液（品目33.01）；

(5)品目33.03至33.07的制品，不论是否具有治疗及预防疾病的作用；

(6)加有药料的肥皂及品目34.01的其他产品；

(7)以熟石膏为基本成分的牙科用制品（品目34.07）；

(8)不作治疗及预防疾病用的血清蛋白（品目35.02）。

2. 品目30.02所称的"免疫制品"是指直接参与免疫过程调节的多肽及蛋白质（品目29.37的货品除外），例如，单克隆抗体（MAB）、抗体片段、抗体偶联物及抗体片段偶联物、白介素、干扰素（IFN）、趋化因子及特定的肿瘤坏死因子（TNF）、生长因子（GF）、促红细胞生成素及集落刺激因子（CSF）。

3. 品目30.03及30.04以及本章注释4（4）所述的非混合产品及混合产品，按下列规定处理：

(1)非混合产品：

①溶于水的非混合产品；

②第二十八章及第二十九章的所有货品；

③品目13.02的单一植物浸膏，只经标定或溶于溶剂的。

(2)混合产品：

①胶体溶液及悬浮液（胶态硫磺除外）；

②从植物性混合物加工所得的植物浸膏；

③蒸发天然矿质水所得的盐及浓缩物。

4. 品目30.06仅适用于下列物品（这些物品只能归入品目30.06而不得归入本目录其他品目）：

(1)无菌外科肠线、类似的无菌缝合材料（包括外科或牙科用无菌可吸收缝线）及外伤创口闭合用的无菌黏合胶布；

(2)无菌昆布及无菌昆布塞条；

(3)外科或牙科用无菌吸收性止血材料；外科或牙科用无菌抗粘连阻隔材料，不论是否可吸收；

(4)用于病人的X光检查造影剂及其他诊断试剂，这些药剂是由单一产品配定剂量或由两种以上成分混合而成的；

（5）血型试剂；

（6）牙科粘固剂及其他牙科填料；骨骼粘固剂；

（7）急救药箱、药包；

（8）以激素、品目29.37的其他产品或杀精子剂为基本成分的化学避孕药物；

（9）专用于人类或作兽药用的凝胶制品，作为外科手术或体检时躯体部位的润滑剂，或者作为躯体和医疗器械之间的耦合剂；

（10）废药物，即因超过有效保存期等原因而不适于作原用途的药品；

（11）可确定用于造口术的用具，即裁切成型的结肠造口术、回肠造口术、尿道造口术用袋及其具有黏性的片或底盘。

子目注释：

1. 子目3002.13及3002.14所述的非混合产品、纯物质及混合产品，按下列规定处理：

（1）非混合产品或纯物质，不论是否含有杂质；

（2）混合产品：

①上述（1）款所述的产品溶于水或其他溶剂的；

②为保存或运输需要，上述（1）款及（2）①项所述的产品加入稳定剂的；以及

③上述（1）款、（2）①项及（2）②项所述的产品添加其他添加剂的。

2. 子目3003.60和3004.60包括的药品含有与其他药用活性成分配伍的口服用青蒿素（INN），或者含有下列任何一种活性成分，不论是否与其他药用活性成分配伍：阿莫地喹（INN）、蒿醚林酸及其盐（INN）、双氢青蒿素（INN）、蒿乙醚（INN）、蒿甲醚（INN）、青蒿琥酯（INN）、氯喹（INN）、二氢青蒿素（INN）、苯芴醇（INN）、甲氟喹（INN）、哌喹（INN）、乙胺嘧啶（INN）或磺胺多辛（INN）。

品　目	商品编码	商　品　名　称	计量单位
30.01		**已干燥的器官疗法用腺体及其他器官，不论是否制成粉末；器官疗法用腺体、其他器官及其分泌物的提取物；肝素及其盐；其他供治疗或预防疾病用的其他处未列名的人体或动物制品：**	
	3001.2000	-腺体、其他器官及其分泌物的提取物	千克
		-其他：	
	3001.9010	---肝素及其盐	千克
	3001.9090	---已干燥的腺体及其他器官，不论是否制成粉末；未列名供治疗或预防疾病用的人体或动物制品	千克
30.02		**人血；治病、防病或诊断用动物血制品；抗血清、其他血份及免疫制品，不论是否修饰或通过生物工艺加工制得；疫苗、毒素、培养微生物（不包括酵母）及类似产品：**	

品 目	商品编码	商 品 名 称	计量单位
		-抗血清、其他血份及免疫制品，不论是否修饰或通过生物工艺加工制得：	
	3002.1100	--疟疾诊断试剂盒	千克
	3002.1200	--抗血清及其他血份	千克
	3002.1300	--非混合的免疫制品，未配定剂量或制成零售包装	千克
	3002.1400	--混合的免疫制品，未配定剂量或制成零售包装	千克
	3002.1500	--免疫制品，已配定剂量或制成零售包装	千克
	3002.1900	--其他血份及免疫制品	千克
	3002.2000	-人用疫苗	千克
	3002.3000	-兽用疫苗	千克
		-人血；治病、防病或诊断用动物血制品（疫苗除外）；毒素、培养微生物（不包括酵母）及类似产品：	
	3002.9010	---石房蛤毒素	千克
	3002.9020	---蓖麻毒素	千克
	3002.9030	---细菌及病毒	千克/株
	3002.9040	---遗传物质和基因修饰生物体	千克
	3002.9090	---人血；治病、防病或诊断用动物血制品（疫苗除外）；其他毒素、培养微生物（不包括酵母）及类似产品	千克
30.03		**两种或两种以上成分混合而成的治病或防病用药品（不包括品目30.02、30.05或30.06的货品），未配定剂量或制成零售包装：**	
		-含有青霉素及具有青霉烷酸结构的青霉素衍生物或链霉素及其衍生物的药品，未配定剂量或制成零售包装：	
		---含有青霉素及具有青霉烷酸结构的青霉素衍生物的药品，未配定剂量或制成零售包装：	
	3003.1011	----含有氨苄青霉素的药品，未配定剂量或制成零售包装	千克
	3003.1012	----含有羟氨苄青霉素的药品，未配定剂量或制成零售包装	千克
	3003.1013	----含有青霉素V的药品，未配定剂量或制成零售包装	千克
	3003.1019	----其他含有青霉素及具有青霉烷酸结构的青霉素衍生物的药品，未配定剂量或制成零售包装	千克
	3003.1090	---含有链霉素及其衍生物的药品，未配定剂量或制成零售包装	千克
		-其他药品，含有抗菌素：	

品 目	商品编码	商 品 名 称	计量单位
		---含有头孢菌素的药品：	
	3003.2011	----含有头孢噻肟的药品，未配定剂量或制成零售包装	千克
	3003.2012	----含有头孢他啶的药品，未配定剂量或制成零售包装	千克
	3003.2013	----含有头孢西丁的药品，未配定剂量或制成零售包装	千克
	3003.2014	----含有头孢替唑的药品，未配定剂量或制成零售包装	千克
	3003.2015	----含有头孢克罗的药品，未配定剂量或制成零售包装	千克
	3003.2016	----含有头孢呋辛的药品，未配定剂量或制成零售包装	千克
	3003.2017	----含有头孢三嗪（头孢曲松）的药品，未配定剂量或制成零售包装	千克
	3003.2018	----含有头孢哌酮的药品，未配定剂量或制成零售包装	千克
	3003.2019	----其他含有头孢菌素的药品，未配定剂量或制成零售包装	千克
	3003.2090	---未列名含有抗菌素的药品，未配定剂量或制成零售包装	千克
		-其他药品，含有激素或品目29.37的其他产品：	
	3003.3100	--含有胰岛素的药品，未配定剂量或制成零售包装	千克
	3003.3900	--含有激素或品目29.37其他产品的未列名药品，未配定剂量或制成零售包装	千克
		-其他药品，含有生物碱及其衍生物：	
	3003.4100	--含有麻黄碱及其盐的药品，未配定剂量或制成零售包装	千克
	3003.4200	--含有伪麻黄碱（INN）及其盐的药品，未配定剂量或制成零售包装	千克
	3003.4300	--含有去甲麻黄碱及其盐的药品，未配定剂量或制成零售包装	千克
	3003.4900	--其他含有生物碱及其衍生物的药品，未配定剂量或制成零售包装	千克
		-其他药品，含有本章子目注释2所列抗疟疾活性成分：	

品 目	商品编码	商 品 名 称	计量单位
	3003.6010	---含有青蒿素及其衍生物的药品,未配定剂量或制成零售包装	千克
	3003.6090	---其他含有本章子目注释2所列抗疟疾活性成分的药品,未配定剂量或制成零售包装	千克
	3003.9000	-未列名两种或两种以上成分混合而成的药品,未配定剂量或制成零售包装	千克
30.04		**由混合或非混合产品构成的治病或防病用药品(不包括品目30.02、30.05或30.06的货品),已配定剂量(包括制成皮肤摄入形式的)或制成零售包装:**	
		-含有青霉素及具有青霉烷酸结构的青霉素衍生物或链霉素及其衍生物的药品:	
		---含有青霉素及具有青霉素烷酸结构的青霉素衍生物的药品:	
	3004.1011	----氨苄青霉素制剂	千克
	3004.1012	----羟氨苄青霉素制剂	千克
	3004.1013	----青霉素V制剂	千克
	3004.1019	----其他含有青霉素及具有青霉烷酸结构的青霉素衍生物的药品,已配定剂量或制成零售包装	千克
	3004.1090	---含有链霉素及其衍生物的药品,已配定剂量或制成零售包装	千克
		-其他药品,含有抗菌素,已配定剂量或制成零售包装:	
		---含有头孢菌素药品:	
	3004.2011	----头孢噻肟制剂	千克
	3004.2012	----头孢他啶制剂	千克
	3004.2013	----头孢西丁制剂	千克
	3004.2014	----头孢替唑制剂	千克
	3004.2015	----头孢克罗制剂	千克
	3004.2016	----头孢呋辛制剂	千克
	3004.2017	----头孢三嗪(头孢曲松)制剂	千克
	3004.2018	----头孢哌酮制剂	千克
	3004.2019	----其他含有头孢菌素的药品,已配定剂量或制成零售包装	千克
	3004.2090	---未列名含有抗菌素的药品,已配定剂量或制成零售包装	千克

品目	商品编码	商品名称	计量单位
		-其他药品,含有激素或品目29.37的其他产品,已配定剂量或制成零售包装:	
		--含有胰岛素的药品:	
	3004.3110	---含有重组人胰岛素的药品,已配定剂量或制成零售包装	千克
	3004.3190	---含有其他胰岛素的药品,已配定剂量或制成零售包装	千克
	3004.3200	--含有皮质甾类激素及其衍生物或结构类似物的药品,已配定剂量或制成零售包装	千克
	3004.3900	--未列名含有激素或品目29.37其他产品的药品,已配定剂量或制成零售包装	千克
		-其他药品,含有生物碱及其衍生物,已配定剂量或制成零售包装:	
	3004.4100	--含有麻黄碱及其盐的药品,已配定剂量或制成零售包装	千克
	3004.4200	--含有伪麻黄碱(INN)及其盐的药品,已配定剂量或制成零售包装	千克
	3004.4300	--含有去甲麻黄碱及其盐的药品,已配定剂量或制成零售包装	千克
	3004.4900	--未列名含有其他生物碱及其衍生物的药品,已配定剂量或制成零售包装	千克
	3004.5000	-其他含有维生素或品目29.36所列产品的药品,已配定剂量或制成零售包装	千克
		-其他药品,含有本章子目注释2所列抗疟疾活性成分,已配定剂量或制成零售包装:	
	3004.6010	---含有青蒿素及其衍生物的药品,已配定剂量或制成零售包装	千克
	3004.6090	---未列名含有本章子目注释2所列抗疟疾活性成分的药品,已配定剂量或制成零售包装	千克
		-其他:	
	3004.9010	---含有磺胺类的药品,已配定剂量或制成零售包装	千克
	3004.9020	---含有联苯双酯的药品,已配定剂量或制成零售包装	千克
		---中式成药:	
	3004.9051	----中药酒	千克
	3004.9052	----片仔癀	千克
	3004.9053	----白药	千克

品 目	商品编码	商 品 名 称	计量单位
	3004.9054	----清凉油	千克
	3004.9055	----安宫牛黄丸	千克
	3004.9059	----其他中式成药	千克
	3004.9090	---未列名混合或非混合产品构成的药品,已配定剂量或制成零售包装	千克
30.05		**软填料、纱布、绷带及类似物品(例如,敷料、橡皮膏、泥罨剂),经过药物浸涂或制成零售包装供医疗、外科、牙科或兽医用:**	
		-胶粘敷料及有胶粘涂层的其他物品:	
	3005.1010	---橡皮膏	千克
	3005.1090	---其他胶粘敷料及有胶粘涂层的物品	千克
		-其他:	
	3005.9010	---药棉、纱布、绷带	千克
	3005.9090	---其他软填料及类似物品	千克
30.06		**本章注释4所规定的医药用品:**	
	3006.1000	-无菌外科肠线、类似的无菌缝合材料(包括外科或牙科用无菌可吸收缝线)及外伤创口闭合用的无菌黏合胶布;无菌昆布及无菌昆布塞条;外科或牙科用无菌吸收性止血材料;外科或牙科用无菌抗粘连阻隔材料,不论是否可吸收	千克
	3006.2000	-血型试剂	千克
	3006.3000	-X光检查造影剂;用于病人的诊断试剂	千克
	3006.4000	-牙科粘固剂及其他牙科填料;骨骼粘固剂	千克
	3006.5000	-急救药箱、药包	千克
		-以激素、品目29.37的其他产品或杀精子剂为基本成分的化学避孕药物:	
	3006.6010	---以激素为基本成分的避孕药	千克
	3006.6090	---以品目29.37的其他产品或杀精子剂为基本成分的化学避孕药物	千克
	3006.7000	-专用于人类或作兽药用的凝胶制品,作为外科手术或体检时躯体部位的润滑剂,或者作为躯体和医疗器械之间的耦合剂	千克
		-其他:	
	3006.9100	--可确定用于造口术的用具	千克
	3006.9200	--废药物	千克

第三十一章　肥　　料

注释：

1. 本章不包括：

(1)品目 05.11 的动物血；

(2)单独的已有化学定义的化合物［符合下列注释 2(1)、3(1)、4(1)或 5 所规定的化合物除外］；

(3)品目 38.24 的每颗重量不低于 2.5 克的氯化钾培养晶体(光学元件除外)；氯化钾光学元件(品目 90.01)。

2. 品目 31.02 只适用于下列货品，但未制成品目 31.05 所述形状或包装：

(1)符合下列任何一条规定的货品：

①硝酸钠，不论是否纯净；

②硝酸铵，不论是否纯净；

③硫酸铵及硝酸铵的复盐，不论是否纯净；

④硫酸铵，不论是否纯净；

⑤硝酸钙及硝酸铵的复盐(不论是否纯净)或硝酸钙及硝酸铵的混合物；

⑥硝酸钙及硝酸镁的复盐(不论是否纯净)或硝酸钙及硝酸镁的混合物；

⑦氰氨化钙，不论是否纯净或用油处理；

⑧尿素，不论是否纯净。

(2)由上述(1)款任何货品互相混合的肥料。

(3)由氯化铵或上述(1)或(2)款任何货品与白垩、石膏或其他无肥效无机物混合而成的肥料。

(4)由上述(1)②或⑧项的货品或其混合物溶于水或液氨的液体肥料。

3. 品目 31.03 只适用于下列货品，但未制成品目 31.05 所述形状或包装：

(1)符合下列任何一条规定的货品：

①碱性熔渣；

②品目 25.10 的天然磷酸盐，已焙烧或经过超出清除杂质范围的热处理；

③过磷酸钙(一过磷酸钙、二过磷酸钙或三过磷酸钙)；

④磷酸氢钙，按干燥无水产品重量计含氟量不低于 0.2%。

(2)由上述(1)款的任何货品互相混合的肥料，不论含氟量多少。

(3)由上述(1)或(2)款的任何货品与白垩、石膏或其他无肥效无机物混合而成的肥料，不论含氟量多少。

4. 品目 31.04 只适用于下列货品，但未制成品目 31.05 所述形状或包装：

(1)符合下列任何一条规定的货品：

①天然粗钾盐(例如，光卤石、钾盐镁矾及钾盐)；

②氯化钾，不论是否纯净，但上述注释 1(3)所述的产品除外；

③硫酸钾,不论是否纯净;

④硫酸镁钾,不论是否纯净。

(2)由上述(1)款任何货品互相混合的肥料。

5. 磷酸二氢铵及磷酸氢二铵(不论是否纯净)及其相互之间的混合物应归入品目31.05。

6. 品目31.05所称“其他肥料”,仅适用于其基本成分至少含有氮、磷、钾中一种肥效元素的肥料用产品。

品目	商品编码	商品名称	计量单位
31.01		**动物或植物肥料,不论是否相互混合或经化学处理;动植物产品经混合或化学处理制成的肥料:**	
		---未经化学处理:	
	3101.0011	----未经化学处理的鸟粪	千克
	3101.0019	----其他未经化学处理的动物或植物肥料;动植物产品经混合制成的肥料	千克
	3101.0090	---经化学处理的动物或植物肥料;动植物产品经化学处理制成的肥料	千克
31.02		**矿物氮肥及化学氮肥:**	
	3102.1000	-尿素,不论是否水溶液	千克
		-硫酸铵;硫酸铵和硝酸铵的复盐及混合物:	
	3102.2100	--硫酸铵	千克
	3102.2900	--硫酸铵和硝酸铵的复盐及混合物	千克
	3102.3000	-硝酸铵,不论是否水溶液	千克
	3102.4000	-硝酸铵与碳酸钙或其他无肥效无机物的混合物	千克
	3102.5000	-硝酸钠	千克
	3102.6000	-硝酸钙和硝酸铵的复盐及混合物	千克
	3102.8000	-尿素及硝酸铵混合物的水溶液或氨水溶液	千克
		-其他:	
	3102.9010	---氰氨化钙	千克
	3102.9090	-其他矿物氮肥及化学氮肥,包括上述子目未列名的混合物	千克
31.03		**矿物磷肥及化学磷肥:**	
		-过磷酸钙:	
		--按重量计五氧化二磷(P_2O_5)含量在35%及以上:	
	3103.1110	---重过磷酸钙	千克
	3103.1190	---其他按重量计五氧化二磷(P_2O_5)含量在35%及以上的过磷酸钙	千克

品　目	商品编码	商　　品　　名　　称	计量单位
	3103.1900	--按重量计五氧化二磷（P_2O_5）含量在35%以下的过磷酸钙	千克
	3103.9000	-其他矿物磷肥及化学磷肥	千克
31.04		**矿物钾肥及化学钾肥：**	
		-氯化钾：	
	3104.2020	---纯氯化钾	千克
	3104.2090	---其他氯化钾	千克
	3104.3000	-硫酸钾	千克
		-其他：	
	3104.9010	---光卤石、钾盐及其他天然粗钾盐	千克
	3104.9090	---其他矿物钾肥及化学钾肥	千克
31.05		**含氮、磷、钾中两种或三种肥效元素的矿物肥料或化学肥料；其他肥料；制成片及类似形状或每包毛重不超过10千克的本章各项货品：**	
	3105.1000	-制成片及类似形状或每包毛重不超过10千克的本章各项货品	千克
	3105.2000	-含氮、磷、钾三种肥效元素的矿物肥料或化学肥料	千克
	3105.3000	-磷酸氢二铵	千克
	3105.4000	-磷酸二氢铵及磷酸二氢铵与磷酸氢二铵的混合物	千克
		-其他含氮、磷两种肥效元素的矿物肥料或化学肥料：	
	3105.5100	--含有硝酸盐及磷酸盐的矿物肥料或化学肥料	千克
	3105.5900	--其他含氮、磷两种肥效元素的矿物肥料或化学肥料	千克
	3105.6000	-含磷、钾两种肥效元素的矿物肥料或化学肥料	千克
		-其他：	
	3105.9010	---有机—无机复混肥料	千克
	3105.9090	---其他肥料	千克

第三十二章　鞣料浸膏及染料浸膏；鞣酸及其衍生物；染料、颜料及其他着色料；油漆及清漆；油灰及其他类似胶粘剂；墨水、油墨

注释：

1. 本章不包括：

(1)单独的已有化学定义的化学元素及化合物(品目 32.03 及 32.04 的货品、品目 32.06 的用做发光体的无机产品、品目 32.07 所述形状的熔融石英或其他熔融硅石制成的玻璃及品目 32.12 的零售形状或零售包装的染料及其他着色料除外)；

(2)品目 29.36 至 29.39,29.41 及 35.01 至 35.04 的鞣酸盐及其他鞣酸衍生物；

(3)沥青胶粘剂(品目 27.15)。

2. 品目 32.04 包括生产偶氮染料用的稳定重氮盐与耦合物的混合物。

3. 品目 32.03、32.04、32.05 及 32.06 也包括以着色料为基本成分的制品(例如,品目 32.06 包括以品目 25.30 或第二十八章的颜料,金属粉片及金属粉末为基本成分的制品)。该制品是用做原材料着色剂的拼料。但以上品目不包括分散在非水介质中呈液状或浆状的制漆用颜料,例如,品目 32.12 的瓷漆及品目 32.07、32.08、32.09、32.10、32.12、32.13 及 32.15 的其他制品。

4. 品目 32.08 包括由品目 39.01 至 39.13 所列产品溶于挥发性有机溶剂的溶液(胶棉除外),但溶剂重量必须超过溶液重量的 50%。

5. 本章所称"着色料",不包括作为油漆填料的产品,不论这些产品能否用于水浆涂料的着色。

6. 品目 32.12 所称"压印箔",只包括用以压印诸如书本封面或帽带之类的薄片,这些薄片由以下材料构成：

(1)金属粉(包括贵金属粉)或颜料经胶水、明胶及其他黏合剂凝结而成的；

(2)金属(包括贵金属)或颜料沉积于任何材料衬片上的。

品　目	商品编码	商　品　名　称	计量单位
32.01		**植物鞣料浸膏;鞣酸及其盐、醚、酯和其他衍生物:**	
	3201.1000	-坚木浸膏	千克
	3201.2000	-荆树皮浸膏	千克
		-其他:	
	3201.9010	---其他植物鞣料浸膏	千克
	3201.9090	---鞣酸及其盐、醚、酯和其他衍生物	千克
32.02		**有机合成鞣料;无机鞣料;鞣料制剂,不论是否含有天然鞣料;预鞣用酶制剂:**	
	3202.1000	-有机合成鞣料	千克

品　目	商品编码	商　品　名　称	计量单位
	3202.9000	-无机鞣料；鞣料制剂，不论是否含有天然鞣料；预鞣用酶制剂	千克
32.03		**动植物质着色料(包括染料浸膏，但动物炭黑除外)，不论是否已有化学定义；本章注释3所述的以动植物质着色料为基本成分的制品：**	
		---植物质着色料及以其为基本成分的制品：	
	3203.0011	----天然靛蓝及以其为基本成分的制品	千克
	3203.0019	----其他植物质着色料及以其为基本成分的制品	千克
	3203.0020	---动物质着色料及以其为基本成分的制品	千克
32.04		**有机合成着色料，不论是否已有化学定义；本章注释3所述的以有机合成着色料为基本成分的制品；用做荧光增白剂或发光体的有机合成产品，不论是否已有化学定义：**	
		-有机合成着色料及本章注释3所述的以有机合成着色料为基本成分的制品：	
	3204.1100	--分散染料及以其为基本成分的制品	千克
	3204.1200	--酸性染料(不论是否预金属络合)及以其为基本成分的制品；媒染染料及以其为基本成分的制品	千克
	3204.1300	--碱性染料及以其为基本成分的制品	千克
	3204.1400	--直接染料及以其为基本成分的制品	千克
		--瓮染染料(即还原染料)(包括颜料用的)及以其为基本成分的制品：	
	3204.1510	---合成靛蓝(还原靛蓝)	千克
	3204.1590	---其他瓮染染料(包括颜料用的)及以其为基本成分的制品	千克
	3204.1600	--活性染料及以其为基本成分的制品	千克
	3204.1700	--颜料及以其为基本成分的制品	千克
		--其他，包括由子目3204.11至3204.19中两个或多个子目所列着色料组成的混合物：	
		---硫化染料及以其为基本成分的制品：	
	3204.1911	----硫化黑(硫化青)及以其为基本成分的制品	千克
	3204.1919	----其他硫化染料及以其为基本成分的制品	千克
	3204.1990	---其他未列名有机合成着色料及以其为基本成分的制品	千克
	3204.2000	-用做荧光增白剂的有机合成产品	千克
		-其他：	
	3204.9010	---有机合成的生物染色剂及染料指示剂	千克

品目	商品编码	商品名称	计量单位
	3204.9020	---有机合成的胡萝卜素及类胡萝卜素	千克
	3204.9090	---其他用做发光体的有机合成产品	千克
32.05		**色淀;本章注释3所述的以色淀为基本成分的制品:**	
	3205.0000	色淀;本章注释3所述的以色淀为基本成分的制品	千克
32.06		**其他着色料;本章注释3所述的制品,但品目32.03、32.04及32.05的货品除外;用做发光体的无机产品,不论是否已有化学定义:**	
		-以二氧化钛为基本成分的颜料及制品:	
		--以干物质计二氧化钛含量在80%及以上的:	
	3206.1110	---钛白粉	千克
	3206.1190	---其他以干物质计二氧化钛含量在80%及以上的颜料及制品	千克
	3206.1900	--其他以二氧化钛为基本成分的颜料及制品	千克
	3206.2000	-以铬化合物为基本成分的颜料及制品	千克
		-其他着色料及其他制品:	
	3206.4100	--群青及以其为基本成分的制品	千克
		--锌钡白及以硫化锌为基本成分的其他颜料和制品:	
	3206.4210	---锌钡白(立德粉)	千克
	3206.4290	---其他以硫化锌为基本成分的颜料及制品	千克
		--其他:	
		---以铋化合物为基本成分的颜料及制品:	
	3206.4911	----以钒酸铋为基本成分的颜料及制品	千克
	3206.4919	----其他以铋化合物为基本成分的颜料及制品	千克
	3206.4990	---未列名着色料及其他制品	千克
	3206.5000	-用做发光体的无机产品,不论是否已有化学定义	千克
32.07		**陶瓷、搪瓷及玻璃工业用的调制颜料、遮光剂、着色剂、珐琅和釉料、釉底料(泥釉)、光瓷釉以及类似产品;搪瓷玻璃料及其他玻璃,呈粉、粒或粉片状的:**	
	3207.1000	-陶瓷、搪瓷及玻璃工业用的调制颜料、遮光剂、着色剂及类似制品	千克
	3207.2000	-珐琅和釉料、釉底料(泥釉)及类似制品	千克
	3207.3000	-光瓷釉及类似制品	千克
	3207.4000	-搪瓷玻璃料及其他玻璃,呈粉、粒或粉片状的	千克

品　目	商品编码	商　品　名　称	计量单位
32.08		**以合成聚合物或化学改性天然聚合物为基本成分的油漆及清漆(包括瓷漆及大漆),分散于或溶于非水介质的;本章注释4所述的溶液:**	
	3208.1000	-以聚酯为基本成分的油漆及清漆(包括瓷漆及大漆),分散于或溶于非水介质	千克
		-以丙烯酸聚合物或乙烯聚合物为基本成分:	
	3208.2010	---以丙烯酸聚合物为基本成分的油漆及清漆(包括瓷漆及大漆),分散于或溶于非水介质	千克
	3208.2020	---以乙烯聚合物为基本成分的油漆及清漆(包括瓷漆及大漆),分散于或溶于非水介质	千克
		-其他以合成聚合物或化学改性天然聚合物为基本成分:	
	3208.9010	---以聚氨酯类化合物为基本成分的油漆及清漆(包括瓷漆及大漆),分散于或溶于非水介质的,本章注释4所述的溶液	千克
	3208.9090	---其他以合成聚合物或化学改性天然聚合物为基本成分的油漆及清漆(包括瓷漆及大漆),分散于或溶于非水介质的;本章注释4所述的溶液	千克
32.09		**以合成聚合物或化学改性天然聚合物为基本成分的油漆及清漆(包括瓷漆及大漆),分散于或溶于水介质的:**	
	3209.1000	-以丙烯酸聚合物或乙烯聚合物为基本成分的油漆及清漆(包括瓷漆及大漆),分散于或溶于水介质	千克
		-其他:	
	3209.9010	---以环氧树脂为基本成分的油漆及清漆(包括瓷漆及大漆),分散于或溶于水介质	千克
	3209.9020	---以氟树脂为基本成分的油漆及清漆(包括瓷漆及大漆),分散于或溶于水介质	千克
	3209.9090	---以未列名合成聚合物或化学改性天然聚合物为基本成分的油漆及清漆(包括瓷漆及大漆),分散于或溶于水介质	千克
32.10		**其他油漆及清漆(包括瓷漆、大漆及水浆涂料);加工皮革用的水性颜料:**	
	3210.0000	其他油漆及清漆(包括瓷漆、大漆及水浆涂料);加工皮革用的水性颜料	千克
32.11		**配制的催干剂:**	
	3211.0000	配制的催干剂	千克

品目	商品编码	商品名称	计量单位
32.12		**制造油漆(含瓷漆)用的颜料(包括金属粉末或金属料片),分散于非水介质中呈液状、浆状的;压印箔;零售形状及零售包装的染料或其他着色料:**	
	3212.1000	-压印箔	千克
	3212.9000	-制造油漆(含瓷漆)用的颜料;零售形状及零售包装的染料或其他着色料	千克
32.13		**艺术家、学生和广告美工用的颜料、调色料、文娱颜料及类似品,片状、管装、罐装、瓶装、扁盒装以及类似形状或包装的:**	
	3213.1000	-成套的颜料	千克
	3213.9000	-其他颜料、调色料、文娱颜料及类似品	千克
32.14		**安装玻璃用油灰、接缝用油灰、树脂胶泥、嵌缝胶及其他类似胶粘剂;漆工用填料;非耐火涂面制剂,涂门面、内墙、地板、天花板等用:**	
		-安装玻璃用油灰、接缝用油灰、树脂胶泥、嵌缝胶及其他类似胶粘剂;漆工用填料:	
	3214.1010	---封装半导体器件用树脂胶及类似胶粘剂	千克
	3214.1090	---其他安装玻璃用油灰、接缝用油灰、树脂胶泥、嵌缝胶及类似胶粘剂;漆工用填料	千克
	3214.9000	-非耐火涂面制剂,涂门面、内墙、地板、天花板等用	千克
32.15		**印刷油墨、书写或绘图墨水及其他墨类,不论是否固体或浓缩:**	
		-印刷油墨:	
	3215.1100	--黑色印刷油墨	千克
	3215.1900	--其他印刷油墨	千克
		-其他:	
	3215.9010	---书写墨水	千克
	3215.9020	---水性喷墨墨水	千克
	3215.9090	---其他绘图墨水及其他墨类	千克

第三十三章　精油及香膏；芳香料制品及化妆盥洗品

注释：

1. 本章不包括：
   (1)品目 13.01 及 13.02 的天然油树脂及植物浸膏；
   (2)品目 34.01 的肥皂及其他产品；
   (3)品目 38.05 的脂松节油、木松节油和硫酸盐松节油及其他产品。
2. 品目 33.02 所称"香料"仅指品目 33.01 的物质、从这些物质离析出来的香料组分及合成芳香剂。
3. 品目 33.03 至 33.07 主要包括适合作这些品目所列用途的零售包装产品，不论其是否混合（精油水馏液及水溶液除外）。
4. 品目 33.07 所称"芳香料制品及化妆盥洗品"，主要适用于下列产品：香袋，通过燃烧散发香气的制品，香纸及用化妆品浸渍或涂布的纸，隐形眼镜片或假眼用的溶液，用香水或化妆品浸渍、涂布、包覆的絮胎、毡呢及无纺织物，动物用盥洗品。

品　目	商品编码	商　品　名　称	计量单位
33.01		**精油（无萜或含萜），包括浸膏及净油；香膏；提取的油树脂；用花香吸取法或浸渍法制成的含浓缩精油的脂肪、固定油、蜡及类似品；精油脱萜时所得的萜烯副产品；精油水馏液及水溶液：**	
		-柑橘属果实的精油：	
	3301.1200	--橙油	千克
	3301.1300	--柠檬油	千克
		--其他：	
	3301.1910	---白柠檬油（酸橙油）	千克
	3301.1990	---未列名柑橘属果实精油	千克
		-非柑橘属果实的精油：	
	3301.2400	--胡椒薄荷油	千克
	3301.2500	--其他薄荷油	千克
		--其他：	
	3301.2910	---樟脑油	千克
	3301.2920	---香茅油	千克
	3301.2930	---茴香油	千克
	3301.2940	---桂油	千克
	3301.2950	---山苍子油	千克

品 目	商品编码	商 品 名 称	计量单位
	3301.2960	---桉叶油	千克
		---其他:	
	3301.2991	----老鹳草油(香叶油)	千克
	3301.2999	----未列名非柑橘属果实精油	千克
		-香膏:	
	3301.3010	---鸢尾凝脂	千克
	3301.3090	---其他香膏	千克
		-其他:	
	3301.9010	---提取的油树脂	千克
	3301.9020	---柑橘属果实的精油脱萜的萜烯副产品	千克
	3301.9090	---用花香吸取法或浸渍法制成的含浓缩精油的脂肪、固定油、蜡及类似品;其他精油脱萜时所得的萜烯副产品;精油水馏液及水溶液	千克
33.02		**工业原料用的混合香料以及以一种或多种香料为基本成分的混合物(包括酒精溶液);生产饮料用的以香料为基本成分的其他制品:**	
		-食品或饮料工业用:	
	3302.1010	---生产饮料用的以香料为基本成分的制品,按容量计酒精浓度不超过0.5%的	千克
	3302.1090	---其他食品或饮料工业用的混合香料以及以一种或多种香料为基本成分的混合物	千克
	3302.9000	-其他工业用的混合香料以及以一种或多种香料为基本成分的混合物	千克
33.03		**香水及花露水:**	
	3303.0000	香水及花露水	千克/件
33.04		**美容品或化妆品及护肤品(药品除外),包括防晒油或晒黑油;指(趾)甲化妆品:**	
	3304.1000	-唇用化妆品	千克/件
	3304.2000	-眼用化妆品	千克/件
	3304.3000	-指(趾)甲化妆品	千克/件
		-其他:	
	3304.9100	--粉,不论是否压紧	千克/件
	3304.9900	--其他美容品或化妆品及护肤品	千克/件
33.05		**护发品:**	
	3305.1000	-洗发剂(香波)	千克
	3305.2000	-烫发剂	千克

品目	商品编码	商品名称	计量单位
	3305.3000	-定型剂	千克
	3305.9000	-其他护发品	千克
33.06		**口腔及牙齿清洁剂，包括假牙模膏及粉；清洁牙缝用的纱线（牙线），单独零售包装的：**	
		-洁齿品：	
	3306.1010	---牙膏	千克
	3306.1090	---其他洁齿品	千克
	3306.2000	-清洁牙缝用的纱线（牙线），单独零售包装的	千克
		-其他：	
	3306.9010	---漱口剂	千克
	3306.9090	---其他口腔清洁剂，包括假牙磨膏及粉	千克
33.07		**剃须用制剂、人体除臭剂、沐浴用制剂、脱毛剂和其他品目未列名的芳香料制品及化妆盥洗品；室内除臭剂，不论是否加香水或消毒剂：**	
	3307.1000	-剃须用制剂	千克
	3307.2000	-人体除臭剂及止汗剂	千克
	3307.3000	-香浴盐及其他沐浴用制剂	千克
		-室内散香或除臭制品，包括宗教仪式用的香：	
	3307.4100	--神香及其他室内通过燃烧散发香气的制品	千克
	3307.4900	--室内除臭制品	千克
	3307.9000	-脱毛剂和未列名的芳香料制品及化妆盥洗品	千克

第三十四章 肥皂、有机表面活性剂、洗涤剂、润滑剂、人造蜡、调制蜡、光洁剂、蜡烛及类似品、塑型用膏、“牙科用蜡”及牙科用熟石膏制剂

注释：

1. 本章不包括：

(1)用做脱模剂的食用动植物油、脂混合物或制品(品目15.17)；

(2)单独的已有化学定义的化合物；

(3)含肥皂或其他有机表面活性剂的洗发剂、洁齿品、剃须膏及沐浴用制剂(品目33.05、33.06及33.07)。

2. 品目34.01所称“肥皂”，只适用于水溶性肥皂。品目34.01的肥皂及其他产品可以含有添加料(例如，消毒剂、磨料粉、填料或药料)。含磨料粉的产品，只有条状、块状或模制形状可以归入品目34.01。其他形状的应作为“去污粉及类似品”归入品目34.05。

3. 品目34.02所称“有机表面活性剂”，是指温度在20℃时与水混合配成0.5%浓度的水溶液，并在同样温度下搁置1小时后与下列规定相符的产品：

(1)成为透明或半透明的液体或稳定的乳浊液而未离析出不溶解物质；

(2)将水的表面张力降低到每厘米45达因及以下。

4. 品目34.03所称“石油及从沥青矿物提取的油类”，适用于第二十七章注释2所规定的产品。

5. 品目34.04所称“人造蜡及调制蜡”，仅适用于：

(1)用化学方法生产的具有蜡质特性的有机产品，不论是否为水溶性的；

(2)各种蜡混合制成的产品；

(3)以一种或几种蜡为基本原料并含有油脂、树脂、矿物质或其他原料的具有蜡质特性的产品。

本品目不包括：

(1)品目15.16、38.23或34.02的产品，不论是否具有蜡质特性；

(2)品目15.21的未混合的动物蜡或未混合的植物蜡，不论是否精制或着色；

(3)品目27.12的矿物蜡或类似产品，不论是否相互混合或仅经着色；

(4)混合、分散或溶解于液体溶剂的蜡(品目34.05、38.09等)。

品　目	商品编码	商　品　名　称	计量单位
34.01		肥皂；作肥皂用的有机表面活性产品及制品，条状、块状或模制形状的，不论是否含有肥皂；洁肤用的有机表面活性产品及制品，液状或膏状并制成零售包装的，不论是否含有肥皂；用肥皂或洗涤剂浸渍、涂面或包覆的纸、絮胎、毡呢及无纺织物：	

品　目	商品编码	商　品　名　称	计量单位
		-肥皂及有机表面活性产品及制品,条状、块状或模制形状的,以及用肥皂或洗涤剂浸渍、涂面或包覆的纸、絮胎、毡呢及无纺织物:	
	3401.1100	--盥洗用条状、块状或模制形状的肥皂及有机表面活性产品及制品(包括含有药物的产品)以及用肥皂或洗涤剂浸渍、涂面或包覆的纸、絮胎、毡呢及无纺织物	千克
		--其他:	
	3401.1910	---洗衣皂(条状、块状或模制形状)	千克
	3401.1990	---其他条状、块状或模制形状的肥皂及有机表面活性产品及制品(包括含有药物的产品)以及用肥皂或洗涤剂浸渍、涂面或包覆的纸、絮胎、毡呢及无纺织物(洗衣皂除外)	千克
	3401.2000	-其他形状的肥皂	千克
	3401.3000	-洁肤用的有机表面活性产品及制品,液状或膏状并制成零售包装的,不论是否含有肥皂	千克
34.02		**有机表面活性剂(肥皂除外);表面活性剂制品、洗涤剂(包括助洗剂)及清洁剂,不论是否含有肥皂,但品目34.01的产品除外:**	
		-有机表面活性剂,不论是否零售包装:	
	3402.1100	--阴离子型有机表面活性剂	千克
	3402.1200	--阳离子型有机表面活性剂	千克
	3402.1300	--非离子型有机表面活性剂	千克
	3402.1900	--其他有机表面活性剂	千克
		-零售包装的制品:	
	3402.2010	---零售包装的合成洗涤粉	千克
	3402.2090	---其他零售包装的表面活性剂制品、洗涤剂(包括助洗剂)及清洁剂	千克
	3402.9000	-未列名表面活性剂制品、洗涤剂(包括助洗剂)及清洁剂	千克
34.03		**润滑剂(包括以润滑剂为基本成分的切削油制剂、螺栓或螺母松开剂、防锈或防腐蚀制剂及脱模剂)及用于纺织材料、皮革、毛皮或其他材料油脂处理的制剂,但不包括以石油或从沥青矿物提取的油类为基本成分(按重量计不低于70%)的制剂:**	
		-含有石油或从沥青矿物提取的油类:	

品目	商品编码	商品名称	计量单位
	3403.1100	--含有石油或从沥青矿物提取的油类(按重量计低于70%)处理纺织材料、皮革、毛皮或其他材料的制剂	千克
	3403.1900	--含有石油或从沥青矿物提取的油类(按重量计低于70%)润滑剂	千克
		-其他：	
	3403.9100	--不含石油或从沥青矿物提取油类的处理纺织材料、皮革、毛皮或其他材料的制剂	千克
	3403.9900	--不含石油或从沥青矿物提取油类的润滑剂	千克
34.04		**人造蜡及调制蜡：**	
	3404.2000	-聚氧乙烯(聚乙二醇)蜡	千克
	3404.9000	-其他人造蜡及调制蜡	千克
34.05		**鞋靴、家具、地板、车身、玻璃或金属用的光洁剂、擦洗膏、去污粉及类似制品(包括经这类制剂浸渍、涂面或包覆的纸、絮胎、毡呢、无纺织物、泡沫塑料或海绵橡胶)，但不包括品目34.04的蜡：**	
	3405.1000	-鞋靴或皮革用的上光剂及类似制品	千克
	3405.2000	-保养木制家具、地板或其他木制品用的上光剂及类似制品	千克
	3405.3000	-车身用的上光剂及类似制品，金属用的光洁剂除外	千克
	3405.4000	-擦洗膏、去污粉及类似制品	千克
	3405.9000	-玻璃或金属用的光洁剂及类似制品	千克
34.06		**各种蜡烛及类似品：**	
	3406.0000	各种蜡烛及类似品	千克
34.07		**塑型用膏，包括供儿童娱乐用的在内；通称为“牙科用蜡”或“牙科造形膏”的制品，成套、零售包装或制成片状、马蹄形、条状及类似形状的；以熟石膏(煅石膏或硫酸钙)为基本成分的牙科用其他制品：**	
	3407.0010	---成套、零售包装或制成片状、马蹄形、条状及类似形状的牙科用蜡及造型膏	千克
	3407.0020	---以熟石膏为基本成分的牙科用其他制品	千克
	3407.0090	---其他塑型用膏	千克

第三十五章　蛋白类物质；改性淀粉；胶；酶

注释：

1. 本章不包括：

(1)酵母(品目 21.02)；

(2)第三十章的血份(非治病、防病用的血清白蛋白除外)、药品及其他产品；

(3)预鞣用酶制剂(品目 32.02)；

(4)第三十四章的加酶的浸透剂、洗涤剂及其他产品；

(5)硬化蛋白(品目 39.13)；

(6)印刷工业用的明胶产品(第四十九章)。

2. 品目 35.05 所称“糊精”，是指淀粉的降解产品，其还原糖含量以右旋糖的干重量计不超过 10%。

如果还原糖含量超过 10%，应归入品目 17.02。

品目	商品编码	商品名称	计量单位
35.01		**酪蛋白、酪蛋白酸盐及其他酪蛋白衍生物；酪蛋白胶：**	
	3501.1000	-酪蛋白	千克
	3501.9000	-酪蛋白酸盐及其他酪蛋白衍生物；酪蛋白胶	千克
35.02		**白蛋白(包括按重量计干质成分的乳清蛋白含量超过80%的两种或两种以上的乳清蛋白浓缩物)、白蛋白盐及其他白蛋白衍生物：**	
		-卵清蛋白：	
	3502.1100	--干的卵清蛋白	千克
	3502.1900	--其他卵清蛋白	千克
	3502.2000	-乳白蛋白，包括两种或两种以上的乳清蛋白浓缩物	千克
	3502.9000	-其他白蛋白，白蛋白盐及其他白蛋白衍生物	千克
35.03		**明胶(包括长方形、正方形明胶薄片，不论是否表面加工或着色)及其衍生物；鱼胶；其他动物胶，但不包括品目35.01的酪蛋白胶：**	
	3503.0010	---明胶及其衍生物	千克
	3503.0090	---鱼胶；其他动物胶	千克
35.04		**蛋白胨及其衍生物；其他处未列名的蛋白质及其衍生物；皮粉，不论是否加入铬矾：**	
	3504.0010	---蛋白胨	千克
	3504.0090	---蛋白胨衍生物；未列名的蛋白质及其衍生物；皮粉	千克

品　目	商品编码	商　品　名　称	计量单位
35.05		**糊精及其他改性淀粉(例如,预凝化淀粉或酯化淀粉);以淀粉、糊精或其他改性淀粉为基本成分的胶:**	
	3505.1000	-糊精及其他改性淀粉	千克
	3505.2000	-以淀粉、糊精或其他改性淀粉为基本成分的胶	千克
35.06		**其他处未列名的调制胶及其他调制黏合剂;适于作胶或黏合剂用的产品,零售包装每件净重不超过1千克:**	
	3506.1000	-适于作胶或黏合剂用的产品,零售包装每件净重不超过1千克	千克
		-其他:	
		--以橡胶或品目39.01至39.13的聚合物为基本成分的黏合剂:	
	3506.9110	---以聚酰胺为基本成分的黏合剂	千克
	3506.9120	---以环氧树脂为基本成分的黏合剂	千克
	3506.9190	---其他以橡胶或品目39.01至39.13的聚合物为基本成分的黏合剂	千克
	3506.9900	--未列名的调制胶及其他调制黏合剂	千克
35.07		**酶;其他处未列名的酶制品:**	
	3507.1000	-粗制凝乳酶及其浓缩物	千克
		-其他:	
	3507.9010	---碱性蛋白酶	千克
	3507.9020	---碱性脂肪酶	千克
	3507.9090	---其他酶;未列名的酶制品	千克

第三十六章 炸药；烟火制品；火柴；引火合金；易燃材料制品

注释：

1. 本章不包括单独的已有化学定义的化合物，但下列注释 2(1)、(2) 所述物品除外。
2. 品目 36.06 所称“易燃材料制品”，只适用于：
   (1) 聚乙醛、六甲撑四胺及类似物质，已制成片、棒或类似形状作燃料用的；以酒精为基本成分的固体或半固体燃料及类似的配制燃料；
   (2) 直接灌注香烟打火机及类似打火器用的液体燃料或液化气体燃料，其包装容器的容积不超过 300 立方厘米；
   (3) 树脂火炬、引火物及类似品。

品 目	商品编码	商 品 名 称	计量单位
36.01		**发射药：**	
	3601.0000	发射药	千克
36.02		**配制炸药，但发射药除外：**	
	3602.0010	---硝铵炸药	千克
	3602.0090	---其他配制炸药	千克
36.03		**安全导火索；导爆索；火帽或雷管；引爆器；电雷管：**	
	3603.0000	安全导火索；导爆索；火帽或雷管；引爆器；电雷管	千克
36.04		**烟花、爆竹、信号弹、降雨火箭、浓雾信号弹及其他烟火制品：**	
	3604.1000	-烟花、爆竹	千克
	3604.9000	-信号弹、降雨火箭、浓雾信号弹及其他烟火制品	千克
36.05		**火柴，但品目 36.04 的烟火制品除外：**	
	3605.0000	火柴，但品目 36.04 的烟火制品除外	千克
36.06		**各种形状的铈铁及其他引火合金；本章注释 2 所述的易燃材料制品：**	
	3606.1000	-直接灌注香烟打火机及类似打火器用的液体燃料或液化气体燃料，其包装容器的容积不超过 300 立方厘米	千克
		-其他：	
		---铈铁及其他引火合金：	
	3606.9011	----已切成形可直接使用的铈铁及其他引火合金	千克
	3606.9019	----未切成形不可直接使用的铈铁及其他引火合金	千克
	3606.9090	---其他易燃材料制品	千克

第三十七章 照相及电影用品

注释：

1. 本章不包括废碎料。
2. 本章所称"摄影"，是指光或其他射线作用于感光面上直接或间接形成可见影像的过程。

品 目	商品编码	商 品 名 称	计量单位
37.01		**未曝光的摄影感光硬片及平面软片，用纸、纸板及纺织物以外任何材料制成；未曝光的一次成像感光平面软片，不论是否分装：**	
	3701.1000	-X 光用未曝光的摄影感光硬片及平面软片	千克/平方米
	3701.2000	-一次成像软片	千克
		-其他硬片及软片，任何一边超过 255 毫米：	
		---照相制版用未曝光的硬片及软片，任何一边超过 255 毫米：	
	3701.3021	----激光照排片，任何一边超过 255 毫米	千克/平方米
	3701.3022	----PS 版，任何一边超过 255 毫米	千克/平方米
	3701.3024	----CTP 版，任何一边超过 255 毫米	千克/平方米
	3701.3025	----柔性印刷版，任何一边超过 255 毫米	千克/平方米
	3701.3029	----其他照相制版用未曝光的硬片及软片，任何一边超过 255 毫米	千克/平方米
	3701.3090	---其他未曝光的硬片及软片，任何一边超过 255 毫米	千克/平方米
		-其他：	
	3701.9100	--未曝光的彩色摄影用硬片及软片	千克
		--其他：	
	3701.9920	---照相制版用未曝光的其他硬片及软片	千克/平方米
	3701.9990	---未列名未曝光的硬片及软片	千克/平方米
37.02		**成卷的未曝光摄影感光胶片，用纸、纸板及纺织物以外任何材料制成；成卷的未曝光一次成像感光胶片：**	
	3702.1000	-X 光用成卷的未曝光感光胶片	千克/平方米
		-无齿孔的其他卷片，宽度不超过 105 毫米：	
		--彩色摄影用：	
	3702.3110	---未曝光的彩色摄影用无齿孔一次成像卷片，宽度不超过 105 毫米	千克/平方米

品　目	商品编码	商　品　名　称	计量单位
	3702.3190	---其他未曝光的彩色摄影用无齿孔卷片,宽度不超过105 毫米	千克/平方米
		--其他涂卤化银乳液的:	
	3702.3210	---未曝光的涂卤化银乳液的无齿孔一次成像卷片,宽度不超过 105 毫米	千克/平方米
	3702.3220	---照相制版用未曝光的涂卤化银乳液的无齿孔卷片,宽度不超过 105 毫米	千克/平方米
	3702.3290	---其他未曝光的涂卤化银乳液的无齿孔卷片,宽度不超过 105 毫米	千克/平方米
		--其他:	
	3702.3920	---其他照相制版用未曝光的无齿孔卷片,宽度不超过105 毫米	千克/平方米
	3702.3990	---未列名未曝光的无齿孔卷片,宽度不超过 105 毫米	千克/平方米
		-无齿孔的其他卷片,宽度超过 105 毫米:	
	3702.4100	--未曝光的彩色摄影用无齿孔卷片,宽度超过 610 毫米,长度超过 200 米	千克/平方米
		--非彩色摄影用,宽度超过 610 毫米,长度超过 200 米:	
		---照相制版用:	
	3702.4221	----印刷电路板制造用光致抗蚀干膜,宽度超过 610 毫米,长度超过 200 米	千克/平方米
	3702.4229	----其他照相制版用未曝光的非彩色摄影用无齿孔卷片,宽度超过 610 毫米,长度超过 200 米	千克/平方米
		---其他未曝光非彩色摄影用无齿孔卷片:	
	3702.4292	----未曝光红色或红外激光胶片,宽度超过 610 毫米,长度超过 200 米	千克/平方米
	3702.4299	----未列名未曝光非彩色摄影用无齿孔卷片,宽度超过 610 毫米,长度超过 200 米	千克/平方米
		--宽度超过 610 毫米,长度不超过 200 米:	
		---照相制版用未曝光的其他无齿孔卷片,宽度超过 610 毫米,长度不超过 200 米:	
	3702.4321	----激光照排片,宽度超过 610 毫米,长度不超过 200 米	千克/平方米
	3702.4329	----其他照相制版用未曝光的无齿孔卷片,宽度超过 610 毫米,长度不超过 200 米	千克/平方米
	3702.4390	---未列名未曝光的无齿孔卷片,宽度超过 610 毫米,长度不超过 200 米	千克/平方米

品目	商品编码	商品名称	计量单位
		--宽度超过105毫米,但不超过610毫米:	
		---照相制版用未曝光的其他无齿孔卷片,宽度超过105毫米,但不超过610毫米:	
	3702.4421	----激光照排片,宽度超过105毫米,但不超过610毫米	千克/平方米
	3702.4422	----印刷电路板制造用光致抗蚀干膜,宽度超过105毫米,但不超过610毫米	千克/平方米
	3702.4429	----其他照相制版用未曝光的其他无齿孔卷片,宽度超过105毫米,但不超过610毫米	千克/平方米
	3702.4490	---未列名未曝光的无齿孔卷片,宽度超过105毫米,但不超过610毫米	千克/平方米
		-彩色摄影用的其他卷片:	
	3702.5200	--未曝光的彩色摄影用卷片,宽度不超过16毫米	千克/平方米
	3702.5300	--未曝光的幻灯片用彩色摄影卷片,宽度超过16毫米,但不超过35毫米,长度不超过30米	千克/平方米
		--未曝光的非幻灯片用彩色摄影卷片,宽度超过16毫米,但不超过35毫米,长度不超过30米:	
	3702.5410	---未曝光的非幻灯片用彩色摄影卷片,宽度为35毫米,长度不超过2米	千克/平方米
	3702.5490	---其他未曝光的非幻灯片用彩色摄影卷片,宽度超过16毫米,但不超过35毫米,长度不超过30米	千克/平方米
		--宽度超过16毫米,但不超过35毫米,长度超过30米:	
	3702.5520	---未曝光的彩色电影卷片,宽度超过16毫米,但不超过35毫米,长度超过30米	千克/平方米
	3702.5590	---其他未曝光的彩色摄影用卷片,宽度超过16毫米,但不超过35毫米,长度超过30米	千克/平方米
		--宽度超过35毫米:	
	3702.5620	---未曝光的彩色电影卷片,宽度超过35毫米	千克/平方米
	3702.5690	---其他未曝光的彩色摄影用卷片,宽度超过35毫米	千克/平方米
		-其他:	
	3702.9600	--其他未曝光的卷片,宽度不超过35毫米,长度不超过30米	千克/平方米
	3702.9700	--其他未曝光的卷片,宽度不超过35毫米,长度超过30米	千克/平方米
	3702.9800	--其他未曝光的卷片,宽度超过35毫米	千克/平方米

品目	商品编码	商 品 名 称	计量单位
37.03		**未曝光的摄影感光纸、纸板及纺织物：**	
		-成卷，宽度超过610毫米：	
	3703.1010	---未曝光成卷的摄影感光纸及纸板，宽度超过610毫米	千克
	3703.1090	---未曝光成卷的摄影感光纺织物，宽度超过610毫米	千克
		-其他，彩色摄影用：	
	3703.2010	---其他未曝光的彩色摄影用感光纸及纸板	千克
	3703.2090	---其他未曝光的彩色摄影用感光纺织物	千克
		-其他：	
	3703.9010	---其他未曝光的非彩色摄影用感光纸及纸板	千克
	3703.9090	---其他未曝光的非彩色摄影用感光纺织物	千克
37.04		**已曝光未冲洗的摄影硬片、软片、纸、纸板及纺织物：**	
	3704.0010	---已曝光未冲洗的电影胶片	千克
	3704.0090	---其他已曝光未冲洗的摄影硬片、软片、纸、纸板及纺织物	千克
37.05		**已曝光已冲洗的摄影硬片及软片，但电影胶片除外：**	
	3705.0010	---已曝光已冲洗的教学专用幻灯片	千克
		---缩微胶片：	
	3705.0021	----已曝光已冲洗的书籍、报刊缩微胶片	千克
	3705.0029	----其他已曝光已冲洗的缩微胶片	千克
	3705.0090	---其他已曝光已冲洗的摄影硬片及软片，但电影胶片除外	千克
37.06		**已曝光已冲洗的电影胶片，不论是否配有声道或仅有声道：**	
		-宽度在35毫米及以上：	
	3706.1010	---教学专用已曝光已冲洗的电影胶片，宽度在35毫米及以上	千克/米
	3706.1090	---其他已曝光已冲洗的电影胶片，宽度在35毫米及以上	千克/米
		-其他：	
	3706.9010	---教学专用已曝光已冲洗的电影胶片，宽度在35毫米以下	千克/米
	3706.9090	---其他已曝光已冲洗的电影胶片，宽度在35毫米以下	千克/米
37.07		**摄影用化学制剂（不包括上光漆、胶水、黏合剂及类似制剂）；摄影用未混合产品，定量包装或零售包装可立即使用的：**	
	3707.1000	-感光乳液	千克
		-其他：	

品　目	商品编码	商　品　名　称	计量单位
	3707.9010	－－－冲洗照相胶卷及相片用化学制剂	千克
	3707.9020	－－－复印机用化学制剂	千克
	3707.9090	－－－其他摄影用化学制剂；摄影用未混合产品	千克

第三十八章　杂项化学产品

注释：

1. 本章不包括：

(1)单独的已有化学定义的元素及化合物，但下列各项除外：

①人造石墨(品目38.01)；

②制成品目38.08所述的形状或包装的杀虫剂、杀鼠剂、杀菌剂、除草剂、抗萌剂、植物生长调节剂、消毒剂及类似产品；

③灭火器的装配药及已装药的灭火弹(品目38.13)；

④下列注释2所规定的检定参照物；

⑤下列注释3(1)及3(3)所规定的产品。

(2)配制食品用的与食物或其他营养物质混合的化学品(一般归入品目21.06)。

(3)符合第二十六章注释3(1)或3(2)的规定，含有金属、砷或其混合物的矿渣、矿灰和残渣(包括淤渣，但下水道淤泥除外)(品目26.20)。

(4)药品(品目30.03及30.04)。

(5)用于提取贱金属或生产贱金属化合物的废催化剂(品目26.20)，主要用于回收贵金属的废催化剂(品目71.12)，或某种形态(例如，精细粉末或纱网纱)的金属或金属合金催化剂(第十四类或第十五类)。

2. (1)品目38.22所称的"检定参照物"，是指附有证书的参照物，该证书标明了参照物属性的指标、确定这些指标的方法以及与每一指标相关的确定度，这些参照物适用于分析、校准和比较；

(2)除第二十八章和二十九章的产品外，检定参照物在本目录中应优先归入品目38.22。

3. 品目38.24包括不归入本目录其他品目的下列货品：

(1)每颗重量不小于2.5克的氧化镁、碱金属或碱土金属卤化物制成的培养晶体(光学元件除外)；

(2)杂醇油；骨焦油；

(3)零售包装的除墨剂；

(4)零售包装的蜡纸改正液、其他改正液及改正带(品目96.12的产品除外)；以及

(5)可熔性陶瓷测温器(例如，塞格测温锥)。

4. 本目录所称"城市垃圾"，是指从家庭、宾馆、餐馆、医院、商店、办公室等收集来的废物、马路和人行道的垃圾以及建筑垃圾或废墟废物。城市垃圾通常含有大量各种各样的材料，例如，塑料、橡胶、木材、纸张、纺织品、玻璃、金属、食物、破碎家具和其他已损坏或被丢弃的物品，但不包括：

(1)已从垃圾中分拣出来的单独的材料或物品，例如，塑料、橡胶、木材、纸张、纺织品、玻璃、金属的废品及用尽的电池，这些材料或物品应归入本目录中适当品目；

(2)工业废物；

(3)第三十章注释4(10)所规定的废药物；

(4)本章注释6(1)所规定的医疗废物。

5. 品目38.25所称“下水道淤泥”,是指城市污水处理厂产生的淤渣,包括预处理的废物、刷洗污垢和性质不稳定的淤泥。但适合作为肥料用的性质稳定的淤泥除外(第三十一章)。

6. 品目38.25所称“其他废物”适用于:

(1)医疗废物,即医学研究、诊断、治疗以及其他内科、外科、牙科或兽医治疗所产生的被污染的废物,通常含有病菌和药物,需作专门处理(例如,脏的敷料、用过的手套及注射器);

(2)废有机溶剂;

(3)废的金属酸洗液、液压油、制动油及防冻液;

(4)其他化学工业及相关工业的废物。

但不包括主要含有石油及从沥青矿物提取的油类的废油(品目27.10)。

7. 品目38.26所称的“生物柴油”,是指从动植物油脂(不论是否使用过)得到的用做燃料的脂肪酸单烷基酯。

子目注释:

1. 子目3808.52及3808.59仅包括品目38.08的货品,含有一种或多种下列物质:甲草胺(ISO)、涕灭威(ISO)、艾氏剂(ISO)、谷硫磷(ISO)、乐杀螨(ISO)、毒杀芬(ISO)、敌菌丹(ISO)、氯丹(ISO)、杀虫脒(ISO)、乙酯杀螨醇(ISO)、滴滴涕(ISO,INN)[1,1,1-三氯-2,2-双(4-氯苯基)乙烷]、狄氏剂(ISO,INN)、4,6-二硝基邻甲酚[二硝酚(ISO)]及其盐、地乐酚(ISO)及其盐或酯、硫丹(ISO)、1,2-二溴乙烷(ISO)、1,2-二氯乙烷(ISO)、氟乙酰胺(ISO)、七氯(ISO)、六氯苯(ISO)、1,2,3,4,5,6-六氯环已烷[六六六(ISO)],包括林丹(ISO,INN)、汞化合物、甲胺磷(ISO)、久效磷(ISO)、环氧乙烷(氧化乙烯)、对硫磷(ISO)、甲基对硫磷(ISO)、五溴二苯醚及八溴二苯醚、五氯苯酚(ISO)及其盐或酯、全氟辛基磺酸及其盐、全氟辛基磺胺、全氟辛基磺酰氯、磷胺(ISO)、2,4,5-涕(ISO)(2,4,5-三氯苯氧基乙酸)及其盐或酯、三丁基锡化合物。

   子目3808.59还包括含有苯菌灵(ISO)、克百威(ISO)及福美双(ISO)混合物的粉状制剂。

2. 子目3808.61至3808.69仅包括品目38.08项下含有下列物质的货品:α-氯氰菊酯(ISO)、恶虫威(ISO)、联苯菊酯(ISO)、虫螨腈(ISO)、氟氯氰菊酯(ISO)、溴氯菊酯(INN,ISO)、醚菊酯(INN)、杀螟硫磷(ISO)、高效氯氟氰菊酯(ISO)、马拉硫磷(ISO)、甲基嘧啶磷(ISO)或残杀威(ISO)。

3. 子目3824.81至3824.88仅包括含有下列一种或多种物质的混合物及制品:环氧乙烷(氧化乙烯)、多溴联苯(PBBs)、多氯联苯(PCTs)、多氯三联苯(PCTs)、三(2,3-二溴丙基)磷酸酯、艾氏剂(ISO)、毒杀芬(ISO)、氯丹(ISO)、十氯酮(ISO)、滴滴涕(ISO,INN)[1,1,1-三氯-2,2-双(4-氯苯基)乙烷]、狄氏剂(ISO,INN)、硫丹(ISO)、异狄氏剂(ISO)、七氯(ISO)、灭蚁灵(ISO)、1,2,3,4,5,6-六氯环已烷[六六六(ISO)],包括林丹(ISO,INN)、五氯苯(ISO)、六氯苯(ISO)、全氟辛基磺酸及其盐、全氟辛基磺胺、全氟辛基磺酰氯，四、五、六、七或八溴联苯醚。

4. 子目3825.41和3825.49所称“废有机溶剂”，是指主要含有有机溶剂的废物，不适合再作原产品使用，不论其是否用于回收溶剂。

品　目	商品编码	商　品　名　称	计量单位
38.01		**人造石墨；胶态或半胶态石墨；以石墨或其他碳为基本成分的糊状、块状、板状制品或其他半制品：**	
	3801.1000	-人造石墨	千克
	3801.2000	-胶态或半胶态石墨	千克
	3801.3000	-电极用碳糊及炉衬用的类似糊	千克
		-其他：	
	3801.9010	---表面处理的球化石墨	千克
	3801.9090	---未列名以石墨或其他碳为基本成分的糊状、块状、板状制品或其他半制品	千克
38.02		**活性碳；活性天然矿产品；动物炭黑，包括废动物炭黑：**	
		-活性碳：	
	3802.1010	---木质活性碳	千克
	3802.1090	---其他活性碳	千克
	3802.9000	-活性天然矿产品；动物炭黑，包括废动物炭黑	千克
38.03		**妥尔油，不论是否精炼：**	
	3803.0000	妥尔油，不论是否精炼	千克
38.04		**木浆残余碱液，不论是否浓缩、脱糖或经化学处理的，包括木素磺酸盐，但不包括品目38.03的妥尔油：**	
	3804.0000	木浆残余碱液，不论是否浓缩、脱糖或经化学处理的，包括木素磺酸盐，但不包括品目38.03的妥尔油	千克
38.05		**脂松节油、木松节油和硫酸盐松节油及其他萜烯油，用蒸馏或其他方法从针叶木制得；粗制二聚戊烯；亚硫酸盐松节油及其他粗制对异丙基苯甲烷；以α萜品醇为基本成分的松油：**	
	3805.1000	-脂松节油、木松节油和硫酸盐松节油	千克
		-其他：	
	3805.9010	---以α萜品醇为基本成分的松油	千克
	3805.9090	---其他萜烯油；粗制二聚戊烯；亚硫酸盐松节油；其他粗制对异丙基苯甲烷	千克
38.06		**松香和树脂酸及其衍生物；松香精及松香油；再熔胶：**	
		-松香及树脂酸：	

品 目	商品编码	商 品 名 称	计量单位
	3806.1010	---松香	千克
	3806.1020	---树脂酸	千克
		-松香盐、树脂酸盐以及松香或树脂酸的衍生物的盐,但松香加合物的盐除外:	
	3806.2010	---松香盐、树脂酸盐	千克
	3806.2090	---松香或树脂酸衍生物的盐	千克
	3806.3000	-酯胶	千克
	3806.9000	-其他松香和树脂酸的衍生物;松香精及松香油;再熔胶	千克
38.07		**木焦油;精制木焦油;木杂酚油;粗木精;植物沥青;以松香、树脂酸或植物沥青为基本成分的啤酒桶沥青及类似制品:**	
	3807.0000	木焦油;精制木焦油;木杂酚油;粗木精;植物沥青;以松香、树脂酸或植物沥青为基本成分的啤酒桶沥青及类似制品	千克
38.08		**杀虫剂、杀鼠剂、杀菌剂、除草剂、抗萌剂、植物生长调节剂、消毒剂及类似产品,零售形状、零售包装或制成制剂及成品(例如,经硫磺处理的带子、杀虫灯芯、蜡烛及捕蝇纸):**	
		-本章子目注释1所列货品:	
	3808.5200	--DDT(ISO)[滴滴涕(INN)],每包净重不超过300克	千克
		--其他:	
	3808.5910	---零售包装的本章子目注释1所列的其他货品	千克
	3808.5990	---非零售包装的本章子目注释1所列的其他货品	千克
		-本章子目注释2所列货品:	
	3808.6100	--每包净重不超过300克的本章子目注释2所列货品	千克
	3808.6200	--每包净重超过300克,但不超过7.5千克的本章子目注释2所列货品	千克
	3808.6900	--每包净重超过7.5千克的本章子目注释2所列货品	千克
		-其他:	
		--杀虫剂:	
		---零售包装:	
	3808.9111	----零售包装蚊香	千克
	3808.9112	----零售包装生物杀虫剂	千克
	3808.9119	----其他零售包装的杀虫剂	千克
	3808.9190	---非零售包装的杀虫剂	千克
		--杀菌剂:	
	3808.9210	---零售包装杀菌剂	千克

品目	商品编码	商品名称	计量单位
	3808.9290	---非零售包装的杀菌剂	千克
		--除草剂、抗萌剂及植物生长调节剂：	
		---除草剂：	
	3808.9311	----零售包装除草剂	千克
	3808.9319	----非零售包装除草剂	千克
		---抗萌剂及植物生长调节剂：	
	3808.9391	----零售包装抗萌剂及植物生长调节剂	千克
	3808.9399	----非零售包装抗萌剂及植物生长调节剂	千克
	3808.9400	--消毒剂	千克
		--其他：	
	3808.9910	---零售包装的本品目所列其他货品及类似产品	千克
	3808.9990	---非零售包装的本品目所列其他货品及类似产品	千克
38.09		**纺织、造纸、制革及类似工业用的其他品目未列名的整理剂、染料加速着色或固色助剂及其他产品和制剂（例如，修整剂及媒染剂）：**	
	3809.1000	-以淀粉物质为基本成分，纺织、造纸、制革及类似工业用的整理剂、染料加速着色或固色助剂及其他产品和制剂	千克
		-其他：	
	3809.9100	--纺织工业及类似工业用未列名的整理剂、染料加速着色或固色助剂及其他产品和制剂	千克
	3809.9200	--造纸工业及类似工业用未列名的整理剂、染料加速着色或固色助剂及其他产品和制剂	千克
	3809.9300	--制革工业及类似工业用未列名的整理剂、染料加速着色或固色助剂及其他产品和制剂	千克
38.10		**金属表面酸洗剂；焊接用的焊剂及其他辅助剂；金属及其他材料制成的焊粉或焊膏；作焊条芯子或焊条涂料用的制品：**	
	3810.1000	-金属表面酸洗剂；金属及其他材料制成的焊粉或焊膏	千克
	3810.9000	-焊接用的焊剂及其他辅助剂；作焊条芯子或焊条涂料用的制品	千克
38.11		**抗震剂、抗氧剂、防胶剂、黏度改良剂、防腐蚀制剂及其他配制添加剂，用于矿物油（包括汽油）或与矿物油同样用途的其他液体：**	
		-抗震剂：	
	3811.1100	--以铅化合物为基本成分的抗震剂	千克

品 目	商品编码	商 品 名 称	计量单位
	3811.1900	--其他抗震剂	千克
		-润滑油添加剂:	
	3811.2100	--含有石油或从沥青矿物提取的油类的润滑油添加剂	千克
	3811.2900	--其他润滑油添加剂	千克
	3811.9000	-抗氧剂、防胶剂、黏度改良剂、防腐蚀制剂及其他未列名配制添加剂,用于矿物油(包括汽油)或与矿物油同样用途的其他液体	千克
38.12		**配制的橡胶促进剂;其他处未列名的橡胶或塑料用复合增塑剂;橡胶或塑料用抗氧制剂及其他复合稳定剂:**	
	3812.1000	-配制的橡胶促进剂	千克
	3812.2000	-橡胶或塑料用复合增塑剂	千克
		-橡胶或塑料用抗氧制剂及其他复合稳定剂:	
	3812.3100	--2,2,4-三甲基-1,2-二氢化喹啉(TMQ)低聚体混合物	千克
		--其他:	
	3812.3910	---其他橡胶防老剂	千克
	3812.3990	---未列名橡胶或塑料用抗氧制剂及复合稳定剂	千克
38.13		**灭火器的装配药;已装药的灭火弹:**	
	3813.0010	---灭火器的装配药	千克
	3813.0020	---已装药的灭火弹	千克
38.14		**其他处未列名的有机复合溶剂及稀释剂;除漆剂:**	
	3814.0000	其他处未列名的有机复合溶剂及稀释剂;除漆剂	千克
38.15		**其他处未列名的反应引发剂、反应促进剂、催化剂:**	
		-载体催化剂:	
	3815.1100	--以镍及其化合物为活性物的载体催化剂	千克
	3815.1200	--以贵金属及其化合物为活性物的载体催化剂	千克
	3815.1900	--其他载体催化剂	千克
	3815.9000	-未列名的反应引发剂、反应促进剂、催化剂	千克
38.16		**耐火的水泥、灰泥、混凝土及类似耐火混合制品,但品目38.01的产品除外:**	
	3816.0000	耐火的水泥、灰泥、混凝土及类似耐火混合制品,但品目38.01的产品除外	千克
38.17		**混合烷基苯及混合烷基萘,但品目27.07及29.02的货品除外:**	

品目	商品编码	商品名称	计量单位
	3817.0000	混合烷基苯及混合烷基萘,但品目27.07及29.03的货品除外	千克
38.18		**经掺杂用于电子工业的化学元素,已切成圆片、薄片或类似形状;经掺杂用于电子工业的化合物:**	
		---直径在7.5厘米及以上的单晶硅切片:	
	3818.0011	----直径在15.24厘米及以下,但不低于7.5厘米的单晶硅切片	千克/片
	3818.0019	----直径超过15.24厘米的单晶硅切片	千克/片
	3818.0090	---其他经掺杂用于电子工业的化学元素,已切成圆片、薄片或类似形状;经掺杂用于电子工业的化合物	千克
38.19		**闸用液压油及其他液压传动用液体,不含石油或从沥青矿物提取的油类,或者按重量计石油或从沥青矿物提取的油类含量低于70%:**	
	3819.0000	闸用液压油及其他液压传动用液体,不含石油或从沥青矿物提取的油类,或者按重量计石油或从沥青矿物提取的油类含量低于70%	千克
38.20		**防冻剂及解冻剂:**	
	3820.0000	防冻剂及解冻剂	千克
38.21		**制成的供微生物(包括病毒及类似品)或植物、人体、动物细胞生长或维持用的培养基:**	
	3821.0000	制成的供微生物(包括病毒及类似品)或植物、人体、动物细胞生长或维持用的培养基	千克
38.22		**附于衬背上的诊断或实验用试剂及不论是否附于衬背上的诊断或实验用配制试剂,但品目30.02及30.06的货品除外;检定参照物:**	
	3822.0010	---附于衬背上的诊断或实验用试剂及配制试剂	千克
	3822.0090	---其他诊断或实验用配制试剂;检定参照物	千克
38.23		**工业用单羧脂肪酸;精炼所得的酸性油;工业用脂肪醇:**	
		-工业用单羧脂肪酸;精炼所得的酸性油:	
	3823.1100	--硬脂酸	千克
	3823.1200	--油酸	千克
	3823.1300	--妥尔油脂肪酸	千克
	3823.1900	--其他工业用单羧脂肪酸;精炼所得的酸性油	千克
	3823.7000	-工业用脂肪醇	千克
38.24		**铸模及铸芯用黏合剂;其他处未列名的化学工业及其相关工业的化学产品及配制品(包括由天然产品混合组成的):**	

品目	商品编码	商品名称	计量单位
	3824.1000	-铸模及铸芯用黏合剂	千克
	3824.3000	-自身混合或与金属黏合剂混合的未烧结金属碳化物	千克
		-水泥、灰泥及混凝土用添加剂:	
	3824.4010	---高效减水剂	千克
	3824.4090	---其他水泥、灰泥及混凝土用添加剂	千克
	3824.5000	-非耐火的灰泥及混凝土	千克
	3824.6000	-子目 2905.44 以外的山梨醇	千克
		-含有甲烷、乙烷或丙烷的卤化衍生物的混合物:	
	3824.7100	--含全氯氟烃(CFCs)的混合物,不论是否含氢氯氟烃(HCFCs)、全氟烃(PFCs)或氢氟烃(HFCs)	千克
	3824.7200	--含溴氯二氟甲烷、溴三氟甲烷或二溴四氟乙烷的混合物	千克
	3824.7300	--含氢溴氟烃(HBFCs)的混合物	千克
	3824.7400	--含氢氯氟烃(HCFCs)的混合物,不论是否含全氟烃(PFCs)或氢氟烃(HFCs),但不含全氯氟烃(CFCs)	千克
	3824.7500	--含四氯化碳的混合物	千克
	3824.7600	--含1,1,1-三氯乙烷(甲基氯仿)的混合物	千克
	3824.7700	--含溴化甲烷(甲基溴)或溴氯甲烷的混合物	千克
	3824.7800	--含全氟烃(PFCs)或氢氟烃(HFCs)的混合物,但不含全氯氟烃(CFCs)或氢氯氟烃(HCFCs)	千克
	3824.7900	--其他含有甲烷、乙烷或丙烷的卤化衍生物的混合物	千克
		-本章子目注释 3 所列货品:	
	3824.8100	--含环氧乙烷(氧化乙烯)的混合物及制品	千克
	3824.8200	--含多氯联苯(PCBs)、多氯三联苯(PCTs)或多溴联苯(PBBs)的混合物及制品	千克
	3824.8300	--含三(2,3-二溴丙基)磷酸酯的混合物及制品	千克
	3824.8400	--含艾氏剂(ISO)、毒杀芬(ISO)、氯丹(ISO)、十氯酮(ISO)、DDT(ISO)[滴滴涕(INN)、1,1,1-三氯-2,2-双(4-氯苯基)乙烷]、狄氏剂(ISO,INN)、硫丹(ISO)、异狄氏剂(ISO)、七氯(ISO)或灭蚁灵(ISO)的混合物及制品	千克
	3824.8500	--含1,2,3,4,5,6-六氯环己烷[六六六(ISO)],包括林丹(ISO,INN)的混合物及制品	千克
	3824.8600	--含五氯苯(ISO)或六氯苯(ISO)的混合物及制品	千克
	3824.8700	--含全氟辛基磺酸及其盐,全氟辛基磺胺或全氟辛基磺酰氯的混合物及制品	千克

品 目	商品编码	商 品 名 称	计量单位
	3824.8800	--含四、五、六、七或八溴联苯醚的混合物及制品	千克
		-其他化学工业及其相关工业的化学产品及配制品：	
	3824.9100	--主要由(5-乙基-2-甲基-2 氧代-1,3,2-二氧磷杂环己-5-基)甲基膦酸二甲酯和双[(5-乙基-2-甲基-2氧代-1,3,2-二氧磷杂环己-5-基)甲基]甲基膦酸酯(阻燃剂 FRC-1)组成的混合物及制品	千克
		--其他：	
	3824.9910	---杂醇油	千克
	3824.9920	---除墨剂、蜡纸改正液及类似品	千克
	3824.9930	---增炭剂	千克
		---其他：	
	3824.9991	----按重量计含滑石 50%以上的混合物	千克
	3824.9992	----按重量计含氧化镁 70%以上的混合物	千克
	3824.9993	----表面包覆钴化物的氢氧化镍(掺杂碳)	千克
	3824.9999	----未列名化学工业及其相关工业的化学产品及配制品	千克
38.25		**其他处未列名的化学工业及其相关工业的副产品；城市垃圾；下水道淤泥；本章注释 6 所规定的其他废物：**	
	3825.1000	-城市垃圾	千克
	3825.2000	-下水道淤泥	千克
	3825.3000	-医疗废物	千克
		-废有机溶剂：	
	3825.4100	--卤化物的废有机溶剂	千克
	3825.4900	--其他废有机溶剂	千克
	3825.5000	-废的金属酸洗液、液压油、制动油及防冻液	千克
		-其他化学工业及相关工业的废物：	
	3825.6100	--主要含有有机成分的化学工业及相关工业的废物	千克
	3825.6900	--其他未列名化学工业及相关工业的废物	千克
	3825.9000	-其他处未列名的化学工业及其相关工业的副产品	千克
38.26		**生物柴油及其混合物，不含或含有按重量计低于 70%的石油或从沥青矿物提取的油类：**	
	3826.0000	生物柴油及其混合物，不含或含有按重量计低于 70%的石油或从沥青矿物提取的油类	千克/升

第七类　塑料及其制品;橡胶及其制品

注释:

1. 由两种或两种以上单独成分配套的货品,其部分或全部成分属于本类范围以内,混合后则构成第六类或第七类的货品,应按混合后产品归入相应的品目,但其组成成分必须同时符合下列条件:
(1)其包装形式足以表明这些成分不需经过改装就可以一起使用的;
(2)一起进口或出口的;
(3)这些成分的属性及相互比例足以表明是相互配用的。
2. 除品目 39.18 或 39.19 的货品外,印有花纹、文字、图画的塑料、橡胶及其制品,如果所印花纹、字画作为其主要用途,应归入第四十九章。

第三十九章　塑料及其制品

注释:

1. 本目录所称"塑料",是指品目 39.01 至 39.14 的材料,这些材料能够在聚合时或聚合后在外力(一般是热力和压力,必要时加入溶剂或增塑剂)作用下通过模制、浇铸、挤压、滚轧或其他工序制成一定的形状,成形后除去外力,其形状仍保持不变。
本目录所称"塑料",还应包括钢纸,但不包括第十一类的纺织材料。
2. 本章不包括:
(1)品目 27.10 或 34.03 的润滑剂;
(2)品目 27.12 或 34.04 的蜡;
(3)单独的已有化学定义的有机化合物(第二十九章);
(4)肝素及其盐(品目 30.01);
(5)品目 39.01 至 39.13 所列任何产品溶于挥发性有机溶剂的溶液(火胶棉除外),但溶剂的重量必须超过溶液重量的 50%(品目 32.08);品目 32.12 的压印箔;
(6)有机表面活性剂或品目 34.02 的制剂;
(7)再熔胶及酯胶(品目 38.06);
(8)配制的添加剂,用于矿物油(包括汽油)或与矿物油同样用途的其他液体(品目 38.11);
(9)以第三十九章的聚乙二醇、聚硅氧烷或其他聚合物为基本成分的液压用液体(品目 38.19);
(10)有塑料衬背的诊断或实验用试剂(品目 38.22);
(11)第四十章规定的合成橡胶及其制品;
(12)鞍具及挽具(品目 42.01);品目 42.02 的衣箱、提箱、手提包及其他容器;
(13)第四十六章的缏条、编结品及其他制品;

(14)品目 48.14 的壁纸；
(15)第十一类的货品(纺织原料及纺织制品)；
(16)第十二类的物品(例如,鞋靴、帽类、雨伞、阳伞、手杖、鞭子、马鞭及其零件)；
(17)品目 71.17 的仿首饰；
(18)第十六类的物品(机器、机械器具或电气器具)；
(19)第十七类的航空器零件及车辆零件；
(20)第九十章的物品(例如,光学元件、眼镜架及绘图仪器)；
(21)第九十一章的物品(例如,钟壳及表壳)；
(22)第九十二章的物品(例如,乐器及其零件)；
(23)第九十四章的物品(例如,家具、灯具、照明装置、灯箱及活动房屋)；
(24)第九十五章的物品(例如,玩具、游戏品及运动用品)；
(25)第九十六章的物品(例如,刷子、钮扣、拉链、梳子、烟斗的嘴及柄、香烟嘴及类似品、保温瓶的零件及类似品、钢笔、活动铅笔、独脚架、双脚架、三脚架及类似品)。

3. 品目 39.01 至 39.11 仅适用于化学合成的下列货品:
(1)温度在 300℃时,压力转为 1013 毫巴后减压蒸馏出以体积计小于 60%的液体合成聚烯烃(品目 39.01 及 39.02)；
(2)非高度聚合的苯并呋喃—茚式树脂(品目 39.11)；
(3)平均至少有五个单体单元的其他合成聚合物；
(4)聚硅氧烷(品目 39.10)；
(5)甲阶酚醛树脂(品目 39.09)及其他预聚物。

4. 所称“共聚物”,包括在整个聚合物中按重量计没有一种单体单元的含量在 95%及以上的各种聚合物。
在本章中,除条文另有规定以外,共聚物(包括共缩聚物、共加聚物、嵌段共聚物及接枝共聚合物)及聚合物混合体应按聚合物中重量最大的那种共聚单体单元所构成的聚合物的品目归类。在本注释中,归入同一品目的聚合物的共聚单体单元应作为一种单体单元对待。
如果没有任何一种共聚单体单元重量为最大,共聚物或聚合物混合体应按号列顺序归入其可归入的最后一个品目。

5. 化学改性聚合物,即聚合物主链上的支链通过化学反应发生了变化的聚合物,应按未改性的聚合物的相应品目归类。本规定不适用于接枝共聚物。

6. 品目 39.01 至 39.14 所称“初级形状”,只限于下列各种形状:
(1)液状及糊状,包括分散体(乳浊液及悬浮液)及溶液；
(2)不规则形状的块,团、粉(包括压型粉)、颗粒、粉片及类似的散装形状。

7. 品目 39.15 不适用于已制成初级形状的单一的热塑材料废碎料及下脚料(品目 39.01 至39.14)。

8. 品目 39.17 所称“管子”,是指通常用于输送或供给气体或液体的空心制品或半制品(例如,肋纹浇花软管、多孔管),还包括香肠用肠衣及其他扁平管。除肠衣及扁平管外,内截面如果不呈圆形、椭圆形、矩形(其长度不超过宽度的 1.5 倍)或正几何形,则不能视为管子,而应作为异型材。

9. 品目 39.18 所称“塑料糊墙品”，适用于墙壁或天花板装饰用的宽度不小于 45 厘米的成卷产品，这类产品是将塑料牢固地附着在除纸张以外任何材料的衬背上，并且在塑料面起纹、压花、着色、印制图案或用其他方法装饰。

10. 品目 39.20 及 39.21 所称“板、片、膜、箔、扁条”，只适用于未切割或仅切割成矩形（包括正方形）（含切割后即可供使用的），但未经进一步加工的板、片、膜、箔、扁条（第五十四章的物品除外）及正几何形块，不论是否经过印制或其他表面加工。

11. 品目 39.25 只适用于第二分章以前各品目未包括的下列物品：

（1）容量超过 300 升的囤、柜（包括化粪池）、罐、桶及类似容器；

（2）用于地板、墙壁、隔墙、天花板或屋顶等方面的结构件；

（3）槽管及其附件；

（4）门、窗及其框架和门槛；

（5）阳台、栏杆、栅栏、栅门及类似品；

（6）窗板、百叶窗（包括威尼斯式百叶窗）或类似品及其零件、附件；

（7）商店、工棚、仓库等用的拼装式固定大型货架；

（8）建筑用的特色（例如，凹槽、圆顶及鸽棚式）装饰件；

（9）固定装于门窗、楼梯、墙壁或建筑物其他部位的附件及架座，例如，球形把手、拉手、挂钩、托架、毛巾架、开关板及其他护板。

子目注释：

1. 属于本章任一品目项下的聚合物（包括共聚物）及化学改性聚合物应按下列规则归类：

（1）在同一组子目中有一个其他子目的：

①子目所列聚合物名称冠有“聚（多）”的，（例如，聚乙烯及聚酰胺-6,6）是指列名的该种聚合物的单体单元（一种或多种）总量，在整个聚合物中按重量计必须占 95%及以上；

②子目 3901.30、3901.40、3903.20、3903.30 及 3904.30 所列的共聚物，如果该种共聚单体单元含量在整个聚合物中按重量计占 95%及以上，应归入上述子目；

③化学改性聚合物如未在其他子目具体列名，应归入列名为“其他”的子目内；

④不符合上述①、②、③款规定的聚合物，应按聚合物中重量最大的那种单体单元（与其他各种单一的共聚单体单元相比）所构成的聚合物归入该级相应子目。为此，归入同一子目的聚合物单体单元应作为一种单体单元对待。只有在同一组子目中的聚合物共聚单体单元才可以进行比较。

（2）在同一组子目中没有“其他”子目的：

①聚合物应按聚合物中重量最大的那种单体单元（与其他各种单一的共聚单体单元相比）所构成的聚合物归入该组其他相应子目。为此，归入同一子目的聚合物单体单元应作为一种单体单元对待。只有在同一组子目中的聚合物共聚单体单元才可以进行比较；

②化学改性聚合物应按相应的未改性聚合物的子目归类。

聚合物混合体应按单体单元比例相等、种类相同的聚合物归入相应子目。

2. 子目 3920.43 所称增塑剂，包括次级增塑剂。

品 目	商品编码	商 品 名 称	计量单位
		第一分章 初级形状	
39.01		**初级形状的乙烯聚合物：**	
	3901.1000	-初级形状的聚乙烯，比重小于0.94	千克
	3901.2000	-初级形状的聚乙烯，比重在0.94及以上	千克
	3901.3000	-初级形状的乙烯-乙酸乙烯酯共聚物	千克
		-初级形状的乙烯-α-烯烃共聚物，比重小于0.94：	
	3901.4010	---初级形状的乙烯-丙烯共聚物（乙丙橡胶），比重小于0.94	千克
	3901.4020	---初级形状的线型低密度聚乙烯，比重小于0.94	千克
	3901.4090	---其他初级形状的乙烯-α-烯烃共聚物，比重小于0.94	千克
		-其他初级形状的乙烯聚合物：	
	3901.9010	---其他初级形状的乙烯-丙烯共聚物（乙丙橡胶）	千克
	3901.9090	---其他初级形状的乙烯聚合物	千克
39.02		**初级形状的丙烯或其他烯烃聚合物：**	
	3902.1000	-初级形状的聚丙烯	千克
	3902.2000	-初级形状的聚异丁烯	千克
		-初级形状的丙烯共聚物：	
	3902.3010	---初级形状的乙烯-丙烯共聚物（乙丙橡胶）	千克
	3902.3090	---其他初级形状的丙烯共聚物	千克
	3902.9000	-其他初级形状的烯烃聚合物	千克
39.03		**初级形状的苯乙烯聚合物：**	
		-聚苯乙烯：	
	3903.1100	--初级形状的可发性聚苯乙烯	千克
		--其他初级形状的聚苯乙烯：	
	3903.1910	---改性的初级形状的聚苯乙烯	千克
	3903.1990	---其他初级形状的聚苯乙烯	千克
	3903.2000	-初级形状的苯乙烯-丙烯腈（SAN）共聚物	千克
		-初级形状的丙烯腈-丁二烯-苯乙烯（ABS）共聚物：	
	3903.3010	---改性的初级形状的丙烯腈-丁二烯-苯乙烯（ABS）共聚物	千克
	3903.3090	---其他初级形状的丙烯腈-丁二烯-苯乙烯（ABS）共聚物	千克
	3903.9000	-其他初级形状的苯乙烯聚合物	千克
39.04		**初级形状的氯乙烯或其他卤化烯烃聚合物：**	

品目	商品编码	商品名称	计量单位
		-聚氯乙烯,未掺其他物质:	
	3904.1010	---初级形状的糊树脂	千克
	3904.1090	---其他初级形状的聚氯乙烯,未掺其他物质	千克
		-其他聚氯乙烯:	
	3904.2100	--初级形状的未塑化聚氯乙烯	千克
	3904.2200	--初级形状的已塑化聚氯乙烯	千克
	3904.3000	-初级形状的氯乙烯-乙酸乙烯酯共聚物	千克
	3904.4000	-其他初级形状的氯乙烯共聚物	千克
	3904.5000	-初级形状的偏二氯乙烯聚合物	千克
		-氟聚合物:	
	3904.6100	--初级形状的聚四氟乙烯	千克
	3904.6900	--其他初级形状的氟聚合物	千克
	3904.9000	-未列名初级形状的氯乙烯或其他卤化烯烃聚合物	千克
39.05		**初级形状的乙酸乙烯酯或其他乙烯酯聚合物;初级形状的其他乙烯基聚合物:**	
		-聚乙酸乙烯酯:	
	3905.1200	--聚乙酸乙烯酯的水分散体	千克
	3905.1900	--其他初级形状的聚乙酸乙烯酯	千克
		-乙酸乙烯酯共聚物:	
	3905.2100	--乙酸乙烯酯共聚物的水分散体	千克
	3905.2900	--其他初级形状的乙酸乙烯酯共聚物	千克
	3905.3000	-初级形状的聚乙烯醇,不论是否含有未水解乙酸酯基	千克
		-其他:	
	3905.9100	--其他初级形状的乙烯酯共聚物和乙烯基共聚物	千克
	3905.9900	--未列名初级形状的乙烯酯聚合物和乙烯基聚合物	千克
39.06		**初级形状的丙烯酸聚合物:**	
	3906.1000	-初级形状的聚甲基丙烯酸甲酯	千克
		-其他:	
	3906.9010	---初级形状的聚丙烯酰胺	千克
	3906.9090	---其他初级形状的丙烯酸聚合物	千克
39.07		**初级形状的聚缩醛、其他聚醚及环氧树脂;初级形状的聚碳酸酯、醇酸树脂、聚烯丙基酯及其他聚酯:**	
		-初级形状的聚缩醛:	
	3907.1010	---初级形状的聚甲醛	千克
	3907.1090	---其他初级形状的聚缩醛	千克
		-其他聚醚:	

品　目	商品编码	商　品　名　称	计量单位
	3907.2010	---初级形状的聚四亚甲基醚二醇	千克
	3907.2090	---初级形状的其他聚醚	千克
	3907.3000	-初级形状的环氧树脂	千克
	3907.4000	-初级形状的聚碳酸酯	千克
	3907.5000	-初级形状的醇酸树脂	千克
		-聚对苯二甲酸乙二酯：	
		--粘数在78毫升/克或以上的聚对苯二甲酸乙二酯：	
	3907.6110	---粘数在78毫升/克或以上的聚对苯二甲酸乙二酯切片	千克
	3907.6190	---其他初级形状的粘数在78毫升/克或以上的聚对苯二甲酸乙二酯	千克
		--粘数在78毫升/克以下的聚对苯二甲酸乙二酯：	
	3907.6910	---粘数在78毫升/克以下的聚对苯二甲酸乙二酯切片	千克
	3907.6990	---其他初级形状的粘数在78毫升/克以下的聚对苯二甲酸乙二酯	千克
	3907.7000	-初级形状的聚乳酸	千克
		-其他聚酯：	
	3907.9100	--初级形状的不饱和聚酯	千克
		--其他：	
	3907.9910	---初级形状的聚对苯二甲酸丁二酯	千克
		---其他：	
	3907.9991	----初级形状的聚对苯二甲酸-己二醇-丁二醇酯	千克
	3907.9999	----未列名初级形状的聚酯	千克
39.08		**初级形状的聚酰胺：**	
		-初级形状的聚酰胺-6、-11、-12、-6,6、-6,9、-6,10或-6,12：	
		---切片：	
	3908.1011	----聚酰胺-6,6的切片	千克
	3908.1012	----聚酰胺-6切片	千克
	3908.1019	----聚酰胺-11、-12、-6,9、-6,10或-6,12的切片	千克
	3908.1090	---其他初级形状的聚酰胺-6、-11、-12、-6,6、-6,9、-6,10或-6,12	千克
		-其他：	
	3908.9010	---初级形状的芳香族聚酰胺及其共聚物	千克
	3908.9020	---初级形状的半芳香族聚酰胺及其共聚物	千克
	3908.9090	---其他初级形状的聚酰胺	千克

品 目	商品编码	商 品 名 称	计量单位
39.09		**初级形状的氨基树脂、酚醛树脂及聚氨酯：**	
	3909.1000	-初级形状的尿素树脂和硫尿树脂	千克
	3909.2000	-初级形状的蜜胺树脂	千克
		-其他初级形状的氨基树脂：	
	3909.3100	--初级形状的聚(亚甲基苯基异氰酸酯)(粗 MDI、聚合 MDI)	千克
	3909.3900	--其他初级形状的氨基树脂	千克
	3909.4000	-初级形状的酚醛树脂	千克
	3909.5000	-初级形状的聚氨基甲酸酯	千克
39.10		**初级形状的聚硅氧烷：**	
	3910.0000	初级形状的聚硅氧烷	千克
39.11		**初级形状的石油树脂、苯并呋喃—茚树脂、多萜树脂、多硫化物、聚砜及本章注释 3 所规定的其他品目未列名产品：**	
	3911.1000	-初级形状的石油树脂、苯并呋喃树脂、茚树脂、苯并呋喃—茚树脂及多萜树脂	千克
	3911.9000	-初级形状的多硫化物、聚砜及本章注释 3 所规定的其他品目未列名产品	千克
39.12		**初级形状的其他处未列名的纤维素及其化学衍生物：**	
		-醋酸纤维素：	
	3912.1100	--初级形状的未塑化醋酸纤维素	千克
	3912.1200	--初级形状的已塑化醋酸纤维素	千克
	3912.2000	-初级形状的硝酸纤维素(包括棉胶)	千克
		-纤维素醚：	
	3912.3100	--初级形状的羧甲基纤维素及其盐	千克
	3912.3900	--初级形状的纤维素醚	千克
	3912.9000	-未列名初级形状的纤维素及其化学衍生物	千克
39.13		**初级形状的其他处未列名的天然聚合物(例如，藻酸)及改性天然聚合物(例如，硬化蛋白、天然橡胶的化学衍生物)：**	
	3913.1000	-初级形状的藻酸及其盐和酯	千克
	3913.9000	-未列名初级形状的天然聚合物及改性天然聚合物(例如，硬化蛋白、天然橡胶的化学衍生物)	千克
39.14		**初级形状的离子交换剂，以品目 39.01 至 39.13 的聚合物为基本成分的：**	
	3914.0000	初级形状的离子交换剂，以品目 39.01 至 39.13 的聚合物为基本成分的	千克

品目	商品编码	商品名称	计量单位
		第二分章　废碎料及下脚料；半制品；制成品	
39.15		**塑料的废碎料及下脚料：**	
	3915.1000	-乙烯聚合物的废碎料及下脚料	千克
	3915.2000	-苯乙烯聚合物的废碎料及下脚料	千克
	3915.3000	-氯乙烯聚合物的废碎料及下脚料	千克
		-其他：	
	3915.9010	---聚对苯二甲酸乙二酯的废碎料及下脚料	千克
	3915.9090	---其他塑料的废碎料及下脚料	千克
39.16		**塑料制的单丝(截面直径超过1毫米)、条、杆、型材及异型材,不论是否经表面加工,但未经其他加工：**	
	3916.1000	-乙烯聚合物制的单丝(截面直径超过1毫米)、条、杆、型材及异型材	千克
		-氯乙烯聚合物制的单丝(截面直径超过1毫米)、条、杆、型材及异型材：	
	3916.2010	---氯乙烯聚合物制的异型材	千克
	3916.2090	---氯乙烯聚合物制的单丝(截面直径超过1毫米)、条、杆、型材	千克
		-其他塑料制的单丝(截面直径超过1毫米)、条、杆、型材及异型材：	
	3916.9010	---聚酰胺制的单丝(截面直径超过1毫米)、条、杆、型材及异型材	千克
	3916.9090	---未列名塑料制的单丝(截面直径超过1毫米)、条、杆、型材及异型材	千克
39.17		**塑料制的管子及其附件(例如,接头、肘管、法兰)：**	
	3917.1000	-硬化蛋白或纤维素材料制的人造肠衣(香肠用肠衣)	千克
		-硬管：	
	3917.2100	--乙烯聚合物制硬管	千克
	3917.2200	--丙烯聚合物制硬管	千克
	3917.2300	--氯乙烯聚合物制硬管	千克
	3917.2900	--其他塑料制硬管	千克
		-其他管：	
	3917.3100	--塑料制的软管,最小爆破压力为27.6兆帕斯卡	千克
	3917.3200	--塑料制的其他未装有附件的管子,未经加强也未与其他材料合制	千克

品 目	商品编码	商 品 名 称	计量单位
	3917.3300	--塑料制的其他装有附件的管子,未经加强也未与其他材料合制	千克
	3917.3900	--未列名塑料管	千克
	3917.4000	-塑料制的管子附件	千克
39.18		**块状或成卷的塑料铺地制品,不论是否胶粘;本章注释 9 所规定的塑料糊墙品:**	
		-氯乙烯聚合物制:	
	3918.1010	---氯乙烯聚合物制糊墙品	千克
	3918.1090	---氯乙烯聚合物制铺地制品	千克
		-其他塑料制:	
	3918.9010	---其他塑料制糊墙品	千克
	3918.9090	---其他塑料制铺地制品	千克
39.19		**自粘的塑料板、片、膜、箔、带、扁条及其他扁平形状材料,不论是否成卷:**	
		-宽度不超过 20 厘米成卷的:	
	3919.1010	---丙烯酸树脂类为基本成分的成卷胶粘板、片、膜、箔、带、扁条,宽度不超过 20 厘米	千克
		---其他宽度不超过 20 厘米成卷的塑料胶粘板、片、膜、箔、带、扁条及其他扁平形状材料:	
	3919.1091	----宽度不超过 20 厘米成卷的胶囊形反光膜	千克
	3919.1099	----其他宽度不超过 20 厘米成卷的塑料胶粘板、片、膜、箔、带、扁条及其他扁平形状材料	千克
		-其他:	
	3919.9010	---其他胶囊型反光膜	千克
	3919.9090	---未列名胶粘的塑料板、片、膜、箔、带、扁条及其他扁平形状材料	千克
39.20		**其他非泡沫塑料的板、片、膜、箔及扁条,未用其他材料强化、层压、支撑或用类似方法合制:**	
		-乙烯聚合物制:	
	3920.1010	---乙烯聚合物制电池隔膜	千克
	3920.1090	---其他乙烯聚合物制非泡沫塑料的板、片、膜、箔及扁条	千克
		-丙烯聚合物制:	
	3920.2010	---丙烯聚合物制电池隔膜	千克
	3920.2090	---其他丙烯聚合物制非泡沫塑料的板、片、膜、箔及扁条	千克

品 目	商品编码	商 品 名 称	计量单位
	3920.3000	-苯乙烯聚合物制非泡沫塑料的板、片、膜、箔及扁条	千克
		-氯乙烯聚合物制：	
	3920.4300	--氯乙烯聚合物制非泡沫塑料的板、片、膜、箔及扁条，按重量计增塑剂含量不小于6%	千克
	3920.4900	--其他氯乙烯聚合物制非泡沫塑料的板、片、膜、箔及扁条	千克
		-丙烯酸聚合物制：	
	3920.5100	--聚甲基丙烯酸甲酯制非泡沫塑料的板、片、膜、箔及扁条	千克
	3920.5900	--其他丙烯酸聚合物制非泡沫塑料的板、片、膜、箔及扁条	千克
		-聚碳酸酯、醇酸树脂、聚烯丙酯或其他聚酯制：	
	3920.6100	--聚碳酸酯制非泡沫塑料的板、片、膜、箔及扁条	千克
	3920.6200	--聚对苯二甲酸乙二酯制非泡沫塑料的板、片、膜、箔及扁条	千克
	3920.6300	--不饱和聚酯制非泡沫塑料的板、片、膜、箔及扁条	千克
	3920.6900	--其他聚酯制非泡沫塑料的板、片、膜、箔及扁条	千克
		-纤维素及其化学衍生物制：	
	3920.7100	--再生纤维素制非泡沫塑料的板、片、膜、箔及扁条	千克
	3920.7300	--醋酸纤维素制非泡沫塑料的板、片、膜、箔及扁条	千克
	3920.7900	--其他纤维素衍生物制非泡沫塑料的板、片、膜、箔及扁条	千克
		-其他塑料制：	
	3920.9100	--聚乙烯醇缩丁醛制非泡沫塑料的板、片、膜、箔及扁条	千克
	3920.9200	--聚酰胺制非泡沫塑料的板、片、膜、箔及扁条	千克
	3920.9300	--氨基树脂制非泡沫塑料的板、片、膜、箔及扁条	千克
	3920.9400	--酚醛树脂制非泡沫塑料的板、片、膜、箔及扁条	千克
		--其他非泡沫塑料制的板、片、膜、箔及扁条：	
	3920.9910	---聚四氟乙烯制非泡沫塑料的板、片、膜、箔及扁条	千克
	3920.9990	---未列名非泡沫塑料制的板、片、膜、箔及扁条	千克
39.21		**其他塑料板、片、膜、箔、扁条：**	
		-泡沫塑料的：	
	3921.1100	--苯乙烯聚合物制泡沫塑料板、片、膜、箔、扁条	千克
		--氯乙烯聚合物制：	
	3921.1210	---氯乙烯聚合物制泡沫人造革及合成革	千克/米
	3921.1290	---其他氯乙烯聚合物制泡沫塑料板、片、膜、箔、扁条	千克

品　目	商品编码	商　品　名　称	计量单位
		--氨酯聚合物制：	
	3921.1310	---氨酯聚合物制泡沫人造革及合成革	千克/米
	3921.1390	---其他氨酯聚合物制泡沫塑料板、片、膜、箔、扁条	千克
	3921.1400	--再生纤维素制泡沫塑料板、片、膜、箔、扁条	千克
		--其他塑料制：	
	3921.1910	---其他塑料制泡沫人造革及合成革	千克/米
	3921.1990	---其他泡沫塑料制板、片、膜、箔、扁条	千克
		-其他：	
	3921.9020	---嵌有玻璃纤维的聚乙烯板、片	千克
	3921.9030	---聚异丁烯为基本成分的附有人造毛毡的板、片、卷材	千克
	3921.9090	---未列名塑料板、片、膜、箔、扁条	千克
39.22		**塑料浴缸、淋浴盘、洗涤槽、盥洗盆、坐浴盆、便盆、马桶座圈及盖、抽水箱及类似卫生洁具：**	
	3922.1000	-塑料浴缸、淋浴盘、洗涤槽及盥洗盆	千克
	3922.2000	-塑料马桶座圈及盖	千克
	3922.9000	-塑料坐浴盆、便盆、抽水箱及类似卫生洁具	千克
39.23		**供运输或包装货物用的塑料制品；塑料制的塞子、盖子及类似品：**	
	3923.1000	-供运输或包装货物用的塑料盒、箱(包括板条箱)及类似品	千克
		-袋及包(包括锥形的)：	
	3923.2100	--供运输或包装货物用的乙烯聚合物制袋及包	千克
	3923.2900	--供运输或包装货物用的其他塑料制袋及包	千克
	3923.3000	-供运输或包装货物用的塑料坛、瓶及类似品	千克
	3923.4000	-塑料卷轴、纡子、筒管及类似品	千克
	3923.5000	-塑料塞子、盖子及类似品	千克
	3923.9000	-供运输或包装货物用的其他塑料制品	千克
39.24		**塑料制的餐具、厨房用具、其他家庭用具及卫生或盥洗用具：**	
	3924.1000	-塑料制餐具及厨房用具	千克
	3924.9000	-塑料制其他家庭用具及卫生或盥洗用具	千克
39.25		**其他处未列名的建筑用塑料制品：**	
	3925.1000	-塑料制囤、柜、罐、桶及类似容器，容积超过300升	千克
	3925.2000	-塑料制门、窗及其框架、门槛	千克
	3925.3000	-塑料制窗板、百叶窗(包括威尼斯式百叶窗)或类似制品及其零件	千克

品目	商品编码	商品名称	计量单位
	3925.9000	-未列名的建筑用塑料制品	千克
39.26		**其他塑料制品及品目 39.01 至 39.14 所列其他材料的制品：**	
	3926.1000	-塑料制办公室或学校用品	千克
		-塑料制衣服及衣着附件（包括分指手套、连指手套及露指手套）：	
		---塑料制手套：	
	3926.2011	----聚氯乙烯制手套（包括分指手套、连指手套及露指手套）	千克/双
	3926.2019	----其他塑料制手套（包括分指手套、连指手套及露指手套）	千克/双
	3926.2090	---其他塑料制衣服及衣着附件	千克
	3926.3000	-塑料制家具、车厢或类似品的附件	千克
	3926.4000	-塑料制小雕塑品及其他装饰品	千克
		-其他：	
	3926.9010	---塑料制机器及仪器用零件	千克
	3926.9090	---未列名塑料制品	千克

第四十章　橡胶及其制品

注释：

1. 除条文另有规定的以外，本目录所称“橡胶”，是指不论是否硫化或硬化的下列产品：天然橡胶、巴拉塔胶、古塔波胶、银胶菊胶、糖胶树胶及类似的天然树胶、合成橡胶、从油类中提取的油膏以及上述物品的再生品。

2. 本章不包括：

(1)第十一类的货品(纺织原料及纺织制品)；

(2)第六十四章的鞋靴及其零件；

(3)第六十五章的帽类及其零件(包括游泳帽)；

(4)第十六类的硬质橡胶制的机械器具、电气器具及其零件(包括各种电气用品)；

(5)第九十章、第九十二章、第九十四章或第九十六章的物品；

(6)第九十五章的物品(运动用分指手套、连指手套、露指手套及品目40.11至40.13的制品除外)。

3. 品目40.01至40.03及40.05所称“初级形状”，只限于下列形状：

(1)液状及糊状，包括胶乳(不论是否预硫化)及其他分散体和溶液；

(2)不规则形状的块，团、包、粉、粒、碎屑及类似的散装形状。

4. 本章注释1和品目40.02所称“合成橡胶”，适用于：

(1)不饱和合成物质，即用硫磺硫化能使其不可逆地变为非热塑物质，这种物质能在温度18℃至29℃之间被拉长到其原长度的3倍而不致断裂，拉长到原长度的2倍时，在5分钟内能回复到不超过原长度的1.5倍。为了进行上述试验，可以加入交联所需的硫化活化剂或促进剂；也允许含有注释5(2)②及③所述的物质。但不能加入非交联所需的物质，例如，增量剂、增塑剂及填料；

(2)聚硫橡胶(TM)；

(3)与塑料接枝共聚或混合而改性的天然橡胶、解聚天然橡胶以及不饱和合成物质与饱和合成高聚物的混合物，但这些产品必须符合以上(1)款关于硫化、延伸及回复的要求。

5. (1)品目40.01及40.02不适用于任何凝结前或凝结后与下列物质相混合的橡胶或橡胶混合物：

①硫化剂、促进剂、防焦剂或活性剂(为制造预硫胶乳所加入的除外)；

②颜料或其他着色料，但仅为易于识别而加入的除外；

③增塑剂或增量剂(用油增量的橡胶中所加的矿物油除外)、填料、增强剂、有机溶剂或其他物质，但以下注释(2)所述的除外。

(2)含有下列物质的橡胶或橡胶混合物，只要仍具有原料的基本特性，应归入品目40.01或40.02：

①乳化剂或防粘剂；

②少量的乳化剂分解产品；

③微量的下列物质：热敏剂（一般为制造热敏胶乳用）、阳离子表面活性剂（一般为制造阳性胶乳用）、抗氧剂、凝固剂、碎裂剂、抗冻剂、胶溶剂、保存剂、稳定剂、黏度控制剂或类似的特殊用途添加剂。

6. 品目40.04所称“废碎料及下脚料”，是指在橡胶或橡胶制品生产或加工过程中由于切割、磨损或其他原因所造成没有使用价值的废橡胶及下脚料。

7. 全部用硫化橡胶制成的线，其任一截面的尺寸超过5毫米的，应作为带、杆或型材及异型材归入品目40.08。

8. 品目40.10包括用橡胶浸渍、涂布、包覆或层压的织物制成的或用橡胶浸渍、涂布、包覆的纱、线制成的传动带、输送带。

9. 品目40.01、40.02、40.03、40.05及40.08所称“板”“片”“带”，仅指未切割或只简单切割成矩形（包括正方形）的板、片、带及正几何形块，不论是否具有成品的特征，也不论是否经过印制或其他表面加工，但未切割成其他形状或进一步加工。

品目40.08所称“杆”或“型材及异型材”，仅指不论是否切割成一定长度或表面加工，但未经进一步加工的该类产品。

品目	商品编码	商品名称	计量单位
40.01		**天然橡胶、巴拉塔胶、古塔波胶、银胶菊胶、糖胶树胶及类似的天然树胶，初级形状或板、片、带：**	
	4001.1000	-天然橡胶乳，不论是否预硫化	千克
		-其他形状的天然橡胶：	
	4001.2100	--烟胶片	千克
	4001.2200	--技术分类天然橡胶（TSNR）	千克
	4001.2900	--其他形状的天然橡胶	千克
	4001.3000	-巴拉塔胶、古塔波胶、银胶菊胶、糖胶树胶及类似的天然树胶	千克
40.02		**合成橡胶及从油类提取的油膏，初级形状或板、片、带；品目40.01所列产品与本品目所列产品的混合物，初级形状或板、片、带：**	
		-丁苯橡胶（SBR）；羧基丁苯橡胶（XSBR）：	
		--胶乳：	
	4002.1110	---羧基丁苯橡胶胶乳	千克
	4002.1190	---丁苯橡胶胶乳	千克
		--其他：	
		---初级形状的丁苯橡胶及羧基丁苯橡胶：	
	4002.1911	----未经任何加工的非溶聚丁苯橡胶	千克
	4002.1912	----充油非溶聚丁苯橡胶	千克

品　目	商品编码	商　品　名　称	计量单位
	4002.1913	----热塑丁苯橡胶	千克
	4002.1914	----充油热塑丁苯橡胶	千克
	4002.1915	----未经任何加工的溶聚丁苯橡胶	千克
	4002.1916	----充油溶聚丁苯橡胶	千克
	4002.1919	----其他初级形状丁苯橡胶及羧基丁苯橡胶	千克
	4002.1990	---其他丁苯橡胶及羧基丁苯橡胶	千克
		-丁二烯橡胶(BR):	
	4002.2010	---初级形状的丁二烯橡胶	千克
	4002.2090	---其他丁二烯橡胶	千克
		-异丁烯-异戊二烯(丁基)橡胶(IIR);卤代丁基橡胶(CIIR 或 BIIR):	
		--异丁烯-异戊二烯(丁基)橡胶(IIR):	
	4002.3110	---初级形状的异丁烯-异戊二烯(丁基)橡胶	千克
	4002.3190	---其他异丁烯-异戊二烯(丁基)橡胶	千克
		--其他:	
	4002.3910	---初级形状的卤代丁基橡胶	千克
	4002.3990	---其他卤代丁基橡胶	千克
		-氯丁二烯(氯丁)橡胶(CR):	
	4002.4100	--氯丁二烯(氯丁)橡胶胶乳	千克
		--其他:	
	4002.4910	---初级形状的氯丁二烯(氯丁)橡胶	千克
	4002.4990	---其他氯丁二烯(氯丁)橡胶	千克
		-丁腈橡胶(NBR):	
	4002.5100	--丁腈橡胶胶乳	千克
		--其他:	
	4002.5910	---初级形状的丁腈橡胶	千克
	4002.5990	---其他丁腈橡胶	千克
		-异戊二烯橡胶(IR):	
	4002.6010	---初级形状的异戊二烯橡胶	千克
	4002.6090	---其他异戊二烯橡胶	千克
		-乙丙非共轭二烯橡胶(EPDM):	
	4002.7010	---初级形状的乙丙非共轭二烯橡胶	千克
	4002.7090	---其他乙丙非共轭二烯橡胶	千克
	4002.8000	-品目 40.01 所列产品与本品目所列产品的混合物	千克
		-其他:	
	4002.9100	--未列名合成橡胶胶乳	千克

品　目	商品编码	商　品　名　称	计量单位
		--其他：	
		---其他合成橡胶：	
	4002.9911	----未列名初级形状的合成橡胶	千克
	4002.9919	----未列名非初级形状的合成橡胶	千克
	4002.9990	---从油类提取的油膏	千克
40.03		**再生橡胶，初级形状或板、片、带：**	
	4003.0000	再生橡胶，初级形状或板、片、带	千克
40.04		**橡胶（硬质橡胶除外）的废碎料、下脚料及其粉、粒：**	
	4004.0000	橡胶（硬质橡胶除外）的废碎料、下脚料及其粉、粒	千克
40.05		**未硫化的复合橡胶，初级形状或板、片、带：**	
	4005.1000	-与炭黑或硅石混合未硫化的复合橡胶，初级形状或板、片、带	千克
	4005.2000	-未硫化的复合橡胶溶液；子目4005.1000以外的分散体	千克
		-其他：	
	4005.9100	--其他未硫化的复合橡胶，板、片、带	千克
	4005.9900	--其他未硫化的初级形状复合橡胶	千克
40.06		**其他形状（例如，杆、管或型材及异型材）的未硫化橡胶及未硫化橡胶制品（例如，盘、环）：**	
	4006.1000	-轮胎翻新用胎面补料胎条	千克
		-其他：	
	4006.9010	---其他形状（例如，杆、管或型材及异型材）的未硫化橡胶	千克
	4006.9020	---未硫化橡胶制品	千克
40.07		**硫化橡胶线及绳：**	
	4007.0000	硫化橡胶线及绳	千克
40.08		**硫化橡胶（硬质橡胶除外）制的板、片、带、杆或型材及异型材：**	
		-海绵橡胶制：	
	4008.1100	--硫化海绵橡胶制板、片、带	千克
	4008.1900	--硫化海绵橡胶制杆、型材及异型材	千克
		-非海绵橡胶制：	
	4008.2100	--硫化非海绵橡胶制板、片、带	千克
	4008.2900	--硫化非海绵橡胶制杆、型材及异型材	千克
40.09		**硫化橡胶（硬质橡胶除外）制的管子，不论是否装有附件（例如，接头、肘管、法兰）：**	

品 目	商品编码	商 品 名 称	计量单位
		-未经加强或未与其他材料合制:	
	4009.1100	--未经加强或未与其他材料合制并且未装有附件的管子	千克
	4009.1200	--未经加强或未与其他材料合制但装有附件的管子	千克
		-用金属加强或只与金属合制:	
	4009.2100	--用金属加强或只与金属合制但未装有附件的管子	千克
	4009.2200	--用金属加强或只与金属合制并且装有附件的管子	千克
		-用纺织材料加强或只与纺织材料合制:	
	4009.3100	--用纺织材料加强或只与纺织材料合制但未装有附件的管子	千克
	4009.3200	--用纺织材料加强或只与纺织材料合制并且装有附件的管子	千克
		-用其他材料加强或与其他材料合制:	
	4009.4100	--用其他材料加强或与其他材料合制但未装有附件的管子	千克
	4009.4200	--用其他材料加强或与其他材料合制并且装有附件的管子	千克
40.10		**硫化橡胶制的输送带或传动带及带料:**	
		-输送带及带料:	
	4010.1100	--仅用金属加强的硫化橡胶制输送带及带料	千克
	4010.1200	--仅用纺织材料加强的硫化橡胶制输送带及带料	千克
	4010.1900	--其他硫化橡胶制的输送带及带料	千克
		-传动带及带料:	
	4010.3100	--梯形截面的环形传动带(三角带),V形肋状的,外周长超过60厘米,但不超过180厘米	千克
	4010.3200	--梯形截面的环形传动带(三角带),外周长超过60厘米,但不超过180厘米,V形肋状的除外	千克
	4010.3300	--梯形截面的环形传动带(三角带),V形肋状的,外周长超过180厘米,但不超过240厘米	千克
	4010.3400	--梯形截面的环形传动带(三角带),外周长超过180厘米,但不超过240厘米,V形肋状的除外	千克
	4010.3500	--环形同步带,外周长超过60厘米,但不超过150厘米	千克
	4010.3600	--环形同步带,外周长超过150厘米,但不超过198厘米	千克
	4010.3900	--其他硫化橡胶制的传动带及带料	千克
40.11		**新的充气橡胶轮胎:**	
	4011.1000	-机动小客车用新的充气橡胶轮胎	千克/条
	4011.2000	-客运机动车辆或货运机动车辆用新的充气橡胶轮胎	千克/条
	4011.3000	-航空器用新的充气橡胶轮胎	千克/条

品　目	商品编码	商　　品　　名　　称	计量单位
	4011.4000	-摩托车用新的充气橡胶轮胎	千克/条
	4011.5000	-自行车用新的充气橡胶轮胎	千克/条
		-农业或林业车辆及机器用新的充气橡胶轮胎：	
	4011.7010	---农业或林业车辆及机器用新的人字形胎面或类似胎面的充气橡胶轮胎	千克/条
	4011.7090	---农业或林业车辆及机器用其他新的充气橡胶轮胎	千克/条
		-建筑业、采矿业或工业搬运车辆及机器用新的充气橡胶轮胎：	
		---建筑业、采矿业或工业搬运车辆及机器用新的人字形胎面或类似胎面的充气橡胶轮胎：	
	4011.8011	----建筑业、采矿业或工业搬运车辆及机器用新的人字形胎面或类似胎面的充气橡胶轮胎，辋圈尺寸不超过 61 厘米	千克/条
	4011.8012	----建筑业、采矿业或工业搬运车辆及机器用新的人字形胎面或类似胎面的充气橡胶轮胎，辋圈尺寸超过 61 厘米	千克/条
		---建筑业、采矿业或工业搬运车辆及机器用其他新的充气橡胶轮胎：	
	4011.8091	----建筑业、采矿业或工业搬运车辆及机器用其他新的充气橡胶轮胎，辋圈尺寸不超过 61 厘米	千克/条
	4011.8092	----建筑业、采矿业或工业搬运车辆及机器用其他新的充气橡胶轮胎，辋圈尺寸超过 61 厘米	千克/条
		-其他：	
	4011.9010	---其他新的人字形胎面或类似胎面的充气橡胶轮胎	千克/条
	4011.9090	---未列名新的充气橡胶轮胎	千克/条
40.12		**翻新的或旧的充气橡胶轮胎；实心或半实心橡胶轮胎、橡胶胎面及橡胶轮胎衬带：**	
		-翻新轮胎：	
	4012.1100	--机动小客车（包括旅行小客车及赛车）用翻新的充气橡胶轮胎	千克/条
	4012.1200	--机动大客车或货运机运车辆用翻新的充气橡胶轮胎	千克/条
	4012.1300	--航空器用翻新的充气橡胶轮胎	千克/条
	4012.1900	--其他翻新的充气橡胶轮胎	千克/条
		-旧的充气轮胎：	
	4012.2010	---汽车用旧的充气轮胎	千克/条
	4012.2090	---其他旧的充气轮胎	千克/条

品目	商品编码	商品名称	计量单位
		-其他:	
	4012.9010	---航空器用实心或半实心橡胶轮胎、橡胶胎面及橡胶轮胎衬带	千克
	4012.9020	---汽车用实心或半实心橡胶轮胎、橡胶胎面及橡胶轮胎衬带	千克
	4012.9090	---其他实心或半实心橡胶轮胎、橡胶胎面及橡胶轮胎衬带	千克
40.13		**橡胶内胎:**	
	4013.1000	-机动小客车、客运机动车辆或货运机动车辆用橡胶内胎	千克/条
	4013.2000	-自行车用橡胶内胎	千克/条
		-其他:	
	4013.9010	---航空器用橡胶内胎	千克/条
	4013.9090	---其他橡胶内胎	千克/条
40.14		**硫化橡胶(硬质橡胶除外)制的卫生及医疗用品(包括奶嘴),不论是否装有硬质橡胶制的附件:**	
	4014.1000	-硫化橡胶制避孕套	千克
	4014.9000	-硫化橡胶制其他卫生及医疗用品	千克
40.15		**硫化橡胶(硬质橡胶除外)制的衣着用品及附件(包括分指手套、连指手套及露指手套):**	
		-分指手套、连指手套及露指手套:	
	4015.1100	--硫化橡胶制外科用分指手套、连指手套及露指手套	千克/双
	4015.1900	--硫化橡胶制其他分指手套、连指手套及露指手套	千克/双
		-其他:	
	4015.9010	---硫化橡胶制医疗用衣着用品及附件(不包括手套)	千克
	4015.9090	---硫化橡胶制非医疗用衣着用品及附件(不包括手套)	千克
40.16		**硫化橡胶(硬质橡胶除外)的其他制品:**	
		-硫化海绵橡胶制:	
	4016.1010	---硫化海绵橡胶制机器及仪器用零件	千克
	4016.1090	---其他硫化海绵橡胶制品	千克
		-其他:	
	4016.9100	--硫化橡胶制铺地用品及门垫	千克
	4016.9200	--硫化橡胶制橡皮擦	千克
		--垫片、垫圈及其他密封垫:	
	4016.9310	---硫化橡胶制机器及仪器用垫片、垫圈及其他密封垫	千克
	4016.9390	---硫化橡胶制非机器或仪器用垫片、垫圈及其他密封垫	千克
	4016.9400	--硫化橡胶制船舶或码头的碰垫,不论是否可充气	千克

品　目	商品编码	商　品　名　称	计量单位
	4016.9500	--硫化橡胶制其他可充气制品	千克
		--其他：	
	4016.9910	---其他硫化橡胶制机器及仪器用零件	千克
	4016.9990	---未列名硫化橡胶制品	千克
40.17		**各种形状的硬质橡胶（例如，纯硬质胶），包括废碎料；硬质橡胶制品：**	
	4017.0010	---各种形状的硬质橡胶，包括废碎料	千克
	4017.0020	---硬质橡胶制品	千克

第八类 生皮、皮革、毛皮及其制品；鞍具及挽具；旅行用品、手提包及类似品；动物肠线（蚕胶丝除外）制品

第四十一章 生皮（毛皮除外）及皮革

注释：

1. 本章不包括：

(1)生皮的边角废料(品目05.11)；

(2)品目05.05或67.01的带羽毛或羽绒的整张或部分鸟皮；

(3)带毛生皮或已鞣的带毛皮张(第四十三章)；但下列动物的带毛生皮应归入第四十一章：牛(包括水牛)、马科动物、绵羊及羔羊(不包括阿斯特拉罕、喀拉科尔、波斯羔羊或类似羔羊、印度、中国或蒙古羔羊)、山羊或小山羊(不包括也门或蒙古山羊及小山羊)、猪(包括野猪)、小羚羊、瞪羚、骆驼(包括单峰骆驼)、驯鹿、麋、鹿、狍或狗。

2. (1)品目41.04至41.06不包括经逆鞣(包括预鞣)加工的皮(酌情归入品目41.01至41.03)；

(2)品目41.04至41.06所称"坯革"，包括在干燥前经复鞣、染色或加油(加脂)的皮。

3. 本目录所称"再生皮革"，仅指品目41.15的皮革。

品目	商品编码	商品名称	计量单位
41.01		**生牛皮(包括水牛皮)、生马科动物皮(鲜的、盐腌的、干的、石灰浸渍的、浸酸的或以其他方法保藏，但未鞣制、未经羊皮纸化处理或进一步加工的)，不论是否去毛或剖层：**	
		-未剖层的整张皮，简单干燥的每张重量不超过8千克，干盐腌的不超过10千克，鲜的、湿盐腌的或以其他方法保藏的不超过16千克：	
		---牛皮：	
	4101.2011	----经逆鞣处理未剖层的整张牛皮，简单干燥的不超过8千克，干盐腌的不超过10千克，鲜的、湿盐腌的或以其他方法保藏的不超过16千克	千克/张

品　目	商品编码	商　品　名　称	计量单位
	4101.2019	----其他未剖层的整张牛皮,简单干燥的不超过8千克,干盐腌的不超过10千克,鲜的、湿盐腌的或以其他方法保藏的不超过16千克	千克/张
	4101.2020	---未剖层的整张马科动物皮,简单干燥的不超过8千克,干盐腌的不超过10千克,鲜的、湿盐腌的或以其他方法保藏的不超过16千克	千克/张
		-整张皮,重量超过16千克:	
		---牛皮:	
	4101.5011	----经逆鞣处理的,超过16千克的整张牛皮	千克/张
	4101.5019	----其他超过16千克的整张牛皮	千克/张
	4101.5020	---超过16千克的整张马科动物皮	千克/张
		-其他,包括整张或半张的背皮及腹皮:	
		---牛皮:	
	4101.9011	----其他经逆鞣处理的牛皮	千克
	4101.9019	----其他牛皮	千克
	4101.9020	---其他生马科动物皮	千克
41.02		**绵羊或羔羊生皮(鲜的、盐渍的、干的、石灰浸渍的、浸酸的或经其他方法保藏,但未鞣制、未经羊皮纸化处理或进一步加工的),不论是否带毛或剖层,但本章注释1(3)所述不包括的生皮除外:**	
	4102.1000	-带毛的绵羊或羔羊生皮	千克/张
		-不带毛:	
		--浸酸的:	
	4102.2110	---经逆鞣处理的浸酸的不带毛的绵羊或羔羊生皮	千克/张
	4102.2190	---其他浸酸的不带毛的绵羊或羔羊生皮	千克/张
		--其他:	
	4102.2910	---其他经逆鞣处理的不带毛的绵羊或羔羊生皮	千克/张
	4102.2990	---其他不带毛的绵羊或羔羊生皮	千克/张
41.03		**其他生皮(鲜的、盐渍的、干的、石灰浸渍的、浸酸的或以其他方法保藏,但未鞣制、未经羊皮纸化处理或进一步加工的),不论是否去毛或剖层,但本章注释1(2)或(3)所述不包括的生皮除外:**	
	4103.2000	-爬行动物皮	千克/张
	4103.3000	-猪皮	千克/张
		-其他生皮:	
		---山羊板皮:	

品 目	商品编码	商 品 名 称	计量单位
	4103.9011	----经逆鞣处理的山羊板皮	千克/张
	4103.9019	----其他山羊板皮	千克/张
		---其他山羊皮或小山羊皮:	
	4103.9021	----经逆鞣处理的其他山羊皮或小山羊皮	千克/张
	4103.9029	----其他山羊皮或小山羊皮	千克/张
	4103.9090	---其他生皮	千克/张
41.04		**经鞣制的不带毛牛皮(包括水牛皮)、马科动物皮及其坯革,不论是否剖层,但未经进一步加工:**	
		-湿革(包括蓝湿皮):	
		--全粒面未剖层革;粒面剖层革:	
		---牛湿革:	
	4104.1111	----全粒面未剖层及粒面剖层蓝湿牛皮	千克
	4104.1119	----其他全粒面未剖层及粒面剖层牛湿革	千克
	4104.1120	---全粒面未剖层及粒面剖层马科动物湿革	千克
		--其他:	
		---牛湿革:	
	4104.1911	----其他蓝湿牛皮	千克
	4104.1919	----其他牛湿革	千克
	4104.1920	---其他马科动物湿革	千克
		-干革(坯革):	
	4104.4100	--全粒面未剖层及粒面剖层牛、马科动物干革(坯革)	千克
		--其他:	
	4104.4910	---其他机器带用牛、马科动物干革(坯革)	千克
	4104.4990	---其他牛、马科动物干革(坯革)	千克
41.05		**经鞣制的不带毛绵羊或羔羊皮及其坯革,不论是否剖层,但未经进一步加工:**	
		-湿革(包括蓝湿皮):	
	4105.1010	---蓝湿绵羊或羔羊皮	千克
	4105.1090	---其他绵羊或羔羊湿革	千克
	4105.3000	-绵羊或羔羊干革(坯革)	千克
41.06		**经鞣制的其他不带毛动物皮及其坯革,不论是否剖层,但未经进一步加工:**	
		-山羊或小山羊的:	
	4106.2100	--山羊或小山羊湿革(包括蓝湿皮)	千克
	4106.2200	--山羊或小山羊干革(坯革)	千克
		-猪的:	

品　目	商品编码	商　品　名　称	计量单位
		--湿革(包括蓝湿皮):	
	4106.3110	---蓝湿猪皮	千克
	4106.3190	---其他猪湿革	千克
	4106.3200	--猪干革(坯革)	千克
	4106.4000	-经鞣制的不带毛爬行动物皮及其坯革	千克
		-其他:	
	4106.9100	--其他动物湿革(包括蓝湿皮)	千克
	4106.9200	--其他动物干革(坯革)	千克
41.07		**经鞣制或半硝处理后进一步加工的不带毛的牛皮革(包括水牛皮革)及马科动物皮革,包括羊皮纸化处理的皮革,不论是否剖层,但品目的41.14皮革除外:**	
		-整张的:	
		--全粒面未剖层革:	
	4107.1110	---整张全粒面未剖层牛皮革	千克/张
	4107.1120	---整张全粒面未剖层马科动物皮革	千克/张
		--粒面剖层革:	
	4107.1210	---整张粒面剖层牛皮革	千克/张
	4107.1220	---整张粒面剖层马科动物皮革	千克/张
		--其他:	
	4107.1910	---其他机器带用整张牛、马科动物皮革	千克/张
	4107.1990	---其他整张牛、马科动物皮革	千克/张
		-其他,包括半张的:	
	4107.9100	--全粒面未剖层革(整张革除外)	千克
	4107.9200	--粒面剖层革(整张革除外)	千克
		--其他:	
	4107.9910	---机器带用牛、马科动物皮革(整张革除外)	千克
	4107.9990	---未列名牛、马科动物皮革	千克
41.12		**经鞣制或半硝处理后进一步加工的不带毛的绵羊或羔羊皮革,包括羊皮纸化处理的,不论是否剖层,但品目41.14的皮革除外:**	
	4112.0000	经鞣制或半硝处理后进一步加工的不带毛的绵羊或羔羊皮革,包括羊皮纸化处理的,不论是否剖层,但品目41.14的皮革除外	千克
41.13		**经鞣制或半硝处理后进一步加工的不带毛的其他动物皮革,包括羊皮纸化处理的,不论是否剖层,但品目41.14的皮革除外:**	

品 目	商品编码	商 品 名 称	计量单位
	4113.1000	-经鞣制或半硝处理后进一步加工的山羊或小山羊皮革	千克
	4113.2000	-经鞣制或半硝处理后进一步加工的猪皮革	千克
	4113.3000	-经鞣制或半硝处理后进一步加工的爬行动物皮革	千克
	4113.9000	-经鞣制或半硝处理后进一步加工的其他动物皮革	千克
41.14		**油鞣皮革(包括结合鞣制的油鞣皮革);漆皮及层压漆皮;镀金属皮革:**	
	4114.1000	-油鞣皮革(包括结合鞣制的油鞣皮革)	千克
	4114.2000	-漆皮及层压漆皮;镀金属皮革	千克
41.15		**以皮革或皮革纤维为基本成分的再生皮革,成块、成张或成条,不论是否成卷;皮革或再生皮革的边角废料,不适宜作皮革制品用;皮革粉末:**	
	4115.1000	-以皮革或皮革纤维为基本成分的再生皮革,成块、成张或成条,不论是否成卷	千克
	4115.2000	-皮革或再生皮革的边角废料,不适宜作皮革制品;皮革粉末	千克

第四十二章　皮革制品；鞍具及挽具；旅行用品、手提包及类似容器；动物肠线（蚕胶丝除外）制品

注释：

1. 本章所称的“皮革”包括油鞣皮革(含结合鞣制的油鞣皮革)、漆皮、层压漆皮和镀金属皮革。
2. 本章不包括：
   (1)外科用无菌肠线或类似的无菌缝合材料(品目30.06)；
   (2)以毛皮或人造毛皮衬里或作面(仅饰边的除外)的衣服及衣着附件（分指手套、连指手套及露指手套除外）（品目43.03或43.04）；
   (3)网线袋及类似品(品目56.08)；
   (4)第六十四章的物品；
   (5)第六十五章的帽类及其零件；
   (6)品目66.02的鞭子、马鞭或其他物品；
   (7)袖扣、手镯或其他仿首饰(品目71.17)；
   (8)单独进口或出口的挽具附件或装饰物，例如，马镫、马嚼子、马铃铛及类似品、带扣(一般归入第十五类)；
   (9)弦线、鼓面皮或类似品及其他乐器零件(品目92.09)；
   (10)第九十四章的物品(例如，家具、灯具及照明装置)；
   (11)第九十五章的物品(例如，玩具、游戏品及运动用品)；
   (12)品目96.06的纽扣、揿扣、纽扣芯或这些物品的其他零件、纽扣坯。
3. (1)除上述注释1所规定的以外，品目42.02也不包括：
   ①非供长期使用的带把手塑料薄膜袋，不论是否印制(品目39.23)；
   ②编结材料制品(品目46.02)。
   (2)品目42.02及42.03的制品，如果装有用贵金属、包贵金属、天然或养殖珍珠、宝石或半宝石(天然、合成或再造)制的零件，即使这些零件不是仅作为小配件或小饰物的，只要其未构成物品的基本特征，仍应归入上述品目。但如果这些零件已构成物品的基本特征，则应归入第七十一章。
4. 品目42.03所称“衣服及衣着附件”，主要包括分指手套、连指手套及露指手套(包括运动及防护手套)、围裙及其他防护用衣着、裤吊带、腰带、子弹带及腕带，但不包括表带(品目91.13)。

品 目	商品编码	商 品 名 称	计量单位
42.01		**各种材料制成的鞍具及挽具(包括缰绳、挽绳、护膝垫、口套、鞍褥、马褡裢、狗外套及类似品),适合各种动物用:**	
	4201.0000	各种材料制成的鞍具及挽具(包括缰绳、挽绳、护膝垫、口套、鞍褥、马褡裢、狗外套及类似品),适合各种动物用	千克
42.02		**衣箱、提箱、小手袋、公文箱、公文包、书包、眼镜盒、望远镜盒、照相机套、乐器盒、枪套及类似容器;旅行包、食品或饮料保温包、化妆包、帆布包、手提包、购物袋、钱夹、钱包、地图盒、烟盒、烟袋、工具包、运动包、瓶盒、首饰盒、粉盒、刀叉餐具盒及类似容器,用皮革或再生皮革、塑料片、纺织材料、钢纸或纸板制成,或者全部或主要用上述材料或纸包覆制成:**	
		-衣箱、提箱、小手袋、公文箱、公文包、书包及类似容器:	
		--以皮革或再生皮革作面:	
	4202.1110	---以皮革或再生皮革作面的衣箱	千克/个
	4202.1190	---以皮革或再生皮革作面的提箱、小手袋、公文箱、公文包、书包及类似容器	千克/个
		--以塑料或纺织材料作面:	
	4202.1210	---以塑料或纺织材料作面的衣箱	千克/个
	4202.1290	---以塑料或纺织材料作面的提箱、小手袋、公文箱、公文包、书包及类似容器	千克/个
	4202.1900	--以其他材料作面的衣箱、提箱、小手袋、公文箱、公文包、书包及类似容器	千克/个
		-手提包,不论是否有背带,包括无把手的:	
	4202.2100	--以皮革或再生皮革作面的手提包	千克/个
	4202.2200	--以塑料片或纺织材料作面的手提包	千克/个
	4202.2900	--以其他材料作面的手提包	千克/个
		-通常置于口袋或手提包内的物品:	
	4202.3100	--以皮革或再生皮革作面通常置于口袋或手提包内的物品	千克/个
	4202.3200	--以塑料片或纺织材料作面通常置于口袋或手提包内的物品	千克/个
	4202.3900	--以其他材料作面通常置于口袋或手提包内的物品	千克/个
		-其他:	
	4202.9100	--以皮革、再生皮革作面的其他类似容器	千克/个
	4202.9200	--以塑料片或纺织材料作面的其他类似容器	千克/个

品　目	商品编码	商　品　名　称	计量单位
	4202.9900	--以其他材料作面的其他类似容器	千克/个
42.03		**皮革或再生皮革制的衣服及衣着附件：**	
	4203.1000	-皮革或再生皮革制的衣服	千克/件
		-手套，包括连指或露指的：	
	4203.2100	--皮革或再生皮革制专供运动用手套	千克/双
		--其他：	
	4203.2910	---皮革或再生皮革制的劳保手套	千克/双
	4203.2990	---皮革或再生皮革制的其他手套	千克/双
		-腰带及子弹带：	
	4203.3010	---皮革或再生皮革制的腰带	千克
	4203.3020	---皮革或再生皮革制的子弹带	千克
	4203.4000	-皮革或再生皮革制的其他衣着附件	千克
42.05		**皮革或再生皮革的其他制品：**	
	4205.0010	---皮革或再生皮革制的坐具套	千克
	4205.0020	---机器、机械器具或其他专门技术用途的皮革或再生皮革制品	千克
	4205.0090	---皮革或再生皮革制的其他制品	千克
42.06		**肠线(蚕胶丝除外)、肠膜、膀胱或筋腱制品：**	
	4206.0000	肠线(蚕胶丝除外)、肠膜、膀胱或筋腱制品	千克

第四十三章 毛皮、人造毛皮及其制品

注释：

1. 本目录所称“毛皮”，是指已鞣的各种动物的带毛毛皮，但不包括品目43.01的生毛皮。
2. 本章不包括：
   (1)带羽毛或羽绒的整张或部分鸟皮(品目05.05或67.01)；
   (2)第四十一章的带毛生皮[见该章注释1(3)]；
   (3)用皮革与毛皮或用皮革与人造毛皮制成的分指手套、连指手套及露指手套(品目42.03)；
   (4)第六十四章的物品；
   (5)第六十五章的帽类及其零件；
   (6)第九十五章的物品(例如，玩具、游戏品及运动用品)。
3. 品目43.03包括加有其他材料缝合的毛皮和毛皮部分品，以及缝合成衣服、衣服部分品、衣着附件或其他制品的毛皮和毛皮部分品。
4. 以毛皮或人造毛皮衬里或作面(仅饰边的除外)的衣服及衣着附件(不包括注释2所述的货品)，应分别归入品目43.03或43.04，但毛皮或人造毛皮仅作为装饰的除外。
5. 本目录所称“人造毛皮”，是指以毛、发或其他纤维粘附或缝合于皮革、织物或其他材料之上而构成的仿毛皮，但不包括以机织或针织方法制得的仿毛皮(一般应归入品目58.01或60.01)。

品目	商品编码	商品名称	计量单位
43.01		**生毛皮(包括适合加工皮货用的头、尾、爪及其他块、片)，但品目41.01、41.02或41.03的生皮除外：**	
	4301.1000	-整张水貂皮，不论是否带头、尾或爪	千克
	4301.3000	-下列羔羊的整张毛皮，无论是否带头、尾或爪：阿斯特拉罕、喀拉科尔、波斯羔羊及类似羔羊，印度、中国或蒙古羔羊	千克
	4301.6000	-整张狐皮，不论是否带头、尾或爪	千克/张
		-其他整张毛皮，不论是否带头、尾或爪：	
	4301.8010	---整张兔皮，不论是否带头、尾或爪	千克/张
	4301.8090	---其他整张毛皮，不论是否带头、尾或爪	千克/张
		-适合加工皮货用的头、尾、爪及其他块、片：	
	4301.9010	---适合加工皮货用的黄鼠狼尾	千克
	4301.9090	---其他适合加工皮货用的头、尾、爪及其他块、片	千克

品　目	商品编码	商　品　名　称	计量单位
43.02		**未缝制或已缝制(不加其他材料)的已鞣毛皮(包括头、尾、爪及其他块、片),但品目43.03的货品除外:**	
		-未缝制的整张毛皮,不论是否带头、尾或爪:	
	4302.1100	--未缝制的整张水貂皮	千克/张
		--其他:	
	4302.1910	---未缝制的整张灰鼠皮、白鼬皮、其他貂皮、狐皮、水獭皮、旱獭皮及猞猁皮	千克/张
	4302.1920	---未缝制的整张兔皮	千克/张
	4302.1930	---未缝制的整张下列羔羊皮:阿斯特拉罕、喀拉科尔、波斯羔羊及类似羔羊,印度、中国或蒙古羔羊	千克/张
	4302.1990	---其他未缝制的整张毛皮	千克/张
	4302.2000	-未缝制的头、尾、爪及其他块、片	千克
		-已缝制的整张毛皮及其块、片:	
	4302.3010	---已缝制的灰鼠、白鼬、貂、狐、水獭、旱獭及猞猁的整张毛皮及其块、片	千克
	4302.3090	---其他已缝制的整张毛皮及其块、片	千克
43.03		**毛皮制的衣服、衣着附件及其他物品:**	
		-衣服及衣着附件:	
	4303.1010	---毛皮衣服	千克/件
	4303.1020	---毛皮衣着附件	千克
	4303.9000	-其他毛皮制品	千克
43.04		**人造毛皮及其制品:**	
	4304.0010	---人造毛皮	千克
	4304.0020	---人造毛皮制品	千克

第九类　木及木制品；木炭；软木及软木制品；稻草、秸秆、针茅或其他编结材料制品；篮筐及柳条编结品

第四十四章　木及木制品；木炭

注释：

1. 本章不包括：

(1)主要作香料、药料、杀虫、杀菌或类似用途的木片、刨花、木碎、木粒或木粉(品目12.11)；

(2)竹或主要作编织用的其他木质材料，未加工或粗加工，不论是否劈开、纵锯或切段(品目14.01)；

(3)主要作染料或鞣料用的木片、刨花、木粒或木粉(品目14.04)；

(4)活性炭(品目38.02)；

(5)品目42.02的物品；

(6)第四十六章的货品；

(7)第六十四章的鞋靴及其零件；

(8)第六十六章的货品(例如，伞、手杖及其零件)；

(9)品目68.08的货品；

(10)品目71.17的仿首饰；

(11)第十六类或第十七类的货品(例如，机器零件，机器及器具的箱、罩、壳，车辆部件)；

(12)第十八类的货品(例如，钟壳、乐器及其零件)；

(13)火器的零件(品目93.05)；

(14)第九十四章的物品(例如，家具、灯具及照明器具、活动房屋)；

(15)第九十五章的物品(例如，玩具、游戏品及运动用品)；

(16)第九十六章的物品(例如，烟斗及其零件、钮扣、铅笔、独脚架、双脚架、三脚架及类似品)，但品目96.03所列物品的木身及木柄除外；

(17)第九十七章的物品(例如，艺术品)。

2. 本章所称“强化木”，是指经过化学或物理方法处理(对于多层黏合木材，其处理应超出一般黏合需要)，从而增加了密度或硬度并改善了机械强度、抗化学或抗电性能的木材。

3. 品目44.14至44.21适用于木质碎料板或类似木质材料板、纤维板、层压板或强化木的制品。

4. 品目44.10、44.11或44.12的产品，可以加工成品目44.09所述的各种形状，也可以加工成弯曲、瓦楞、多孔或其他形状（正方形或矩形除外），以及经其他任何加工，但未具有其他品目所列制品的特性。
5. 品目44.17不包括装有第八十二章注释1所述材料制成的刀片、工作刃、工作面或其他工作部件的工具。
6. 除上述注释1及其他另有规定的以外，本章品目中所称"木"，也包括竹及其他木质材料。

子目注释：

1. 子目4401.31所称"木屑棒"是指由木材加工业、家具制造业及其他木材加工活动中产生的副产品（例如，刨花、锯末及碎木片）直接压制而成或加入按重量计不超过3%的黏合剂后粘聚而成的产品。此类产品呈圆柱状，其直径不超过25毫米，长度不超过100毫米。

品目	商品编码	商品名称	计量单位
44.01		**薪柴（圆木段、块、枝、成捆或类似形状）；木片或木粒；锯末、木废料及碎片，不论是否粘结成圆木段、块、片或类似形状：**	
		-薪柴（圆木段、块、枝、成捆或类似形状）：	
	4401.1100	--针叶木薪柴（圆木段、块、枝、成捆或类似形状）	千克
	4401.1200	--非针叶木薪柴（圆木段、块、枝、成捆或类似形状）	千克
		-木片或木粒：	
	4401.2100	--针叶木的木片或木粒	千克
	4401.2200	--非针叶木的木片或木粒	千克
		-锯末、木废料及碎片，粘结成圆木段、块、片或类似形状：	
	4401.3100	--木屑棒	千克
	4401.3900	--其他锯末、木废料及碎片，粘结成圆木段、块、片或类似形状	千克
	4401.4000	-未粘结的锯末、木废料及碎片	千克
44.02		**木炭（包括果壳炭及果核炭），不论是否结块：**	
	4402.1000	-竹炭，不论是否结块	千克
	4402.9000	-其他木炭（包括果壳炭及果核炭），不论是否结块	千克
44.03		**原木，不论是否去皮、去边材或粗锯成方：**	
		-用油漆、着色剂、杂酚油或其他防腐剂处理的原木：	
	4403.1100	--用油漆、着色剂、杂酚油或其他防腐剂处理的针叶木原木	千克/立方米
	4403.1200	--用油漆、着色剂、杂酚油或其他防腐剂处理的非针叶木原木	千克/立方米

品目	商品编码	商品名称	计量单位
		-其他针叶木原木:	
		--松木原木,截面尺寸在15厘米及以上:	
	4403.2110	---红松和樟子松原木,截面尺寸在15厘米及以上	千克/立方米
	4403.2120	---辐射松原木,截面尺寸在15厘米及以上	千克/立方米
	4403.2130	---落叶松原木,截面尺寸在15厘米及以上	千克/立方米
	4403.2140	---花旗松原木,截面尺寸在15厘米及以上	千克/立方米
	4403.2190	---其他松木原木,截面尺寸在15厘米及以上	千克/立方米
		--松木原木,截面尺寸在15厘米以下:	
	4403.2210	---红松和樟子松原木,截面尺寸在15厘米以下	千克/立方米
	4403.2220	---辐射松原木,截面尺寸在15厘米以下	千克/立方米
	4403.2230	---落叶松原木,截面尺寸在15厘米以下	千克/立方米
	4403.2240	---花旗松原木,截面尺寸在15厘米以下	千克/立方米
	4403.2290	---其他松木原木,截面尺寸在15厘米以下	千克/立方米
	4403.2300	--冷杉和云杉原木,截面尺寸在15厘米及以上	千克/立方米
	4403.2400	--冷杉和云杉原木,截面尺寸在15厘米以下	千克/立方米
	4403.2500	--其他针叶木原木,截面尺寸在15厘米及以上	千克/立方米
	4403.2600	--其他针叶木原木,截面尺寸在15厘米以下	千克/立方米
		-其他热带木原木:	
	4403.4100	--深红色红柳桉木、浅红色红柳桉木及巴栲红柳桉木原木	千克/立方米
		--其他:	
	4403.4910	---柚木原木	千克/立方米
	4403.4920	---奥克曼木(奥克榄)原木	千克/立方米
	4403.4930	---龙脑香木(克隆木)原木	千克/立方米
	4403.4940	---山樟木(香木)原木	千克/立方米
	4403.4950	---印加木(波罗格)原木	千克/立方米
	4403.4960	---大干巴豆木(门格里斯或康派斯)原木	千克/立方米
	4403.4970	---异翅香木原木	千克/立方米
	4403.4980	---热带红木原木	千克/立方米
	4403.4990	---其他热带木原木	千克/立方米
		-其他:	
	4403.9100	--栎木(橡木)原木	千克/立方米
	4403.9300	--水青冈木(山毛榉木)原木,截面尺寸在15厘米及以上	千克/立方米
	4403.9400	--水青冈木(山毛榉木)原木,截面尺寸在15厘米以下	千克/立方米
	4403.9500	--桦木原木,截面尺寸在15厘米及以上	千克/立方米

品 目	商品编码	商 品 名 称	计量单位
	4403.9600	--桦木原木,截面尺寸在15厘米以下	千克/立方米
	4403.9700	--杨木原木	千克/立方米
	4403.9800	--桉木原木	千克/立方米
		--其他:	
	4403.9930	---红木原木,但编码4403.4980所列热带红木除外	千克/立方米
	4403.9940	---泡桐木原木	千克/立方米
	4403.9950	---水曲柳原木	千克/立方米
	4403.9960	---北美硬阔叶木原木	千克/立方米
	4403.9980	---未列名温带非针叶木原木	千克/立方米
	4403.9990	---未列名原木	千克/立方米
44.04		**箍木;木劈条;已削尖但未纵锯的木桩;粗加修整但未车园、弯曲或其他方式加工的木棒,适合制手杖、伞柄、工具把柄及类似品;木片条及类似品:**	
	4404.1000	-针叶木的箍木;针叶木的木劈条;已削尖但未纵锯的针叶木的木桩;粗加修整但未车园、弯曲或其他方式加工的针叶木的木棒,适合制手杖、伞柄、工具把柄及类似品;针叶木的木片条及类似品	千克
	4404.2000	-非针叶木的箍木;非针叶木的木劈条;已削尖但未纵锯的非针叶木的木桩;粗加修整但未车园、弯曲或其他方式加工的非针叶木的木棒,适合制手杖、伞柄、工具把柄及类似品;非针叶木的木片条及类似品	千克
44.05		**木丝;木粉:**	
	4405.0000	木丝;木粉	千克
44.06		**铁道及电车道枕木:**	
		-未浸渍:	
	4406.1100	--未浸渍针叶木铁道及电车道枕木	千克/立方米
	4406.1200	--未浸渍非针叶木铁道及电车道枕木	千克/立方米
		-其他:	
	4406.9100	--已浸渍针叶木铁道及电车道枕木	千克/立方米
	4406.9200	--已浸渍非针叶木铁道及电车道枕木	千克/立方米
44.07		**经纵锯、纵切、刨切或旋切的木材,不论是否刨平、砂光或端部接合,厚度超过6毫米:**	
		-针叶木:	
		--松木木材:	
	4407.1110	---红松和樟子松木材,经纵锯、纵切、刨切或旋切,厚度超过6毫米	千克/立方米

品 目	商品编码	商 品 名 称	计量单位
	4407.1120	---辐射松木材,经纵锯、纵切、刨切或旋切,厚度超过6毫米	千克/立方米
	4407.1130	---花旗松木材,经纵锯、纵切、刨切或旋切,厚度超过6毫米	千克/立方米
	4407.1190	---其他松木木材,经纵锯、纵切、刨切或旋切,厚度超过6毫米	千克/立方米
	4407.1200	--冷杉及云杉木材,经纵锯、纵切、刨切或旋切,厚度超过6毫米	千克/立方米
	4407.1900	--其他针叶木木材,经纵锯、纵切、刨切或旋切,厚度超过6毫米	千克/立方米
		-热带木木材:	
	4407.2100	--美洲桃花心木木材,经纵锯、纵切、刨切或旋切,厚度超过6毫米	千克/立方米
	4407.2200	--苏里南肉豆蔻木、细孔绿心樟及美洲轻木木材,经纵锯、纵切、刨切或旋切,厚度超过6毫米	千克/立方米
	4407.2500	--深红色红柳桉木、浅红色红柳桉木及巴栲红柳桉木木材,经纵锯、纵切、刨切或旋切,厚度超过6毫米	千克/立方米
	4407.2600	--经纵锯、纵切、刨切或旋切的白柳安木、白色红柳安木、白色柳安木、黄色红柳安木及阿兰木木材,厚度超过6毫米	千克/立方米
	4407.2700	--经纵锯、纵切、刨切或旋切的沙比利木木材,厚度超过6毫米	千克/立方米
	4407.2800	--经纵锯、纵切、刨切或旋切的伊罗科木木材,厚度超过6毫米	千克/立方米
		--本章子目注释2所列的其他热带木:	
	4407.2910	---经纵锯、纵切、刨切或旋切的柚木木材,厚度超过6毫米	千克/立方米
	4407.2920	---经纵锯、纵切、刨切或旋切的非洲桃花心木木材,厚度超过6毫米	千克/立方米
	4407.2930	---波罗格木木材,经纵锯、纵切、刨切或旋切,厚度超过6毫米	千克/立方米
	4407.2940	---热带红木木材,经纵锯、纵切、刨切或旋切,厚度超过6毫米	千克/立方米
	4407.2990	---未列名热带木木材,经纵锯、纵切、刨切或旋切,厚度超过6毫米	千克/立方米
		-其他:	

品　目	商品编码	商　品　名　称	计量单位
	4407.9100	--栎木(橡木)木材,经纵锯、纵切、刨切或旋切,厚度超过6毫米	千克/立方米
	4407.9200	--水青冈木(山毛榉木)木材,经纵锯、纵切、刨切或旋切,厚度超过6毫米	千克/立方米
	4407.9300	--槭木(枫木)木材,经纵锯、纵切、刨切或旋切,厚度超过6毫米	千克/立方米
	4407.9400	--樱桃木木材,经纵锯、纵切、刨切或旋切,厚度超过6毫米	千克/立方米
	4407.9500	--白蜡木木材,经纵锯、纵切、刨切或旋切,厚度超过6毫米	千克/立方米
	4407.9600	--桦木木材,经纵锯、纵切、刨切或旋切,厚度超过6毫米	千克/立方米
	4407.9700	--杨木木材,经纵锯、纵切、刨切或旋切,厚度超过6毫米	千克/立方米
		--其他木材:	
	4407.9910	---红木木材,但编码4407.2940所列热带红木木材除外,经纵锯、纵切、刨切或旋切,厚度超过6毫米	千克/立方米
	4407.9920	---泡桐木木材,经纵锯、纵切、刨切或旋切,厚度超过6毫米	千克/立方米
	4407.9930	---经纵锯、纵切、刨切或旋切的其他北美硬阔叶木木材,厚度超过6毫米	千克/立方米
	4407.9980	---经纵锯、纵切、刨切或旋切的其他温带非针叶木木材,厚度超过6毫米	千克/立方米
	4407.9990	---经纵锯、纵切、刨切或旋切的其他木材,厚度超过6毫米	千克/立方米
44.08		**饰面用单板(包括刨切积层木获得的单板)、制胶合板或类似多层板用单板,以及其他经纵锯、刨切或旋切的木材,不论是否刨平、砂光、拼接或端部接合,厚度不超过6毫米:**	
		-针叶木:	
		---饰面用单板:	
	4408.1011	----用胶合板等多层板制的针叶木饰面用单板,厚度不超过6毫米	千克
	4408.1019	----其他针叶木饰面用单板,厚度不超过6毫米	千克
	4408.1020	---针叶木制胶合板用单板,厚度不超过6毫米	千克
	4408.1090	---其他针叶木木材,经纵锯、刨切或旋切,厚度不超过6毫米	千克
		-热带木:	

品目	商品编码	商品名称	计量单位
		--深红色红柳桉木、浅红色红柳桉木及巴梣红柳桉木：	
		---饰面用单板：	
	4408.3111	----用胶合板等多层板制的饰面用单板，深红色红柳桉木、浅红色红柳桉木及巴梣红柳桉木制，厚度不超过6毫米	千克
	4408.3119	----其他饰面用单板，深红色红柳桉木、浅红色红柳桉木及巴梣红柳桉木制，厚度不超过6毫米	千克
	4408.3120	---制胶合板用单板，深红色红柳桉木、浅红色红柳桉木及巴梣红柳桉木制，厚度不超过6毫米	千克
	4408.3190	---其他经纵锯、刨切或旋切的木材，深红色红柳桉木、浅红色红柳桉木及巴梣红柳桉木制，厚度不超过6毫米	千克
		--其他热带木制：	
		---饰面用单板：	
	4408.3911	----用胶合板等多层板制的饰面用单板，其他热带木制，厚度不超过6毫米	千克
	4408.3919	----其他饰面用单板，其他热带木制，厚度不超过6毫米	千克
	4408.3920	---制胶合板用单板，其他热带木制，厚度不超过6毫米	千克
	4408.3990	---其他经纵锯、刨切或旋切的木材，其他热带木制，厚度不超过6毫米	千克
		-其他：	
		---饰面用单板：	
	4408.9011	----用胶合板等多层板制的其他木制饰面用单板，厚度不超过6毫米	千克
	4408.9012	----温带非针叶木制饰面用单板，厚度不超过6毫米	千克
	4408.9013	----竹制饰面用单板，厚度不超过6毫米	千克
	4408.9019	----其他木制饰面用单板，厚度不超过6毫米	千克
		---制胶合板用单板：	
	4408.9021	----温带非针叶木制胶合板用单板，厚度不超过6毫米	千克
	4408.9029	----其他木制胶合板用单板，厚度不超过6毫米	千克
		---其他：	
	4408.9091	----温带非针叶木制经纵锯、刨切或旋切的木材，厚度不超过6毫米	千克

品 目	商品编码	商 品 名 称	计量单位
	4408.9099	----未列名木制经纵锯、刨切或旋切的木材,厚度不超过6毫米	千克
44.09		**任何一边、端或面制成连续形状(舌榫、槽榫、半槽榫、斜角、V形接头、珠榫、缘饰、刨圆及类似形状)的木材(包括未装拼的拼花地板用板条及缘板),不论其任何一边或面是否刨平、砂光或端部接合:**	
		-针叶木木材:	
	4409.1010	---针叶木地板条(块),任何一边、端或面制成连续形状	千克
	4409.1090	---其他任何一边、端或面制成连续形状的针叶木木材	千克
		-非针叶木木材:	
		--竹制的:	
	4409.2110	---竹制地板条(块),任何一边、端或面制成连续形状	千克
	4409.2190	---其他任何一边、端或面制成连续形状的竹材	千克
		--热带木制的:	
	4409.2210	---热带木制的地板条(块),任何一边、端或面制成连续形状)	千克
	4409.2290	---热带木制的任何一边、端或面制成连续形状的其他木材	千克
		--其他非针叶木制,热带木制的除外:	
	4409.2910	---其他非针叶木地板条(块),任何一边、端或面制成连续形状	千克
	4409.2990	---其他任何一边、端或面制成连续形状的非针叶木木材	千克
44.10		**碎料板、定向刨花板(OSB)及类似板(例如,华夫板),木或其他木质材料制,不论是否用树脂或其他有机黏合剂黏合:**	
		-木制:	
	4410.1100	--木制碎料板	千克
	4410.1200	--木制定向刨花板(OSB)	千克
	4410.1900	--其他木制类似板(例如,华夫板)	千克
		-其他:	
		---碎料板:	
	4410.9011	----麦稻秸秆制碎料板	千克
	4410.9019	----其他木质材料制碎料板	千克

品目	商品编码	商品名称	计量单位
	4410.9090	---其他木质材料制定向刨花板(OSB)及类似板(例如,华夫板)	千克
44.11		**木纤维板或其他木质材料纤维板,不论是否用树脂或其他有机黏合剂黏合:**	
		-中密度纤维板(MDF):	
		--厚度不超过5毫米:	
		---密度超过每立方厘米0.8克:	
	4411.1211	----未经机械加工或盖面的中密度纤维板(MDF),厚度不超过5毫米,密度超过每立方厘米0.8克	千克
	4411.1219	----经机械加工或盖面的中密度纤维板(MDF),厚度不超过5毫米,密度超过每立方厘米0.8克	千克
		---密度超过每立方厘米0.5克,但不超过每立方厘米0.8克:	
	4411.1221	----辐射松制的中密度纤维板(MDF),厚度不超过5毫米,密度超过每立方厘米0.5克,但不超过每立方厘米0.8克	千克
	4411.1229	----其他中密度纤维板(MDF),厚度不超过5毫米,密度超过每立方厘米0.5克,但不超过每立方厘米0.8克	千克
		---密度不超过每立方厘米0.5克:	
	4411.1291	----未经机械加工或盖面的中密度纤维板(MDF),厚度不超过5毫米,密度不超过每立方厘米0.5克	千克
	4411.1299	----经机械加工或盖面的中密度纤维板(MDF),厚度不超过5毫米,密度不超过每立方厘米0.5克	千克
		--厚度超过5毫米,但不超过9毫米:	
		---密度超过每立方厘米0.8克:	
	4411.1311	----未经机械加工或盖面的中密度纤维板(MDF),厚度超过5毫米,但不超过9毫米,密度超过每立方厘米0.8克	千克
	4411.1319	----经机械加工或盖面的中密度纤维板(MDF),厚度超过5毫米,但不超过9毫米,密度超过每立方厘米0.8克	千克
		---密度超过每立方厘米0.5克,但不超过每立方厘米0.8克:	

品 目	商品编码	商 品 名 称	计量单位
	4411.1321	----辐射松制的中密度纤维板(MDF),厚度超过 5 毫米,但不超过 9 毫米,密度超过每立方厘米 0.5 克,但不超过每立方厘米 0.8 克	千克
	4411.1329	----其他中密度纤维板(MDF),厚度超过 5 毫米,但不超过 9 毫米,密度超过每立方厘米 0.5 克,但不超过每立方厘米 0.8 克	千克
		---密度不超过每立方厘米 0.5 克:	
	4411.1391	----未经机械加工或盖面的中密度纤维板(MDF),厚度超过 5 毫米,但不超过 9 毫米,密度不超过每立方厘米 0.5 克	千克
	4411.1399	----经机械加工或盖面的中密度纤维板(MDF),厚度超过 5 毫米,但不超过 9 毫米,密度不超过每立方厘米 0.5 克	千克
		--厚度超过 9 毫米:	
		---密度超过每立方厘米 0.8 克:	
	4411.1411	----未经机械加工或盖面的中密度纤维板(MDF),厚度超过 9 毫米,密度超过每立方厘米 0.8 克	千克
	4411.1419	----经机械加工或盖面的中密度纤维板(MDF),厚度超过 9 毫米,密度超过每立方厘米 0.8 克	千克
		---密度超过每立方厘米 0.5 克,但不超过每立方厘米 0.8 克:	
	4411.1421	----辐射松制的中密度纤维板(MDF),厚度超过 9 毫米,密度超过每立方厘米 0.5 克,但不超过每立方厘米 0.8 克	千克
	4411.1429	----其他中密度纤维板(MDF),厚度超过 9 毫米,密度超过每立方厘米 0.5 克,但不超过每立方厘米 0.8 克	千克
		---密度不超过每立方厘米 0.5 克:	
	4411.1491	----未经机械加工或盖面的中密度纤维板(MDF),厚度超过 9 毫米,密度不超过每立方厘米 0.5 克	千克
	4411.1499	----经机械加工或盖面的中密度纤维板(MDF),厚度超过 9 毫米,密度不超过每立方厘米 0.5 克	千克
		-其他木纤维板或其他木质材料纤维板:	
		--密度超过每立方厘米 0.8 克:	
	4411.9210	---未经机械加工或盖面的其他木纤维板或其他木质材料纤维板,密度超过每立方厘米 0.8 克	千克

品　目	商品编码	商　品　名　称	计量单位
	4411.9290	---经机械加工或盖面的其他木纤维板或其他木质材料纤维板,密度超过每立方厘米0.8克	千克
		--密度超过每立方厘米0.5克,但不超过每立方厘米0.8克:	
	4411.9310	---辐射松制的木纤维板,密度超过每立方厘米0.5克,但不超过每立方厘米0.8克	千克
	4411.9390	---其他木纤维板或其他木质材料纤维板,密度超过每立方厘米0.5克,但不超过每立方厘米0.8克	千克
		--密度不超过每立方厘米0.5克:	
	4411.9410	---其他木纤维板或其他木质材料纤维板,密度超过每立方厘米0.35克,但不超过每立方厘米0.5克	千克
		---密度不超过每立方厘米0.35克:	
	4411.9421	----未经机械加工或盖面的木纤维板或其他木质材料纤维板,密度不超过每立方厘米0.35克	千克
	4411.9429	----经机械加工盖面的木纤维板或其他木质材料纤维板,密度不超过每立方厘米0.35克	千克
44.12		**胶合板、单板饰面板及类似的多层板:**	
		-竹制的:	
		---仅由薄木板制的竹胶合板,每层厚度不超过6毫米:	
	4412.1011	----仅由薄板制的竹胶合板,每层厚度不超过6毫米,至少有一表层是热带木	千克/立方米
	4412.1019	----其他仅由薄板制的竹胶合板,每层厚度不超过6毫米	千克/立方米
	4412.1020	---其他竹胶合板、单板饰面板及类似的多层板,至少有一表层是非针叶木	千克/立方米
		---其他:	
	4412.1091	----其他竹制胶合板、单板饰面板及类似的多层板,至少有一层是热带木	千克/立方米
	4412.1092	----其他竹制胶合板、单板饰面板及类似的多层板,至少有一层是木碎料板	千克/立方米
	4412.1099	----其他竹制胶合板、单板饰面板及类似的多层板	千克/立方米
		-仅由薄木板制的其他胶合板(竹制除外),每层厚度不超过6毫米:	
	4412.3100	--仅由薄木板制的其他胶合板(竹制的除外),每层厚度不超过6毫米,至少有一表层是热带木	千克/立方米

品　目	商品编码	商　品　名　称	计量单位
	4412.3300	--仅由薄木板制的其他胶合板(竹制除外),每层厚度不超过6毫米,至少有一表层是下列非针叶木:桤木、白蜡木、水青冈木(山毛榉木)、桦木、樱桃木、栗木、榆木、桉木、山核桃、七叶树、椴木、槭木(枫木)、栎木(橡木)、悬铃木、杨木、刺槐木、鹅掌楸或核桃木	千克/立方米
		--其他,至少有一表层为子目4412.33未具体列名的非针叶木,竹制除外:	
	4412.3410	---仅由薄木板制的其他胶合板(竹制除外),每层厚度不超过6毫米,至少有一表层是温带非针叶木(子目4412.33的非针叶木除外)	千克/立方米
	4412.3490	---仅由薄木板制的其他胶合板(竹制除外),每层厚度不超过6毫米,至少有一表层是上述子目未列名非针叶木	千克/立方米
	4412.3900	--仅由薄木板制的其他胶合板,每层厚度不超过6毫米,上下表层均为针叶木	千克/立方米
		-其他胶合板、单板饰面板及类似多层板(竹制除外):	
		--木块芯胶合板、侧板条芯胶合板及板条芯胶合板:	
	4412.9410	---木块芯胶合板、侧板条芯胶合板及板条芯胶合板,至少有一表层是非针叶木	千克/立方米
		---其他:	
	4412.9491	----其他木块芯胶合板、侧板条芯胶合板及板条芯胶合板,至少有一层是热带木	千克/立方米
	4412.9492	----其他木块芯胶合板、侧板条芯胶合板及板条芯胶合板,至少有一层是木碎料板	千克/立方米
	4412.9499	----其他木块芯胶合板、侧板条芯胶合板及板条芯胶合板	千克/立方米
		--其他:	
	4412.9910	---其他胶合板、单板饰面板及类似的多层板,至少有一表层是非针叶木	千克/立方米
		---其他:	
	4412.9991	----其他胶合板、单板饰面板及类似的多层板,至少有一层是热带木	千克/立方米
	4412.9992	----其他胶合板、单板饰面板及类似的多层板,至少有一层是木碎料板	千克/立方米
	4412.9999	----未列名胶合板、单板饰面板及类似的多层板	千克/立方米
44.13		**强化木,成块、板、条或异型的:**	

品 目	商品编码	商 品 名 称	计量单位
	4413.0000	强化木,成块、板、条或异型的	千克
44.14		**木制的画框、相框、镜框及类似品:**	
	4414.0010	---辐射松制的画框、相框、镜框及类似品	千克
	4414.0090	---其他木制的画框、相框、镜框及类似品	千克
44.15		**包装木箱、木盒、板条箱、圆桶及类似的包装容器;木制电缆卷筒;木托板、箱形托盘及其他装载用木板;木制的托盘护框:**	
	4415.1000	-木制箱、盒、板条箱、圆桶及类似的包装容器;电缆卷筒	千克/件
		-木托板、箱形托盘及其他装载用木板;木制的托盘护框:	
	4415.2010	---辐射松制的木托板、箱形托盘及其他装载用木板;辐射松制的托盘护框	千克/件
	4415.2090	---其他木托板、箱形托盘及其他装载用木板;其他木制的托盘护框	千克/件
44.16		**木制的大桶、琵琶桶、盆和其他箍桶及其零件,包括桶板:**	
	4416.0010	---辐射松制的大桶、琵琶桶、盆和其他箍桶及其零件,包括桶板	千克
	4416.0090	---其他木制的大桶、琵琶桶、盆和其他箍桶及其零件,包括桶板	千克
44.17		**木制的工具、工具支架、工具柄、扫帚及刷子的身及柄;木制鞋靴楦及楦头:**	
	4417.0010	---辐射松制的工具、工具支架、工具柄、扫帚及刷子的身及柄;辐射松制的鞋靴楦及楦头	千克
	4417.0090	---其他木制的工具、工具支架、工具柄、扫帚及刷子的身及柄;其他木制鞋靴楦及楦头	千克
44.18		**建筑用木工制品,包括蜂窝结构木镶板、已装拼的地板、木瓦及盖屋板:**	
		-木制窗、法兰西式(落地)窗及其框架:	
	4418.1010	---辐射松制的窗、法兰西式(落地)窗及其框架	千克
	4418.1090	---其他木制窗、法兰西式(落地)窗及其框架	千克
	4418.2000	-木制门及其框架和门槛	千克
	4418.4000	-木制水泥构件的模板	千克
	4418.5000	-木瓦及木制盖屋板	千克
	4418.6000	-木制柱及梁	千克
		-已装拼的地板:	
		--竹的或至少顶层(耐磨层)是竹的:	

品　目	商品编码	商　品　名　称	计量单位
	4418.7310	---马赛克地板用已装拼的地板，竹的或至少顶层（耐磨层）是竹的	千克
	4418.7320	---其他竹制多层已装拼的地板	千克
	4418.7390	---其他已装拼的地板，竹的或至少顶层（耐磨层）是竹的	千克
	4418.7400	--其他马赛克地板用已装拼的木地板	千克
	4418.7500	--其他多层已装拼的木地板	千克
	4418.7900	--其他已装拼木地板	千克
		-其他：	
	4418.9100	--竹制其他建筑用木工制品	千克
	4418.9900	--未列名建筑用木工制品	千克
44.19		**木制餐具及厨房用具：**	
		-竹制：	
	4419.1100	--竹制切面包板、砧板及类似板	千克
		--筷子：	
	4419.1210	---竹制一次性筷子	千克
	4419.1290	---其他竹制筷子	千克
	4419.1900	--其他竹制餐具及厨房用具	千克
		-其他：	
	4419.9010	---木制一次性筷子	千克
	4419.9090	---未列名木制餐具及厨房用具	千克
44.20		**镶嵌木（包括细工镶嵌木）；装珠宝或刀具用的木制盒子和小匣子及类似品；木制小雕像及其他装饰品；第九十四章以外的木制家具：**	
		-木制小雕像及其他装饰品：	
		---木刻及竹刻：	
	4420.1011	----木刻	千克
	4420.1012	----竹刻	千克
	4420.1020	---木扇	千克
	4420.1090	---其他木制小雕像及装饰品	千克
		-其他：	
	4420.9010	---镶嵌木	千克
	4420.9090	---装珠宝或刀具用的木制盒子和小匣子及类似品；第九十四章以外的木制家具	千克
44.21		**其他木制品：**	
	4421.1000	-木制衣架	千克
		-其他：	

品　目	商品编码	商　　品　　名　　称	计量单位
		--竹制：	
	4421.9110	---竹制圆签、圆棒、冰果棒、压舌片及类似一次性制品	千克
	4421.9190	---未列名竹制品	千克
		--其他木制品：	
	4421.9910	---其他木制圆签、圆棒、冰果棒、压舌片及类似一次性制品	千克
	4421.9990	---未列名木制品	千克

第四十五章　软木及软木制品

注释：

1. 本章不包括：

(1)第六十四章的鞋靴及其零件；

(2)第六十五章的帽类及其零件；

(3)第九十五章的物品(例如，玩具、游戏品及运动用品)。

品　目	商品编码	商　品　名　称	计量单位
45.01		**未加工或简单加工的天然软木；软木废料；碎的、粒状的或粉状的软木：**	
	4501.1000	-未加工或简单加工的天然软木	千克
		-其他：	
	4501.9010	---软木废料	千克
	4501.9020	---碎的、粒状的或粉状的软木(软木碎、软木粒或软木粉)	千克
45.02		**天然软木，除去表皮或粗切成方形，或成长方块、正方块、板、片或条状(包括作塞子用的方块坯料)：**	
	4502.0000	天然软木，除去表皮或粗切成方形，或成长方块、正方块、板、片或条状(包括作塞子用的方块坯料)	千克
45.03		**天然软木制品：**	
	4503.1000	-天然软木塞子	千克
	4503.9000	-其他天然软木制品	千克
45.04		**压制软木(不论是否使用黏合剂压成)及其制品：**	
	4504.1000	-压制软木块、板、片及条；任何形状的压制软木砖、瓦；压制软木实心圆柱体，包括圆片	千克
	4504.9000	-其他压制软木及其制品	千克

第四十六章 稻草、秸秆、针茅或其他编结材料制品；篮筐及柳条编结品

注释：

1. 本章所称“编结材料”，是指其状态或形状适于编结、交织或类似加工的材料，包括稻草、秸秆、柳条、竹、藤、灯芯草、芦苇、木片条、其他植物材料扁条(例如，树皮条、狭叶、酒椰叶纤维或其他从阔叶获取的条)、未纺的天然纺织纤维、塑料单丝及扁条、纸带，但不包括皮革、再生皮革、毡呢或无纺织物的扁条、人发、马毛、纺织粗纱或纱线以及第五十四章的单丝和扁条。
2. 本章不包括：
   (1)品目 48.14 的壁纸；
   (2)不论是否编结而成的线、绳、索、缆(品目 56.07)；
   (3)第六十四章和第六十五章的鞋靴、帽类及其零件；
   (4)编结而成的车辆或车身(第八十七章)；
   (5)第九十四章的物品(例如，家具、灯及灯具)。
3. 品目 46.01 所称“平行连结的成片编结材料、缏条或类似的编结材料产品”，是指编结材料、缏条及类似的编结材料产品平行排列连结成片的制品，其连结材料不论是否纺制的纺织材料。

品 目	商品编码	商 品 名 称	计量单位
46.01		**用编结材料编成的缏条及类似产品，不论是否缝合成宽条；平行连结或编结的成片编结材料、缏条或类似的编结材料产品，不论是否制成品(例如，席子、席料、帘子)：**	
		-植物材料制的席子、席料及帘子：	
	4601.2100	--竹制的席子、席料及帘子	千克/张
	4601.2200	--藤制的席子、席料及帘子	千克/张
		--其他：	
		---草制的席子、席料及帘子：	
	4601.2911	----灯心草属材料制的席子、席料及帘子	千克/张
	4601.2919	----其他草制的席子、席料及帘子	千克/张
		---芦苇制的席子、席料及帘子：	
	4601.2921	----苇帘	千克/张
	4601.2929	----芦苇制的席子、席料	千克/张
	4601.2990	---其他植物材料制的席子、席料及帘子	千克/张
		-其他：	

品　目	商品编码	商　品　名　称	计量单位
		--竹制的：	
	4601.9210	---竹制的缏条及类似产品，不论是否缝合成宽条	千克
	4601.9290	---竹制其他平行连结或编结的成片材料、缏条或类似的编结材料产品	千克
		--藤制的：	
	4601.9310	---藤编成的缏条及类似产品，不论是否缝合成宽条	千克
	4601.9390	---藤制其他平行连结或编结的成片材料、缏条或类似的编结材料产品	千克
		--其他植物材料制：	
		---稻草制的：	
	4601.9411	----稻草制的缏条（绳）	千克
	4601.9419	----稻草制的其他平行连结或编结的成片材料、缏条或类似的编结材料产品	千克
		---未列名植物编结材料制：	
	4601.9491	----未列名植物编结材料编成的缏条及类似产品，不论是否缝合成宽条	千克
	4601.9499	----未列名植物编结材料制其他平行连结或编结的成片材料、缏条或类似的编结材料产品	千克
		--非植物编结材料制：	
	4601.9910	---非植物编结材料编成的缏条及类似产品，不论是否缝合成宽条	千克
	4601.9990	---非植物编结材料制其他平行连结成编结的成片材料、缏条或类似的编结材料产品	千克
46.02		**用编结材料直接编成或用品目46.01所列货品制成的篮筐、柳条编结品及其他制品；丝瓜络制品：**	
		-植物材料制：	
	4602.1100	--竹制篮筐及其他编结品	千克
	4602.1200	--藤制篮筐及其他编结品	千克
		--其他植物材料制：	
	4602.1910	---草制篮筐及其他编结品	千克
	4602.1920	---玉米皮制篮筐及其他编结品	千克
	4602.1930	---柳条制篮筐及其他编结品	千克
	4602.1990	---其他植物材料制篮筐及其他编结品；丝瓜络制品	千克
	4602.9000	-非植物编结材料制篮筐及其他编结品	千克

第十类 木浆及其他纤维状纤维素浆；回收（废碎）纸或纸板；纸、纸板及其制品

第四十七章 木浆及其他纤维状纤维素浆；回收（废碎）纸或纸板

注释：

1. 品目47.02所称"化学木浆,溶解级",是指温度在20℃时浸入含18%氢氧化钠的苛性碱溶液内,1小时后,按重量计含有92%及以上的不溶级分的烧碱木浆或硫酸盐木浆,或者含有88%及以上的不溶级分的亚硫酸盐木浆。对于亚硫酸盐木浆,按重量计灰分含量不得超过0.15%。

品目	商品编码	商品名称	计量单位
47.01		**机械木浆：**	
	4701.0000	机械木浆	千克
47.02		**化学木浆,溶解级：**	
	4702.0000	化学木浆,溶解级	千克
47.03		**烧碱木浆或硫酸盐木浆,但溶解级的除外：**	
		-未漂白：	
	4703.1100	--未漂白的针叶木烧碱木浆或硫酸盐木浆	千克
	4703.1900	--未漂白的非针叶木烧碱木浆或硫酸盐木浆	千克
		-半漂白或漂白：	
	4703.2100	--半漂白或漂白的针叶木烧碱木浆或硫酸盐木浆	千克
	4703.2900	--半漂白或漂白的非针叶木烧碱木浆或硫酸盐木浆	千克
47.04		**亚硫酸盐木浆,但溶解级的除外：**	
		-未漂白：	
	4704.1100	--未漂白的针叶木亚硫酸盐木浆	千克
	4704.1900	--未漂白的非针叶木亚硫酸盐木浆	千克
		-半漂白或漂白：	
	4704.2100	--半漂白或漂白的针叶木亚硫酸盐木浆	千克
	4704.2900	--半漂白或漂白的非针叶木亚硫酸盐木浆	千克
47.05		**用机械与化学联合制浆法制得的木浆：**	
	4705.0000	用机械与化学联合制浆法制得的木浆	千克

品　目	商品编码	商　品　名　称	计量单位
47.06		**从回收(废碎)纸或纸板提取的纤维浆或其他纤维状纤维素浆:**	
	4706.1000	-棉短绒纸浆	千克
	4706.2000	-从回收(废碎)纸或纸板提取的纤维浆	千克
	4706.3000	-其他纤维状纤维素竹浆	千克
		-其他:	
	4706.9100	--其他纤维状纤维素机械浆	千克
	4706.9200	--其他纤维状纤维素化学浆	千克
	4706.9300	--其他用机械和化学联合法制得的纤维状纤维素浆	千克
47.07		**回收(废碎)纸或纸板:**	
	4707.1000	-回收(废碎)的未漂白牛皮纸或纸板及瓦楞纸或纸板	千克
	4707.2000	-回收(废碎)的主要由漂白化学木浆制成未经本体染色的其他纸或纸板	千克
	4707.3000	-回收(废碎)的主要由机械浆制成的纸或纸板(例如,报纸、杂志及类似印刷品)	千克
	4707.9000	-回收(废碎)的其他纸及纸板,包括未分选的	千克

第四十八章　纸及纸板；纸浆、纸或纸板制品

注释：

1. 除条文另有规定的以外，本章所称“纸”包括“纸板”（不考虑其厚度或每平方米重量）。
2. 本章不包括：
   (1) 第三十章的物品；
   (2) 品目 32.12 的压印箔；
   (3) 香纸及用化妆品浸渍或涂布的纸（第三十三章）；
   (4) 肥皂或洗涤剂浸渍、覆盖或涂布的纸或纤维素絮纸（品目 34.01）和用光洁剂、擦光膏及类似制剂浸渍、覆盖或涂布的纸或纤维素絮纸（品目 34.05）；
   (5) 品目 37.01 至 37.04 的感光纸或感光纸板；
   (6) 用诊断或实验用试剂浸渍的纸（品目 38.22）；
   (7) 第三十九章的用纸强化的层压塑料板，用塑料覆盖或涂布的单层纸或纸板（塑料部分占总厚度的一半以上），以及上述材料的制品，但品目 48.14 的壁纸除外；
   (8) 品目 42.02 的物品（例如，旅行用品）；
   (9) 第四十六章的物品（编结材料制品）；
   (10) 纸纱线或纸纱线纺织物（第十一类）；
   (11) 第六十四章或第六十五章的物品；
   (12) 品目 68.05 的砂纸或品目 68.14 的用纸或纸板衬底的云母（但涂布云母粉的纸及纸板归入本章）；
   (13) 用纸或纸板衬底的金属箔（通常为第十四类或第十五类）；
   (14) 品目 92.09 的制品；
   (15) 第九十五章的物品（例如，玩具、游戏品及运动用品）；
   (16) 第九十六章的物品［例如，钮扣，卫生巾（护垫）及止血塞、婴儿尿布及尿布衬里］。
3. 除注释 7 另有规定的以外，品目 48.01 至 48.05 包括经研光、高度研光、釉光或类似处理、仿水印、表面施胶的纸及纸板；同时还包括用各种方法本体着色或染成斑纹的纸、纸板、纤维素絮纸及纤维素纤维网纸。除品目 48.03 另有规定的以外，上述品目不适用于经过其他方法加工的纸、纸板、纤维素絮纸或纤维素纤维网纸。
4. 本章所称“新闻纸”，是指所含用机械或化学—机械方法制得的木纤维不少于全部纤维重量的 50% 的未经涂布的报刊用纸，未施胶或微施胶，每面粗糙度［帕克印刷表面粗糙度（1 兆帕）］超过 2.5 微米，每平方米重量不小于 40 克，但不超过 65 克，并且仅适用于下列规格的纸：
   (1) 成条或成卷，宽度超过 28 厘米；
   (2) 成张矩形（包括正方形），一边超过 28 厘米，另一边超过 15 厘米（以未折叠计）。
5. 品目 48.02 所称“书写、印刷或类似用途的纸及纸板”及“未打孔的穿孔卡片纸及穿孔

纸带纸”，是指主要用漂白纸浆或用机械或化学—机械方法制得的纸浆制成的纸及纸板，并且符合下列任一标准：

每平方米重量不超过150克的纸或纸板：

（1）用机械或化学—机械方法制得的纤维含量在10%及以上，并且

①每平方米重量不超过80克；或

②本体着色。

（2）灰分含量在8%以上，并且

①每平方米重量不超过80克；或

②本体着色。

（3）灰分含量在3%以上，亮度在60%及以上。

（4）灰分含量在3%以上，但不超过8%，亮度低于60%，耐破指数等于或小于2.5千帕斯卡·平方米/克。

（5）灰分含量在3%及以下，亮度在60%及以上，耐破指数等于或小于2.5千帕斯卡·平方米/克。

每平方米重量超过150克的纸或纸板：

（1）本体着色；或

（2）亮度在60%及以上，并且

①厚度在225微米及以下；或

②厚度在225微米以上，但不超过508微米，灰分含量在3%以上。

（3）亮度低于60%，厚度不超过254微米，灰分含量在8%以上。

品目48.02不包括滤纸及纸板（含茶袋纸）或毡纸及纸板。

6. 本章所称“牛皮纸及纸板”，是指所含用硫酸盐法或烧碱法制得的纤维不少于全部纤维重量的80%的纸及纸板。

7. 除品目条文另有规定的以外，符合品目48.01至48.11中两个或两个以上品目所规定的纸、纸板、纤维素絮纸及纤维素纤维网纸，应按号列顺序归入有关品目中的最末一个品目。

8. 品目48.03至48.09仅适用于下列规格的纸、纸板、纤维素絮纸及纤维素纤维网纸：

（1）成条或成卷，宽度超过36厘米；

（2）成张矩形（包括正方形），一边超过36厘米，另一边超过15厘米（以未折叠计）。

9. 品目48.14所称“壁纸及类似品”，仅限于：

（1）适合作墙壁或天花板装饰用的成卷纸张，宽度不小于45厘米，但不超过160厘米：

①起纹、压花、染面、印有图案或经其他装饰的（例如，起绒），不论是否用透明的防护塑料涂布或覆盖；

②表面饰有木粒或草粒而凹凸不平的；

③表面用塑料涂布或覆盖并起纹、压花、染面、印有图案或经其他装饰的；

④表面用不论是否平行连结或编织的编结材料覆盖的。

（2）适于装饰墙壁或天花板用的经上述加工的纸边及纸条，不论是否成卷。

（3）由几幅拼成的壁纸，成卷或成张，贴到墙上可组成印制的风景或图案。

既可做铺地制品,也可做壁纸的以纸或纸板为底的产品,应归入品目48.23。

10. 品目48.20不包括切成一定尺寸的活页纸张或卡片,不论是否印制、压花、打孔。
11. 品目48.23主要适用于提花机或类似机器用的穿孔纸或卡片,以及纸花边。
12. 除品目48.14及48.21的货品外,印有图案、文字或图画的纸、纸板、纤维素絮纸及其制品,如果所印图案、文字或图画作为其主要用途,应归入第四十九章。

子目注释:

1. 子目4804.11及4804.19所称"牛皮衬纸",是指所含用硫酸盐法或烧碱法制得的木纤维不少于全部纤维重量的80%的成卷机器上光或研光纸及纸板,每平方米重量超过115克,并且最低缪伦耐破度符合下表所示(其他重量的耐破度可参照下表换算):

重 量 克/平方米	最低耐破度 千帕斯卡
115	393
125	417
200	637
300	824
400	961

2. 子目4804.21及4804.29所称"袋用牛皮纸",是指所含用硫酸盐法或烧碱法制得的木纤维不少于全部纤维重量的80%的成卷机器上光纸,每平方米重量不小于60克,但不超过115克,并且符合下列一种规格:

(1)缪伦耐破指数不小于3.7千帕斯卡·平方米/克,并且横向伸长率大于4.5%,纵向伸长率大于2%;

(2)至少能达到下表所示的最小撕裂度和抗张强度(其他重量的可参照下表换算):

重 量 克/平方米	最小撕裂度 毫牛顿		最小抗张强度 千牛顿/米	
	纵 向	纵向加横向	横 向	纵向加横向
60	700	1510	1.9	6
70	830	1790	2.3	7.2
80	965	2070	2.8	8.3
100	1230	2635	3.7	10.6
115	1425	3060	4.4	12.3

3. 子目4805.11所称"半化学的瓦楞纸",是指所含用机械和化学联合法制得的未漂白硬木纤维不少于全部纤维重量的65%的成卷纸张,并且在温度为23℃和相对湿度为50%时,经过30分钟的瓦楞芯纸平压强度测定(CMT30),抗压强度超过1.8牛顿/克/平方米。

4. 子目4805.12包括主要用机械和化学联合法制得的草浆制成的成卷纸张，每平方米重量在130克及以上，并且在温度为23℃和相对湿度为50%时，经过30分钟的瓦楞芯纸平压强度测定(CMT30)，抗压强度超过1.4牛顿/克/平方米。
5. 子目4805.24及4806.25包括全部或主要用回收(废碎)纸及纸板制得的浆制成的纸及纸板。强韧箱纸板也可以有一面用染色纸或由漂白或未漂白的非再生浆制得的纸做表层。这些产品缪伦耐破指数不小于2千帕斯卡·平方米/克。
6. 子目4805.30所称"亚硫酸盐包装纸"，是指所含用亚硫酸盐法制得的木纤维超过全部纤维重量的40%的机器研光纸，灰分含量不超过8%，并且缪伦耐破指数不小于1.47千帕斯卡·平方米/克。
7. 子目4810.22所称"轻质涂布纸"，是指双面涂布纸，其每平方米总重量不超过72克，每面每平方米的涂层重量不超过15克，原纸中所含用机械方法制得的木纤维不少于全部纤维重量的50%。

品　目	商品编码	商　品　名　称	计量单位
48.01		**成卷或成张的新闻纸：**	
	4801.0010	---成卷的新闻纸	千克
	4801.0090	---成张的新闻纸	千克
48.02		**书写、印刷或类似用途的未经涂布的纸及纸板，未打孔的穿孔卡片纸及穿孔纸带纸，成卷或成张矩形(包括正方形)，任何尺寸，但品目48.01或48.03的纸除外；手工制纸及纸板：**	
		-手工制纸及纸板：	
	4802.1010	---手工制宣纸	千克
	4802.1090	---其他手工制纸及纸板	千克
		-光敏、热敏、电敏纸及纸板的原纸和原纸板：	
	4802.2010	---照相原纸	千克
	4802.2090	---其他光敏、热敏、电敏纸及纸板的原纸和原纸板	千克
	4802.4000	-壁纸原纸	千克
		-其他纸及纸板，不含用机械或化学—机械方法制得的纤维或所含前述纤维不超过全部纤维重量的10%：	
	4802.5400	--其他未经涂布的书写、印刷或类似用途的纸及纸板，未打孔的穿孔卡片纸及穿孔纸带纸，不含用机械或化学—机械方法制得的纤维或所含前述纤维不超过全部纤维重量的10%，每平方米重量小于40克	千克

品 目	商品编码	商 品 名 称	计量单位
	4802.5500	--其他未经涂布的书写、印刷或类似用途的成卷的纸及纸板,未打孔的穿孔卡片纸及穿孔纸带纸,不含用机械或化学—机械方法制得的纤维或所含前述纤维不超过全部纤维重量的10%,每平方米重量在40克及以上,但不超过150克	千克
	4802.5600	--其他未经涂布的书写、印刷或类似用途的成张的纸及纸板,未打孔的穿孔卡片纸及穿孔纸带纸,不含用机械或化学—机械方法制得的纤维或所含前述纤维不超过全部纤维重量的10%,每平方米重量在40克及以上,但不超过150克,一边不超过435毫米,另一边不超过297毫米(以未折叠计)	千克
	4802.5700	--其他未经涂布的书写、印刷或类似用途的纸及纸板,未打孔的穿孔卡片纸及穿孔纸带纸,不含用机械或化学—机械方法制得的纤维或所含前述纤维不超过全部纤维重量的10%,每平方米重量在40克及以上,但不超过150克	千克
	4802.5800	--其他未经涂布的书写、印刷或类似用途的纸及纸板,未打孔的穿孔卡片纸及穿孔纸带纸,不含用机械或化学—机械方法制得的纤维或所含前述纤维不超过全部纤维重量的10%,每平方米重量超过150克	千克
		-其他纸及纸板,所含用机械或化学—机械方法制得的纤维超过全部纤维重量的10%:	
	4802.6100	--成卷的未经涂布的书写、印刷或类似用途的纸及纸板,未打孔的穿孔卡片纸及穿孔纸带纸,所含用机械或化学—机械方法制得的纤维超过全部纤维重量的10%	千克
	4802.6200	--成张的未经涂布的书写、印刷或类似用途的纸及纸板,未打孔的穿孔卡片纸及穿孔纸带纸,所含用机械或化学—机械方法制得的纤维超过全部纤维重量的10%,一边不超435毫米,另一边不超过297毫米(以未折叠计)	千克
	4802.6900	--其他未经涂布的书写、印刷或类似用途的纸及纸板,未打孔的穿孔卡片纸及穿孔纸带纸,所含用机械或化学—机械方法制得的纤维超过全部纤维重量的10%	千克
48.03		**卫生纸、面巾纸、餐巾纸,以及家庭或卫生用的类似纸、纤维素絮纸和纤维素纤维网纸,不论是否起纹、压花、打孔、染面、饰面或印花,成卷或成张的:**	

品　目	商品编码	商　品　名　称	计量单位
	4803.0000	卫生纸、面巾纸、餐巾纸，以及家庭或卫生用的类似纸、纤维素絮纸和纤维素纤维网纸，不论是否起纹、压花、打孔、染面、饰面或印花，成卷或成张的	千克
48.04		**成卷或成张的未经涂布的牛皮纸及纸板，但不包括品目48.02或48.03的货品：**	
		-牛皮挂面纸：	
	4804.1100	--未漂白牛皮挂面纸	千克
	4804.1900	--其他牛皮挂面纸	千克
		-袋用牛皮纸：	
	4804.2100	--未漂白袋用牛皮纸	千克
	4804.2900	--其他袋用牛皮纸	千克
		-其他牛皮纸及纸板，每平方米重量不超过150克：	
	4804.3100	--其他未经涂布的未漂白牛皮纸及纸板，每平方米重量不超过150克	千克
	4804.3900	--其他未经涂布的牛皮纸及纸板，每平方米重量不超过150克	千克
		-其他牛皮纸及纸板，每平方米重量超过150克，但小于225克：	
	4804.4100	--其他未经涂布的未漂白牛皮纸及纸板，每平方米重量超过150克，但小于225克	千克
	4804.4200	--未经涂布的本体均匀漂白的牛皮纸及纸板，每平方米重量超过150克，但小于225克，所含用化学方法制得的木纤维超过全部纤维重量的95%	千克
	4804.4900	--其他未经涂布的牛皮纸及纸板，每平方米重量超过150克，但小于225克	千克
		-其他牛皮纸及纸板，每平方米重量在225克及以上：	
	4804.5100	--其他未经涂布的未漂白牛皮纸及纸板，每平方米重量在225克及以上	千克
	4804.5200	--未经涂布的本体均匀漂白的牛皮纸及纸板，每平方米重量在225克及以上，所含用化学方法制得的木纤维超过全部纤维重量的95%	千克
	4804.5900	--其他未经涂布的牛皮纸及纸板，每平方米重量在225克及以上	千克
48.05		**成卷或成张的其他未经涂布的纸及纸板，加工程度不超过本章注释3所列范围：**	
		-瓦楞原纸：	

品目	商品编码	商品名称	计量单位
	4805.1100	--半化学的瓦楞原纸	千克
	4805.1200	--草浆瓦楞原纸	千克
	4805.1900	--其他瓦楞原纸	千克
		-强韧箱纸板(再生挂面纸板):	
	4805.2400	--强韧箱纸板(再生挂面纸板),每平方米重量在150克及以下	千克
	4805.2500	--强韧箱纸板(再生挂面纸板),每平方米重量超过150克	千克
	4805.3000	-亚硫酸盐包装纸	千克
	4805.4000	-滤纸及纸板	千克
	4805.5000	-毡纸及纸板	千克
		-其他:	
		--每平方米重量在150克及以下:	
	4805.9110	---电解电容器纸,每平方米重量在150克及以下	千克
	4805.9190	---其他未经涂布的纸及纸板,每平方米重量在150克及以下	千克
	4805.9200	--其他未经涂布的纸及纸板,每平方米重量在150克以上,但小于225克	千克
	4805.9300	--其他未经涂布的纸及纸板,每平方米重量在225克及以上	千克
48.06		**成卷或成张的植物羊皮纸、防油纸、描图纸、半透明纸及其他高光泽透明或半透明纸:**	
	4806.1000	-植物羊皮纸	千克
	4806.2000	-防油纸	千克
	4806.3000	-描图纸	千克
	4806.4000	-半透明玻璃纸及其他高光泽透明或半透明纸	千克
48.07		**成卷或成张的复合纸及纸板(用黏合剂黏合各层纸或纸板制成),未经表面涂布或未浸渍,不论内层是否有加强材料:**	
	4807.0000	成卷或成张的复合纸及纸板(用黏合剂黏合各层纸或纸板制成),未经表面涂布或未浸渍,不论内层是否有加强材料	千克
48.08		**成卷或成张的瓦楞纸及纸板(不论是否与平面纸胶合)、皱纹纸及纸板、压纹纸及纸板、穿孔纸及纸板,但品目48.03的纸除外:**	

品　目	商品编码	商　品　名　称	计量单位
	4808.1000	-瓦楞纸及纸板,不论是否穿孔	千克
	4808.4000	-皱纹牛皮纸,不论是否压花或穿孔	千克
	4808.9000	-其他皱纹纸及纸板、压纹纸及纸板、穿孔纸及纸板,但品目48.03的纸除外	千克
48.09		**复写纸、自印复写纸及其他拷贝或转印纸(包括涂布或浸渍的油印蜡纸或胶印版纸),不论是否印制,成卷或成张的:**	
	4809.2000	-自印复写纸,成卷或成张的	千克
	4809.9000	-复写纸及其他拷贝或转印纸,成卷或成张的	千克
48.10		**成卷或成张矩形(包括正方形)的任何尺寸的单面或双面涂布高岭土或其他无机物质(不论是否加黏合剂)的纸及纸板,但未涂布其他涂料,不论是否染面、饰面或印花:**	
		-书写、印刷或类似用途的纸及纸板,不含用机械或化学—机械方法制得的纤维或所含前述纤维不超过全部纤维重量的10%:	
	4810.1300	--成卷的书写、印刷或类似用途的纸及纸板,不含用机械或化学—机械方法制得的纤维或所含前述纤维不超过全部纤维重量的10%	千克
	4810.1400	--成张的书写、印刷或类似用途的纸及纸板,一边不超过435毫米,另一边不超过297毫米(以未折叠计),不含用机械或化学—机械方法制得的纤维或所含前述纤维不超过全部纤维质量的10%	千克
	4810.1900	--其他书写、印刷或类似用途的纸及纸板,不含用机械或化学—机械方法制得的纤维或所含前述纤维不超过全部纤维重量的10%	千克
		-书写、印刷或类似用途的纸及纸板,所含用机械方法或化学—机械方法制得的纤维超过全部纤维重量的10%:	
	4810.2200	--涂布高岭土或其他无机物质的书写、印刷或类似用途的轻质涂布纸及纸板,所含用机械方法或化学—机械方法制得的纤维超过全部纤维重量的10%	千克
	4810.2900	--其他涂布高岭土或其他无机物质的书写、印刷或类似用途的纸及纸板,所含用机械方法或化学—机械方法制得的纤维超过全部纤维重量的10%	千克
		-牛皮纸及纸板,但书写、印刷或类似用途的除外:	

品 目	商品编码	商 品 名 称	计量单位
	4810.3100	--涂布高岭土或其他无机物质的本体均匀漂白的牛皮纸及纸板,所含用化学方法制得的木纤维超过全部纤维重量的95%,每平方米重量不超过150克	千克
	4810.3200	--涂布高岭土或其他无机物质的本体均匀漂白的牛皮纸及纸板,所含用化学方法制得的木纤维超过全部纤维重量的95%,每平方米重量超过150克	千克
	4810.3900	--其他涂布高岭土或其他无机物质的牛皮纸及纸板	千克
		-其他纸及纸板:	
	4810.9200	--涂布高岭土或其他无机物质的多层纸及纸板	千克
	4810.9900	--未列名涂布高岭土或其他无机物质的纸及纸板	千克
48.11		**成卷或成张矩形(包括正方形)的任何尺寸的经涂布、浸渍、覆盖、染面、饰面或印花的纸、纸板、纤维素絮纸及纤维素纤维网纸,但品目48.03、48.09或48.10的货品除外:**	
	4811.1000	-成卷或成张(包括正方形)的任何尺寸的焦油纸及纸板、沥青纸及纸板	千克
		-胶粘纸及纸板:	
	4811.4100	--成卷或成张矩形(包括正方形)的任何尺寸的自粘胶粘纸及纸板	千克
	4811.4900	--成卷或成张矩形(包括正方形)的任何尺寸的其他胶粘纸及纸板	千克
		-用塑料(不包括黏合剂)涂布、浸渍或覆盖的纸及纸板:	
		--用塑料(不包括黏合剂)涂布、浸渍或覆盖的漂白纸及纸板,每平方米重量超过150克:	
	4811.5110	---彩色相纸用双面涂塑纸,每平方米重量超过150克	千克
		---其他用塑料(不包括黏合剂)涂布、浸渍或覆盖的漂白纸及纸板,每平方米重量超过150克:	
	4811.5191	----纸塑铝复合材料,每平方米重量超过150克	千克
	4811.5199	----其他用塑料(不包括黏合剂)涂布、浸渍或覆盖的漂白纸及纸板,每平方米重量超过150克	千克
		--其他:	
	4811.5910	---用塑料(不包括黏合剂)涂布、浸渍或覆盖的绝缘纸及纸板	千克
		---其他:	
	4811.5991	----镀铝的用塑料(不包括黏合剂)涂布、浸渍或覆盖的纸及纸板	千克

品　目	商品编码	商　　品　　名　　称	计量单位
	4811.5999	----未列名用塑料(不包括黏合剂)涂布、浸渍或覆盖的纸及纸板	千克
		-用蜡、石蜡、硬脂精、油或甘油涂布、浸渍、覆盖的纸及纸板：	
	4811.6010	---用蜡、石蜡、硬脂精、油或甘油涂布、浸渍、覆盖的绝缘纸及纸板	千克
	4811.6090	---用蜡、石蜡、硬脂精、油或甘油涂布、浸渍、覆盖的其他纸及纸板	千克
	4811.9000	-其他成卷或成张矩形(包括正方形)的任何尺寸的经涂布、浸渍、覆盖、染面、饰面或印花的纸、纸板、纤维素絮纸及纤维素纤维网纸	千克
48.12		**纸浆制的滤块、滤板及滤片：**	
	4812.0000	纸浆制的滤块、滤板及滤片	千克
48.13		**卷烟纸，不论是否切成一定尺寸、成小本或管状：**	
	4813.1000	-成小本或管状的卷烟纸	千克
	4813.2000	-宽度不超过5厘米成卷的卷烟纸	千克
	4813.9000	-其他卷烟纸，不论是否切成一定尺寸	千克
48.14		**壁纸及类似品；窗用透明纸：**	
	4814.2000	-用塑料涂面或盖面的壁纸及类似品，起纹、压花、着色、印制图案或经其他装饰	千克
	4814.9000	-其他壁纸及类似品；窗用透明纸	千克
48.16		**复写纸、自印复写纸及其他拷贝或转印纸(不包括品目48.09的纸)，油印蜡纸或胶印版纸，不论是否盒装：**	
	4816.2000	-自印复写纸(不包括品目48.09的纸)	千克
		-其他：	
	4816.9010	---热敏转印纸(不包括品目48.09的纸)	千克
	4816.9090	---复写纸及其他拷贝或转印纸，油印蜡纸或胶印版纸(不包括品目48.09的纸)	千克
48.17		**纸或纸板制的信封、封缄信片、素色明信片及通信卡片；纸或纸板制的盒子、袋子及夹子，内装各种纸制文具：**	
	4817.1000	-纸或纸板制的信封	千克
	4817.2000	-纸或纸板制的封缄信片、素色明信片及通信卡片	千克
	4817.3000	-纸或纸板制的盒子、袋子及夹子，内装各种纸制文具	千克

品目	商品编码	商品名称	计量单位
48.18		**卫生纸及类似纸、家庭或卫生用纤维素絮纸及纤维素纤维网纸,成卷宽度不超过36厘米或切成一定尺寸或形状的;纸浆、纸、纤维素絮纸或纤维素纤维网纸制的手帕、面巾、台布、餐巾、床单及类似的家庭、卫生或医院用品、衣服及衣着附件:**	
	4818.1000	-卫生纸	千克
	4818.2000	-纸手帕及面巾纸	千克
	4818.3000	-纸台布及纸餐巾	千克
	4818.5000	-纸浆、纸、纤维素絮纸或纤维素纤维网纸制的衣服及衣着附件	千克
	4818.9000	-纸浆、纸、纤维素絮纸或纤维素纤维网纸制的纸床单及其他家庭、卫生或医院用品	千克
48.19		**纸、纸板、纤维素絮纸或纤维素纤维网纸制的箱、盒、匣、袋及其他包装容器;纸或纸板制的卷宗盒、信件盘及类似品,供办公室、商店及类似场所使用的:**	
	4819.1000	-瓦楞纸或纸板制的箱、盒、匣	千克
	4819.2000	-非瓦楞纸或纸板制的可折叠箱、盒、匣	千克
	4819.3000	-底宽40厘米及以上的纸袋	千克
	4819.4000	-其他纸袋,包括锥形袋	千克
	4819.5000	-纸、纸板、纤维素絮纸或纤维素纤维网纸制的其他包装容器,包括唱片套	千克
	4819.6000	-纸或纸板制的办公室、商店及类似场所使用的卷宗盒、信件盘、存储盒及类似品	千克
48.20		**纸或纸板制的登记本、账本、笔记本、订货本、收据本、信笺本、记事本、日记本及类似品、练习本、吸墨纸本、活动封面(活页及非活页)、文件夹、卷宗皮、多联商业表格纸、页间夹有复写纸的本及其他文具用品;纸或纸板制的样品簿、粘贴簿及书籍封面:**	
	4820.1000	-登记本、账本、笔记本、订货本、收据本、信笺本、记事本、日记本及类似品	千克
	4820.2000	-练习本	千克
	4820.3000	-纸或纸板制的活动封面(书籍封面除外)、文件夹及卷宗皮	千克
	4820.4000	-多联商业表格纸、页间夹有复写纸的本	千克
	4820.5000	-纸或纸板制的样品簿及粘贴簿	千克
	4820.9000	-纸或纸板制的其他文具用品;书籍封面	千克

品 目	商品编码	商 品 名 称	计量单位
48.21		**纸或纸板制的各种标签，不论是否印制：**	
	4821.1000	-纸或纸板制的各种标签，印有文字图画	千克
	4821.9000	-纸或纸板制的各种标签，未印文字图画	千克
48.22		**纸浆、纸或纸板（不论是否穿孔或硬化）制的筒管、卷轴、纡子及类似品：**	
	4822.1000	-纸浆、纸或纸板制纺织纱线用筒管、卷轴、纡子及类似品	千克
	4822.9000	-其他纸浆、纸或纸板制的筒管、卷轴、纡子及类似品	千克
48.23		**切成一定尺寸或形状的其他纸、纸板、纤维素絮纸及纤维素纤维网纸；纸浆、纸、纸板、纤维素絮纸及纤维素纤维网纸制的其他物品：**	
	4823.2000	-切成一定尺寸或形状的滤纸及纸板	千克
	4823.4000	-已印制的自动记录器用打印纸卷、纸张及纸盘	千克
		-纸或纸板制的盘、碟、盆、杯及类似品：	
	4823.6100	--竹浆纸或纸板制的盘、碟、盆、杯及类似品	千克
		--其他：	
	4823.6910	---非木植物浆纸或纸板制的盘、碟、盆、杯及类似品	千克
	4823.6990	---未列名纸或纸板制的盘、碟、盆、杯及类似品	千克
	4823.7000	-压制或模制纸浆制品	千克
		-其他：	
	4823.9010	---以纸或纸板为底制成的铺地制品	千克
	4823.9020	---神纸及类似用品	千克
	4823.9030	---纸扇	千克
	4823.9090	---未列名切成一定尺寸或形状的纸、纸板、纤维素絮纸及纤维素纤维网纸；未列名纸浆、纸、纸板、纤维素絮纸及纤维素纤维网纸制品	千克

第四十九章　书籍、报纸、印刷图画及其他印刷品；手稿、打字稿及设计图纸

注释：

1. 本章不包括：
   (1)透明基的照相负片或正片(第三十七章)；
   (2)立体地图、设计图表或地球仪、天体仪，不论是否印刷(品目 90.23)；
   (3)第九十五章的扑克牌或其他物品；
   (4)雕版画、印刷画、石印画的原本(品目 97.02)，品目 97.04 的邮票、印花税票、纪念封、首日封、邮政信笺及类似品，以及第九十七章的超过一百年的古物或其他物品。
2. 第四十九章所称“印刷”，也包括用胶版复印机、油印机印制，在自动数据处理设备控制下打印绘制，压印、冲印、感光复印、热敏复印或打字。
3. 用纸以外材料装订成册的报纸、杂志和期刊，以及一期以上装订在同一封面里的成套报纸、杂志和期刊，应归入品目 49.01，不论是否有广告材料。
4. 品目 49.01 还包括：
   (1)附有说明文字，每页编有号数以便装订成一册或几册的整集印刷复制品，例如，美术作品、绘画；
   (2)随同成册书籍的图画附刊；
   (3)供装订书籍或小册子用的散页、集页或书帖形式的印刷品，已构成一部作品的全部或部分。

   但没有说明文字的印刷图画或图解，不论是否散页或书帖形式，应归入品目 49.11。
5. 除本章注释 3 另有规定的以外，品目 49.01 不包括主要作广告用的出版物(例如，小册子，散页印刷品、商业目录、同业公会出版的年鉴、旅游宣传品)，这类出版物应归入品目49.11。
6. 品目 49.03 所称“儿童图画书”，是指以图画为主、文字为辅，供儿童阅览的书籍。

品　目	商品编码	商　品　名　称	计量单位
49.01		**书籍、小册子、散页印刷品及类似印刷品，不论是否单张：**	
	4901.1000	-单张的散页印刷品及类似印刷品，不论是否折叠	千克
		-其他：	
	4901.9100	--字典或百科全书及其连续出版的分册	千克
	4901.9900	--其他书籍、小册子及类似印刷品	千克
49.02		**报纸、杂志及期刊，不论有无插图或广告材料：**	
	4902.1000	-每周至少出版四次的报纸、杂志及期刊	千克
	4902.9000	-其他报纸、杂志及期刊	千克

品　目	商品编码	商　品　名　称	计量单位
49.03		**儿童图画书、绘画或涂色书：**	
	4903.0000	儿童图画书、绘画或涂色书	千克
49.04		**乐谱原稿或印本，不论是否装订或印有插图：**	
	4904.0000	乐谱原稿或印本，不论是否装订或印有插图	千克
49.05		**各种印刷的地图、水道图及类似图表，包括地图册、挂图、地形图及地球仪、天体仪：**	
	4905.1000	-地球仪、天体仪	千克
		-其他：	
	4905.9100	--成册的地图、水道图及类似图表	千克
	4905.9900	--其他地图、水道图及类似图表	千克
49.06		**手绘的建筑、工程、工业、商业、地形或类似用途的设计图纸原稿；手稿；用感光纸照相复印或用复写纸誊写的上述物品复制件：**	
	4906.0000	手绘的建筑、工程、工业、商业、地形或类似用途的设计图纸原稿；手稿；用感光纸照相复印或用复写纸誊写的上述物品复制件	千克
49.07		**在承认或将承认其面值的国家流通或新发行并且未经使用的邮票、印花税票及类似票证；印有邮票或印花税票的纸品；钞票；空白支票；股票、债券及类似所有权凭证：**	
	4907.0010	---在承认或将承认其面值的国家流通或新发行并未经使用的邮票	千克
	4907.0020	---钞票	千克
	4907.0030	---证券凭证	千克
	4907.0090	---在承认或将承认其面值的国家流通或新发行并且未经使用的印花税票及类似票证；印有邮票或印花税票的纸品；空白支票；其他股票、债券及类似所有权凭证	千克
49.08		**转印贴花纸(移画印花法用图案纸)：**	
	4908.1000	-釉转印帖花纸(移画印花法用图案纸)	千克
	4908.9000	-其他转印贴花纸(移画印花法用图案纸)	千克
49.09		**印刷或有图画的明信片；印有个人问候、祝贺、通告的卡片，不论是否有图画、带信封或饰边：**	
	4909.0010	---印刷或有图画的明信片	千克
	4909.0090	---印有个人问候、祝贺、通告的卡片，不论是否有图画、带信封或饰边	千克

品　目	商品编码	商　品　名　称	计量单位
49.10		**印刷的各种日历,包括日历芯:**	
	4910.0000	印刷的各种日历,包括日历芯	千克
49.11		**其他印刷品,包括印刷的图片及照片:**	
		-商业广告品、商品目录及类似印刷品:	
	4911.1010	---无商业价值的商业广告品、商品目录及类似印刷品	千克
	4911.1090	---其他商业广告品、商品目录及类似印刷品	千克
		-其他:	
	4911.9100	--印刷的图片、设计图样及照片	千克
		--其他印刷品:	
	4911.9910	---纸质的其他印刷品	千克
	4911.9990	---其他印刷品	千克

第十一类　纺织原料及纺织制品

注释：

1. 本类不包括：

(1)制刷用的动物鬃、毛(品目05.02)；马毛及废马毛(品目05.11)；

(2)人发及人发制品(品目05.01、67.03或67.04)，但通常用于榨油机或类似机器的滤布除外(品目59.11)；

(3)第十四章的棉短绒或其他植物材料；

(4)品目25.24的石棉、品目68.12或68.13的石棉制品或其他产品；

(5)品目30.05或30.06的物品；品目33.06的用于清洁牙缝的纱线(牙线)，单独零售包装的；

(6)品目37.01至37.04的感光布；

(7)截面尺寸超过1毫米的塑料单丝和表面宽度超过5毫米的塑料扁条及类似品(例如，人造草)(第三十九章)，以及上述单丝或扁条的缏条、织物、篮筐或柳条编结品(第四十六章)；

(8)第三十九章的用塑料浸渍、涂布、包覆或层压的机织物、针织物或钩编织物、毡呢或无纺织物及其制品；

(9)第四十章的用橡胶浸渍、涂布、包覆或层压的机织物、针织物或钩编织物、毡呢或无纺织物及其制品；

(10)带毛皮张(第四十一章或第四十三章)、品目43.03或43.04的毛皮制品、人造毛皮及其制品；

(11)品目42.01或42.02的用纺织材料制成的物品；

(12)第四十八章的产品或物品(例如，纤维素絮纸)；

(13)第六十四章的鞋靴及其零件、护腿、裹腿及类似品；

(14)第六十五章的发网、其他帽类及其零件；

(15)第六十七章的货品；

(16)涂有研磨料的纺织材料(品目68.05)以及品目68.15的碳纤维及其制品；

(17)玻璃纤维及其制品，但可见底布的玻璃线刺绣品除外(第七十章)；

(18)第九十四章的物品(例如，家具、寝具、灯具及照明装置)；

(19)第九十五章的物品(例如，玩具、游戏品、运动用品及网具)；

(20)第九十六章的物品[例如，刷子、旅行用成套缝纫用具、拉链、打字机色带、卫生巾(护垫)及止血塞、婴儿尿布及尿布衬里]；或

(21)第九十七章的物品。

2. (1)可归入第五十章至第五十五章及品目58.09或59.02的由两种或两种以上纺织材料混合制成的货品，应按其中重量最大的那种纺织材料归类。当没有一种纺织材料的重量较大时，应按可归入的有关品目中最后一个品目所列的纺织材料归类。

(2)应用上述规定时：

①马毛粗松螺旋花线(品目51.10)和含金属纱线(品目56.05)均应作为一种单一的纺织材料，其重量应为它们在纱线中的合计重量；在机织物的归类中，金属线应作为一种纺织材料；

②在选择合适的品目时，应首先确定章，然后再确定该章的有关品目，至于不归入该章的其他材料可不予考虑；

③当归入第五十四章及第五十五章的货品与其他章的货品进行比较时，应将这两章作为一个单一的章对待；

④同一章或同一品目所列各种不同的纺织材料应作为单一的纺织材料对待。

(3)上述(1)、(2)两款规定亦适用于以下注释3、4、5或6所述纱线。

3.(1)本类的纱线(单纱、多股纱线或缆线)除下列(2)款另有规定的以外，凡符合以下规格的应作为"线、绳、索、缆"：

①丝或绢丝纱线，细度在20000分特以上；

②化学纤维纱线(包括第五十四章的用两根及以上单丝纺成的纱线)，细度在10000分特以上；

③大麻或亚麻纱线：

(a)加光或上光的，细度在1429分特及以上；

(b)未加光或上光的，细度在20000分特以上；

④三股或三股以上的椰壳纤维纱线；

⑤其他植物纤维纱线，细度在20000分特以上；

⑥用金属线加强的纱线。

(2)下列各项不按上述(1)款规定办理：

①羊毛或其他动物毛纱线及纸纱线，但用金属线加强的纱线除外；

②第五十五章的化学纤维长丝丝束以及第五十四章的未加捻或捻度每米少于5转的复丝纱线；

③品目50.06的蚕胶丝及第五十四章的单丝；

④品目56.05的含金属纱线；但用金属线加强的纱线按上述(1)款⑥项规定办理；

⑤品目56.06的绳绒线、粗松螺旋花线及纵行起圈纱线。

4.(1)除下列(2)款另有规定的以外，第五十章、第五十一章、第五十二章、第五十四章和第五十五章所称"供零售用"纱线，是指以下列方式包装的纱线(单纱、多股纱线或缆线)：

①绕在纸板、线轴、纱管或类似芯子上，其重量(含线芯)符合下列规定：

(a)丝、绢丝或化学纤维长丝纱线，不超过85克；

(b)其他纱线，不超过125克。

②绕成团、绞或束，其重量符合下列规定：

(a)细度在3000分特以下的化学纤维长丝纱线，丝或绢丝纱线，不超过85克；

(b)细度在2000分特以下的任何其他纱线，不超过125克；

(c)其他纱线，不超过500克。

③绕成绞或束，每绞或每束中有若干用线分开的小绞或小束，每小绞或小束的重量相等，并且符合下列规定：

(a)丝、绢丝或化学纤维长丝纱线，不超过85克；

(b)其他纱线，不超过125克。

(2)下列各项不按上述(1)款规定办理：

①各种纺织材料制的单纱，但下列两种除外：

(a)未漂白的羊毛或动物细毛单纱；

(b)漂白、染色或印色的羊毛或动物细毛单纱，细度在5000分特以上。

②未漂白的多股纱线或缆线：

(a)丝或绢丝制的，不论何种包装；

(b)除羊毛或动物细毛外其他纺织材料制，成绞或成束的。

③漂白、染色或印色丝或绢丝制的多股纱线或缆线，细度在133分特及以下。

④任何纺织材料制的单纱、多股纱线或缆线：

(a)交叉绕成绞或束的；

(b)绕于纱芯上或以其他方式卷绕，明显用于纺织工业的(例如，绕于纱管、加捻管、纬纱管、锥形筒管或锭子上的或者绕成蚕茧状以供绣花机使用的纱线)。

5. 品目52.04、54.01及55.08所称"缝纫线"，是指下列多股纱线或缆线：

(1)绕于芯子(例如，线轴、纱管)上，重量(包括纱芯)不超过1000克；

(2)经上浆用做缝纫线的；

(3)终捻为反手(Z)捻的。

6. 本类所称"高强力纱"，是指断裂强度大于下列标准的纱线：

尼龙、其他聚酰胺或聚酯制的单纱——60厘牛顿/特克斯；

尼龙、其他聚酰胺或聚酯制的多股纱线或缆线——53厘牛顿/特克斯；

粘胶纤维制的单纱、多股纱线或缆线——27厘牛顿/特克斯。

7. 本类所称"制成的"，是指：

(1)裁剪成除正方形或长方形以外的其他形状的；

(2)呈制成状态，无须缝纫或其他进一步加工(或仅需剪断分隔连线)即可使用的(例如，某些抹布、毛巾、台布、方披巾、毯子)；

(3)裁剪成一定尺寸，至少有一边为带有可见的锥形或压平形的热封边，其余各边经本注释其他各项所述加工，但不包括为防止剪边脱纱而用热切法或其他简单方法处理的织物；

(4)已缝边或滚边，或者在任一边带有结制的流苏，但不包括为防止剪边脱纱而锁边或用其他简单方法处理的织物；

(5)裁剪成一定尺寸并经抽纱加工的；

(6)缝合、胶合或用其他方法拼合而成的(将两段或两段以上同样料子的织物首尾连接而成的匹头，以及由两层或两层以上的织物，不论中间有无胎料，层叠而成的匹头除外)；

(7)针织或钩编成一定形状，不论进口或出口时是单件还是以若干件相连成幅的。

8. 对于第五十章至第六十章：

(1)第五十章至第五十五章及第六十章，除条文另有规定以外的第五十六章至第五十九章，不适用于上述注释7所规定的制成货品；

(2)第五十章至第五十五章及第六十章不包括第五十六章至第五十九章的货品。

9. 第五十章至第五十五章的机织物包括由若干层平行纱线以锐角或直角相互层叠，在纱线交叉点用黏合剂或以热黏合法黏合而成的织物。

10. 用纺织材料和橡胶线制成的弹性产品归入本类。

11. 本类所称“浸渍”，包括“浸泡”。

12. 本类所称“聚酰胺”，包括“芳族聚酰胺”。

13. 本类及本目录所称“弹性纱线”是指合成纤维纺织材料制成的长丝纱线(包括单丝，变形纱线除外)。这些纱线可拉伸至原长的3倍而不断裂，并可在拉伸至原长2倍后5分钟内回复到不超过原长度1.5倍。

14. 除条文另有规定的以外，各种服装即使成套包装供零售用，也应按各自品目分别归类。本注释所称“纺织服装”，是指品目61.01至61.14及品目62.01至62.11所列的各种服装。

子目注释：

1. 本类及本目录所用有关名词解释如下：

(1)未漂白纱线：

①带有纤维自然色泽并且未经漂染(不论是否整体染色)或印色的纱线；

②从回收纤维制得，色泽未定的纱线(本色纱)。

这种纱线可用无色浆料或易褪色染料(可轻易地用肥皂洗去)处理，如果是化学纤维纱线，则整体用消光剂(例如，二氧化钛)进行处理。

(2)漂白纱线：

①经漂白加工、用漂白纤维制得或经染白(除条文另有规定的以外)(不论是否整体染色)及用白浆料处理的纱线；

②用未漂白纤维和漂白纤维混纺制得的纱线；

③用未漂白纱和漂白纱纺成多股纱线或缆线。

(3)着色(染色或印色)纱线：

①染成彩色(不论是否整体染色，但白色或易褪色除外)或印色的纱线，以及用染色或印色纤维纺制的纱线；

②用各色染色纤维混合纺制或用未漂白或漂白纤维与着色纤维混合制得的纱线(夹色纱或混色纱)，以及用一种或几种颜色间隔印色而获得点纹印迹的纱线；

③用已经印色的纱条或粗纱纺制的纱线；

④用未漂白纱和漂白纱与着色纱纺成的多股纱线或缆线。

上述定义作相应调整后适用于第五十四章的单丝、扁条或类似产品。

(4)未漂白机织物：

用未漂白纱线织成后未经漂白、染色或印花的机织物。这类织物可用无色浆料或易褪色染料处理。

(5)漂白机织物：

①经漂白、染白或用白浆料处理(除条文另有规定的以外)的成匹机织物；

②用漂白纱线织成的机织物；

③用未漂白纱线和漂白纱线织成的机织物。

(6)染色机织物：

①除条文另有规定的以外,染成白色以外的其他单一颜色或用白色以外的其他有色整理剂处理的成匹机织物；

②用单一颜色的着色纱线织成的机织物。

(7)色织机织物：

除印花机织物以外的下列机织物：

①用各种不同颜色纱线或同一颜色不同深浅(纤维的自然色彩除外)纱线织成的机织物；

②用未漂白或漂白与着色纱线织成的机织物；

③用夹色纱线或混色纱线织成的机织物。

不论何种情况,布边或布头的纱线均可忽略不计。

(8)印花机织物：

成匹印花的机织物,不论是否用各色纱线织成。

(用刷子或喷枪、经转印纸转印、植绒或蜡防印花等方法印成花纹图案的机织物亦可视为印花机织物)。

上述各类纱线或织物如经丝光工艺处理并不影响其归类。

上述(4)至(8)的定义在作必要修改后适用于针织或钩编织物。

(9)平纹组织：

每根纬纱在并排的经纱间上下交错而过,而每根经纱也在并排的纬纱间上下交错而过的织物组织。

2. (1)含有两种或两种以上纺织材料的第五十六章至第六十三章的产品,应根据本类注释 2 对第五十章至第五十五章或品目 58.09 的此类纺织材料产品归类的规定来确定归类。

(2)运用本条规定时：

①应酌情考虑按归类总规则第 3 条来确定归类；

②对由底布和绒面或毛圈面构成的纺织品,在归类时可不考虑底布的属性；

③对品目 58.10 的刺绣品及其制品归类时应只考虑底布的属性,但不见底布的刺绣品及其制品根据绣线的属性确定归类。

第五十章 蚕 丝

品 目	商品编码	商 品 名 称	计量单位
50.01		**适于缫丝的蚕茧：**	
	5001.0010	---适于缫丝的桑蚕茧	千克
	5001.0090	---适于缫丝的其他蚕茧	千克
50.02		**生丝(未加捻)：**	
		---桑蚕丝：	
	5002.0011	----桑蚕厂丝	千克
	5002.0012	----桑蚕土丝	千克
	5002.0013	----桑蚕双宫丝	千克
	5002.0019	----其他桑蚕丝	千克
	5002.0020	---柞蚕丝	千克
	5002.0090	---其他生丝	千克
50.03		**废丝(包括不适于缫丝的蚕茧、废纱及回收纤维)：**	
		---未梳：	
	5003.0011	----不适于缫丝的下茧、茧衣、长吐、滞头	千克
	5003.0012	----回收的纤维状废丝	千克
	5003.0019	----其他未梳废丝	千克
		---其他：	
	5003.0091	----废丝绵球(包括绵条、绵片)	千克
	5003.0099	----其他废丝	千克
50.04		**丝纱线(绢纺纱线除外),非供零售用：**	
	5004.0000	丝纱线(绢纺纱线除外),非供零售用	千克
50.05		**绢纺纱线,非供零售用：**	
	5005.0010	---䌷丝纱线,非供零售用	千克
	5005.0090	---其他绢纺纱线,非供零售用	千克
50.06		**丝纱线及绢纺纱线,供零售用;蚕胶丝：**	
	5006.0000	丝纱线及绢纺纱线,供零售用;蚕胶丝	千克
50.07		**丝或绢丝机织物：**	
		-䌷丝机织物：	
	5007.1010	---未漂白(包括未练白或练白的)或漂白䌷丝机织物	米/千克
	5007.1090	---其他䌷丝机织物	米/千克

品　目	商品编码	商　品　名　称	计量单位
		-其他机织物，按重量计丝或绢丝(落绵除外)含量在85%及以上：	
		---桑蚕丝机织物：	
	5007.2011	----未漂白(包括未练白或练白的)或漂白桑蚕丝机织物，含丝85%及以上	米/千克
	5007.2019	----其他桑蚕丝机织物，含丝85%及以上	米/千克
		---柞蚕丝机织物：	
	5007.2021	----未漂白(包括未练白或练白的)或漂白柞蚕丝机织物，含丝85%及以上	米/千克
	5007.2029	----其他柞蚕丝机织物,含丝85%及以上	米/千克
		---绢丝机织物：	
	5007.2031	----未漂白(包括未练白或练白的)或漂白绢丝机织物，含绢丝85%及以上	米/千克
	5007.2039	----其他绢丝机织物，含绢丝85%及以上	米/千克
	5007.2090	---未列名丝机织物，含丝或绢丝85%及以上	米/千克
		-其他机织物：	
	5007.9010	---未列名未漂白(包括未练白或练白的)或漂白丝机织物，含丝85%以下	米/千克
	5007.9090	---未列名丝机织物，含丝85%以下	米/千克

第五十一章　羊毛、动物细毛或粗毛；马毛纱线及其机织物

注释：

1. 本目录所称：

(1)"羊毛"，是指绵羊或羔羊身上长的天然纤维；

(2)"动物细毛"，是指下列动物的毛：羊驼、美洲驼、驼马、骆驼（包括单峰骆驼）、牦牛、安哥拉山羊、西藏山羊、喀什米尔山羊及类似山羊（普通山羊除外）、家兔（包括安哥拉兔）、野兔、海狸、河狸鼠或麝鼠；

(3)"动物粗毛"，是指以上未提及的其他动物的毛，但不包括制刷用鬃、毛（品目05.02）以及马毛（品目05.11）。

品　目	商品编码	商　品　名　称	计量单位
51.01		**未梳的羊毛：**	
		-含脂羊毛，包括剪前水洗毛：	
	5101.1100	--未梳含脂剪羊毛	千克
	5101.1900	--其他未梳含脂羊毛	千克
		-脱脂羊毛，未碳化：	
	5101.2100	--未梳脱脂剪羊毛，未碳化	千克
	5101.2900	--其他未梳脱脂羊毛，未碳化	千克
	5101.3000	-未梳碳化羊毛	千克
51.02		**未梳的动物细毛或粗毛：**	
		-细毛：	
	5102.1100	--未梳喀什米尔山羊绒毛	千克
		--其他：	
	5102.1910	---未梳兔毛	千克
	5102.1920	---未梳其他山羊绒	千克
	5102.1930	---未梳骆驼毛、骆驼绒	千克
	5102.1990	---其他未梳动物细毛	千克
	5102.2000	-未梳动物粗毛	千克
51.03		**羊毛及动物细毛或粗毛的废料，包括废纱线，但不包括回收纤维：**	
		-羊毛及动物细毛的落毛：	
	5103.1010	---羊毛落毛	千克
	5103.1090	---其他动物细毛的落毛	千克
		-羊毛及动物细毛的其他废料：	

品　目	商品编码	商　品　名　称	计量单位
	5103.2010	---羊毛废料	千克
	5103.2090	---其他动物细毛的废料	千克
	5103.3000	-动物粗毛废料	千克
51.04		**羊毛及动物细毛或粗毛的回收纤维：**	
	5104.0010	---羊毛的回收纤维	千克
	5104.0090	---其他动物细毛或粗毛的回收纤维	千克
51.05		**已梳的羊毛及动物细毛或粗毛(包括精梳片毛)：**	
	5105.1000	-粗梳羊毛	千克
		-羊毛条及其他精梳羊毛：	
	5105.2100	--精梳羊毛片毛	千克
	5105.2900	--羊毛条及其他精梳羊毛	千克
		-已梳动物细毛：	
	5105.3100	--已梳喀什米尔山羊绒毛	千克
		--其他：	
	5105.3910	---已梳兔毛	千克
		---山羊绒：	
	5105.3921	----已梳其他无毛山羊绒	千克
	5105.3929	----已梳其他山羊绒	千克
	5105.3990	---其他已梳动物细毛	千克
	5105.4000	-已梳动物粗毛	千克
51.06		**粗梳羊毛纱线，非供零售用：**	
	5106.1000	-含羊毛85%及以上的粗梳羊毛纱线，非供零售用	千克
	5106.2000	-含羊毛85%以下的粗梳羊毛纱线，非供零售用	千克
51.07		**精梳羊毛纱线，非供零售用：**	
	5107.1000	-含羊毛85%及以上的精梳羊毛纱线，非供零售用	千克
	5107.2000	-含羊毛85%以下的精梳羊毛纱线，非供零售用	千克
51.08		**动物细毛(粗梳或精梳)纱线，非供零售用：**	
		-粗梳：	
		---按重量计动物细毛含量在85%及以上：	
	5108.1011	----按重量计粗梳山羊绒含量在85%及以上的纱线，非供零售用	千克
	5108.1019	----按重量计粗梳其他动物细毛含量在85%及以上的纱线，非供零售用	千克
	5108.1090	---按重量计粗梳动物细毛含量在85%以下的纱线，非供零售用	千克
		-精梳：	

品 目	商品编码	商 品 名 称	计量单位
		---按重量计动物细毛含量在 85%及以上:	
	5108.2011	----按重量计精梳山羊绒含量在 85%及以上的纱线,非供零售用	千克
	5108.2019	----按重量计精梳其他动物细毛含量在 85%及以上的纱线,非供零售用	千克
	5108.2090	---按重量计精梳动物细毛含量在 85%以下的纱线,非供零售用	千克
51.09		**羊毛或动物细毛的纱线,供零售用:**	
		-按重量计羊毛或动物细毛含量在 85%及以上:	
		---动物细毛的:	
	5109.1011	----按重量计山羊绒含量在 85%及以上的纱线,供零售用	千克
	5109.1019	----按重量计其他动物细毛含量在 85%及以上的纱线,供零售用	千克
	5109.1090	---按重量计羊毛含量在 85%及以上的纱线,供零售用	千克
		-按重量计羊毛或动物细毛含量在 85%以下:	
		---动物细毛的:	
	5109.9011	----按重量计山羊绒含量在 85%以下的纱线,供零售用	千克
	5109.9019	----按重量计其他动物细毛含量在 85%以下的纱线,供零售用	千克
	5109.9090	---按重量计羊毛含量在 85%以下的纱线,供零售用	千克
51.10		**动物粗毛或马毛的纱线(包括马毛粗松螺旋花线),不论是否供零售用:**	
	5110.0000	动物粗毛或马毛的纱线(包括马毛粗松螺旋花线),不论是否供零售用	千克
51.11		**粗梳羊毛或粗梳动物细毛的机织物:**	
		-按重量计粗梳羊毛或动物细毛含量在 85%及以上:	
		--每平方米重量不超过 300 克:	
		---动物细毛的:	
	5111.1111	----按重量计粗梳山羊绒含量在 85%及以上的机织物,每平方米重量不超过 300 克	米/千克
	5111.1119	----按重量计粗梳其他动物细毛含量在 85%及以上的机织物,每平方米重量不超过 300 克	米/千克
	5111.1190	---按重量计粗梳羊毛含量在 85%及以上的机织物,每平方米重量不超过 300 克	米/千克

品　目	商品编码	商　品　名　称	计量单位
		--每平方米重量超过300克：	
		---动物细毛的：	
	5111.1911	----按重量计粗梳山羊绒含量在85%及以上的机织物,每平方米重量超过300克	米/千克
	5111.1919	----按重量计粗梳其他动物细毛含量在85%及以上的机织物,每平方米重量超过300克	米/千克
	5111.1990	---按重量计粗梳羊毛含量在85%及以上的机织物,每平方米重量超过300克	米/千克
	5111.2000	-含粗梳羊毛或动物细毛85%以下,主要或仅与化学纤维长丝混纺的机织物	米/千克
	5111.3000	-含粗梳羊毛或动物细毛85%以下,主要或仅与化学纤维短纤混纺的机织物	米/千克
	5111.9000	-含粗梳羊毛或动物细毛85%以下，与其他纤维混纺的机织物	米/千克
51.12		**精梳羊毛或精梳动物细毛的机织物：**	
		-含精梳羊毛或动物细毛含量在85%及以上：	
	5112.1100	--含精梳羊毛或动物细毛85%及以上的机织物，每平方米重量不超过200克	米/千克
	5112.1900	--含精梳羊毛或动物细毛85%及以上的机织物，每平方米重量超过200克	米/千克
	5112.2000	-含精梳羊毛或动物细毛85%以下，主要或仅与化学纤维长丝混纺的机织物	米/千克
	5112.3000	-含精梳羊毛或动物细毛85%以下，主要或仅与化学纤维短纤混纺的机织物	米/千克
	5112.9000	-含精梳羊毛或动物细毛85%以下，与其他纤维混纺的机织物	米/千克
51.13		**动物粗毛或马毛的机织物：**	
	5113.0000	动物粗毛或马毛的机织物	米/千克

第五十二章 棉 花

子目注释：

1. 子目 5209.42 及 5211.42 所称“粗斜纹布(劳动布)”，是指用不同颜色的纱线织成的三线或四线斜纹织物，包括破斜纹组织的织物，这种织物以经纱为面，经纱染成一种相同的颜色，纬纱未漂白或经漂白、染成灰色或比经纱稍浅的颜色。

品 目	商品编码	商 品 名 称	计量单位
52.01		**未梳的棉花：**	
	5201.0000	未梳的棉花	千克
52.02		**废棉(包括废棉纱线及回收纤维)：**	
	5202.1000	-废棉纱线(包括废棉线)	千克
		-其他：	
	5202.9100	--棉的回收纤维	千克
	5202.9900	--其他废棉	千克
52.03		**已梳的棉花：**	
	5203.0000	已梳的棉花	千克
52.04		**棉制缝纫线，不论是否供零售用：**	
		-非供零售用：	
	5204.1100	--含棉 85%及以上的缝纫线，非供零售用	千克
	5204.1900	--含棉 85%以下的缝纫线，非供零售用	千克
	5204.2000	-棉制缝纫线，供零售用	千克
52.05		**棉纱线(缝纫线除外)，按重量计含棉量在 85%及以上，非供零售用：**	
		-未精梳纤维纺制的单纱：	
	5205.1100	--未精梳纤维纺单纱，含棉 85%及以上，细度 714.29 分特及以上(不超过 14 公支)	千克
	5205.1200	--未精梳纤维纺单纱，含棉 85%及以上，细度 714.29 分特以下，但不细于 232.56 分特(超过 14 公支，但不超过 43 公支)	千克
	5205.1300	--未精梳纤维纺单纱，含棉 85%及以上，细度 232.56 分特以下，但不细于 192.31 分特(超过 43 公支，但不超过 52 公支)	千克

品　目	商品编码	商　品　名　称	计量单位
	5205.1400	--未精梳纤维纺单纱,含棉85%及以上,细度192.31分特以下,但不细于125分特(超过52公支,但不超过80公支)	千克
	5205.1500	--未精梳纤维纺单纱,含棉85%及以上,细度125分特以下(超过80公支)	千克
		-精梳纤维纺制的单纱:	
	5205.2100	--精梳纤维纺单纱,含棉85%及以上,细度714.29分特及以上(不超过14公支)	千克
	5205.2200	--精梳纤维纺单纱,含棉85%及以上,细度714.29分特以下,但不细于232.56分特(超过14公支,但不超过43公支)	千克
	5205.2300	--精梳纤维纺单纱,含棉85%及以上,细度232.56分特以下,但不细于192.31分特(超过43公支,但不超过52公支)	千克
	5205.2400	--精梳纤维纺单纱,含棉85%及以上,细度192.31分特以下,但不细于125分特(超过52公支,但不超过80公支)	千克
	5205.2600	--精梳纤维纺单纱,含棉85%及以上,细度在125分特以下,但不细于106.38分特(超过80公支,但不超过94公支)	千克
	5205.2700	--精梳纤维纺单纱,含棉85%及以上,细度在106.38分特以下,但不细于83.33分特(超过94公支,但不超过120公支)	千克
	5205.2800	--精梳纤维纺单纱,含棉85%及以上,细度在83.33分特以下(超过120公支)	千克
		-未精梳纤维纺制的多股纱线或缆线:	
	5205.3100	--未精梳纤维纺多股纱线或缆线,含棉85%及以上,每根单纱细度714.29分特及以上(每根单纱不超过14公支)	千克
	5205.3200	--未精梳纤维纺多股纱线或缆线,含棉85%及以上,每根单纱细度714.29分特以下,但不细于232.56分特(每根单纱超过14公支,但不超过43公支)	千克
	5205.3300	--未精梳纤维纺多股纱线或缆线,含棉85%及以上,每根单纱细度232.56分特以下,但不细于192.31分特(每根单纱超过43公支,但不超过52公支)	千克

品目	商品编码	商品名称	计量单位
	5205.3400	--未精梳纤维纺多股纱线或缆线,含棉85%及以上,每根单纱细度192.31分特以下,但不细于125分特(每根单纱超过52公支,但不超过80公支)	千克
	5205.3500	--未精梳纤维纺多股纱线或缆线,含棉85%及以上,每根单纱细度125分特以下(每根单纱超过80公支)	千克
		-精梳纤维纺制的多股纱线或缆线:	
	5205.4100	--精梳纤维纺多股纱线或缆线,含棉85%及以上,每根单纱细度714.29分特及以上(每根单纱不超过14公支)	千克
	5205.4200	--精梳纤维纺多股纱线或缆线,含棉85%及以上,每根单纱细度714.29分特以下,但不细于232.56分特(每根单纱超过14公支,但不超过43公支)	千克
	5205.4300	--精梳纤维纺多股纱线或缆线,含棉85%及以上,每根单纱细度232.56分特以下,但不细于192.31分特(每根单纱超过43公支,但不超过52公支)	千克
	5205.4400	--精梳纤维纺多股纱线或缆线,含棉85%及以上,每根单纱细度在192.31分特以下,但不细于125分特(每根单纱超过52公支,但不超过80公支)	千克
	5205.4600	--精梳纤维纺制多股纱线或缆线,含棉85%及以上,每根单纱细度在125分特以下,但不细于106.38分特(每根单纱超过80公支,但不超过94公支)	千克
	5205.4700	--精梳纤维纺制多股纱线或缆线,含棉85%及以上,每根单纱细度在106.38分特以下,但不细于83.33分特(每根单纱超过94公支,但不超过120公支)	千克
	5205.4800	--精梳纤维纺制多股纱线或缆线,含棉85%及以上,每根单纱细度在83.33分特以下(每根单纱超过120公支)	千克
52.06		**棉纱线(缝纫线除外),按重量计含棉量在85%以下,非供零售用:**	
		-未精梳纤维纺制的单纱:	
	5206.1100	--未精梳纤维纺单纱,含棉85%以下,细度714.29分特及以上(不超过14公支)	千克
	5206.1200	--未精梳纤维纺单纱,含棉85%以下,细度714.29分特以下,但不细于232.56分特(超过14公支,但不超过43公支)	千克

品　目	商品编码	商　品　名　称	计量单位
	5206. 1300	--未精梳纤维纺单纱,含棉85%以下,细度232. 56分特以下,但不细于192. 31分特(超过43公支,但不超过52公支)	千克
	5206. 1400	--未精梳纤维纺单纱,含棉85%以下,细度192. 31分特以下,但不细于125分特(超过52公支,但不超过80公支)	千克
	5206. 1500	--未精梳纤维纺单纱,含棉85%以下,细度125分特以下(超过80公支)	千克
		-精梳纤维纺制的单纱:	
	5206. 2100	--精梳纤维纺单纱,含棉85%以下,细度714. 29分特及以上(不超过14公支)	千克
	5206. 2200	--精梳纤维纺单纱,含棉85%以下,细度714. 29分特以下,但不细于232. 56分特(超过14公支,但不超过43公支)	千克
	5206. 2300	--精梳纤维纺单纱,含棉85%以下,细度232. 56分特以下,但不细于192. 31分特(超过43公支,但不超过52公支)	千克
	5206. 2400	--精梳纤维纺单纱,含棉85%以下,细度192. 31分特以下,但不细于125分特(超过52公支,但不超过80公支)	千克
	5206. 2500	--精梳纤维纺单纱,含棉85%以下,细度125分特以下(超过80公支)	千克
		-未精梳纤维纺制的多股纱线或缆线:	
	5206. 3100	--未精梳纤维纺多股纱线或缆线,含棉85%以下,每根单纱细度714. 29分特及以上(每根单纱不超过14公支)	千克
	5206. 3200	--未精梳纤维纺多股纱线或缆线,含棉85%以下,每根单纱细度714. 29分特以下,但不细于232. 56分特(每根单纱超过14公支,但不超过43公支)	千克
	5206. 3300	--未精梳纤维纺多股纱线或缆线,含棉85%以下,每根单纱细度232. 56分特以下,但不细于192. 31分特(每根单纱超过43公支,但不超过52公支)	千克
	5206. 3400	--未精梳纤维纺多股纱线或缆线,含棉85%以下,每根单纱细度192. 31分特以下,但不细于125分特(每根单纱超过52公支,但不超过80公支)	千克

品目	商品编码	商品名称	计量单位
	5206.3500	--未精梳纤维纺多股纱线或缆线,含棉85%以下,每根单纱细度125分特以下(每根单纱超过80公支)	千克
		-精梳纤维纺制的多股纱线或缆线:	
	5206.4100	--精梳纤维纺多股纱线或缆线,含棉85%以下,每根单纱细度714.29分特及以上(每根单纱不超过14公支)	千克
	5206.4200	--精梳纤维纺多股纱线或缆线,含棉85%以下,每根单纱细度714.29分特以下,但不细于232.56分特(每根单纱超过14公支,但不超过43公支)	千克
	5206.4300	--精梳纤维纺多股纱线或缆线,含棉85%以下,每根单纱细度232.56分特以下,但不细于192.31分特(每根单纱超过43公支,但不超过52公支)	千克
	5206.4400	--精梳纤维纺多股纱线或缆线,含棉85%以下,每根单纱细度192.31分特以下,但不细于125分特(每根单纱超过52公支,但不超过80公支)	千克
	5206.4500	--精梳纤维纺多股纱线或缆线,含棉85%以下,每根单纱细度125分特以下(每根单纱超过80公支)	千克
52.07		**棉纱线(缝纫线除外),供零售用:**	
	5207.1000	-含棉85%及以上的棉纱线,供零售用	千克
	5207.9000	-含棉85%以下的棉纱线,供零售用	千克
52.08		**棉机织物,按重量计含棉量在85%及以上,每平方米重量不超过200克:**	
		-未漂白:	
	5208.1100	--含棉85%及以上未漂白平纹机织物,每平方米重量不超过100克	米/千克
	5208.1200	--含棉85%及以上未漂白平纹机织物,每平方米重量超过100克,但不超过200克	米/千克
	5208.1300	--含棉85%及以上未漂白三线或四线斜纹机织物,包括双面斜纹机织物,每平方米重量不超过200克	米/千克
	5208.1900	--其他含棉85%及以上未漂白机织物,每平方米重量不超过200克	米/千克
		-漂白:	
	5208.2100	--含棉85%及以上漂白平纹机织物,每平方米重量不超过100克	米/千克
	5208.2200	--含棉85%及以上漂白平纹机织物,每平方米重量超过100克,但不超过200克	米/千克

品目	商品编码	商品名称	计量单位
	5208.2300	--含棉85%及以上漂白三线或四线斜纹机织物,包括双面斜纹机织物，每平方米重量不超过200克	米/千克
	5208.2900	--其他含棉85%及以上漂白机织物，每平方米重量不超过200克	米/千克
		-染色：	
	5208.3100	--含棉85%及以上染色平纹机织物,每平方米重量不超过100克	米/千克
	5208.3200	--含棉85%及以上染色平纹机织物,每平方米重量超过100克，但不超过200克	米/千克
	5208.3300	--含棉85%及以上染色三线或四线斜纹机织物,包括双面斜纹机织物，每平方米重量不超过200克	米/千克
	5208.3900	--其他含棉85%及以上染色机织物，每平方米重量不超过200克	米/千克
		-色织：	
	5208.4100	--含棉85%及以上色织平纹机织物,每平方米重量不超过100克	米/千克
	5208.4200	--含棉85%及以上色织平纹机织物,每平方米重量超过100克，但不超过200克	米/千克
	5208.4300	--含棉85%及以上色织三线或四线斜纹机织物,包括双面斜纹机织物，每平方米重量不超过200克	米/千克
	5208.4900	--其他含棉85%及以上色织机织物，每平方米重量不超过200克	米/千克
		-印花：	
	5208.5100	--含棉85%及以上印花平纹机织物,每平方米重量不超过100克	米/千克
	5208.5200	--含棉在85%及以上印花平纹机织物,每平方米重量超过100克,但不超过200克	米/千克
		--其他机织物：	
	5208.5910	---含棉在85%及以上印花三线或四线斜纹机织物,包括双面斜纹机织物，每平方米重量不超过200克	米/千克
	5208.5990	---含棉在85%及以上其他印花机织物，每平方米重量不超过200克	米/千克
52.09		**棉机织物,按重量计含棉量在85%及以上,每平方米重量超过200克：**	
		-未漂白：	

品　目	商品编码	商　品　名　称	计量单位
	5209.1100	--含棉85%及以上未漂白平纹机织物，每平方米重量超过200克	米/千克
	5209.1200	--含棉85%及以上未漂白三线或四线斜纹机织物,包括双面斜纹机织物，每平方米重量超过200克	米/千克
	5209.1900	--其他含棉85%及以上未漂白机织物，每平方米重量超过200克	米/千克
		-漂白:	
	5209.2100	--含棉85%及以上漂白平纹机织物，每平方米重量超过200克	米/千克
	5209.2200	--含棉85%及以上漂白三线或四线斜纹机织物,包括双面斜纹机织物，每平方米重量超过200克	米/千克
	5209.2900	--其他含棉85%及以上漂白机织物，每平方米重量超过200克	米/千克
		-染色:	
	5209.3100	--含棉85%及以上染色平纹机织物，每平方米重量超过200克	米/千克
	5209.3200	--含棉85%及以上染色三线或四线斜纹机织物,包括双面斜纹机织物，每平方米重量超过200克	米/千克
	5209.3900	--其他含棉85%及以上染色机织物，每平方米重量超过200克	米/千克
		-色织:	
	5209.4100	--含棉85%及以上色织平纹机织物，每平方米重量超过200克	米/千克
	5209.4200	--含棉85%及以上色织粗斜纹布(劳动布),每平方米重量超过200克	米/千克
	5209.4300	--含棉85%及以上色织其他三线或四线斜纹机织物,包括双面斜纹机织物,每平方米重量超过200克	米/千克
	5209.4900	--其他含棉85%及以上色织机织物,每平方米重量超过200克	米/千克
		-印花:	
	5209.5100	--含棉85%及以上印花平纹机织物，每平方米重量超过200克	米/千克
	5209.5200	--含棉85%及以上印花三线或四线斜纹机织物,包括双面斜纹机织物，每平方米重量超过200克	米/千克
	5209.5900	--其他含棉85%及以上印花机织物，每平方米重量超过200克	米/千克

品　目	商品编码	商　品　名　称	计量单位
52.10		**棉机织物，按重量计含棉量在85%以下，主要或仅与化学纤维混纺，每平方米重量不超过200克：**	
		-未漂白：	
	5210.1100	--含棉85%以下主要或仅与化学纤维混纺的未漂白平纹机织物，每平方米重量不超过200克	米/千克
		--其他机织物：	
	5210.1910	---含棉85%以下主要或仅与化学纤维混纺的未漂白三线或四线斜纹机织物，包括双面斜纹机织物，每平方米重量不超过200克	米/千克
	5210.1990	---含棉85%以下主要或仅与化学纤维混纺的其他未漂白机织物，每平方米重量不超过200克	米/千克
		-漂白：	
	5210.2100	--含棉85%以下主要或仅与化学纤维混纺的漂白平纹机织物，每平方米重量不超过200克	米/千克
		--其他机织物：	
	5210.2910	---含棉85%以下主要或仅与化学纤维混纺的漂白三线或四线斜纹机织物，包括双面斜纹机织物，每平方米重量不超过200克	米/千克
	5210.2990	---含棉85%以下主要或仅与化学纤维混纺的其他漂白机织物，每平方米重量不超过200克	米/千克
		-染色：	
	5210.3100	--含棉85%以下主要或仅与化学纤维混纺的染色平纹机织物，每平方米重量不超过200克	米/千克
	5210.3200	--含棉85%以下主要或仅与化学纤维混纺的染色三线或四线斜纹机织物，包括双面斜纹机织物，每平方米重量不超过200克	米/千克
	5210.3900	--其他含棉85%以下主要或仅与化学纤维混纺的染色机织物，每平方米重量不超过200克	米/千克
		-色织：	
	5210.4100	--含棉85%以下主要或仅与化学纤维混纺的色织平纹机织物，每平方米重量不超过200克	米/千克
		--其他机织物：	
	5210.4910	---含棉85%以下主要或仅与化学纤维混纺的色织三线或四线斜纹机织物，包括双面斜纹机织物，每平方米重量不超过200克	米/千克

品　目	商品编码	商　品　名　称	计量单位
	5210.4990	---含棉85%以下主要或仅与化学纤维混纺的其他色织机织物，每平方米重量不超过200克	米/千克
		-印花：	
	5210.5100	--含棉85%以下主要或仅与化学纤维混纺的印花平纹机织物，每平方米重量不超过200克	米/千克
		--其他机织物：	
	5210.5910	---含棉85%以下主要或仅与化学纤维混纺的印花三线或四线斜纹机织物,包括双面斜纹机织物，每平方米重量不超过200克	米/千克
	5210.5990	---含棉85%以下主要或仅与化学纤维混纺的印花其他机织物，每平方米重量不超过200克	米/千克
52.11		**棉机织物,按重量计含棉量在85%以下,主要或仅与化学纤维混纺,每平方米重量超过200克：**	
		-未漂白：	
	5211.1100	--含棉85%以下主要或仅与化学纤维混纺的未漂白平纹机织物,每平方米重量超过200克	米/千克
	5211.1200	--含棉85%以下主要或仅与化学纤维混纺的未漂白三线或四线斜纹机织物,包括双面斜纹机织物,每平方米重量超过200克	米/千克
	5211.1900	--其他含棉85%以下主要或仅与化学纤维混纺的未漂白机织物,每平方米重量超过200克	米/千克
	5211.2000	-含棉85%以下主要或仅与化学纤维混纺的漂白机织物，每平方米重量超过200克	米/千克
		-染色：	
	5211.3100	--含棉85%以下主要或仅与化学纤维混纺的染色平纹机织物,每平方米重量超过200克	米/千克
	5211.3200	--含棉85%以下主要或仅与化学纤维混纺的染色三线或四线斜纹机织物,包括双面斜纹机织物,每平方米重量超过200克	米/千克
	5211.3900	--其他含棉85%以下主要或仅与化学纤维混纺的染色机织物,每平方米重量超过200克	米/千克
		-色织：	
	5211.4100	--含棉85%以下主要或仅与化学纤维混纺的色织平纹机织物,每平方米重量超过200克	米/千克
	5211.4200	--含棉85%以下主要或仅与化学纤维混纺的色织粗斜纹布(劳动布),每平方米重量超过200克	米/千克

品　目	商品编码	商　品　名　称	计量单位
	5211.4300	--含棉 85%以下主要或仅与化学纤维混纺的色织其他三线或四线斜纹机织物,包括双面斜纹机织物,每平方米重量超过 200 克	米/千克
	5211.4900	--其他含棉 85%以下主要或仅与化学纤维混纺的色织机织物,每平方米重量超过 200 克	米/千克
		-印花:	
	5211.5100	--含棉 85%以下主要或仅与化学纤维混纺的印花平纹机织物,每平方米重量超过 200 克	米/千克
	5211.5200	--含棉 85%以下主要或仅与化学纤维混纺的印花三线或四线斜纹机织物,包括双面斜纹机织物,每平方米重量超过 200 克	米/千克
	5211.5900	--其他含棉 85%以下主要或仅与化学纤维混纺的印花机织物,每平方米重量超过 200 克	米/千克
52.12		**其他棉机织物:**	
		-每平方米重量不超过 200 克:	
	5212.1100	--未列名未漂白棉机织物, 每平方米重量不超过 200 克	米/千克
	5212.1200	--未列名漂白棉机织物, 每平方米重量不超过 200 克	米/千克
	5212.1300	--未列名染色棉机织物, 每平方米重量不超过 200 克	米/千克
	5212.1400	--未列名色织棉机织物, 每平方米重量不超过 200 克	米/千克
	5212.1500	--未列名印花棉机织物, 每平方米重量不超过 200 克	米/千克
		-每平方米重量超过 200 克:	
	5212.2100	--未列名未漂白棉机织物, 每平方米重量超过 200 克	米/千克
	5212.2200	--未列名漂白棉机织物, 每平方米重量超过 200 克	米/千克
	5212.2300	--未列名染色棉机织物, 每平方米重量超过 200 克	米/千克
	5212.2400	--未列名色织棉机织物, 每平方米重量超过 200 克	米/千克
	5212.2500	--未列名印花棉机织物, 每平方米重量超过 200 克	米/千克

第五十三章 其他植物纺织纤维；纸纱线及其机织物

品 目	商品编码	商 品 名 称	计量单位
53.01		**亚麻,生的或已经加工但未纺制的;亚麻短纤及废麻(包括废麻纱线及回收纤维):**	
	5301.1000	-生的或经沤制的亚麻	千克
		-破开、打成、栉梳或经其他加工但未纺制的亚麻:	
	5301.2100	--破开的或打成的亚麻	千克
	5301.2900	--栉梳或经其他加工但未纺制的亚麻	千克
	5301.3000	-亚麻短纤及废麻(包括废麻纱线及回收纤维)	千克
53.02		**大麻,生的或经加工但未纺制的;大麻短纤及废麻(包括废麻纱线及回收纤维):**	
	5302.1000	-生的或经沤制的大麻	千克
	5302.9000	-其他经加工但未纺制的大麻;大麻短纤及废麻	千克
53.03		**黄麻及其他纺织用韧皮纤维(不包括亚麻、大麻及苎麻),生的或经加工但未纺制的;上述纤维的短纤及废麻(包括废纱线及回收纤维):**	
	5303.1000	-生的或经沤制的黄麻及其他纺织用韧皮纤维	千克
	5303.9000	-其他经加工但未纺制的黄麻及其他纺织用韧皮纤维;上述纤维的短纤及废麻	千克
53.05		**椰壳纤维、蕉麻(马尼拉麻)、苎麻及其他品目未列名的纺织用植物纤维,生的或经加工但未纺制的;上述纤维的短纤、落麻及废料(包括废纱线及回收纤维):**	
		---苎麻:	
	5305.0011	----生的苎麻	千克
	5305.0012	----经加工但未纺制的苎麻	千克
	5305.0013	----苎麻的短纤及废料	千克
	5305.0019	----其他苎麻	千克
	5305.0020	---生的或经加工但未纺制的蕉麻;蕉麻的短纤、落麻及废料	千克
		---其他:	
	5305.0091	----西沙尔麻及其他纺织用龙舌兰类纤维,生的或经加工但未纺制的;上述纤维的短纤及废麻	千克

品　目	商品编码	商　　品　　名　　称	计量单位
	5305. 0092	----生的或经加工但未纺制的椰壳纤维;椰壳纤维的短纤、落麻及废料	千克
	5305. 0099	----生的或经加工但未纺制的未列名纺织用植物纤维及其短纤、落麻和废料	千克
53. 06		**亚麻纱线:**	
	5306. 1000	-亚麻单纱	千克
	5306. 2000	-亚麻多股纱线或缆线	千克
53. 07		**黄麻纱线或品目 53. 03 的其他纺织用韧皮纤维纱线:**	
	5307. 1000	-黄麻或品目 53. 03 的其他纺织用韧皮纤维的单纱	千克
	5307. 2000	-黄麻或品目 53. 03 的其他纺织用韧皮纤维的多股纱线或缆线	千克
53. 08		**其他植物纺织纤维纱线;纸纱线:**	
	5308. 1000	-椰壳纤维纱线	千克
	5308. 2000	-大麻纱线	千克
		-其他:	
		---苎麻纱线:	
	5308. 9011	----按重量计苎麻含量在 85%及以上未漂白或漂白的纱线	千克
	5308. 9012	----按重量计苎麻含量在 85%及以上的色纱线	千克
	5308. 9013	----按重量计苎麻含量在 85%以下的未漂白或漂白的纱线	千克
	5308. 9014	----按重量计苎麻含量在 85%以下的色纱线	千克
		---其他:	
	5308. 9091	----纸纱线	千克
	5308. 9099	----未列名植物纺织纤维纱线	千克
53. 09		**亚麻机织物:**	
		-按重量计亚麻含量在 85%及以上:	
		--未漂白或漂白:	
	5309. 1110	---含亚麻 85%及以上未漂白的机织物	米/千克
	5309. 1120	---含亚麻 85%及以上漂白的机织物	米/千克
	5309. 1900	--其他含亚麻 85%及以上的机织物	米/千克
		-按重量计亚麻含量在 85%以下:	
		--未漂白或漂白:	
	5309. 2110	---含亚麻 85%以下未漂白的机织物	米/千克
	5309. 2120	---含亚麻 85%以下漂白的机织物	米/千克
	5309. 2900	--其他含亚麻 85%以下的机织物	米/千克

品目	商品编码	商品名称	计量单位
53.10		**黄麻或品目 53.03 的其他纺织用韧皮纤维机织物：**	
	5310.1000	-黄麻或品目 53.03 其他纺织用韧皮纤维的未漂白机织物	米/千克
	5310.9000	-黄麻或品目 53.03 其他纺织用韧皮纤维的其他机织物	米/千克
53.11		**其他纺织用植物纤维机织物；纸纱线机织物：**	
		---苎麻机织物：	
	5311.0012	----按重量计苎麻含量在 85%及以上的未漂白机织物	米/千克
	5311.0013	----按重量计苎麻含量在 85%及以上的其他机织物	米/千克
	5311.0014	----按重量计苎麻含量在 85%以下的未漂白机织物	米/千克
	5311.0015	----按重量计苎麻含量在 85%以下的其他机织物	米/千克
	5311.0020	---纸纱线机织物	米/千克
	5311.0030	---大麻机织物	米/千克
	5311.0090	---未列名纺织用植物纤维机织物	米/千克

第五十四章　化学纤维长丝;化学纤维纺织材料制扁条及类似品

注释:

1. 本目录所称“化学纤维”,是指通过下列任一方法加工制得的有机聚合物的短纤或长丝:
   (1)将有机单体物质加以聚合而制成聚合物,例如,聚酰胺、聚酯、聚烯烃、聚氨基甲酸酯;或通过上述加工将聚合物经化学改性制得(例如,聚乙酸乙烯酯水解制得的聚乙烯醇);或
   (2)将天然有机聚合物(例如,纤维素)溶解或化学处理制成聚合物,例如,铜铵纤维或粘胶纤维;或将天然有机聚合物(例如,纤维素、酪蛋白及其他蛋白质或藻酸)经化学改性制成聚合物,例如,醋酸纤维素纤维或藻酸盐纤维。

   对于化学纤维,所称“合成”,是指(1)款所述的纤维;所称“人造”,是指(2)款所述的纤维。品目54.04或54.05的扁条及类似品不视作化学纤维。

   对于纺织材料,所称“化学纤维”“合成纤维”及“人造纤维”,其含义应与上述解释相同。
2. 品目54.02及54.03不适用于第五十五章的合成纤维或人造纤维的长丝丝束。

品　目	商品编码	商　品　名　称	计量单位
54.01		**化学纤维长丝纺制的缝纫线,不论是否供零售用:**	
		-合成纤维长丝纺制:	
	5401.1010	---合成纤维长丝缝纫线,非供零售用	千克
	5401.1020	---合成纤维长丝缝纫线,供零售用	千克
		-人造纤维长丝纺制:	
	5401.2010	---人造纤维长丝缝纫线,非供零售用	千克
	5401.2020	---人造纤维长丝缝纫线,供零售用	千克
54.02		**合成纤维长丝纱线(缝纫线除外),非供零售用,包括细度在67分特以下的合成纤维单丝:**	
		-尼龙或其他聚酰胺纺制的高强力纱,不论是否经变形加工:	
		--芳香族聚酰胺纺制:	
	5402.1110	---聚间苯二甲酰间苯二胺纺制的高强力纱,不论是否经变形加工	千克
	5402.1120	---聚对苯二甲酰对苯二胺纺制的高强力纱,不论是否经变形加工	千克

品 目	商品编码	商 品 名 称	计量单位
	5402.1190	---其他芳香族聚酰胺纺制的高强力纱,不论是否经变形加工	千克
		--其他:	
	5402.1910	---聚酰胺-6(尼龙-6)纺制的高强力纱,不论是否经变形加工	千克
	5402.1920	---聚酰胺-6,6(尼龙-6,6)纺制的高强力纱,不论是否经变形加工	千克
	5402.1990	---未列名尼龙或其他聚酰胺纺制的高强力纱,不论是否经变形加工	千克
	5402.2000	-聚酯高强力纱,不论是否经变形加工	千克
		-变形纱线:	
		--尼龙或其他聚酰胺纺制,每根单纱细度不超过50特:	
		---弹力丝:	
	5402.3111	----聚酰胺-6(尼龙-6)弹力丝,每根单纱细度不超过50特	千克
	5402.3112	----聚酰胺-6,6(尼龙-6,6)弹力丝,每根单纱细度不超过50特	千克
	5402.3113	----芳香族聚酰胺弹力丝,每根单纱细度不超过50特	千克
	5402.3119	----其他尼龙或聚酰胺弹力丝,每根单纱细度不超过50特	千克
	5402.3190	---尼龙或其他聚酰胺的其他变形纱线,每根单纱细度不超过50特	千克
		--尼龙或其他聚酰胺变形纱线,每根单纱细度超过50特:	
		---尼龙或其他聚酰胺弹力丝,每根单纱细度超过50特:	
	5402.3211	----聚酰胺-6(尼龙-6)弹力丝,每根单纱细度超过50特	千克
	5402.3212	----聚酰胺-6,6(尼龙-6,6)弹力丝,每根单纱细度超过50特	千克
	5402.3213	----芳香族聚酰胺弹力丝,每根单纱细度超过50特	千克
	5402.3219	----其他尼龙或聚酰胺弹力丝,每根单纱细度超过50特	千克
	5402.3290	---尼龙或其他聚酰胺的其他变形纱线,每根单纱细度超过50特	千克

品　目	商品编码	商　品　名　称	计量单位
		--聚酯纺制：	
	5402. 3310	---聚酯弹力丝	千克
	5402. 3390	---其他聚酯变形纱线	千克
	5402. 3400	--聚丙烯长丝变形纱线	千克
	5402. 3900	--其他合成纤维长丝变形纱线	千克
		-其他单纱,未加捻或捻度每米不超过50转：	
		--弹性纱线：	
	5402. 4410	---氨纶弹性纱线,未加捻或捻度每米不超过50转	千克
	5402. 4490	---其他弹性纱线,未加捻或捻度每米不超过50转	千克
		--尼龙或其他聚酰胺纱线(弹性纱线除外),未加捻或捻度每米不超过50转：	
	5402. 4510	---聚酰胺-6(尼龙-6)纱线(弹性纱线除外),未加捻或捻度每米不超过50转	千克
	5402. 4520	---聚酰胺-6,6(尼龙-6,6)纱线(弹性纱线除外),未加捻或捻度每米不超过50转	千克
	5402. 4530	---芳香族聚酰胺纱线(弹性纱线除外),未加捻或捻度每米不超过50转	千克
	5402. 4590	---其他尼龙或其他聚酰胺纱线(弹性纱线除外),未加捻或捻度每米不超过50转	千克
	5402. 4600	--部分定向聚酯纱线(弹性纱线除外),未加捻或捻度每米不超过50转	千克
	5402. 4700	--其他聚酯纱线(弹性纱线除外),未加捻或捻度每米不超过50转	千克
	5402. 4800	--聚丙烯长丝单纱(弹性纱线除外),未加捻或捻度每米不超过50转	千克
		--其他合成纤维长丝单纱(弹性纱线除外),未加捻或捻度每米不超过50转：	
	5402. 4910	---断裂强度不小于22厘牛/分特,且初始模量不小于750厘牛/分特的聚乙烯单纱,未加捻或捻度每米不超过50转	千克
	5402. 4990	---其他合成纤维长丝单纱(弹性纱线除外),未加捻或捻度每米不超过50转	千克
		-其他单纱,捻度每米超过50转：	
		--尼龙或其他聚酰胺纱线,捻度每米超过50转：	
	5402. 5110	---聚酰胺-6(尼龙-6)纱线,捻度每米超过50转	千克
	5402. 5120	---聚酰胺-6,6(尼龙-6,6)纱线,捻度每米超过50转	千克

品目	商品编码	商品名称	计量单位
	5402.5130	---芳香族聚酰胺纱线,捻度每米超过50转	千克
	5402.5190	---其他尼龙或其他聚酰胺纱线,捻度每米超过50转	千克
	5402.5200	--聚酯纱线,捻度每米超过50转	千克
	5402.5300	--聚丙烯长丝单纱,捻度每米超过50转	千克
		--其他合成纤维长丝单纱,捻度每米超过50转:	
	5402.5920	---断裂强度不小于22厘牛/分特,且初始模量不小于750厘牛/分特的聚乙烯单纱,捻度每米超过50转	千克
	5402.5990	---其他合成纤维长丝单纱,捻度每米超过50转	千克
		-其他合成纤维纱线(多股纱线或缆线):	
		--尼龙或其他聚酰胺多股纱线或缆线:	
	5402.6110	---聚酰胺-6(尼龙-6)多股纱线或缆线	千克
	5402.6120	---聚酰胺-6,6(尼龙-6,6)多股纱线或缆线	千克
	5402.6130	---芳香族聚酰胺多股纱线或缆线	千克
	5402.6190	---其他尼龙或聚酰胺多股纱线或缆线	千克
	5402.6200	--聚酯多股纱线或缆线	千克
	5402.6300	--聚丙烯多股纱线或缆线	千克
		--未列名合成纤维长丝多股纱线或缆线:	
	5402.6920	---氨纶长丝多股纱线或缆线	千克
	5402.6990	---未列名合成纤维长丝多股纱线或缆线	千克
54.03		**人造纤维长丝纱线(缝纫线除外),非供零售用,包括细度在67分特以下的人造纤维单丝:**	
	5403.1000	-粘胶纤维高强力纱	千克
		-其他单纱:	
		--粘胶纤维单纱,未加捻或捻度每米不超过120转:	
	5403.3110	---竹制粘胶纤维单纱,未加捻或捻度每米不超过120转	千克
	5403.3190	---其他粘胶纤维单纱,未加捻或捻度每米不超过120转	千克
		--粘胶纤维单纱,捻度每米超过120转:	
	5403.3210	---竹制粘胶纤维单纱,捻度每米超过120转	千克
	5403.3290	---其他粘胶纤维单纱,捻度每米超过120转	千克
		--醋酸纤维纺制:	
	5403.3310	---二醋酸纤维制单纱	千克
	5403.3390	---其他醋酸纤维单纱	千克

品 目	商品编码	商　品　名　称	计量单位
	5403.3900	--其他人造纤维长丝单纱	千克
		-其他纱线(多股纱线或缆线):	
	5403.4100	--粘胶纤维多股纱线或缆线	千克
	5403.4200	--醋酸纤维多股纱线或缆线	千克
	5403.4900	--未列名人造纤维长丝多股纱线或缆线	千克
54.04		**截面尺寸不超过 1 毫米,细度在 67 分特及以上的合成纤维单丝;表观宽度不超过 5 毫米的合成纤维纺织材料制扁条及类似品(例如,人造草):**	
		-单丝:	
	5404.1100	--合成纤维弹性单丝,截面尺寸不超过 1 毫米,细度在 67 分特及以上	千克
	5404.1200	--聚丙烯单丝(弹性单丝除外),截面尺寸不超过 1 毫米,细度在 67 分特及以上	千克
	5404.1900	--其他合成纤维单丝,截面尺寸不超过 1 毫米,细度在 67 分特及以上	千克
	5404.9000	-表观宽度不超过 5 毫米的合成纤维纺织材料制扁条及类似品(例如,人造草)	千克
54.05		**截面尺寸不超过 1 毫米,细度在 67 分特及以上的人造纤维单丝;表观宽度不超过 5 毫米的人造纺织材料制扁条及类似品(例如,人造草):**	
	5405.0000	截面尺寸不超过 1 毫米,细度在 67 分特及以上的人造纤维单丝;表观宽度不超过 5 毫米的人造纺织材料制扁条及类似品(例如,人造草)	千克
54.06		**化学纤维长丝纱线(缝纫线除外),供零售用:**	
	5406.0010	---合成纤维长丝纱线,供零售用	千克
	5406.0020	---人造纤维长丝纱线,供零售用	千克
54.07		**合成纤维长丝纱线的机织物,包括品目 54.04 所列材料的机织物:**	
		-尼龙或其他聚酰胺高强力纱、聚酯高强力纱纺制的机织物:	
	5407.1010	---尼龙或其他聚酰胺高强力纱纺制的机织物	米/千克
	5407.1020	---聚酯高强力纱纺制的机织物	米/千克
	5407.2000	-合成纤维长丝扁条及类似品的机织物	米/千克
	5407.3000	-由若干层平行合成纤维长丝纱线以锐角或直角相互层叠, 在纱线交叉点用黏合剂或以热黏合法黏合而成的织物	米/千克

品 目	商品编码	商 品 名 称	计量单位
		-其他机织物,按重量计尼龙或其他聚酰胺长丝含量在85%及以上:	
	5407.4100	--含尼龙或其他聚酰胺长丝85%及以上未漂白或漂白的机织物	米/千克
	5407.4200	--含尼龙或其他聚酰胺长丝85%及以上染色的机织物	米/千克
	5407.4300	--含尼龙或其他聚酰胺长丝85%及以上色织的机织物	米/千克
	5407.4400	--含尼龙或其他聚酰胺长丝85%及以上印花的机织物	米/千克
		-其他机织物,按重量计聚酯变形长丝含量在85%及以上:	
	5407.5100	--含聚酯变形长丝85%及以上未漂白或漂白的机织物	米/千克
	5407.5200	--含聚酯变形长丝85%及以上染色的机织物	米/千克
	5407.5300	--含聚酯变形长丝85%及以上色织的机织物	米/千克
	5407.5400	--含聚酯变形长丝85%及以上印花的机织物	米/千克
		-其他机织物,按重量计聚酯长丝含量在85%及以上:	
	5407.6100	--含聚酯非变形长丝85%及以上的机织物	米/千克
	5407.6900	--其他含聚酯长丝85%及以上的机织物	米/千克
		-其他机织物,按重量计其他合成纤维长丝含量在85%及以上:	
	5407.7100	--含其他合成纤维长丝85%及以上未漂白或漂白的机织物	米/千克
	5407.7200	--含其他合成纤维长丝85%及以上染色的机织物	米/千克
	5407.7300	--含其他合成纤维长丝85%及以上色织的机织物	米/千克
	5407.7400	--含其他合成纤维长丝85%及以上印花的机织物	米/千克
		-其他机织物,按重量计合成纤维长丝含量在85%以下,主要与或仅与棉混纺:	
	5407.8100	--含合成纤维长丝85%以下主要与或仅与棉混纺的未漂白或漂白机织物	米/千克
	5407.8200	--含合成纤维长丝85%以下主要与或仅与棉混纺的染色机织物	米/千克
	5407.8300	--含合成纤维长丝85%以下主要与或仅与棉混纺的色织机织物	米/千克
	5407.8400	--含合成纤维长丝85%以下主要与或仅与棉混纺的印花机织物	米/千克
		-其他机织物:	
	5407.9100	--未列名合成纤维长丝未漂白或漂白机织物	米/千克
	5407.9200	--未列名合成纤维长丝染色机织物	米/千克

品　目	商品编码	商　品　名　称	计量单位
	5407.9300	--未列名合成纤维长丝色织机织物	米/千克
	5407.9400	--未列名合成纤维长丝印花机织物	米/千克
54.08		**人造纤维长丝纱线的机织物，包括品目 54.05 所列材料的机织物：**	
	5408.1000	-粘胶纤维高强力纱的机织物	米/千克
		-其他机织物，按重量计人造纤维长丝、扁条或类似品含量在 85%及以上：	
		--含人造纤维长丝、扁条或类似品 85%及以上未漂白或漂白机织物：	
	5408.2110	---含粘胶纤维长丝 85%及以上未漂白或漂白机织物	米/千克
	5408.2120	---含醋酸纤维长丝 85%及以上未漂白或漂白机织物	米/千克
	5408.2190	---含其他人造纤维长丝、扁条或类似品 85%及以上未漂白或漂白机织物	米/千克
		--含人造纤维长丝、扁条或类似品 85%及以上染色机织物：	
	5408.2210	---含粘胶纤维长丝 85%及以上染色机织物	米/千克
	5408.2220	---含醋酸纤维长丝 85%及以上染色机织物	米/千克
	5408.2290	---含其他人造纤维长丝、扁条或类似品 85%及以上染色机织物	米/千克
		--含人造纤维长丝、扁条或类似品 85%及以上色织机织物：	
	5408.2310	---含粘胶纤维长丝 85%及以上色织机织物	米/千克
	5408.2320	---含酸醋纤维长丝 85%及以上色织机织物	米/千克
	5408.2390	---含其他人造纤维长丝、扁条或类似品 85%及以上色织机织物	米/千克
		--含人造纤维长丝、扁条或类似品 85%及以上印花机织物：	
	5408.2410	---含粘胶纤维长丝 85%及以上印花织机织物	米/千克
	5408.2420	---含醋酸纤维长丝 85%及以上印花织机织物	米/千克
	5408.2490	---含其他人造纤维长丝、扁条或类似品 85%及以上印花机织物	米/千克
		-其他机织物：	
	5408.3100	--未列名人造纤维长丝未漂白或漂白机织物	米/千克
	5408.3200	--未列名人造纤维长丝染色机织物	米/千克
	5408.3300	--未列名人造纤维长丝色织机织物	米/千克
	5408.3400	--未列名人造纤维长丝印花机织物	米/千克

第五十五章 化学纤维短纤

注释：

1. 品目 55.01 和 55.02 仅适用于每根与丝束长度相等的平行化学纤维长丝丝束。前述丝束应同时符合下列规格：

   (1)丝束长度超过 2 米；

   (2)捻度每米少于 5 转；

   (3)每根长丝细度在 67 分特以下；

   (4)合成纤维长丝丝束，须经拉伸处理，即本身不能被拉伸至超过本身长度的 1 倍；

   (5)丝束总细度大于 20000 分特。

   丝束长度不超过 2 米的归入品目 55.03 或 55.04。

品 目	商品编码	商 品 名 称	计量单位
55.01		合成纤维长丝丝束：	
	5501.1000	-尼龙或其他聚酰胺长丝丝束	千克
	5501.2000	-聚酯长丝丝束	千克
	5501.3000	-聚丙烯腈或变性聚丙烯腈长丝丝束	千克
	5501.4000	-聚丙烯长丝丝束	千克
	5501.9000	-其他合成纤维长丝丝束	千克
55.02		人造纤维长丝丝束：	
		-醋酸纤维丝束：	
	5502.1010	---二醋酸纤维长丝丝束	千克
	5502.1090	---其他醋酸纤维长丝丝束	千克
	5502.9000	-其他人造纤维长丝丝束	千克
55.03		合成纤维短纤，未梳或未经其他纺前加工：	
		-尼龙或其他聚酰胺短纤，未梳或未经其他纺前加工：	
		--芳香族聚酰胺纺制：	
	5503.1110	---聚间苯二甲酰间苯二胺短纤，未梳或未经其他纺前加工	千克
	5503.1120	---聚对苯二甲酰对苯二胺短纤，未梳或未经其他纺前加工	千克
	5503.1190	---其他芳香族聚酰胺短纤，未梳或未经其他纺前加工	千克
	5503.1900	--尼龙或其他聚酰胺短纤，未梳或未经其他纺前加工	千克
	5503.2000	-聚酯短纤，未梳或未经其他纺前加工	千克

品　目	商品编码	商　品　名　称	计量单位
	5503.3000	-聚丙烯腈或变性聚丙烯腈短纤，未梳或未经其他纺前加工	千克
	5503.4000	-聚丙烯短纤，未梳或未经其他纺前加工	千克
		-其他：	
	5503.9010	---聚苯硫醚制短纤，未梳或未经其他纺前加工	千克
	5503.9090	---其他合成纤维短纤，未梳或未经其他纺前加工	千克
55.04		**人造纤维短纤，未梳或未经其他纺前加工：**	
		-粘胶纤维短纤：	
	5504.1010	---竹制粘胶纤维短纤，未梳或未经其他纺前加工	千克
		---木制粘胶纤维短纤，未梳或未经其他纺前加工：	
	5504.1021	----阻燃的木制粘胶纤维短纤，未梳或未经其他纺前加工	千克
	5504.1029	----其他木制粘胶纤维短纤，未梳或未经其他纺前加工	千克
	5504.1090	---其他粘胶纤维短纤，未梳或未经其他纺前加工	千克
	5504.9000	-其他人造纤维短纤，未梳或未经其他纺前加工	千克
55.05		**化学纤维废料（包括落绵、废纱及回收纤维）：**	
	5505.1000	-合成纤维废料	千克
	5505.2000	-人造纤维废料	千克
55.06		**合成纤维短纤，已梳或经其他纺前加工：**	
		-尼龙或其他聚酰胺短纤，已梳或经其他纺前加工：	
		---芳香族聚酰胺纺制：	
	5506.1011	----聚间苯二甲酰间苯二胺短纤，已梳或经其他纺前加工	千克
	5506.1012	----聚对苯二甲酰对苯二胺短纤，已梳或经其他纺前加工	千克
	5506.1019	----其他芳香族聚酰胺短纤，已梳或经其他纺前加工	千克
	5506.1090	---尼龙或其他聚酰胺短纤，已梳或经其他纺前加工	千克
	5506.2000	-聚酯短纤，已梳或经其他纺前加工	千克
	5506.3000	-聚丙烯腈或变性聚丙烯腈短纤，已梳或经其他纺前加工	千克
	5506.4000	-聚丙烯短纤，已梳或经其他纺前加工	千克
		-其他：	
	5506.9010	---聚苯硫醚短纤，已梳或经其他纺前加工	千克
	5506.9090	---其他合成纤维短纤，已梳或经其他纺前加工	千克
55.07		**人造纤维短纤，已梳或经其他纺前加工：**	

品 目	商品编码	商 品 名 称	计量单位
	5507.0000	人造纤维短纤,已梳或经其他纺前加工	千克
55.08		**化学纤维短纤纺制的缝纫线,不论是否供零售用:**	
	5508.1000	-合成纤维短纤缝纫线	千克
	5508.2000	-人造纤维短纤缝纫线	千克
55.09		**合成纤维短纤纱线(缝纫线除外),非供零售用:**	
		-按重量计尼龙或其他聚酰胺短纤含量在85%及以上:	
	5509.1100	--含尼龙或其他聚酰胺短纤85%及以上的单纱	千克
	5509.1200	--含尼龙或其他聚酰胺短纤85%及以上的多股纱线或缆线	千克
		-按重量计聚酯短纤含量在85%及以上:	
	5509.2100	--含聚酯短纤85%及以上的单纱	千克
	5509.2200	--含聚酯短纤85%及以上的多股纱线或缆线	千克
		-按重量计聚丙烯腈或变性聚丙烯腈短纤85%及以上:	
	5509.3100	--含聚丙烯腈或变性聚丙烯腈短纤85%及以上的单纱	千克
	5509.3200	--含聚丙烯腈或变性聚丙烯腈短纤85%及以上的多股纱线或缆线	千克
		-其他纱线,按重量计合成纤维短纤含量在85%及以上:	
	5509.4100	--含其他合成纤维短纤85%及以上的单纱	千克
	5509.4200	--含其他合成纤维短纤85%及以上的多股纱线或缆线	千克
		-其他聚酯短纤纺制的纱线:	
	5509.5100	--含聚酯短纤85%以下主要或仅与人造纤维短纤混纺的纱线	千克
	5509.5200	--含聚酯短纤85%以下主要或仅与羊毛或动物细毛混纺的纱线	千克
	5509.5300	--含聚酯短纤85%以下主要或仅与棉混纺的纱线	千克
	5509.5900	--含聚酯短纤85%以下与其他纤维混纺的纱线	千克
		-其他聚丙烯腈或变性聚丙烯腈短纤纺制的纱线:	
	5509.6100	--含聚丙烯腈或变性聚丙烯腈短纤85%以下主要或仅与羊毛或动物细毛混纺的纱线	千克
	5509.6200	--含聚丙烯腈或变性聚丙烯腈短纤85%以下主要或仅与棉混纺的纱线	千克
	5509.6900	--含聚丙烯腈或变性聚丙烯腈短纤85%以下,与其他纤维混纺的纱线	千克
		-其他纱线:	

品 目	商品编码	商 品 名 称	计量单位
	5509.9100	--其他含合成纤维短纤85%以下主要或仅与羊毛或动物细毛混纺的纱线	千克
	5509.9200	--其他含合成纤维短纤85%以下主要或仅与棉混纺的纱线	千克
	5509.9900	--其他含合成纤维短纤85%以下与其他纤维混纺的纱线	千克
55.10		**人造纤维短纤纺制的纱线(缝纫线除外),非供零售用:**	
		-按重量计人造纤维短纤含量在85%及以上:	
	5510.1100	--含人造纤维短纤85%及以上的单纱	千克
	5510.1200	--含人造纤维短纤85%及以上的多股纱线或缆线	千克
	5510.2000	-含人造纤维短纤85%以下主要或仅与羊毛或动物细毛混纺的纱线	千克
	5510.3000	-含人造纤维短纤85%以下主要或仅与棉混纺的纱线	千克
	5510.9000	-含人造纤维短纤85%以下与其他纤维混纺的纱线	千克
55.11		**化学纤维短纤纺制的纱线(缝纫线除外),供零售用:**	
	5511.1000	-含合成纤维短纤85%及以上的纱线,供零售用	千克
	5511.2000	-含合成纤维短纤85%以下的纱线,供零售用	千克
	5511.3000	-人造纤维短纤纱线,供零售用	千克
55.12		**合成纤维短纤纺制的机织物,按重量计合成纤维短纤含量在85%及以上:**	
		-按重量计聚酯短纤含量在85%及以上:	
	5512.1100	--含聚酯短纤85%及以上未漂白或漂白的机织物	米/千克
	5512.1900	--其他含聚酯短纤85%及以上的机织物	米/千克
		-按重量计聚丙烯腈或变性聚丙烯腈短纤含量在85%及以上:	
	5512.2100	--含聚丙烯腈或变性聚丙烯腈短纤85%及以上的未漂白或漂白机织物	米/千克
	5512.2900	--其他含聚丙烯腈或变性聚丙烯腈短纤85%及以上的机织物	米/千克
		-其他:	
	5512.9100	--其他含合成纤维短纤85%及以上的未漂白或漂白机织物	米/千克
	5512.9900	--未列名含合成纤维短纤85%及以上的机织物	米/千克
55.13		**合成纤维短纤纺制的机织物,按重量计合成纤维短纤含量在85%以下,主要或仅与棉混纺,每平方米重量不超过170克:**	

品　目	商品编码	商　品　名　称	计量单位
		-未漂白或漂白：	
		--聚酯短纤纺制的平纹机织物：	
	5513.1110	---含聚酯短纤 85%以下主要或仅与棉混纺的未漂白平纹机织物，每平方米重量不超过 170 克	米/千克
	5513.1120	---含聚酯短纤 85%以下主要或仅与棉混纺的漂白平纹机织物，每平方米重量不超过 170 克	米/千克
		--聚酯短纤纺制的三线或四线斜纹机织物，包括双面斜纹机织物：	
	5513.1210	---含聚酯短纤 85%以下主要或仅与棉混纺的未漂白三线或四线斜纹机织物，包括双面斜纹机织物，每平方米重量不超过 170 克	米/千克
	5513.1220	---含聚酯短纤 85%以下主要或仅与棉混纺的漂白三线或四线斜纹机织物，包括双面斜纹机织物，每平方米重量不超过 170 克	米/千克
		--聚酯短纤纺制的其他机织物：	
	5513.1310	---其他含聚酯短纤 85%以下主要或仅与棉混纺的未漂白机织物，每平方米重量不超过 170 克	米/千克
	5513.1320	---其他含聚酯短纤 85%以下主要或仅与棉混纺的漂白机织物，每平方米重量不超过 170 克	米/千克
	5513.1900	--其他含合成纤维短纤 85%以下主要或仅与棉混纺的未漂白或漂白机织物，每平方米重量不超过 170 克	米/千克
		-染色：	
	5513.2100	--含聚酯短纤 85%以下主要或仅与棉混纺的染色平纹机织物，每平方米重量不超过 170 克	米/千克
		--其他含聚酯短纤机织物：	
	5513.2310	---含聚酯短纤 85%以下主要或仅与棉混纺的染色三线或四线斜纹机织物，包括双面斜纹机织物，每平方米重量不超过 170 克	米/千克
	5513.2390	---含聚酯短纤 85%以下主要或仅与棉混纺的其他染色机织物，每平方米重量不超过 170 克	米/千克
	5513.2900	--其他含合成纤维短纤 85%以下主要或仅与棉混纺的染色机织物，每平方米重量不超过 170 克	米/千克
		-色织：	
	5513.3100	--含聚酯短纤 85%以下主要或仅与棉混纺的色织平纹机织物，每平方米重量不超过 170 克	米/千克
		--其他机织物：	

品 目	商品编码	商 品 名 称	计量单位
	5513.3910	---含聚酯短纤85%以下主要或仅与棉混纺的色织三线或四线斜纹机织物,包括双面斜纹机织物,每平方米重量不超过170克	米/千克
	5513.3920	---含聚酯短纤85%以下主要或仅与棉混纺的其他色织机织物,每平方米重量不超过170克	米/千克
	5513.3990	---其他含合成纤维短纤85%以下主要或仅与棉混纺的色织机织物,每平方米重量不超过170克	米/千克
		-印花:	
	5513.4100	--含聚酯短纤85%以下主要或仅与棉混纺的印花平纹机织物,每平方米重量不超过170克	米/千克
		--其他机织物:	
	5513.4910	---含聚酯短纤85%以下主要或仅与棉混纺的印花三线或四线斜纹机织物,包括双面斜纹机织物,每平方米重量不超过170克	米/千克
	5513.4920	---含聚酯短纤85%以下主要或仅与棉混纺的其他印花机织物,每平方米重量不超过170克	米/千克
	5513.4990	---其他含合成纤维短纤85%以下主要或仅与棉混纺的印花机织物,每平方米重量不超过170克	米/千克
55.14		**合成纤维短纤纺制的机织物,按重量计合成纤维短纤含量在85%以下,主要或仅与棉混纺,每平方米重量超过170克:**	
		-未漂白或漂白:	
		--聚酯短纤纺制的平纹机织物:	
	5514.1110	---含聚酯短纤85%以下主要或仅与棉混纺的未漂白平纹机织物,每平方米重量超过170克	米/千克
	5514.1120	---含聚酯短纤85%以下主要或仅与棉混纺的漂白平纹机织物,每平方米重量超过170克	米/千克
		--聚酯短纤纺制的三线或四线斜纹机织物,包括双面斜纹机织物:	
	5514.1210	---含聚酯短纤85%以下主要或仅与棉混纺的未漂白三线或四线斜纹机织物,包括双面斜纹机织物,每平方米重量超过170克	米/千克
	5514.1220	---含聚酯短纤85%以下主要或仅与棉混纺的漂白三线或四线斜纹机织物,包括双面斜纹机织物,每平方米重量超过170克	米/千克

品 目	商品编码	商 品 名 称	计量单位
		--其他机织物:	
		---其他聚酯短纤纺制的机织物:	
	5514.1911	----其他含聚酯短纤 85%以下主要或仅与棉混纺的未漂白机织物,每平方米重量超过 170 克	米/千克
	5514.1912	----其他含聚酯短纤 85%以下主要或仅与棉混纺的漂白机织物,每平方米重量超过 170 克	米/千克
	5514.1990	---其他含合成纤维短纤 85%以下主要或仅与棉混纺的未漂白或漂白机织物,每平方米重量超过 170 克	米/千克
		-染色:	
	5514.2100	--含聚酯短纤 85%以下主要或仅与棉混纺的染色平纹机织物,每平方米重量超过 170 克	米/千克
	5514.2200	--含聚酯短纤 85%以下主要或仅与棉混纺的染色三线或四线斜纹机织物,包括双面斜纹机织物,每平方米重量超过 170 克	米/千克
	5514.2300	--其他含聚酯短纤 85%以下主要或仅与棉混纺的染色机织物,每平方米重量超过 170 克	米/千克
	5514.2900	--其他含合成纤维短纤 85%以下主要或仅与棉混纺的染色机织物,每平方米重量超过 170 克	米/千克
		-色织:	
	5514.3010	---含聚酯短纤 85%以下主要或仅与棉混纺的色织平纹机织物,每平方米重量超过 170 克	米/千克
	5514.3020	---含聚酯短纤 85%以下主要或仅与棉混纺的色织三线或四线斜纹机织物,包括双面斜纹机织物,每平方米重量超过 170 克	米/千克
	5514.3030	---含聚酯短纤 85%以下主要或仅与棉混纺的其他色织机织物,每平方米重量超过 170 克	米/千克
	5514.3090	---其他含合成纤维短纤 85%以下主要或仅与棉混纺的色织机织物,每平方米重量超过 170 克	米/千克
		-印花:	
	5514.4100	--含聚酯短纤 85%以下主要或仅与棉混纺的印花平纹机织物,每平方米重量超过 170 克	米/千克
	5514.4200	--含聚酯短纤 85%以下主要或仅与棉混纺的印花三线或四线斜纹机织物,包括双面斜纹机织物,每平方米重量超过 170 克	米/千克

品　目	商品编码	商　品　名　称	计量单位
	5514.4300	--其他含聚酯短纤 85%以下主要或仅与棉混纺的印花机织物,每平方米重量超过 170 克	米/千克
	5514.4900	--其他含合成纤维短纤 85%以下主要或仅与棉混纺的印花机织物,每平方米重量超过 170 克	米/千克
55.15		**合成纤维短纤纺制的其他机织物:**	
		-聚酯短纤纺制:	
	5515.1100	--含聚酯短纤 85%以下主要或仅与粘胶纤维短纤混纺的机织物	米/千克
	5515.1200	--含聚酯短纤 85%以下主要或仅与化学纤维长丝混纺的机织物	米/千克
	5515.1300	--含聚酯短纤 85%以下主要或仅与羊毛或动物细毛混纺的机织物	米/千克
	5515.1900	--含聚酯短纤 85%以下与其他纤维混纺的机织物	米/千克
		-聚丙烯腈或变性聚丙烯腈短纤纺制:	
	5515.2100	--含聚丙烯腈或变性聚丙烯腈短纤 85%以下主要或仅与化学纤维长丝混纺的机织物	米/千克
	5515.2200	--含聚丙烯腈或变性聚丙烯腈短纤 85%以下主要或仅与羊毛或动物细毛混纺的机织物	米/千克
	5515.2900	--含聚丙烯腈或变性聚丙烯腈短纤 85%以下与其他纤维混纺的机织物	米/千克
		-其他机织物:	
	5515.9100	--其他含合成纤维短纤 85%以下主要或仅与化学纤维长丝混纺的机织物	米/千克
	5515.9900	--其他含合成纤维短纤 85%以下的混纺机织物	米/千克
55.16		**人造纤维短纤纺制的机织物:**	
		-按重量计人造纤维短纤含量在 85%及以上:	
	5516.1100	--含人造纤维短纤 85%及以上的未漂白或漂白机织物	米/千克
	5516.1200	--含人造纤维短纤 85%及以上的染色机织物	米/千克
	5516.1300	--含人造纤维短纤 85%及以上的色织机织物	米/千克
	5516.1400	--含人造纤维短纤 85%及以上的印花机织物	米/千克
		-按重量计人造纤维短纤含量在 85%以下,主要或仅与化学纤维长丝混纺:	
	5516.2100	--含人造纤维短纤 85%以下,主要或仅与化学纤维长丝混纺的未漂白或漂白机织物	米/千克
	5516.2200	--含人造纤维短纤 85%以下,主要或仅与化学纤维长丝混纺的染色机织物	米/千克

品　目	商品编码	商　　品　　名　　称	计量单位
	5516.2300	--含人造纤维短纤85%以下,主要或仅与化学纤维长丝混纺的色织机织物	米/千克
	5516.2400	--含人造纤维短纤85%以下,主要或仅与化学纤维长丝混纺的印花机织物	米/千克
		-按重量计人造纤维短纤含量在85%以下,主要或仅与羊毛或动物细毛混纺:	
	5516.3100	--含人造纤维短纤85%以下,主要或仅与羊毛或动物细毛混纺的未漂白或漂白机织物	米/千克
	5516.3200	--含人造纤维短纤85%以下,主要或仅与羊毛或动物细毛混纺的染色机织物	米/千克
	5516.3300	--含人造纤维短纤85%以下,主要或仅与羊毛或动物细毛混纺的色织机织物	米/千克
	5516.3400	--含人造纤维短纤85%以下,主要或仅与羊毛或动物细毛混纺的印花机织物	米/千克
		-按重量计人造纤维短纤含量在85%以下,主要或仅与棉混纺:	
	5516.4100	--含人造纤维短纤85%以下,主要或仅与棉混纺的未漂白或漂白机织物	米/千克
	5516.4200	--含人造纤维短纤85%以下,主要或仅与棉混纺的染色机织物	米/千克
	5516.4300	--含人造纤维短纤85%以下,主要或仅与棉混纺的色织机织物	米/千克
	5516.4400	--含人造纤维短纤85%以下,主要或仅与棉混纺的印花机织物	米/千克
		-其他:	
	5516.9100	--含人造纤维短纤85%以下,与其他纤维混纺的未漂白或漂白机织物	米/千克
	5516.9200	--含人造纤维短纤85%以下,与其他纤维混纺的染色机织物	米/千克
	5516.9300	--含人造纤维短纤85%以下,与其他纤维混纺的色织机织物	米/千克
	5516.9400	--含人造纤维短纤85%以下,与其他纤维混纺的印花机织物	米/千克

第五十六章 絮胎、毡呢及无纺织物；特种纱线；线、绳、索、缆及其制品

注释：

1. 本章不包括：

（1）用各种物质或制剂（例如，第三十三章的香水或化妆品、品目34.01的肥皂或洗涤剂、品目34.05的光洁剂及类似制剂、品目38.09的织物柔软剂）浸渍、涂布、包覆的絮胎、毡呢或无纺织物，其中的纺织材料仅作为承载介质；

（2）品目58.11的纺织产品；

（3）以毡呢或无纺织物为底的砂布及类似品（品目68.05）；

（4）以毡呢或无纺织物为底的粘聚或复制云母（品目68.14）；

（5）以毡呢或无纺织物为底的金属箔（通常为第十四类或第十五类）；或

（6）品目96.19的卫生巾（护垫）及止血塞、婴儿尿布及尿布衬里和类似品。

2. 所称"毡呢"，包括针刺机制毡呢及纤维本身通过缝编工序增强了抱合力的纺织纤维网状织物。

3. 品目56.02及56.03分别包括用各种性质（紧密结构或泡沫状）的塑料或橡胶浸渍、涂布、包覆或层压的毡呢及无纺织物。

品目56.03还包括用塑料或橡胶作黏合材料的无纺织物。

但品目56.02及56.03不包括：

（1）用塑料或橡胶浸渍、涂布、包覆或层压，按重量计纺织材料含量在50%及以下的毡呢或者完全嵌入塑料或橡胶之内的毡呢（第三十九章或第四十章）；

（2）完全嵌入塑料或橡胶之内的无纺织物，以及用肉眼可辨别出两面都用塑料或橡胶涂布、包覆的无纺织物，涂布或包覆所引起的颜色变化可不予考虑（第三十九章或第四十章）；

（3）与毡呢或无纺织物混制的泡沫塑料或海绵橡胶板、片或扁条，纺织材料仅在其中起增强作用（第三十九章或第四十章）。

4. 品目56.04不包括用肉眼无法辨别出是否经过浸渍、涂布或包覆的纺织纱线或品目54.04或54.05的扁条及类似品（通常归入第五十章至第五十五章）；运用本条规定，可不考虑浸渍、涂布或包覆所引起的颜色变化。

品目	商品编码	商品名称	计量单位
56.01		**纺织材料絮胎及其制品；长度不超过5毫米的纺织纤维（纤维屑）、纤维粉末及球结：**	
		-纺织材料制的絮胎及其制品：	
	5601.2100	--棉制絮胎及其制品	千克

品　目	商品编码	商　品　名　称	计量单位
		--化学纤维制：	
	5601.2210	---化学纤维制卷烟滤嘴	千克
	5601.2290	---化学纤维制絮胎及其制品	千克
	5601.2900	--其他纤维制絮胎及其制品	千克
	5601.3000	-纤维屑、纤维粉末及球结，长度不超过5毫米	千克
56.02		**毡呢，不论是否浸渍、涂布、包覆或层压：**	
	5602.1000	-针刺机制毡呢及纤维缝编织物	千克
		-其他毡呢，未浸渍、涂布、包覆或层压：	
	5602.2100	--羊毛或动物细毛制其他毡呢，未浸渍、涂布、包覆或层压	千克
	5602.2900	--其他纺织材料制毡呢，未浸渍、涂布、包覆或层压	千克
	5602.9000	-未列名毡呢	千克
56.03		**无纺织物，不论是否浸渍、涂布、包覆或层压：**	
		-化学纤维长丝制：	
		--每平方米重量不超过25克：	
	5603.1110	---经浸渍、涂布、包覆或层压的化学纤维长丝制无纺织物，每平方米重量不超过25克	千克
	5603.1190	---其他化学纤维长丝制无纺织物，每平方米重量不超过25克	千克
		--每平方米重量超过25克，但不超过70克：	
	5603.1210	---经浸渍、涂布、包覆或层压的化学纤维长丝制无纺织物，每平方米重量超过25克，但不超过70克	千克
	5603.1290	---其他化学纤维长丝制无纺织物，每平方米重量超过25克，但不超过70克	千克
		--每平方米重量超过70克，但不超过150克：	
	5603.1310	---经浸渍、涂布、包覆或层压的化学纤维长丝制无纺织物，每平方米重量超过70克，但不超过150克	千克
	5603.1390	---其他化学纤维长丝制无纺织物，每平方米重量超过70克，但不超过150克	千克
		--每平方米重量超过150克：	
	5603.1410	---经浸渍、涂布、包覆或层压的化学纤维长丝制无纺织物，每平方米重量超过150克	千克
	5603.1490	---其他化学纤维长丝制无纺织物，每平方米重量超过150克	千克
		-其他材料制：	
		--每平方米重量不超过25克：	

品　目	商品编码	商　品　名　称	计量单位
	5603.9110	---经浸渍、涂布、包覆或层压的其他纺织材料制无纺织物,每平方米重量不超过 25 克	千克
	5603.9190	---未经浸渍、涂布、包覆或层压的其他纺织材料制无纺织物,每平方米重量不超过 25 克	千克
		--每平方米重量超过 25 克,但不超过 70 克:	
	5603.9210	---经浸渍、涂布、包覆或层压的其他纺织材料制无纺织物,每平方米重量超过 25 克,但不超过 70 克	千克
	5603.9290	---未经浸渍、涂布、包覆或层压的其他纺织材料制无纺织物,每平方米重量超过 25 克,但不超过 70 克	千克
		--每平方米重量超过 70 克,但不超过 150 克:	
	5603.9310	---经浸渍、涂布、包覆或层压的其他纺织材料制无纺织物,每平方米重量超过 70 克,但不超过 150 克	千克
	5603.9390	---未经浸渍、涂布、包覆或层压的其他纺织材料制无纺织物,每平方米重量超过 70 克,但不超过 150 克	千克
		--每平方米重量超过 150 克:	
	5603.9410	---经浸渍、涂布、包覆或层压的其他纺织材料制无纺织物,每平方米重量超过 150 克	千克
	5603.9490	---未经浸渍、涂布、包覆或层压的其他纺织材料制无纺织物,每平方米重量超过 150 克	千克
56.04		**用纺织材料包覆的橡胶线及绳;用橡胶或塑料浸渍、涂布、包裹或套裹的纺织纱线及品目 54.04 或 54.05 的扁条及类似品:**	
	5604.1000	-用纺织材料包覆的橡胶线及绳	千克
	5604.9000	-其他用橡胶或塑料浸渍、涂布、包覆或套裹的纺织纱线及品目 54.04 或 54.05 的扁条及类似品	千克
56.05		**含金属纱线,不论是否螺旋花线,由纺织纱线或品目 54.04或54.05的扁条及类似品与金属线、扁条或粉末混合制得或用金属包覆制得:**	
	5605.0000	含金属纱线,不论是否螺旋花线,由纺织纱线或品目 54.04或54.05的扁条及类似品与金属线、扁条或粉末混合制得或用金属包覆制得	千克
56.06		**粗松螺旋花线,品目 54.04 或 54.05 的扁条及类似品制的螺旋花线(品目 56.05 的货品及马毛粗松螺旋花线除外);绳绒线(包括植绒绳绒线);纵行起圈纱线:**	

品目	商品编码	商品名称	计量单位
	5606.0000	粗松螺旋花线,品目54.04或54.05的扁条及类似品制的螺旋花线(品目56.05的货品及马毛粗松螺旋花线除外);绳绒线(包括植绒绳绒线);纵行起圈纱线	千克
56.07		**线、绳、索、缆,不论是否编织或编结而成,也不论是否用橡胶或塑料浸渍、涂布、包覆或套裹:**	
		-西沙尔麻或其他纺织用龙舌兰类纤维纺制:	
	5607.2100	--西沙尔麻或其他纺织用龙舌兰类纤维纺制的包扎用绳	千克
	5607.2900	--西沙尔麻或其他纺织用龙舌兰类纤维纺制的其他线、绳、索、缆	千克
		-聚乙烯或聚丙烯纺制:	
	5607.4100	--聚乙烯或聚丙烯纺制的包扎用绳	千克
	5607.4900	--聚乙烯或聚丙烯纺制的其他线、绳、索、缆	千克
	5607.5000	-其他合成纤维纺制的线、绳、索、缆	千克
		-其他:	
	5607.9010	---蕉麻(马尼拉麻)或其他硬质(叶)纤维纺制的线、绳、索、缆	千克
	5607.9090	---未列名纤维纺制的线、绳、索、缆	千克
56.08		**线、绳或索结制的网料;纺织材料制成的渔网及其他网:**	
		-化学纤维材料制:	
	5608.1100	--化学纤维材料制成的渔网	千克
	5608.1900	--化学纤维材料制成的网料及其他网	千克
	5608.9000	-其他纤维制成的网料、渔网及其他网	千克
56.09		**用纱线、品目54.04或54.05的扁条及类似品或线、绳、索、缆制成的其他品目未列名物品:**	
	5609.0000	用纱线、品目54.04或54.05的扁条及类似品或线、绳、索、缆制成的其他品目未列名物品	千克

第五十七章　地毯及纺织材料的其他铺地制品

注释：

1. 本章所称“地毯及纺织材料的其他铺地制品”，是指使用时以纺织材料作面的铺地制品，也包括具有纺织材料铺地制品特征但作其他用途的物品。
2. 本章不包括铺地制品衬垫。

品　目	商品编码	商　品　名　称	计量单位
57.01		**结织栽绒地毯及纺织材料的其他结织栽绒铺地制品，不论是否制成的：**	
	5701.1000	-羊毛或动物细毛制的结织栽绒地毯及其他结织栽绒铺地制品	千克/平方米
		-其他纺织材料制：	
	5701.9010	---化学纤维制的结织栽绒地毯及其他结织栽绒铺地制品	千克/平方米
	5701.9020	---丝制的结织栽绒地毯及其他结织栽绒铺地制品	千克/平方米
	5701.9090	---其他纺织材料结织栽绒地毯及其他结织栽绒铺地制品	千克/平方米
57.02		**机织地毯及纺织材料的其他机织铺地制品，未簇绒或未植绒，不论是否制成的，包括“开来姆”“苏麦克”“卡拉马尼”及类似的手织地毯：**	
	5702.1000	-“开来姆”“苏麦克”“卡拉马尼”及类似的手织地毯	千克/平方米
	5702.2000	-椰壳纤维制的铺地制品，未簇绒或未植绒	千克/平方米
		-其他起绒结构的铺地制品，未制成的：	
	5702.3100	--羊毛或动物细毛制起绒结构的铺地制品，未制成的	千克/平方米
	5702.3200	--化学纤维制起绒结构的铺地制品，未制成的	千克/平方米
	5702.3900	--其他纺织材料制起绒结构的铺地制品，未制成的	千克/平方米
		-其他起绒结构的铺地制品，制成的：	
	5702.4100	--羊毛或动物细毛制起绒结构的铺地制品，制成的	千克/平方米
	5702.4200	--化学纤维制起绒结构的铺地制品，制成的	千克/平方米
	5702.4900	--其他纺织材料制起绒结构的铺地制品，制成的	千克/平方米
		-其他非起绒结构的铺地制品，未制成的：	
	5702.5010	---羊毛或动物细毛制非起绒结构的铺地制品，未制成的	千克/平方米
	5702.5020	---化学纤维制非起绒结构的铺地制品，未制成的	千克/平方米

品 目	商品编码	商 品 名 称	计量单位
	5702.5090	---其他纺织材料制非起绒结构的铺地制品,未制成的	千克/平方米
		-其他非起绒结构的铺地制品,制成的:	
	5702.9100	--羊毛或动物细毛制非起绒结构的铺地制品,制成的	千克/平方米
	5702.9200	--化学纤维制非起绒结构的铺地制品,制成的	千克/平方米
	5702.9900	--其他纺织材料制非起绒结构的铺地制品,制成的	千克/平方米
57.03		**簇绒地毯及纺织材料的其他簇绒铺地制品,不论是否制成的:**	
	5703.1000	-羊毛或动物细毛簇绒地毯及其他簇绒铺地制品	千克/平方米
	5703.2000	-尼龙或其他聚酰胺簇绒地毯及其他簇绒铺地制品	千克/平方米
	5703.3000	-其他化学纤维簇绒地毯及其他簇绒铺地制品	千克/平方米
	5703.9000	-其他纺织材料簇绒地毯及其他簇绒铺地制品	千克/平方米
57.04		**毡呢地毯及纺织材料的其他毡呢铺地制品,未簇绒或未植绒,不论是否制成的:**	
	5704.1000	-毡呢地毯及其他毡呢铺地制品,最大表面面积不超过0.3平方米,未簇绒或未植绒	千克/平方米
	5704.2000	-毡呢地毯及其他毡呢铺地制品,最大表面面积超过0.3平方米但不超过1平方米,未簇绒或未植绒	千克/平方米
	5704.9000	-毡呢地毯及其他毡呢铺地制品,最大表面面积超过1平方米,未簇绒或未植绒	千克/平方米
57.05		**其他地毯及纺织材料的其他铺地制品,不论是否制成的:**	
	5705.0010	---羊毛或动物细毛制未列名地毯及铺地制品	千克/平方米
	5705.0020	---化学纤维制未列名地毯及铺地制品	千克/平方米
	5705.0090	---其他纺织材料制未列名地毯及铺地制品	千克/平方米

第五十八章 特种机织物；簇绒织物；花边；装饰毯；装饰带；刺绣品

注释：

1. 本章不适用于经浸渍、涂布、包覆或层压的第五十九章注释 1 所述的纺织物或第五十九章的其他货品。
2. 品目 58.01 也包括因未将浮纱割断而使表面无竖绒的纬起绒织物。
3. 品目 58.03 所称“纱罗”，是指经线全部或部分由地经纱和绞经纱构成的织物，其中绞经纱绕地经半圈、一圈或几圈而形成圈状，纬纱从圈中穿过。
4. 品目 58.04 不适用于品目 56.08 的线、绳、索结制的网状织物。
5. 品目 58.06 所称“狭幅机织物”，是指：

   (1)幅宽不超过 30 厘米的机织物，不论是否织成或从宽幅料剪成，但两侧必须有织成的、胶粘的或用其他方法制成的布边；

   (2)压平宽度不超过 30 厘米的圆筒机织物；

   (3)折边的斜裁滚条布，其未折边时的宽度不超过 30 厘米。

   流苏状的狭幅织物归入品目 58.08。
6. 品目 58.10 所称“刺绣品”，除了一般纺织材料绣线绣制的刺绣品外，还包括在可见底布上用金属线或玻璃线刺绣的刺绣品，也包括用珠片、饰珠或纺织材料或其他材料制的装饰用花纹图案所缝绣的贴花织物。但不包括手工针绣嵌花装饰毯(品目 58.05)。
7. 除品目 58.09 的产品外，本章还包括金属线制的用于衣着、装饰及类似用途的物品。

品目	商品编码	商品名称	计量单位
58.01		**起绒机织物及绳绒织物，但品目 58.02 或 58.06 的织物除外：**	
	5801.1000	-羊毛或动物细毛制起绒机织物及绳绒织物	米/千克
		-棉制：	
	5801.2100	--棉制不割绒的纬起绒织物	米/千克
	5801.2200	--棉制割绒的灯芯绒	米/千克
	5801.2300	--棉制其他纬起绒织物	米/千克
	5801.2600	--棉制绳绒织物	米/千克
		--经起绒织物：	
	5801.2710	---棉制不割绒的经起绒织物(棱纹绸)	米/千克
	5801.2720	---棉制割绒的经起绒织物	米/千克
		-化学纤维制：	

品目	商品编码	商品名称	计量单位
	5801.3100	--化学纤维制不割绒的纬起绒织物	米/千克
	5801.3200	--化学纤维制割绒的灯芯绒	米/千克
	5801.3300	--化学纤维制其他纬起绒织物	米/千克
	5801.3600	--化学纤维制绳绒织物	米/千克
		--经起绒织物:	
	5801.3710	---化学纤维制不割绒的经起绒织物(棱纹绸)	米/千克
	5801.3720	---化学纤维制割绒的经起绒织物	米/千克
		-其他纺织材料制:	
	5801.9010	---丝及绢丝制起绒机织物及绳绒织物	米/千克
	5801.9090	---其他纺织材料制起绒机织物及绳绒织物	米/千克
58.02		**毛巾织物及类似的毛圈机织物,但品目58.06的狭幅织物除外;簇绒织物,但品目57.03的产品除外:**	
		-棉制毛巾织物及类似毛圈机织物:	
	5802.1100	--棉制未漂白毛巾织物及类似毛圈机织物	米/千克
	5802.1900	--其他棉制毛巾织物及类似毛圈机织物	米/千克
		-其他纺织材料制的毛巾织物及类似毛圈机织物:	
	5802.2010	---丝及绢丝制毛巾织物及类似毛圈机织物	米/千克
	5802.2020	---羊毛或动物细毛制毛巾织物及类似毛圈机织物	米/千克
	5802.2030	---化学纤维制毛巾织物及类似毛圈机织物	米/千克
	5802.2090	---其他纺织材料制毛巾织物及类似毛圈机织物	米/千克
		-簇绒织物:	
	5802.3010	---丝及绢丝制簇绒织物	米/千克
	5802.3020	---羊毛或动物细毛制簇绒织物	米/千克
	5802.3030	---棉或麻制簇绒织物	米/千克
	5802.3040	---化学纤维制簇绒织物	米/千克
	5802.3090	---其他纺织材料制簇绒织物	米/千克
58.03		**纱罗,但品目58.06的狭幅织物除外:**	
	5803.0010	---棉制纱罗	米/千克
	5803.0020	---丝及绢丝制纱罗	米/千克
	5803.0030	---化学纤维制纱罗	米/千克
	5803.0090	---其他纺织材料制纱罗	米/千克
58.04		**网眼薄纱及其他网眼织物,但不包括机织物、针织物或钩编织物;成卷、成条或成小块图案的花边,但品目60.02至60.06的织物除外:**	
		-网眼薄纱及其他网眼织物:	
	5804.1010	---丝及绢丝制网眼薄纱及其他网眼织物	千克

品　目	商品编码	商　品　名　称	计量单位
	5804.1020	---棉制网眼薄纱及其他网眼织物	千克
	5804.1030	---化学纤维制网眼薄纱及其他网眼织物	千克
	5804.1090	---其他纺织材料制网眼薄纱及其他网眼织物	千克
		-机制花边：	
	5804.2100	--化学纤维制机制花边	千克
		--其他纺织材料制：	
	5804.2910	---丝及绢丝制机制花边	千克
	5804.2920	---棉制机制花边	千克
	5804.2990	---其他纺织材料制机制花边	千克
	5804.3000	-手工制花边	千克
58.05		**“哥白林”“弗朗德”“奥步生”“波威”及类似式样的手织装饰毯，以及手工针绣嵌花装饰毯(例如，小针脚或十字绣)，不论是否制成的：**	
	5805.0010	---手工针绣嵌花装饰毯	平方米/千克
	5805.0090	---“哥白林”“弗朗德”“奥步生”“波威”及类似式样的手织装饰毯	平方米/千克
58.06		**狭幅机织物，但品目58.07的货品除外；用黏合剂黏合制成的有经纱而无纬纱的狭幅织物(包扎匹头用带)：**	
		-起绒机织物(包括毛巾织物及类似毛圈织物)及绳绒织物：	
	5806.1010	---棉或麻制狭幅起绒机织物及绳绒织物	千克
	5806.1090	---其他纺织材料制狭幅起绒机织物及绳绒织物	千克
	5806.2000	-含弹性纱线或橡胶线5%及以上的狭幅机织物	千克
		-其他机织物：	
	5806.3100	--棉制未列名狭幅机织物	千克
	5806.3200	--化学纤维制未列名狭幅机织物	千克
		--其他纺织材料制：	
	5806.3910	---丝及绢丝制未列名狭幅机织物	千克
	5806.3920	---羊毛或动物细毛制未列名狭幅机织物	千克
	5806.3990	---其他纺织材料制未列名狭幅机织物	千克
		-用黏合剂黏合制成的有经纱而无纬纱的织物(包扎匹头用带)：	
	5806.4010	---棉或麻制用黏合剂黏合成的有经纱而无纬纱的织物	千克
	5806.4090	---其他纺织材料制用黏合剂黏合成的有经纱而无纬纱的织物	千克

品　目	商品编码	商　品　名　称	计量单位
58.07		**非绣制的纺织材料制标签、徽章及类似品,成匹、成条或裁成一定形状或尺寸:**	
	5807.1000	-机织非绣制的纺织材料制标签、徽章及类似品	千克
	5807.9000	-非机织非绣制的纺织材料制标签、徽章及类似品	千克
58.08		**成匹的编带;非绣制的成匹装饰带,但针织或钩编的除外;流苏、绒球及类似品:**	
	5808.1000	-成匹的编带	千克
	5808.9000	-其他非绣制的成匹装饰带(针织或钩编的除外);流苏、绒球及类似品	千克
58.09		**其他处未列名的金属线机织物及品目 56.05 所列含金属纱线的机织物,用于衣着、装饰及类似用途:**	
	5809.0010	---金属线及含金属纱线与棉混制的机织物,用于衣着、装饰及类似用途	米/千克
	5809.0020	---金属线及含金属纱线与化学纤维混制的机织物,用于衣着、装饰及类似用途	米/千克
	5809.0090	---金属线及含金属纱线与其他纤维混制的机织物,用于衣着、装饰及类似用途	米/千克
58.10		**成匹、成条或成小块图案的刺绣品:**	
	5810.1000	-不见底布的刺绣品	千克
		-其他刺绣品:	
	5810.9100	--其他棉制刺绣品	千克
	5810.9200	--其他化学纤维制刺绣品	千克
	5810.9900	--其他纺织材料制刺绣品	千克
58.11		**经绗缝或其他方法用一层或几层纺织材料与胎料组合制成的被褥状纺织品,但品目 58.10 的刺绣品除外:**	
	5811.0010	---丝及绢丝制,经绗缝或其他方法用一层或几层纺织材料与胎料组合制成的被褥状纺织品	千克
	5811.0020	---羊毛或动物细毛制,经绗缝或其他方法用一层或几层纺织材料与胎料组合制成的被褥状纺织品	千克
	5811.0030	---棉制,经绗缝或其他方法用一层或几层纺织材料与胎料组合制成的被褥状纺织品	千克
	5811.0040	---化学纤维制,经绗缝或其他方法用一层或几层纺织材料与胎料组合制成的被褥状纺织品	千克
	5811.0090	---其他纺织材料制,经绗缝或其他方法用一层或几层纺织材料与胎料组合制成的被褥状纺织品	千克

第五十九章　浸渍、涂布、包覆或层压的纺织物；工业用纺织制品

注释：

1. 除条文另有规定的以外，本章所称“纺织物”，仅适用于第五十章至第五十五章、品目58.03及58.06的机织物，品目58.08的成匹编带和装饰带及品目60.02至60.06的针织物或钩编织物。
2. 品目59.03适用于：

(1)用塑料浸渍、涂布、包覆或层压的纺织物，不论每平方米重量多少以及塑料的性质如何（紧密结构或泡沫状的），但下列各项除外：

①用肉眼无法辨别出是否经过浸渍、涂布、包覆或层压的织物（通常归入第五十章至第五十五章、第五十八章或第六十章），但由于浸渍、涂布、包覆或层压所引起的颜色变化可不予考虑；

②温度在15℃至30℃时，用手工将其绕于直径7毫米的圆柱体上会发生断裂的产品（通常归入第三十九章）；

③纺织物完全嵌入塑料内或在其两面均用塑料完全包覆或涂布，而这种包覆或涂布用肉眼是能够辨别出的产品（但由于包覆或涂布所引起的颜色变化可不予考虑）（第三十九章）；

④用塑料部分涂布或包覆并由此而形成图案的织物（通常归入第五十章至第五十五章、第五十八章或第六十章）；

⑤与纺织物混制，而其中纺织物仅起增强作用的泡沫塑料板、片或带（第三十九章）；

⑥品目58.11的纺织品。

(2)由品目56.04的用塑料浸渍、涂布、包覆或套裹的纱线、扁条或类似品制成的织物。

3. 品目59.05所称“糊墙织物”，是指以纺织材料作面，固定在一衬背上或在背面上进行加工（浸渍或涂布以便于裱糊），适于装饰墙壁或天花板，且宽度不小于45厘米的成卷产品。

但本品目不适用于以纺织纤维屑或粉末直接粘于纸上（品目48.14）或布底上（通常归入品目59.07）的糊墙物品。

4. 品目59.06所称“用橡胶处理的纺织物”是指：

(1)用橡胶浸渍、涂布、包覆或层压的纺织物：

①每平方米重量不超过1500克；

②每平方米重量超过1500克，按重量计纺织材料含量在50%以上。

(2)由品目56.04的用橡胶浸渍、涂布、包覆或套裹的纱线、扁条或类似品制成的织物。

(3)平行纺织纱线经橡胶黏合的织物，不论每平方米重量多少。

本品目不包括与纺织物混制而其中纺织物仅起增强作用的海绵橡胶板、片或带（第四

十章)，也不包括品目 58.11 的纺织品。

5. 品目 59.07 不适用于：

(1)用肉眼无法辨别出是否经过浸渍、涂布或包覆的织物(通常归入第五十章至第五十五章、第五十八章或第六十章)，但由于浸渍、涂布或包覆所引起的颜色变化可不予考虑；

(2)绘有图画的织物(作为舞台、摄影布景或类似品的已绘制的画布除外)；

(3)用短绒、粉末、软木粉或类似品部分覆面并由此而形成图案的织物，但仿绒织物仍归入本品目；

(4)以淀粉或类似物质为基本成分的正常浆料上浆整理的织物；

(5)以纺织物为底的木贴面板(品目 44.08)；

(6)以纺织物为底的砂布及类似品(品目 68.05)；

(7)以纺织物为底的粘聚或复制云母片(品目 68.14)；

(8)以纺织物为底的金属箔(通常为第十四类或第十五类)。

6. 品目 59.10 不适用于：

(1)厚度小于 3 毫米的纺织材料制传动带或输送带；

(2)用橡胶浸渍、涂布、包覆或层压的织物制成的或用橡胶浸渍、涂布、包覆或套裹线或绳制成的传动带及运输带(品目 40.10)。

7. 品目 59.11 适用于下列不能归入第十一类其他品目的货品：

(1)下列成匹的、裁成一定长度或仅裁成矩形(包括正方形)的纺织产品(具有品目 59.08 至 59.10 所列产品特征的产品除外)：

①用橡胶、皮革或其他材料涂布、包覆或层压的作针布用的纺织物、毡呢及毡呢衬里机织物，以及其他专门技术用途的类似织物，包括用橡胶浸渍的用于包覆纺锤(织轴)的狭幅起绒织物；

②筛布；

③用于榨油机器或类似机器的纺织材料制或人发制滤布；

④用多股经纱或纬纱平织而成的纺织物，不论是否毡化、浸渍或涂布，通常用于机械或其他专门技术用途；

⑤专门技术用途的增强纺织物；

⑥工业上作填塞或润滑材料的线绳、编带及类似品，不论是否涂布、浸渍或用金属加强。

(2)专门技术用途的纺织制品(品目 59.08 至 59.10 的货品除外)，例如，造纸机器或类似机器(如制浆机或制石棉水泥的机器)用的环状或装有连接装置的纺织物或毡呢、密封垫、垫圈、抛光盘及其他机器零件。

品目	商品编码	商品名称	计量单位
59.01		**用胶或淀粉物质涂布的纺织物，作书籍封面及类似用途的；描图布；制成的油画布；作帽里的硬衬布及类似硬挺纺织物：**	
		-用胶或淀粉物质涂布的纺织物，作书籍封面及类似用途的：	
	5901.1010	---用胶或淀粉物质涂布的棉或麻制纺织物，作书籍封面及类似用途的	千克
	5901.1020	---用胶或淀粉物质涂布的化学纤维制纺织物，作书籍封面及类似用途的	千克
	5901.1090	---用胶或淀粉物质涂布的其他纤维制纺织物，作书籍封面及类似用途的	千克
		-其他：	
	5901.9010	---制成的油画布	千克
		---其他：	
	5901.9091	----棉或麻制描图布、作帽里的硬衬布及类似硬挺纺织物	千克
	5901.9092	----化学纤维制描图布、作帽里的硬衬布及类似硬挺纺织物	千克
	5901.9099	----其他纤维制描图布、作帽里的硬衬布及类似硬挺纺织物	千克
59.02		**尼龙或其他聚酰胺、聚酯或粘胶纤维高强力纱制的帘子布：**	
		-尼龙或其他聚酰胺高强力纱制帘子布：	
	5902.1010	---聚酰胺-6（尼龙-6）高强力纱制帘子布	千克
	5902.1020	---聚酰胺-6,6（尼龙-6,6）高强力纱制帘子布	千克
	5902.1090	---其他尼龙或其他聚酰胺高强力纱制帘子布	千克
	5902.2000	-聚酯高强力纱制帘子布	千克
	5902.9000	-粘胶纤维高强力纱制帘子布	千克
59.03		**用塑料浸渍、涂布、包覆或层压的纺织物，但品目59.02的货品除外：**	
		-用聚氯乙烯浸渍、涂布、包覆或层压的：	
	5903.1010	---聚氯乙烯浸渍、涂布、包覆或层压的绝缘布或带	千克
	5903.1020	---聚氯乙烯浸渍、涂布、包覆或层压的人造革	千克/米
	5903.1090	---其他用聚氯乙烯浸渍、涂布、包覆或层压的纺织物	千克
		-用聚氨基甲酸酯浸渍、涂布、包覆或层压的：	
	5903.2010	---聚氨基甲酸酯浸渍、涂布、包覆或层压的绝缘布或带	千克

品 目	商品编码	商 品 名 称	计量单位
	5903.2020	---聚氨基甲酸酯浸渍、涂布、包覆或层压的人造革	千克/米
	5903.2090	---其他用聚氨基甲酸酯浸渍、涂布、包覆或层压的纺织物	千克
		-其他:	
	5903.9010	---用其他塑料浸渍、涂布、包覆或层压的绝缘布或带	千克
	5903.9020	---用其他塑料浸渍、涂布、包覆或层压的人造革	千克/米
	5903.9090	---未列名用塑料浸渍、涂布、包覆或层压的纺织物	千克
59.04		**列诺伦(亚麻油地毡),不论是否剪切成形;以纺织物为底布经涂布或覆面的铺地制品,不论是否剪切成形:**	
	5904.1000	-列诺伦(亚麻油地毡)	千克/平方米
	5904.9000	-以其他纺织物为底布经涂布或覆面的铺地制品	千克/平方米
59.05		**糊墙织物:**	
	5905.0000	糊墙织物	千克/平方米
59.06		**用橡胶处理的纺织物,但品目 59.02 的货品除外:**	
		-宽度不超过 20 厘米的胶粘带:	
	5906.1010	---用橡胶处理的纺织物胶粘绝缘带,宽度不超过 20 厘米	千克
	5906.1090	---用橡胶处理的其他纺织物胶粘带,宽度不超过 20 厘米	千克
		-其他:	
	5906.9100	--用橡胶处理的针织或钩编织物	千克
		--其他:	
	5906.9910	---其他用橡胶处理的非针织或钩编的绝缘布或带	千克
	5906.9990	---未列名用橡胶处理的非针织或钩编织物	千克
59.07		**用其他材料浸渍、涂布或包覆的纺织物;作舞台、摄影布景或类似用途的已绘制画布:**	
	5907.0010	---用其他材料浸渍、涂布或包覆的绝缘布或带	千克
	5907.0020	---用其他材料浸渍、涂布或包覆的已绘制画布	千克
	5907.0090	---用其他材料浸渍、涂布或包覆的其他纺织物	千克
59.08		**用纺织材料机织、编结或针织而成的灯芯、炉芯、打火机芯、烛芯或类似品;煤气灯纱筒及纱罩,不论是否浸渍:**	
	5908.0000	用纺织材料机织、编结或针织而成的灯芯、炉芯、打火机芯、烛芯或类似品;煤气灯纱筒及纱罩,不论是否浸渍	千克
59.09		**纺织材料制的水龙软管及类似的管子,不论有无其他材料作衬里、护套或附件:**	

品　目	商品编码	商　品　名　称	计量单位
	5909.0000	纺织材料制的水龙软管及类似的管子,不论有无其他材料作衬里、护套或附件	千克
59.10		**纺织材料制的传动带或输送带及带料,不论是否用塑料浸渍、涂布、包覆或层压,也不论是否用金属或其他材料加强:**	
	5910.0000	纺织材料制的传动带或输送带及带料,不论是否用塑料浸渍、涂布、包覆或层压,也不论是否用金属或其他材料加强	千克
59.11		**本章注释 7 所规定的作专门技术用途的纺织产品及制品:**	
		-用橡胶、皮革或其他材料涂布、包覆或层压的作针布用的纺织物、毡呢及毡呢衬里机织物,以及作专门技术用途的类似织物,包括用橡胶浸渍的用于包覆纺锤(织轴)的狭幅起绒织物:	
	5911.1010	---用橡胶浸渍的,用于包覆纺锤(织轴)的狭幅起绒织物	千克
	5911.1090	---用橡胶、皮革或其他材料涂布、包覆或层压作针布用的纺织物、毡呢及毡呢衬里机织物,以及作专门技术用途的类似织物	千克
	5911.2000	-筛布,不论是否制成的	千克
		-环状或装有连接装置的纺织物及毡呢,用于造纸机器或类似机器(例如,制浆机或制石棉水泥的机器):	
	5911.3100	--环状或装有连接装置的纺织物及毡呢,用于造纸机器或类似机器,每平方米重量在 650 克以下	千克
	5911.3200	--环状或装有连接装置的纺织物及毡呢,用于造纸机器或类似机器,每平方米重量在 650 克及以上	千克
	5911.4000	-用于榨油机器或类似机器的滤布,包括人发制滤布	千克
	5911.9000	-未列名作专门技术用途的纺织产品及制品	千克

第六十章　针织物及钩编织物

注释：

1. 本章不包括：

 (1)品目58.04的钩编花边；

 (2)品目58.07的针织或钩编的标签、徽章及类似品；

 (3)第五十九章的经浸渍、涂布、包覆或层压的针织物及钩编织物。但经浸渍、涂布、包覆或层压的起绒针织物及起绒钩编织物仍归入品目60.01。

2. 本章还包括用金属线制的用于衣着、装饰或类似用途的织物。

3. 本目录所称"针织物"，包括由纺织纱线用链式针法构成的缝编织物。

子目注释：

1. 子目6005.35包括由聚乙烯单丝或涤纶复丝制成的织物，重量不小于30克/平方米，但不超过55克/平方米，网眼尺寸不小于20孔/平方厘米，但不超过100孔/平方厘米，并且用α-氯氰菊酯(ISO)、虫螨腈(ISO)、溴氰菊酯(INN,ISO)、高效氯氟氰菊酯(ISO)、除虫菊酯(ISO)或甲基嘧啶磷(ISO)浸渍或涂层。

品目	商品编码	商品名称	计量单位
60.01		**针织或钩编的起绒织物，包括"长毛绒"织物及毛圈织物：**	
	6001.1000	-针织或钩编的"长毛绒"织物	米/千克
		-毛圈绒头织物：	
	6001.2100	--棉制针织或钩编的毛圈绒头织物	米/千克
	6001.2200	--化学纤维制针织或钩编的毛圈绒头织物	米/千克
	6001.2900	--其他纺织材料制针织或钩编的毛圈绒头织物	米/千克
		-其他：	
	6001.9100	--棉制针织或钩编的其他起绒织物	米/千克
	6001.9200	--化学纤维制针织或钩编的其他起绒织物	米/千克
	6001.9900	--其他纺织材料制针织或钩编的其他起绒织物	米/千克
60.02		**宽度不超过30厘米，按重量计弹性纱线或橡胶线含量在5%及以上的针织物或钩编织物，但品目60.01的货品除外：**	
		-按重量计弹性纱线含量在5%及以上，但不含橡胶线：	
	6002.4010	---棉制针织物或钩编织物，宽度不超过30厘米，含弹性纱线在5%及以上，但不含橡胶线	米/千克
	6002.4020	---丝及绢丝制针织物或钩编织物，宽度不超过30厘米，含弹性纱线在5%及以上，但不含橡胶线	米/千克

品　目	商品编码	商　品　名　称	计量单位
	6002.4030	---合成纤维制针织物或钩编织物,宽度不超过 30 厘米,含弹性纱线在 5%及以上,但不含橡胶线	米/千克
	6002.4040	---人造纤维制针织物或钩编织物,宽度不超过 30 厘米,含弹性纱线在 5%及以上,但不含橡胶线	米/千克
	6002.4090	---其他纺织材料制针织物或钩编织物,宽度不超过 30 厘米,含弹性纱线在 5%及以上,但不含橡胶线	米/千克
		-其他:	
	6002.9010	---棉制其他针织物或钩编织物,宽度不超过 30 厘米,含弹性纱线或橡胶线在 5%及以上	米/千克
	6002.9020	---丝及绢丝制其他针织物或钩编织物,宽度不超过 30 厘米,含弹性纱线或橡胶线在 5%及以上	米/千克
	6002.9030	---合成纤维制其他针织物或钩编织物,宽度不超过 30 厘米,含弹性纱线或橡胶线在 5%及以上	米/千克
	6002.9040	---人造纤维制其他针织物或钩编织物,宽度不超过 30 厘米,含弹性纱线或橡胶线在 5%及以上	米/千克
	6002.9090	---其他纺织材料制其他针织物或钩编织物,宽度不超过 30 厘米,含弹性纱线或橡胶线在 5%及以上	米/千克
60.03		**宽度不超过 30 厘米的针织物或钩编织物,但品目 60.01 或 60.02 的货品除外:**	
	6003.1000	-羊毛或动物细毛制针织或钩编织物,宽度不超过 30 厘米,含弹性纱线或橡胶线在 5%以下	米/千克
	6003.2000	-棉制针织或钩编织物,宽度不超过 30 厘米,含弹性纱线或橡胶线在 5%以下	米/千克
	6003.3000	-合成纤维制针织或钩编织物,宽度不超过 30 厘米,含弹性纱线或橡胶线在 5%以下	米/千克
	6003.4000	-人造纤维制针织或钩编织物,宽度不超过 30 厘米,含弹性纱线或橡胶线在 5%以下	米/千克
	6003.9000	-其他纺织材料制针织或钩编织物,宽度不超过 30 厘米,含弹性纱线或橡胶线在 5%以下	米/千克
60.04		**宽度超过 30 厘米,按重量计弹性纱线或橡胶线含量在 5%及以上的针织物或钩编织物,但品目 60.01 的货品除外:**	
		-按重量计弹性纱线含量在 5%及以上,但不含橡胶线:	
	6004.1010	---棉制针织物或钩编织物,宽度超过 30 厘米,含弹性纱线在 5%及以上,但不含橡胶线	米/千克

品 目	商品编码	商 品 名 称	计量单位
	6004.1020	---丝及绢丝制针织物或钩编织物,宽度超过 30 厘米,含弹性纱线在 5%及以上,但不含橡胶线	米/千克
	6004.1030	---合成纤维制针织物或钩编织物,宽度超过 30 厘米,含弹性纱线在 5%及以上,但不含橡胶线	米/千克
	6004.1040	---人造纤维制针织物或钩编织物,宽度超过 30 厘米,含弹性纱线在 5%及以上,但不含橡胶线	米/千克
	6004.1090	---其他纺织材料制针织物或钩编织物,宽度超过 30 厘米,含弹性纱线在 5%及以上,但不含橡胶线	米/千克
		-其他:	
	6004.9010	---棉制其他针织物或钩编织物,宽度超过 30 厘米,含弹性纱线或橡胶线在 5%及以上	米/千克
	6004.9020	---丝及绢丝制其他针织物或钩编织物,宽度超过 30 厘米,含弹性纱线或橡胶线在 5%及以上	米/千克
	6004.9030	---合成纤维制其他针织物或钩编织物,宽度超过 30 厘米,含弹性纱线或橡胶线在 5%及以上	米/千克
	6004.9040	---人造纤维制其他针织物或钩编织物,宽度超过 30 厘米,含弹性纱线或橡胶线在 5%及以上	米/千克
	6004.9090	---其他纺织材料制未列名针织物或钩编织物,宽度超过 30 厘米,含弹性纱线或橡胶线在 5%及以上	米/千克
60.05		**经编织物(包括由花边针织机织成的),但品目 60.01 至 60.04 的货品除外:**	
		-棉制:	
	6005.2100	--棉制未漂白或漂白经编织物	米/千克
	6005.2200	--棉制染色经编织物	米/千克
	6005.2300	--棉制色织经编织物	米/千克
	6005.2400	--棉制印花经编织物	米/千克
		-合成纤维制:	
	6005.3500	--本章子目注释 1 所列织物	米/千克
	6005.3600	--其他合成纤维制未漂白或漂白经编织物	米/千克
	6005.3700	--其他合成纤维制染色经编织物	米/千克
	6005.3800	--其他合成纤维制色织经编织物	米/千克
	6005.3900	--其他合成纤维制印花经编织物	米/千克
		-人造纤维制:	
	6005.4100	--人造纤维制未漂白或漂白经编织物	米/千克
	6005.4200	--人造纤维制染色经编织物	米/千克
	6005.4300	--人造纤维制色织经编织物	米/千克

品　目	商品编码	商　品　名　称	计量单位
	6005.4400	--人造纤维制印花经编织物	米/千克
		-其他：	
	6005.9010	---羊毛或动物细毛制经编织物	米/千克
	6005.9090	---其他纺织材料制经编织物	米/千克
60.06		**其他针织或钩编织物：**	
	6006.1000	-羊毛或动物细毛制其他针织或钩编织物	米/千克
		-棉制：	
	6006.2100	--棉制未漂白或漂白其他针织或钩编织物	米/千克
	6006.2200	--棉制染色其他针织或钩编织物	米/千克
	6006.2300	--棉制色织其他针织或钩编织物	米/千克
	6006.2400	--棉制印花其他针织或钩编织物	米/千克
		-合成纤维制：	
	6006.3100	--合成纤维制未漂白或漂白其他针织或钩编织物	米/千克
	6006.3200	--合成纤维制染色其他针织或钩编织物	米/千克
	6006.3300	--合成纤维制色织其他针织或钩编织物	米/千克
	6006.3400	--合成纤维制印花其他针织或钩编织物	米/千克
		-人造纤维制：	
	6006.4100	--人造纤维制未漂白或漂白其他针织或钩编织物	米/千克
	6006.4200	--人造纤维制染色其他针织或钩编织物	米/千克
	6006.4300	--人造纤维制色织其他针织或钩编织物	米/千克
	6006.4400	--人造纤维制印花其他针织或钩编织物	米/千克
	6006.9000	-未列名纺织材料制其他针织或钩编织物	米/千克

第六十一章 针织或钩编的服装及衣着附件

注释：

1. 本章仅适用于制成的针织品或钩编织品。
2. 本章不包括：
   (1)品目 62.12 的货品；
   (2)品目 63.09 的旧衣服或其他旧物品；
   (3)矫形用具、外科手术带、疝气带及类似品(品目 90.21)。
3. 品目 61.03 及 61.04 所称：
   (1)“西服套装”，是指面料用完全相同织物制成的两件套或三件套的下列成套服装：
   ——一件人体上半身穿着的外套或短上衣，除袖子外，应由四片或四片以上面料组成；也可附带一件西服背心，这件背心的前片面料应与套装其他各件的面料相同，后片面料则应与外套或短上衣的衬里料相同；以及
   ——一件人体下半身穿着的服装，即不带背带或护胸的长裤、马裤、短裤(游泳裤除外)、裙子或裙裤。

   西服套装各件面料质地、颜色及构成必须完全相同，其款式、尺寸大小也须相互般配。但套装的各件可以有不同织物的滚边(缝入夹缝中的成条织物)。如果数件人体下半身穿着的服装同时进口或出口(例如，两条长裤、长裤与短裤、裙子或裙裤与长裤)，构成西服套装下装的应是一条长裤，对于女式西服套装，应是裙子或裙裤；其他服装应分别归类。

   所称“西服套装”，包括不论是否完全符合上述条件的下列配套服装：
   ①常礼服，由一件后襟下垂并下端开圆弧形叉的素色短上衣和一条条纹长裤组成；
   ②晚礼服(燕尾服)，一般用黑色织物制成，上衣前襟较短且不闭合，背后有燕尾；
   ③无燕尾套装夜礼服，其中上衣款式与普通上衣相似(可以更为显露衬衣前胸)，但有光滑丝质或仿丝质的翻领。

   (2)“便服套装”，是指面料相同并作零售包装的下列成套服装(西服套装及品目 61.07、61.08 或 61.09 的物品除外)：
   ——一件人体上半身穿着的服装，但套衫及背心除外，因为套衫可在两件套服装中作为内衣，背心也可作为内衣；以及
   ——一件或两件不同的人体下半身穿着的服装，即长裤、护胸背带工装裤、马裤、短裤(游泳裤除外)、裙子或裙裤。

   便服套装各件面料质地、颜色及构成必须相同；款式、尺寸大小也须相互般配。所称“便服套装”，不包括品目 61.12 的运动服及滑雪服。
4. 品目 61.05 及 61.06 不包括在腰围以下有口袋的服装、带有罗纹腰带及以其他方式收紧下摆的服装或其织物至少在 10 厘米×10 厘米的面积内沿各方向的直线长度上平均

每厘米少于10针的服装。品目61.05不包括无袖服装。

5. 品目61.09不包括带有束带、罗纹腰带或以其他方式收紧下摆的服装。

6. 对于品目61.11：

(1)所称“婴儿服装及衣着附件”，是指用于身高不超过86厘米幼儿的服装；

(2)既可归入品目61.11，也可归入本章其他品目的物品，应归入品目61.11。

7. 品目61.12所称“滑雪服”，是指从整个外观和织物质地来看，主要在滑雪(速度滑雪或高山滑雪)时穿着的下列服装或成套服装：

(1)“滑雪连身服”，即上下身连在一起的单件服装；除袖子和领子外，滑雪连身服可有口袋或脚带；或

(2)“滑雪套装”，即由两件或三件构成一套并作零售包装的下列服装：

一件用一条拉链扣合的带风帽的厚夹克、防风衣、防风短上衣或类似的服装，可以附带一件背心，以及一条不论是否过腰的长裤、一条马裤或一条护胸背带工装裤。

“滑雪套装”也可由一件类似以上第(1)款所述的类似连身服和一件可套在连身服外面的有胎料背心组成。

“滑雪套装”各件颜色可以不同，但面料质地、款式及构成必须相同；尺寸大小也须相互般配。

8. 既可归入品目61.13，也可归入本章其他品目的服装，除品目61.11所列的仍归入该品目外，其余的应一律归入品目61.13。

9. 本章的服装，凡门襟为左压右的，应视为男式；右压左的，应视为女式。但本规定不适用于其式样已明显为男式或女式的服装。无法区别是男式还是女式的服装，应按女式服装归入有关品目。

10. 本章物品可用金属线制成。

品目	商品编码	商品名称	计量单位
61.01		**针织或钩编的男式大衣、短大衣、斗篷、短斗篷、带风帽的防寒短上衣(包括滑雪短上衣)、防风衣、防风短上衣及类似品，但品目61.03的货品除外：**	
	6101.2000	-棉制针织或钩编的男式大衣、带风帽的防寒短上衣、防风衣及类似品	件/千克
	6101.3000	-化学纤维制针织或钩编的男式大衣、带风帽的防寒短上衣、防风衣及类似品	件/千克
		-其他纺织材料制：	
	6101.9010	---羊毛或动物细毛制针织或钩编的男式大衣、带风帽的防寒短上衣、防风衣及类似品	件/千克
	6101.9090	---其他纺织材料制针织或钩编的男式大衣、带风帽的防寒短上衣、防风衣及类似品	件/千克

品　目	商品编码	商　品　名　称	计量单位
61.02		**针织或钩编的女式大衣、短大衣、斗篷、短斗篷、带风帽的防寒短上衣(包括滑雪短上衣)、防风衣、防风短上衣及类似品,但品目61.04的货品除外:**	
	6102.1000	-羊毛或动物细毛制针织或钩编的女式大衣、带风帽的防寒短上衣、防风衣及类似品	件/千克
	6102.2000	-棉制针织或钩编的女式大衣、带风帽的防寒短上衣、防风衣及类似品	件/千克
	6102.3000	-化学纤维制针织或钩编的女式大衣、带风帽的防寒短上衣、防风衣及类似品	件/千克
	6102.9000	-其他纺织材料制针织或钩编的女式大衣、带风帽的防寒短上衣、防风衣及类似品	件/千克
61.03		**针织或钩编的男式西服套装、便服套装、上衣、长裤、护胸背带工装裤、马裤及短裤(游泳裤除外):**	
		-西服套装:	
	6103.1010	---羊毛或动物细毛制针织或钩编的男式西服套装	套/千克
	6103.1020	---合成纤维制针织或钩编的男式西服套装	套/千克
	6103.1090	---其他纺织材料制针织或钩编的男式西服套装	套/千克
		-便服套装:	
	6103.2200	--棉制针织或钩编的男式便服套装	套/千克
	6103.2300	--合成纤维制针织或钩编的男式便服套装	套/千克
		--其他纺织材料制:	
	6103.2910	---羊毛或动物细毛制针织或钩编的男式便服套装	套/千克
	6103.2990	---其他纺织材料制针织或钩编的男式便服套装	套/千克
		-上衣:	
	6103.3100	--羊毛或动物细毛制针织或钩编的男式上衣	件/千克
	6103.3200	--棉制针织或钩编的男式上衣	件/千克
	6103.3300	--合成纤维制针织或钩编的男式上衣	件/千克
	6103.3900	--其他纺织材料制针织或钩编的男式上衣	件/千克
		-长裤、护胸背带工装裤、马裤及短裤:	
	6103.4100	--羊毛或动物细毛制针织或钩编的男裤	条/千克
	6103.4200	--棉制针织或钩编的男裤	条/千克
	6103.4300	--合成纤维制针织或钩编的男裤	条/千克
	6103.4900	--其他纺织材料制针织或钩编的男裤	条/千克
61.04		**针织或钩编的女式西服套装、便服套装、上衣、连衣裙、裙子、裙裤、长裤、护胸背带工装裤、马裤及短裤(游泳服除外):**	

品目	商品编码	商品名称	计量单位
		-西服套装：	
	6104.1300	--合成纤维制针织或钩编的女式西服套装	套/千克
		--其他纺织材料制：	
	6104.1910	---羊毛或动物细毛制针织或钩编的女式西服套装	套/千克
	6104.1920	---棉制针织或钩编的女式西服套装	套/千克
	6104.1990	---其他纺织材料制针织或钩编的女式西服套装	套/千克
		-便服套装：	
	6104.2200	--棉制针织或钩编的女式便服套装	套/千克
	6104.2300	--合成纤维制针织或钩编的女式便服套装	套/千克
		--其他纺织材料制：	
	6104.2910	---羊毛或动物细毛制针织或钩编的女式便服套装	套/千克
	6104.2990	---其他纺织材料制针织或钩编的女式便服套装	套/千克
		-上衣：	
	6104.3100	--羊毛或动物细毛制针织或钩编的女式上衣	件/千克
	6104.3200	--棉制针织或钩编的女式上衣	件/千克
	6104.3300	--合成纤维制针织或钩编的女式上衣	件/千克
	6104.3900	--其他纺织材料制针织或钩编的女式上衣	件/千克
		-连衣裙：	
	6104.4100	--羊毛或动物细毛制针织或钩编的女式连衣裙	件/千克
	6104.4200	--棉制针织或钩编的女式连衣裙	件/千克
	6104.4300	--合成纤维制针织或钩编的女式连衣裙	件/千克
	6104.4400	--人造纤维制针织或钩编的女式连衣裙	件/千克
	6104.4900	--其他纺织材料制针织或钩编的女式连衣裙	件/千克
		-裙子及裙裤：	
	6104.5100	--羊毛或动物细毛制针织或钩编的女式裙子及裙裤	件/千克
	6104.5200	--棉制针织或钩编的女式裙子及裙裤	件/千克
	6104.5300	--合成纤维制针织或钩编的女式裙子及裙裤	件/千克
	6104.5900	--其他纺织材料制针织或钩编的女式裙子及裙裤	件/千克
		-长裤、护胸背带工装裤、马裤及短裤：	
	6104.6100	--羊毛或动物细毛制针织或钩编的女裤	条/千克
	6104.6200	--棉制针织或钩编的女裤	条/千克
	6104.6300	--合成纤维制针织或钩编的女裤	条/千克
	6104.6900	--其他纺织材料制针织或钩编的女裤	条/千克
61.05		**针织或钩编的男衬衫：**	
	6105.1000	-棉制针织或钩编的男衬衫	件/千克
	6105.2000	-化学纤维制针织或钩编的男衬衫	件/千克

品 目	商品编码	商 品 名 称	计量单位
	6105.9000	-其他纺织材料制针织或钩编的男衬衫	件/千克
61.06		**针织或钩编的女衬衫:**	
	6106.1000	-棉制针织或钩编的女衬衫	件/千克
	6106.2000	-化学纤维制针织或钩编的女衬衫	件/千克
	6106.9000	-其他纺织材料制针织或钩编的女衬衫	件/千克
61.07		**针织或钩编的男式内裤、三角裤、长睡衣、睡衣裤、浴衣、晨衣及类似品:**	
		-内裤及三角裤:	
	6107.1100	--棉制针织或钩编的男内裤	件/千克
	6107.1200	--化学纤维制针织或钩编的男内裤	件/千克
		--其他纺织材料制针织或钩编的男内裤:	
	6107.1910	---丝及绢丝制针织或钩编的男内裤	件/千克
	6107.1990	---其他纺织材料制针织或钩编的男内裤	件/千克
		-长睡衣及睡衣裤:	
	6107.2100	--棉制针织或钩编的男长睡衣及睡衣裤	件/千克
	6107.2200	--化学纤维制针织或钩编的男长睡衣及睡衣裤	件/千克
		--其他纺织材料制针织或钩编的男长睡衣及睡衣裤:	
	6107.2910	---丝及绢丝制针织或钩编的男长睡衣及睡衣裤	件/千克
	6107.2990	---其他纺织材料制针织或钩编的男长睡衣及睡衣裤	件/千克
		-其他:	
	6107.9100	--棉制针织或钩编的男式浴衣、晨衣及类似品	件/千克
		--其他纺织材料制:	
	6107.9910	---化学纤维制针织或钩编的男式浴衣、晨衣及类似品	件/千克
	6107.9990	---其他纺织材料制针织或钩编的男式浴衣、晨衣及类似品	件/千克
61.08		**针织或钩编的女式长衬裙、衬裙、三角裤、短衬裤、睡衣、睡衣裤、浴衣、晨衣及类似品:**	
		-长衬裙及衬裙:	
	6108.1100	--化学纤维制针织或钩编的女衬裙	件/千克
		--其他纺织材料制:	
	6108.1910	---棉制针织或钩编的女衬裙	件/千克
	6108.1920	---丝及绢丝制针织或钩编的女衬裙	件/千克
	6108.1990	---其他纺织材料制针织或钩编的女衬裙	件/千克
		-三角裤及短衬裤:	
	6108.2100	--棉制针织或钩编的女三角裤及短衬裤	件/千克
	6108.2200	--化学纤维制针织或钩编的女三角裤及短衬裤	件/千克

品　目	商品编码	商　品　名　称	计量单位
		-其他纺织材料制针织或钩编的女三角裤及短衬裤：	
	6108.2910	---丝及绢丝制针织或钩编的女三角裤及短衬裤	件/千克
	6108.2990	---其他纺织材料制针织或钩编的女三角裤及短衬裤	件/千克
		-睡衣及睡衣裤：	
	6108.3100	--棉制针织或钩编的女睡衣及睡衣裤	件/千克
	6108.3200	--化学纤维制针织或钩编的女睡衣及睡衣裤	件/千克
		--其他纺织材料制针织或钩编的女睡衣及睡衣裤：	
	6108.3910	---丝及绢丝制针织或钩编的女睡衣及睡衣裤	件/千克
	6108.3990	---其他纺织材料制针织或钩编的女睡衣及睡衣裤	件/千克
		-其他：	
	6108.9100	--棉制针织或钩编的女式浴衣、晨衣及类似品	件/千克
	6108.9200	--化学纤维制针织或钩编的女式浴衣、晨衣及类似品	件/千克
	6108.9900	--其他纺织材料制针织或钩编的女式浴衣、晨衣及类似品	件/千克
61.09		**针织或钩编的 T 恤衫、汗衫及其他背心：**	
	6109.1000	-棉制针织或钩编的 T 恤衫、汗衫、背心	件/千克
		-其他：	
	6109.9010	---丝及绢丝制针织或钩编的 T 恤衫、汗衫、背心	件/千克
	6109.9090	---其他纺织材料制针织或钩编的 T 恤衫、汗衫、背心	件/千克
61.10		**针织或钩编的套头衫、开襟衫、外穿背心及类似品：**	
		-羊毛或动物细毛制：	
	6110.1100	--羊毛制针织或钩编的套头衫、开襟衫、外穿背心及类似品	件/千克
	6110.1200	--喀什米尔山羊细毛制针织或钩编的套头衫、开襟衫、外穿背心及类似品	件/千克
		--其他：	
	6110.1910	---其他山羊细毛制针织或钩编的套头衫、开襟衫、外穿背心及类似品	件/千克
	6110.1920	---兔毛制针织或钩编的套头衫、开襟衫、外穿背心及类似品	件/千克
	6110.1990	---其他动物细毛制针织或钩编的套头衫、开襟衫、外穿背心及类似品	件/千克
	6110.2000	-棉制针织或钩编的套头衫、开襟衫、外穿背心及类似品	件/千克
	6110.3000	-化学纤维制针织或钩编的套头衫、开襟衫、外穿背心及类似品	件/千克
		-其他：	

品　目	商品编码	商　品　名　称	计量单位
	6110.9010	---丝及绢丝制针织或钩编的套头衫、开襟衫、外穿背心及类似品	件/千克
	6110.9090	---其他纺织材料制针织或钩编的套头衫、开襟衫、外穿背心及类似品	件/千克
61.11		**针织或钩编的婴儿服装及衣着附件：**	
	6111.2000	-棉制针织或钩编的婴儿服装及衣着附件	千克
	6111.3000	-合成纤维制针织或钩编的婴儿服装及衣着附件	千克
		-其他纺织材料制：	
	6111.9010	---羊毛或动物细毛制针织或钩编的婴儿服装及衣着附件	千克
	6111.9090	---其他纺织材料制针织或钩编的婴儿服装及衣着附件	千克
61.12		**针织或钩编的运动服、滑雪服及游泳服：**	
		-运动套服：	
	6112.1100	--棉制针织或钩编的运动套服	套/千克
	6112.1200	--合成纤维制针织或钩编的运动套服	套/千克
	6112.1900	--其他纺织材料制针织或钩编的运动套服	套/千克
		-滑雪套服：	
	6112.2010	---棉制针织或钩编的滑雪套服	套/千克
	6112.2090	---其他纺织材料制针织或钩编的滑雪套服	套/千克
		-男式游泳服：	
	6112.3100	--合成纤维制针织或钩编的男式游泳服	件/千克
	6112.3900	--其他纺织材料制针织或钩编的男式游泳服	件/千克
		-女式游泳服：	
	6112.4100	--合成纤维制针织或钩编的女式游泳服	件/千克
	6112.4900	--其他纺织材料制针织或钩编的女式游泳服	件/千克
61.13		**用品目 59.03、59.06 或 59.07 的针织物或钩编织物制成的服装：**	
	6113.0000	用品目 59.03、59.06 或 59.07 的针织物或钩编织物制成的服装	件/千克
61.14		**针织或钩编的其他服装：**	
	6114.2000	-棉制针织或钩编的其他服装	件/千克
	6114.3000	-化学纤维制针织或钩编的其他服装	件/千克
		-其他纺织材料制：	
	6114.9010	---羊毛或动物细毛制针织或钩编的其他服装	件/千克
	6114.9090	---其他纺织材料制针织或钩编的其他服装	件/千克

品　目	商品编码	商　品　名　称	计量单位
61.15		**针织或钩编的连裤袜、紧身裤袜、长筒袜、短袜及其他袜类，包括渐紧压袜类(例如，用以治疗静脉曲张的长筒袜)和无外绱鞋底的鞋类：**	
	6115.1000	-渐紧压袜类(例如，用以治疗静脉曲张的长筒袜)	双/千克
		-其他连裤袜及紧身裤袜，渐紧压袜类除外：	
	6115.2100	--合成纤维制针织或钩编的连裤袜及紧身裤袜，每根单丝细度在 67 分特以下	双/千克
	6115.2200	--合成纤维制针织或钩编的连裤袜及紧身裤袜，每根单丝细度在 67 分特及以上	双/千克
		--其他纺织材料制：	
	6115.2910	---棉制针织或钩编的连裤袜及紧身裤袜	双/千克
	6115.2990	---其他纺织材料制针织或钩编的连裤袜及紧身裤袜	双/千克
	6115.3000	-其他女式长筒袜及中筒袜，渐紧压袜类除外，每根单丝细度在 67 分特以下	双/千克
		-其他袜，渐紧压袜类除外：	
	6115.9400	--羊毛或动物细毛制其他袜	双/千克
	6115.9500	--棉制其他袜	双/千克
	6115.9600	--合成纤维制其他袜	双/千克
	6115.9900	--未列名纺织材料制其他袜	双/千克
61.16		**针织或钩编的分指手套、连指手套及露指手套：**	
	6116.1000	-用塑料或橡胶浸渍、涂布或包覆的针织或钩编的分指手套、连指手套及露指手套	双/千克
		-其他：	
	6116.9100	--其他羊毛或动物细毛制针织或钩编的手套	双/千克
	6116.9200	--其他棉制针织或钩编的手套	双/千克
	6116.9300	--其他合成纤维制针织或钩编的手套	双/千克
	6116.9900	--其他纺织纤维制针织或钩编的手套	双/千克
61.17		**其他制成的针织或钩编的衣着附件；服装或衣着附件的针织或钩编的零件：**	
		-针织或钩编的披巾、头巾、围巾、披纱、面纱及类似品：	
		---动物细毛制：	
	6117.1011	----山羊绒制针织或钩编的披巾、头巾、围巾、披纱、面纱及类似品	条/千克
	6117.1019	----其他动物细毛制针织或钩编的披巾、头巾、围巾、披纱、面纱及类似品	条/千克

品　目	商品编码	商　品　名　称	计量单位
	6117.1020	---羊毛制针织或钩编的披巾、头巾、围巾、披纱、面纱及类似品	条/千克
	6117.1090	---其他针织或钩编的披巾、头巾、围巾、披纱、面纱及类似品	条/千克
		-其他衣着附件：	
	6117.8010	---针织或钩编的领带及领结	千克/条
	6117.8090	---针织或钩编的其他衣着附件	千克
	6117.9000	-针织或钩编的服装或衣着附件的零件	千克

第六十二章　非针织或非钩编的服装及衣着附件

注释：

1. 本章仅适用于除絮胎以外任何纺织物的制成品，但不适用于针织品或钩编织品(品目62.12的除外)。
2. 本章不包括：
(1)品目63.09的旧衣服及其他旧物品；
(2)矫形器具、外科手术带、疝气带及类似品(品目90.21)。
3. 品目62.03及62.04所称：
(1)"西服套装"，是指面料用完全相同织物制成的两件套或三件套的下列成套服装：
——一件人体上半身穿着的外套或短上衣，除袖子外，应由四片或四片以上面料组成；也可附带一件西服背心，这件背心的前片面料应与套装其他各件的面料相同，后片面料则应与外套或短上衣的衬里料相同；以及
——一件人体下半身穿着的服装，即不带背带或护胸的长裤、马裤、短裤(游泳裤除外)、裙子或裙裤。
西服套装各件面料质地、颜色及构成必须完全相同，其款式、尺寸大小也须相互般配，但套装的各件可以有不同织物的滚边(缝入夹缝中的成条织物)。如果数件人体下半身穿着的服装同时进口或出口(例如，两条长裤、长裤与短裤、裙子或裙裤与长裤)，构成西服套装下装的应是一条长裤，对于女式西服套装，应是裙子或裙裤；其他服装应分别归类。
所称"西服套装"，包括不论是否完全符合上述条件的下列配套服装：
①常礼服，由一件后襟下垂并下端开圆弧形叉的素色短上衣和一条条纹长裤组成；
②晚礼服(燕尾服)，一般用黑色织物制成，上衣前襟较短且不闭合，背后有燕尾；
③无燕尾套装夜礼服，其中上衣款式与普通上衣相似(可以更为显露衬衣前胸)，但有光滑丝质或仿丝质的翻领。
(2)"便服套装"，是指由几件面料相同并作零售包装的下列成套服装(西服套装及品目62.07或62.08的物品除外)：
——一件人体上半身穿着的服装，但背心除外，因为背心可作为内衣；以及
——一件或两件不同的人体下半身穿着的服装，即长裤、护胸背带工装裤、马裤、短裤(游泳裤除外)、裙子或裙裤。
便服套装各件面料质地、颜色及构成必须相同；款式、尺寸大小也须相互般配。所称"便服套装"不包括品目62.11的运动服及滑雪服。
4. 对于品目62.09：
(1)所称"婴儿服装及衣着附件"，是指用于身高不超过86厘米幼儿的服装；
(2)既可归入品目62.09，也可归入本章其他品目的物品，应归入品目62.09。

5. 既可归入品目 62.10,也可归入本章其他品目的服装,除品目 62.09 所列的仍归入该品目外,其余的应一律归入品目 62.10。
6. 品目 62.11 所称“滑雪服”,是指从整个外观和织物质地来看,主要在滑雪(速度滑雪和高山滑雪)时穿着的下列服装或成套服装:
   (1)“滑雪连身服”,即上下身连在一起的单件服装;除袖子和领子外,滑雪连身服可有口袋或脚带;或
   (2)“滑雪套装”,即由两件或三件构成一套并作零售包装的下列服装:
   一件用一条拉链扣合的带风帽的厚夹克、防风衣、防风短上衣或类似的服装,可以附带一件背心,以及一条不论是否过腰的长裤、一条马裤或一条护胸背带工装裤。
   “滑雪套装”也可由一件类似以上第(1)款所述的类似连身服和一件可套在连身服外面的有胎料背心组成。
   “滑雪套装”各件颜色可以不同,但面料质地、款式及构成必须相同;尺寸大小也须相互般配。
7. 正方形或近似正方形的围巾及围巾式样的物品,如果每边均不超过 60 厘米,应作为手帕归类(品目 62.13)。任何一边超过 60 厘米的手帕,应归入品目 62.14。
8. 本章的服装,凡门襟为左压右的,应视为男式;右压左的,应视为女式。但本规定不适用于其式样已明显为男式或女式的服装。无法区别是男式还是女式的服装,应按女式服装归入有关品目。
9. 本章物品可用金属线制成。

品 目	商品编码	商 品 名 称	计量单位
62.01		**男式大衣、短大衣、斗篷、短斗篷、带风帽的防寒短上衣(包括滑雪短上衣)、防风衣、防风短上衣及类似品,但品目 62.03 的货品除外:**	
		-大衣、雨衣、短大衣、斗篷、短斗篷及类似品:	
	6201.1100	--羊毛或动物细毛制男式大衣、雨衣、斗篷及类似品	件/千克
		--棉制:	
	6201.1210	---棉制男式羽绒大衣	件/千克
	6201.1290	---棉制男式其他大衣、雨衣、斗篷及类似品	件/千克
		--化学纤维制:	
	6201.1310	---化学纤维制男式羽绒大衣	件/千克
	6201.1390	---化学纤维制男式其他大衣、雨衣、斗篷及类似品	件/千克
	6201.1900	--其他纺织材料制男式大衣、雨衣、斗篷及类似品	件/千克
		-其他:	
	6201.9100	--羊毛或动物细毛制男式带风帽的防寒短上衣、防风衣、防风短上衣及类似品	件/千克
		--棉制:	

品　目	商品编码	商　品　名　称	计量单位
	6201.9210	---棉制男式羽绒短上衣	件/千克
	6201.9290	---棉制男式带风帽的防寒短上衣、防风衣及类似品	件/千克
		--化学纤维制：	
	6201.9310	---化学纤维制男式羽绒短上衣	件/千克
	6201.9390	---化学纤维制男式带风帽的防寒短上衣、防风衣及类似品	件/千克
	6201.9900	--其他纺织材料制男式带风帽的防寒短上衣、防风衣及类似品	件/千克
62.02		**女式大衣、短大衣、斗篷、短斗篷、带风帽的防寒短上衣(包括滑雪短上衣)、防风衣、防风短上衣及类似品，但品目62.04的货品除外：**	
		-大衣、雨衣、短大衣、斗篷、短斗篷及类似品：	
	6202.1100	--羊毛或动物细毛制女式大衣、雨衣、斗篷及类似品	件/千克
		--棉制：	
	6202.1210	---棉制女式羽绒大衣	件/千克
	6202.1290	---棉制女式其他大衣、雨衣、斗篷及类似品	件/千克
		--化学纤维制：	
	6202.1310	---化学纤维制女式羽绒大衣	件/千克
	6202.1390	---化学纤维制女式其他大衣、雨衣、斗篷及类似品	件/千克
	6202.1900	--其他纺织材料制女式大衣、雨衣、斗篷及类似品	件/千克
		-其他：	
	6202.9100	--羊毛或动物细毛制女式带风帽的防寒短上衣、防风衣及类似品	件/千克
		--棉制：	
	6202.9210	---棉制女式羽绒短上衣	件/千克
	6202.9290	---棉制女式带风帽的防寒短上衣、防风衣及类似品	件/千克
		--化学纤维制：	
	6202.9310	---化学纤维制女式羽绒短上衣	件/千克
	6202.9390	---化学纤维制女式带风帽的防寒短上衣、防风衣及类似品	件/千克
	6202.9900	--其他纺织材料制女式带风帽的防寒短上衣、防风衣及类似品	件/千克
62.03		**男式西服套装、便服套装、上衣、长裤、护胸背带工装裤、马裤及短裤(游泳裤除外)：**	
		-西服套装：	
	6203.1100	--羊毛或动物细毛制男式西服套装	套/千克

品 目	商品编码	商 品 名 称	计量单位
	6203.1200	--合成纤维制男式西服套装	套/千克
		--其他纺织材料制男式西服套装:	
	6203.1910	---丝及绢丝制男式西服套装	套/千克
	6203.1990	---其他纺织材料制男式西服套装	套/千克
		-便服套装:	
	6203.2200	--棉制男式便服套装	套/千克
	6203.2300	--合成纤维制男式便服套装	套/千克
		--其他纺织材料制:	
	6203.2910	---丝及绢丝制男式便服套装	套/千克
	6203.2920	---羊毛或动物细毛制男式便服套装	套/千克
	6203.2990	---其他纺织材料制男式便服套装	套/千克
		-上衣:	
	6203.3100	--羊毛或动物细毛制男式上衣	件/千克
	6203.3200	--棉制男式上衣	件/千克
	6203.3300	--合成纤维制男式上衣	件/千克
		--其他纺织材料制:	
	6203.3910	---丝及绢丝制男式上衣	件/千克
	6203.3990	---其他纺织材料制男式上衣	件/千克
		-长裤、护胸背带工装裤、马裤及短裤:	
	6203.4100	--羊毛或动物细毛制男裤	条/千克
		--棉制男裤:	
	6203.4210	---棉制阿拉伯裤	条/千克
	6203.4290	---棉制其他男裤	条/千克
		--合成纤维制男裤:	
	6203.4310	---合成纤维制阿拉伯裤	条/千克
	6203.4390	---合成纤维制其他男裤	条/千克
		--其他纺织材料制男裤:	
	6203.4910	---其他纺织材料制阿拉伯裤	条/千克
	6203.4990	---其他纺织材料制其他男裤	条/千克
62.04		**女式西服套装、便服套装、上衣、连衣裙、裙子、裙裤、长裤、护胸背带工装裤、马裤及短裤(游泳服除外):**	
		-西服套装:	
	6204.1100	--羊毛或动物细毛制女式西服套装	套/千克
	6204.1200	--棉制女式西服套装	套/千克
	6204.1300	--合成纤维制女式西服套装	套/千克
		--其他纺织材料制女式西服套装:	

品　目	商品编码	商　品　名　称	计量单位
	6204.1910	---丝及绢丝制女式西服套装	套/千克
	6204.1990	---其他纺织材料制女式西服套装	套/千克
		-便服套装：	
	6204.2100	--羊毛或动物细毛制女式便服套装	套/千克
	6204.2200	--棉制女式便服套装	套/千克
	6204.2300	--合成纤维制女式便服套装	套/千克
		--其他纺织材料制：	
	6204.2910	---丝及绢丝制女式便服套装	套/千克
	6204.2990	---其他纺织材料制女式便服套装	套/千克
		-上衣：	
	6204.3100	--羊毛或动物细毛制女式上衣	件/千克
	6204.3200	--棉制女式上衣	件/千克
	6204.3300	--合成纤维制女式上衣	件/千克
		--其他纺织材料制：	
	6204.3910	---丝及绢丝制女式上衣	件/千克
	6204.3990	---其他纺织材料制女式上衣	件/千克
		-连衣裙：	
	6204.4100	--羊毛或动物细毛制女式连衣裙	件/千克
	6204.4200	--棉制女式连衣裙	件/千克
	6204.4300	--合成纤维制女式连衣裙	件/千克
	6204.4400	--人造纤维制女式连衣裙	件/千克
		--其他纺织材料制：	
	6204.4910	---丝及绢丝制女式连衣裙	件/千克
	6204.4990	---其他纺织材料制女式连衣裙	件/千克
		-裙子及裙裤：	
	6204.5100	--羊毛或动物细毛制女式裙子及裙裤	件/千克
	6204.5200	--棉制女式裙子及裙裤	件/千克
	6204.5300	--合成纤维制女式裙子及裙裤	件/千克
		--其他纺织材料制：	
	6204.5910	---丝及绢丝制女式裙子及裙裤	件/千克
	6204.5990	---其他纺织材料制女式裙子及裙裤	件/千克
		-长裤、护胸背带工装裤、马裤及短裤：	
	6204.6100	--羊毛或动物细毛制女裤	条/千克
	6204.6200	--棉制女裤	条/千克
	6204.6300	--合成纤维制女裤	条/千克
	6204.6900	--其他纺织材料制女裤	条/千克

品 目	商品编码	商 品 名 称	计量单位
62.05		**男衬衫：**	
	6205.2000	-棉制男衬衫	件/千克
	6205.3000	-化学纤维制男衬衫	件/千克
		-其他纺织材料制：	
	6205.9010	---丝及绢丝制男衬衫	件/千克
	6205.9020	---羊毛或动物细毛制男衬衫	件/千克
	6205.9090	---其他纺织材料制男衬衫	件/千克
62.06		**女衬衫：**	
	6206.1000	-丝及绢丝制女衬衫	件/千克
	6206.2000	-羊毛或动物细毛制女衬衫	件/千克
	6206.3000	-棉制女衬衫	件/千克
	6206.4000	-化学纤维制女衬衫	件/千克
	6206.9000	-其他纺织材料制女衬衫	件/千克
62.07		**男式背心及其他内衣、内裤、三角裤、长睡衣、睡衣裤、浴衣、晨衣及类似品：**	
		-内裤及三角裤：	
	6207.1100	--棉制男内裤	件/千克
		--其他纺织材料制：	
	6207.1910	---丝及绢丝制男内裤	件/千克
	6207.1920	---化学纤维制男内裤	件/千克
	6207.1990	---其他纺织材料制男内裤	件/千克
		-长睡衣及睡衣裤：	
	6207.2100	--棉制男睡衣及睡衣裤	件/千克
	6207.2200	--化学纤维制男睡衣及睡衣裤	件/千克
		--其他纺织材料制：	
	6207.2910	---丝及绢丝制男睡衣及睡衣裤	件/千克
	6207.2990	---其他纺织材料制男睡衣及睡衣裤	件/千克
		-其他：	
	6207.9100	--棉制其他男内衣、浴衣、晨衣及类似品	件/千克
		--其他纺织材料制：	
	6207.9910	---丝及绢丝制其他男内衣、浴衣、晨衣及类似品	件/千克
	6207.9920	---化学纤维制其他男内衣、浴衣、晨衣及类似品	件/千克
	6207.9990	---其他纺织材料制其他男内衣、浴衣、晨衣及类似品	件/千克
62.08		**女式背心及其他内衣、长衬裙、衬裙、三角裤、短衬裤、睡衣、睡衣裤、浴衣、晨衣及类似品：**	
		-长衬裙及衬裙：	

品 目	商品编码	商 品 名 称	计量单位
	6208.1100	--化学纤维制女衬裙	件/千克
		--其他纺织材料制：	
	6208.1910	---丝及绢丝制女衬裙	件/千克
	6208.1920	---棉制女衬裙	件/千克
	6208.1990	---其他纺织材料制女衬裙	件/千克
		-睡衣及睡衣裤：	
	6208.2100	--棉制女睡衣及睡衣裤	件/千克
	6208.2200	--化学纤维制女睡衣及睡衣裤	件/千克
		--其他纺织材料制：	
	6208.2910	---丝及绢丝制女睡衣及睡衣裤	件/千克
	6208.2990	---其他纺织材料制女睡衣及睡衣裤	件/千克
		-其他：	
	6208.9100	--棉制其他女内衣、短衬裤、浴衣、晨衣及类似品	件/千克
	6208.9200	--化学纤维制其他女内衣、短衬裤、浴衣、晨衣及类似品	件/千克
		--其他纺织材料制：	
	6208.9910	---丝及绢丝制其他女内衣、短衬裤、浴衣、晨衣及类似品	件/千克
	6208.9990	---其他纺织材料制其他女内衣、短衬裤、浴衣、晨衣及类似品	件/千克
62.09		**婴儿服装及衣着附件：**	
	6209.2000	-棉制婴儿服装及衣着附件	千克
	6209.3000	-合成纤维制婴儿服装及衣着附件	千克
		-其他纺织材料制：	
	6209.9010	---羊毛或动物细毛制婴儿服装及衣着附件	千克
	6209.9090	---其他纺织材料制婴儿服装及衣着附件	千克
62.10		**用品目56.02、56.03、59.03、59.06或59.07的织物制成的服装：**	
		-用品目56.02或56.03的织物制成的服装：	
	6210.1010	---羊毛或动物细毛毡呢或无纺织物制服装	件/千克
	6210.1020	---棉或麻毡呢或无纺织物制服装	件/千克
	6210.1030	---化学纤维毡呢或无纺织物制服装	件/千克
	6210.1090	---其他纺织材料毡呢或无纺织物制服装	件/千克
	6210.2000	-用品目59.03、59.06或59.07的织物制子目6201.11至6201.19所列类型的服装	件/千克
	6210.3000	-用品目59.03、59.06或59.07的织物制子目6202.11至6202.19所列类型的服装	件/千克

品 目	商品编码	商 品 名 称	计量单位
	6210.4000	-用品目 59.03、59.06 或 59.07 的织物制其他男式服装	件/千克
	6210.5000	-用品目 59.03、59.06 或 59.07 的织物制其他女式服装	件/千克
62.11		**运动服、滑雪服及游泳服;其他服装:**	
		-游泳服:	
	6211.1100	--男式游泳服	件/千克
	6211.1200	--女式游泳服	件/千克
		-滑雪套服:	
	6211.2010	---棉制滑雪套服	套/千克
	6211.2090	---其他纺织材料制滑雪套服	套/千克
		-其他男式服装:	
		--棉制其他男式服装:	
	6211.3210	---棉制阿拉伯袍	件/千克
	6211.3220	---棉制其他男式运动服	套/千克
	6211.3290	---棉制其他男式服装	件/千克
		--化学纤维制其他男式服装:	
	6211.3310	---化学纤维制阿拉伯袍	件/千克
	6211.3320	---化学纤维制其他男式运动服	套/千克
	6211.3390	---化学纤维制其他男式服装	件/千克
		--其他纺织材料制:	
	6211.3910	---丝及绢丝制其他男式服装	件/千克
	6211.3920	---羊毛或动物细毛制其他男式服装	件/千克
	6211.3990	---其他纺织材料制未列名男式服装	件/千克
		-其他女式服装:	
		--棉制:	
	6211.4210	---棉制其他女式运动服	套/千克
	6211.4290	---棉制其他女式服装	件/千克
		--化学纤维制:	
	6211.4310	---化学纤维制其他女式运动服	套/千克
	6211.4390	---化学纤维制其他女式服装	件/千克
		--其他纺织材料制:	
	6211.4910	---丝和绢丝制其他女式服装	件/千克
	6211.4990	---其他纺织材料制其他女式服装	件/千克
62.12		**胸罩、腹带、紧身胸衣、吊裤带、吊袜带、束袜带和类似品及其零件,不论是否针织或钩编的:**	
		-胸罩:	
	6212.1010	---化学纤维制胸罩	件/千克

品　目	商品编码	商　品　名　称	计量单位
	6212.1090	---其他纺织材料制胸罩	件/千克
		-束腰带及腹带：	
	6212.2010	---化学纤维制束腰带及腹带	件/千克
	6212.2090	---其他纺织材料制束腰带及腹带	件/千克
		-紧身胸衣：	
	6212.3010	---化学纤维制紧身胸衣	件/千克
	6212.3090	---其他纺织材料制紧身胸衣	件/千克
		-其他：	
	6212.9010	---化学纤维制吊裤带、吊袜带、束袜带和类似品	件/千克
	6212.9090	---其他纺织材料制吊裤带、吊袜带、束袜带和类似品	件/千克
62.13		**手帕：**	
		-棉制手帕：	
	6213.2010	---棉制刺绣手帕	条/千克
	6213.2090	---其他棉制手帕	条/千克
		-其他纺织材料制手帕：	
	6213.9020	---其他纺织材料制刺绣手帕	条/千克
	6213.9090	---其他纺织材料制其他手帕	条/千克
62.14		**披巾、头巾、围巾、披纱、面纱及类似品：**	
	6214.1000	-丝或绢丝制披巾、头巾、围巾、披纱、面纱及类似品	条/千克
		-羊毛或动物细毛制：	
	6214.2010	---羊毛制披巾、头巾、围巾、披纱、面纱及类似品	条/千克
	6214.2020	---山羊绒制披巾、头巾、围巾、披纱、面纱及类似品	条/千克
	6214.2090	---其他动物细毛制披巾、头巾、围巾、披纱、面纱及类似品	条/千克
	6214.3000	-合成纤维制披巾、头巾、围巾、披纱、面纱及类似品	条/千克
	6214.4000	-人造纤维制披巾、头巾、围巾、披纱、面纱及类似品	条/千克
	6214.9000	-其他纺织材料制披巾、头巾、围巾、披纱、面纱及类似品	条/千克
62.15		**领带及领结：**	
	6215.1000	-丝及绢丝制领带及领结	条/千克
	6215.2000	-化学纤维制领带及领结	条/千克
	6215.9000	-其他纺织材料制领带及领结	条/千克
62.16		**分指手套、连指手套及露指手套：**	
	6216.0000	分指手套、连指手套及露指手套	双/千克
62.17		**其他制成的衣着附件；服装或衣着附件的零件，但品目62.12的货品除外：**	
		-附件：	

品　目	商品编码	商　品　名　称	计量单位
	6217.1010	---袜子及袜套	千克/双
	6217.1020	---和服腰带	千克/条
	6217.1090	---未列名制成的衣着附件	千克
	6217.9000	-服装或衣着附件的零件	千克

第六十三章　其他纺织制成品；成套物品；旧衣着及旧纺织品；碎织物

注释：

1. 第一分章仅适用于各种纺织物制成的物品。
2. 第一分章不包括：
   (1)第五十六章至第六十二章的货品；
   (2)品目63.09的旧衣着或其他旧物品。
3. 品目63.09仅适用于下列货品：
   (1)纺织材料制品：
   ①衣着和衣着附件及其零件；
   ②毯子及旅行毯；
   ③床上、餐桌、盥洗及厨房用的织物制品；
   ④装饰用织物制品，但品目57.01至57.05的地毯及品目58.05的装饰毯除外。
   (2)用石棉以外其他任何材料制成的鞋帽类。
   上述物品只有同时符合下列两个条件才能归入本品目：
   ①必须明显看得出穿用过；
   ②必须以散装、捆装、袋装或类似大包装形式进口或出口。

子目注释：

1. 子目6304.20包括用α-氯氰菊酯(ISO)、虫螨腈(ISO)、溴氰菊酯(INN，ISO)、高效氯氟氰菊酯(ISO)、除虫菊酯(ISO)或甲基嘧啶磷(ISO)浸渍或涂层的经编针织物制品。

品　目	商品编码	商　品　名　称	计量单位
		第一分章　其他纺织制成品	
63.01		毯子及旅行毯：	
	6301.1000	-电暖毯	条/千克
	6301.2000	-羊毛或动物细毛制毯子及旅行毯	条/千克
	6301.3000	-棉制毯子及旅行毯	条/千克
	6301.4000	-合成纤维制毯子及旅行毯	条/千克
	6301.9000	-其他纤维制毯子及旅行毯	条/千克
63.02		床上、餐桌、盥洗及厨房用的织物制品：	
		-针织或钩编的床上用织物制品：	
	6302.1010	---棉制针织或钩编的床上用织物制品	条/千克
	6302.1090	---其他纺织材料制针织或钩编的床上用织物制品	条/千克

品　目	商品编码	商　　品　　名　　称	计量单位
		-其他印花的床上用织物制品：	
		--棉制：	
	6302.2110	---棉制印花床单	条/千克
	6302.2190	---棉制其他印花床上用织物制品	条/千克
		--化学纤维制：	
	6302.2210	---化学纤维制印花床单	条/千克
	6302.2290	---化学纤维制其他印花床上用织物制品	条/千克
		--其他纺织材料制：	
	6302.2910	---丝及绢丝制印花床上用织物制品	条/千克
	6302.2920	---麻制印花床上用织物制品	条/千克
	6302.2990	---其他纺织材料制印花床上用织物制品	条/千克
		-其他床上用织物制品：	
		--棉制：	
	6302.3110	---棉制刺绣的床上用织物制品	条/千克
		---其他：	
	6302.3191	----其他棉制床单	条/千克
	6302.3192	----棉制毛巾被	条/千克
	6302.3199	----棉制其他非针织或钩编的床上用织物制品	条/千克
		--化学纤维制：	
	6302.3210	---化学纤维制刺绣的床上用织物制品	条/千克
	6302.3290	---化学纤维制其他非针织或钩编的床上用织物制品	条/千克
		--其他纺织材料制：	
	6302.3910	---丝及绢丝制非针织或钩编的床上用织物制品	条/千克
		---麻制：	
	6302.3921	----麻制刺绣的床上用织物制品	条/千克
	6302.3929	----麻制其他非针织或钩编的床上用织物制品	条/千克
		---其他：	
	6302.3991	----其他纺织材料制刺绣的床上用织物制品	条/千克
	6302.3999	----其他纺织材料制未列名非针织或钩编的床上用织物制品	条/千克
		-针织或钩编的餐桌用织物制品：	
	6302.4010	---手工针织或钩编的餐桌用织物制品	件/千克
	6302.4090	---非手工针织或钩编的餐桌用织物制品	件/千克
		-其他餐桌用织物制品：	
		--棉制：	
	6302.5110	---棉制刺绣的餐桌用织物制品	件/千克

品　目	商品编码	商　品　名　称	计量单位
	6302.5190	---棉制其他非针织或钩编的餐桌用织物制品	件/千克
		--化学纤维制：	
	6302.5310	---化学纤维制刺绣的餐桌用织物制品	件/千克
	6302.5390	---化学纤维制其他非针织或钩编的餐桌用织物制品	件/千克
		--其他纺织材料制：	
		---亚麻制：	
	6302.5911	----亚麻制刺绣的餐桌用织物制品	件/千克
	6302.5919	----亚麻制其他非针织或钩编的餐桌用织物制品	件/千克
	6302.5990	---其他纺织材料制非针织或钩编的餐桌用织物制品	件/千克
		-盥洗及厨房用棉制毛巾织物或类似毛圈织物的制品：	
	6302.6010	---棉制浴巾	条/千克
	6302.6090	---其他盥洗及厨房用棉制毛巾织物或类似毛圈织物的制品	条/千克
		-其他：	
	6302.9100	--其他棉制盥洗及厨房用织物制品	条/千克
	6302.9300	--化学纤维制盥洗及厨房用织物制品	条/千克
		--其他纺织材料制：	
	6302.9910	---亚麻制盥洗及厨房用织物制品	条/千克
	6302.9990	---其他纺织材料制盥洗及厨房用织物制品	条/千克
63.03		**窗帘(包括帷帘)及帐幔;帘帷或床帷：**	
		-针织或钩编的：	
		--合成纤维制针织或钩编的窗帘、帐幔、帘帷及床帷：	
	6303.1210	---合成纤维制针织的窗帘、帐幔、帘帷及床帷	千克
	6303.1220	---合成纤维制钩编的窗帘、帐幔、帘帷及床帷	千克
		--其他纺织材料制针织或钩编的窗帘、帐幔、帘帷及床帷：	
		---棉制针织或钩编的窗帘、帐幔、帘帷及床帷：	
	6303.1931	----棉制针织的窗帘、帐幔、帘帷及床帷	千克
	6303.1932	----棉制钩编的窗帘、帐幔、帘帷及床帷	千克
		---其他纺织材料制针织或钩编的窗帘、帐幔、帘帷及床帷：	
	6303.1991	----其他纺织材料制针织的窗帘、帐幔、帘帷及床帷	千克
	6303.1992	----其他纺织材料制钩编的窗帘、帐幔、帘帷及床帷	千克
		-其他：	
	6303.9100	--棉制非针织或钩编的窗帘、帐幔、帘帷及床帷	千克
	6303.9200	--合成纤维制非针织或钩编的窗帘、帐幔、帘帷及床帷	千克
	6303.9900	--其他纺织材料制非针织或钩编的窗帘、帐幔、帘帷及床帷	千克

品　目	商品编码	商　品　名　称	计量单位
63.04		**其他装饰用织物制品,但品目94.04的货品除外:**	
		-床罩:	
		--针织或钩编的:	
		---针织的床罩:	
	6304.1121	----手工针织的床罩	件/千克
	6304.1129	----非手工针织的床罩	件/千克
		---钩编的床罩:	
	6304.1131	----手工钩编的床罩	件/千克
	6304.1139	----非手工钩编的床罩	件/千克
		--其他:	
	6304.1910	---丝及绢丝制非针织或钩编的床罩	件/千克
		---棉或麻制:	
	6304.1921	----棉或麻制刺绣床罩	件/千克
	6304.1929	----棉或麻制其他非针织或钩编的床罩	件/千克
		---化学纤维制:	
	6304.1931	----化学纤维制刺绣床罩	件/千克
	6304.1939	----化学纤维制其他非针织或钩编的床罩	件/千克
		---其他纺织材料制:	
	6304.1991	----其他纺织材料制刺绣床罩	件/千克
	6304.1999	----其他纺织材料制未列名非针织或钩编的床罩	件/千克
		-本章子目注释1所列的经编针织物制蚊帐:	
	6304.2010	---手工制蚊帐,本章注释1所列的经编针织物制	件/千克
	6304.2090	---非手工制蚊帐,本章注释1所列的经编针织物制	件/千克
		-其他:	
		--针织或钩编的:	
		---针织的其他装饰用织物制品:	
	6304.9121	----手工针织的其他装饰用织物制品	千克
	6304.9129	----非手工针织的其他装饰用织物制品	千克
		---钩编的其他装饰用织物制品:	
	6304.9131	----手工钩编的其他装饰用织物制品	千克
	6304.9139	----非手工钩编的其他装饰用织物制品	千克
		--非针织或非钩编的,棉制:	
	6304.9210	---棉制刺绣的其他装饰用织物制品	千克
	6304.9290	---棉制非针织或钩编的其他装饰用织物制品	千克
		--非针织或非钩编的,合成纤维制:	
	6304.9310	---合成纤维制刺绣的其他装饰用织物制品	千克

品　目	商品编码	商　品　名　称	计量单位
	6304.9390	---合成纤维制非针织或钩编的其他装饰用织物制品	千克
		--非针织或非钩编的,其他纺织材料制:	
	6304.9910	---丝及绢丝制非针织或钩编的其他装饰用织物制品	千克
		---麻制:	
	6304.9921	----麻制刺绣的其他装饰用织物制品	千克
	6304.9929	----麻制非针织或钩编的其他装饰用织物制品	千克
	6304.9990	---其他纺织材料制未列名非针织或钩编的装饰用织物制品	千克
63.05		**货物包装用袋:**	
	6305.1000	-黄麻或品目53.03的其他韧皮纺织纤维制货物包装用袋	条/千克
	6305.2000	-棉制货物包装用袋	条/千克
		-化学纤维材料制:	
	6305.3200	--化学纤维材料制散装货物周转软袋	条/千克
	6305.3300	--其他聚乙烯、聚丙烯扁条或类似材料制货物包装用袋	条/千克
	6305.3900	--其他化学纤维材料制货物包装用袋	条/千克
	6305.9000	-其他纺织材料制货物包装用袋	条/千克
63.06		**油苫布、天篷及遮阳篷;帐篷;风帆;野营用品:**	
		-油苫布、天篷及遮阳篷:	
	6306.1200	--合成纤维制油苫布、天篷及遮阳篷	件/千克
		--其他纺织材料制:	
	6306.1910	---麻制油苫布、天篷及遮阳篷	件/千克
	6306.1920	---棉制油苫布、天篷及遮阳篷	件/千克
	6306.1990	---其他纺织材料制油苫布、天篷及遮阳篷	件/千克
		-帐篷:	
	6306.2200	--合成纤维制帐篷	件/千克
		--其他纺织材料制:	
	6306.2910	---棉制帐篷	件/千克
	6306.2990	---其他纺织材料制帐篷	件/千克
		-风帆:	
	6306.3010	---合成纤维制风帆	件/千克
	6306.3090	---其他纺织材料制风帆	件/千克
		-充气褥垫:	
	6306.4010	---棉制充气褥垫	件/千克
	6306.4020	---化学纤维制充气褥垫	件/千克

品　目	商品编码	商　　品　　名　　称	计量单位
	6306.4090	---其他纺织材料制充气褥垫	件/千克
		-其他:	
	6306.9010	---棉制其他野营用品	件/千克
	6306.9020	---麻制其他野营用品	件/千克
	6306.9030	---化学纤维制其他野营用品	件/千克
	6306.9090	---其他纺织材料制未列名野营用品	件/千克
63.07		**其他制成品,包括服装裁剪样:**	
	6307.1000	-擦地布、擦碗布、抹布及类似擦拭用布	千克
	6307.2000	-救生衣及安全带	千克/件
	6307.9000	-第一分章的未列名制成品,包括服装裁剪样	千克
		第二分章　成套物品	
63.08		**由机织物及纱线构成的零售包装成套物品,不论是否带附件,用以制作小地毯、装饰毯、绣花台布、餐巾或类似纺织物品:**	
	6308.0000	由机织物及纱线构成的零售包装成套物品,不论是否带附件,用以制作小地毯、装饰毯、绣花台布、餐巾或类似纺织物品	千克
		第三分章　旧衣着及旧纺织物品;碎织物	
63.09		**旧衣物:**	
	6309.0000	旧衣物	千克
63.10		**纺织材料的新的或旧的碎织物及废线、绳、索、缆及其制品:**	
	6310.1000	-经分拣的新或旧纺织材料的碎织物及废线、绳、索、缆及其制品	千克
	6310.9000	-未经分拣的新或旧纺织材料的碎织物及废线、绳、索、缆及其制品	千克

第十二类　鞋、帽、伞、杖、鞭及其零件；已加工的羽毛及其制品；人造花；人发制品

第六十四章　鞋靴、护腿和类似品及其零件

注释：

1. 本章不包括：

(1)易损材料(例如,纸或塑料薄膜)制无外绱鞋底的一次性脚套或鞋套,这些产品应按其构成材料归类；

(2)未用粘、缝或其他方法将外底装或绱在鞋面上的纺织材料制鞋靴(第十一类)；

(3)品目63.09的旧鞋靴；

(4)石棉制品(品目68.12)；

(5)矫形鞋靴或其他矫形器具及其零件(品目90.21)；

(6)玩具鞋及装有冰刀或轮子的滑冰鞋;护胫或类似的运动防护服装(第九十五章)。

2. 品目64.06所称"零件",不包括鞋钉、护鞋铁掌、鞋眼、鞋钩、鞋扣、编带、鞋带、绒球或其他装饰物(应分别归入相应品目)及品目96.06的纽扣或其他货品。

3. 本章所称：

(1)"橡胶"及"塑料",包括肉眼可辨其外表有一层橡胶或塑料的机织物或其他纺织产品,但颜色的变化不予考虑;以及

(2)"皮革",是指品目41.07及41.12至41.14的货品。

4. 除本章注释3另有规定的以外：

(1)鞋面的材料应以占表面面积最大的那种材料为准,计算表面面积可不考虑附件及加固件,例如,护踝、裹边、饰物、扣子、拉襻、鞋眼或类似附属件；

(2)外底的主要材料应以与地面接触最广的那种材料为准,计算接触面时可不考虑鞋底钉、铁掌或类似附属件。

子目注释：

1. 子目6402.12、6402.19、6403.12、6403.19及6404.11所称"运动鞋靴",仅适用于：

(1)带有或可装鞋底钉、止滑柱、夹钳、马蹄掌或类似品的体育专用鞋靴；

(2)滑冰靴、滑雪靴及越野滑雪用鞋靴、滑雪板靴、角力靴、拳击靴及赛车鞋。

品目	商品编码	商品名称	计量单位
64.01		**橡胶或塑料制外底及鞋面的防水鞋靴,其鞋面不是用缝、铆、钉、旋、塞或类似方法固定在鞋底上的:**	
		-装有金属防护鞋头的鞋靴:	
	6401.1010	---橡胶制鞋面的装有金属防护鞋头的防水鞋靴	千克/双
	6401.1090	---塑料制鞋面的装有金属防护鞋头的防水鞋靴	千克/双
		-其他鞋靴:	
		--中、短统防水靴(过踝但未到膝):	
	6401.9210	---橡胶制鞋面的中、短统防水靴(过踝但未到膝)	千克/双
	6401.9290	---塑料制鞋面的中、短统防水靴(过踝但未到膝)	千克/双
	6401.9900	--其他橡胶或塑料制外底及鞋面的防水靴	千克/双
64.02		**橡胶或塑料制外底及鞋面的其他鞋靴:**	
		-运动鞋靴:	
	6402.1200	--滑雪靴、越野滑雪靴及滑雪板靴	千克/双
	6402.1900	--橡胶或塑料制外底及鞋面的其他运动鞋靴	千克/双
	6402.2000	-橡胶或塑料制外底及鞋面的用栓塞方法将鞋面条带装配在鞋底上的鞋	千克/双
		-其他鞋靴:	
	6402.9100	--橡胶或塑料制外底及鞋面的短统靴(过踝)	千克/双
		--其他:	
	6402.9910	---橡胶制鞋面的其他鞋靴	千克/双
		---塑料制鞋面的其他鞋靴:	
	6402.9921	----以机织物或其他纺织材料作衬底的塑料制鞋面的其他鞋靴	千克/双
	6402.9929	----塑料制鞋面的其他鞋靴	千克/双
64.03		**橡胶、塑料、皮革或再生皮革制外底,皮革制鞋面的鞋靴:**	
		-运动鞋靴:	
	6403.1200	--橡胶、塑料、皮革或再生皮革制外底,皮革制鞋面的滑雪靴、越野滑雪靴及滑雪板靴	千克/双
	6403.1900	--橡胶、塑料、皮革或再生皮革制外底,皮革制鞋面的其他运动鞋靴	千克/双
	6403.2000	-皮革制外底,由交叉于脚背并绕大脚趾的皮革条带构成鞋面的鞋	千克/双
	6403.4000	-其他橡胶、塑料、皮革或再生皮革制外底,皮革制鞋面装有金属防护鞋头的鞋靴	千克/双
		-皮革制外底的其他鞋靴:	
		--短统靴(过踝):	

品 目	商品编码	商 品 名 称	计量单位
		---过脚踝但低于小腿的短统靴,按内底长度分类:	
	6403.5111	----过脚踝但低于小腿的皮革制外底及鞋面的短统靴,内底长度小于 24 厘米	千克/双
	6403.5119	----其他过脚踝但低于小腿的皮革制外底及鞋面的短统靴	千克/双
		---其他,按内底长度分类:	
	6403.5191	----皮革制外底及鞋面的其他短统靴,内底长度小于 24 厘米	千克/双
	6403.5199	----其他皮革制外底及鞋面的短统靴	千克/双
	6403.5900	--其他皮革制外底及鞋面的鞋靴	千克/双
		-其他鞋靴:	
		--短统靴(过踝):	
		---过脚踝但低于小腿的短统靴,按内底长度分类:	
	6403.9111	----过脚踝但低于小腿的橡胶、塑料或再生皮革制外底,皮革制鞋面的短统靴,内底长度小于 24 厘米	千克/双
	6403.9119	----其他过脚踝但低于小腿的橡胶、塑料或再生皮革制外底,皮革制鞋面的短统靴	千克/双
		---其他,按内底长度分类:	
	6403.9191	----橡胶、塑料或再生皮革制外底,皮革制鞋面的其他短统靴,内底长度小于 24 厘米	千克/双
	6403.9199	----其他橡胶、塑料或再生皮革制外底,皮革制鞋面的短统靴	千克/双
	6403.9900	--未列名橡胶、塑料或再生皮革制外底,皮革制鞋面的鞋靴	千克/双
64.04		**橡胶、塑料、皮革或再生皮革制外底,用纺织材料制鞋面的鞋靴:**	
		-橡胶或塑料制外底的鞋靴:	
	6404.1100	--橡胶或塑料制外底,纺织材料制鞋面的运动鞋靴;网球鞋、篮球鞋、体操鞋、训练鞋及类似鞋	千克/双
		--橡胶或塑料制外底,纺织材料制鞋面的其他鞋靴:	
	6404.1910	---橡胶或塑料制外底,纺织材料制鞋面的拖鞋	千克/双
	6404.1990	---橡胶或塑料制外底,纺织材料制鞋面的其他鞋靴	千克/双
		-皮革或再生皮革制外底,纺织材料制鞋面的鞋靴:	
	6404.2010	---皮革或再生皮革制外底,纺织材料制鞋面的拖鞋	千克/双
	6404.2090	---皮革或再生皮革制外底,纺织材料制鞋面的其他鞋靴	千克/双
64.05		**其他鞋靴:**	
		-其他皮革或再生皮革制鞋面的鞋靴:	

品　目	商品编码	商　品　名　称	计量单位
	6405.1010	---橡胶、塑料、皮革及再生皮革制外底,其他皮革或再生皮革制鞋面的鞋靴	千克/双
	6405.1090	---其他材料制外底,其他皮革或再生皮革制鞋面的鞋靴	千克/双
	6405.2000	-其他纺织材料制鞋面的鞋靴	千克/双
		-其他鞋靴:	
	6405.9010	---橡胶、塑料或再生皮革制外底的其他鞋靴	千克/双
	6405.9090	---未列名鞋靴	千克/双
64.06		**鞋靴零件(包括鞋面,不论是否带有除外底以外的其他鞋底);活动式鞋内底、跟垫及类似品;护腿、裹腿和类似品及其零件:**	
	6406.1000	-鞋面及其零件,但硬衬除外	千克/双
		-橡胶或塑料制的外底及鞋跟:	
	6406.2010	---橡胶制的外底及鞋跟	千克/双
	6406.2020	---塑料制的外底及鞋跟	千克/双
		-其他:	
	6406.9010	---木制其他鞋靴零件;木制活动式鞋内底、跟垫及类似品;木制护腿、裹腿和类似品及其零件	千克/双
		---其他材料制:	
	6406.9091	----其他材料制活动式鞋内底、跟垫及类似品	千克/双
	6406.9092	----其他材料制护腿、裹腿和类似品及其零件	千克/双
	6406.9099	----其他材料制未列名鞋靴零件	千克/双

第六十五章　帽类及其零件

注释：

1. 本章不包括：

(1)品目 63.09 的旧帽类；

(2)石棉制帽类(品目 68.12)；

(3)第九十五章的玩偶帽、其他玩具帽或狂欢节用品。

2. 品目 65.02 不包括缝制的帽坯，但仅将条带缝成螺旋形的除外。

品　目	商品编码	商　品　名　称	计量单位
65.01		**毡呢制的帽坯、帽身及帽兜，未楦制成形，也未加帽边；毡呢制的圆帽片及制帽用的毡呢筒(包括裁开的毡呢筒)：**	
	6501.0000	毡呢制的帽坯、帽身及帽兜，未楦制成形，也未加帽边；毡呢制的圆帽片及制帽用的毡呢筒(包括裁开的毡呢筒)	千克
65.02		**编结的帽坯或用任何材料的条带拼制而成的帽坯，未楦制成形，也未加帽边、衬里或装饰物：**	
	6502.0000	编结的帽坯或用任何材料的条带拼制而成的帽坯，未楦制成形，也未加帽边、衬里或装饰物	千克
65.04		**编结帽或用任何材料的条带拼制而成的帽类，不论有无衬里或装饰物：**	
	6504.0000	编结帽或用任何材料的条带拼制而成的帽类，不论有无衬里或装饰物	个/千克
65.05		**针织或钩编的帽类，用成匹的花边、毡呢或其他纺织物(条带除外)制成的帽类，不论有无衬里或装饰物；任何材料制的发网，不论有无衬里或装饰物：**	
	6505.0010	---发网	个/千克
	6505.0020	---钩编的帽类	个/千克
		---其他：	
	6505.0091	----用品目 65.01 的帽身、帽兜或圆帽片制成的毡呢帽类，不论有无衬里或装饰物	个/千克
	6505.0099	----针织的帽类及用成匹的花边、毡呢或其他纺织物制成的帽类	个/千克
65.06		**其他帽类，不论有无衬里或装饰物：**	
	6506.1000	-安全帽	个/千克
		-其他：	
	6506.9100	--橡胶或塑料制的帽类	个/千克

品 目	商品编码	商 品 名 称	计量单位
		--其他材料制:	
	6506.9910	---皮革制的帽类	个/千克
	6506.9920	---毛皮制的帽类	个/千克
	6506.9990	---其他材料制的帽类	个/千克
65.07		**帽圈、帽衬、帽套、帽帮、帽骨架、帽舌及帽颏带:**	
	6507.0000	帽圈、帽衬、帽套、帽帮、帽骨架、帽舌及帽颏带	千克

第六十六章　雨伞、阳伞、手杖、鞭子、马鞭及其零件

注释：

1. 本章不包括：

(1)丈量用杖及类似品(品目90.17)；

(2)火器手杖、刀剑手杖、灌铅手杖及类似品(第九十三章)；

(3)第九十五章的货品(例如，玩具雨伞、玩具阳伞)。

2. 品目66.03不包括纺织材料制的零件、附件及装饰品或者任何材料制的罩套、流苏、鞭梢、伞套及类似品。此类货品即使与品目66.01或66.02的物品一同进口或出口，只要未装配在一起，则不应视为上述品目所列物品的组成零件，而应分别归入各有关品目。

品目	商品编码	商品名称	计量单位
66.01		**雨伞及阳伞(包括手杖伞、庭园用伞及类似伞)：**	
	6601.1000	-庭园用伞及类似伞	千克/把
		-其他：	
	6601.9100	--折叠伞	千克/把
	6601.9900	--其他雨伞及阳伞	千克/把
66.02		**手杖、带座手杖、鞭子、马鞭及类似品：**	
	6602.0000	手杖、带座手杖、鞭子、马鞭及类似品	千克/把
66.03		**品目66.01或66.02所列物品的零件及装饰品：**	
	6603.2000	-伞骨，包括装在伞柄上的伞骨	千克
	6603.9000	-伞、手杖、鞭子及类似品的其他零件及装饰品	千克

第六十七章 已加工羽毛、羽绒及其制品；人造花；人发制品

注释：

1. 本章不包括：
   (1)人发制滤布(品目 59.11)；
   (2)花边、刺绣品或其他纺织物制成的花卉图案(第十一类)；
   (3)鞋靴(第六十四章)；
   (4)帽类及发网(第六十五章)；
   (5)玩具、运动用品或狂欢节用品(第九十五章)；
   (6)羽毛掸帚、粉扑及人发制的筛子(第九十六章)。
2. 品目 67.01 不包括：
   (1)羽毛或羽绒仅在其中作为填充料的物品(例如，品目 94.04 的寝具)；
   (2)羽毛或羽绒仅作为饰物或填充料的衣服或衣着附件；
   (3)品目 67.02 的人造花、叶及其部分品，以及它们的制成品。
3. 品目 67.02 不包括：
   (1)玻璃制品(第七十章)；
   (2)用陶器、石料、金属、木料或其他材料经模铸、锻造、雕刻、冲压或用其他方法整件制成形的人造花、叶或果实；用捆扎、胶粘及类似方法以外的其他方法将部分品组合而成的上述制品。

品目	商品编码	商品名称	计量单位
67.01		**带羽毛或羽绒的鸟皮及鸟体其他部分、羽毛、部分羽毛、羽绒及其制品(品目 05.05 的货品和经加工的羽管及羽轴除外)：**	
	6701.0000	带羽毛或羽绒的鸟皮及鸟体其他部分、羽毛、部分羽毛、羽绒及其制品(品目 05.05 的货品和经加工的羽管及羽轴除外)	千克
67.02		**人造花、叶、果实及其零件；用人造花、叶或果实制成的物品：**	
	6702.1000	-塑料制人造花、叶、果实及其零件和制品	千克
		-其他材料制：	
	6702.9010	---羽毛制人造花、叶、果实及其零件和制品	千克
	6702.9020	---丝及绢丝制人造花、叶、果实及其零件和制品	千克
	6702.9030	---化学纤维制人造花、叶、果实及其零件和制品	千克
	6702.9090	---其他材料制人造花、叶、果实及其零件和制品	千克

品　目	商品编码	商　品　名　称	计量单位
67.03		**经梳理、稀疏、脱色或其他方法加工的人发；作假发及类似品用的羊毛、其他动物毛或其他纺织材料：**	
	6703.0000	经梳理、稀疏、脱色或其他方法加工的人发；作假发及类似品用的羊毛、其他动物毛或其他纺织材料	千克
67.04		**人发、动物毛或纺织材料制的假发、假胡须、假眉毛、假睫毛及类似品；其他处未列名的人发制品：**	
		-合成纺织材料制：	
	6704.1100	--合成纺织材料制整头假发	千克
	6704.1900	--合成纺织材料制其他假发、假胡须、假眉毛、假睫毛及类似品	千克
	6704.2000	-人发制假发、假胡须、假眉毛、假睫毛及类似品；未列名人发制品	千克
	6704.9000	-其他材料制假发、假胡须、假眉毛、假睫毛及类似品	千克

第十三类 石料、石膏、水泥、石棉、云母及类似材料的制品；陶瓷产品；玻璃及其制品

第六十八章 石料、石膏、水泥、石棉、云母及类似材料的制品

注释：

1. 本章不包括：
   (1) 第二十五章的货品；
   (2) 品目 48.10 或 48.11 的经涂布、浸渍或覆盖的纸及纸板（例如，用云母粉或石墨涂布的纸及纸板、沥青纸及纸板）；
   (3) 第五十六章或第五十九章的经涂布、浸渍或包覆的纺织物（例如，用云母粉、沥青涂布或包覆的织物）；
   (4) 第七十一章的物品；
   (5) 第八十二章的工具及其零件；
   (6) 品目 84.42 的印刷用石板；
   (7) 绝缘子（品目 85.46）或品目 85.47 绝缘材料制的配件；
   (8) 牙科用磨锉（品目 90.18）；
   (9) 第九十一章的物品（例如，钟及钟壳）；
   (10) 第九十四章的物品（例如，家具、灯具及照明装置、活动房屋）；
   (11) 第九十五章的物品（例如，玩具、游戏品及运动用品）；
   (12) 用第九十六章注释 2(2) 所述材料制成的品目 96.02 的物品或品目 96.06 的物品（例如，纽扣）、品目 96.09 的物品（例如，石笔）、品目 96.10 的物品（例如，绘画石板）或品目 96.20 的物品（独脚架、双脚架、三脚架及类似品）；
   (13) 第九十七章的物品（例如，艺术品）。
2. 品目 68.02 所称“已加工的碑石或建筑用石”，不仅适用于已加工的品目 25.15、25.16 的各种石料，也适用于所有经类似加工的其他天然石料（例如，石英岩、燧石、白云石及冻石），但不适用于板岩。

品　目	商品编码	商　品　名　称	计量单位
68.01		**天然石料(不包括板岩)制的长方砌石、路缘石、扁平石：**	
	6801.0000	天然石料(不包括板岩)制的长方砌石、路缘石、扁平石	千克
68.02		**已加工的碑石或建筑用石(不包括板岩)及其制品,但品目68.01的货品除外;天然石料(包括板岩)制的镶嵌石(马赛克)及类似品,不论是否有衬背;天然石料(包括板岩)制的人工染色石粒、石片及石粉：**	
		-砖、瓦、方块及类似品,不论是否为矩形(包括正方形),其最大表面积以可置入边长小于7厘米的方格为限;人工染色的石粒、石片及石粉：	
	6802.1010	---大理石制砖、瓦、方块及类似品,其最大表面积以可置入边长小于7厘米的方格为限;人工染色的大理石粒、石片及石粉	千克
	6802.1090	---其他砖、瓦、方块及类似品,其最大表面积以可置入边长小于7厘米的方格为限;其他人工染色的石粒、石片及石粉	千克
		-简单切削或锯开并具有一个平面的其他碑石或建筑用石及其制品：	
		--大理石、石灰华及蜡石：	
	6802.2110	---大理石碑石或建筑用石及其制品	千克
	6802.2120	---石灰华碑石或建筑用石及其制品	千克
	6802.2190	---蜡石碑石或建筑用石及其制品	千克
	6802.2300	--花岗岩碑石或建筑用石及其制品	千克
		--其他石：	
	6802.2910	---其他石灰石碑石或建筑用石及其制品	千克
	6802.2990	---其他碑石或建筑用石及其制品	千克
		-其他已加工石制品：	
		--其他已加工大理石、石灰华、蜡石：	
	6802.9110	---大理石、石灰华及蜡石石刻	千克
	6802.9190	---其他已加工大理石、石灰华及蜡石制品	千克
		--其他已加工石灰石：	
	6802.9210	---其他石灰石石刻	千克
	6802.9290	---其他已加工石灰石制品	千克
		--其他已加工花岗岩：	
		---花岗岩石刻：	

品目	商品编码	商品名称	计量单位
	6802.9311	----花岗岩墓碑石	千克
	6802.9319	----其他花岗岩石刻	千克
	6802.9390	---其他已加工花岗岩制品	千克
		--其他已加工石：	
	6802.9910	---未列名石刻	千克
	6802.9990	---未列名已加工石制品	千克
68.03		**已加工的板岩及板岩或粘聚板岩的制品：**	
	6803.0010	---已加工的板岩及其制品	千克
	6803.0090	---粘聚板岩的制品	千克
68.04		**未装支架的石磨、石碾、砂轮和类似品及其零件，用于研磨、磨刃、抛光、整形或切割，以及手用磨石、抛光石及其零件，用天然石料、粘聚的天然磨料、人造磨料或陶瓷制成，不论是否装有由其他材料制成的零件：**	
	6804.1000	-碾磨或磨浆用石磨、石碾	千克
		-其他石磨、石碾、砂轮及类似品：	
		--粘聚合成或天然金刚石制：	
	6804.2110	---粘聚合成或天然金刚石制砂轮	千克
	6804.2190	---粘聚合成或天然金刚石制石磨、石碾及类似品	千克
		--其他粘聚磨料制或陶瓷制：	
	6804.2210	---其他粘聚磨料制或陶瓷制砂轮	千克
	6804.2290	---其他粘聚磨料制或陶瓷制石磨、石碾及类似品	千克
		--天然石料制：	
	6804.2310	---天然石料制砂轮	千克
	6804.2390	---天然石料制石磨、石碾及类似品	千克
		-手用磨石及抛光石：	
	6804.3010	---手用琢磨油石	千克
	6804.3090	---其他手用磨石及抛光石	千克
68.05		**砂布、砂纸及以其他材料为底的类似品，不论是否裁切、缝合或用其他方法加工成形：**	
	6805.1000	-砂布	千克
	6805.2000	-砂纸	千克
	6805.3000	-以其他材料为底的天然或人造研磨料	千克

品目	商品编码	商品名称	计量单位
68.06		**矿渣棉、岩石棉及类似的矿质棉;页状蛭石、膨胀黏土、泡沫矿渣及类似的膨胀矿物材料;具有隔热、隔音或吸音性能的矿物材料的混合物及制品,但品目68.11、68.12或第六十九章的货品除外:**	
		-矿渣棉、岩石棉及类似的矿质棉(包括其相互混合物),块状、成片或成卷:	
	6806.1010	---硅酸铝纤维及其制品,块状、成片或成卷	千克
	6806.1090	---其他矿渣棉、岩石棉及类似的矿质棉(包括其相互混合物),块状、成片或成卷	千克
	6806.2000	-页状蛭石、膨胀黏土、泡沫矿渣及类似的膨胀矿物材料(包括其相互混合物)	千克
	6806.9000	-其他具有隔热、隔音或吸音性能的矿物材料的混合物及制品	千克
68.07		**沥青或类似原料(例如,石油沥青或煤焦油沥青)的制品:**	
	6807.1000	-成卷的沥青或类似原料的制品	千克
	6807.9000	-其他沥青或类似原料的制品	千克
68.08		**镶板、平板、瓦、砖及类似品,用水泥、石膏及其他矿物黏合材料黏合植物纤维、稻草、刨花、木片屑、木粉、锯末或木废料制成:**	
	6808.0000	镶板、平板、瓦、砖及类似品,用水泥、石膏及其他矿物黏合材料黏合植物纤维、稻草、刨花、木片屑、木粉、锯末或木废料制成	千克
68.09		**石膏制品及以石膏为基本成分的混合材料制品:**	
		-未经装饰的板、片、砖、瓦及类似品:	
	6809.1100	--仅用纸、纸板贴面或加强,未经装饰的石膏及以石膏为基本成分的板、片、砖、瓦及类似品	千克
	6809.1900	--其他未经装饰的石膏及以石膏为基本成分的板、片、砖、瓦及类似品	千克
	6809.9000	-未列名石膏制品及以石膏为基本成分的混合材料制品	千克
68.10		**水泥、混凝土或人造石制品,不论是否加强:**	
		-砖、瓦、扁平石及类似品:	
	6810.1100	--水泥、混凝土或人造石制建筑用砖及石砌块	千克
		--其他:	
	6810.1910	---人造石制瓦、扁平石及类似品	千克

品 目	商品编码	商 品 名 称	计量单位
	6810.1990	---水泥、混凝土制瓦、扁平石及类似品	千克
		-其他制品：	
		--建筑和土木工程用的预制结构件：	
	6810.9110	---钢筋混凝土和预应力混凝土管、杆、板、桩等	千克
	6810.9190	---其他水泥、混凝土或人造石制建筑和土木工程用预制结构件	千克
		--其他：	
	6810.9910	---铁道用水泥枕	千克
	6810.9990	---其他水泥、混凝土或人造石制品	千克
68.11		**石棉水泥、纤维素水泥或类似材料的制品：**	
		-含石棉的：	
	6811.4010	---含石棉的瓦楞板	千克
	6811.4020	---含石棉的其他片、板、砖、瓦及类似制品	千克
	6811.4030	---含石棉的管子及管子附件	千克
	6811.4090	---其他含石棉制品	千克
		-不含石棉的：	
	6811.8100	--纤维素水泥或类似材料制瓦楞板，不含石棉的	千克
	6811.8200	--纤维素水泥或类似材料制其他片、板、砖、瓦及类似制品，不含石棉的	千克
		--其他：	
	6811.8910	---纤维素水泥或类似材料制管子及管子附件，不含石棉的	千克
	6811.8990	---纤维素水泥或类似材料制其他制品，不含石棉的	千克
68.12		**已加工的石棉纤维；以石棉为基本成分或以石棉和碳酸镁为基本成分的混合物；上述混合物或石棉的制品（例如，纱线、机织物、服装、帽类、鞋靴、衬垫），不论是否加强，但品目68.11或68.13的货品除外：**	
	6812.8000	-已加工的青石棉纤维；以青石棉为基本成分或以青石棉和碳酸镁为基本成分的混合物；上述混合物或青石棉的制品	千克
		-其他：	
	6812.9100	--石棉制服装、衣着附件、帽类及鞋靴（青石棉制的除外）	千克
	6812.9200	--石棉制纸、麻丝板及毡子（青石棉制的除外）	千克

品 目	商品编码	商 品 名 称	计量单位
	6812.9300	--成片或成卷的压缩石棉纤维接合材料(青石棉制的除外)	千克
	6812.9900	--其他已加工的石棉纤维;以其他石棉为基本成分或以石棉和碳酸镁为基本成分的混合物;其他石棉制品	千克
68.13		**以石棉、其他矿物质或纤维素为基本成分的未装配摩擦材料及其制品(例如,片、卷、带、盘、圈、垫及扇形),适于作制动器、离合器及类似品,不论是否与织物或其他材料结合而成:**	
		-含石棉的:	
	6813.2010	---以石棉为基本成分制的闸衬、闸垫	千克
	6813.2090	---以石棉为基本成分的其他未装配摩擦材料及其制品	千克
		-不含石棉的:	
	6813.8100	--以其他矿物质或纤维素为基本成分制的闸衬、闸垫	千克
	6813.8900	--以其他矿物质或纤维素为基本成分的其他未装配摩擦材料及其制品	千克
68.14		**已加工的云母及其制品,包括粘聚或复制的云母,不论是否附于纸、纸板或其他材料上:**	
	6814.1000	-粘聚或复制云母制板、片、带	千克
	6814.9000	-其他已加工的云母及其制品	千克
68.15		**其他处未列名的石制品及其他矿物制品(包括碳纤维,碳纤维制品和泥煤制品):**	
	6815.1000	-非电器用石墨或其他碳精制品	千克
	6815.2000	-泥煤制品	千克
		-其他石制品及矿物制品:	
	6815.9100	--含有菱镁矿、白云石或铬铁矿的制品	千克
		--其他:	
	6815.9920	---碳纤维	千克
		---碳纤维制品:	
	6815.9931	----碳布	千克
	6815.9932	----碳纤维预浸料	千克
	6815.9939	----其他碳纤维制品	千克
	6815.9940	---玄武岩纤维及其制品	千克
	6815.9990	---未列名石制品及其他矿物制品	千克

第六十九章 陶瓷产品

注释：

1. 本章仅适用于成形后经过烧制的陶瓷产品。品目 69.04 至 69.14 仅适用于不能归入品目69.01至69.03 的产品。
2. 本章不包括：
   (1)品目 28.44 的产品；
   (2)品目 68.04 的物品；
   (3)第七十一章的物品(例如,仿首饰)；
   (4)品目 81.13 的金属陶瓷；
   (5)第八十二章的物品；
   (6)绝缘子(品目 85.46)或绝缘材料制的配件(品目 85.47)；
   (7)假牙(品目 90.21)；
   (8)第九十一章的物品(例如,钟及钟壳)；
   (9)第九十四章的物品(例如,家具、灯具及照明装置、活动房屋)；
   (10)第九十五章的物品(例如,玩具、游戏品及运动用品)；
   (11)品目 96.06 的物品(例如,纽扣)或品目 96.14 的物品(例如,烟斗)；
   (12)第九十七章的物品(例如,艺术品)。

品 目	商品编码	商 品 名 称	计量单位
		第一分章 硅化石粉或类似硅土及耐火材料制品	
69.01		**硅质化石粉(例如,各种硅藻土)或类似硅土制的砖、块、瓦及其他陶瓷制品：**	
	6901.0000	硅质化石粉(例如,各种硅藻土)或类似硅土制的砖、块、瓦及其他陶瓷制品	千克
69.02		**耐火砖、块、瓦及类似耐火陶瓷建材制品,但硅质化石粉及类似硅土制的除外：**	
	6902.1000	-单项或合计含有按重量计超过 50%的镁、钙或铬(分别以氧化镁、氧化钙及三氧化二铬的含量计)的耐火砖、块、瓦及类似耐火陶瓷建材制品	千克
	6902.2000	-含有按重量计超过 50%的三氧化二铝、二氧化硅或其混合物或化合物的耐火砖、块、瓦及类似耐火陶瓷建材制品	千克

品　目	商品编码	商　品　名　称	计量单位
	6902.9000	-其他耐火砖、块、瓦及类似耐火陶瓷建材制品	千克
69.03		**其他耐火陶瓷制品(例如,甑、坩埚、马弗罩、喷管、栓塞、支架、烤钵、管子、护套及棒条),但硅质化石粉及类似硅土制的除外:**	
	6903.1000	-含有按重量计超过 50%的石墨、其他碳或其混合物的其他耐火陶瓷制品	千克
	6903.2000	-含有按重量计超过 50%的三氧化二铝或三氧化二铝和二氧化硅的混合物或化合物的其他耐火陶瓷制品	千克
	6903.9000	-其他耐火陶瓷制品	千克
		第二分章　其他陶瓷产品	
69.04		**陶瓷制建筑用砖、铺地砖、支撑或填充用砖及类似品:**	
	6904.1000	-陶瓷制建筑用砖	千克/千块
	6904.9000	-陶瓷制铺地砖、支撑或填充用砖及类似品	千克
69.05		**屋顶瓦、烟囱罩、通风帽、烟囱衬壁、建筑装饰及其他建筑用陶瓷制品:**	
	6905.1000	-陶瓷制屋顶瓦	千克
	6905.9000	-其他建筑用陶瓷制品	千克
69.06		**陶瓷套管、导管、槽管及管子配件:**	
	6906.0000	陶瓷套管、导管、槽管及管子配件	千克
69.07		**陶瓷贴面砖、铺面砖,包括炉面砖及墙面砖;陶瓷镶嵌砖(马赛克)及其类似品,不论是否有衬背;饰面陶瓷:**	
		-贴面砖、铺面砖,包括炉面砖及墙面砖,但子目 6907.30 和 6907.40 所列商品除外:	
		--按重量计吸水率不超过 0.5%:	
	6907.2110	---贴面砖、铺面砖,包括炉面砖及墙面砖,不论是否矩形,其最大表面积以可置入边长小于 7 厘米的方格为限,按重量计吸水率不超过 0.5%,但子目 6907.30 和 6907.40 商品除外	千克/平方米
	6907.2190	---其他贴面砖、铺面砖,包括炉面砖及墙面砖,按重量计吸水率不超过 0.5%,但子目 6907.30 和 6907.40 商品除外	千克/平方米
		--按重量计吸水率超过 0.5%,但不超过 10%:	

品 目	商品编码	商 品 名 称	计量单位
	6907.2210	---贴面砖、铺面砖，包括炉面砖及墙面砖，不论是否矩形，其最大表面积以可置入边长小于7厘米的方格为限，按重量计吸水率超过0.5%，但不超过10%，但子目6907.30和6907.40商品除外	千克/平方米
	6907.2290	---其他贴面砖、铺面砖，包括炉面砖及墙面砖，按重量计吸水率超过0.5%，但不超过10%，但子目6907.30和6907.40商品除外	千克/平方米
		--按重量计吸水率超过10%：	
	6907.2310	---贴面砖、铺面砖，包括炉面砖及墙面砖，不论是否矩形，其最大表面积以可置入边长小于7厘米的方格为限，按重量计吸水率超过10%，但子目6907.30和6907.40商品除外	千克/平方米
	6907.2390	---其他贴面砖、铺面砖，包括炉面砖及墙面砖，按重量计吸水率超过10%，但子目6907.30和6907.40商品除外	千克/平方米
		-镶嵌砖（马赛克）及其类似品，但子目6907.40的货品除外：	
	6907.3010	---镶嵌砖（马赛克）及其类似品，不论是否矩形，其最大表面积以可置入边长小于7厘米的方格为限，但子目6907.40的货品除外	千克/平方米
	6907.3090	---其他镶嵌砖（马赛克）及其类似品，但子目6907.40的货品除外	千克/平方米
		-饰面陶瓷：	
	6907.4010	---饰面陶瓷，不论是否矩形，其最大表面积以可置入边长小于7厘米的方格为限	千克/平方米
	6907.4090	---其他饰面陶瓷	千克/平方米
69.09		**实验室、化学或其他技术用陶瓷器；农业用陶瓷槽、缸及类似容器；通常供运输及盛装货物用的陶瓷罐、坛及类似品：**	
		-实验室、化学或其他技术用陶瓷器：	
	6909.1100	--实验室、化学或其他技术用瓷器	千克
	6909.1200	--莫氏硬度在9及以上的实验室、化学或其他技术用物品	千克
	6909.1900	--其他实验室、化学或其他技术用陶器	千克
	6909.9000	-农业用陶瓷槽、缸及类似容器；通常供运输及盛装货物用的陶瓷罐、坛及类似品	千克

品　目	商品编码	商　品　名　称	计量单位
69.10		陶瓷洗涤槽、脸盆、脸盆座、浴缸、坐浴盆、抽水马桶、水箱、小便池及类似的固定卫生设备：	
	6910.1000	-瓷制固定卫生设备	千克/件
	6910.9000	-陶制固定卫生设备	千克/件
69.11		瓷餐具、厨房器具及其他家用或盥洗用瓷器：	
		-餐具及厨房器具：	
		---餐具：	
	6911.1011	----骨瓷餐具	千克
	6911.1019	----其他瓷制餐具	千克
		---厨房器具：	
	6911.1021	----瓷制厨房刀具	千克
	6911.1029	----瓷制其他厨房器具	千克
	6911.9000	-其他家用或盥洗用瓷器	千克
69.12		陶餐具、厨房器具及其他家用或盥洗用陶器：	
	6912.0010	---陶餐具	千克
	6912.0090	---陶制厨房器具及其他家用或盥洗用陶器	千克
69.13		塑像及其他装饰用陶瓷制品：	
	6913.1000	-瓷制塑像及其他装饰品	千克
	6913.9000	-陶制塑像及其他装饰品	千克
69.14		其他陶瓷制品：	
	6914.1000	-未列名瓷制品	千克
	6914.9000	-未列名陶制品	千克

第七十章 玻璃及其制品

注释：

1. 本章不包括：
 (1)品目32.07的货品(例如,珐琅和釉料、搪瓷玻璃料及其他玻璃粉、粒或粉片)；
 (2)第七十一章的物品(例如,仿首饰)；
 (3)品目85.44的光缆、品目85.46的绝缘子或品目85.47所列绝缘材料制的配件；
 (4)光导纤维、经光学加工的光学元件、注射用针管、假眼、温度计、气压计、液体比重计或第九十章的其他物品；
 (5)有永久固定电光源的灯具及照明装置、灯箱标志或铭牌和类似品及其零件(品目94.05)；
 (6)玩具、游戏品、运动用品、圣诞树装饰品及第九十五章的其他物品(供玩偶或第九十五章其他物品用的无机械装置的玻璃眼珠除外)；
 (7)纽扣、保温瓶、香水喷雾器和类似的喷雾器及第九十六章的其他物品。
2. 对于品目70.03、70.04及70.05：
 (1)玻璃在退火前的各种处理都不视为"已加工"；
 (2)玻璃切割成一定形状并不影响其作为板片归类；
 (3)所称"吸收、反射或非反射层",是指极薄的金属或化合物(例如,金属氧化物)镀层,该镀层可以吸收红外线等光线或可以提高玻璃的反射性能,同时仍然使玻璃具有一定程度的透明性或半透明性;或该镀层可防止光线在玻璃表面的反射。
3. 品目70.06所述产品,不论是否具有制成品的特性,仍归入该品目。
4. 品目70.19所称"玻璃棉",是指：
 (1)按重量计二氧化硅的含量在60%及以上的矿质棉；
 (2)按重量计二氧化硅的含量在60%以下,但碱性氧化物(氧化钾或氧化钠)的含量在5%以上或氧化硼的含量在2%以上的矿质棉。

 不符合上述规定的矿质棉归入品目68.06。
5. 本目录所称"玻璃",包括熔融石英及其他熔融硅石。

子目注释：

1. 子目7013.22、7013.33、7013.41及7013.91所称"铅晶质玻璃",仅指按重量计氧化铅含量不低于24%的玻璃。

品　目	商品编码	商　品　名　称	计量单位
70.01		**碎玻璃及废玻璃;玻璃块料:**	
	7001.0000	碎玻璃及废玻璃;玻璃块料	千克
70.02		**未加工的玻璃球、棒及管(品目70.18的微型玻璃球除外):**	
	7002.1000	-未加工的玻璃球	千克
		-未加工的玻璃棒:	
	7002.2010	---光导纤维预制棒	千克
	7002.2090	---其他未加工的玻璃棒	千克
		-玻璃管:	
		--熔融石英或其他熔融硅石制:	
	7002.3110	---熔融石英或其他熔融硅石制未加工的光导纤维用波导级石英玻璃管	千克
	7002.3190	---熔融石英或其他熔融硅石制其他未加工的玻璃管	千克
	7002.3200	--其他温度在0℃至300℃时线膨胀系数不超过5×10^{-6}/开尔文的玻璃制未加工的管	千克
	7002.3900	--未列名未加工的玻璃管	千克
70.03		**铸制或轧制玻璃板、片或型材及异型材,不论是否有吸收、反射或非反射层,但未经其他加工:**	
		-非夹丝玻璃板、片:	
	7003.1200	--整块着色、不透明、镶色或具有吸收、反射或非反射层的非夹丝玻璃板、片	千克/平方米
	7003.1900	--其他铸制或轧制的非夹丝玻璃板、片	千克/平方米
	7003.2000	-铸制或轧制的夹丝玻璃板、片	千克/平方米
	7003.3000	-铸制或轧制的玻璃型材及异型材	千克/平方米
70.04		**拉制或吹制玻璃板、片,不论是否有吸收、反射或非反射层,但未经其他加工:**	
	7004.2000	-整块着色、不透明、镶色或具有吸收、反射或非反射层的拉制或吹制玻璃板、片	千克/平方米
	7004.9000	-其他拉制或吹制的玻璃板、片	千克/平方米
70.05		**浮法玻璃板、片及表面研磨或抛光玻璃板、片,不论是否有吸收、反射或非反射层,但未经其他加工:**	
	7005.1000	-具有吸收、反射或非反射层的非夹丝的浮法玻璃板、片及表面研磨或抛光的玻璃板、片	千克/平方米
		-其他非夹丝玻璃:	
	7005.2100	--整块着色、不透明、镶色或仅表面研磨的非夹丝玻璃板、片,无吸收或反射层	千克/平方米

品 目	商品编码	商 品 名 称	计量单位
	7005. 2900	--其他非夹丝浮法玻璃板、片及表面研磨或抛光玻璃板、片,无吸收或反射层	千克/平方米
	7005. 3000	-夹丝浮法玻璃板、片及表面研磨或抛光玻璃板、片,不论是否有吸收或反射层	千克/平方米
70. 06		**经弯曲、磨边、镂刻、钻孔、涂珐琅或其他加工的品目70. 03、70. 04 或 70. 05 的玻璃,但未用其他材料镶框或装配:**	
	7006. 0000	经弯曲、磨边、镂刻、钻孔、涂珐琅或其他加工的品目70. 03、70. 04 或 70. 05 的玻璃,但未用其他材料镶框或装配	千克
70. 07		**钢化或层压玻璃制的安全玻璃:**	
		-钢化安全玻璃:	
		--规格及形状适于安装在车辆、航空器、航天器及船舶上:	
	7007. 1110	---航空器、航天器及船舶用钢化安全玻璃	千克
	7007. 1190	---车辆用钢化安全玻璃	千克
	7007. 1900	--其他钢化安全玻璃	千克/平方米
		-层压安全玻璃:	
		--规格及形状适于安装在车辆、航空器、航天器及船舶上:	
	7007. 2110	---航空器、航天器及船舶用层压安全玻璃	千克
	7007. 2190	---车辆用层压安全玻璃	千克
	7007. 2900	--其他层压安全玻璃	千克/平方米
70. 08		**多层隔温、隔音玻璃组件:**	
	7008. 0010	---中空或真空隔温、隔音玻璃	千克
	7008. 0090	---其他多层隔温、隔音玻璃组件	千克
70. 09		**玻璃镜(包括后视镜),不论是否镶框:**	
	7009. 1000	-车辆后视镜	千克
		-其他:	
	7009. 9100	--未镶框玻璃镜	千克
	7009. 9200	--已镶框玻璃镜	千克
70. 10		**玻璃制的坛、瓶、缸、罐、安瓿及其他容器,用于运输或盛装货物;玻璃制保藏罐;玻璃塞、盖及类似的封口器:**	
	7010. 1000	-玻璃制安瓿	千克
	7010. 2000	-玻璃塞、盖及类似的封口	千克
		-其他:	

品　目	商品编码	商　品　名　称	计量单位
	7010.9010	---容量超过1升的玻璃制的坛、瓶、缸、罐及其他容器，用于运输或盛装货物；玻璃保藏罐	千克
	7010.9020	---容量超过0.33升，但不超过1升的玻璃制的坛、瓶、缸、罐及其他容器，用于运输或盛装货物；玻璃保藏罐	千克
	7010.9030	---容量超过0.15升，但不超过0.33升的玻璃制的坛、瓶、缸、罐及其他容器，用于运输或盛装货物；玻璃保藏罐	千克
	7010.9090	---容量不超过0.15升的玻璃制的坛、瓶、缸、罐及其他容器，用于运输或盛装货物；玻璃保藏罐	千克
70.11		**制灯泡、阴极射线管及类似品用的未封口玻璃外壳（包括玻璃泡及管）及其玻璃零件，但未装有配件：**	
	7011.1000	-制电灯泡用未封口玻璃外壳及其玻璃零件	千克
		-制阴极射线管用未封口玻璃外壳及其玻璃零件：	
	7011.2010	---制显像管用未封口玻璃外壳及其玻璃零件	千克
	7011.2090	---其他制阴极射线管用未封口玻璃外壳及其玻璃零件	千克
		-其他：	
	7011.9010	---制电子管用未封口玻璃外壳及其玻璃零件	千克
	7011.9090	---其他未封口玻璃外壳及其玻璃零件	千克
70.13		**玻璃器皿，供餐桌、厨房、盥洗室、办公室、室内装饰或类似用途（品目70.10或70.18的货品除外）：**	
	7013.1000	-玻璃陶瓷制器皿，供餐桌、厨房、盥洗室、办公室、室内装饰或类似用途	千克
		-高脚杯，但玻璃陶瓷制的除外：	
	7013.2200	--铅晶质玻璃高脚杯	千克
	7013.2800	--其他玻璃高脚杯	千克
		-其他杯子，但玻璃陶瓷制的除外：	
	7013.3300	--其他铅晶质玻璃杯	千克
	7013.3700	--其他玻璃杯	千克
		-餐桌或厨房用玻璃器皿（不包括杯子），但玻璃陶瓷制的除外：	
	7013.4100	--铅晶质玻璃制餐桌或厨房用器皿	千克
	7013.4200	--其他温度在0℃至300℃时线膨胀系数不超过5×10^{-6}/开尔文的玻璃制餐桌或厨房用器皿	千克
	7013.4900	--其他餐桌或厨房用玻璃器皿	千克
		-其他玻璃器皿：	

品 目	商品编码	商 品 名 称	计量单位
	7013.9100	--铅晶质玻璃制盥洗室、办公室、室内装饰或类似用器皿	千克
	7013.9900	--其他玻璃制盥洗室、办公室、室内装饰或类似用器皿	千克
70.14		**未经光学加工的信号玻璃器及玻璃制光学元件(品目70.15的货品除外):**	
	7014.0010	---光学仪器用未经光学加工的光学元件毛坯	千克
	7014.0090	---未经光学加工的信号玻璃器及其他玻璃制光学元件	千克
70.15		**钟表玻璃及类似玻璃、视力矫正或非视力矫正眼镜用玻璃,呈弧面、弯曲、凹形或类似形状但未经光学加工的;制造上述玻璃用的凹面圆形及扇形玻璃:**	
		-视力矫正眼镜用玻璃:	
	7015.1010	---视力矫正眼镜用变色镜片坯件	千克
	7015.1090	---其他视力矫正眼镜用玻璃	千克
		-其他:	
	7015.9010	---钟表玻璃	千克
	7015.9020	---平光变色镜片坯件	千克
	7015.9090	---其他呈弧面、弯曲、凹形或类似形状但未经光学加工的玻璃	千克
70.16		**建筑用压制或模制的铺面用玻璃块、砖、片、瓦及其他制品,不论是否夹丝;供镶嵌或类似装饰用的玻璃马赛克及其他小件玻璃品,不论是否有衬背;花饰铅条窗玻璃及类似品;多孔或泡沫玻璃块、板、片及类似品:**	
	7016.1000	-供镶嵌或类似装饰用的玻璃马赛克及其他小件玻璃品,不论是否有衬背	千克
		-其他:	
	7016.9010	---花饰铅条窗玻璃及类似品	千克
	7016.9090	---其他建筑用压制或模制的铺面用玻璃块、砖、片、瓦等制品;多孔或泡沫玻璃块、板、片及类似品	千克
70.17		**实验室、卫生及配药用的玻璃器皿,不论有无刻度或标量:**	
	7017.1000	-熔融石英或其他熔融硅石制实验室、卫生及配药用玻璃器皿	千克
	7017.2000	-其他温度在0℃至300℃时线膨胀系数不超过5×10^{-6}/开尔文的玻璃制实验室、卫生及配药用器皿	千克
	7017.9000	-其他实验室、卫生及配药用玻璃器皿	千克

品目	商品编码	商品名称	计量单位
70.18		**玻璃珠、仿珍珠、仿宝石或仿半宝石和类似小件玻璃品及其制品，但仿首饰除外；玻璃眼，但医用假眼除外；灯工方法制作的玻璃塑像及其他玻璃装饰品，但仿首饰除外；直径不超过1毫米的玻璃小珠：**	
	7018.1000	-玻璃珠、仿珍珠、仿宝石或仿半宝石及类似小件玻璃品	千克
	7018.2000	-直径不超过1毫米的玻璃珠	千克
	7018.9000	-玻璃眼；灯工方法制作的玻璃塑像及其他玻璃装饰品	千克
70.19		**玻璃纤维（包括玻璃棉）及其制品（例如，玻璃纤维纱线及其织物）：**	
		-梳条、粗纱、纱线及短切纤维：	
	7019.1100	--长度不超过50毫米的短切玻璃纤维	千克
	7019.1200	--玻璃纤维粗纱	千克
	7019.1900	--玻璃纤维梳条及纱线	千克
		-薄片（巴厘纱）、纤维网、席、垫、板及类似的无纺产品：	
	7019.3100	--玻璃纤维制席	千克
	7019.3200	--玻璃纤维制薄片（巴厘纱）	千克
		--其他玻璃纤维制纤维网、垫、板及类似无纺产品：	
	7019.3910	---玻璃纤维制纤维垫	千克
	7019.3990	---未列名玻璃纤维制纤维网、板及类似无纺产品	千克
	7019.4000	-粗纱机织物	千克
		-其他机织物：	
	7019.5100	--宽度不超过30厘米的玻璃纤维制机织物	千克
	7019.5200	--宽度超过30厘米的玻璃纤维制长丝平纹机织物，每平方米重量小于250克，单根纱线细度不超过136特	千克
	7019.5900	--其他玻璃纤维制机织物	千克
		-其他玻璃纤维制品：	
	7019.9010	---玻璃棉及其制品	千克
		---玻璃纤维布浸胶制品：	
	7019.9021	----玻璃纤维布浸胶制品，每平方米重量小于450克	千克
	7019.9029	----玻璃纤维布浸胶制品，每平方米重量不小于450克	千克
	7019.9090	---未列名玻璃纤维制品	千克
70.20		**其他玻璃制品：**	
		---工业用：	
	7020.0011	----导电玻璃	千克

品　目	商品编码	商　品　名　称	计量单位
	7020.0012	----绝缘子用玻璃伞盘	千克
	7020.0013	----工业用熔融石英或其他熔融硅石制玻璃制品	千克
	7020.0019	----其他工业用玻璃制品	千克
		---非工业用：	
	7020.0091	----保温瓶或其他保温容器用的玻璃胆	千克/个
	7020.0099	----非工业用其他玻璃制品	千克

第十四类　天然或养殖珍珠、宝石或半宝石、贵金属、包贵金属及其制品；仿首饰；硬币

第七十一章　天然或养殖珍珠、宝石或半宝石、贵金属、包贵金属及其制品；仿首饰；硬币

注释：

1. 除第六类注释 1(1)及下列各款另有规定的以外，凡制品的全部或部分由下列物品构成，均应归入本章：
   (1)天然或养殖珍珠、宝石或半宝石(天然、合成或再造)；
   (2)贵金属或包贵金属。
2. (1)品目 71.13、71.14 及 71.15 不包括带有贵金属或包贵金属制的小附件或小装饰品(例如，交织字母、套、圈、套环)的制品，上述注释 1(2)也不适用于这类制品；[1]
   (2)品目 71.16 不包括含有贵金属或包贵金属(仅作为小附件或小装饰品的除外)的制品。
3. 本章不包括：
   (1)贵金属汞齐及胶态贵金属(品目 28.43)；
   (2)第三十章的外科用无菌缝合材料、牙科填料或其他货品；
   (3)第三十二章的货品(例如，光瓷釉)；
   (4)载体催化剂(品目 38.15)；
   (5)第四十二章注释 3(2)所述归入品目 42.02 或 42.03 的物品；
   (6)品目 43.03 或 43.04 的物品；
   (7)第十一类的货品(纺织原料及纺织制品)；
   (8)第六十四章或第六十五章的鞋靴、帽类及其他物品；
   (9)第六十六章的伞、手杖及其他物品；
   (10)品目 68.04 或 68.05 及第八十二章含有宝石或半宝石(天然或合成)粉末的研磨材料制品，第八十二章装有宝石或半宝石(天然、合成或再造)工作部件的器具，第十六类的机器、机械器具、电气设备及其零件，然而，完全以宝石或半宝石(天然、合成或再造)制成的物品及其零件，除未安装的唱针用已加工蓝宝石或钻石外(品目 85.22)，其余仍应归入本章；
   (11)第九十章、第九十一章或第九十二章的物品(科学仪器、钟表及乐器)；
   (12)武器及其零件(第九十三章)；

---

① 在本章注释中画有黑线的条文属选择性归定。

(13)第九十五章注释2所述物品;

(14)根据第九十六章注释4应归入该章的物品;或

(15)雕塑品原件(品目97.03)、收藏品(品目97.05)或超过100年的古物(品目97.06),但天然或养殖珍珠、宝石及半宝石除外。

4. (1)所称“贵金属”,是指银、金及铂;

(2)所称“铂”,是指铂、铱、锇、钯、铑及钌;

(3)所称“宝石或半宝石”,不包括第九十六章注释2(2)所述任何物质。

5. 含有贵金属的合金(包括烧结及化合的),只要其中任何一种贵金属的含量达到合金重量的2%,即应视为本章的贵金属合金。贵金属合金应按下列规则归类:

(1)按重量计含铂量在2%及以上的合金,应视为铂合金;

(2)按重量计含金量在2%及以上,但不含铂或按重量计含铂量在2%以下的合金,应视为金合金;

(3)按重量计含银量在2%及以上的其他合金,应视为银合金。

6. 除条文另有规定的以外,本目录所称贵金属应包括上述注释5所规定的贵金属合金,但不包括包贵金属或表面镀以贵金属的贱金属及非金属。

7. 本目录所称“包贵金属”,是指以贱金属为底料,在其一面或多面用焊接、熔接、热轧或类似机械方法覆盖一层贵金属的材料。除条文另有规定的以外,也包括镶嵌贵金属的贱金属。

8. 除第六类注释1(1)另有规定的以外,凡符合品目71.12规定的货品,应归入该品目而不归入本目录的其他品目。

9. 品目71.13所称“首饰”,是指:

(1)个人用小饰物(例如,戒指、手镯、项圈、饰针、耳环、表链、表链饰物、垂饰、领带别针、袖扣、饰扣、宗教性或其他勋章及徽章);

(2)通常放置在衣袋、手提包或佩戴在身上的个人用品(例如,烟盒、鼻烟盒、口香丸或药丸盒、粉盒、链袋或念珠)。

这些物品可以和下列物品组合或镶嵌下列物品,例如,天然或养殖珍珠、宝石或半宝石、合成或再造的宝石或半宝石、玳瑁壳、珍珠母、兽牙、天然或再生琥珀、黑玉或珊瑚。

10. 品目71.14所称“金银器”,包括装饰品、餐具、梳妆用具、吸烟用具及类似的家庭、办公室或宗教用的其他物品。

11. 品目71.17所称“仿首饰”,是指不含天然或养殖珍珠、宝石或半宝石(天然、合成或再造)及贵金属或包贵金属(仅作为镀层或小附件、小装饰品的除外)的上述注释9(1)所述的首饰(不包括品目96.06的纽扣及其他物品或品目96.15的梳子、发夹及类似品)。

子目注释:

1. 子目7106.10、7108.11、7110.11、7110.21、7110.31及7110.41所称“粉末”,是指按重量计90%及以上可从网眼孔径为0.5毫米的筛子通过的产品。

2. 子目7110.11及7110.19所称“铂”,可不受本章注释4(2)的规定约束,不包括铱、锇、钯、铑及钌。

3. 对于品目71.10项下的子目所列合金的归类,按其所含铂、钯、铑、铱、锇或钌中重量最大的一种金属归类。

品 目	商品编码	商 品 名 称	计量单位
		第一分章 天然或养殖珍珠、宝石或半宝石	
71.01		**天然或养殖珍珠,不论是否加工或分级,但未成串或镶嵌;天然或养殖珍珠,为便于运输而暂穿成串:**	
		-天然珍珠:	
		---未分级:	
	7101.1011	----未分级天然黑珍珠	克
	7101.1019	----其他未分级天然珍珠	克
		---其他:	
	7101.1091	----其他天然黑珍珠	克
	7101.1099	----未列名天然珍珠	克
		-养殖珍珠:	
		--未加工养殖珍珠:	
	7101.2110	---未分级未加工养殖珍珠	千克
	7101.2190	---其他未加工养殖珍珠	千克
		--已加工养殖珍珠:	
	7101.2210	---未分级已加工养殖珍珠	千克
	7101.2290	---其他已加工养殖珍珠	千克
71.02		**钻石,不论是否加工,但未镶嵌:**	
	7102.1000	-未分级钻石	克拉
		-工业用:	
	7102.2100	--未加工或经简单锯开、劈开或粗磨的工业用钻石	克拉
	7102.2900	--其他工业用钻石	克拉
		-非工业用:	
	7102.3100	--未加工或经简单锯开、劈开或粗磨的非工业用钻石	克拉
	7102.3900	--其他非工业用钻石	克拉
71.03		**宝石(钻石除外)或半宝石,不论是否加工或分级,但未成串或镶嵌;未分级的宝石(钻石除外)或半宝石,为便于运输而暂穿成串:**	
	7103.1000	-未加工或仅经简单锯开或粗制成形的宝石或半宝石	千克
		-经其他加工:	
	7103.9100	--经其他加工的红宝石、蓝宝石、祖母绿	克拉
		--其他:	
	7103.9910	---经其他加工的翡翠	克拉
	7103.9920	---经其他加工的水晶	克拉

品 目	商品编码	商 品 名 称	计量单位
	7103.9930	---经其他加工的碧玺	克拉
	7103.9940	---经其他加工的软玉	克拉
	7103.9990	---未列名经其他加工的宝石或半宝石	克拉
71.04		**合成或再造宝石或半宝石,不论是否加工或分级,但未成串或镶嵌的;未分级的合成或再造宝石或半宝石,为便于运输而穿成串:**	
	7104.1000	-压电石英	克
		-合成或再造宝石或半宝石,未加工或仅经简单锯开或粗制成形:	
	7104.2010	---合成或再造钻石,未加工或仅经简单锯开或粗制成形	克
	7104.2090	---合成或再造其他宝石或半宝石,未加工或仅经简单锯开或粗制成形	克
		-其他:	
		---工业用:	
	7104.9011	----经其他加工的工业用合成或再造钻石	克
	7104.9012	----经其他加工的工业用合成或再造蓝宝石	克
	7104.9019	----经其他加工的工业用合成或再造的其他宝石或半宝石	克
		---非工业用:	
	7104.9091	----经其他加工的非工业用合成或再造钻石	克
	7104.9099	----经其他加工的非工业用合成或再造其他宝石或半宝石	克
71.05		**天然或合成的宝石或半宝石的粉末:**	
		-钻石粉末:	
	7105.1010	---天然钻石粉末	克拉
	7105.1020	---人工合成的钻石粉末	克拉
	7105.9000	-其他天然或合成宝石或半宝石的粉末	克
		第二分章 贵金属及包贵金属	
71.06		**银(包括镀金、镀铂的银),未锻造、半制成或粉末状:**	
		-银粉:	
		---非片状:	
	7106.1011	----平均粒径小于3微米的非片状银粉	克
	7106.1019	----其他非片状银粉	克
		---片状:	

品　目	商品编码	商　品　名　称	计量单位
	7106. 1021	----平均粒径小于 10 微米的片状银粉	克
	7106. 1029	----其他片状银粉	克
		-其他：	
		--未锻造：	
	7106. 9110	---纯度达 99. 99%及以上未锻造银	克
	7106. 9190	---其他未锻造银	克
		--半制成：	
	7106. 9210	---纯度达 99. 99%及以上半制成的银	克
	7106. 9290	---其他半制成的银	克
71. 07		**以贱金属为底的包银材料：**	
	7107. 0000	以贱金属为底的包银材料	千克
71. 08		**金(包括镀铂的金),未锻造、半制成或粉末状：**	
		-非货币用：	
	7108. 1100	--金粉	克
	7108. 1200	--其他未锻造金,非货币用	克
	7108. 1300	--其他半制的金,非货币用	克
	7108. 2000	-货币用金(不统计)	克
71. 09		**以贱金属或银为底的包金材料：**	
	7109. 0000	以贱金属或银为底的包金材料	克
71. 10		**铂,未锻造、半制成或粉末状：**	
		-铂：	
	7110. 1100	--未锻造铂,铂粉	克
		--其他：	
	7110. 1910	---铂板、片	克
	7110. 1990	---其他半制的铂	克
		-钯：	
	7110. 2100	--未锻造钯,钯粉	克
		--其他：	
	7110. 2910	---钯板、片	克
	7110. 2990	---其他半制的钯	克
		-铑：	
	7110. 3100	--未锻造铑,铑粉	克
		--其他：	
	7110. 3910	---铑板、片	克
	7110. 3990	---其他半制的铑	克
		-铱、锇及钌：	

品 目	商品编码	商 品 名 称	计量单位
	7110.4100	--未锻造的铱、锇及钌,铱、锇及钌的粉	克
		--其他:	
	7110.4910	---铱、锇及钌的板、片	克
	7110.4990	---其他半制的铱、锇及钌	克
71.11		**以贱金属、银或金为底的包铂材料:**	
	7111.0000	以贱金属、银或金为底的包铂材料	克
71.12		**贵金属或包贵金属的废碎料;含有贵金属或贵金属化合物的其他废碎料,主要用于回收贵金属:**	
		-含有贵金属或贵金属化合物的灰:	
	7112.3010	---含有银或银化合物的灰	克
	7112.3090	---含有其他贵金属或贵金属化合物的灰	克
		-其他:	
		--金及包金的废碎料,但含有其他贵金属的除外:	
	7112.9110	---金及包金的废碎料	克
	7112.9120	---含有金或金化合物的废碎料,主要用于回收金的	克
		--铂及包铂的废碎料,但含有其他贵金属的除外:	
	7112.9210	---铂及包铂的废碎料	克
	7112.9220	---含有铂或铂化合物的废碎料,主要用于回收铂的	克
		--其他:	
	7112.9910	---含有银或银化合物的废碎料,主要用于回收银的	克
	7112.9920	---含有其他贵金属或贵金属化合物的废碎料,主要用于回收贵金属	克
	7112.9990	---其他贵金属或包贵金属的废碎料	克
		第三分章 珠宝首饰、金、银器及其他制品	
71.13		**贵金属或包贵金属制的首饰及其零件:**	
		-贵金属制,不论是否包、镀贵金属:	
		--银制:	
	7113.1110	---镶嵌钻石的银首饰及其零件	克
	7113.1190	---其他银首饰及其零件	克
		--其他贵金属制,不论是否包、镀贵金属:	
		---黄金制:	
	7113.1911	----镶嵌钻石的黄金制首饰及其零件	克
	7113.1919	----其他黄金制首饰及其零件	克
		---铂制:	
	7113.1921	----镶嵌钻石的铂制首饰及其零件	克

品 目	商品编码	商 品 名 称	计量单位
	7113.1929	----其他铂制首饰及其零件	克
		---其他贵金属制：	
	7113.1991	----镶嵌钻石的其他贵金属制首饰及其零件	克
	7113.1999	----其他贵金属制首饰及其零件	克
		-以贱金属为底的包贵金属制：	
	7113.2010	---镶嵌钻石的以贱金属为底的包贵金属制首饰及其零件	克
	7113.2090	---其他以贱金属为底的包贵金属制首饰及其零件	克
71.14		**贵金属或包贵金属制的金银器及其零件：**	
		-贵金属制，不论是否包、镀贵金属：	
	7114.1100	--银器及其零件	克
	7114.1900	--其他贵金属制器皿及其零件	克
	7114.2000	-以贱金属为底的包贵金属制器皿及其零件	克
71.15		**贵金属或包贵金属的其他制品：**	
	7115.1000	-丝布或格栅形状的铂催化剂	克
		-其他：	
	7115.9010	---其他贵金属或包贵金属制的工业或实验室用制品	克
	7115.9090	---其他贵金属或包贵金属制的非工业或实验室用制品	克
71.16		**用天然或养殖珍珠、宝石和半宝石(天然、合成或再造)制成的物品：**	
	7116.1000	-天然或养殖珍珠制品	千克
	7116.2000	-宝石或半宝石(天然、合成或再造)制品	千克
71.17		**仿首饰：**	
		-贱金属制，不论是否镀贵金属：	
	7117.1100	--贱金属制袖扣、饰扣	千克
	7117.1900	--贱金属制其他仿首饰	千克
	7117.9000	-未列名仿首饰	千克
71.18		**硬币：**	
	7118.1000	-非法定货币的硬币(金币除外)	千克
	7118.9000	-其他硬币(不统计)	千克

第十五类 贱金属及其制品

注释：

1. 本类不包括：

(1)以金属粉末为基本成分的调制油漆、油墨或其他产品(品目32.07至32.10、32.12、32.13或32.15)；

(2)铈铁或其他引火合金(品目36.06)；

(3)品目65.06或65.07的帽类及其零件；

(4)品目66.03的伞骨及其他物品；

(5)第七十一章的货品(例如，贵金属合金、以贱金属为底的包贵金属、仿首饰)；

(6)第十六类的物品(机器、机械器具及电气设备)；

(7)已装配的铁路或电车轨道(品目86.08)或第十七类的其他物品(车辆、船舶、航空器)；

(8)第十八类的仪器及器具，包括钟表发条；

(9)作弹药用的铅弹(品目93.06)或第十九类的其他物品(武器、弹药)；

(10)第九十四章的物品(例如，家具、弹簧床垫、灯具及照明装置、灯箱标志、活动房屋)；

(11)第九十五章的物品(例如，玩具、游戏品及运动用品)；

(12)手用筛子、钮扣、钢笔、铅笔套、钢笔尖、独脚架、双脚架、三脚架及类似品或第九十六章的其他物品(杂项制品)；

(13)第九十七章的物品(例如，艺术品)。

2. 本目录所称"通用零件"，是指：

(1)品目73.07、73.12、73.15、73.17或73.18的物品及其他贱金属制的类似品；

(2)贱金属制的弹簧及弹簧片，但钟表发条(品目91.14)除外；

(3)品目83.01、83.02、83.08、83.10的物品及品目83.06的贱金属制的框架及镜子。

第七十三章至第七十六章(品目73.15除外)及第七十八章至第八十二章所列货品的零件，不包括上述的通用零件。

除上段及第八十三章注释1另有规定的以外，第七十二章至第七十六章及第七十八章至第八十一章不包括第八十二章、第八十三章的物品。

3. 本目录所称"贱金属"是指：铁及钢、铜、镍、铝、铅、锌、锡、钨、钼、钽、镁、钴、铋、镉、钛、锆、锑、锰、铍、铬、锗、钒、镓、铪、铟、铌、铼和铊。

4. 本目录所称"金属陶瓷"，是指金属与陶瓷成分的极细微粒不均匀结合而成的产品。"金属陶瓷"包括硬质合金(金属碳化物与金属烧结而成)。

5. 合金的归类规则(第七十二章、第七十四章所规定的铁合金及母合金除外)：

(1)贱金属的合金按其所含重量最大的金属归类；

(2)由本类的贱金属和非本类的元素构成的合金,如果所含贱金属的总重量等于或超过所含其他元素的总重量,应作为本类贱金属合金归类;

(3)本类所称“合金”,包括金属粉末的烧结混合物、熔化而得的不均匀紧密混合物(金属陶瓷除外)及金属间化合物。

6. 除条文另有规定的以外,本目录所称的贱金属包括贱金属合金,这类合金应按上述注释 5 的规则进行归类。

7. 复合材料制品的归类规则:

除各品目另有规定的以外,贱金属制品(包括根据“归类总规则”作为贱金属制品的混合材料制品)如果含有两种或两种以上贱金属的,按其所含重量最大的贱金属的制品归类。

为此:

(1)钢、铁或不同种类的钢铁,均视为一种金属;

(2)按照注释 5 的规定作为某一种金属归类的合金,应视为一种金属;

(3)品目 81.13 的金属陶瓷,应视为一种贱金属。

8. 本类所用有关名词解释如下:

(1)废碎料

在金属生产或机械加工中产生的废料及碎屑,以及因破裂、切断、磨损及其他原因而明显不能作为原物使用的金属货品。

(2)粉末

按重量计 90%及以上可从网眼孔径为 1 毫米的筛子通过的产品。

第七十二章　钢　　铁

注释:

1. 本章所述有关名词解释如下:

[本条注释(4)、(5)、(6)适用于本目录其他各章]。

(1)生铁

无实用可锻性的铁碳合金,按重量计含碳量在 2%以上并可含有一种或几种下列含量范围的其他元素:

铬不超过 10%;

锰不超过 6%;

磷不超过 3%;

硅不超过 8%;

其他元素合计不超过 10%。

(2)镜铁

按重量计含锰量在 6%以上,但不超过 30%的铁碳合金,其他方面符合上述注释(1)款所列标准。

(3)铁合金

锭、块、团或类似初级形状、连续铸造而形成的各种形状及颗粒、粉末状的合金,不论是否烧结,通常用于其他合金生产过程中的添加剂或在黑色金属冶炼中作除氧剂、脱硫剂及类似用途,一般无实用可锻性,按重量计铁元素含量在4%及以上并含有下列一种或几种元素:

铬超过10%;

锰超过30%;

磷超过3%;

硅超过8%;

除碳以外的其他元素,合计超过10%,但最高含铜量不得超过10%。

(4) 钢

除品目72.03以外的黑色金属材料(某些铸造而成的种类除外),具有实用可锻性,按重量计含碳量在2%及以下,但铬钢可具有较高的含碳量。

(5) 不锈钢

按重量计含碳量在1.2%及以下,含铬量在10.5%及以上的合金钢,不论是否含有其他元素。

(6) 其他合金钢

不符合以上不锈钢定义的钢,含有一种或几种按重量计符合下列含量比例的元素:

铝0.3%及以上;

硼0.0008%及以上;

铬0.3%及以上;

钴0.3%及以上;

铜0.4%及以上;

铅0.4%及以上;

锰1.65%及以上;

钼0.08%及以上;

镍0.3%及以上;

铌0.06%及以上;

硅0.6%及以上;

钛0.05%及以上;

钨0.3%及以上;

钒0.1%及以上;

锆0.05%及以上;

其他元素(硫、磷、碳及氮除外)单项含量在0.1%及以上。

(7) 供再熔的碎料钢铁锭

粗铸成形无缩孔或冒口的锭块产品,表面有明显瑕疵,化学成分不同于生铁、镜铁及铁合金。

(8) 颗粒

按重量计不到90%可从网眼孔径为1毫米的筛子通过,而90%及以上可从网眼孔径为5毫米的筛子通过的产品。

(9)半制成品

连续铸造的实心产品,不论是否初步热轧;其他实心产品,除经初步热轧或锻造粗制成形以外未经进一步加工,包括角材、型材及异型材的坯件。

本类产品不包括成卷的产品。

(10)平板轧材

截面为矩形(正方形除外)并且不符合以上第(9)款所述定义的下列形状实心轧制产品:

①层叠的卷材;

②平直形状,其厚度如果在4.75毫米以下,则宽度至少是厚度的10倍以上;其厚度如果在4.75毫米及以上,其宽度应超过150毫米,并且至少应为厚度的两倍。

平板轧材包括直接轧制而成并有凸起式样(例如,凹槽、肋条形、格槽、珠粒、菱形)的产品,以及穿孔、抛光或制成瓦楞形的产品,但不具有其他品目所列制品或产品的特征。

各种规格的平板轧材(矩形或正方形除外),但不具有其他品目所列制品或产品的特征,都应作为宽度为600毫米及以上的产品归类。

(11)不规则盘绕的热轧条、杆

经热轧不规则盘绕的实心产品,其截面为圆形、扇形、椭圆形、矩形(包括正方形)、三角形及其他外凸多边形(包括"扁圆形"及"变形矩形",即相对两条边为弧拱形,另两条边为等长平行直线形)。

这类产品可带有在轧制过程中产生的凹痕、凸缘、槽沟或其他变形(钢筋)。

(12)其他条、杆

不符合上述(9)、(10)、(11)款或"丝"定义的实心产品,其全长截面均为圆形、扇形、椭圆形、矩形(包括正方形)、三角形或其他外凸多边形(包括"扁圆形"及"变形矩形,即相对两条边为弧拱形,另两条边为等长平行直线形)。这些产品可以:

①带有在轧制过程中产生的凹痕、凸缘、槽沟或其他变形(钢筋);

②轧制后扭曲的。

(13)角材、型材及异型材

不符合上述(9)、(10)、(11)、(12)款或"丝"定义,但其全长截面均为同样形状的实心产品。

第七十二章不包括品目73.01或73.02的产品。

(14)丝

不符合平板轧材定义但全长截面均为同样形状的盘卷冷成形实心产品。

(15)空心钻钢

适合钻探用的各种截面的空心条、杆,其最大外形尺寸超过15毫米但不超过52毫米,最大内孔尺寸不超过最大外形尺寸的1/2。不符合本定义的钢铁空心条、杆应归入品目73.04。

2. 用一种黑色金属包覆不同种类的黑色金属,应按其中重量最大的材料归类。

3. 用电解沉积法、压铸法或烧结法所得的钢铁产品,应按其形状、成分及外观归入本章类似热轧产品的相应品目。

子目注释：

1. 本章所用有关名词解释如下：

(1)合金生铁

按重量计含有一种或几种下列比例的元素的生铁：

铬 0.2%以上；

铜 0.3%以上；

镍 0.3%以上；

0.1%以上的任何下列元素：铝、钼、钛、钨、钒。

(2)非合金易切削钢

按重量计含有一种或几种下列比例的元素的非合金钢：

硫 0.08%及以上；

铅 0.1%及以上；

硒 0.05%以上；

碲 0.01%以上；

铋 0.05%以上。

(3)硅电钢

按重量计含硅量至少为 0.6%但不超过 6%，含碳量不超过 0.08%的合金钢。这类钢还可含有按重量计不超过 1%的铝，但所含其他元素的比例并不使其具有其他合金钢的特性。

(4)高速钢

不论是否含有其他元素，但至少含有按重量计合计含量在 7%及以上的钼、钨、钒中两种元素的合金钢，按重量计其含碳量在 0.6%及以上，含铬量在 3%~6%。

(5)硅锰钢

按重量计同时含有下列元素的合金钢：

碳不超过 0.7%；

锰 0.5%及以上，但不超过 1.9%；

硅 0.6%及以上，但不超过 2.3%；

所含其他元素的比例并不使其具有其他合金钢特性。

2. 品目 72.02 项下的子目所列铁合金，应按照下列规则归类：

对于只有一种元素超出本章注释 1(3)规定的最低百分比的铁合金，应作为二元合金归入相应的子目。以此类推，如果有两种或三种合金元素超出了最低百分比的，则可分别作为三元或四元合金。

在运用本规定时，本章注释 1(3)所述的未列名的“其他元素”，按重量计单项含量必须超过 10%。

品　目	商品编码	商　品　名　称	计量单位
		第一分章　原料；粒状及粉状产品	
72.01		**生铁及镜铁，锭、块或其他初级形状：**	
	7201.1000	-非合金生铁锭、块或其他初级形状，按重量计含磷量在0.5%及以下	千克
	7201.2000	-非合金生铁锭、块或其他初级形状，按重量计含磷量在0.5%以上	千克
	7201.5000	-合金生铁、镜铁锭、块或其他初级形状	千克
72.02		**铁合金：**	
		-锰铁：	
	7202.1100	--锰铁，按重量计含碳量在2%以上	千克
	7202.1900	--锰铁，按重量计含碳量在2%及以下	千克
		-硅铁：	
	7202.2100	--硅铁，按重量计含硅量在55%以上	千克
	7202.2900	--硅铁，按重量计含硅量在55%及以下	千克
	7202.3000	-硅锰铁	千克
		-铬铁：	
	7202.4100	--铬铁，按重量计含碳量在4%以上	千克
	7202.4900	--铬铁，按重量计含碳量在4%及以下	千克
	7202.5000	-硅铬铁	千克
	7202.6000	-镍铁	千克
	7202.7000	-钼铁	千克
		-钨铁及硅钨铁：	
	7202.8010	---钨铁	千克
	7202.8020	---硅钨铁	千克
		-其他：	
	7202.9100	--钛铁及硅钛铁	千克
		--钒铁：	
	7202.9210	---钒铁，按重量计含钒量在75%及以上	千克
	7202.9290	---钒铁，按重量计含钒量在75%以下	千克
	7202.9300	--铌铁	千克
		--其他铁合金：	
		---钕铁硼合金：	
	7202.9911	----速凝永磁片	千克
	7202.9912	----钕铁硼磁粉	千克
	7202.9919	----其他钕铁硼合金	千克

品 目	商品编码	商 品 名 称	计量单位
		---其他：	
	7202.9991	----按重量计稀土元素总含量在10%以上的其他铁合金	千克
	7202.9999	----未列名铁合金	千克
72.03		**直接从铁矿还原所得的铁产品及其他海绵铁产品，块、团、团粒及类似形状；按重量计纯度在99.94%及以上的铁，块、团、团粒及类似形状：**	
	7203.1000	-直接从铁矿还原所得的铁产品	千克
	7203.9000	-其他海绵铁产品；按重量计纯度在99.94%及以上的铁	千克
72.04		**钢铁废碎料；供再熔的碎料钢铁锭：**	
	7204.1000	-铸铁废碎料	千克
		-合金钢废碎料：	
	7204.2100	--不锈钢废碎料	千克
	7204.2900	--其他合金钢废碎料	千克
	7204.3000	-镀锡钢铁废碎料	千克
		-其他废碎料：	
	7204.4100	--车、刨、铣、磨、锯、锉、剪、冲加工过程中产生的钢铁废料，不论是否成捆	千克
	7204.4900	--未列名钢铁废碎料	千克
	7204.5000	-供再熔的碎料钢铁锭	千克
72.05		**生铁、镜铁及钢铁的颗粒和粉末：**	
	7205.1000	-生铁、镜铁及钢铁的颗粒	千克
		-粉末：	
	7205.2100	--合金钢粉末	千克
	7205.2900	--生铁、镜铁及其他钢铁粉末	千克
		第二分章 铁及非合金钢	
72.06		**铁及非合金钢，锭或其他初级形状（品目72.03的铁除外）：**	
	7206.1000	-铁锭及非合金钢锭	千克
	7206.9000	-其他初级形状的铁及非合金钢	千克
72.07		**铁及非合金钢的半制成品：**	
		-按重量计含碳量在0.25%以下：	
	7207.1100	--矩形（包括正方形）截面的铁及非合金钢的半制成品，宽度小于厚度的两倍，按重量计含碳量在0.25%以下	千克

品　目	商品编码	商　品　名　称	计量单位
	7207.1200	--其他矩形(正方形除外)截面的铁及非合金钢的半制成品,按重量计含碳量在0.25%以下	千克
	7207.1900	--其他铁及非合金钢的半制成品,按重量计含碳量在0.25%以下	千克
	7207.2000	-铁及非合金钢的半制成品,按重量计含碳量在0.25%及以上	千克
72.08		**宽度在600毫米及以上的铁或非合金钢平板轧材,经热轧,但未经包覆、镀层或涂层:**	
	7208.1000	-除热轧外未经进一步加工的铁或非合金钢卷材,已轧压花纹,未包、镀、涂层	千克
		-其他经酸洗的卷材,除热轧外未经进一步加工:	
	7208.2500	--其他热轧、酸洗但未包、镀、涂层,厚度在4.75毫米及以上的铁或非合金钢卷材	千克
		--厚度在3毫米及以上,但小于4.75毫米:	
	7208.2610	---屈服强度大于355牛顿/平方毫米的其他热轧、酸洗但未包、镀、涂层,厚度在3毫米及以上,但小于4.75毫米的铁或非合金钢卷材	千克
	7208.2690	---其他热轧、酸洗但未包、镀、涂层,厚度在3毫米及以上,但小于4.75毫米的铁或非合金钢卷材	千克
		--厚度小于3毫米:	
	7208.2710	---其他热轧、酸洗但未包、镀、涂层,厚度小于1.5毫米的铁或非合金钢卷材	千克
	7208.2790	---其他热轧、酸洗但未包、镀、涂层,厚度在1.5毫米及以上,但小于3毫米的铁或非合金钢卷材	千克
		-其他卷材,除热轧外未经进一步加工:	
	7208.3600	--其他热轧及未包、镀、涂层,厚度超过10毫米的铁或非合金钢卷材	千克
	7208.3700	--其他热轧及未包、镀、涂层,厚度在4.75毫米及以上,但不超过10毫米的铁或非合金钢卷材	千克
		--厚度在3毫米及以上,但小于4.75毫米:	
	7208.3810	---屈服强度大于355牛顿/平方毫米的其他热轧及未包、镀、涂层,厚度在3毫米及以上,但小于4.75毫米的铁或非合金钢卷材	千克
	7208.3890	---其他热轧及未包、镀、涂层,厚度在3毫米及以上,但小于4.75毫米的铁或非合金钢卷材	千克
		--厚度小于3毫米:	

品目	商品编码	商品名称	计量单位
	7208.3910	---其他热轧及未包、镀、涂层,厚度小于1.5毫米的铁或非合金钢卷材	千克
	7208.3990	---其他热轧及未包、镀、涂层,厚度在1.5毫米及以上,但小于3毫米的铁或非合金钢卷材	千克
	7208.4000	-铁或非合金钢非卷材,除热轧外未经进一步加工,已轧压花纹,但未包、镀、涂层	千克
		-其他非卷材,除热轧外未经进一步加工:	
		--厚度超过10毫米:	
	7208.5110	---其他热轧及未包、镀、涂层,厚度超过50毫米的铁或非合金钢非卷材	千克
	7208.5120	---其他热轧及未包、镀、涂层,厚度在20毫米以上,但不超过50毫米的铁或非合金钢非卷材	千克
	7208.5190	---其他热轧及未包、镀、涂层,厚度超过10毫米,但不超过20毫米的铁或非合金钢非卷材	千克
	7208.5200	--其他热轧及未包、镀、涂层,厚度在4.75毫米及以上,但不超过10毫米的铁或非合金钢非卷材	千克
		--厚度在3毫米及以上,但小于4.75毫米:	
	7208.5310	---屈服强度大于355牛顿/平方毫米的其他热轧及未包、镀、涂层,厚度在3毫米及以上,但小于4.75毫米的铁或非合金钢非卷材	千克
	7208.5390	---其他热轧及未包、镀、涂层,厚度在3毫米及以上,但小于4.75毫米的铁或非合金钢非卷材	千克
		--厚度小于3毫米:	
	7208.5410	---其他热轧及未包、镀、涂层,厚度小于1.5毫米的铁或非合金钢非卷材	千克
	7208.5490	---其他热轧及未包、镀、涂层,厚度在1.5毫米及以上,但小于3毫米的铁或非合金钢非卷材	千克
	7208.9000	-热轧及未包、镀、涂层,但经进一步加工的宽度在600毫米及以上的铁或非合金钢平板轧材	千克
72.09		**宽度在600毫米及以上的铁或非合金钢平板轧材,经冷轧,但未经包覆、镀层或涂层:**	
		-卷材,除冷轧外未经进一步加工:	
		--厚度在3毫米及以上:	
	7209.1510	---屈服强度大于355牛顿/平方毫米的冷轧,未经包、镀、涂层,厚度在3毫米及以上的铁或非合金钢卷材	千克

品目	商品编码	商品名称	计量单位
	7209.1590	---其他冷轧,未经包、镀、涂层,厚度在3毫米及以上的铁或非合金钢卷材	千克
		--厚度超过1毫米,但小于3毫米:	
	7209.1610	---屈服强度大于275牛顿/平方毫米的冷轧,未经包、镀、涂层,厚度超过1毫米,但小于3毫米的铁或非合金钢卷材	千克
	7209.1690	---其他冷轧,未经包、镀、涂层,厚度超过1毫米,但小于3毫米的铁或非合金钢卷材	千克
		--厚度在0.5毫米及以上,但不超过1毫米:	
	7209.1710	---屈服强度大于275牛顿/平方毫米的冷轧,未经包、镀、涂层,厚度在0.5毫米及以上,但不超过1毫米的铁或非合金钢卷材	千克
	7209.1790	---其他冷轧,未经包、镀、涂层,厚度在0.5毫米及以上,但不超过1毫米的铁或非合金钢卷材	千克
		--厚度小于0.5毫米:	
	7209.1810	---冷轧,未经包、镀、涂层,厚度小于0.3毫米的铁或非合金钢卷材	千克
	7209.1890	---冷轧,未经包、镀、涂层,厚度在0.3毫米及以上,但小于0.5毫米的铁或非合金钢卷材	千克
		-非卷材,除冷轧外未经进一步加工:	
	7209.2500	--冷轧,未经包、镀、涂层,厚度在3毫米及以上的铁或非合金钢非卷材	千克
	7209.2600	--冷轧,未经包、镀、涂层,厚度超过1毫米,但小于3毫米的铁或非合金钢非卷材	千克
	7209.2700	--冷轧,未经包、镀、涂层,厚度在0.5毫米及以上,但不超过1毫米的铁或非合金钢非卷材	千克
	7209.2800	--冷轧,未经包、镀、涂层,厚度小于0.5毫米的铁或非合金钢非卷材	千克
	7209.9000	-冷轧,未经包、镀、涂层,但经进一步加工的宽度在600毫米及以上的铁或非合金钢平板轧材	千克
72.10		**宽度在600毫米及以上的铁或非合金钢平板轧材,经包覆、镀层或涂层:**	
		-镀或涂锡的:	
	7210.1100	--镀或涂锡的,厚度在0.5毫米及以上的铁或非合金钢平板轧材	千克

品目	商品编码	商品名称	计量单位
	7210.1200	--镀或涂锡的,厚度小于0.5毫米的铁或非合金钢平板轧材	千克
	7210.2000	-镀或涂铅的,包括镀铅锡的铁或非合金钢平板轧材	千克
	7210.3000	-电镀锌的铁或非合金钢平板轧材	千克
		-其他镀或涂锌的:	
	7210.4100	--其他镀或涂锌的瓦楞形铁或非合金钢平板轧材	千克
	7210.4900	--其他镀或涂锌的铁或非合金钢平板轧材	千克
	7210.5000	-镀或涂氧化铬或铬及氧化铬的铁或非合金钢平板轧材	千克
		-镀或涂铝的:	
	7210.6100	--镀或涂铝锌合金的铁或非合金钢平板轧材	千克
	7210.6900	--其他镀或涂铝的铁或非合金钢平板轧材	千克
		-涂漆或涂塑的:	
	7210.7010	---厚度小于1.5毫米的涂漆或涂塑的铁或非合金钢平板轧材	千克
	7210.7090	---其他涂漆或涂塑的铁或非合金钢平板轧材	千克
	7210.9000	-未列名宽度在600毫米及以上经包、镀、涂层的铁或非合金钢平板轧材	千克
72.11		**宽度小于600毫米的铁或非合金钢平板轧材,但未经包覆、镀层或涂层:**	
		-除热轧外未经进一步加工:	
	7211.1300	--热轧及未包、镀、涂层,经四面轧制或在闭合匣内轧制的非卷材,宽度超过150毫米,厚度不小于4毫米,未轧压花纹的铁或非合金钢平板轧材	千克
	7211.1400	--其他热轧及未包、镀、涂层,厚度在4.75毫米及以上的铁或非合金钢平板轧材	千克
	7211.1900	--未列名热轧及未包、镀、涂层的铁或非合金钢平板轧材	千克
		-除冷轧外未经进一步加工:	
	7211.2300	--宽度小于600毫米冷轧及未包、镀、涂层的铁或非合金钢平板轧材,按重量计含碳量低于0.25%	千克
	7211.2900	--其他宽度小于600毫米冷轧及未包、镀、涂层的铁或非合金钢平板轧材,含碳量0.25%及以上	千克
	7211.9000	-未列名宽度小于600毫米未包、镀、涂层的铁或非合金钢平板轧材	千克
72.12		**宽度小于600毫米的铁或非合金钢平板轧材,经包覆、镀层或涂层:**	

品　目	商品编码	商　品　名　称	计量单位
	7212.1000	-镀或涂锡的,宽度小于600毫米的铁或非合金钢平板轧材	千克
	7212.2000	-电镀锌的,宽度小于600毫米的铁或非合金钢平板轧材	千克
	7212.3000	-其他镀或涂锌的,宽度小于600毫米的铁或非合金钢平板轧材	千克
	7212.4000	-涂漆或涂塑的,宽度小于600毫米的铁或非合金钢平板轧材	千克
	7212.5000	-未列名镀或涂层的,宽度小于600毫米的铁或非合金钢平板轧材	千克
	7212.6000	-经包覆的,宽度小于600毫米的铁或非合金钢平板轧材	千克
72.13		**不规则盘卷的铁及非合金钢的热轧条、杆:**	
	7213.1000	-带有轧制过程中产生的凹痕、凸缘、槽沟及其他变形的不规则盘卷的铁及非合金钢的热轧条、杆	千克
	7213.2000	-不规则盘卷的易切削钢热轧条、杆	千克
		-其他:	
	7213.9100	--其他直径小于14毫米圆形截面的不规则盘卷的铁及非合金钢的热轧条、杆	千克
	7213.9900	--未列名不规则盘卷的铁及非合金钢的热轧条、杆	千克
72.14		**铁或非合金钢的其他条、杆,除锻造、热轧、热拉拔或热挤压外未经进一步加工,包括轧制后扭曲的:**	
	7214.1000	-铁或非合金钢的锻造条、杆	千克
	7214.2000	-带有轧制过程中产生的凹痕、凸缘、槽沟或其他变形以及轧制后扭曲的铁或非合金钢的其他条、杆	千克
	7214.3000	-其他易切削钢热轧、热拉拔或热挤压条、杆	千克
		-其他:	
	7214.9100	--其他矩形(正方形除外)截面的铁或非合金钢的热轧、热拉拔或热挤压条、杆	千克
	7214.9900	--未列名铁或非合金钢的热轧、热拉拔或热挤压条、杆	千克
72.15		**铁及非合金钢的其他条、杆:**	
	7215.1000	-易切削钢制条、杆,除冷成形或冷加工外未经进一步加工	千克
	7215.5000	-其他铁及非合金钢的条、杆,除冷成形或冷加工外未经进一步加工	千克
	7215.9000	-未列名的铁及非合金钢条、杆	千克
72.16		**铁或非合金钢的角材、型材及异型材:**	
		-槽钢、工字钢及H型钢,除热轧、热拉拔或热挤压外未经进一步加工,截面高度低于80毫米:	

品　目	商品编码	商　品　名　称	计量单位
	7216.1010	---热轧、热拉拔或热挤压铁或非合金钢H型钢,截面高度低于80毫米	千克
	7216.1020	---热轧、热拉拔或热挤压铁或非合金钢工字钢,截面高度低于80毫米	千克
	7216.1090	---热轧、热拉拔或热挤压铁或非合金钢槽钢,截面高度低于80毫米	千克
		-角钢及丁字钢,除热轧、热拉拔或热挤压外未经进一步加工,截面高度低于80毫米:	
	7216.2100	--热轧、热拉拔或热挤压铁或非合金钢角钢,截面高度低于80毫米	千克
	7216.2200	--热轧、热拉拔或热挤压铁或非合金钢丁字钢,截面高度低于80毫米	千克
		-槽钢、工字钢及H型钢,除热轧、热拉拔或热挤压外未经进一步加工,截面高度在80毫米及以上:	
	7216.3100	--热轧、热拉拔或热挤压铁或非合金钢槽钢,截面高度在80毫米及以上	千克
		--工字钢:	
	7216.3210	---热轧、热拉拔或热挤压铁或非合金钢工字钢,截面高度在200毫米以上	千克
	7216.3290	---热轧、热拉拔或热挤压铁或非合金钢工字钢,截面高度在80毫米及以上,但不超过200毫米	千克
		--H型钢:	
		---截面高度在200毫米以上:	
	7216.3311	----热轧、热拉拔或热挤压铁或非合金钢H型钢,截面高度在800毫米以上	千克
	7216.3319	----热轧、热拉拔或热挤压铁或非合金钢H型钢,截面高度在200毫米以上,但不超过800毫米	千克
	7216.3390	---热轧、热拉拔或热挤压铁或非合金钢H型钢,截面高度在80毫米及以上,但不超过200毫米	千克
		-角钢及丁字钢,除热轧、热拉拔或热挤压外未经进一步加工,截面高度在80毫米及以上:	
	7216.4010	---热轧、热拉拔或热挤压铁或非合金钢角钢,截面高度在80毫米及以上	千克
	7216.4020	---热轧、热拉拔或热挤压铁或非合金钢丁字钢,截面高度在80毫米及以上	千克

品　目	商品编码	商　品　名　称	计量单位
		-其他角材、型材及异型材，除热轧、热拉拔或热挤压外未经进一步加工：	
	7216.5010	---热轧、热拉拔或热挤压铁或非合金钢乙字钢	千克
	7216.5020	---热轧、热拉拔或热挤压铁或非合金钢球扁钢	千克
	7216.5090	---其他热轧、热拉拔或热挤压铁或非合金钢角材、型材及异型材	千克
		-角材、型材及异型材，除冷成形或冷加工外未经进一步加工：	
	7216.6100	--平板轧材制冷成形或冷加工角材、型材及异型材	千克
	7216.6900	--其他冷成形或冷加工角材、型材及异型材	千克
		-其他：	
	7216.9100	--平板轧材制冷成形或冷加工外进一步加工的角材、型材及异型材	千克
	7216.9900	--未列名铁或非合金钢的角材、型材及异型材	千克
72.17		**铁丝或非合金钢丝：**	
	7217.1000	-未经镀或涂层，不论是否抛光的铁丝或非合金钢丝	千克
	7217.2000	-镀或涂锌的铁丝或非合金钢丝	千克
		-镀或涂其他贱金属的：	
	7217.3010	---镀或涂铜的铁丝或非合金钢丝	千克
	7217.3090	---镀或涂其他贱金属的铁丝或非合金钢丝	千克
	7217.9000	-未列名铁丝或非合金钢丝	千克
		第三分章　不 锈 钢	
72.18		**不锈钢，锭状及其他初级形状；不锈钢半制品：**	
	7218.1000	-不锈钢锭及其他初级形状的不锈钢	千克
		-其他：	
	7218.9100	--矩形（正方形除外）截面的不锈钢半制品	千克
	7218.9900	--其他不锈钢半制品	千克
72.19		**不锈钢平板轧材，宽度在600毫米及以上：**	
		-除热轧外未经进一步加工的卷材：	
	7219.1100	--厚度超过10毫米的热轧不锈钢卷材	千克
	7219.1200	--厚度在4.75毫米及以上，但不超过10毫米的热轧不锈钢卷材	千克
		--厚度在3毫米及以上，但小于4.75毫米：	
		---未经酸洗的：	

品 目	商品编码	商 品 名 称	计量单位
	7219.1312	----按重量计含锰量在5.5%及以上的铬锰系热轧不锈钢卷材,未经酸洗且厚度在3毫米及以上,但小于4.75毫米	千克
	7219.1319	----其他未经酸洗的且厚度在3毫米及以上,但小于4.75毫米的热轧不锈钢卷材	千克
		---经酸洗的:	
	7219.1322	----按重量计含锰量在5.5%及以上的铬锰系热轧不锈钢卷材,经酸洗且厚度在3毫米及以上,但小于4.75毫米	千克
	7219.1329	----其他经酸洗的且厚度在3毫米及以上,但小于4.75毫米的热轧不锈钢卷材	千克
		--厚度小于3毫米:	
		---未经酸洗的:	
	7219.1412	----按重量计含锰量在5.5%及以上的铬锰系热轧不锈钢卷材,未经酸洗且厚度小于3毫米	千克
	7219.1419	----其他未经酸洗的且厚度小于3毫米的热轧不锈钢卷材	千克
		---经酸洗的:	
	7219.1422	----按重量计含锰量在5.5%及以上的铬锰系热轧不锈钢卷材,经酸洗且厚度小于3毫米	千克
	7219.1429	----其他经酸洗的且厚度小于3毫米的热轧不锈钢卷材	千克
		-除热轧外未经进一步加工的非卷材:	
	7219.2100	--厚度超过10毫米的热轧不锈钢非卷材	千克
	7219.2200	--厚度在4.75毫米及以上,但不超过10毫米的热轧不锈钢非卷材	千克
	7219.2300	--厚度在3毫米及以上,但小于4.75毫米的热轧不锈钢非卷材	千克
		--厚度小于3毫米:	
	7219.2410	---厚度超过1毫米,但小于3毫米的热轧不锈钢非卷材	千克
	7219.2420	---厚度在0.5毫米及以上,但不超过1毫米的热轧不锈钢非卷材	千克
	7219.2430	---厚度小于0.5毫米的热轧不锈钢非卷材	千克
		-除冷轧外未经进一步加工:	
	7219.3100	--厚度在4.75毫米及以上的冷轧不锈钢平板轧材	千克

品　目	商品编码	商　品　名　称	计量单位
	7219.3200	--厚度在3毫米及以上,但小于4.75毫米的冷轧不锈钢平板轧材	千克
		--厚度超过1毫米,但小于3毫米的冷轧不锈钢平板轧材:	
	7219.3310	---厚度超过1毫米,但小于3毫米的,按重量计含锰量在5.5%及以上的冷轧铬锰系不锈钢平板轧材	千克
	7219.3390	---厚度超过1毫米,但小于3毫米的其他冷轧不锈钢平板轧材	千克
	7219.3400	--厚度在0.5毫米及以上,但不超过1毫米的冷轧不锈钢平板轧材	千克
	7219.3500	--厚度小于0.5毫米的冷轧不锈钢平板轧材	千克
	7219.9000	-未列名宽度在600毫米及以上的不锈钢平板轧材	千克
72.20		**不锈钢平板轧材,宽度小于600毫米:**	
		-除热轧外未经进一步加工:	
	7220.1100	--厚度在4.75毫米及以上的热轧不锈钢平板轧材,宽度小于600毫米	千克
	7220.1200	--厚度小于4.75毫米的热轧不锈钢平板轧材,宽度小于600毫米	千克
		-除冷轧外未经进一步加工:	
	7220.2020	---冷轧不锈钢平板轧材,厚度在0.35毫米及以下,宽度小于600毫米	千克
	7220.2030	---冷轧不锈钢平板轧材,厚度在0.35毫米以上,但小于3毫米,宽度小于600毫米	千克
	7220.2040	---冷轧不锈钢平板轧材,厚度在3毫米及以上,宽度小于600毫米	千克
	7220.9000	-未列名不锈钢平板轧材,宽度小于600毫米	千克
72.21		**不规则盘卷的不锈钢热轧条、杆:**	
	7221.0000	不规则盘卷的不锈钢热轧条、杆	千克
72.22		**不锈钢其他条、杆;不锈钢角材、型材及异型材:**	
		-条、杆,除热轧、热拉拔或热挤压外未经进一步加工:	
	7222.1100	--圆形截面的热轧、热拉拔或热挤压不锈钢条、杆	千克
	7222.1900	--其他热轧、热拉拔或热挤压的不锈钢条、杆	千克
	7222.2000	-不锈钢冷成形或冷加工条、杆	千克
	7222.3000	-其他不锈钢条、杆	千克
	7222.4000	-不锈钢角材、型材及异型材	千克
72.23		**不锈钢丝:**	
	7223.0000	不锈钢丝	千克

品 目	商品编码	商 品 名 称	计量单位
		第四分章 其他合金钢；合金钢或非合金钢制的空心钻钢	
72.24		**其他合金钢,锭状或其他初级形状;其他合金钢制的半制成品:**	
	7224.1000	-其他合金钢锭及初级形状品	千克
		-其他合金钢半制成品:	
	7224.9010	---单件重量在10吨及以上的粗铸锻件坯	千克
	7224.9090	---其他合金钢半制成品	千克
72.25		**其他合金钢平板轧材,宽度在600毫米及以上:**	
		-硅电钢制:	
	7225.1100	--取向性硅电钢平板轧材,宽度在600毫米及以上	千克
	7225.1900	--其他硅电钢平板轧材,宽度在600毫米及以上	千克
	7225.3000	-未经进一步加工的其他合金钢热轧卷材,宽度在600毫米及以上	千克
		-其他非卷材,除热轧外未经进一步加工:	
	7225.4010	---未经进一步加工的热轧工具钢非卷材,宽度在600毫米及以上	千克
		---其他:	
	7225.4091	----未经进一步加工的热轧含硼合金钢非卷材,宽度在600毫米及以上	千克
	7225.4099	----未经进一步加工的其他合金钢热轧非卷材,宽度在600毫米及以上	千克
	7225.5000	-未经进一步加工的其他合金钢冷轧板材,宽度在600毫米及以上	千克
		-其他:	
	7225.9100	--电镀或涂锌的其他合金钢平板轧材,宽度在600毫米及以上	千克
	7225.9200	--其他方法镀或涂锌的其他合金钢平板轧材,宽度在600毫米及以上	千克
		--其他:	
	7225.9910	---其他高速钢平板轧材,宽度在600毫米及以上	千克
	7225.9990	---未列名合金钢平板轧材,宽度在600毫米及以上	千克
72.26		**其他合金钢平板轧材,宽度小于600毫米:**	
		-硅电钢制:	
	7226.1100	--取向性硅电钢平板轧材,宽度小于600毫米	千克

品　目	商品编码	商　品　名　称	计量单位
	7226.1900	--其他硅电钢平板轧材,宽度小于600毫米	千克
	7226.2000	-高速钢平板轧材,宽度小于600毫米	千克
		-其他:	
		--除热轧外未经进一步加工:	
	7226.9110	---未经进一步加工的热轧工具钢板材,宽度小于600毫米	千克
		---其他:	
	7226.9191	----未经进一步加工的热轧含硼合金钢板材,宽度小于600毫米	千克
	7226.9199	----未经进一步加工的其他合金钢热轧板材,宽度小于600毫米	千克
	7226.9200	--其他未经进一步加工的合金钢冷轧板材,宽度小于600毫米	千克
		--其他合金钢平板轧材,宽度小于600毫米:	
	7226.9910	---电镀或涂锌的其他合金钢平板轧材,宽度小于600毫米	千克
	7226.9920	---其他方法镀或涂锌的合金钢平板轧材,宽度小于600毫米	千克
	7226.9990	---未列名合金钢平板轧材,宽度小于600毫米	千克
72.27		**不规则盘卷的其他合金钢热轧条、杆:**	
	7227.1000	-不规则盘卷的高速钢热轧条、杆	千克
	7227.2000	-不规则盘卷的硅锰钢热轧条、杆	千克
		-不规则盘卷的其他合金钢热轧条、杆:	
	7227.9010	---不规则盘卷的含硼合金钢制的热轧条、杆	千克
	7227.9090	---不规则盘卷的未列名合金钢热轧条、杆	千克
72.28		**其他合金钢条、杆;其他合金钢角材、型材及异型材;合金钢或非合金钢制的空心钻钢:**	
	7228.1000	-其他高速钢条、杆	千克
	7228.2000	-其他硅锰钢条、杆	千克
		-其他条、杆,除热轧、热拉拔或热挤压外未经进一步加工:	
	7228.3010	---其他含硼合金钢制的条、杆,除热轧、热拉拔或热挤压外未经进一步加工	千克
	7228.3090	---其他条、杆,除热轧、热拉拔或热挤压外未经进一步加工	千克
	7228.4000	-其他合金钢锻造条、杆	千克

品　目	商品编码	商　　品　　名　　称	计量单位
	7228.5000	-其他合金钢冷成形或冷加工条、杆	千克
	7228.6000	-未列名合金钢条、杆	千克
		-其他合金钢角材、型材及异型材：	
	7228.7010	---履带板型钢	千克
	7228.7090	---其他合金钢角材、型材及异型材	千克
	7228.8000	-合金钢或非合金钢制的空心钻钢	千克
72.29		**其他合金钢丝：**	
	7229.2000	-硅锰钢钢丝	千克
		-其他：	
	7229.9010	---高速钢钢丝	千克
	7229.9090	---其他合金钢丝	千克

第七十三章　钢铁制品

注释：

1. 本章所称“铸铁”，适用于经铸造而得的产品，按重量计其铁元素含量超过其他元素单项含量并与第七十二章注释1(4)所述的钢的化学成分不同。
2. 本章所称“丝”，是指热或冷成形的任何截面形状的产品，但其截面尺寸均不超过16毫米。

品　目	商品编码	商　品　名　称	计量单位
73.01		**钢铁板桩，不论是否钻孔、打眼或组装；焊接的钢铁角材、型材及异型材：**	
	7301.1000	-钢铁板桩	千克
	7301.2000	-焊接的钢铁角材、型材及异型材	千克
73.02		**铁道及电车道铺轨用钢铁材料（钢轨、护轨、齿轨、道岔尖轨、辙叉、尖轨拉杆及其他岔道段体、轨枕、鱼尾板、轨座、轨座楔、钢轨垫板、钢轨夹、底板、固定板及其他专门用于连接或加固路轨的材料）：**	
	7302.1000	-钢轨	千克
	7302.3000	-钢铁道岔尖轨、辙叉、尖轨拉杆及其他岔道段体	千克
	7302.4000	-钢铁鱼尾板及钢轨垫板	千克
		-其他：	
	7302.9010	---轨枕	千克
	7302.9090	---其他铺轨用钢铁材料	千克
73.03		**铸铁管及空心异型材：**	
	7303.0010	---内径在500毫米及以上的圆形截面铸铁管	千克
	7303.0090	---其他铸铁管及空心异型材	千克
73.04		**无缝钢铁管及空心异型材（铸铁的除外）：**	
		-石油或天然气管道管：	
		--不锈钢制石油或天然气管道管：	
	7304.1110	---石油或天然气用不锈钢制无缝管道管，外径大于等于215.9毫米，但不超过406.4毫米	千克
	7304.1120	---石油或天然气用不锈钢制无缝管道管，外径超过114.3毫米，但小于215.9毫米	千克
	7304.1130	---石油或天然气用不锈钢制无缝管道管，外径不超过114.3毫米	千克

品　目	商品编码	商　品　名　称	计量单位
	7304.1190	---石油或天然气用不锈钢制无缝管道管,外径超过406.4毫米	千克
		--其他钢铁制石油或天然气管道管:	
	7304.1910	---其他钢铁制石油或天然气用无缝管道管,外径大于等于215.9毫米,但不超过406.4毫米	千克
	7304.1920	---其他钢铁制石油或天然气用无缝管道管,外径超过114.3毫米,但小于215.9毫米	千克
	7304.1930	---其他钢铁制石油或天然气用无缝管道管,外径不超过114.3毫米	千克
	7304.1990	---其他钢铁制石油或天然气用无缝管道管,外径超过406.4毫米	千克
		-钻探石油及天然气用的套管、导管及钻管:	
		--不锈钢制钻管:	
	7304.2210	---不锈钢制钻探石油及天然气用无缝钻管,外径不超过168.3毫米	千克
	7304.2290	---不锈钢制钻探石油及天然气用无缝钻管,外径超过168.3毫米	千克
		--其他钢铁制钻管:	
	7304.2310	---其他钢铁制钻探石油及天然气用无缝钻管,外径不超过168.3毫米	千克
	7304.2390	---其他钢铁制钻探石油及天然气用无缝钻管,外径超过168.3毫米	千克
	7304.2400	--不锈钢制钻探石油及天然气用无缝套管、导管	千克
		--其他钢铁制钻探石油及天然气用无缝套管、导管:	
	7304.2910	---屈服强度小于552兆帕的其他钢铁制钻探石油及天然气用无缝套管、导管	千克
	7304.2920	---屈服强度大于等于552兆帕,但小于758兆帕的其他钢铁制钻探石油及天然气用无缝套管、导管	千克
	7304.2930	---屈服强度大于等于758兆帕的其他钢铁制钻探石油及天然气用无缝套管、导管	千克
		-其他铁或非合金钢的圆形截面管:	
		--冷拔或冷轧的:	
	7304.3110	---冷拔或冷轧的铁或非合金钢的无缝锅炉管	千克
	7304.3120	---冷拔或冷轧的铁或非合金钢的无缝地质钻管、套管	千克
	7304.3190	---其他冷拔或冷轧的铁或非合金钢的无缝圆形截面管	千克
		--其他:	

品　目	商品编码	商　品　名　称	计量单位
	7304. 3910	---非冷拔或冷轧的铁或非合金钢无缝锅炉管	千克
	7304. 3920	---非冷拔或冷轧的铁或非合金钢无缝地质钻管、套管	千克
	7304. 3990	---其他非冷拔或冷轧的铁或非合金钢无缝圆形截面管	千克
		-不锈钢的其他圆形截面管：	
		--冷拔或冷轧的：	
	7304. 4110	---冷拔或冷轧的不锈钢无缝锅炉管	千克
	7304. 4190	---其他冷拔或冷轧的不锈钢无缝圆形截面管	千克
		--其他：	
	7304. 4910	---非冷拔或冷轧的不锈钢无缝锅炉管	千克
	7304. 4990	---其他非冷拔或冷轧的不锈钢无缝圆形截面管	千克
		-其他合金钢的其他圆形截面管：	
		--冷拔或冷轧的：	
	7304. 5110	---冷拔或冷轧的其他合金钢无缝锅炉管	千克
	7304. 5120	---冷拔或冷轧的其他合金钢无缝地质钻管、套管	千克
	7304. 5190	---其他冷拔或冷轧的合金钢无缝圆形截面管	千克
		--其他：	
	7304. 5910	---非冷拔或冷轧的合金钢无缝锅炉管	千克
	7304. 5920	---非冷拔或冷轧的合金钢无缝地质钻管、套管	千克
	7304. 5990	---其他非冷拔或冷轧的合金钢无缝圆形截面管	千克
	7304. 9000	-未列名无缝钢铁管及空心异型材（铸铁的除外）	千克
73. 05		**其他圆形截面钢铁管（例如，焊、铆及用类似方法接合的管），外径超过 406. 4 毫米：**	
		-石油或天然气管道管：	
	7305. 1100	--纵向埋弧焊接的石油或天然气管道管，外径超过 406. 4 毫米	千克
	7305. 1200	--其他纵向焊接的石油或天然气管道管，外径超过 406. 4 毫米	千克
	7305. 1900	--其他石油或天然气管道管，外径超过 406. 4 毫米	千克
	7305. 2000	-其他钻探石油或天然气用套管，外径超过 406. 4 毫米	千克
		-其他焊接的：	
	7305. 3100	--其他纵向焊接的圆形截面钢铁管，外径超过 406. 4 毫米	千克
	7305. 3900	--其他焊接的圆形截面钢铁管，外径超过 406. 4 毫米	千克
	7305. 9000	-其他圆形截面钢铁管，外径超过 406. 4 毫米	千克
73. 06		**其他钢铁管及空心异型材（例如，辊缝、焊、铆及类似方法接合的）：**	

品 目	商品编码	商 品 名 称	计量单位
		-石油及天然气管道管:	
	7306.1100	--不锈钢制石油及天然气用焊缝管道管	千克
	7306.1900	--其他钢铁制石油及天然气用管道管	千克
		-钻探石油或天然气用套管及导管:	
	7306.2100	--不锈钢制钻探石油或天然气用焊缝套管及导管	千克
	7306.2900	--其他钢铁制钻探石油或天然气用套管及导管	千克
		-其他铁或非合金钢的圆形截面焊缝管,外径不超过406.4毫米:	
		---外径不超过10毫米:	
	7306.3011	----其他铁或非合金钢的圆形截面焊缝管,壁厚在0.7毫米及以下,外径不超过10毫米	千克
	7306.3019	----其他铁或非合金钢的圆形截面焊缝管,壁厚在0.7毫米以上,外径不超过10毫米	千克
	7306.3090	---其他铁或非合金钢的圆形截面焊缝管,外径超过10毫米,但不超过406.4毫米	千克
	7306.4000	-其他不锈钢的圆形截面焊缝管,外径不超过406.4毫米	千克
	7306.5000	-其他合金钢的圆形截面焊缝管,外径不超过406.4毫米	千克
		-非圆形截面的其他焊缝管:	
	7306.6100	--矩形或正方形截面的其他焊缝管	千克
	7306.6900	--其他非圆形截面的焊缝管	千克
	7306.9000	-未列名钢铁管及空心异型材	千克/个
73.07		**钢铁管子附件(例如,接头、肘管、管套):**	
		-铸件:	
	7307.1100	--无可锻性铸铁管子附件	千克
	7307.1900	--可锻性铸铁及铸钢管子附件	千克
		-其他,不锈钢制:	
	7307.2100	--不锈钢制法兰	千克
	7307.2200	--不锈钢制螺纹肘管、弯管及管套	千克
	7307.2300	--不锈钢制对焊件	千克
	7307.2900	--不锈钢制其他管子附件	千克
		-其他:	
	7307.9100	--其他钢铁制法兰	千克
	7307.9200	--其他钢铁制螺纹肘管、弯管及管套	千克
	7307.9300	--其他钢铁制对焊件	千克
	7307.9900	--未列名钢铁制管子附件	千克

品目	商品编码	商品名称	计量单位
73.08		**钢铁结构体(品目94.06的活动房屋除外)及其部件(例如,桥梁及桥梁体段、闸门、塔楼、格构杆、屋顶、屋顶框架、门窗及其框架、门槛、百叶窗、栏杆、支柱及立柱);上述结构体用的已加工钢铁板、杆、角材、型材、异型材、管子及类似品:**	
	7308.1000	-钢铁制桥梁及桥梁体段	千克
	7308.2000	-钢铁制塔楼及格构杆	千克
	7308.3000	-钢铁制门窗及其框架、门槛	千克
	7308.4000	-钢铁制脚手架、模板或坑道支撑用的支柱及类似设备	千克
	7308.9000	-其他钢铁结构体;钢铁结构体用部件及已加工钢材	千克
73.09		**盛装物料用的钢铁槽、罐、桶及类似容器(装压缩气体或液化气体的除外),容积超过300升,不论是否衬里或隔热,但无机械或热力装置:**	
	7309.0000	盛装物料用的钢铁槽、罐、桶及类似容器(装压缩气体或液化气体的除外),容积超过300升,不论是否衬里或隔热,但无机械或热力装置	千克
73.10		**盛装物料用的钢铁桶、罐、听、盒及类似容器(装压缩气体或液化气体的除外),容积不超过300升,不论是否衬里或隔热,但无机械或热力装置:**	
	7310.1000	-容积在50升及以上但不超过300升的盛装物料用钢铁容器	千克/个
		-容积在50升以下:	
		--焊边或卷边接合的罐:	
	7310.2110	---容积在50升以下焊边或卷边接合的易拉罐及罐体	千克
	7310.2190	---其他容积在50升以下焊边或卷边接合的钢铁罐	千克
		--其他容积在50升以下盛装物料用钢铁容器:	
	7310.2910	---容积在50升以下非焊边或卷边接合的易拉罐及罐体	千克
	7310.2990	---其他容积在50升以下盛装物料用钢铁容器	千克
73.11		**装压缩气体或液化气体用的钢铁容器:**	
	7311.0010	---装压缩气体或液化气体的钢铁容器,零售包装用	千克
	7311.0090	---装压缩气体或液化气体的钢铁容器,非零售包装用	千克
73.12		**非绝缘的钢铁绞股线、绳、缆、编带、吊索及类似品:**	
	7312.1000	-非绝缘的钢铁绞股线、绳、缆	千克
	7312.9000	-非绝缘的钢铁编带、吊索及类似品	千克

品　目	商品编码	商　品　名　称	计量单位
73.13		**带刺钢铁丝;围篱用的钢铁绞带或单股扁丝(不论是否带刺)及松绞的双股丝:**	
	7313.0000	带刺钢铁丝;围篱用的钢铁绞带或单股扁丝(不论是否带刺)及松绞的双股丝	千克
73.14		**钢铁丝制的布(包括环形带)、网、篱、格栅;网眼钢铁板:**	
		-机织布:	
	7314.1200	--不锈钢制机器用环形带	千克
	7314.1400	--不锈钢制其他机织布	千克
	7314.1900	--其他钢铁丝机织布(包括环形带)	千克
	7314.2000	-钢铁丝制交点焊接的网、篱及格栅,其丝的最大截面尺寸在3毫米及以上,网眼尺寸在100平方厘米及以上	千克
		-其他交点焊接的网、篱及格栅:	
	7314.3100	--其他钢铁丝制镀或涂锌的交点焊接的网、篱及格栅	千克
	7314.3900	--其他钢铁丝制交点焊接的网、篱及格栅	千克
		-其他布、网、篱及格栅:	
	7314.4100	--镀或涂锌的钢铁丝制布、网、篱及格栅	千克
	7314.4200	--涂塑的钢铁丝制布、网、篱及格栅	千克
	7314.4900	--其他钢铁丝制布、网、篱及格栅	千克
	7314.5000	-网眼钢铁板	千克
73.15		**钢铁链及其零件:**	
		-铰接链及其零件:	
		--滚子链:	
	7315.1110	---自行车用滚子链	千克
	7315.1120	---摩托车用滚子链	千克
	7315.1190	---其他滚子链	千克
	7315.1200	--其他铰接链(滚子链除外)	千克
	7315.1900	--铰接链的零件	千克
	7315.2000	-防滑链	千克
		-其他链:	
	7315.8100	--日字环节链	千克
	7315.8200	--其他焊接链	千克
	7315.8900	--未列名钢铁链	千克
	7315.9000	-链(铰接链除外)的零件	千克
73.16		**钢铁锚、多爪锚及其零件:**	
	7316.0000	钢铁锚、多爪锚及其零件	千克

品　目	商品编码	商　品　名　称	计量单位
73.17		**钢铁制的钉、平头钉、图钉、波纹钉、U形钉(品目83.05的货品除外)及类似品,不论钉头是否用其他材料制成,但不包括铜头钉:**	
	7317.0000	钢铁制的钉、平头钉、图钉、波纹钉、U形钉(品目83.05的货品除外)及类似品,不论钉头是否用其他材料制成,但不包括铜头钉	千克
73.18		**钢铁制的螺钉、螺栓、螺母、方头螺钉、钩头螺钉、铆钉、销、开尾销、垫圈(包括弹簧垫圈)及类似品:**	
		-螺纹制品:	
	7318.1100	--方头螺钉	千克
	7318.1200	--其他木螺钉	千克
	7318.1300	--钩头螺钉及环头螺钉	千克
	7318.1400	--自攻螺钉	千克
		--其他螺钉及螺栓,不论是否带有螺母或垫圈:	
	7318.1510	---其他螺钉及螺栓,抗拉强度在800兆帕及以上	千克
	7318.1590	---其他螺钉及螺栓,抗拉强度在800兆帕以下	千克
	7318.1600	--螺母	千克
	7318.1900	--其他钢铁制螺纹制品	千克
		-无螺纹制品:	
	7318.2100	--弹簧垫圈及其他防松垫圈	千克
	7318.2200	--其他垫圈	千克
	7318.2300	--铆钉	千克
	7318.2400	--销及开尾销	千克
	7318.2900	--其他钢铁制无螺纹制品	千克
73.19		**钢铁制的手工缝针、编织针、引针、钩针、刺绣穿孔锥及类似制品;其他品目未列名的钢铁制安全别针及其他别针:**	
		-钢铁制安全别针及其他别针:	
	7319.4010	---钢铁制安全别针	千克
	7319.4090	---钢铁制其他别针	千克
	7319.9000	-钢铁制的手工缝针、编织针、引针、钩针、刺绣穿孔锥及类似制品	千克
73.20		**钢铁制弹簧及弹簧片:**	
		-片簧及簧片:	
	7320.1010	---铁道车辆用钢铁片簧及簧片	千克

品目	商品编码	商品名称	计量单位
	7320.1020	---汽车用钢铁片簧及簧片	千克
	7320.1090	---其他钢铁片簧及簧片	千克
		-螺旋弹簧:	
	7320.2010	---铁道车辆用钢铁螺旋弹簧	千克
	7320.2090	---其他钢铁螺旋弹簧	千克
		-其他:	
	7320.9010	---铁道车辆用其他钢铁弹簧	千克
	7320.9090	---其他钢铁弹簧	千克
73.21		**非电热的钢铁制家用炉、灶(包括附有集中供暖用的热水锅的炉)、烤肉架、烤炉、煤气灶、加热板和类似非电热的家用器具及其零件:**	
		-炊事器具及加热板:	
	7321.1100	--使用气体燃料或可使用气体燃料及其他燃料的钢铁制家用炊事器具及加热板	千克/个
		--使用液体燃料的:	
	7321.1210	---钢铁制家用煤油炉	千克/个
	7321.1290	---其他使用液体燃料的钢铁制家用炊事器具及加热板	千克/个
	7321.1900	--其他钢铁制家用炊事器具及加热板,包括使用固体燃料的	千克/个
		-其他器具:	
	7321.8100	--其他使用气体燃料或可使用气体燃料及其他燃料的钢铁制家用器具	千克/个
	7321.8200	--其他使用液体燃料的钢铁制家用器具	千克/个
	7321.8900	--其他钢铁制家用器具,包括使用固体燃料的	千克/个
	7321.9000	-品目73.21所列货品的零件	千克
73.22		**非电热的钢铁制集中供暖用散热器及其零件;非电热的钢铁制空气加热器、暖气分布器(包括可分布新鲜空气或调节空气的)及其零件,装有电动风扇或鼓风机:**	
		-散热器及其零件:	
	7322.1100	--非电热的铸铁制集中供暖用散热器及其零件	千克
	7322.1900	--非电热的其他钢铁制集中供暖用散热器及其零件	千克
	7322.9000	-非电热的钢铁制空气加热器、暖气分布器及其零件	千克
73.23		**餐桌、厨房用或其他家用钢铁器具及其零件;钢铁丝绒;钢铁制擦锅器,洗刷擦光用的块垫、手套及类似品:**	
	7323.1000	-钢铁丝绒;钢铁制擦锅器及洗刷擦光用的块垫、手套及类似品	千克

品　目	商品编码	商　品　名　称	计量单位
		-其他：	
	7323.9100	--未搪瓷铸铁制餐桌、厨房或其他家用器具及其零件	千克
	7323.9200	--已搪瓷铸铁制餐桌、厨房或其他家用器具及其零件	千克
	7323.9300	--不锈钢制餐桌、厨房或其他家用器具及其零件	千克
		--其他已搪瓷钢铁制(铸铁除外)：	
	7323.9410	---其他已搪瓷钢铁制面盆	千克
	7323.9420	---其他已搪瓷钢铁制烧锅	千克
	7323.9490	---未列名已搪瓷钢铁制餐桌、厨房或其他家用器具及其零件	千克
	7323.9900	--其他未搪瓷钢铁制餐桌、厨房或其他家用器具及其零件	千克
73.24		**钢铁制卫生器具及其零件：**	
	7324.1000	-不锈钢洗涤槽及脸盆	千克
		-浴缸：	
	7324.2100	--铸铁浴缸,不论是否搪瓷	千克
	7324.2900	--其他钢铁浴缸	千克
	7324.9000	-未列名钢铁制卫生器具,包括零件	千克
73.25		**其他钢铁铸造制品：**	
		-无可锻性铸铁制：	
	7325.1010	---工业用无可锻性铸铁制品	千克
	7325.1090	---非工业用无可锻性铸铁制品	千克
		-其他：	
	7325.9100	--可锻性铸铁及铸钢制研磨机的研磨球及类似品	千克
		--其他：	
	7325.9910	---工业用未列名可锻性铸铁及铸钢制品	千克
	7325.9990	---非工业用未列名可锻性铸铁及铸钢制品	千克
73.26		**其他钢铁制品：**	
		-经锻造或冲压,但未经进一步加工：	
	7326.1100	--经锻造或冲压的研磨机的研磨球及类似品	千克
		--其他：	
	7326.1910	---经锻造或冲压的工业用钢铁制品	千克
	7326.1990	---经锻造或冲压的非工业用钢铁制品	千克
		-钢铁丝制品：	
	7326.2010	---工业用钢铁丝制品	千克
	7326.2090	---非工业用钢铁丝制品	千克

品 目	商品编码	商　品　名　称	计量单位
		-其他：	
		---工业用：	
	7326.9011	----工业用钢铁纤维及其制品	千克
	7326.9019	----其他工业用钢铁制品	千克
	7326.9090	---未列名非工业用钢铁制品	千克

第七十四章　铜及其制品

注释：

1. 本章所用有关名词解释如下：

(1)精炼铜

按重量计含铜量至少为99.85%的金属；或按重量计含铜量至少为97.5%，但其他各种元素的含量不超过下表中规定的限量的金属：

其他元素表

元	素	所含重量百分比
Ag	银	0.25
As	砷	0.5
Cd	镉	1.3
Cr	铬	1.4
Mg	镁	0.8
Pb	铅	1.5
S	硫	0.7
Sn	锡	0.8
Te	碲	0.8
Zn	锌	1
Zr	锆	0.3
其他元素*，每种		0.3

*其他元素，例如，铝、铍、钴、铁、锰、镍、硅。

(2)铜合金

除未精炼铜以外的金属物质，按重量计含铜量大于其他元素单项含量，但：

①按重量计至少有一种其他元素的含量超过上表中规定的限量；

②按重量计其他元素的总含量超过2.5%。

(3)铜母合金

含有其他元素，但按重量计含铜量超过10%的合金，该合金无实用可锻性，通常用作生产其他合金的添加剂或用作冶炼有色金属的脱氧剂、脱硫剂及类似用途。但按重量计含磷量超过15%的磷化铜(磷铜)归入品目28.53。

(4)条、杆

轧、挤、拔或锻制的实心产品，非成卷的，其全长截面均为圆形、椭圆形、矩形(包括正方形)、等边三角形或规则外凸多边形(包括相对两边为弧拱形，另外两边为等长平行直线的“扁圆形”及“变形矩形”)。对于矩形(包括正方形)、三角形或多边形截面的产品，其全长边角可经磨圆。矩形(包括“变形矩形”)截面的产品，其厚度应大于宽度的十分之一。所述条、杆也包括同样形状及尺寸的铸造或烧结产品。该产品在铸造或烧结后再经加工(简单剪修或去氧化皮的除外)，但不具有其他品目所列制品或产品的特征。

线锭及坯段,已具锥形尾端或经其他简单加工以便送入机器制成盘条或管子等的,仍应作为未锻轧铜归入品目 74.03。

(5)型材及异型材

轧、挤、拔、锻制的产品或其他成型产品,不论是否成卷,其全长截面相同,但与条、杆、丝、板、片、带、箔、管的定义不相符合。同时也包括同样形状的铸造或烧结产品。该产品在铸造或烧结后再经加工(简单剪修或去氧化皮的除外),但不具有其他品目所列制品或产品的特征。

(6)丝

盘卷的轧、挤或拔制实心产品,其全长截面均为圆形、椭圆形、矩形(包括正方形)、等边三角形或规则外凸多边形(包括相对两边为弧拱形,另外两边为等长平行直线的"扁圆形"及"变形矩形")。对于矩形(包括正方形)、三角形或多边形截面的产品,其全长边角可经磨圆。矩形(包括"变形矩形")截面的产品,其厚度应大于宽度的十分之一。

(7)板、片、带、箔

成卷或非成卷的平面产品(品目 74.03 的未锻轧产品除外),截面均为厚度相同的实心矩形(不包括正方形),不论边角是否磨圆(包括相对两边为弧拱形,另外两边为等长平行直线的"变形矩形"),并且符合以下规格:

①矩形(包括正方形)的,厚度不超过宽度的十分之一;

②矩形或正方形以外形状的,任何尺寸,但不具有其他品目所列制品或产品的特征。

品目 74.09 及 74.10 还适用于具有花样(例如,凹槽、肋条形、格槽、珠粒及菱形)的板、片、带、箔以及穿孔、抛光、涂层或制成瓦楞形的这类产品,但不具有其他品目所列制品或产品的特征。

(8)管

全长截面及管壁厚度相同并只有一个闭合空间的空心产品,成卷或非成卷的,其截面为圆形、椭圆形、矩形(包括正方形)、等边三角形或规则外凸多边形。对于截面为矩形(包括正方形)、等边三角形或规则外凸多边形的产品,不论全长边角是否磨圆,只要其内外截面为同一圆心并为同样形状及同一轴向,也可视为管子。上述截面的管子可经抛光、涂层、弯曲、攻丝、钻孔、缩腰、胀口、成锥形或装法兰、颈圈或套环。

子目注释:

1. 本章所用有关名词解释如下:

(1)铜锌合金(黄铜)

铜与锌的合金,不论是否含有其他元素。含有其他元素时:

按重量计含锌量应大于其他各种元素的单项含量;

按重量计含镍量应低于 5%[参见铜镍锌合金(德银)];

按重量计含锡量应低于 3%[参见铜锡合金(青铜)]。

(2)铜锡合金(青铜)

铜与锡的合金,不论是否含有其他元素。含有其他元素时,按重量计含锡量应大于其他各种元素的单项含量。当按重量计含锡量在3%及以上时，锌的含量可大于锡的含量，但必须小于10%。

(3)铜镍锌合金(德银)

铜、镍、锌的合金，不论是否含有其他元素，按重量计含镍量在5%及以上[参见铜锌合金(黄铜)]。

(4)铜镍合金

铜与镍的合金，不论是否含有其他元素，但按重量计含锌量不得大于1%。

含有其他元素时，按重量计含镍量应大于其他各种元素的单项含量。

品　目	商品编码	商　品　名　称	计量单位
74.01		**铜锍;沉积铜(泥铜):**	
	7401.0000	铜锍;沉积铜(泥铜)	千克
74.02		**未精炼铜;电解精炼用的铜阳极:**	
	7402.0000	未精炼铜;电解精炼用的铜阳极	千克
74.03		**未锻轧的精炼铜及铜合金:**	
		-精炼铜:	
		--阴极及阴极型材:	
		---阴极:	
	7403.1111	----按重量计铜含量超过99.9935%的精炼铜阴极	千克
	7403.1119	----其他精炼铜阴极	千克
	7403.1190	---精炼铜阴极型材	千克
	7403.1200	--未锻轧的精炼铜线锭	千克
	7403.1300	--未锻轧的精炼铜坯段	千克
	7403.1900	--其他未锻轧的精炼铜	千克
		-铜合金:	
	7403.2100	--未锻轧的铜锌合金(黄铜)	千克
	7403.2200	--未锻轧的铜锡合金(青铜)	千克
	7403.2900	--其他未锻轧的铜合金(品目74.05的铜母合金除外)	千克
74.04		**铜废碎料:**	
	7404.0000	铜废碎料	千克
74.05		**铜母合金:**	
	7405.0000	铜母合金	千克
74.06		**铜粉及片状粉末:**	
		-非片状粉末:	
	7406.1010	---精炼铜非片状粉末	千克
	7406.1020	---铜镍合金(白铜)或铜镍锌合金(德银)非片状粉末	千克

品 目	商品编码	商 品 名 称	计量单位
	7406.1030	---铜锌合金(黄铜)非片状粉末	千克
	7406.1040	---铜锡合金(青铜)非片状粉末	千克
	7406.1090	---其他铜合金非片状粉末	千克
		-片状粉末:	
	7406.2010	---精炼铜片状粉末	千克
	7406.2020	---铜镍合金或铜镍锌合金片状粉末	千克
	7406.2090	---其他铜合金片状粉末	千克
74.07		**铜条、杆、型材及异型材:**	
		-精炼铜制:	
	7407.1010	---铬锆铜制条、杆、型材及异型材	千克
	7407.1090	---其他精炼铜条、杆、型材及异型材	千克
		-铜合金制:	
		--铜锌合金(黄铜)制:	
		---条、杆:	
	7407.2111	----铜锌合金(黄铜)条、杆,直线度不大于0.5毫米/米	千克
	7407.2119	----铜锌合金(黄铜)条、杆,直线度大于0.5毫米/米	千克
	7407.2190	---铜锌合金(黄铜)制型材及异型材	千克
	7407.2900	--其他铜合金条、杆、型材及异型材	千克
74.08		**铜丝:**	
		-精炼铜制:	
	7408.1100	--最大截面尺寸超过6毫米的精炼铜丝	千克
	7408.1900	--其他精炼铜丝	千克
		-铜合金制:	
	7408.2100	--铜锌合金丝	千克
		--铜镍合金(白铜)丝或铜镍锌合金(德银)丝:	
	7408.2210	---铜镍锌铅合金(加铅德银)丝	千克
	7408.2290	---其他铜镍合金(白铜)丝或铜镍锌合金(德银)丝	千克
	7408.2900	--其他铜合金丝	千克
74.09		**铜板、片及带,厚度超过0.15毫米:**	
		-精炼铜制:	
		--盘卷的:	
	7409.1110	---含氧量不超过10PPM盘卷的精炼铜板、片及带,厚度超过0.15毫米	千克
	7409.1190	---其他盘卷的精炼铜板、片及带,厚度超过0.15毫米	千克

品　目	商品编码	商　品　名　称	计量单位
	7409.1900	--其他精炼铜板、片及带,厚度超过0.15毫米	千克
		-铜锌合金(黄铜)制:	
	7409.2100	--盘卷的铜锌合金板、片及带,厚度超过0.15毫米	千克
	7409.2900	--其他铜锌合金板、片及带,厚度超过0.15毫米	千克
		-铜锡合金(青铜)制:	
	7409.3100	--盘卷的铜锡合金板、片及带,厚度超过0.15毫米	千克
	7409.3900	--其他铜锡合金板、片及带,厚度超过0.15毫米	千克
	7409.4000	-铜镍合金或铜镍锌合金板、片及带,厚度超过0.15毫米	千克
	7409.9000	-其他铜合金板、片及带,厚度超过0.15毫米	千克
74.10		**铜箔(不论是否印花或用纸、纸板、塑料或类似材料衬背),厚度(衬背除外)不超过0.15毫米:**	
		-无衬背:	
	7410.1100	--无衬背精炼铜箔,厚度不超过0.15毫米	千克
		--铜合金制箔:	
	7410.1210	---无衬背铜镍合金或铜镍锌合金箔,厚度不超过0.15毫米	千克
	7410.1290	---其他无衬背铜合金箔,厚度不超过0.15毫米	千克
		-有衬背:	
		--精炼铜制:	
	7410.2110	---印制电路用覆铜板	千克
	7410.2190	---其他有衬背精炼铜箔,厚度(衬背除外)不超过0.15毫米	千克
		--铜合金制:	
	7410.2210	---有衬背铜镍合金或铜镍锌合金箔,厚度(衬背除外)不超过0.15毫米	千克
	7410.2290	---其他有衬背铜合金箔,厚度(衬背除外)不超过0.15毫米	千克
74.11		**铜管:**	
		-精炼铜制:	
		---外径不超过25毫米的:	
	7411.1011	----带有螺纹或翅片的精炼铜管,外径不超过25毫米	千克
	7411.1019	----其他精炼铜管,外径不超过25毫米	千克
	7411.1020	---外径超过70毫米的精炼铜管	千克
	7411.1090	---其他精炼铜管,外径超过25毫米但不超过70毫米	千克
		-铜合金制:	
		--铜锌合金(黄铜)制:	

品 目	商品编码	商 品 名 称	计量单位
	7411.2110	---盘卷的铜锌合金(黄铜)管	千克
	7411.2190	---其他铜锌合金(黄铜)管	千克
	7411.2200	--铜镍合金(白铜)或铜镍锌合金(德银)管	千克
	7411.2900	--其他铜合金管	千克
74.12		**铜制管子附件(例如,接头、肘管、管套):**	
	7412.1000	-精炼铜管子附件	千克
		-铜合金制:	
	7412.2010	---铜镍合金或铜镍锌合金管子附件	千克
	7412.2090	---其他铜合金管子附件	千克
74.13		**非绝缘的铜丝绞股线、缆、编带及类似品:**	
	7413.0000	非绝缘的铜丝绞股线、缆、编带及类似品	千克
74.15		**铜制或钢铁制带铜头的钉、平头钉、图钉、U形钉(品目83.05的货品除外)及类似品;铜制螺钉、螺栓、螺母、钩头螺钉、铆钉、销、开尾销、垫圈(包括弹簧垫圈)及类似品:**	
	7415.1000	-铜制或钢铁制带铜头的钉、平头钉、图钉、U形钉及类似品	千克
		-其他无螺纹制品:	
	7415.2100	--铜制垫圈(包括弹簧垫圈)	千克
	7415.2900	--其他铜制无螺纹制品	千克
		-其他螺纹制品:	
		--其他螺钉;螺栓及螺母:	
	7415.3310	---铜制木螺钉	千克
	7415.3390	---铜制其他螺钉;螺栓及螺母	千克
	7415.3900	--其他铜制螺纹制品	千克
74.18		**餐桌、厨房或其他家用铜制器具及其零件;铜制擦锅器、洗刷擦光用的块垫、手套及类似品;铜制卫生器具及其零件:**	
		-餐桌、厨房或其他家用铜制器具及其零件;擦锅器及洗刷擦光用的块垫、手套及类似品:	
	7418.1010	---铜制擦锅器及洗刷擦光用的块垫、手套及类似品	千克
	7418.1020	---非电热的铜制家用烹饪器具及其他零件	千克
	7418.1090	---其他餐桌、厨房或其他家用铜制器具及其零件	千克
	7418.2000	-铜制卫生器具及其零件	千克
74.19		**其他铜制品:**	
	7419.1000	-铜制链条及其零件	千克
		-其他:	
		--铸造、模压、冲压或锻造,但未经进一步加工的:	

品 目	商品编码	商 品 名 称	计量单位
	7419.9110	---铸造、模压、冲压或锻造的工业用铜制品	千克
	7419.9190	---铸造、模压、冲压或锻造的非工业用铜制品	千克
		--其他：	
	7419.9920	---铜弹簧	千克
	7419.9930	---铜丝制的布(包括环形带)	千克
	7419.9940	---铜丝制的网、格栅、网眼铜板	千克
	7419.9950	---非电热的铜制家用供暖器具及其零件	千克
		---其他：	
	7419.9991	----未列名工业用铜制品	千克
	7419.9999	----未列名非工业用铜制品	千克

第七十五章 镍及其制品

注释：

1. 本章所用有关名词解释如下：

(1)条、杆

轧、挤、拔或锻制的实心产品，非成卷的，其全长截面均为圆形、椭圆形、矩形（包括正方形）、等边三角形或规则外凸多边形（包括相对两边为弧拱形，另外两边为等长平行直线的“扁圆形”及“变形矩形”）。对于矩形（包括正方形）、三角形或多边形截面的产品，其全长边角可经磨圆。矩形（包括“变形矩形”）截面的产品，其厚度应大于宽度的十分之一。所述条、杆也包括同样形状及尺寸的铸造或烧结产品。该产品在铸造或烧结后再经加工（简单剪修或去氧化皮的除外），但不具有其他品目所列制品或产品的特征。

(2)型材及异型材

轧、挤、拔、锻制的产品或其他成型产品，不论是否成卷，其全长截面相同，但与条、杆、丝、板、片、带、箔、管的定义不相符合。同时也包括同样形状的铸造或烧结产品。该产品在铸造或烧结后再经加工（简单剪修或去氧化皮的除外），但不具有其他品目所列制品或产品的特征。

(3)丝

盘卷的轧、挤或拔制实心产品，其全长截面均为圆形、椭圆形、矩形（包括正方形）、等边三角形或规则外凸多边形（包括相对两边为弧拱形，另外两边为等长平行直线的“扁圆形”及“变形矩形”）。对于矩形（包括正方形）、三角形或多边形截面的产品，其全长边角可经磨圆。矩形（包括“变形矩形”）截面的产品，其厚度应大于宽度的十分之一。

(4)板、片、带、箔

成卷或非成卷的平面产品（品目 75.02 的未锻轧产品除外），截面均为厚度相同的实心矩形（不包括正方形），不论边角是否磨圆（包括相对两边为弧拱形，另外两边为等长平行直线的“变形矩形”），并且符合以下规格：

①矩形（包括正方形）的，厚度不超过宽度的十分之一；

②矩形或正方形以外形状的，任何尺寸，但不具有其他品目所列制品或产品的特征。

品目 75.06 还适用于具有花样（例如，凹槽、肋条形、格槽、珠粒及菱形）的板、片、带、箔以及穿孔、抛光、涂层或制成瓦楞形的这类产品，但不具有其他品目所列制品或产品的特征。

(5)管

全长截面及管壁厚度相同并只有一个闭合空间的空心产品，成卷或非成卷的，其截面为圆形、椭圆形、矩形（包括正方形）、等边三角形或规则外凸多边形。对于截面为矩形(包括正方形)、等边三角形或规则外凸多边形的产品,不论全长边角是否磨圆,只要其内外截面为同一圆心并为同样形状及同一轴向,也可视为管子。上述截面的管子可经抛光、涂层、弯曲、攻丝、钻孔、缩腰、胀口、成锥形或装法兰、颈圈或套环。

子目注释:

1. 本章所用有关名词解释如下:

(1)非合金镍

按重量计镍及钴的含量至少为99%的金属,但:

①按重量计含钴量不超过1.5%;以及

②按重量计其他各种元素的含量不超过下表中规定的限量:

其他元素表

元　素		所含重量百分比
Fe	铁	0.5
O	氧	0.4
其他元素,每种		0.3

(2)镍合金

按重量计含镍量大于其他元素单项含量的金属物质,但:

①按重量计含钴量超过1.5%;

②按重量计至少有一种其他元素的含量超过上表中规定的限量;或

③除镍及钴以外,按重量计其他元素的总含量超过1%。

2. 子目7508.10所称"丝",不受本章注释3的限制,仅适用于任何截面形状,但截面直径不超过6毫米的产品,不论是否盘卷。

品　目	商品编码	商　品　名　称	计量单位
75.01		**镍锍、氧化镍烧结物及镍冶炼的其他中间产品:**	
	7501.1000	-镍锍	千克
		-氧化镍烧结物及镍冶炼的其他中间产品:	
	7501.2010	---镍湿法冶炼中间产品	千克
	7501.2090	---其他氧化镍烧结物及镍冶炼的其他中间产品	千克
75.02		**未锻轧镍:**	
		-非合金镍:	
	7502.1010	---按重量计镍、钴总量在99.99%及以上,但钴含量不超过0.005%的未锻轧非合金镍	千克
	7502.1090	---其他未锻轧非合金镍	千克
	7502.2000	-未锻轧的镍合金	千克

品 目	商品编码	商 品 名 称	计量单位
75.03		**镍废碎料：**	
	7503.0000	镍废碎料	千克
75.04		**镍粉及片状粉末：**	
	7504.0010	---非合金镍粉及片状粉末	千克
	7504.0020	---合金镍粉及片状粉末	千克
75.05		**镍条、杆、型材及异型材或丝：**	
		-条、杆、型材及异型材：	
	7505.1100	--非合金镍条、杆、型材及异型材	千克
	7505.1200	--镍合金条、杆、型材及异型材	千克
		-丝：	
	7505.2100	--非合金镍丝	千克
	7505.2200	--镍合金丝	千克
75.06		**镍板、片、带、箔：**	
	7506.1000	-非合金镍板、片、带、箔	千克
	7506.2000	-镍合金板、片、带、箔	千克
75.07		**镍管及管子附件(例如，接头、肘管、管套)：**	
		-镍管：	
	7507.1100	--非合金镍管	千克
	7507.1200	--镍合金管	千克
	7507.2000	-镍管子附件	千克
75.08		**其他镍制品：**	
		-镍丝布、格栅及网：	
	7508.1010	---镍丝布	千克
	7508.1080	---工业用镍格栅及网	千克
	7508.1090	---非工业用镍格栅及网	千克
		-其他：	
	7508.9010	---电镀用镍阳极	千克
	7508.9080	---其他工业用镍制品	千克
	7508.9090	---其他非工业用镍制品	千克

第七十六章　铝及其制品

注释：

1. 本章所用有关名词解释如下：

(1)条、杆

轧、挤、拔或锻制的实心产品，非成卷的，其全长截面均为圆形、椭圆形、矩形(包括正方形)、等边三角形或规则外凸多边形(包括相对两边为弧拱形，另外两边为等长平行直线的“扁圆形”及“变形矩形”)。对于矩形(包括正方形)、三角形或多边形截面的产品，其全长边角可经磨圆。矩形(包括“变形矩形”)截面的产品，其厚度应大于宽度的十分之一。所述条、杆也包括同样形状及尺寸的铸造或烧结产品。该产品在铸造或烧结后再经加工(简单剪修或去氧化皮的除外)，但不具有其他品目所列制品或产品的特征。

(2)型材及异型材

轧、挤、拔、锻制的产品或其他成型产品，不论是否成卷，其全长截面相同，但与条、杆、丝、板、片、带、箔、管的定义不相符合。同时也包括同样形状的铸造或烧结产品。该产品在铸造或烧结后再经加工(简单剪修或去氧化皮的除外)，但不具有其他品目所列制品或产品的特征。

(3)丝

盘卷的轧、挤或拔制实心产品，其全长截面均为圆形、椭圆形、矩形(包括正方形)、等边三角形或规则外凸多边形(包括相对两边为弧拱形，另外两边为等长平行直线的“扁圆形”及“变形矩形”)。对于矩形(包括正方形)、三角形或多边形截面的产品，其全长边角可经磨圆。矩形(包括“变形矩形”)截面的产品，其厚度应大于宽度的十分之一。

(4)板、片、带、箔

成卷或非成卷的平面产品(品目 76.01 的未锻轧产品除外)，截面均为厚度相同的实心矩形(不包括正方形)，不论边角是否磨圆(包括相对两边为弧拱形，另外两边为等长平行直线的“变形矩形”)，并且符合以下规格：

①矩形(包括正方形)的，厚度不超过宽度的十分之一；

②矩形或正方形以外形状的，任何尺寸，但不具有其他品目所列制品或产品的特征。品目76.06和 76.07 还适用于具有花样(例如，凹槽、肋条形、格槽、珠粒及菱形)的板、片、带、箔以及穿孔、抛光、涂层或制成瓦楞形的这类产品，但不具有其他品目所列制品或产品的特征。

(5)管

全长截面及管壁厚度相同并只有一个闭合空间的空心产品，成卷或非成卷的，其截面为圆形、椭圆形、矩形(包括正方形)、等边三角形或规则外凸多边形。对于截面为矩形(包括正方形)、等边三角形或规则外凸多边形的产品，不论全长边角是否磨圆，只要其内外截面为同一圆心并为同样形状及同一轴向，也可视为管子。上述截面的管子可经抛光、涂层、弯曲、攻丝、钻孔、缩腰、胀口、成锥形或装法兰、颈圈或套环。

子目注释：

1. 本章所用有关名词解释如下：

(1)非合金铝

按重量计含铝量至少为99%的金属，但其他各种元素的含量不超过下表中规定的限量：

其他元素表

元　　素	所含重量百分比
Fe+Si(铁+硅)	1
其他元素①，每种	0.1②

①其他元素，例如，铬、铜、镁、锰、镍、锌。

②含铜成分可大于0.1%，但不得大于0.2%，且铬和锰的含量均不得超过0.05%。

(2)铝合金

按重量计含铝量大于其他元素单项含量的金属物质，但：

①按重量计至少有一种其他元素或铁加硅的含量大于上表中规定的限量；或

②按重量计其他元素的总含量超过1%。

2. 子目7616.91所称“丝”，不受本章注释3的限制，仅适用于任何截面形状、截面直径不超过6毫米的产品，不论是否盘卷。

品　目	商品编码	商　品　名　称	计量单位
76.01		**未锻轧铝：**	
		-未锻轧的非合金铝：	
	7601.1010	---按重量计含铝量在99.95%及以上的未锻轧非合金铝	千克
	7601.1090	---按重量计含铝量低于99.95%的未锻轧非合金铝	千克
	7601.2000	-未锻轧的铝合金	千克
76.02		**铝废碎料：**	
	7602.0000	铝废碎料	千克
76.03		**铝粉及片状粉末：**	
	7603.1000	-铝非片状粉末	千克

品　目	商品编码	商　品　名　称	计量单位
	7603.2000	-铝片状粉末	千克
76.04		**铝条、杆、型材及异型材：**	
		-非合金铝制：	
	7604.1010	---非合金铝制条、杆	千克
	7604.1090	---非合金铝制型材及异型材	千克
		-铝合金制：	
	7604.2100	--铝合金制空心异型材	千克
		--其他：	
	7604.2910	---铝合金制条、杆	千克
	7604.2990	---其他铝合金制型材及异型材	千克
76.05		**铝丝：**	
		-非合金铝制：	
	7605.1100	--最大截面尺寸超过7毫米的非合金铝丝	千克
	7605.1900	--其他非合金铝丝	千克
		-铝合金制：	
	7605.2100	--最大截面尺寸超过7毫米的铝合金丝	千克
	7605.2900	--其他铝合金丝	千克
76.06		**铝板、片及带，厚度超过0.2毫米：**	
		-矩形（包括正方形）：	
		--非合金铝制：	
		---厚度在0.30毫米及以上，但不超过0.36毫米：	
	7606.1121	----铝塑复合的非合金铝矩形板、片及带，厚度在0.30毫米及以上，但不超过0.36毫米	千克
	7606.1129	----其他非合金铝矩形板、片及带，厚度在0.30毫米及以上，但不超过0.36毫米	千克
		---其他厚度超过0.2毫米的：	
	7606.1191	----其他厚度超过0.2毫米的铝塑复合的非合金铝矩形板、片及带	千克
	7606.1199	----其他厚度超过0.2毫米的非合金铝矩形板、片及带	千克
		--铝合金制：	
	7606.1220	---铝合金矩形板、片及带，厚度超过0.2毫米，但小于0.28毫米	千克
	7606.1230	---铝合金矩形板、片及带，厚度在0.28毫米及以上，但不超过0.35毫米	千克
		---铝合金矩形板、片及带，厚度在0.35毫米以上，但不超过4毫米：	

品 目	商品编码	商 品 名 称	计量单位
	7606.1251	----铝塑复合的铝合金矩形板、片及带,厚度在0.35毫米以上,但不超过4毫米	千克
	7606.1259	----其他铝合金矩形板、片及带,厚度在0.35毫米以上,但不超过4毫米	千克
	7606.1290	---铝合金矩形板、片及带,厚度超过4毫米	千克
		-其他:	
	7606.9100	--其他厚度超过0.2毫米的非合金铝板、片及带	千克
	7606.9200	--其他厚度超过0.2毫米的铝合金板、片及带	千克
76.07		**铝箔(不论是否印花或用纸、纸板、塑料或类似材料衬背),厚度(衬背除外)不超过0.2毫米:**	
		-无衬背:	
		--轧制后未经进一步加工的:	
	7607.1110	---轧制后未经进一步加工的无衬背铝箔,厚度不超过0.007毫米	千克
	7607.1120	---轧制后未经进一步加工的无衬背铝箔,厚度超过0.007毫米,但不超过0.01毫米	千克
	7607.1190	---轧制后未经进一步加工的无衬背铝箔,厚度超过0.01毫米,但不超过0.2毫米	千克
	7607.1900	--其他无衬背铝箔	千克
	7607.2000	-有衬背铝箔	千克
76.08		**铝管:**	
	7608.1000	-非合金铝管	千克
		-铝合金管:	
	7608.2010	---铝合金管,外径不超过10厘米	千克
		---铝合金管,外径超过10厘米:	
	7608.2091	----铝合金管,壁厚不超过25毫米,外径超过10厘米	千克
	7608.2099	----铝合金管,壁厚超过25毫米,外径超过10厘米	千克
76.09		**铝制管子附件(例如,接头、肘管、管套):**	
	7609.0000	铝制管子附件(例如,接头、肘管、管套)	千克
76.10		**铝制结构体(品目94.06的活动房屋除外)及其部件(例如,桥梁及桥梁体段、塔、格构杆、屋顶、屋顶框架、门窗及其框架、门槛、栏杆、支柱及立柱);上述结构体用的已加工铝板、杆、型材、异型材、管子及类似品:**	
	7610.1000	-铝制门窗及其框架、门槛	千克
	7610.9000	-其他铝制结构体;铝制结构体用部件及已加工铝材	千克

品　目	商品编码	商　品　名　称	计量单位
76.11		**盛装物料用的铝制槽、罐、桶及类似容器(装压缩气体或液化气体的除外),容积超过300升,不论是否衬里或隔热,但无机械或热力装置:**	
	7611.0000	盛装物料用的铝制槽、罐、桶及类似容器(装压缩气体或液化气体的除外),容积超过300升,不论是否衬里或隔热,但无机械或热力装置	千克
76.12		**盛装物料用的铝制桶、罐、听、盒及类似容器,包括软管容器及硬管容器(装压缩气体或液化气体的除外),容积不超过300升,不论是否衬里或隔热,但无机械或热力装置:**	
	7612.1000	-铝制软管容器	千克
		-其他:	
	7612.9010	---铝制易拉罐及罐体	千克
	7612.9090	---其他容积不超过300升的盛装物料用铝制容器	千克
76.13		**装压缩气体或液化气体用的铝制容器:**	
	7613.0010	---装压缩气体或液化气体零售包装用铝制容器	千克
	7613.0090	---装压缩气体或液化气体非零售包装用铝制容器	千克
76.14		**非绝缘的铝制绞股线、缆、编带及类似品:**	
	7614.1000	-非绝缘的钢芯铝制绞股线、缆、编带及类似品	千克
	7614.9000	-其他非绝缘的铝制绞股线、缆、编带及类似品	千克
76.15		**餐桌、厨房或其他家用铝制器具及其零件;铝制擦锅器、洗刷擦光用的块垫、手套及类似品;铝制卫生器具及其零件:**	
		-铝制餐桌、厨房或其他家用器具及其零件;擦锅器及洗刷擦光用的块垫、手套及类似品:	
	7615.1010	---铝制擦锅器、洗刷擦光用的块垫、手套及类似品	千克
	7615.1090	---其他铝制餐桌、厨房或其他家用器具及其零件	千克
	7615.2000	-铝制卫生器具及其零件	千克
76.16		**其他铝制品:**	
	7616.1000	-铝制钉、平头钉、U形钉(品目83.05的货品除外)、螺钉、螺栓、螺母、钩头螺钉、铆钉、销、开尾销、垫圈及类似品	千克
		-其他:	
	7616.9100	--铝丝制的布、网、篱及格栅	千克
		--其他铝制品:	
	7616.9910	---其他工业用铝制品	千克
	7616.9990	---其他非工业用铝制品	千克

第七十八章　铅及其制品

注释：

1. 本章所用有关名词解释如下：

(1)条、杆

轧、挤、拔或锻制的实心产品，非成卷的，其全长截面均为圆形、椭圆形、矩形(包括正方形)、等边三角形或规则外凸多边形(包括相对两边为弧拱形，另外两边为等长平行直线的"扁圆形"及"变形矩形")。对于矩形(包括正方形)、三角形或多边形截面的产品，其全长边角可经磨圆。矩形(包括"变形矩形")截面的产品，其厚度应大于宽度的十分之一。所述条、杆也包括同样形状及尺寸的铸造或烧结产品。该产品在造铸或烧结后再经加工(简单剪修或去氧化皮的除外)，但不具有其他品目所列制品或产品的特征。

(2)型材及异型材

轧、挤、拔、锻制的产品或其他成型产品，不论是否成卷，其全长截面相同，但与条、杆、丝、板、片、带、箔、管的定义不相符合。同时也包括同样形状的铸造或烧结产品。该产品在铸造或烧结后再经加工(简单剪修或去氧化皮的除外)，但不具有其他品目所列制品或产品的特征。

(3)丝

盘卷的轧、挤或拔制实心产品，其全长截面均为圆形、椭圆形、矩形(包括正方形)、等边三角形或规则外凸多边形(包括相对两边为弧拱形，另外两边为等长平行直线的"扁圆形"及"变形矩形")。对于矩形(包括正方形)、三角形或多边形截面的产品，其全长边角可经磨圆。矩形(包括"变形矩形")截面的产品，其厚度应大于宽度的十分之一。

(4)板、片、带、箔

成卷或非成卷的平面产品(品目78.01的未锻轧产品除外)，截面均为厚度相同的实心矩形(不包括正方形)，不论边角是否磨圆(包括相对两边为弧拱形，另外两边为等长平行直线的"变形矩形")，并且符合以下规格：

①矩形(包括正方形)的，厚度不超过宽度的十分之一；

②矩形或正方形以外形状的，任何尺寸，但不具有其他品目所列制品或产品的特征。

品目78.04还适用于具有花样(例如，凹槽、肋条形、格槽、珠粒及菱形)的板、片、带、箔以及穿孔、抛光、涂层或制成瓦楞形的这类产品，但不具有其他品目所列制品或产品的特征。

(5)管

全长截面及管壁厚度相同并只有一个闭合空间的实心产品，成卷或非成卷的，其截面为圆形、椭圆形、矩形(包括正方形)、等边三角形或规则外凸多边形。对于截面为矩形(包括正方形)、等边三角形或规则外凸多边形的产品,不论全长边角是否磨圆,只要其内外截面为同一圆心并为同样形状及同一轴向,也可视为管子。上述截面的管子可经抛光、涂层、弯曲、攻丝、钻孔、缩腰、胀口、成锥形或装法兰、颈圈或套环。

子目注释:

1. 本章所称“精炼铅”,是指:

按重量计含铅量至少为99.9%的金属,但其他各种元素的含量不超过下表中规定的限量:

其他元素表

元	素	所含重量百分比
Ag	银	0.02
As	砷	0.005
Bi	铋	0.05
Ca	钙	0.002
Cd	镉	0.002
Cu	铜	0.08
Fe	铁	0.002
S	硫	0.002
Sb	锑	0.005
Sn	锡	0.005
Zn	锌	0.002
其他(例如,碲),每种		0.001

品 目	商品编码	商 品 名 称	计量单位
78.01		**未锻轧铅:**	
	7801.1000	-未锻轧的精炼铅	千克
		-其他:	
	7801.9100	--按重量计所含其他元素是以锑为主的未锻轧铅	千克
	7801.9900	--其他未锻轧铅	千克
78.02		**铅废碎料:**	
	7802.0000	铅废碎料	千克

品　目	商品编码	商　品　名　称	计量单位
78.04		**铅板、片、带、箔；铅粉及片状粉末：**	
		-板、片、带、箔：	
	7804.1100	--铅片、带及厚度(衬背除外)不超过0.2毫米的箔	千克
	7804.1900	--铅板	千克
	7804.2000	-铅粉及片状粉末	千克
78.06		**其他铅制品：**	
	7806.0010	---铅条、杆、型材及异型材或丝	千克
	7806.0090	---其他铅制品	千克

第七十九章　锌及其制品

注释：

1. 本章所用名词解释如下：

（1）条、杆

轧、挤、拔或锻制的实心产品，非成卷的，其全长截面均为圆形、椭圆形、矩形（包括正方形）、等边三角形或规则外凸多边形（包括相对两边为弧拱形，另外两边为等长平行直线的"扁圆形"及"变形矩形"）。对于矩形（包括正方形）、三角形或多边形截面的产品，其全长边角可经磨圆。矩形（包括"变形矩形"）截面的产品，其厚度应大于宽度的十分之一。所述条、杆也包括同样形状及尺寸的铸造或烧结产品。该产品在铸造或烧结后再经加工（简单剪修或去氧化皮的除外），但不具有其他品目所列制品或产品的特征。

（2）型材及异型材

轧、挤、拔、锻制的产品或其他成型产品，不论是否成卷，其全长截面相同，但与条、杆、丝、板、片、带、箔、管的定义不相符合。同时也包括同样形状的铸造或烧结产品。该产品在铸造或烧结后再经加工（简单剪修或去氧化皮的除外），但不具有其他品目所列制品或产品的特征。

（3）丝

盘卷的轧、挤或拔制实心产品，其全长截面均为圆形、椭圆形、矩形（包括正方形）、等边三角形或规则外凸多边形（包括相对两边为弧拱形，另外两边为等长平行直线的"扁圆形"及"变形矩形"）。对于矩形（包括正方形）、三角形或多边形截面的产品，其全长边角可经磨圆。矩形（包括"变形矩形"）截面的产品，其厚度应大于宽度的十分之一。

（4）板、片、带、箔

成卷或非成卷的平面产品（品目79.01的未锻轧产品除外），截面均为厚度相同的实心矩形（不包括正方形），不论边角是否磨圆（包括相对两边为弧拱形，另外两边为等长平行直线的"变形矩形"），并且符合以下规格：

①矩形（包括正方形）的，厚度不超过宽度的十分之一；

②矩形或正方形以外形状的，任何尺寸，但不具有其他品目所列制品或产品的特征。

品目79.05还适用于具有花样（例如，凹槽、肋条形、格槽、珠粒及菱形）的板、片、带、箔以及穿孔、抛光、涂层或制成瓦楞形的这类产品，但不具有其他品目所列制品或产品的特征。

（5）管

全长截面及管壁厚度相同并只有一个闭合空间的空心产品，成卷或非成卷的，其截面为圆形、椭圆形、矩形（包括正方形）、等边三角形或规则外凸多边形。对于截面为矩形（包括正方形）、等边三角形或规则外凸多边形的产品，不论全长边角是否磨圆，只要其内外截面为同一圆心并为同样形状及同一轴向,也可视为管子。上述截面的管子可经抛光、涂层、弯曲、攻丝、钻孔、缩腰、胀口、成锥形或装法兰、颈圈或套环。

子目注释:

1. 本章所述有关名词解释如下:

(1)非合金锌

按重量计含锌量至少为97.5%的金属。

(2)锌合金

按重量计含锌量大于其他元素单项含量的金属物质,但按重量计其他元素的总含量超过2.5%。

(3)锌末

冷凝锌雾所得的锌末。该产品由球形微粒组成,比锌粉更为精细,按重量计至少80%的微粒可以通过孔径为63微米的筛子,而且必须含有按重量计至少为85%的金属锌。

品　目	商品编码	商　品　名　称	计量单位
79.01		**未锻轧锌:**	
		-非合金锌:	
		--按重量计含锌量在99.99%及以上:	
	7901.1110	---按重量计含锌量在99.995%及以上的未锻轧非合金锌	千克
	7901.1190	---按重量计含锌量在99.99%及以上,但低于99.995%的未锻轧非合金锌	千克
	7901.1200	--按重量计含锌量低于99.99%的未锻轧非合金锌	千克
	7901.2000	-未锻轧锌合金	千克
79.02		**锌废碎料:**	
	7902.0000	锌废碎料	千克
79.03		**锌末、锌粉及片状粉末:**	
	7903.1000	-锌末	千克
	7903.9000	-锌粉及片状粉末	千克
79.04		**锌条、杆、型材及异型材或丝:**	
	7904.0000	锌条、杆、型材及异型材或丝	千克
79.05		**锌板、片、带、箔:**	
	7905.0000	锌板、片、带、箔	千克
79.07		**其他锌制品:**	
	7907.0020	---锌管及锌制管子附件(例如,接头、肘管、管套)	千克
	7907.0030	---电池壳体坯料(锌饼)	千克
	7907.0090	---其他锌制品	千克

第八十章　锡及其制品

注释：

1. 本章所用有关名词解释如下：

(1)条、杆

轧、挤、拔或锻制的实心产品，非成卷的，其全长截面均为圆形、椭圆形、矩形（包括正方形）、等边三角形或规则外凸多边形（包括相对两边为弧拱形，另外两边为等长平行直线的"扁圆形"及"变形矩形"）。对于矩形（包括正方形）、三角形或多边形截面的产品，其全长边角可经磨圆。矩形（包括"变形矩形"）截面的产品，其厚度应大于宽度的十分之一。所述条、杆也包括同样形状及尺寸的铸造或烧结产品。该产品在铸造或烧结后再经加工（简单剪修或去氧化皮的除外），但不具有其他品目所列制品或产品的特征。

(2)型材及异型材

轧、挤、拔、锻制的产品或其他成型产品，不论是否成卷，其全长截面相同，但与条、杆、丝、板、片、带、箔、管的定义不相符合。同时也包括同样形状的铸造或烧结产品。该产品在铸造或烧结后再经加工（简单剪修或去氧化皮的除外），但不具有其他品目所列制品或产品的特征。

(3)丝

盘卷的轧、挤或拔制实心产品，其全长截面均为圆形、椭圆形、矩形（包括正方形）、等边三角形或规则外凸多边形（包括相对两边为弧拱形，另外两边为等长平行直线的"扁圆形"及"变形矩形"）。对于矩形（包括正方形）、三角形或多边形截面的产品，其全长边角可经磨圆。矩形（包括"变形矩形"）截面的产品，其厚度应大于宽度的十分之一。

(4)板、片、带、箔

成卷或非成卷的平面产品（品目80.01的未锻轧产品除外），截面均为厚度相同的实心矩形（不包括正方形），不论边角是否磨圆（包括相对两边为弧拱形，另外两边为等长平行直线的"变形矩形"），并且符合以下规格：

①矩形（包括正方形）的，厚度不超过宽度的十分之一；

②矩形或正方形以外形状的，任何尺寸，但不具有其他品目所列制品或产品的特征。

(5)管

全长截面及管壁厚度相同并只有一个闭合空间的空心产品，成卷或非成卷的，其截面圆形、椭圆形、矩形（包括正方形）、等边三角形或规则外凸多边形。对于截面为矩形（包括正方形）、等边三角形或规则外凸多边形的产品，不论全长边角是否磨圆，只要其内外截面为同一圆心并为同样形状及同一轴向，也可视为管子。上述截面的管子可经抛光、涂层、弯曲、攻丝、钻孔、缩腰、胀口、成锥形或装法兰、颈圈或套环。

子目注释：

1. 本章所用有关名词解释如下：

(1)非合金锡

按重量计含锡量至少为99%的金属，但含铋量或含铜量不超过下表中规定的限量：

其他元素表

元素		所含重量百分比
Bi	铋	0.1
Cu	铜	0.4

(2)锡合金

按重量计含锡量大于其他元素单项含量的金属物质，但：

①按重量计其他元素的总含量超过1%；或

②按重量计含铋量或含铜量应等于或大于上表中规定的限量。

品目	商品编码	商品名称	计量单位
80.01		**未锻轧锡：**	
	8001.1000	-未锻轧的非合金锡	千克
		-锡合金：	
	8001.2010	---未锻轧的锡基巴毕脱合金	千克
		---未锻轧的焊锡：	
	8001.2021	----按重量计含铅量在0.1%以下的未锻轧的焊锡	千克
	8001.2029	----其他未锻轧的焊锡	千克
	8001.2090	---其他未锻轧的锡	千克
80.02		**锡废碎料：**	
	8002.0000	锡废碎料	千克
80.03		**锡条、杆、型材及异型材或丝：**	
	8003.0000	锡条、杆、型材及异型材或丝	千克
80.07		**其他锡制品：**	
	8007.0020	---锡板、片及带，厚度超过0.2毫米	千克
	8007.0030	---锡箔(不论是否印花或用纸、纸板、塑料或类似材料衬背)，厚度(衬背除外)不超过0.2毫米；锡粉及片状粉末	千克
	8007.0040	---锡管及锡制管子附件(例如，接头、肘管、管套)	千克
	8007.0090	---其他锡制品	千克

第八十一章　其他贱金属、金属陶瓷及其制品

子目注释：

1. 第七十四章注释中有关“条、杆”“型材及异型材”“丝”及“板、片、带、箔”的规定也适用于本章。

品　目	商品编码	商　品　名　称	计量单位
81.01		钨及其制品，包括废碎料：	
	8101.1000	-钨粉	千克
		-其他：	
	8101.9400	--未锻轧钨，包括简单烧结而成的条、杆	千克
	8101.9600	--钨丝	千克
	8101.9700	--钨废碎料	千克
		--其他钨制品：	
	8101.9910	---钨条、杆（但简单烧结而成的除外）；钨制型材及异型材、板、片、带、箔	千克
	8101.9990	---其他钨制品	千克
81.02		钼及其制品，包括废碎料：	
	8102.1000	-钼粉	千克
		-其他：	
	8102.9400	--未锻轧钼，包括简单烧结而成的条、杆	千克
	8102.9500	--钼条、杆（但简单烧结而成的除外）；型材及异型材、板、片、带、箔	千克
	8102.9600	--钼丝	千克
	8102.9700	--钼废碎料	千克
	8102.9900	--其他钼制品	千克
81.03		钽及其制品，包括废碎料：	
		-未锻轧钽，包括简单烧结而成的条、杆、粉末：	
		---钽粉：	
	8103.2011	----松装密度小于每立方厘米2.2克的钽粉	千克
	8103.2019	----其他钽粉	千克
	8103.2090	---其他未锻轧钽，包括简单烧结而成的条、杆	千克
	8103.3000	-钽的废碎料	千克
		-其他：	
		---钽丝：	

品 目	商品编码	商 品 名 称	计量单位
	8103.9011	----直径小于0.5毫米的钽丝	千克
	8103.9019	----直径在0.5毫米及以上的钽丝	千克
	8103.9090	---未列名锻轧钽及钽制品	千克
81.04		**镁及其制品,包括废碎料:**	
		-未锻轧镁:	
	8104.1100	--含镁量至少为99.8%的未锻轧镁	千克
	8104.1900	--其他未锻轧镁	千克
	8104.2000	-镁废碎料	千克
	8104.3000	-镁锉屑、车屑及颗粒,已按规格分级;镁粉	千克
		-其他:	
	8104.9010	---锻轧镁	千克
	8104.9020	---镁制品	千克
81.05		**钴锍及其他冶炼钴时所得的中间产品;钴及其制品,包括废碎料:**	
		-钴锍及其他冶炼钴时所得的中间产品;未锻轧钴;粉末:	
	8105.2010	---钴湿法冶炼中间产品	千克
	8105.2020	---未锻轧钴	千克
	8105.2090	---其他钴锍及冶炼钴时所得的中间产品;粉末	千克
	8105.3000	-钴废碎料	千克
	8105.9000	-锻轧钴及钴制品	千克
81.06		**铋及其制品,包括废碎料:**	
	8106.0010	---未锻轧铋;废碎料;粉末	千克
	8106.0090	---锻轧铋及铋制品	千克
81.07		**镉及其制品,包括废碎料:**	
	8107.2000	-未锻轧镉;粉末	千克
	8107.3000	-镉废碎料	千克
	8107.9000	-锻轧镉及镉制品	千克
81.08		**钛及其制品,包括废碎料:**	
		-未锻轧钛;粉末:	
		---未锻轧钛:	
	8108.2021	----海绵钛	千克
	8108.2029	----其他未锻轧钛	千克
	8108.2030	---钛粉末	千克
	8108.3000	-钛废碎料	千克
		-锻轧钛及钛制品:	
	8108.9010	---钛条、杆、型材及异型材	千克

品　目	商品编码	商　品　名　称	计量单位
	8108.9020	---钛丝	千克
		---钛板、片、带、箔：	
	8108.9031	----厚度不超过 0.8 毫米的钛板、片、带、箔	千克
	8108.9032	----厚度超过 0.8 毫米的钛板、片、带	千克
	8108.9040	---钛管	千克
	8108.9090	---其他锻轧钛及钛制品	千克
81.09		**锆及其制品，包括废碎料：**	
	8109.2000	-未锻轧锆；粉末	千克
	8109.3000	-锆废碎料	千克
	8109.9000	-锻轧锆及锆制品	千克
81.10		**锑及其制品，包括废碎料：**	
		-未锻轧锑；粉末：	
	8110.1010	---未锻轧锑	千克
	8110.1020	---锑粉末	千克
	8110.2000	-锑废碎料	千克
	8110.9000	-其他锑及锑制品	千克
81.11		**锰及其制品，包括废碎料：**	
	8111.0010	---未锻轧锰；废碎料；粉末	千克
	8111.0090	---锻轧锰及锰制品	千克
81.12		**铍、铬、锗、钒、镓、铪、铟、铼、铌、铊及其制品，包括废碎料：**	
		-铍：	
	8112.1200	--未锻轧铍；粉末	千克
	8112.1300	--铍废碎料	千克
	8112.1900	--锻轧铍及铍制品	千克
		-铬：	
	8112.2100	--未锻轧铬；粉末	千克
	8112.2200	--铬废碎料	千克
	8112.2900	--锻轧铬及铬制品	千克
		-铊：	
	8112.5100	--未锻轧铊；粉末	千克
	8112.5200	--铊废碎料	千克
	8112.5900	--锻轧铊及铊制品	千克
		-其他：	
		--未锻轧的锗、钒、镓、铪、铟、铼、铌；废碎料；粉末：	
	8112.9210	---未锻轧的锗；废碎料；粉末	千克

品目	商品编码	商品名称	计量单位
	8112.9220	---未锻轧的钒;废碎料;粉末	千克
	8112.9230	---未锻轧的铟;废碎料;粉末	千克
	8112.9240	---未锻轧的铌;废碎料;粉末	千克
	8112.9290	---未锻轧的镓、铪、铼;废碎料;粉末	千克
		--锻轧的锗、钒、镓、铪、铟、铼、铌及其制品:	
	8112.9910	---锻轧的锗及其制品	千克
	8112.9920	---锻轧的钒及其制品	千克
	8112.9930	---锻轧的铟及其制品	千克
	8112.9940	---锻轧的铌及其制品	千克
	8112.9990	---锻轧的镓、铪、铼及其制品	千克
81.13		**金属陶瓷及其制品,包括废碎料:**	
	8113.0010	---金属陶瓷颗粒;粉末	千克
	8113.0090	---其他金属陶瓷及其制品,包括废碎料	千克

第八十二章　贱金属工具、器具、利口器、餐匙、餐叉及其零件

注释：

1. 除喷灯、轻便锻炉、带支架的砂轮、修指甲和修脚用器具及品目82.09的货品外，本章仅包括带有用下列材料制成的刀片、工作刃、工作面或其他工作部件的物品：
   (1)贱金属；
   (2)硬质合金或金属陶瓷；
   (3)装于贱金属、硬质合金或金属陶瓷底座上的宝石或半宝石(天然、合成或再造)；
   (4)附于贱金属底座上的磨料，当附上磨料后，所具有的切齿、沟、槽或类似结构仍保持其特性及功能。
2. 本章所列物品的贱金属零件，应与该制品归入同一品目，但具体列名的零件及手工工具的工具夹具(品目84.66)除外。第十五类注释2所述的通用零件，均不归入本章。电动剃须刀及电动毛发推剪的刀头、刀片应归入品目85.10。
3. 由品目82.11的一把或多把刀具与品目82.15至少数量相同的物品构成的成套货品应归入品目82.15。

品　目	商品编码	商　品　名　称	计量单位
82.01		**锹、铲、镐、锄、叉及耙；斧子、钩刀及类似砍伐工具；各种修枝用剪刀；镰刀、秣刀、树篱剪、伐木楔子及其他农业、园艺或林业用手工工具：**	
	8201.1000	-锹及铲	千克/把
	8201.3000	-镐、锄及耙	千克/把
	8201.4000	-斧子、钩刀及类似砍伐工具	千克/把
	8201.5000	-修枝剪及类似的单手操作剪刀(包括家禽剪)	千克/把
	8201.6000	-树篱剪、双手修枝剪及类似的双手操作剪刀	千克/把
		-用于农业、园艺或林业的其他手工工具：	
	8201.9010	---叉	千克/把
	8201.9090	---其他用于农业、园艺或林业的未列名手工工具	千克/把
82.02		**手工锯；各种锯的锯片(包括切条、切槽或无齿锯片)：**	
	8202.1000	-手工锯	千克/把
		-带锯片：	
	8202.2010	---双金属带锯条	千克
	8202.2090	---其他带锯片	千克
		-圆锯片(包括切条或切槽锯片)：	

品目	商品编码	商品名称	计量单位
	8202.3100	--带有钢制工作部件的圆锯片	千克
		--其他圆锯片,包括部件:	
	8202.3910	---带有天然或合成金刚石、立方氮化硼制部件的圆锯片	千克
	8202.3990	---其他圆锯片,包括部件	千克
	8202.4000	-链锯条	千克
		-其他锯片:	
		--直锯片,加工金属用:	
	8202.9110	---加工金属用的机械锯的直锯片	千克
	8202.9190	---其他加工金属用直锯片	千克
		--其他:	
	8202.9910	---其他机械锯用锯片	千克
	8202.9990	---未列名锯片	千克
82.03		**钢锉、木锉、钳子(包括剪钳)、镊子、白铁剪、切管器、螺栓切头器、打孔冲子及类似手工工具:**	
	8203.1000	-钢锉、木锉及类似工具	千克/把
	8203.2000	-钳子(包括剪钳)、镊子及类似工具	千克/把
	8203.3000	-白铁剪及类似工具	千克/把
	8203.4000	-切管器、螺栓切头器、打孔冲子及类似工具	千克/把
82.04		**手动扳手及扳钳(包括转矩扳手,但不包括丝锥扳手);可互换的扳手套筒,不论是否带手柄:**	
		-手动扳手及扳钳:	
	8204.1100	--固定的手动扳手及扳钳	千克/把
	8204.1200	--可调的手动扳手及扳钳	千克/把
	8204.2000	-可互换的扳手套筒,不论是否带手柄	千克/套
82.05		**其他处未列名的手工工具(包括玻璃刀);喷灯;台钳、夹钳及类似品,但作为机床或水射流切割机附件或零件的除外;砧;轻便锻炉;带支架的手摇或脚踏砂轮:**	
	8205.1000	-钻孔或攻丝工具	千克/个
	8205.2000	-锤子	千克/个
	8205.3000	-木工刨子、凿子及类似切削工具	千克/个
	8205.4000	-螺丝刀	千克/个
		-其他手工工具(包括玻璃刀):	
	8205.5100	--其他家用手工工具	千克/个
	8205.5900	--其他手工工具	千克/个

品 目	商品编码	商 品 名 称	计量单位
	8205.6000	-喷灯	千克/个
	8205.7000	-台钳、夹钳及类似品	千克/个
	8205.9000	-砧、轻便锻炉;带支架的手摇或脚踏砂轮;由本品目项下两个或多个子目所列物品组成的成套货品	千克
82.06		**由品目82.02至82.05中两个或两个以上品目的工具组成的零售包装成套货品:**	
	8206.0000	由品目82.02至82.05中两个或两个以上品目的工具组成的零售包装成套货品	千克
82.07		**手工具(不论是否有动力装置)及机床(例如,锻压、冲压、攻丝、钻孔、镗孔、铰孔及铣削、车削或上螺丝用的机器)的可互换工具,包括金属拉拔或挤压用模以及凿岩或钻探工具:**	
		-凿岩或钻探工具:	
	8207.1300	--带有金属陶瓷制工作部件的凿岩或钻探工具	千克
		--其他凿岩或钻探工具,包括部件:	
	8207.1910	---带有天然或合成金刚石、立方氮化硼制工作部件的凿岩或钻探工具	千克
	8207.1990	---其他材料制工作部件的凿岩或钻探工具	千克
		-金属拉拔或挤压用模:	
	8207.2010	---带有天然或合成金刚石、立方氮化硼制工作部件的金属拉拔或挤压用模	千克/套
	8207.2090	---其他材料制工作部件的金属拉拔或挤压用模	千克/套
	8207.3000	-锻压或冲压工具	千克
	8207.4000	-攻丝工具	千克/件
		-钻孔工具,但凿岩及钻探用的除外:	
	8207.5010	---带有天然或合成金刚石、立方氮化硼制工作部件的钻孔工具	千克/件
	8207.5090	---其他材料制工作部件的钻孔工具	千克/件
		-镗孔或铰孔工具:	
	8207.6010	---带有天然或合成金刚石、立方氮化硼制工作部件的镗孔或铰孔工具	千克/件
	8207.6090	---其他材料制工作部件的镗孔或铰孔工具	千克/件
		-铣削工具:	
	8207.7010	---带有天然或合成金刚石、立方氮化硼制工作部件的铣削工具	千克/件
	8207.7090	---其他铣削工具	千克/件

品目	商品编码	商品名称	计量单位
		-车削工具:	
	8207.8010	---带有天然或合成金刚石、立方氮化硼制工作部件的车削工具	千克/件
	8207.8090	---其他车削工具	千克/件
		-其他可互换工具:	
	8207.9010	---带有天然或合成金刚石、立方氮化硼制工作部件的未列名可互换工具	千克/件
	8207.9090	---其他材料制工作部件的未列名可互换工具	千克/件
82.08		**机器或机械器具的刀及刀片:**	
		-金属加工用:	
		---硬质合金制的金工机械用刀及刀片:	
	8208.1011	----经镀或涂层的硬质合金制的金工机械用刀及刀片	千克
	8208.1019	----其他硬质合金制的金工机械用刀及刀片	千克
	8208.1090	---其他金工机械用刀及刀片	千克
	8208.2000	-木工机械用刀及刀片	千克
	8208.3000	-厨房器具或食品工业机器用的刀及刀片	千克
	8208.4000	-农业、园艺或林业机器用的刀及刀片	千克
	8208.9000	-未列名机器或机械器具的刀及刀片	千克
82.09		**未装配的工具用金属陶瓷板、杆、刀头及类似品:**	
	8209.0010	---未装配的工具用金属陶瓷板	千克
		---未装配的工具用金属陶瓷条、杆:	
	8209.0021	----晶粒度小于0.8微米的未装配的工具用金属陶瓷条、杆	千克
	8209.0029	----晶粒度不小于0.8微米的未装配的工具用金属陶瓷条、杆	千克
	8209.0030	---未装配的工具用金属陶瓷刀头	千克
	8209.0090	---其他未装配的工具用金属陶瓷板、杆、刀头的类似品	千克
82.10		**用于加工或调制食品或饮料的手动机械器具,重量不超过10千克:**	
	8210.0000	用于加工或调制食品或饮料的手动机械器具,重量不超过10千克	千克/台
82.11		**有刃口的刀及其刀片,不论是否有锯齿(包括整枝刀),但品目82.08的刀除外:**	
	8211.1000	-成套的刀	千克/套
		-其他:	

品 目	商品编码	商 品 名 称	计量单位
	8211.9100	--刃面固定的餐刀	千克/把
	8211.9200	--刃面固定的其他刀	千克/把
	8211.9300	--可换刃面的刀	千克/把
	8211.9400	--品目82.11所列刀的刀片	千克
	8211.9500	--贱金属制刀柄	千克
82.12		**剃刀及其刀片(包括未分开的刀片条)：**	
	8212.1000	-剃刀	千克/把
	8212.2000	-安全刀片，包括未分开的刀片条	千克/片
	8212.9000	-其他剃刀零件	千克
82.13		**剪刀、裁缝剪刀及类似品、剪刀片：**	
	8213.0000	剪刀、裁缝剪刀及类似品、剪刀片	千克
82.14		**其他利口器(例如，理发推子、屠刀、砍骨刀、切肉刀、切菜刀、裁纸刀)；修指甲及修脚用具(包括指甲锉)：**	
	8214.1000	-裁纸刀、开信刀、改错刀、铅笔刀及其刀片	千克
	8214.2000	-修指甲及修脚用具(包括指甲锉)	千克
	8214.9000	-未列名利口器	千克
82.15		**餐匙、餐叉、长柄勺、漏勺、糕点夹、鱼刀、黄油刀、糖块夹及类似的厨房或餐桌用具：**	
	8215.1000	-成套的餐匙、餐叉、长柄勺、漏勺、糕点夹、鱼刀、黄油刀、糖块夹及类似的厨房或餐桌用具，至少其中一件物品是镀贵金属的	千克
	8215.2000	-未镀贵金属的成套餐匙、餐叉、长柄勺、漏勺、糕点夹、鱼刀、黄油刀、糖块夹及类似的厨房或餐桌用具	千克
		-其他：	
	8215.9100	--非成套镀贵金属的餐匙、餐叉、长柄勺、漏勺、糕点夹、鱼刀、黄油刀、糖块夹及类似的厨房或餐桌用具	千克
	8215.9900	--非成套未镀贵金属的餐匙、餐叉、长柄勺、漏勺、糕点夹、鱼刀、黄油刀、糖块夹及类似的厨房或餐桌用具	千克

第八十三章 贱金属杂项制品

注释:

1. 在本章,贱金属零件应与制品一同归类。但品目 73.12、73.15、73.17、73.18 及 73.20 的钢铁制品或其他贱金属(第七十四章至第七十六章及第七十八章至第八十一章)制的类似物品不应视为本章制品的零件。
2. 品目 83.02 所称"脚轮",是指直径(对于有胎的,连胎计算在内,下同)不超过 75 毫米的或直径虽超过 75 毫米,但所装轮或胎的宽度必须小于 30 毫米的脚轮。

品 目	商品编码	商 品 名 称	计量单位
83.01		**贱金属制的锁(钥匙锁、数码锁及电动锁);贱金属制带锁的扣环及扣环框架;上述锁的贱金属制钥匙:**	
	8301.1000	-挂锁	千克/把
		-机动车用锁:	
	8301.2010	---机动车用中央控制门锁	千克/套
	8301.2090	---机动车用其他锁	千克/套
	8301.3000	-家具用锁	千克/个
	8301.4000	-未列名锁	千克/个
	8301.5000	-带锁的扣环及扣环框架	千克
	8301.6000	-锁的零件	千克
	8301.7000	-钥匙	千克
83.02		**用于家具、门窗、楼梯、百叶窗、车厢、鞍具、衣箱、盒子及类似品的贱金属附件及架座;贱金属制帽架、帽钩、托架及类似品;用贱金属做支架的小脚轮;贱金属制的自动闭门器:**	
	8302.1000	-贱金属制铰链(折叶)	千克
	8302.2000	-贱金属制小脚轮	千克
	8302.3000	-机动车辆用的其他贱金属制附件及架座	千克
		-其他附件及架座:	
	8302.4100	--建筑用其他贱金属制附件及架座	千克
	8302.4200	--家具用其他贱金属制附件及架座	千克
	8302.4900	--鞍具、衣箱、盒子及类似品用其他贱金属制附件及架座	千克
	8302.5000	-贱金属制帽架、帽钩、托架及类似品	千克
	8302.6000	-贱金属制自动闭门器	千克/个

品　目	商品编码	商　品　名　称	计量单位
83.03		**装甲或加强的贱金属制保险箱、保险柜及保险库的门和带锁保险储存橱、钱箱、契约箱及类似品：**	
	8303.0000	装甲或加强的贱金属制保险箱、保险柜及保险库的门和带锁保险储存橱、钱箱、契约箱及类似品	千克/个
83.04		**贱金属制的档案柜、卡片索引柜、文件盘、文件篮、笔盘、公章架及类似的办公用具，但品目94.03的办公室家具除外：**	
	8304.0000	贱金属制的档案柜、卡片索引柜、文件盘、文件篮、笔盘、公章架及类似的办公用具，但品目94.03的办公室家具除外	千克
83.05		**活页夹、卷宗夹的贱金属附件，贱金属制的信夹、信角、文件夹、索引标签及类似的办公用品；贱金属制的成条订书钉（例如，供办公室、室内装饰或包装用）：**	
	8305.1000	-贱金属制活页夹或卷宗夹的附件	千克
	8305.2000	-贱金属制成条订书钉	千克
	8305.9000	-贱金属制信夹、信角、文件夹、索引标签及类似的办公用品，包括零件	千克
83.06		**非电动的贱金属铃、钟、锣及类似品；贱金属雕塑像及其他装饰品；贱金属相框或画框及类似框架；贱金属镜子：**	
	8306.1000	-非电动的贱金属铃、钟、锣及类似品	千克
		-雕塑像及其他装饰品：	
	8306.2100	--镀贵金属的雕塑像及其他装饰品	千克
		--其他：	
	8306.2910	---景泰蓝的雕塑像及其他装饰品	千克
	8306.2990	---未列名贱金属雕塑像及其他装饰品	千克
	8306.3000	-贱金属的相框、画框及类似框架；镜子	千克
83.07		**贱金属软管，不论是否有附件：**	
	8307.1000	-钢铁制软管，不论是否有附件	千克
	8307.9000	-其他贱金属制软管，不论是否有附件	千克
83.08		**贱金属制的扣、钩、环、眼及类似品，用于衣着或衣着附件、鞋靴、珠宝首饰、手表、书籍、天篷、皮革制品、旅行用品、马具或其他制成品；贱金属制的管形铆钉及开口铆钉；贱金属制的珠子及亮晶片：**	
	8308.1000	-贱金属制钩、环及眼	千克
	8308.2000	-贱金属制管形铆钉及开口铆钉	千克
	8308.9000	-其他贱金属制扣及类似品；珠子及亮晶片；包括零件	千克

品 目	商品编码	商 品 名 称	计量单位
83.09		**贱金属制的塞子、盖子(包括冠形瓶塞、螺口盖及倒水塞)、瓶帽、螺口塞、塞子帽、封志及其他包装用附件:**	
	8309.1000	-贱金属制冠形瓶塞	千克
	8309.9000	-贱金属制其他塞子、盖子、瓶帽、螺口塞、塞子帽、封志及其他包装用附件	千克
83.10		**贱金属制的标志牌、铭牌、地名牌及类似品、号码、字母及类似标志,但品目94.05的货品除外:**	
	8310.0000	贱金属制的标志牌、铭牌、地名牌及类似品、号码、字母及类似标志,但品目94.05的货品除外	千克
83.11		**贱金属或硬质合金制的丝、条、管、板、电极及类似品,以焊剂涂面或以焊剂为芯,用于焊接或沉积金属、硬质合金;贱金属粉粘聚而成的丝或条,供金属喷镀用:**	
	8311.1000	-以焊剂涂面的贱金属电极,电弧焊用	千克
	8311.2000	-以焊剂为芯的贱金属制焊丝,电弧焊用	千克
	8311.3000	-以焊剂涂面或以焊剂为芯的贱金属条或丝,钎焊或气焊用	千克
	8311.9000	-其他贱金属或硬质合金制的丝、条、管、板、电极及类似品,以焊剂涂面或以焊剂为芯,用于焊接或沉积金属、硬质合金;贱金属粉粘聚而成的丝或条,供金属喷镀用	千克

第十六类　机器、机械器具、电气设备及其零件；录音机及放声机、电视图像、声音的录制和重放设备及其零件、附件

注释：

1. 本类不包括：
(1)第三十九章的塑料或品目40.10的硫化橡胶制的传动带、输送带；除硬质橡胶以外的硫化橡胶制的机器、机械器具、电气器具或其他专门技术用途的物品(品目40.16)；
(2)机器、机械器具或其他专门技术用途的皮革、再生皮革(品目42.05)或毛皮(品目43.03)的制品；
(3)各种材料(例如，第三十九章、第四十章、第四十四章、第四十八章及第十五类的材料)制的筒管、卷轴、纡子、锥形筒管、芯子、线轴及类似品；
(4)提花机及类似机器用的穿孔卡片(例如，归入第三十九章、第四十八章或第十五类的)；
(5)纺织材料制的传动带、输送带及带料(品目59.10)或技术上用的其他纺织材料制品(品目59.11)；
(6)品目71.02至71.04的宝石或半宝石(天然、合成或再造)或品目71.16的完全以宝石或半宝石制成的物品，但已加工未装配的唱针用蓝宝石和钻石除外(品目85.22)；
(7)第十五类注释2所规定的贱金属制通用零件(第十五类)及塑料制的类似品(第三十九章)；
(8)钻管(品目73.04)；
(9)金属丝、带制的环形带(第十五类)；
(10)第八十二章或第八十三章的物品；
(11)第十七类的物品；
(12)第九十章的物品；
(13)钟、表或第九十一章的其他物品；
(14)品目82.07的可互换工具及品目96.03的作为机器零件的刷子；类似的可互换工具应按其构成工作部件的材料归类(例如，归入第四十章、第四十二章、第四十三章、第四十五章、第五十九章或品目68.04、68.09)；
(15)第九十五章的物品；
(16)打字机色带或类似色带，不论是否带轴或装盒(应按其材料属性归类；如已上油或经其他方法处理能着色的，应归入品目96.12)，或品目96.20的独脚架、双脚架、

三脚架及类似品。

2. 除本类注释1、第八十四章注释1及第八十五章注释1另有规定的以外,机器零件(不属于品目84.84、85.44、85.45、85.46或85.47所列物品的零件)应按下列规定归类:

(1)凡在第八十四章、第八十五章的品目(品目84.09、84.31、84.48、84.66、84.73、84.87、85.03、85.22、85.29、85.38及85.48除外)列名的货品,均应归入该两章的相应品目;

(2)专用于或主要用于某一种机器或同一品目的多种机器(包括品目84.79或85.43的机器)的零件,应与该种机器一并归类,或酌情归入品目84.09、84.31、84.48、84.66、84.73、85.03、85.22、85.29、85.38,但能同时主要用于品目85.17和85.25至85.28所列机器的零件,应归入品目85.17;

(3)所有其他零件应酌情归入品目84.09、84.31、84.48、84.66、84.73、85.03、85.22、85.29或85.38,如不能归入上述品目,则应归入品目84.87或85.48。

3. 由两部及两部以上机器装配在一起形成的组合式机器,或具有两种及两种以上互补或交替功能的机器,除条文另有规定的以外,应按具有主要功能的机器归类。

4. 由不同独立部件(不论是否分开或由管道、传动装置、电缆或其他装置连接)组成的机器(包括机组),如果组合后明显具有一种第八十四章或第八十五章某个品目所列功能,则全部机器应按其功能归入有关品目。

5. 上述各注释所称"机器",是指第八十四章或第八十五章各品目所列的各种机器、设备、装置及器具。

第八十四章　核反应堆、锅炉、机器、机械器具及其零件

注释:

1. 本章不包括:

(1)石磨、石碾及第六十八章的其他物品;

(2)陶瓷材料制的机器或器具(例如,泵)以及任何材料制机器或器具的陶瓷制零件(第六十九章);

(3)实验室用玻璃器(品目70.17),玻璃制的机器、器具或其他专门技术用途的物品及其零件(品目70.19或70.20);

(4)品目73.21或73.22的物品或其他贱金属制的类似物品(第七十四章至第七十六章或第七十八章至第八十一章);

(5)品目85.08的真空吸尘器;

(6)品目85.09的家用电动器具,品目85.25的数字照相机;

(7)第十七类物品用的散热器;

(8)非机动的手工操作地板清扫器(品目96.03)。

2. 除第十六类注释3及本章注释9另有规定以外,如果某种机器或器具既符合品目84.01至84.24或品目84.86中一个或几个品目的规定,又符合品目84.25至84.80

中一个或几个品目的规定，则应酌情归入品目 84.01 至 84.24 或品目 84.86 中的相应品目，而不归入品目 84.25 至 84.80 中的有关品目。

但品目 84.19 不包括：

(1)催芽装置、孵卵器或育雏器(品目 84.36)；

(2)谷物调湿机(品目 84.37)；

(3)萃取糖汁的浸提装置(品目 84.38)；

(4)纱线、织物及纺织制品的热处理机器(品目 84.51)；

(5)温度变化(即使必不可少)仅作为辅助功能的机器、设备或实验室设备。

品目 84.22 不包括：

(1)缝合袋子或类似品用的缝纫机；

(2)品目 84.72 的办公室用机器。

品目 84.24 不包括：

(1)喷墨印刷(打印)机器(品目 84.43)；或

(2)水射流切割机(品目 84.56)。

3. 如果用于加工各种材料的某种机床既符合品目 84.56 的规定，又符合品目 84.57、84.58、84.59、84.60、84.61、84.64 或 84.65 的规定，则应归入品目 84.56。

4. 品目 84.57 仅适用于可以完成下列不同形式机器操作的金属加工机床，但车床(包括车削中心)除外：

(1)按照机械加工程序从刀具库中自动更换刀具(加工中心)；

(2)同时或顺序地自动使用不同的动力头对固定不动的工件进行加工(单工位组合机床)；

(3)自动将工件送向不同的动力头(多工位组合机床)。

5. (1)品目 84.71 所称“自动数据处理设备”，是指具有如下功能的机器：

①存储处理程序及执行程序直接需要的起码的数据；

②按照用户的要求随意编辑程序；

③按照用户指令进行算术计算；以及

④在运行过程中，可不需人为干预而通过逻辑判断，执行一个处理程序，这个处理程序可改变计算机指令的执行。

(2)自动数据处理设备可以是一套由若干单独部件所组成的系统。

(3)除本注释(4)及(5)另有规定的以外，一个部件如果符合下列所有规定，即可视为自动数据处理系统的一部分：

①专用于或主要用于自动数据处理系统；

②可以直接或通过一个或几个其他部件同中央处理机相连接；

③能够以本系统所使用的方式(代码或信号)接收或传送数据。

自动数据处理设备的部件如果单独报验，应归入品目 84.71。但是，键盘、X-Y 坐标输入装置及盘(片)式存储部件，只要符合上述注释(3)②及(3)③所列的规定，应一律作为品目 84.71 的部件归类。

(4)品目 84.71 不包括单独报验的下述设备，即使它们符合上述注释 5(3)的所有规定：

①打印机、复印机、传真机,不论是否组合式;
②发送或接收声音、图像或其他数据的设备,包括无线或有线网络(例如,局域网或广域网)通信设备;
③扬声器及传声器(麦克风);
④电视摄像机、数字照相机及视频摄录一体机;
⑤监视器及投影机,未装有电视接收装置。

(5)装有自动数据处理设备或与自动数据处理设备连接使用,但从事数据处理以外的某项专门功能的机器,应按其功能归入相应的品目,对于无法按功能归类的,应归入未列名品目。

6. 品目 84.82 还包括最大直径及最小直径与标称直径相差均不超过 1%或 0.05 毫米(以相差数值较小的为准)的抛光钢珠,其他钢珠归入品目 73.26。

7. 具有一种以上用途的机器在归类时,其主要用途可作为唯一的用途对待。
除本章注释 2、第十六类注释 3 另有规定的以外,凡任何品目都未列明其主要用途的机器,以及没有哪一种用途是主要用途的机器,均应归入品目 84.79。品目 84.79 还包括将金属丝、纱线或其他各种材料以及它们的混合材料制成绳、缆的机器(例如,捻股机、绞扭机、制缆机)。

8. 品目 84.70 所称"袖珍式"仅适用于外形尺寸不超过 170 毫米×100 毫米×45 毫米的机器。

9. (1)第八十五章注释 9(1)及 9(2)同样适用于本条注释及品目 84.86 中所称的"半导体器件"及"集成电路"。但本条注释及品目 84.86 所称"半导体器件",也包括光敏半导体器件及发光二极管(LED)。

(2)本条注释及品目 84.86 所称"平板显示器的制造",包括将各层基片制造成平板,但不包括玻璃的制造或将印刷电路板或其他电子元件装配在平板上。所称"平板显示"不包括阴极射线管技术。

(3)品目 84.86 也包括下列机器及装置,其专用或主要用于:
①制造或修补掩膜版及刻线;
②组装半导体器件或集成电路;
③升降、搬运、装卸单晶柱、晶圆、半导体器件、集成电路及平板显示器。

(4)除第十六类注释 1 及第八十四章注释 1 另有规定的以外,符合品目 84.86 规定的机器及装置,应归入该品目而不归入本目录的其他品目。

子目注释:

1. 子目 8465.20 所称"加工中心",仅适用于加工木材、软木、骨、硬质橡胶、硬质塑料或类似硬质材料的加工机床。这些设备可根据机械加工程序,从刀具库或类似装置中自动更换刀具,以完成不同形式的机械加工。
2. 子目 8471.49 所称"系统",是指各部件符合第八十四章章注 5(2)所列条件,并且至少由一个中央处理部件、一个输入部件(例如,键盘或扫描仪)和一个输出部件(例如,视频显示器或打印机)组成的自动数据处理设备。
3. 子目 8481.20 所称"油压或气压传动阀",是指在液压或气压系统中专用于传送"流体动力”的阀门，其能源以加压流体（液体或气体）的形式供给。这些阀门可以具有各种形式（例如，减压阀、止回阀）。子目8481.20优先于品目84.81的所有其他子目。

4. 子目8482.40仅包括滚柱直径相同，最大不超过5毫米，且长度至少是直径3倍的圆滚柱轴承，滚柱的两端可以磨圆。

品　目	商品编码	商　品　名　称	计量单位
84.01		**核反应堆；核反应堆的未辐照燃料元件（释热元件）；同位素分离机器及装置：**	
	8401.1000	-核反应堆	千克/台
	8401.2000	-同位素分离机器、装置及其零件	个/千克
		-未辐照燃料元件（释热元件）：	
	8401.3010	---未辐照燃料元件（释热元件）	千克
	8401.3090	---未辐照燃料元件的零件	千克
		-核反应堆零件：	
	8401.4010	---未辐照相关组件	千克/台
	8401.4020	---堆内构件	千克/台
	8401.4090	---其他核反应堆零件	千克/台
84.02		**蒸汽锅炉（能产生低压水蒸气的集中供暖用的热水锅炉除外）；过热水锅炉：**	
		-蒸汽锅炉：	
		--蒸发量超过45吨/时的水管锅炉：	
	8402.1110	---蒸发量在900吨/时及以上的发电用锅炉	台/千克
	8402.1190	---蒸发量超过45吨/时的其他水管锅炉	台/千克
	8402.1200	--蒸发量不超过45吨/时的水管锅炉	台/千克
	8402.1900	--未列名蒸汽锅炉，包括混合式锅炉	台/千克
	8402.2000	-过热水锅炉	台/千克
	8402.9000	-蒸汽及过热水锅炉零件	千克
84.03		**集中供暖用的热水锅炉，但品目84.02的货品除外：**	
		-集中供暖用的热水锅炉：	
	8403.1010	---家用型集中供暖用的热水锅炉	台/千克
	8403.1090	---其他集中供暖用的热水锅炉	台/千克
	8403.9000	-集中供暖用的热水锅炉零件	千克
84.04		**品目84.02或84.03所列锅炉的辅助设备（例如，节热器、过热器、除灰器、气体回收器）；水蒸气或其他蒸汽动力装置的冷凝器：**	
		-品目84.02或84.03所列锅炉的辅助设备：	
	8404.1010	---蒸汽锅炉和过热水锅炉的辅助设备	千克

品 目	商品编码	商 品 名 称	计量单位
	8404.1020	---集中供暖用锅炉的辅助设备	千克
	8404.2000	-水蒸气或其他蒸汽动力装置的冷凝器	千克
		-零件:	
	8404.9010	---编码 8404.1020 所列设备的零件	千克
	8404.9090	---编码 8404.1010、8404.2000 所列设备的零件	千克
84.05		**煤气发生器,不论有无净化器;乙炔发生器及类似水解气体发生器,不论有无净化器:**	
	8405.1000	-煤气发生器;乙炔发生器及类似水解气体发生器	千克
	8405.9000	-煤气发生器、乙炔发生器及类似水解气体发生器的零件	千克
84.06		**汽轮机:**	
	8406.1000	-船舶动力用汽轮机	台/千克
		-其他汽轮机:	
		--输出功率超过 40 兆瓦的汽轮机:	
	8406.8110	---输出功率超过 40 兆瓦,但不超过 100 兆瓦的汽轮机	台/千克
	8406.8120	---输出功率超过 100 兆瓦,但不超过 350 兆瓦的汽轮机	台/千克
	8406.8130	---输出功率超过 350 兆瓦的汽轮机	台/千克
	8406.8200	--输出功率不超过 40 兆瓦的汽轮机	台/千克
	8406.9000	-汽轮机零件	千克
84.07		**点燃往复式或旋转式活塞内燃发动机:**	
		-航空器用点燃往复式或旋转式活塞内燃发动机:	
	8407.1010	---输出功率不超过 298 千瓦的航空器用点燃往复式或旋转式活塞内燃发动机	台/千克
	8407.1020	---输出功率超过 298 千瓦的航空器用点燃往复式或旋转式活塞内燃发动机	台/千克
		-船舶发动机:	
	8407.2100	--船舶用点燃往复式或旋转式活塞内燃发动机,舷外式	台/千克
	8407.2900	--船舶用其他点燃往复式或旋转式活塞内燃发动机	台/千克
		-用于第八十七章所列车辆的往复式活塞发动机:	
	8407.3100	--排气量不超过 50 毫升的车辆用往复式活塞发动机	台/千克
	8407.3200	--排气量超过 50 毫升,但不超过 250 毫升的车辆用往复式活塞发动机	台/千克
	8407.3300	--排气量超过 250 毫升,但不超过 1000 毫升的车辆用往复式活塞发动机	台/千克
		--排气量超过 1000 毫升的车辆用往复式活塞发动机:	

品目	商品编码	商品名称	计量单位
	8407.3410	---排气量超过1000毫升,但不超过3000毫升的车辆用往复式活塞发动机	台/千克
	8407.3420	---排气量超过3000毫升的车辆用往复式活塞发动机	台/千克
		-其他点燃式活塞内燃发动机:	
	8407.9010	---沼气发动机	台/千克
	8407.9090	---未列名点燃式活塞内燃发动机	台/千克
84.08		**压燃式活塞内燃发动机(柴油或半柴油发动机):**	
	8408.1000	-船舶用压燃式活塞内燃发动机	台/千克
		-第八十七章车辆用压燃式活塞内燃发动机:	
	8408.2010	---输出功率在132.39千瓦(180马力)及以上车辆用压燃式活塞内燃发动机	台/千克
	8408.2090	---其他车辆用压燃式活塞内燃发动机	台/千克
		-其他发动机:	
	8408.9010	---机车用压燃式活塞内燃发动机	台/千克
		---其他:	
	8408.9091	----其他输出功率不超过14千瓦的压燃式活塞内燃发动机	台/千克
	8408.9092	----其他输出功率超过14千瓦,但小于132.39千瓦(180马力)的压燃式活塞内燃发动机	台/千克
	8408.9093	----其他输出功率在132.39千瓦(180马力)及以上的压燃式活塞内燃发动机	台/千克
84.09		**专用于或主要用于品目84.07或84.08所列发动机的零件:**	
	8409.1000	-航空器发动机零件	千克
		-其他:	
		--专用于或主要用于点燃式活塞内燃发动机的:	
	8409.9110	---船舶用点燃式活塞内燃发动机的零件	千克
		---其他点燃式活塞内燃发动机的零件:	
	8409.9191	----电控燃油喷射装置	千克/套
	8409.9199	----其他点燃式活塞内燃发动机的零件	千克
		--其他:	
	8409.9910	---船舶用压燃式活塞内燃发动机的零件	千克
	8409.9920	---机车用压燃式活塞内燃发动机的零件	千克
		---其他:	
	8409.9991	----输出功率在132.39千瓦(180马力)及以上压燃式活塞内燃发动机的零件	千克

品　目	商品编码	商　品　名　称	计量单位
	8409.9999	----其他压燃式活塞内燃发动机的零件	千克
84.10		**水轮机、水轮及其调节器：**	
		-水轮机及水轮：	
	8410.1100	--功率不超过1000千瓦的水轮机及水轮	台/千克
	8410.1200	--功率超过1000千瓦，但不超过10000千瓦的水轮机及水轮	台/千克
		--功率超过10000千瓦的水轮机及水轮：	
	8410.1310	---功率超过30000千瓦的冲击式水轮机及水轮	台/千克
	8410.1320	---功率超过35000千瓦的贯流式水轮机及水轮	台/千克
	8410.1330	---功率超过200000千瓦的水泵水轮机及水轮	台/千克
	8410.1390	---其他功率超过10000千瓦的水轮机及水轮	台/千克
		-水轮机及水轮的零件，包括调节器：	
	8410.9010	---水轮机及水轮的调节器	千克/套
	8410.9090	---其他水轮机及水轮的零件	千克
84.11		**涡轮喷气发动机，涡轮螺桨发动机及其他燃气轮机：**	
		-涡轮喷气发动机：	
		--推力不超过25千牛顿的涡轮喷气发动机：	
	8411.1110	---推力不超过25千牛顿的涡轮风扇喷气发动机	台/千克
	8411.1190	---其他推力不超过25千牛顿的涡轮喷气发动机	台/千克
		--推力超过25千牛顿的涡轮喷气发动机：	
	8411.1210	---推力超过25千牛顿的涡轮风扇喷气发动机	台/千克
	8411.1290	---其他推力超过25千牛顿的涡轮喷气发动机	台/千克
		-涡轮螺桨发动机：	
	8411.2100	--功率不超过1100千瓦的涡轮螺桨发动机	台/千克
		--功率超过1100千瓦的涡轮螺桨发动机：	
	8411.2210	---功率超过1100千瓦，但不超过2238千瓦的涡轮螺桨发动机	台/千克
	8411.2220	---功率超过2238千瓦，但不超过3730千瓦的涡轮螺桨发动机	台/千克
	8411.2230	---功率超过3730千瓦的涡轮螺桨发动机	台/千克
		-其他燃气轮机：	
	8411.8100	--功率不超过5000千瓦的其他燃气轮机	台/千克
	8411.8200	--功率超过5000千瓦的其他燃气轮机	台/千克
		-零件：	
	8411.9100	--涡轮喷气发动机或涡轮螺桨发动机的零件	千克
		--其他燃气轮机的零件：	

品 目	商品编码	商 品 名 称	计量单位
	8411.9910	---涡轮轴发动机用零件	千克
	8411.9990	---未列名燃气轮机的零件	千克
84.12		**其他发动机及动力装置：**	
		-喷气发动机，但涡轮喷气发动机除外：	
	8412.1010	---航空器及航天器用喷气发动机，涡轮喷气发动机除外	台/千克
	8412.1090	---其他喷气发动机，涡轮喷气发动机除外	台/千克
		-液压动力装置：	
	8412.2100	--直线作用（液压缸）的液压动力装置	台/千克
		--其他液压动力装置：	
	8412.2910	---液压马达	台/千克
	8412.2990	---其他液压动力装置	台/千克
		-气压动力装置：	
	8412.3100	--直线作用（气压缸）的气压动力装置	台/千克
	8412.3900	--其他气压动力装置	台/千克
	8412.8000	-未列名发动机及动力装置	台/千克
		-零件：	
	8412.9010	---航空器及航天器喷气发动机的零件	千克
	8412.9090	---品目84.12其他发动机及动力装置的零件	千克
84.13		**液体泵，不论是否装有计量装置；液体提升机：**	
		-装有或可装计量装置的泵：	
	8413.1100	--装有或可装计量装置分装燃料或润滑油的泵，用于加油站或车库	台/千克
	8413.1900	--其他装有或可装计量装置的液体泵	台/千克
	8413.2000	-手泵，但装有或可装有计量装置者除外	台/千克
		-活塞式内燃发动机用的燃油泵、润滑油泵或冷却剂泵：	
		---燃油泵：	
	8413.3021	----输出功率在132.39千瓦（180马力）及以上的活塞式内燃发动机用燃油泵	台/千克
	8413.3029	----其他活塞式内燃发动机用燃油泵	台/千克
	8413.3030	---活塞式内燃发动机用润滑油泵	台/千克
	8413.3090	---活塞式内燃发动机用冷却剂泵	台/千克
	8413.4000	-混凝土泵	台/千克
		-其他往复式排液泵：	
	8413.5010	---气动往复式排液泵	台/千克
	8413.5020	---电动往复式排液泵	台/千克

品目	商品编码	商品名称	计量单位
		---液压往复式排液泵:	
	8413.5031	----液压往复式柱塞泵	台/千克
	8413.5039	----其他液压往复式排液泵	台/千克
	8413.5090	---未列名往复式排液泵	台/千克
		-其他回转式排液泵:	
		---回转式齿轮泵:	
	8413.6021	----电动回转式齿轮泵	台/千克
	8413.6022	----液压回转式齿轮泵	台/千克
	8413.6029	----其他回转式齿轮泵	台/千克
		---回转式叶片泵:	
	8413.6031	----电动回转式叶片泵	台/千克
	8413.6032	----液压回转式叶片泵	台/千克
	8413.6039	----其他回转式叶片泵	台/千克
	8413.6040	---回转式螺杆泵	台/千克
	8413.6050	---回转式径向柱塞泵	台/千克
	8413.6060	---回转式轴向柱塞泵	台/千克
	8413.6090	---未列名回转式排液泵	台/千克
		-其他离心泵:	
	8413.7010	---转速在10000转/分及以上的其他离心泵	台/千克
		---转速在10000转/分以下的:	
	8413.7091	----转速在10000转/分以下的离心式电动潜油泵及潜水电泵	台/千克
	8413.7099	----转速在10000转/分以下的其他离心泵	台/千克
		-其他:	
	8413.8100	--未列名液体泵	台/千克
	8413.8200	--液体提升机	台/千克
		-零件:	
	8413.9100	--液体泵零件	千克
	8413.9200	--液体提升机零件	千克
84.14		**空气泵或真空泵、空气及其他气体压缩机、风机、风扇;装有风扇的通风罩或循环气罩,不论是否装有过滤器:**	
	8414.1000	-真空泵	台/千克
	8414.2000	-手动或脚踏式空气泵	台/千克
		-用于制冷设备的压缩机:	
		---电动机驱动的制冷设备用压缩机:	

品　目	商品编码	商　品　名　称	计量单位
	8414.3011	----电动机额定功率不超过 0.4 千瓦的冷藏箱或冷冻箱用压缩机	台/千克
	8414.3012	----电动机额定功率超过 0.4 千瓦,但不超过 5 千瓦的冷藏箱或冷冻箱用压缩机	台/千克
	8414.3013	----电动机额定功率超过 0.4 千瓦,但不超过 5 千瓦的空气调节器用压缩机	台/千克
	8414.3014	----电动机额定功率超过 5 千瓦的空气调节器用压缩机	台/千克
	8414.3015	----电动机额定功率超过 5 千瓦的冷藏箱或冷冻箱用压缩机	台/千克
	8414.3019	----电动机驱动的其他制冷设备用压缩机	台/千克
	8414.3090	---非电动机驱动的制冷设备用压缩机	台/千克
	8414.4000	-装在拖车底盘上的空气压缩机	台/千克
		-风机、风扇：	
		--台扇、落地扇、壁扇、换气扇或吊扇,包括风机,本身装有一个输出功率不超过 125 瓦的电动机：	
	8414.5110	---输出功率不超过 125 瓦的吊扇	台/千克
	8414.5120	---输出功率不超过 125 瓦的换气扇	台/千克
	8414.5130	---输出功率不超过 125 瓦的具有旋转导风轮的风扇	台/千克
		---输出功率不超过 125 瓦的其他风机、风扇：	
	8414.5191	----输出功率不超过 125 瓦的台扇	台/千克
	8414.5192	----输出功率不超过 125 瓦的落地扇	台/千克
	8414.5193	----输出功率不超过 125 瓦的壁扇	台/千克
	8414.5199	----输出功率不超过 125 瓦的其他未列名风机、风扇	台/千克
		--其他：	
	8414.5910	---其他吊扇	台/千克
	8414.5920	---其他换气扇	台/千克
	8414.5930	---离心通风机	台/千克
	8414.5990	---其他风机、风扇	台/千克
		-罩的平面最大边长不超过 120 厘米的通风罩或循环气罩：	
	8414.6010	---抽油烟机,罩的平面最大边长不超过 120 厘米	台/千克
	8414.6090	---其他通风罩或循环气罩,罩的平面最大边长不超过 120 厘米	台/千克
		-其他：	
	8414.8010	---燃气轮机用的自由活塞式发生器	台/千克
	8414.8020	---二氧化碳压缩机	台/千克

品目	商品编码	商品名称	计量单位
	8414.8030	---发动机用增压器	台/千克
	8414.8040	---空气及其他气体压缩机	台/千克
	8414.8090	---其他空气泵;其他装有风扇的通风罩或循环气罩	台/千克
		-零件:	
		---编码8414.3011至8414.3014及8414.3090所列机器的零件:	
	8414.9011	----压缩机进、排气阀片	千克
	8414.9019	----编码8414.3011至8414.3014及8414.3090所列机器的其他零件	千克
	8414.9020	---编码8414.5110至8414.5199及8414.6000所列机器的零件	千克
	8414.9090	---品目84.14所列其他机器的零件	千克
84.15		**空气调节器,装有电扇及调温、调湿装置,包括不能单独调湿的空调器:**	
		-窗式、壁式、置于天花板或地板上的,独立的或分体的空气调节器:	
	8415.1010	---独立窗式、壁式、置于天花板或地板上的空气调节器	台/千克
		---分体式:	
	8415.1021	----制冷量不超过4000大卡/时分体窗式、壁式、置于天花板或地板上的空气调节器	台/千克
	8415.1022	----制冷量超过4000大卡/时分体窗式、壁式、置于天花板或地板上的空气调节器	台/千克
	8415.2000	-机动车辆上供人使用的空气调节器	台/千克
		-其他:	
		--装有制冷装置及一个冷热循环换向阀的(可逆式热泵):	
	8415.8110	---制冷量不超过4000大卡/时的装有制冷装置及一个冷热循环换向阀的(可逆式热泵)空气调节器	台/千克
	8415.8120	---制冷量超过4000大卡/时的装有制冷装置及一个冷热循环换向阀的(可逆式热泵)空气调节器	台/千克
		--其他,装有制冷装置的:	
	8415.8210	---制冷量不超过4000大卡/时的其他装有制冷装置的空气调节器	台/千克
	8415.8220	---制冷量超过4000大卡/时的其他装有制冷装置的空气调节器	台/千克
	8415.8300	--未装有制冷装置的空气调节器	台/千克

品 目	商品编码	商 品 名 称	计量单位
		-零件：	
	8415.9010	---编码 8415.1010、8415.1021、8415.8110 及 8415.8210 所列设备的零件	千克
	8415.9090	---编码 8415.1022、8415.2000、8415.8120、8415.8220 及 8415.8300 所列设备的零件	千克
84.16		**使用液体燃料、粉状固体燃料或气体燃料的炉用燃烧器；机械加煤机，包括其机械炉箅、机械出灰器及类似装置：**	
	8416.1000	-使用液体燃料的炉用燃烧器	千克
		-其他炉用燃烧器，包括复式燃烧器：	
		---使用气体的炉用燃烧器，包括复式燃烧器：	
	8416.2011	----使用天然气的炉用燃烧器，包括复式燃烧器	千克
	8416.2019	----使用其他气体的炉用燃烧器，包括复式燃烧器	千克
	8416.2090	---使用粉状固体燃料的炉用燃烧器，包括复式燃烧器	千克
	8416.3000	-机械加煤机，包括其机械炉箅、机械出灰器及类似装置	千克
	8416.9000	-品目 84.16 的零件	千克
84.17		**非电热的工业或实验室用炉及烘箱，包括焚烧炉：**	
	8417.1000	-矿砂、黄铁矿或金属的焙烧、熔化或其他热处理用炉及烘箱	台/千克
	8417.2000	-面包房用烤炉及烘箱，包括做饼干用的	台/千克
		-其他非电热的工业或实验室用炉及烘箱：	
	8417.8010	---炼焦炉	台/千克
	8417.8020	---放射性废物焚烧炉	台/千克
	8417.8030	---水泥回转窑	台/千克
	8417.8040	---石灰石分解炉	台/千克
	8417.8050	---垃圾焚烧炉	台/千克
	8417.8090	---未列名非电热的工业或实验室用炉及烘箱	台/千克
		-品目 84.17 设备的零件：	
	8417.9010	---海绵铁回转窑的零件	千克
	8417.9020	---焦炉零件	千克
	8417.9090	---品目 84.17 其他设备的零件	千克
84.18		**电气或非电气的冷藏箱、冷冻箱及其他制冷设备；热泵，但品目 84.15 的空气调节器除外：**	
		-冷藏—冷冻组合机，各自装有单独外门的：	
	8418.1010	---容积超过 500 升的冷藏—冷冻组合机，各自装有单独外门	台/千克

品目	商品编码	商品名称	计量单位
	8418.1020	---容积超过200升但不超过500升的冷藏—冷冻组合机,各自装有单独外门	台/千克
	8418.1030	---容积不超过200升的冷藏—冷冻组合机,各自装有单独外门	台/千克
		-家用型冷藏箱:	
		--压缩式家用型冷藏箱:	
	8418.2110	---容积超过150升的压缩式家用型冷藏箱	台/千克
	8418.2120	---容积超过50升但不超过150升的压缩式家用型冷藏箱	台/千克
	8418.2130	---容积不超过50升的压缩式家用型冷藏箱	台/千克
		--其他家用型冷藏箱:	
	8418.2910	---半导体制冷式家用型冷藏箱	台/千克
	8418.2920	---电气吸收式家用型冷藏箱	台/千克
	8418.2990	---其他家用型冷藏箱	台/千克
		-柜式冷冻箱,容积不超过800升:	
	8418.3010	---制冷温度在-40℃及以下的柜式冷冻箱,容积不超过800升	台/千克
		---制冷温度在-40℃以上:	
	8418.3021	----制冷温度在-40℃以上的柜式冷冻箱,容积超过500升,但不超过800升	台/千克
	8418.3029	----制冷温度在-40℃以上的柜式冷冻箱,容积不超过500升	台/千克
		-立式冷冻箱,容积不超过900升:	
	8418.4010	---制冷温度在-40℃及以下的立式冷冻箱,容积不超过900升	台/千克
		---制冷温度在-40℃以上:	
	8418.4021	----制冷温度在-40℃以上的立式冷冻箱,容积超过500升,但不超过900升	台/千克
	8418.4029	----制冷温度在-40℃以上的立式冷冻箱,容积不超过500升	台/千克
	8418.5000	-装有冷藏或冷冻装置的其他设备(柜、箱、展示台、陈列箱及类似品),用于存储和展示	台/千克
		-其他制冷设备;热泵:	
		--热泵,品目84.15所列的空气调节器除外:	
	8418.6120	---压缩式热泵	台/千克
	8418.6190	---其他热泵	台/千克

品　目	商品编码	商　品　名　称	计量单位
		--其他制冷设备：	
	8418.6920	---其他制冷机组	台/千克
	8418.6990	---未列名制冷设备	台/千克
		-零件：	
	8418.9100	--冷藏或冷冻设备专用的特制家具	千克
		--其他：	
	8418.9910	---制冷机组及热泵的零件	千克
		---其他：	
	8418.9991	----制冷温度在-40℃及以下的冷冻设备的零件	千克
	8418.9992	----制冷温度在-40℃以上，但容积超过500升的冷藏或冷冻设备的零件	千克
	8418.9999	----品目84.18其他设备的零件	千克
84.19		**利用温度变化处理材料的机器、装置及类似的实验室设备，例如，加热、烹煮、烘炒、蒸馏、精馏、消毒、灭菌、汽蒸、干燥、蒸发、气化、冷凝、冷却的机器设备，不论是否电热的（不包括品目85.14的炉，烘箱及其他设备），但家用的除外；非电热的快速热水器或贮备式热水器：**	
		-非电热的快速热水器或贮备式热水器：	
	8419.1100	--燃气快速热水器	台/千克
		--其他非电热的快速热水器或贮备式热水器：	
	8419.1910	---太阳能热水器	台/千克
	8419.1990	---其他非电热的快速热水器或贮备式热水器	台/千克
	8419.2000	-医用或实验用消毒器具	台/千克
		-干燥器：	
	8419.3100	--农产品干燥器	台/千克
	8419.3200	--木材、纸浆、纸或纸板干燥器	台/千克
		--其他干燥器：	
	8419.3910	---微空气流动陶瓷坯件干燥器	台/千克
	8419.3990	---其他干燥器	台/千克
		-蒸馏或精馏设备：	
	8419.4010	---提净塔	台/千克
	8419.4020	---精馏塔	台/千克
	8419.4090	---其他蒸馏或精馏设备	台/千克
	8419.5000	-热交换装置	台/千克
		-液化空气或其他气体的机器：	
		---制氧机：	

品 目	商品编码	商 品 名 称	计量单位
	8419.6011	----制氧量在15000立方米/小时及以上的制氧机	台/千克
	8419.6019	----其他制氧机	台/千克
	8419.6090	---未列名液化空气或其他气体的机器	台/千克
		-其他机器设备:	
	8419.8100	--加工热饮料或烹调、加热食品的机器设备	台/千克
		--其他机器设备:	
	8419.8910	---加氢反应器	台/千克
	8419.8990	---未列名利用温度变化处理材料的机器、装置及类似的实验室设备	台/千克
		-零件:	
	8419.9010	---热水器零件	千克
	8419.9090	---品目84.19其他设备的零件	千克
84.20		**研光机或其他滚压机器及其滚筒,但加工金属或玻璃的除外:**	
	8420.1000	-研光机或其他滚压机器	台/千克
		-零件:	
	8420.9100	--滚筒	个/千克
	8420.9900	--研光机或其他滚压机器的未列名零件	千克
84.21		**离心机,包括离心干燥机;液体或气体的过滤、净化机器及装置:**	
		-离心机,包括离心干燥机:	
	8421.1100	--奶油分离器	台/千克
		--干衣机:	
	8421.1210	---干衣量不超过10千克的干衣机	台/千克
	8421.1290	---干衣量超过10千克的干衣机	台/千克
		--其他离心机,包括离心干机:	
	8421.1910	---脱水机	台/千克
	8421.1920	---固液分离机	台/千克
	8421.1990	---未列名离心机,包括离心干燥机	台/千克
		-液体的过滤、净化机器及装置:	
		--过滤或净化水用:	
	8421.2110	---家用型水的过滤、净化机器及装置	台/千克
		---非家用型水的过滤、净化机器及装置:	
	8421.2191	----船舶压载水处理设备	台/千克
	8421.2199	----其他非家用型水的过滤、净化机器及装置	台/千克
	8421.2200	--过滤或净化饮料用的机器及装置	台/千克

品　目	商品编码	商　品　名　称	计量单位
	8421. 2300	--内燃发动机的过滤器	个/千克
		--其他液体过滤、净化机器及装置:	
	8421. 2910	---压滤机	个/千克
	8421. 2990	---未列名的液体过滤、净化机器及装置	个/千克
		-气体的过滤、净化机器及装置:	
	8421. 3100	--内燃发动机的进气过滤器	个/千克
		--其他:	
	8421. 3910	---家用型气体的过滤、净化机器及装置	个/千克
		---工业用除尘器:	
	8421. 3921	----工业用静电除尘器	个/千克
	8421. 3922	----工业用袋式除尘器	个/千克
	8421. 3923	----工业用旋风式除尘器	个/千克
	8421. 3924	----工业用电袋复合除尘器	个/千克
	8421. 3929	----其他工业用除尘器	个/千克
	8421. 3930	---内燃发动机排气过滤及净化装置	个/千克
	8421. 3940	---烟气脱硫装置	个/千克
	8421. 3950	---烟气脱硝装置	个/千克
	8421. 3990	---其他非家用型气体的过滤、净化机器及装置	个/千克
		-零件:	
		--离心机用,包括离心干燥机用:	
	8421. 9110	---干衣量不超过 10 千克的干衣机零件	千克
	8421. 9190	---其他离心机(包括离心干燥机)零件	千克
		--其他:	
	8421. 9910	---家用型过滤、净化装置零件	千克
	8421. 9990	---品目 84. 21 其他机器的零件	千克
84. 22		**洗碟机;瓶子及其他容器的洗涤或干燥机器;瓶、罐、箱、袋或其他容器装填、封口、密封、贴标签的机器;瓶、罐、管、筒或类似容器的包封机器;其他包装或打包机器(包括热缩包装机器);饮料充气机:**	
		-洗碟机:	
	8422. 1100	--家用型洗碟机	台/千克
	8422. 1900	--非家用型洗碟机	台/千克
	8422. 2000	-瓶子或其他容器的洗涤或干燥机器	台/千克
		-瓶、罐、箱、袋或其他容器的装填、封口、密封、贴标签的机器;瓶、罐、管、筒或类似容器的包封机器;饮料充气机:	

品 目	商品编码	商 品 名 称	计量单位
	8422.3010	---饮料及液体食品罐装设备	台/千克
		---水泥灌装机：	
	8422.3021	----全自动水泥灌包机	台/千克
	8422.3029	----其他水泥灌装机	台/千克
	8422.3030	---其他灌装机、包装机	台/千克
	8422.3090	---未列名瓶、罐、箱、袋或其他容器的装填、封口、密封、贴标签的机器；瓶、罐、管、筒或类似容器的包封机器；饮料充气机	台/千克
	8422.4000	-其他包装或打包机器（包括热缩包装机器）	台/千克
		-零件：	
	8422.9010	---洗碟机零件	千克
	8422.9020	---饮料及液体食品罐装设备零件	千克
	8422.9090	---品目 84.22 其他机器的零件	千克
84.23		**衡器（感量为 50 毫克或更精密的天平除外），包括计数或检验用的衡器；衡器用的各种砝码、秤砣：**	
	8423.1000	-体重计，包括婴儿秤；家用秤	台/千克
		-输送带上连续称货的秤：	
	8423.2010	---电子皮带秤	台/千克
	8423.2090	---其他输送带上连续称货的秤	台/千克
		-恒定秤、物料定量装袋或装容器用的秤，包括库秤：	
	8423.3010	---定量包装秤	台/千克
	8423.3020	---定量分选秤	台/千克
	8423.3030	---配料秤	台/千克
	8423.3090	---其他恒定秤、物料定量装袋或装容器用的秤，包括库秤	台/千克
		-其他衡器：	
		--最大称量不超过 30 千克的其他衡器：	
	8423.8110	---计价秤	台/千克
	8423.8120	---弹簧秤	台/千克
	8423.8190	---未列名最大称量不超过 30 千克的其他衡器	台/千克
		--最大称量超过 30 千克，但不超过 5000 千克的其他衡器：	
	8423.8210	---地中衡	台/千克
	8423.8290	---未列名最大称量超过 30 千克，但不超过 5000 千克的其他衡器	台/千克
		--最大称量超过 5000 千克的其他衡器：	

品　目	商品编码	商　品　名　称	计量单位
	8423.8910	---地中衡	台/千克
	8423.8920	---轨道衡	台/千克
	8423.8930	---吊秤	台/千克
	8423.8990	---未列名最大称量超过 5000 千克的其他衡器	台/千克
	8423.9000	-衡器用的各种砝码、秤砣；衡器零件	千克/台
84.24		**液体或粉末的喷射、散布或喷雾的机械器具(不论是否手工操作)；灭火器，不论是否装药；喷枪及类似器具；喷汽机、喷砂机及类似的喷射机器：**	
	8424.1000	-灭火器，不论是否装药	个/千克
	8424.2000	-喷枪及类似器具	个/千克
	8424.3000	-喷汽机、喷砂机及类似的喷射机器	台/千克
		-农业或园艺用喷雾器：	
	8424.4100	--便携式农业或园艺用喷雾器	台/千克
	8424.4900	--其他农业或园艺用喷雾器	台/千克
		-其他器具：	
	8424.8200	--农业或园艺用液体或粉末的喷射、散布机械器具	台/千克
		--其他：	
	8424.8910	---家用液体或粉末的喷射、散布或喷雾机械器具	台/千克
	8424.8920	---喷涂机器人	台/千克
		---其他液体或粉末的喷射、散布或喷雾机械器具：	
	8424.8991	----船用洗舱机	台/千克
	8424.8999	----未列名液体或粉末的喷射、散布或喷雾机械器具	台/千克
		-零件：	
	8424.9010	---灭火器的零件	千克
	8424.9020	---家用液体或粉末喷射、散布或喷雾机械的零件	千克
	8424.9090	---品目 84.24 其他机器或器具的零件	千克
84.25		**滑车及提升机，但倒卸式提升机除外；卷扬机及绞盘；千斤顶：**	
		-滑车及提升机，但倒卸式提升机及提升车辆用的提升机除外：	
	8425.1100	--电动的滑车及提升机	台/千克
	8425.1900	--非电动的滑车及提升机	台/千克
		-卷扬机；绞盘：	
		--电动的卷扬机及绞盘：	
	8425.3110	---电动的矿井口卷扬装置；专为井下使用设计的电动卷扬机	台/千克

品目	商品编码	商品名称	计量单位
	8425.3190	---其他电动的卷扬机及绞盘	台/千克
		--非电动的卷扬机及绞盘:	
	8425.3910	---非电动矿井口卷扬装置;专为井下使用设计的非电动卷扬机	台/千克
	8425.3990	---其他非电动卷扬机及绞盘	台/千克
		-千斤顶;提升车辆用的提升机:	
	8425.4100	--车库中使用的固定千斤顶系统	台/千克
		--其他液压千斤顶及提升车辆用的提升机:	
	8425.4210	---液压千斤顶	台/千克
	8425.4290	---提升车辆用的液压提升机	台/千克
		--其他:	
	8425.4910	---其他千斤顶	台/千克
	8425.4990	---其他提升车辆用的提升机	台/千克
84.26		**船用桅杆式起重机;起重机,包括缆式起重机;移动式吊运架、跨运车及装有起重机的工作车:**	
		-高架移动式起重机、桁架桥式起重机、龙门起重机、桥式起重机、移动式吊运架及跨运车:	
		--固定支架的高架移动式起重机:	
	8426.1120	---通桥式起重机	台/千克
	8426.1190	---其他固定支架的高架移动式起重机	台/千克
	8426.1200	--胶轮移动式吊运架及跨运车	台/千克
		--其他高架移动式起重机、桁架桥式起重机、龙门起重机、桥式起重机、移动式吊运架及跨运车:	
	8426.1910	---装船机	台/千克
		---卸船机:	
	8426.1921	----抓斗式卸船机	台/千克
	8426.1929	----其他卸船机	台/千克
	8426.1930	---龙门式起重机	台/千克
		---装卸桥:	
	8426.1941	----门式装卸桥	台/千克
	8426.1942	----集装箱装卸桥	台/千克
	8426.1943	----其他动臂式装卸桥	台/千克
	8426.1949	----未列名装卸桥	台/千克
	8426.1990	---未列名高架移动式起重机、桁架桥式起重机、桥式起重机、移动式吊运架及跨运车	台/千克
	8426.2000	-塔式起重机	台/千克

品　目	商品编码	商　品　名　称	计量单位
	8426.3000	-门座式起重机及座式旋臂起重机	台/千克
		-其他自推进机械：	
		--带胶轮的其他自推进起重机械：	
	8426.4110	---轮胎式自推进起重机	台/千克
	8426.4190	---带胶轮的其他自推进起重机械	台/千克
		--不带胶轮的其他自推进起重机械：	
	8426.4910	---履带式起重机	台/千克
	8426.4990	---不带胶轮的其他自推进起重机械	台/千克
		-其他起重机械：	
	8426.9100	--供装于公路车辆的其他起重机	台/千克
	8426.9900	--未列名起重机	台/千克
84.27		**叉车；其他装有升降或搬运装置的工作车：**	
		-电动机推进的叉车及其他装有升降或搬运装置的工作车：	
	8427.1010	---电动机推进的有轨巷道堆垛机	台/千克
	8427.1020	---电动机推进的无轨巷道堆垛机	台/千克
	8427.1090	---其他电动机推进的叉车及其他装有升降或搬运装置的工作车	台/千克
		-其他机动的叉车及其他装有升降或搬运装置的工作车：	
	8427.2010	---集装箱叉车	台/千克
	8427.2090	---其他机动的叉车及其他装有升降或搬运装置的工作车	台/千克
	8427.9000	-未列名叉车及其他装有升降或搬运装置的工作车	台/千克
84.28		**其他升降、搬运、装卸机械（例如，升降机、自动梯、输送机、缆车）：**	
		-升降机及倒卸式起重机：	
	8428.1010	---载客电梯	台/千克
	8428.1090	---其他升降机及倒卸式起重机	台/千克
	8428.2000	-气压升降机及输送机	台/千克
		-其他用于连续运送货物或材料的升降机及输送机：	
	8428.3100	--地下专用的连续运送货物或材料的升降机及输送机	台/千克
	8428.3200	--斗式连续运送货物或材料的升降机及输送机	台/千克
	8428.3300	--带式连续运送货物或材料的升降机及输送机	台/千克
		--其他连续运送货物或材料的升降机及输送机：	
	8428.3910	---链式连续运送货物或材料的升降机及输送机	台/千克
	8428.3920	---辊式连续运送货物或材料的升降机及输送机	台/千克
	8428.3990	---其他连续运送货物或材料的升降机及输送机	台/千克
	8428.4000	-自动梯及自动人行道	台/千克

品 目	商品编码	商 品 名 称	计量单位
		-缆车、座式升降机、滑雪拉索、索道用牵引装置：	
	8428.6010	---货运架空索道	台/千克
		---客运架空索道：	
	8428.6021	----单线循环式客运架空索道	台/千克
	8428.6029	----其他客运架空索道	台/千克
	8428.6090	---其他缆车、座式升降机、滑雪拉索；索道用牵引装置	台/千克
		-其他升降、搬运、装卸机械：	
	8428.9010	---矿车推动机、铁道机车或货车的转车台、货车倾卸装置及类似的铁道货车搬运装置	台/千克
	8428.9020	---机械式停车设备	台/千克
		---其他装卸机械：	
	8428.9031	----堆取料机械	台/千克
	8428.9039	----其他装卸机械	台/千克
	8428.9040	---搬运机器人	台/千克
	8428.9090	---未列名升降、搬运机械	台/千克
84.29		**机动推土机、侧铲推土机、筑路机、平地机、铲运机、机械铲、挖掘机、机铲装载机、捣固机械及压路机：**	
		-推土机及侧铲推土机：	
		--履带式：	
	8429.1110	---发动机输出功率超过235.36千瓦（320马力）的履带式推土机及侧铲推土机	台/千克
	8429.1190	---其他履带式推土机及侧铲推土机	台/千克
		--其他：	
	8429.1910	---其他发动机输出功率超过235.36千瓦（320马力）的推土机及侧铲推土机	台/千克
	8429.1990	---其他推土机及侧铲推土机	台/千克
		-筑路机及平地机：	
	8429.2010	---发动机输出功率超过235.36千瓦（320马力）的筑路机及平地机	台/千克
	8429.2090	---其他筑路机及平地机	台/千克
		-铲运机：	
	8429.3010	---斗容量超过10立方米的铲运机	台/千克
	8429.3090	---其他铲运机	台/千克
		-捣固机械及压路机：	
		---机动压路机：	
	8429.4011	----机重18吨及以上的振动压路机	台/千克

品　目	商品编码	商　品　名　称	计量单位
	8429.4019	----其他机动压路机	台/千克
	8429.4090	---未列名捣固机械及压路机	台/千克
		-机械铲、挖掘机及机铲装载机：	
	8429.5100	--前铲装载机	台/千克
		--上部结构可旋转360度的机械铲、挖掘机及机铲装载机：	
		---挖掘机：	
	8429.5211	----上部结构可旋转360度的轮胎式挖掘机	台/千克
	8429.5212	----上部结构可旋转360度的履带式挖掘机	台/千克
	8429.5219	----上部结构可旋转360度的其他挖掘机	台/千克
	8429.5290	---上部结构可旋转360度的机械铲及机铲装载机	台/千克
	8429.5900	--其他机械铲、挖掘机及机铲装载机	台/千克
84.30		**泥土、矿物或矿石的运送、平整、铲运、挖掘、捣固、压实、开采或钻探机械；打桩机及拔桩机；扫雪机及吹雪机：**	
	8430.1000	-打桩机及拔桩机	台/千克
	8430.2000	-扫雪机及吹雪机	台/千克
		-采（截）煤机、凿岩机及隧道掘进机：	
		--自推进的：	
	8430.3110	---自推进的采（截）煤机	台/千克
	8430.3120	---自推进的凿岩机	台/千克
	8430.3130	---自推进的隧道掘进机	台/千克
	8430.3900	--非自推进的采（截）煤机、凿岩机及隧道掘进机	台/千克
		-其他钻探或凿井机械：	
		--自推进的：	
		---石油及天然气钻探机：	
	8430.4111	----钻探深度在6000米及以上自推进的石油及天然气钻探机	台/千克
	8430.4119	----其他自推进的石油及天然气钻探机	台/千克
		---其他钻探机：	
	8430.4121	----钻探深度在6000米及以上自推进的其他钻探机	台/千克
	8430.4122	----钻探深度在6000米以下的履带式自推进钻探机	台/千克
	8430.4129	----钻探深度在6000米以下的其他自推进钻探机	台/千克
	8430.4190	---自推进的凿井机械	台/千克
	8430.4900	--非自推进的钻探或凿井机械	台/千克
		-其他自推进机械：	
	8430.5010	---其他自推进采油机械	台/千克

品　目	商品编码	商　品　名　称	计量单位
	8430.5020	---矿用电铲	台/千克
		---采矿钻机:	
	8430.5031	----牙轮直径在380毫米及以上的采矿钻机	台/千克
	8430.5039	----其他采矿钻机	台/千克
	8430.5090	---未列名自推进的泥土、矿物或矿石的运送、平整、铲运、挖掘、压实和开采机械	台/千克
		-其他非自推进机械:	
	8430.6100	--非自推进的捣固或压实机械	台/千克
		--未列名非自推进的泥土、矿物或矿石的运送、平整、挖掘和开采机械:	
		---工程钻机:	
	8430.6911	----钻筒直径在3米以上的非自推进工程钻机	台/千克
	8430.6919	----其他非自推进工程钻机	台/千克
	8430.6920	---非自推进的铲运机	台/千克
	8430.6990	---其他未列名非自推进的泥土、矿物或矿石的运送、平整、挖掘和开采机械	台/千克
84.31		**专用于或主要用于品目84.25至84.30所列机械的零件:**	
	8431.1000	-品目84.25所列机械的零件	千克
		-品目84.27所列机械的零件:	
	8431.2010	---品目84.27所列机械用装有差速器的驱动桥及其零件,不论是否装有其他传动部件	千克/个
	8431.2090	---品目84.27所列机械的其他零件	千克
		-品目84.28所列机械的零件:	
	8431.3100	--升降机、倒卸式起重机或自动梯的零件	千克
	8431.3900	--其他品目84.28所列机械的零件	千克
		-品目84.26、84.29及84.30所列机械的零件:	
	8431.4100	--戽斗、铲斗、抓斗及夹斗	千克/个
	8431.4200	--推土机或侧铲推土机用铲	千克/个
		--子目8430.41及8430.49所列钻探及凿井机械的零件:	
	8431.4310	---石油或天然气钻探机的零件	千克
	8431.4320	---其他钻探机械的零件	千克
	8431.4390	---凿井机械的零件	千克
		--品目84.26、84.29及84.30所列机械的其他零件:	
	8431.4920	---品目84.26、84.29及84.30所列机械用装有差速器的驱动桥及其零件,不论是否装有其他传动部件	千克/个

品　目	商品编码	商　品　名　称	计量单位
		---其他：	
	8431.4991	----矿用电铲用的零件	千克
	8431.4999	----品目84.26、84.29及84.30所列机械的未列名零件	千克
84.32		**农业、园艺及林业用整地或耕作机械；草坪及运动场地滚压机：**	
	8432.1000	-犁	台/千克
		-耙、松土机、中耕机、除草机及耕耘机：	
	8432.2100	--圆盘耙	台/千克
	8432.2900	--其他耙、松土机、中耕机、除草机及耕耘机	台/千克
		-播种机、种植机及移植机：	
		--免耕直接播种机、种植机及移植机：	
		---免耕直接播种机：	
	8432.3111	----免耕直接谷物播种机	台/千克
	8432.3119	----其他免耕直接播种机	台/千克
		---免耕直接种植机：	
	8432.3121	----免耕直接马铃薯种植机	台/千克
	8432.3129	----其他免耕直接种植机	台/千克
		---免耕直接移植机(栽植机)：	
	8432.3131	----免耕直接水稻插秧机	台/千克
	8432.3139	----其他免耕直接移植机(栽植机)	台/千克
		--其他播种机、种植机及移植机：	
		---其他播种机：	
	8432.3911	----其他谷物播种机	台/千克
	8432.3919	----未列名播种机	台/千克
		---其他种植机：	
	8432.3921	----其他马铃薯种植机	台/千克
	8432.3929	----未列名种植机	台/千克
		---其他移植机(栽植机)：	
	8432.3931	----其他水稻插秧机	台/千克
	8432.3939	----未列名移植机(栽植机)	台/千克
		-施肥机：	
	8432.4100	--粪肥施肥机	台/千克
	8432.4200	--化肥施肥机	台/千克
		-其他机械：	
	8432.8010	---草坪及运动场地滚压机	台/千克

品　目	商品编码	商　品　名　称	计量单位
	8432.8090	－－－未列名农业、园艺及林业用整地或耕作机械	台/千克
	8432.9000	－品目 84.32 所列机械的零件	千克
84.33		**收割机、脱粒机，包括草料打包机；割草机；蛋类、水果或其他农产品的清洁、分选、分级机器，但品目 84.37 的机器除外：**	
		－草坪、公园或运动场地用的割草机：	
	8433.1100	－－机动的切割装置在同一水平面上旋转的草坪、公园或运动场地割草机	台/千克
	8433.1900	－－其他草坪、公园或运动场地割草机	台/千克
	8433.2000	－其他割草机，包括牵引装置用的刀具杆	台/千克
	8433.3000	－其他干草切割、翻晒机器	台/千克
	8433.4000	－草料打包机，包括收集打包机	台/千克
		－其他收割机；脱粒机：	
	8433.5100	－－联合收割机	台/千克
	8433.5200	－－其他脱粒机	台/千克
	8433.5300	－－根茎或块茎收获机	台/千克
		－－未列名收割机：	
	8433.5910	－－－甘蔗收获机	台/千克
	8433.5920	－－－棉花采摘机	台/千克
	8433.5990	－－－其他未列名收割机	台/千克
		－蛋类、水果或其他农产品的清洁、分选、分级机器：	
	8433.6010	－－－蛋类清洁、分选、分级机器	台/千克
	8433.6090	－－－水果或其他农产品的清洁、分选、分级机器	台/千克
		－零件：	
	8433.9010	－－－联合收割机的零件	千克
	8433.9090	－－－其他品目 84.33 所列机械的零件	千克
84.34		**挤奶机及乳品加工机器：**	
	8434.1000	－挤奶机	台/千克
	8434.2000	－乳品加工机器	台/千克
	8434.9000	－挤奶机及乳品加工机器的零件	千克
84.35		**制酒、制果汁或制类似饮料用的压榨机、轧碎机及类似机器：**	
	8435.1000	－制酒、果汁或类似饮料的压榨机、轧碎机及类似机器	台/千克
	8435.9000	－编码 8435.1000 所列机器的零件	千克
84.36		**农业、园艺、林业、家禽饲养业或养蜂业用的其他机器，包括装有机械或热力装置的催芽设备；家禽孵卵器及育雏器：**	
	8436.1000	－动物饲料配制机	台/千克

品　目	商品编码	商　品　名　称	计量单位
		-家禽饲养用的机器；家禽孵卵器及育雏器：	
	8436.2100	--家禽孵卵器及育雏器	台/千克
	8436.2900	--家禽饲养机器	台/千克
	8436.8000	-农业、园艺、林业、养蜂业用的其他机器，包括装有机械或热力装置的催芽设备	台/千克
		-零件：	
	8436.9100	--家禽饲养、孵卵及育雏机器的零件	千克
	8436.9900	--品目84.36所列其他机械的零件	千克
84.37		**种子、谷物或干豆的清洁、分选或分级机器；谷物磨粉业加工机器或谷物、干豆加工机器，但农业用机器除外：**	
		-种子、谷物或干豆的清洁、分选或分级机器：	
	8437.1010	---光学色差颗粒选别机（色选机）	台/千克
	8437.1090	---其他种子、谷物或干豆的清洁、分选或分级机器	台/千克
	8437.8000	-谷物磨粉业加工机器或谷物、干豆加工机器	台/千克
	8437.9000	-品目84.37所列机械的零件	千克
84.38		**本章其他品目未列名的食品、饮料工业用的生产或加工机器，但提取、加工动物油脂或植物固定油脂的机器除外：**	
	8438.1000	-糕点加工机器及生产通心粉、面条或类似产品的机器	台/千克
	8438.2000	-生产糖果、可可粉、巧克力的机器	台/千克
	8438.3000	-制糖机器	台/千克
	8438.4000	-酿酒机器	台/千克
	8438.5000	-肉类或家禽加工机器	台/千克
	8438.6000	-水果、坚果或蔬菜加工机器	台/千克
	8438.8000	-其他食品、饮料工业用生产或加工机器	台/千克
	8438.9000	-品目84.38所列机械的零件	千克
84.39		**纤维素纸浆、纸及纸板的制造或整理机器：**	
	8439.1000	-制造纤维素纸浆的机器	台/千克
	8439.2000	-纸或纸板的制造机器	台/千克
	8439.3000	-纸或纸板的整理机器	台/千克
		-零件：	
	8439.9100	--制造纤维素纸浆机器的零件	千克
	8439.9900	--制造或整理纸及纸板机器的零件	千克
84.40		**书本装订机器，包括锁线订书机：**	
		-书本装订机器，包括锁线订书机：	
	8440.1010	---锁线装订机	台/千克
	8440.1020	---胶订机	台/千克

品 目	商品编码	商 品 名 称	计量单位
	8440.1090	---其他书本装订机器	台/千克
	8440.9000	-书本装订机器的零件	千克
84.41		**其他制造纸浆制品、纸制品或纸板制品的机器，包括各种切纸机：**	
	8441.1000	-切纸机	台/千克
	8441.2000	-制造包、袋或信封的机器	台/千克
		-制造箱、盒、管、桶或类似容器的机器，但模制成型机器除外：	
	8441.3010	---纸塑铝复合罐生产设备	台/千克
	8441.3090	---其他制造箱、盒、管、桶或类似容器的机器，但模制成型机器除外	台/千克
	8441.4000	-纸浆、纸或纸板制品模制成型机器	台/千克
		-其他制造纸浆制品、纸制品或纸板制品的机器：	
	8441.8010	---纸塑铝复合软包装生产设备	台/千克
	8441.8090	---未列名制造纸浆制品、纸制品或纸板制品的机器	台/千克
		-零件：	
	8441.9010	---切纸机零件	千克
	8441.9090	---其他制造纸浆制品、纸制品或纸板制品机器的零件	千克
84.42		**制印刷版(片)、滚筒及其他印刷部件用的机器、器具及设备(品目 84.56 至 84.65 的机器除外)；印刷用版(片)、滚筒及其他印刷部件；制成供印刷用(例如，刨平、压纹或抛光)的板(片)、滚筒及石板：**	
		-机器、器具及设备：	
	8442.3010	---铸字机	台/千克
		---制版机器、器具及设备：	
	8442.3021	----计算机直接制版设备	台/千克
	8442.3029	----其他制版机器、器具及设备	台/千克
	8442.3090	---品目 84.42 其他机器、器具及设备	台/千克
	8442.4000	-子目 8442.30 所列机器、器具及设备的零件	千克
	8442.5000	-印刷用版(片)、滚筒及其他印刷部件；制成供印刷用(例如，刨平、压纹或抛光)的板(片)、滚筒及石板	千克
84.43		**用品目 84.42 的印刷用版(片)、滚筒及其他印刷部件进行印刷的机器；其他打印机、复印机及传真机，不论是否组合式；上述机器的零件及附件：**	
		-用品目 84.42 的印刷用版(片)、滚筒及其他印刷部件进行印刷的机器：	

品　目	商品编码	商　品　名　称	计量单位
	8443. 1100	--卷取进料式胶印机	台/千克
	8443. 1200	--办公室用片取进料式胶印机(展开片尺寸一边长不超过 22 厘米,另一边长不超过 36 厘米)	台/千克
		--其他胶印机:	
		---平张纸进料式:	
	8443. 1311	----平张纸进料式单色胶印机	台/千克
	8443. 1312	----平张纸进料式双色胶印机	台/千克
	8443. 1313	----平张纸进料式四色胶印机	台/千克
	8443. 1319	----其他平张纸进料式胶印机	台/千克
	8443. 1390	---未列名胶印机	台/千克
	8443. 1400	--卷取进料式凸版印刷机,不包括苯胺印刷机	台/千克
	8443. 1500	--非卷取进料式的凸版印刷机,不包括苯胺印刷机	台/千克
	8443. 1600	--苯胺印刷机	台/千克
	8443. 1700	--凹版印刷机	台/千克
		--其他印刷机:	
		---网式印刷机:	
	8443. 1921	----圆网印刷机	台/千克
	8443. 1922	----平网印刷机	台/千克
	8443. 1929	----其他网式印刷机	台/千克
	8443. 1980	---未列名印刷机	台/千克
		-其他印刷(打印)机、复印机及传真机,不论是否组合式:	
		--具有打印、复印或传真中两种及以上功能的机器,可与自动数据处理设备或网络连接:	
	8443. 3110	---具有打印、复印或传真中两种及以上功能的静电感光式机器,可与自动数据处理设备或网络连接	台/千克
	8443. 3190	---其他具有打印、复印或传真中两种及以上功能的机器,可与自动数据处理设备或网络连接	台/千克
		--单一功能的印刷(打印)机、复印机及传真机,可与自动数据处理设备或网络连接:	
		---专用于品目 84. 71 所列设备的打印机,不论是否可与网络连接:	
	8443. 3211	----专用于品目 84. 71 所列设备的针式打印机,不论是否可与网络连接	台/千克
	8443. 3212	----专用于品目 84. 71 所列设备的激光打印机,不论是否可与网络连接	台/千克

品目	商品编码	商品名称	计量单位
	8443.3213	----专用于品目84.71所列设备的喷墨打印机,不论是否可与网络连接	台/千克
	8443.3214	----专用于品目84.71所列设备的热敏打印机,不论是否可与网络连接	台/千克
	8443.3219	----其他专用于品目84.71所列设备的打印机,不论是否可与网络连接	台/千克
		---数字式印刷设备,可与自动数据处理设备或网络连接:	
	8443.3221	----数字式喷墨印刷机,可与自动数据处理设备或网络连接	台/千克
	8443.3222	----数字式静电照相印刷机(激光印刷机),可与自动数据处理设备或网络连接	台/千克
	8443.3229	----其他数字式印刷设备,可与自动数据处理设备或网络连接	台/千克
	8443.3290	---其他单一功能的印刷(打印)机、复印机及传真机,可与自动数据处理设备或网络连接	台/千克
		--其他印刷(打印)机、复印机及传真机:	
		---静电感光复印设备:	
	8443.3911	----将原件直接复印的(直接法)静电感光复印设备	台/千克
	8443.3912	----将原件通过中间体转印的(间接法)静电感光复印设备	台/千克
		---其他感光复印设备:	
	8443.3921	----带有光学系统的其他感光复印设备	台/千克
	8443.3922	----接触式的其他感光复印设备	台/千克
	8443.3923	----热敏复印设备	台/千克
	8443.3924	----热升华复印设备	台/千克
		---数字式印刷设备:	
	8443.3931	----数字式喷墨印刷机	台/千克
	8443.3932	----数字式静电照相印刷机(激光印刷机)	台/千克
	8443.3939	----其他数字式印刷设备	台/千克
	8443.3990	---其他印刷(打印)机、复印机及传真机	台/千克
		-零件及附件:	
		--用品目84.42的印刷用版(片)、滚筒及其他印刷部件进行印刷的机器零件及附件:	
		---印刷用辅助机器:	
	8443.9111	----卷筒料给料机	千克/台

品　目	商品编码	商　品　名　称	计量单位
	8443.9119	----其他印刷用辅助机器	千克/台
	8443.9190	---用品目 84.42 的印刷用版(片)、滚筒及其他印刷部件进行印刷的机器用其他零件及附件	千克/个
		--其他：	
	8443.9910	---数字印刷设备用辅助机器	千克/台
		---数字印刷设备的其他零件及附件：	
	8443.9921	----数字印刷设备用热敏打印头	千克/个
	8443.9929	----数字印刷设备的其他零件及附件	千克
	8443.9990	---品目 84.43 所列设备用其他零件及附件	千克
84.44		**化学纺织纤维挤压、拉伸、变形或切割机器：**	
	8444.0010	---合成纤维长丝纺丝机	台/千克
	8444.0020	---合成纤维短丝纺丝机	台/千克
	8444.0030	---人造纤维纺丝机	台/千克
	8444.0040	---化学纤维变形机	台/千克
	8444.0050	---化学纤维切断机	台/千克
	8444.0090	---其他化学纺织纤维挤压、拉伸、变形或切割机器	台/千克
84.45		**纺织纤维的预处理机器；纺纱机、并线机、加捻机及其他生产纺织纱线的机器；摇纱机、络纱机(包括卷纬机)及品目 84.46 或 84.47 机器用的纺织纱线预处理机器：**	
		-纺织纤维的预处理机器：	
		--梳理机：	
		---棉纤维型梳理机：	
	8445.1111	----清梳棉联合机	台/千克
	8445.1112	----自动抓棉机	台/千克
	8445.1113	----梳棉机	台/千克
	8445.1119	----其他棉纤维型梳理机	台/千克
	8445.1120	---毛纤维型梳理机	台/千克
	8445.1190	---其他梳理机	台/千克
		--精梳机：	
	8445.1210	---棉精梳机	台/千克
	8445.1220	---毛精梳机	台/千克
	8445.1290	---其他精梳机	台/千克
		--拉伸机或粗纱机：	
	8445.1310	---拉伸机	台/千克
		---粗纱机：	
	8445.1321	----棉纺粗纱机	台/千克

品目	商品编码	商品名称	计量单位
	8445.1322	----毛纺粗纱机	台/千克
	8445.1329	----其他粗纱机	台/千克
	8445.1900	--纺织纤维的其他预处理机器	台/千克
		-纺纱机：	
		---自由端纺纱机：	
	8445.2031	----转杯纺纱机	台/千克
	8445.2032	----喷气纺纱机	台/千克
	8445.2039	----其他自由端纺纱机	台/千克
		---环锭细纱机：	
	8445.2041	----棉细纱机	台/千克
	8445.2042	----毛细纱机	台/千克
	8445.2049	----其他环锭细纱机	台/千克
	8445.2090	---其他纺纱机	台/千克
	8445.3000	-并线机或加捻机	台/千克
		-络纱机(包括卷纬机)或摇纱机：	
	8445.4010	---自动络筒机	台/千克
	8445.4090	---其他络纱机或摇纱机	台/千克
		-纺织纱丝的其他生产及预处理机器：	
	8445.9010	---整经机	台/千克
	8445.9020	---浆纱机	台/千克
	8445.9090	---未列名纺织纱线的生产及预处理机器	台/千克
84.46		**织机：**	
	8446.1000	-织物宽度不超过30厘米的织机	台/千克
		-织物宽度超过30厘米的梭织机：	
		--动力织机：	
	8446.2110	---织物宽度超过30厘米的动力地毯梭织机	台/千克
	8446.2190	---织物宽度超过30厘米的其他动力梭织机	台/千克
	8446.2900	--织物宽度超过30厘米的非动力梭织机	台/千克
		-织物宽度超过30厘米的无梭织机：	
	8446.3020	---织物宽度超过30厘米的剑杆织机	台/千克
	8446.3030	---织物宽度超过30厘米的片梭织机	台/千克
	8446.3040	---织物宽度超过30厘米的喷水织机	台/千克
	8446.3050	---织物宽度超过30厘米的喷气织机	台/千克
	8446.3090	---织物宽度超过30厘米的其他无梭织机	台/千克
84.47		**针织机、缝编机及制粗松螺旋花线、网眼薄纱、花边、刺绣品、装饰带、编织带或网的机器及簇绒机：**	

品　目	商品编码	商　品　名　称	计量单位
		-圆型针织机：	
	8447.1100	--圆筒直径不超过165毫米的圆型针织机	台/千克
	8447.1200	--圆筒直径超过165毫米的圆型针织机	台/千克
		-平型针织机；缝编机：	
		---经编机：	
	8447.2011	----特里科经编机	台/千克
	8447.2012	----拉舍尔经编机	台/千克
	8447.2019	----其他经编机	台/千克
	8447.2020	---平型纬编机	台/千克
	8447.2030	---缝编机	台/千克
		-其他：	
		---簇绒机：	
	8447.9011	----簇绒地毯织机	台/千克
	8447.9019	----其他簇绒机	台/千克
	8447.9020	---绣花机	台/千克
	8447.9090	---其他织造花线、网眼薄纱、花边、刺绣品、装饰带、编带或网的机器	台/千克
84.48		**品目84.44、84.45、84.46或84.47所列机器的辅助机器（例如，多臂机、提花机、自停装置及换梭装置）；专用于或主要用于品目84.44、84.45、84.46或84.47所列机器的零件、附件（例如，锭子、锭壳、钢丝针布、梳、喷丝头、梭子、综丝、综框、针织机用针）：**	
		-品目84.44、84.45、84.46或84.47所列机器的辅助机器：	
	8448.1100	--多臂机或提花机及其所用的卡片缩小、复制、穿孔或汇编机器	千克
	8448.1900	--品目84.44、84.45、84.46或84.47所列机器的其他辅助机器	千克
		-品目84.44所列机器及其辅助机器的零件、附件：	
	8448.2020	---喷丝头或喷丝板	个/千克
	8448.2090	---品目84.44所列机器及其辅助机器的其他零件、附件	千克
		-品目84.45所列机器及其辅助机器的零件、附件：	
	8448.3100	--钢丝针布	千克
	8448.3200	--纺织纤维预处理机器的零件、附件，但钢丝针布除外	千克
		--锭子、锭壳、纺丝环、钢丝圈：	

品目	商品编码	商品名称	计量单位
	8448.3310	---络筒锭	个/千克
	8448.3390	---其他锭子、锭壳、纺丝环、钢丝圈	千克
		--其他：	
	8448.3910	---气流杯	个/千克
	8448.3920	---电子清纱器	个/千克
	8448.3930	---空气捻接器	个/千克
	8448.3940	---环锭细纱机紧密纺装置	个/千克
	8448.3990	---品目 84.45 所列机器及其辅助机器的其他零件、附件	千克
		-织机及其辅助机器的零件、附件：	
	8448.4200	--织机用筘、综丝及综框	千克
		--其他：	
	8448.4910	---接、投梭箱	个/千克
	8448.4920	---引纬、送经装置	个/千克
	8448.4930	---梭子	个/千克
	8448.4990	---织机及其辅助机器的未列名零件、附件	千克
		-品目 84.47 所列机器及其辅助机器的零件、附件：	
		--沉降片、织针及其他成圈机件：	
	8448.5120	---针织机用 28 号以下的弹簧针、钩针及复合针	千克
	8448.5190	---沉降片、其他织针及成圈机件	千克
	8448.5900	--品目 84.47 所列机器及其辅助机器的其他零件、附件	千克
84.49		**成匹、成形的毡呢或无纺织物制造或整理机器，包括制毡呢帽机器；帽模：**	
	8449.0010	---针刺机	台/千克
	8449.0020	---水刺设备	台/千克
	8449.0090	---其他成匹、成形的毡呢或无纺织物制造或整理机器，包括制毡呢帽机器；帽模	千克
84.50		**家用型或洗衣房用洗衣机，包括洗涤干燥两用机：**	
		-干衣量不超过 10 千克的洗衣机：	
		--干衣量不超过 10 千克的全自动洗衣机：	
	8450.1110	---干衣量不超过 10 千克的波轮式全自动洗衣机	台/千克
	8450.1120	---干衣量不超过 10 千克的滚筒式全自动洗衣机	台/千克
	8450.1190	---干衣量不超过 10 千克的其他全自动洗衣机	台/千克
	8450.1200	--干衣量不超过 10 千克的非全自动洗衣机，装有离心甩干机	台/千克

品　目	商品编码	商　品　名　称	计量单位
	8450.1900	--其他干衣量不超过10千克的非全自动洗衣机	台/千克
		-干衣量超过10千克的洗衣机：	
		---干衣量超过10千克的全自动洗衣机：	
	8450.2011	----干衣量超过10千克的全自动波轮式洗衣机	台/千克
	8450.2012	----干衣量超过10千克的全自动滚筒式洗衣机	台/千克
	8450.2019	----其他干衣量超过10千克的全自动洗衣机	台/千克
	8450.2090	---干衣量超过10千克的非全自动洗衣机	台/千克
		-零件：	
	8450.9010	---干衣量不超过10千克的洗衣机的零件	千克
	8450.9090	---干衣量超过10千克的洗衣机的零件	千克
84.51		**纱线、织物及纺织制品的洗涤、清洁、绞拧、干燥、熨烫、挤压（包括熔压）、漂白、染色、上浆、整理、涂布或浸渍机器（品目84.50的机器除外）；列诺伦（亚麻油地毡）及类似铺地制品的布基或其他底布的浆料涂布机器；纺织物的卷绕、退绕、折叠、剪切或剪齿边机器：**	
	8451.1000	-干洗机	台/千克
		-干燥机：	
	8451.2100	--干衣量不超过10千克的干燥机	台/千克
	8451.2900	--干衣量超过10千克的干燥机	台/千克
	8451.3000	-熨烫机及挤压机（包括熔压机）	台/千克
	8451.4000	-洗涤、漂白或染色机器	台/千克
	8451.5000	-纺织物的卷绕、退绕、折叠、剪切或剪齿边机器	台/千克
	8451.8000	-纱线、织物及纺织制品的绞拧、上浆、整理、涂布或浸渍机器；列诺伦及类似铺地制品的布基或其他底布的浆料涂布机器	台/千克
	8451.9000	-品目84.51所列机器的零件	千克
84.52		**缝纫机，但品目84.40的锁线订书机除外；缝纫机专用的特制家具、底座及罩盖；缝纫机针：**	
		-家用型缝纫机：	
	8452.1010	---多功能家用型缝纫机	台/千克
		---其他：	
	8452.1091	----手动式其他家用型缝纫机	台/千克
	8452.1099	----未列名家用型缝纫机	台/千克
		-其他缝纫机：	
		--非家用型自动缝纫机：	

品目	商品编码	商品名称	计量单位
	8452.2110	---非家用型自动平缝机	台/千克
	8452.2120	---非家用型自动包缝机	台/千克
	8452.2130	---非家用型自动绷缝机	台/千克
	8452.2190	---其他非家用型自动缝纫机	台/千克
	8452.2900	--其他非家用型缝纫机	台/千克
	8452.3000	-缝纫机针	千克
		-缝纫机专用的特制家具、底座和罩盖及其零件；缝纫机的其他零件：	
		---家用型缝纫机的：	
	8452.9011	----家用型缝纫机旋梭	千克
	8452.9019	----家用缝纫机专用的特制家具、底座和罩盖及其零件；家用型缝纫机的其他零件	千克
		---非家用型缝纫机的：	
	8452.9091	----非家用型缝纫机的旋梭	千克
	8452.9092	----非家用型缝纫机专用的特制家具、底座和罩盖及其零件	千克
	8452.9099	----非家用型缝纫机未列名零件	千克
84.53		**生皮、皮革的处理、鞣制或加工机器；鞋靴、毛皮及其他皮革制品的制作或修理机器，但缝纫机除外：**	
	8453.1000	-生皮、皮革的处理、鞣制或加工机器	台/千克
	8453.2000	-鞋靴制作或修理机器	台/千克
	8453.8000	-毛皮及其他皮革制品的制作或修理机器	台/千克
	8453.9000	-品目84.53所列机器的零件	千克
84.54		**金属冶炼及铸造用的转炉、浇包、锭模及铸造机：**	
	8454.1000	-转炉	台/千克
		-锭模及浇包：	
	8454.2010	---炉外精炼设备	台/千克
	8454.2090	---其他锭模及浇包	台/千克
		-铸造机：	
	8454.3010	---冷室压铸机	台/千克
		---钢坯连铸机：	
	8454.3021	----方坯连铸机	台/千克
	8454.3022	----板坯连铸机	台/千克
	8454.3029	----其他钢坯连铸机	台/千克
	8454.3090	---其他铸造机	台/千克
		-金属冶炼及铸造用的转炉、浇包、锭模及铸造机的零件：	

品 目	商品编码	商 品 名 称	计量单位
	8454.9010	---炉外精炼设备的零件	千克
		---钢坯连铸机用：	
	8454.9021	----钢坯连铸机用结晶器	千克
	8454.9022	----钢坯连铸机用振动装置	千克
	8454.9029	----其他钢坯连铸机用零件	千克
	8454.9090	---其他金属冶炼及铸造用的转炉、浇包、锭模及铸造机的零件	千克
84.55		**金属轧机及其轧辊：**	
		-金属轧管机：	
	8455.1010	---热轧管机	台/千克
	8455.1020	---冷轧管机	台/千克
	8455.1030	---定、减径轧管机	台/千克
	8455.1090	---其他金属轧管机	台/千克
		-其他轧机：	
		--金属热轧机或冷热联合轧机：	
	8455.2110	---板材热轧机	台/千克
	8455.2120	---型钢轧机	台/千克
	8455.2130	---线材轧机	台/千克
	8455.2190	---其他金属热轧机或冷热联合轧机	台/千克
		--金属冷轧机：	
	8455.2210	---板材冷轧机	台/千克
	8455.2290	---其他金属冷轧机	台/千克
	8455.3000	-金属轧机用轧辊	个/千克
	8455.9000	-其他金属轧机零件	千克
84.56		**用激光、其他光、光子束、超声波、放电、电化学法、电子束、离子束或等离子弧处理各种材料的加工机床；水射流切割机：**	
		-用激光、其他光或光子束处理各种材料的加工机床：	
	8456.1100	--用激光处理各种材料的加工机床	台/千克
	8456.1200	--用其他光或光子束处理各种材料的加工机床	台/千克
	8456.2000	-用超声波处理各种材料的加工机床	台/千克
		-用放电处理各种材料的加工机床：	
	8456.3010	---数控的用放电处理各种材料的加工机床	台/千克
	8456.3090	---其他用放电处理各种材料的加工机床	台/千克
		-用等离子弧处理各种材料的加工机床：	
	8456.4010	---等离子切割机	台/千克

品 目	商品编码	商 品 名 称	计量单位
	8456.4090	---其他用等离子弧处理各种材料的加工机床	台/千克
	8456.5000	-水射流切割机	台/千克
	8456.9000	-用电化学法、电子束或离子束处理各种材料的加工机床	台/千克
84.57		**加工金属的加工中心、单工位组合机床及多工位组合机床：**	
		-加工中心：	
	8457.1010	---立式加工中心	台/千克
	8457.1020	---卧式加工中心	台/千克
	8457.1030	---龙门式加工中心	台/千克
		---其他：	
	8457.1091	----铣车复合加工中心	台/千克
	8457.1099	----未列名加工中心	台/千克
	8457.2000	-单工位组合机床	台/千克
	8457.3000	-多工位组合机床	台/千克
84.58		**切削金属的车床(包括车削中心)：**	
		-卧式车床：	
	8458.1100	--数控卧式车床	台/千克
	8458.1900	--其他卧式车床	台/千克
		-其他车床：	
		--其他数控车床：	
	8458.9110	---数控立式车床	台/千克
	8458.9120	---其他数控车床	台/千克
	8458.9900	--其他车床	台/千克
84.59		**切削金属的钻床、镗床、铣床、攻丝机床(包括直线移动式动力头机床)，但品目 84.58 的车床(包括车削中心)除外：**	
	8459.1000	-直线移动式动力头机床	台/千克
		-其他钻床：	
	8459.2100	--数控钻床	台/千克
	8459.2900	--其他钻床	台/千克
		-其他镗铣机床：	
	8459.3100	--数控镗铣床	台/千克
	8459.3900	--其他镗铣床	台/千克
		-其他镗床：	
	8459.4100	--数控镗床	台/千克
	8459.4900	--其他镗床	台/千克
		-升降台式铣床：	

品目	商品编码	商品名称	计量单位
	8459.5100	--升降台式数控铣床	台/千克
	8459.5900	--其他升降台式铣床	台/千克
		-其他铣床：	
		--其他数控铣床：	
	8459.6110	---龙门数控铣床	台/千克
	8459.6190	---未列名数控铣床	台/千克
		--其他铣床：	
	8459.6910	---龙门铣床	台/千克
	8459.6990	---未列名铣床	台/千克
	8459.7000	-其他攻丝机床	台/千克
84.60		**用磨石、磨料或抛光材料对金属或金属陶瓷进行去毛刺、刃磨、磨削、珩磨、研磨、抛光或其他精加工的机床，但品目84.61的切齿机、齿轮磨床或齿轮精加工机床除外：**	
		-平面磨床：	
		--数控平面磨床：	
	8460.1210	---数控平面磨床，在任一坐标的定位精度至少是0.01毫米	台/千克
	8460.1290	---其他数控平面磨床	台/千克
		--其他平面磨床：	
	8460.1910	---其他平面磨床，在任一坐标的定位精度至少是0.01毫米	台/千克
	8460.1990	---未列名平面磨床	台/千克
		-其他磨床：	
		--数控无心磨床：	
	8460.2210	---数控无心磨床，在任一坐标的定位精度至少是0.01毫米	台/千克
	8460.2290	---其他数控无心磨床	台/千克
		--数控外圆磨床：	
		---数控外圆磨床，在任一坐标的定位精度至少是0.01毫米：	
	8460.2311	----数控曲轴磨床，在任一坐标的定位精度至少是0.01毫米	台/千克
	8460.2319	----其他数控外圆磨床，在任一坐标的定位精度至少是0.01毫米	台/千克
	8460.2390	---其他数控外圆磨床	台/千克
		--其他数控磨床：	

品 目	商品编码	商 品 名 称	计量单位
		---其他数控磨床，在任一坐标的定位精度至少是0.01毫米：	
	8460.2411	----数控内圆磨床，在任一坐标的定位精度至少是0.01毫米	台/千克
	8460.2419	----其他数控磨床，在任一坐标的定位精度至少是0.01毫米	台/千克
	8460.2490	---其他数控磨床	台/千克
		--其他磨床：	
		---其他磨床，在任一坐标的定位精度至少是0.01毫米：	
	8460.2911	----其他外圆磨床，在任一坐标的定位精度至少是0.01毫米	台/千克
	8460.2912	----其他内圆磨床，在任一坐标的定位精度至少是0.01毫米	台/千克
	8460.2913	----其他轧辊磨床，在任一坐标的定位精度至少是0.01毫米	台/千克
	8460.2919	----未列名磨床，在任一坐标的定位精度至少是0.01毫米	台/千克
	8460.2990	---本品目其他编码未列名磨床	台/千克
		-刃磨（工具或刀具）机床：	
	8460.3100	--数控刃磨机床	台/千克
	8460.3900	--其他刃磨机床	台/千克
		-金属珩磨或研磨机床：	
	8460.4010	---金属珩磨机床	台/千克
	8460.4020	---金属研磨机床	台/千克
		-其他：	
	8460.9010	---砂轮机	台/千克
	8460.9020	---抛光机床	台/千克
	8460.9090	---其他用磨石、磨料或抛光材料对金属进行精加工的机床	台/千克
84.61		**切削金属或金属陶瓷的刨床、牛头刨床、插床、拉床、切齿机、齿轮磨床或齿轮精加工机床、锯床、切断机及其他未列名的切削机床：**	
		-牛头刨床或插床：	
	8461.2010	---牛头刨床	台/千克
	8461.2020	---插床	台/千克

品　目	商品编码	商　品　名　称	计量单位
	8461. 3000	-拉床	台/千克
		-切齿机、齿轮磨床或齿轮精加工机床：	
		---数控切齿机、齿轮磨床或齿轮精加工机床：	
	8461. 4011	----数控齿轮磨床	台/千克
	8461. 4019	----数控切齿机或数控齿轮精加工机床	台/千克
	8461. 4090	---其他切齿机、齿轮磨床或齿轮精加工机床	台/千克
	8461. 5000	-锯床或切断机	台/千克
		-其他切削机床：	
		---刨床：	
	8461. 9011	----龙门刨床	台/千克
	8461. 9019	----其他刨床	台/千克
	8461. 9090	---未列名的金属切削机床(不包括牛头刨床或插床)	台/千克
84. 62		**加工金属的锻造(包括模锻)或冲压机床(包括压力机)；加工金属的弯曲、折叠、矫直、矫平、剪切、冲孔或开槽机床(包括压力机)；其他加工金属或硬质合金的压力机：**	
		-锻造(包括模锻)或冲压机床(包括压力机)及锻锤：	
	8462. 1010	---数控锻造或冲压机床及锻锤	台/千克
	8462. 1090	---其他锻造或冲压机床及锻锤	台/千克
		-弯曲、折叠、矫直或矫平机床：	
		--数控弯曲、折叠、矫直或矫平机床：	
	8462. 2110	---数控矫直机床	台/千克
	8462. 2190	---数控弯曲、折叠或矫平机床	台/千克
		--其他弯曲、折叠、矫直或矫平机床：	
	8462. 2910	---其他矫直机床	台/千克
	8462. 2990	---其他弯曲、折叠或矫平机床	台/千克
		-剪切机床(包括压力机)，但冲剪两用机除外：	
		--数控剪切机床：	
	8462. 3110	---数控板带纵剪机床	台/千克
	8462. 3120	---数控板带横剪机床	台/千克
	8462. 3190	---其他数控剪切机床	台/千克
		--其他剪切机床：	
	8462. 3910	---其他板带纵剪机床	台/千克
	8462. 3920	---其他板带横剪机床	台/千克
	8462. 3990	---未列名剪切机床	台/千克
		-冲孔或开槽机床(包括压力机)，包括冲剪两用机：	
		--数控冲孔或开槽机床：	

品 目	商品编码	商 品 名 称	计量单位
		---数控冲床：	
	8462.4111	----自动模式数控步冲压力机	台/千克
	8462.4119	----其他数控冲床	台/千克
	8462.4190	---其他数控冲孔或开槽机床	台/千克
	8462.4900	--其他冲孔或开槽机床	台/千克
		-其他：	
		--其他液压压力机：	
	8462.9110	---金属型材液压挤压机	台/千克
	8462.9190	---未列名液压压力机	台/千克
		--其他加工金属或硬质合金的压力机：	
	8462.9910	---机械压力机	台/千克
	8462.9990	---其他加工金属或硬质合金的压力机	台/千克
84.63		**金属或金属陶瓷的其他非切削加工机床：**	
		-金属杆、管、型材、异型材、丝及类似品的拉拔机：	
		---冷拔管机：	
	8463.1011	----拉拔力为300吨及以下的冷拔管机	台/千克
	8463.1019	----其他冷拔管机	台/千克
	8463.1020	---拔丝机	台/千克
	8463.1090	---其他金属杆、管、型材、异型材及类似品的拉拔机	台/千克
	8463.2000	-金属螺纹滚轧机	台/千克
	8463.3000	-金属丝加工机	台/千克
	8463.9000	-未列名的金属非切削加工机床	台/千克
84.64		**石料、陶瓷、混凝土、石棉水泥或类似矿物材料的加工机床、玻璃冷加工机床：**	
		-锯床：	
	8464.1010	---石料、陶瓷、混凝土、石棉水泥或类似矿物材料的加工及玻璃冷加工圆盘锯床	台/千克
	8464.1020	---石料、陶瓷、混凝土、石棉水泥或类似矿物材料的加工及玻璃冷加工钢丝锯床	台/千克
	8464.1090	---其他石料、陶瓷、混凝土、石棉水泥或类似矿物材料的加工及玻璃冷加工锯床	台/千克
		-研磨或抛光机床：	
	8464.2010	---玻璃冷加工研磨或抛光机床	台/千克
	8464.2090	---石料、陶瓷、混凝土、石棉水泥或类似矿物材料的加工研磨或抛光机床	台/千克

品目	商品编码	商品名称	计量单位
		-其他加工机床：	
		---其他玻璃的冷加工机床：	
	8464.9011	----玻璃切割机	台/千克
	8464.9012	----玻璃刻花机	台/千克
	8464.9019	----其他玻璃冷加工机床	台/千克
	8464.9090	---石料、陶瓷、混凝土、石棉水泥或类似矿物材料的其他加工机床	台/千克
84.65		**木材、软木、骨、硬质橡胶、硬质塑料或类似硬质材料的加工机床(包括用打钉或打U形钉、胶粘或其他方法组合前述材料的机器)：**	
	8465.1000	-不需更换工具即可进行不同机械加工的机器,加工木材、软木、骨、硬质橡胶、硬质塑料或类似硬质材料	台/千克
	8465.2000	-加工中心,加工木材、软木、骨、硬质橡胶、硬质塑料或类似硬质材料	台/千克
		-其他,加工中心除外：	
	8465.9100	--木材、软木、骨、硬质橡胶、硬质塑料或类似硬质材料加工锯床	台/千克
	8465.9200	--木材、软木、骨、硬质橡胶、硬质塑料或类似硬质材料刨、铣或切削成形机器	台/千克
	8465.9300	--木材、软木、骨、硬质橡胶、硬质塑料或类似硬质材料研磨、砂磨或抛光机器	台/千克
	8465.9400	--木材、软木、骨、硬质橡胶、硬质塑料或类似硬质材料弯曲或装配机器	台/千克
	8465.9500	--木材、软木、骨、硬质橡胶、硬质塑料或类似硬质材料钻孔或凿榫机器	台/千克
	8465.9600	--木材、软木、骨、硬质橡胶、硬质塑料或类似硬质材料剖开、切片或刮削机器	台/千克
	8465.9900	--木材、软木、骨、硬质橡胶、硬质塑料或类似硬质材料的其他加工机床	台/千克
84.66		**专用于或主要用于品目84.56至84.65所列机器的零件、附件,包括工件或工具的夹具、自启板牙切头、分度头及其他专用于机器的附件;各种手提工具的工具夹具：**	
	8466.1000	-工具夹具及自启板牙切头	千克
	8466.2000	-工件夹具	千克
	8466.3000	-分度头及其他专用于机器的附件	千克
		-其他：	

品目	商品编码	商品名称	计量单位
	8466.9100	--品目84.64所列机器用的其他零件、附件	千克
	8466.9200	--品目84.65所列机器用的其他零件、附件	千克
		--品目84.56至84.61所列机器用的零件、附件:	
	8466.9310	---刀库及自动换刀装置	千克
	8466.9390	---品目84.56至84.61所列机器用的其他零件、附件	千克
	8466.9400	--品目84.62或84.63所列机器用的零件、附件	千克
84.67		**手提式风动或液压工具及本身装有电动或非电动动力装置的手提式工具:**	
		-风动的:	
	8467.1100	--旋转式(包括旋转冲击式的)手提风动工具	台/千克
	8467.1900	--其他手提式风动工具	台/千克
		-电动的:	
	8467.2100	--手提式各种电钻	台/千克
		--手提式各种电锯:	
	8467.2210	---电动手提式链锯	台/千克
	8467.2290	---其他手提式电锯	台/千克
		--其他手提式电动工具:	
	8467.2910	---手提式电动砂磨工具(包括磨光机、砂光机、砂轮机等)	台/千克
	8467.2920	---手提式电刨	台/千克
	8467.2990	---其他手提式电动工具	台/千克
		-其他手提式工具:	
	8467.8100	--装有非电力动力装置的手提式链锯	台/千克
	8467.8900	--其他液压工具及装有非电力动力装置的手提式工具	台/千克
		-零件:	
		--手提式链锯的零件:	
	8467.9110	---电动手提式链锯用的零件	千克
	8467.9190	---其他手提式链锯用的零件	千克
	8467.9200	--手提式风动工具的零件	千克
		--品目84.67所列其他手提式工具的零件:	
	8467.9910	---品目84.67所列其他电动手提式工具的零件	千克
	8467.9990	---品目84.67所列其他手提式工具的零件	千克
84.68		**焊接机器及装置,不论是否兼有切割功能,但品目85.15的货品除外;气体加温表面回火机器及装置:**	
	8468.1000	-手提喷焊器	台/千克
	8468.2000	-其他气体焊接或表面回火机器及装置	台/千克

品　目	商品编码	商　品　名　称	计量单位
	8468.8000	-未列名焊接机器及装置	台/千克
	8468.9000	-品目84.68所列机器的零件	千克
84.70		**计算机器及具有计算功能的袖珍式数据记录、重现及显示机器；装有计算装置的会计计算机、邮资盖戳机、售票机及类似机器；现金出纳机：**	
	8470.1000	-不需外接电源的电子计算器及具有计算功能的袖珍式数据记录、重现及显示机器	台/千克
		-其他电子计算器：	
	8470.2100	--装有打印装置的电子计算器	台/千克
	8470.2900	--其他电子计算器	台/千克
	8470.3000	-其他计算机器	台/千克
		-现金出纳机：	
	8470.5010	---销售点终端出纳机	台/千克
	8470.5090	---其他现金出纳机	台/千克
	8470.9000	-装有计算装置的会计计算机、邮资盖戳机、售票机及类似机器	台/千克
84.71		**自动数据处理设备及其部件；其他品目未列名的磁性或光学阅读机、将数据以代码形式转录到数据记录媒体的机器及处理这些数据的机器：**	
		-重量不超过10千克的便携式自动数据处理设备，至少由一个中央处理部件、一个键盘及一个显示器组成：	
	8471.3010	---平板电脑	台/千克
	8471.3090	---其他重量不超过10千克的便携式自动数据处理设备	台/千克
		-其他自动数据处理设备：	
		--同一机壳内至少有一个中央处理部件及一个输入和输出部件，不论是否组合式：	
	8471.4110	---巨型机、大型机及中型机	台/千克
	8471.4120	---小型机	台/千克
	8471.4140	---微型机	台/千克
	8471.4190	---未列名自动数据处理设备	台/千克
		--其他，以系统形式报验的：	
	8471.4910	---系统形式的巨型机、大型机及中型机	台/千克
	8471.4920	---系统形式的小型机	台/千克
	8471.4940	---系统形式的微型机	台/千克
		---其他：	

品目	商品编码	商品名称	计量单位
	8471.4991	----系统形式的分散型工业过程控制设备	台/千克
	8471.4999	----其他系统形式的自动数据处理设备	台/千克
		-子目8471.41或8471.49所列以外的处理部件,不论是否在同一机壳内有一个或两个下列部件:存储部件、输入部件、输出部件:	
	8471.5010	---巨型机、大型机及中型机的处理部件	台/千克
	8471.5020	---小型机的处理部件	台/千克
	8471.5040	---微型机的处理部件	台/千克
	8471.5090	---子目8471.41或8471.49以外的其他处理部件	台/千克
		-输入或输出部件,不论是否在同一机壳内有存储部件:	
	8471.6040	---巨型机、大型机、中型机及小型机用终端	台/千克
	8471.6050	---扫描仪	台/千克
	8471.6060	---数字化仪	台/千克
		---键盘、鼠标器:	
	8471.6071	----键盘	个/千克
	8471.6072	----鼠标器	个/千克
	8471.6090	---其他输入或输出部件	台/千克
		-存储部件:	
	8471.7010	---硬盘驱动器	台/千克
	8471.7020	---软盘驱动器	台/千克
	8471.7030	---光盘驱动器	台/千克
	8471.7090	---其他存储部件	台/千克
	8471.8000	-自动数据处理设备的其他部件	台/千克
	8471.9000	-未列名的磁性或光学阅读机、将数据以代码形式转录到数据记录媒体的机器及处理这些数据的机器	台/千克
84.72		**其他办公室用机器(例如,胶版复印机、油印机、地址印写机、自动付钞机、硬币分类、计数及包装机、削铅笔机、打洞机或订书机):**	
	8472.1000	-胶版复印机、油印机	台/千克
		-信件分类或折叠机或信件装封机、信件开封或闭封机、粘贴或盖销邮票机:	
	8472.3010	---邮政信件分拣及封装设备	台/千克
	8472.3090	---信件折叠机、信件开封机、粘贴或盖销邮票机	台/千克
		-未列名办公室用机器:	
	8472.9010	---自动柜员机	台/千克

品　目	商品编码	商　品　名　称	计量单位
		---装订用机器：	
	8472. 9021	----打洞机	台/千克
	8472. 9022	----订书机	台/千克
	8472. 9029	----其他装订用机器	台/千克
	8472. 9030	---碎纸机	台/千克
	8472. 9040	---地址印写机及地址铭牌压印机	台/千克
	8472. 9050	---文字处理机	台/千克
	8472. 9060	---打字机，但品目 84. 43 的打印机除外	台/千克
	8472. 9090	---未列名办公室用机器	台/千克
84. 73		**专用于或主要用于品目 84. 70 至 84. 72 所列机器的零件、附件（罩套、提箱及类似品除外）：**	
		-品目 84. 70 所列机器的零件、附件：	
	8473. 2100	--子目 8470. 10、8470. 21 或 8470. 29 所列电子计算器的零件、附件	千克
	8473. 2900	--品目 84. 70 所列机器的其他零件、附件	千克
		-品目 84. 71 所列机器的零件、附件：	
	8473. 3010	---编码8471. 4110、8471. 4120、8471. 4910、8471. 4920、8471. 5010、8471. 5020、8471. 6090、8471. 7010、8471. 7020、8471. 7030及8471. 7090所列机器及装置的零件、附件	千克
	8473. 3090	---品目 84. 71 所列机器的其他零件、附件	千克
		-品目 84. 72 所列机器的零件、附件：	
	8473. 4010	---自动柜员机用出钞器和循环出钞器	千克
	8473. 4020	---编码 8472. 9050、8472. 9060 所列机器的零件、附件	千克
	8473. 4090	---品目 84. 72 所列机器的其他零件、附件	千克
	8473. 5000	-同样适用于品目 84. 70 至 84. 72 中两个或两个以上品目所列机器的零件、附件	千克
84. 74		**泥土、石料、矿石或其他固体（包括粉状、浆状）矿物质的分类、筛选、分离、洗涤、破碎、磨粉、混合或搅拌机器；固体矿物燃料、陶瓷胚泥、未硬化水泥、石膏材料或其他粉状、浆状矿产品的粘聚或成型机器；铸造用砂模的成型机器：**	
	8474. 1000	-固体矿物质的分类、筛选、分离或洗涤机器	台/千克
		-固体矿物质的破碎或磨粉机器：	
	8474. 2010	---齿辊式固体矿物质的破碎或磨粉机器	台/千克
	8474. 2020	---球磨式固体矿物质的破碎或磨粉机器	台/千克

品目	商品编码	商品名称	计量单位
	8474.2090	---其他固体矿物质的破碎或磨粉机器	台/千克
		-混合或搅拌机器：	
	8474.3100	--混凝土或砂浆混合机器	台/千克
	8474.3200	--矿物与沥青的混合机器	台/千克
	8474.3900	--固体矿物质的其他混合或搅拌机器	台/千克
		-固体矿物燃料、陶瓷坯泥、未硬化水泥、石膏材料或其他粉状、浆状矿产品的粘聚或成型机器；铸造用砂模的成型机器：	
	8474.8010	---固体矿物质的辊压成型机	台/千克
	8474.8020	---固体矿物质的模压成型机	台/千克
	8474.8090	---其他固体矿物燃料、陶瓷坯泥、未硬化水泥、石膏材料或其他粉状、浆状矿产品的粘聚或成型机器；铸造用砂模的成型机器	台/千克
	8474.9000	-品目84.74所列机器的零件	千克
84.75		**白炽灯泡、灯管、放电灯管、电子管、闪光灯泡及类似品的封装机器；玻璃或玻璃制品的制造或热加工机器：**	
	8475.1000	-白炽灯泡、灯管、放电灯管、电子管、闪光灯泡及类似品的封装机器	台/千克
		-玻璃或玻璃制品的制造或热加工机器：	
	8475.2100	--制造光导纤维及其预制件的机器	台/千克
		--其他玻璃或玻璃制品的制造或热加工机器：	
		---玻璃的热加工设备：	
	8475.2911	----连续式玻璃热弯炉	台/千克
	8475.2912	----玻璃纤维拉丝机（光纤拉丝机除外）	台/千克
	8475.2919	----其他玻璃的热加工设备	台/千克
	8475.2990	---其他玻璃或玻璃制品的制造机器	台/千克
	8475.9000	-品目84.75所列机器的零件	千克
84.76		**自动售货机（例如，出售邮票、香烟、食品或饮料的机器），包括钱币兑换机：**	
		-饮料自动销售机：	
	8476.2100	--装有加热或制冷装置的饮料自动销售机	台/千克
	8476.2900	--其他饮料自动销售机	台/千克
		-其他机器：	
	8476.8100	--装有加热或制冷装置的其他机器	台/千克
	8476.8900	--无加热或制冷装置的其他机器	台/千克
	8476.9000	-自动售货机及钱币兑换机的零件	千克

品　目	商品编码	商　品　名　称	计量单位
84.77		**本章其他品目未列名的橡胶或塑料及其产品的加工机器：**	
		-注射机：	
	8477.1010	---注塑机	台/千克
	8477.1090	---其他注射机	台/千克
		-挤出机：	
	8477.2010	---塑料造粒机	台/千克
	8477.2090	---其他挤出机	台/千克
		-吹塑机：	
	8477.3010	---挤出吹塑机	台/千克
	8477.3020	---注射吹塑机	台/千克
	8477.3090	---其他吹塑机	台/千克
		-真空模塑机及其他热成型机器：	
	8477.4010	---塑料中空成型机	台/千克
	8477.4020	---塑料压延成型机	台/千克
	8477.4090	---其他真空模塑机及其他热成型机器	台/千克
		-其他模塑或成型机器：	
	8477.5100	--用于充气轮胎模塑或翻新的机器及内胎模塑或用其他方法成型的机器	台/千克
		--其他：	
	8477.5910	---三维打印机（3D 打印机）	台/千克
	8477.5990	---未列名模塑或成型机器	台/千克
	8477.8000	-其他橡胶或塑料及其产品的加工机器	台/千克
	8477.9000	-品目 84.77 所列机器的零件	千克
84.78		**本章其他品目未列名的烟草加工及制作机器：**	
	8478.1000	-烟草加工及制作机器	台/千克
	8478.9000	-烟草加工及制作机器的零件	千克
84.79		**本章其他品目未列名的具有独立功能的机器及机械器具：**	
		-公共工程用机器：	
		---摊铺机：	
	8479.1021	----沥青混凝土摊铺机	台/千克
	8479.1022	----稳定土摊铺机	台/千克
	8479.1029	----其他摊铺机	台/千克
	8479.1090	---其他公共工程用机器	台/千克
	8479.2000	-提取、加工动物油脂或固定植物油脂的机器	台/千克
	8479.3000	-木碎料板或木纤维板的挤压机及其他木材或软木处理机	台/千克
	8479.4000	-绳或缆的制造机器	台/千克

品　目	商品编码	商　品　名　称	计量单位
		-未列名工业机器人：	
	8479.5010	---多功能工业机器人	台/千克
	8479.5090	---其他未列名工业机器人	台/千克
	8479.6000	-蒸发式空气冷却器	台/千克
		-旅客登机(船)桥：	
	8479.7100	--机场用旅客登机桥	台/千克
	8479.7900	--其他旅客登机(船)桥	台/千克
		-其他机器及机械器具：	
		--处理金属的机械,包括线圈绕线机：	
	8479.8110	---线圈绕线机	台/千克
	8479.8190	---未列名处理金属的机械	台/千克
	8479.8200	--混合、搅拌、轧碎、研磨、筛选、均化或乳化机器	台/千克
		--其他：	
	8479.8910	---船舶用舵机及陀螺稳定器	台/千克
	8479.8920	---空气增湿器及减湿器	台/千克
	8479.8940	---邮政用包裹、印刷品分拣设备	台/千克
	8479.8950	---放射性废物压实机	台/千克
		---在印刷电路电路板上装配元器件的机器：	
	8479.8961	----自动插件机	台/千克
	8479.8962	----自动贴片机	台/千克
	8479.8969	----其他在印刷电路电路板上装配元器件的机器	台/千克
		---其他：	
	8479.8992	----自动化立体仓储设备	台/千克
	8479.8999	----本章未列名具有独立功能的机器及机械器具	台/千克
		-零件：	
	8479.9010	---船舶用舵机及陀螺稳定器用零件	千克
	8479.9020	---空气增湿器及减湿器用零件	千克
	8479.9090	---品目84.79所列其他机器的零件	千克
84.80		**金属铸造用型箱;型模底板;阳模;金属用型模(锭模除外)、硬质合金、玻璃、矿物材料、橡胶或塑料用型模：**	
	8480.1000	-金属铸造用型箱	千克
	8480.2000	-型模底板	千克
	8480.3000	-阳模	千克
		-金属、硬质合金用型模：	
		--金属、硬质合金用注模或压模：	
	8480.4110	---金属、硬质合金用压铸模	千克

品　目	商品编码	商　品　名　称	计量单位
	8480.4120	---粉末冶金用压模	千克
	8480.4190	---其他金属、硬质合金用注模或压模	千克
	8480.4900	--金属、硬质合金用其他型模	千克
	8480.5000	-玻璃用型模	套/千克
	8480.6000	-矿物材料用型模	套/千克
		-塑料或橡胶用型模：	
		--塑料或橡胶用注模或压模：	
	8480.7110	---硫化轮胎用囊式型模	套/千克
	8480.7190	---其他塑料或橡胶用注模或压模	套/千克
	8480.7900	--塑料或橡胶用其他型模	套/千克
84.81		**用于管道、锅炉、罐、桶或类似品的龙头、旋塞、阀门及类似装置，包括减压阀及恒温控制阀：**	
	8481.1000	-减压阀	套/千克
		-油压或气压传动阀：	
	8481.2010	---油压传动阀	套/千克
	8481.2020	---气压传动阀	套/千克
	8481.3000	-止回阀	套/千克
	8481.4000	-安全阀或溢流阀	套/千克
		-其他阀门、龙头、旋塞及类似装置：	
		---换向阀：	
	8481.8021	----电磁式换向阀	套/千克
	8481.8029	----其他换向阀	套/千克
		---流量阀：	
	8481.8031	----电子膨胀阀	套/千克
	8481.8039	----其他流量阀	套/千克
	8481.8040	---其他阀门	套/千克
	8481.8090	---龙头、旋塞及类似装置	套/千克
		-零件：	
	8481.9010	---阀门零件	千克
	8481.9090	---龙头、旋塞及类似装置的零件	千克
84.82		**滚动轴承：**	
		-滚珠轴承：	
	8482.1010	---调心球滚珠轴承	套/千克
	8482.1020	---深沟球滚珠轴承	套/千克
	8482.1030	---角接触滚珠轴承	套/千克

品　目	商品编码	商　品　名　称	计量单位
	8482.1040	－－－推力球滚珠轴承	套/千克
	8482.1090	－－－其他滚珠轴承	套/千克
	8482.2000	－锥形滚子轴承,包括锥形滚子组件	套/千克
	8482.3000	－鼓形滚子轴承	套/千克
	8482.4000	－滚针轴承	套/千克
	8482.5000	－其他圆柱形滚子轴承	套/千克
	8482.8000	－其他滚动轴承,包括球、柱混合轴承	套/千克
		－零件:	
	8482.9100	－－滚珠、滚针及滚柱	千克
	8482.9900	－－滚动轴承的其他零件	千克
84.83		**传动轴(包括凸轮轴及曲柄轴)及曲柄;轴承座及滑动轴承;齿轮及齿轮传动装置;滚珠或滚子螺杆传动装置;齿轮箱及其他变速装置,包括扭矩变换器;飞轮及滑轮,包括滑轮组;离合器及联轴器(包括万向节):**	
		－传动轴(包括凸轮轴及曲柄轴)及曲柄:	
		－－－船舶用传动轴:	
	8483.1011	－－－－船舶用柴油机曲轴	个/千克
	8483.1019	－－－－其他船舶用传动轴	个/千克
	8483.1090	－－－其他传动轴及曲柄	个/千克
	8483.2000	－装有滚珠或滚子轴承的轴承座	个/千克
	8483.3000	－未装有滚珠或滚子轴承的轴承座;滑动轴承	个/千克
		－齿轮及齿轮传动装置(带齿的轮、链轮及其他单独进口或出口的传动元件除外);滚珠或滚子螺杆传动装置;齿轮箱及其他变速装置,包括扭矩变换器:	
	8483.4010	－－－滚子螺杆传动轴	个/千克
	8483.4020	－－－行星齿轮减速器	个/千克
	8483.4090	－－－其他齿轮及齿轮传动装置;滚珠螺杆传动轴;齿轮箱及其他变速装置	个/千克
	8483.5000	－飞轮及滑轮,包括滑轮组	个/千克
	8483.6000	－离合器及联轴器(包括万向节)	个/千克
	8483.9000	－单独报验的带齿的轮,链轮及其他传动元件;品目84.83所列货品的其他零件	千克

品　目	商品编码	商　品　名　称	计量单位
84.84		**密封垫或类似接合衬垫，用金属片与其他材料制成或用双层或多层金属片制成；成套或各种不同材料的密封垫或类似接合衬垫，装于袋、套或类似包装内；机械密封件：**	
	8484.1000	-密封垫或类似接合衬垫，用金属片与其他材料制成或用双层或多层金属片制成	千克
	8484.2000	-机械密封件	千克
	8484.9000	-成套或各种不同材料的密封垫或类似接合衬垫，装于袋、套或类似包装内	千克
84.86		**专用于或主要用于制造半导体单晶柱或晶圆、半导体器件、集成电路或平板显示器的机器及装置；本章注释9(3)规定的机器及装置；零件及附件：**	
		-制造单晶柱或晶圆用的机器及装置：	
	8486.1010	---利用温度变化处理单晶硅的机器及装置	台/千克
	8486.1020	---制造单晶柱或晶圆用的研磨设备	台/千克
	8486.1030	---制造单晶柱或晶圆用的切割设备	台/千克
	8486.1040	---制造单晶柱或晶圆用的化学机械抛光设备(CMP)	台/千克
	8486.1090	---其他制造单晶柱或晶圆用的机器及装置	台/千克
		-制造半导体器件或集成电路用的机器及装置：	
	8486.2010	---制造半导体器件或集成电路用的氧化、扩散、退火及其他热处理设备	台/千克
		---薄膜沉积设备：	
	8486.2021	----制造半导体器件或集成电路用的化学气相沉积装置(CVD)	台/千克
	8486.2022	----制造半导体器件或集成电路用的物理气相沉积装置(PVD)	台/千克
	8486.2029	----其他制造半导体器件或集成电路用的薄膜沉积设备	台/千克
		---将电路图投影或绘制到感光半导体材料上的装置：	
	8486.2031	----制造半导体器件或集成电路用的分步重复光刻机(步进光刻机)	台/千克
	8486.2039	----其他将电路图投影或绘制到感光半导体材料上的制造半导体器件或集成电路用装置	台/千克
		---刻蚀及剥离设备：	
	8486.2041	----制造半导体器件或集成电路用的等离子体干法刻蚀机	台/千克

品　目	商品编码	商　品　名　称	计量单位
	8486.2049	----制造半导体器件或集成电路用的其他刻蚀及剥离设备	台/千克
	8486.2050	---制造半导体器件或集成电路用的离子注入机	台/千克
	8486.2090	---其他制造半导体器件或集成电路用的机器及装置	台/千克
		-制造平板显示器用的机器及装置：	
	8486.3010	---制造平板显示器用的扩散、氧化、退火及其他热处理设备	台/千克
		---薄膜沉积设备：	
	8486.3021	----制造平板显示器用的化学气相沉积设备(CVD)	台/千克
	8486.3022	----制造平板显示器用的物理气相沉积设备(PVD)	台/千克
	8486.3029	----制造平板显示器用的其他薄膜沉积设备	台/千克
		---将电路图投影或绘制到感光半导体材料上的装置：	
	8486.3031	----制造平板显示器用的分布重复光刻机	台/千克
	8486.3039	----其他将电路图投影或绘制到感光半导体材料上的制造平板显示器用装置	台/千克
		---湿法蚀刻、显影、剥离、清洗装置：	
	8486.3041	----制造平板显示器用的超声波清洗装置	台/千克
	8486.3049	----制造平板显示器用的其他湿法蚀刻、显影、剥离、清洗装置	台/千克
	8486.3090	---其他制造平板显示器用的机器及装置	台/千克
		-本章注释9(3)规定的机器及装置：	
	8486.4010	---主要用于或专用于制作和修复掩膜版(mask)或投影掩膜版(reticle)的装置	台/千克
		---主要用于或专用于装配与封装半导体器件或集成电路的设备：	
	8486.4021	----主要用于或专用于装配与封装半导体器件或集成电路的塑封机	台/千克
	8486.4022	----主要用于或专用于装配与封装半导体器件或集成电路的引线键合装置	台/千克
	8486.4029	----主要用于或专用于装配与封装半导体器件或集成电路的本章注释9(3)规定的其他机器及装置	台/千克
		---主要用于或专用于升降、装卸、搬运单晶柱、晶圆、半导体器件、集成电路或平板显示器的装置：	
	8486.4031	----集成电路工厂专用的自动搬运机器人	台/千克

品　目	商品编码	商　　品　　名　　称	计量单位
	8486.4039	----其他主要用于或专用于升降、装卸、搬运单晶柱、晶圆、半导体器件、集成电路或平板显示器的装置	台/千克
		-零件及附件：	
	8486.9010	---本章注释 9(3)规定的升降、装卸、搬运机器用零件及附件(自动搬运设备用除外)	千克
	8486.9020	---引线键合装置用零件及附件	千克
		---其他零件及附件：	
	8486.9091	----带背板的溅射靶材组件	千克
	8486.9099	----品目 84.86 所列设备用其他零件及附件	千克
84.87		**本章其他品目未列名的机器零件，不具有电气接插件、绝缘体、线圈、触点或其他电气器材特征的：**	
	8487.1000	-船用推进器及桨叶	千克
	8487.9000	-未列名的机器零件，不具有电气接插件、绝缘体、线圈、触点或其他电气器材特征	千克

第八十五章 电机、电气设备及其零件；录音机及放声机、电视图像、声音的录制和重放设备及其零件、附件

注释：

1. 本章不包括：

(1)电暖的毯子、褥子、足套及类似品，电暖的衣服、靴、鞋、耳套或其他供人穿戴的电暖物品；

(2)品目70.11的玻璃制品；

(3)品目84.86的机器及装置；

(4)用于医疗、外科、牙科或兽医的真空设备（品目90.18）；或

(5)第九十四章的电热家具。

2. 品目85.01至85.04不适用于品目85.11、85.12、85.40、85.41或85.42的货品，但金属槽汞弧整流器仍归入品目85.04。

3. 品目85.07所称"蓄电池"，包括与其一同报验的辅助元件，这些辅助元件具有储电、供电功能，或保护蓄电池免遭损坏，例如，电路连接器、温控装置（例如，热敏电阻）及电路保护装置，也可包括蓄电池的部分保护外壳。

4. 品目85.09仅包括通常供家用的下列电动机械器具：

(1)任何重量的地板打蜡机、食品研磨机及食品搅拌器和水果或蔬菜的榨汁机；

(2)重量不超过20千克的其他机器。

但该品目不适用于风机、风扇或装有风扇的通风罩及循环气罩（不论是否装有过滤器）（品目84.14）、离心干衣机（品目84.21）、洗碟机（品目84.22）、家用洗衣机（品目84.50）、滚筒式或其他形式的熨烫机器（品目84.20或84.51）、缝纫机（品目84.52）、电剪子（品目84.67）或电热器具（品目85.16）。

5. 品目85.23所称：

(1)"固态、非易失性存储器件"（例如，"闪存卡"或"电子闪存卡"）是指带有接口的存储器件，其在同一壳体内包含一块或多块闪存（FLASH E^2 PROM），以集成电路的形式装配在一块印刷电路板上。它们可以包括一个集成电路形式的控制器及分立无源元件，例如，电容器及电阻器；

(2)所称"智能卡"，是指装有一块或多块集成电路[微处理器、随机存取存储器（RAM）或只读存储器（ROM）]芯片的卡。这些卡可带有触点、磁条或嵌入式天线，但不包含任何其他有源或无源电路元件。

6. 品目85.34所称"印刷电路"，是指采用各种印制方法（例如，压印、覆镀、腐蚀）或采用"膜电路"工艺，将导线、接点或其他印制元件（例如，电感器、电阻器、电容器）按预定的图形单独或互相连接地印制在绝缘基片上的电路，但能够产生、整流、调制或放大电信号的元件（例如，半导体元件）除外。

所称"印刷电路"，不包括装有非印制元件的电路，也不包括单个的分立式电阻器、电容

器及电感器，但印刷电路可配有非经印刷的连接元件。

用同样工艺制得的无源元件及有源元件组成的薄膜电路或厚膜电路应归入品目85.42。

7. 品目85.36所称“光导纤维、光导纤维束或光缆用连接器”，是指在有线数字通讯设备中，简单机械地把光纤端部相连成一线的连接器。它们不具备诸如对信号进行放大、再生或修正等其他功能。

8. 品目85.37不包括电视接收机或其他电气设备用的无绳红外遥控器（品目85.43）。

9. 品目85.41及85.42所称：

（1）“二极管、晶体管及类似的半导体器件”，是指那些依靠外加电场引起电阻率的变化而进行工作的半导体器件；

（2）“集成电路”，是指：

①单片集成电路，即电路元件（二极管、晶体管、电阻器、电容器、电感器等）主要整体制作在一片半导体材料或化合物半导体材料（例如，掺杂硅、砷化镓、硅锗或磷化铟）基片的表面，并不可分割地连接在一起的电路；

②混合集成电路，即通过薄膜或厚膜工艺制得的无源元件（电阻器、电容器、电感器等）和通过半导体工艺制得的有源元件（二极管、晶体管、单片集成电路等）用互连或连接线不可分割地组合在同一绝缘基片（玻璃、陶瓷等）上的电路，这种电路也可包括分立元件；

③多芯片集成电路是由两个或多个单片集成电路不可分割地组合在一片或多片绝缘基片上构成的电路，不论是否带有引线框架，但不带有其他有源或无源的电路元件。

本注释所述物品在归类时，即使本协调制度其他品目涉及上述物品，尤其是物品的功能，仍应优先考虑归入品目85.41及85.42。

④多元件集成电路（MCOs）：由一个或多个单片、混合或多芯片集成电路及下列至少一个元件组成：硅基传感器、执行器、振荡器、谐振器或其组件所构成的组合体，或者具有品目85.32、85.33、85.41所列商品功能的元件，或品目85.04的电感器。其像集成电路一样实际上不可分割地组合成一体，作为一种元件，通过引脚、引线、焊球、底面触点、凸点或导电压点进行连接，组装到印刷电路板（PCB）或其他载体上。

在本定义中：

（a）“元件”可以是分立的，独立制造后组装到多元件（MCO）的其余部分上，或者集成到其他元件内。

（b）“硅基”是指在硅基片上制造，或由硅材料制造而成，或者制造在集成电路裸片上。

（c）Ⅰ. 硅基传感器是由在半导体材料内部或表面制作的微电子或机械结构组成，具有探测物理量和化学量并将其转换成电信号（因电特性变化或机械结构位移而产生）的功能。“物理量或化学量”与现实世界的现象相关，例如，压力、声波、加速度、振动、运动、方向、张力、磁场强度、电场强度、光、放射性、湿度、流量和化学浓度等。

Ⅱ. 硅基执行器是由在半导体材料内部或表面制作的微电子或机械结构组成，具有将电信号转换成物理运动的功能。

Ⅲ. 硅基谐振器是由在半导体材料内部或表面制作的微电子或机械结构组成，具有按预先设定的频率产生机械或电振荡的功能，频率取决于响应外部输入的结构的物理参数。

Ⅳ. 硅基振荡器是有缘器件，由在半导体材料内部或表面制作的微电子或机械结构组成，具有按预先设定的频率产生机械或电振荡的功能，频率取决于这些结构的物理参数。

10. 品目85.48所称“废原电池、废原电池组及废蓄电池”，是指因破损、拆解、耗尽或其他原因而不能再使用或充电的上述电池。

子目注释：

1. 子目8527.12仅包括有内置放大器的盒式磁带放声机但无内置扬声器的盒式磁带放声机，它不需外接电源即能工作，且外形尺寸不超过170毫米×100毫米×45毫米。

品目	商品编码	商品名称	计量单位
85.01		电动机及发电机(不包括发电机组)：	
		-输出功率不超过37.5瓦的电动机：	
	8501.1010	---输出功率不超过37.5瓦的玩具电动机	台/千克
		---其他：	
	8501.1091	----输出功率不超过37.5瓦的微电机，机座最大尺寸在20毫米及以上，但不超过39毫米	台/千克
	8501.1099	----其他输出功率不超过37.5瓦的电动机	台/千克
	8501.2000	-交直流两用电动机，输出功率超过37.5瓦	台/千克
		-其他直流电动机；直流发电机：	
	8501.3100	--输出功率不超过750瓦的直流电动机及直流发电机	台/千克
	8501.3200	--输出功率超过750瓦，但不超过75千瓦的直流电动机及直流发电机	台/千克
	8501.3300	--输出功率超过75千瓦，但不超过375千瓦的直流电动机及直流发电机	台/千克
	8501.3400	--输出功率超过375千瓦的直流电动机及直流发电机	台/千克
	8501.4000	-其他单相交流电动机	台/千克
		-其他多相交流电动机：	
	8501.5100	--输出功率不超过750瓦的多相交流电动机	台/千克
	8501.5200	--输出功率超过750瓦，但不超过75千瓦的多相交流电动机	台/千克
	8501.5300	--输出功率超过75千瓦的多相交流电动机	台/千克

品　目	商品编码	商　品　名　称	计量单位
		-交流发电机：	
	8501.6100	--输出功率不超过75千伏安的交流发电机	台/千克
	8501.6200	--输出功率超过75千伏安,但不超过375千伏安的交流发电机	台/千克
	8501.6300	--输出功率超过375千伏安,但不超过750千伏安的交流发电机	台/千克
		--输出功率超过750千伏安：	
	8501.6410	---输出功率超过750千伏安,但不超过350兆伏安的交流发电机	台/千克
	8501.6420	---输出功率超过350兆伏安,但不超过665兆伏安的交流发电机	台/千克
	8501.6430	---输出功率超过665兆伏安的交流发电机	台/千克
85.02		**发电机组及旋转式变流机：**	
		-装有压燃式活塞内燃发动机(柴油或半柴油发动机)的发电机组：	
	8502.1100	--输出功率不超过75千伏安,装有压燃式活塞内燃发动机的发电机组	台/千克
	8502.1200	--输出功率超过75千伏安,但不超过375千伏安,装有压燃式活塞内燃发动机的发电机组	台/千克
		--输出功率超过375千伏安：	
	8502.1310	---输出功率超过375千伏安,但不超过2兆伏安,装有压燃式活塞内燃发动机的发电机组	台/千克
	8502.1320	---输出功率超过2兆伏安,装有压燃式活塞内燃发动机的发电机组	台/千克
	8502.2000	-装有点燃式活塞内燃发动机的发电机组	台/千克
		-其他发电机组：	
	8502.3100	--风力发电机组	台/千克
	8502.3900	--未列名发电机组	台/千克
	8502.4000	-旋转式变流机	台/千克
85.03		**专用于或主要用于品目85.01或85.02所列机器的零件：**	
	8503.0010	---玩具电动机和微电机的零件	千克
	8503.0020	---输出功率超过350兆伏安交流发电机的零件	千克
	8503.0030	---子目8502.31所列发电机组零件	千克
	8503.0090	---其他专用于或主要用于品目85.01或85.02所列机器的零件	千克
85.04		**变压器、静止式变流器(例如,整流器)及电感器：**	

品　目	商品编码	商　品　名　称	计量单位
		-放电灯或放电管用镇流器：	
	8504.1010	---放电灯或放电管用电子镇流器	个/千克
	8504.1090	---其他放电灯或放电管用镇流器	个/千克
		-液体介质变压器：	
	8504.2100	--额定容量不超过650千伏安的液体介质变压器	个/千克
	8504.2200	--额定容量超过650千伏安，但不超过10兆伏安的液体介质变压器	个/千克
		--额定容量超过10兆伏安：	
		---额定容量超过10兆伏安，但小于400兆伏安：	
	8504.2311	----额定容量超过10兆伏安，但小于220兆伏安的液体介质变压器	个/千克
	8504.2312	----额定容量在220兆伏安及以上，但小于330兆伏安的液体介质变压器	个/千克
	8504.2313	----额定容量在330兆伏安及以上，但小于400兆伏安的液体介质变压器	个/千克
		---额定容量在400兆伏安及以上：	
	8504.2321	----额定容量在400兆伏安及以上，但小于500兆伏安的液体介质变压器	个/千克
	8504.2329	----额定容量在500兆伏安及以上的液体介质变压器	个/千克
		-其他变压器：	
		--额定容量不超过1千伏安的其他变压器：	
	8504.3110	---额定容量不超过1千伏安的互感器	个/千克
	8504.3190	---未列名额定容量不超过1千伏安的其他变压器	个/千克
		--额定容量超过1千伏安，但不超过16千伏安的其他变压器：	
	8504.3210	---额定容量超过1千伏安，但不超过16千伏安的互感器	个/千克
	8504.3290	---未列名额定容量超过1千伏安，但不超过16千伏安的其他变压器	个/千克
		--额定容量超过16千伏安，但不超过500千伏安的其他变压器：	
	8504.3310	---额定容量超过16千伏安，但不超过500千伏安的互感器	个/千克
	8504.3390	---未列名额定容量超过16千伏安，但不超过500千伏安的其他变压器	个/千克
		--额定容量超过500千伏安的其他变压器：	

品　目	商品编码	商　品　名　称	计量单位
	8504. 3410	－－－额定容量超过500千伏安的互感器	个/千克
	8504. 3490	－－－未列名额定容量超过500千伏安的其他变压器	个/千克
		－静止式变流器：	
		－－－稳压电源：	
	8504. 4013	－－－－品目84. 71所列机器用的稳压电源	个/千克
	8504. 4014	－－－－其他直流稳压电源，功率小于1千瓦、精度低于万分之一	个/千克
	8504. 4015	－－－－其他交流稳压电源，功率小于10千瓦、精度低于千分之一	个/千克
	8504. 4019	－－－－其他稳压电源	个/千克
	8504. 4020	－－－不间断供电电源	台/千克
	8504. 4030	－－－逆变器	个/千克
		－－－其他：	
	8504. 4091	－－－－具有变流功能的半导体模块	个/千克
	8504. 4099	－－－－其他静止式变流器	个/千克
	8504. 5000	－其他电感器	个/千克
		－零件：	
		－－－变压器用：	
	8504. 9011	－－－－额定容量在400兆伏安及以上的液体介质变压器的零件	千克
	8504. 9019	－－－－其他变压器的零件	千克
	8504. 9020	－－－稳压电源及不间断供电电源的零件	千克
	8504. 9090	－－－品目85. 04所列其他货品的零件	千克
85. 05		**电磁铁；永磁铁及磁化后准备制永磁铁的物品；电磁铁或永磁铁卡盘、夹具及类似的工件夹具；电磁联轴节、离合器及制动器；电磁起重吸盘：**	
		－永磁铁及磁化后准备制永磁铁的物品：	
		－－金属的：	
	8505. 1110	－－－稀土的永磁铁及磁化后准备制永磁铁的物品	千克
	8505. 1190	－－－其他金属的永磁铁及磁化后准备制永磁铁的物品	千克
	8505. 1900	－－其他永磁铁及磁化后准备制永磁铁的物品	千克
	8505. 2000	－电磁联轴节、离合器及制动器	千克
		－其他，包括零件：	
	8505. 9010	－－－电磁起重吸盘	个/千克
	8505. 9090	－－－电磁铁；电磁铁或永磁铁卡盘、夹具及类似的工件夹具，包括零件	个/千克

品 目	商品编码	商 品 名 称	计量单位
85.06		**原电池及原电池组：**	
		-二氧化锰的：	
		---碱性锌锰的：	
	8506.1011	----扣式碱性锌锰原电池及原电池组	个/千克
	8506.1012	----圆柱形碱性锌锰原电池及原电池组	个/千克
	8506.1019	----其他碱性锌锰原电池及原电池组	个/千克
	8506.1090	---其他二氧化锰原电池及原电池组	个/千克
	8506.3000	-氧化汞的原电池及原电池组	个/千克
	8506.4000	-氧化银的原电池及原电池组	个/千克
	8506.5000	-锂的原电池及原电池组	个/千克
	8506.6000	-锌空气的原电池及原电池组	个/千克
	8506.8000	-其他原电池及原电池组	个/千克
		-零件：	
	8506.9010	---编码 8506.1000 所列原电池及原电池组的零件	千克
	8506.9090	---其他原电池及原电池组的零件	千克
85.07		**蓄电池，包括隔板，不论是否矩形（包括正方形）：**	
	8507.1000	-铅酸蓄电池，用于启动活塞式发动机	个/千克
	8507.2000	-其他铅酸蓄电池	个/千克
	8507.3000	-镍镉蓄电池	个/千克
	8507.4000	-镍铁蓄电池	个/千克
	8507.5000	-镍氢蓄电池	个/千克
	8507.6000	-锂离子蓄电池	个/千克
		-其他蓄电池：	
	8507.8030	---全钒液流电池	个/千克
	8507.8090	---未列名蓄电池	个/千克
		-零件：	
	8507.9010	---铅酸蓄电池的零件	千克
	8507.9090	---其他蓄电池的零件	千克
85.08		**真空吸尘器：**	
		-电动真空吸尘器：	
	8508.1100	--电动真空吸尘器，功率不超过 1500 瓦，且带有容积不超过 20 升的集尘袋或其他集尘容器	台/千克
	8508.1900	--其他电动真空吸尘器	台/千克
	8508.6000	-非电动真空吸尘器	台/千克
		-零件：	
	8508.7010	---编码 8508.1100 所列吸尘器用零件	千克

品　目	商品编码	商　品　名　称	计量单位
	8508.7090	---其他真空吸尘器用零件	千克
85.09		**家用电动器具,品目85.08的真空吸尘器除外:**	
		-食品研磨机及搅拌器;水果或蔬菜的榨汁机:	
	8509.4010	---水果或蔬菜的榨汁机	台/千克
	8509.4090	---食品研磨机及搅拌器	台/千克
		-其他家用电动器具:	
	8509.8010	---地板打蜡机	台/千克
	8509.8020	---厨房废物处理器	台/千克
	8509.8090	---未列名家用电动器具	台/千克
	8509.9000	-家用电动器具的零件,品目85.08的真空吸尘器用零件除外	千克
85.10		**电动剃须刀、电动毛发推剪及电动脱毛器:**	
	8510.1000	-电动剃须刀	个/千克
	8510.2000	-电动毛发推剪	个/千克
	8510.3000	-电动脱毛器	个/千克
	8510.9000	-电动剃须刀、电动毛发推剪及电动脱毛器的零件	千克
85.11		**点燃式或压燃式内燃发动机用的电点火及电启动装置(例如,点火磁电机、永磁直流发电机、点火线圈、火花塞、电热塞及启动电机);附属于上述内燃发动机的发电机(例如,直流发电机、交流发电机)及断流器:**	
	8511.1000	-火花塞	个/千克
		-点火磁电机;永磁直流发电机;磁飞轮:	
	8511.2010	---机车、航空器及船舶用点火磁电机、永磁直流发电机及磁飞轮	个/千克
	8511.2090	---其他点火磁电机、永磁直流发电机及磁飞轮	个/千克
		-分电器;点火线圈:	
	8511.3010	---机车、航空器及船舶用分电器、点火线圈	个/千克
	8511.3090	---其他分电器、点火线圈	个/千克
		-启动电机及两用启动发电机:	
	8511.4010	---机车、航空器及船舶用启动电机及两用启动发电机	个/千克
		---其他启动电机及两用启动发电机:	
	8511.4091	----输出功率在132.39千瓦(180马力)及以上发动机用启动电机	个/千克
	8511.4099	----其他启动电机及两用启动发电机	个/千克
		-其他发电机:	
	8511.5010	---其他机车、航空器及船舶用发电机	个/千克

品　目	商品编码	商　品　名　称	计量单位
	8511.5090	---其他发电机	个/千克
	8511.8000	-内燃发动机用其他电点火及电启动装置及断流器	个/千克
		-零件：	
	8511.9010	---品目85.11所列供机车、航空器及船舶用各种装置的零件	千克
	8511.9090	---品目85.11所列其他装置的零件	千克
85.12		**自行车或机动车辆用的电气照明或信号装置(品目85.39的物品除外)、电动风挡刮水器、除霜器及去雾器：**	
	8512.1000	-自行车电气照明或视觉信号装置	个/千克
		-机动车辆电气照明或视觉信号装置：	
	8512.2010	---机动车辆用电气照明装置	个/千克
	8512.2090	---机动车辆用视觉信号装置	个/千克
		-车辆电气音响信号装置：	
		---机动车辆用电气音响信号装置：	
	8512.3011	----机动车辆用喇叭、蜂鸣器	个/千克
	8512.3012	----机动车辆用防盗报警器	个/千克
	8512.3019	----机动车辆用其他电气音响信号装置	个/千克
	8512.3090	---自行车用电气音响信号装置	个/千克
	8512.4000	-车辆电动风挡刮水器、除霜器及去雾器	个/千克
	8512.9000	-品目85.12所列装置的零件	千克
85.13		**自供能源(例如，使用干电池、蓄电池、永磁发电机)的手提式电灯，但品目85.12的照明装置除外：**	
		-灯：	
	8513.1010	---手电筒	个/千克
	8513.1090	---其他自供能源的手提式电灯	个/千克
		-零件：	
	8513.9010	---手电筒零件	千克
	8513.9090	---其他自供能源手提式电灯的零件	千克
85.14		**工业或实验室用电炉及电烘箱(包括通过感应或介质损耗工作的)；工业或实验室用其他通过感应或介质损耗对材料进行热处理的设备：**	
		-工业或实验室用电阻加热炉及烘箱：	
	8514.1010	---可控气氛热处理炉	台/千克
	8514.1090	---其他工业或实验室用电阻加热炉及烘箱	台/千克
	8514.2000	-工业或实验用通过感应或介质损耗工作的炉及烘箱	台/千克
	8514.3000	-其他工业或实验室用炉及烘箱	台/千克

品　目	商品编码	商　品　名　称	计量单位
	8514.4000	-其他工业或实验室用通过感应或介质损耗对材料进行热处理的设备	台/千克
		-品目85.14所列设备的零件：	
	8514.9010	---炼钢电炉的零件	千克
	8514.9090	---品目85.14所列其他设备的零件	千克
85.15		**电气(包括电热气体)、激光、其他光、光子束、超声波、电子束、磁脉冲或等离子弧焊接机器及装置,不论是否兼有切割功能;用于热喷金属或金属陶瓷的电气机器及装置：**	
		-钎焊机器及装置：	
	8515.1100	--钎焊烙铁及焊枪	个/千克
	8515.1900	--其他钎焊机器及装置	台/千克
		-电阻焊接机器及装置：	
		--全自动或半自动电阻焊接机器及装置：	
	8515.2120	---电阻焊接机器人	台/千克
		---其他全自动或半自动电阻焊接机器及装置：	
	8515.2191	----全自动或半自动电阻直缝焊管机	台/千克
	8515.2199	----未列名全自动或半自动电阻焊接机器及装置	台/千克
	8515.2900	--其他电阻焊接机器及装置	台/千克
		-电弧(包括等离子弧)焊接机器及装置：	
		--全自动或半自动的电弧(包括等离子弧)焊接机器及装置：	
	8515.3120	---电弧(包括等离子弧)焊接机器人	台/千克
		---其他全自动或半自动电弧(包括等离子弧)焊接机器及装置：	
	8515.3191	----全自动或半自动电弧(包括等离子弧)螺旋焊管机	台/千克
	8515.3199	----未列名全自动或半自动电弧(包括等离子弧)焊接机器及装置	台/千克
	8515.3900	--其他电弧(包括等离子弧)焊接机器及装置	台/千克
		-其他焊接机器及装置;用于热喷金属或硬质合金的电气机器及装置：	
	8515.8010	---激光焊接机器人	台/千克
	8515.8090	---未列名焊接机器及装置;用于热喷金属或硬质合金的电气机器及装置	台/千克
	8515.9000	-品目85.15所列机器的零件	千克

品 目	商品编码	商 品 名 称	计量单位
85.16		**电热的快速热水器、储存式热水器、浸入式液体加热器;电气空间加热器及土壤加热器;电热的理发器具(例如,电吹风机、电卷发器、电热发钳)及干手器;电熨斗;其他家用电热器具;加热电阻器,但品目 85.45 的货品除外:**	
		-电热的快速热水器、储存式热水器、浸入式液体加热器:	
	8516.1010	---电热的储存式热水器	个/千克
	8516.1020	---电热的快速热水器	个/千克
	8516.1090	---其他电热水器	个/千克
		-电气空间加热器及土壤加热器:	
	8516.2100	--电气储存式散热器	个/千克
		--其他:	
	8516.2910	---电气土壤加热器	个/千克
	8516.2920	---辐射式电气空间加热器	个/千克
		---对流式电气空间加热器:	
	8516.2931	----风扇式电气空间加热器	个/千克
	8516.2932	----充液式电气空间加热器	个/千克
	8516.2939	----其他对流式电气空间加热器	个/千克
	8516.2990	---其他电气空间加热器	个/千克
		-电热的理发器具及干手器:	
	8516.3100	--电吹风机	个/千克
	8516.3200	--其他电热理发器具	个/千克
	8516.3300	--电热干手器	个/千克
	8516.4000	-电熨斗	个/千克
	8516.5000	-微波炉	个/千克
		-其他炉;电锅、电热板、加热环、烧烤炉及烘烤器:	
	8516.6010	---电磁炉	个/千克
	8516.6030	---电饭锅	个/千克
	8516.6040	---电炒锅	个/千克
	8516.6050	---电烤箱	个/千克
	8516.6090	---其他电炉;电锅、电热板、加热环、烧烤炉及烘烤器	个/千克
		-其他电热器具:	
		--电咖啡机或茶壶:	
	8516.7110	---滴液式咖啡机	个/千克
	8516.7120	---蒸馏渗滤式咖啡机	个/千克
	8516.7130	---泵压式咖啡机	个/千克
	8516.7190	---其他电咖啡机或茶壶	个/千克
		--电热烤面包器:	

品　目	商品编码	商　品　名　称	计量单位
	8516. 7210	---家用自动面包机	个/千克
	8516. 7220	---片式烤面包机(多士炉)	个/千克
	8516. 7290	---其他电热烤面包器	个/千克
		--其他:	
	8516. 7910	---电热饮水机	台/千克
	8516. 7990	---未列名电热器具	个/千克
	8516. 8000	-加热电阻器	个/千克
		-零件:	
	8516. 9010	---土壤加热器及加热电阻器用零件	千克
	8516. 9090	---品目 85. 16 所列其他货品的零件	千克
85. 17		**电话机,包括用于蜂窝网络或其他无线网络的电话机;其他发送或接收声音、图像或其他数据用的设备,包括有线或无线网络(例如,局域网或广域网)的通信设备,品目 84. 43、85. 25、85. 27 或 85. 28 的发送或接收设备除外:**	
		-电话机,包括蜂窝网络或其他无线网络用电话机:	
	8517. 1100	--无绳电话机	台/千克
		--用于蜂窝网络或其他无线网络的电话机:	
	8517. 1210	---手持(包括车载)式无线电话机	台/千克
	8517. 1220	---对讲机	台/千克
	8517. 1290	---其他用于蜂窝网络或其他无线网络的电话机	台/千克
	8517. 1800	--其他电话机	台/千克
		-其他发送或接收声音、图像或其他数据用的设备,包括有线或无线网络(例如,局域网或广域网)的通信设备:	
		--基站:	
	8517. 6110	---移动通信基站	台/千克
	8517. 6190	---其他基站	台/千克
		--接收、转换并且发送或再生声音、图像或其他数据用的设备,包括交换及路由设备:	
		---数字式程控电话或电报交换机:	
	8517. 6211	----局用电话交换机;长途电话交换机;电报交换机	台/千克
	8517. 6212	----移动通信交换机	台/千克
	8517. 6219	----其他电话交换机	台/千克
		---光通讯设备:	
	8517. 6221	----光端机及脉冲编码调制设备(PCM)	台/千克
	8517. 6222	----波分复用光传输设备	台/千克
	8517. 6229	----其他光通讯设备	台/千克

品　目	商品编码	商　品　名　称	计量单位
		---其他有线数字通信设备:	
	8517.6231	----通信网络时钟同步设备	台/千克
	8517.6232	----以太网络交换机	台/千克
	8517.6233	----IP 电话信号转换设备	台/千克
	8517.6234	----调制解调器	台/千克
	8517.6235	----集线器	台/千克
	8517.6236	----路由器	台/千克
	8517.6237	----有线网络接口卡	台/千克
	8517.6239	----未列名有线数字通讯设备	台/千克
		---其他接收、转换并且发送或再生声音、图像或其他数据用的设备:	
	8517.6292	----无线网络接口卡	台/千克
	8517.6293	----无线接入固定台	台/千克
	8517.6294	----无线耳机、耳塞	个/千克
	8517.6299	----其他接收、转换并且发送或再生声音、图像或其他数据用的设备	台/千克
		--其他发送或接收声音、图像或其他数据用的设备:	
	8517.6910	---其他发送或接收声音、图像或其他数据用的无线设备	台/千克
	8517.6990	---其他发送或接收声音、图像或其他数据用的有线设备	台/千克
		-零件:	
	8517.7010	---数字式程控电话或电报交换机的零件	千克
	8517.7020	---光端机及脉冲编码调制设备(PCM)的零件	千克
	8517.7030	---手持式无线电话机的零件(天线除外)	千克
	8517.7040	---对讲机的零件(天线除外)	千克
	8517.7060	---光通信设备的激光收发模块	千克
	8517.7070	---品目 85.17 所列设备用天线及其零件	千克
	8517.7090	---品目 85.17 所列设备用其他零件	千克
85.18		**传声器(麦克风)及其座架;扬声器,不论是否装成音箱;耳机、耳塞,不论是否装有传声器,由传声器及一个或多个扬声器组成的组合机;音频扩大器;电气扩音机组:**	
	8518.1000	-传声器(麦克风)及其座架	个/千克
		-扬声器,不论是否装成音箱:	
	8518.2100	--单喇叭音箱	个/千克
	8518.2200	--多喇叭音箱	个/千克

品目	商品编码	商品名称	计量单位
	8518.2900	--其他扬声器	个/千克
	8518.3000	-耳机、耳塞(无线耳机、耳塞除外),不论是否装有传声器,由传声器及一个或多个扬声器组成的组合机	个/千克
	8518.4000	-音频扩大器	台/千克
	8518.5000	-电气扩音机组	套/千克
	8518.9000	-品目85.18所列货品的零件	千克
85.19		**声音录制或重放设备:**	
	8519.2000	-用硬币、钞票、银行卡、代币或其他支付方式使其工作的声音录制或重放设备	台/千克
	8519.3000	-转盘(唱机唱盘)	台/千克
	8519.5000	-电话应答机	台/千克
		-其他声音录制或重放设备:	
		--使用磁性、光学或半导体媒体的声音录制或重放设备:	
		---使用磁性媒体的:	
	8519.8111	----未装有声音录制装置的盒式磁带型声音重放装置,编辑节目用放声机除外	台/千克
	8519.8112	----装有声音重放装置的盒式磁带型录音机	台/千克
	8519.8119	----其他使用磁性媒体的声音录制或重放设备	台/千克
		---使用光学媒体的:	
	8519.8121	----激光唱机,未装有声音录制装置	台/千克
	8519.8129	----其他使用光学媒体的声音录制或重放设备	台/千克
		---使用半导体媒体的:	
	8519.8131	----装有声音重放装置的闪速存储器型声音录制设备	台/千克
	8519.8139	----其他使用半导体媒体的声音录制或重放设备	台/千克
		--其他声音录制或重放设备:	
	8519.8910	---不带录制装置的其他唱机,不论是否带有扬声器	台/千克
	8519.8990	---其他声音录制或重放设备	台/千克
85.21		**视频信号录制或重放设备,不论是否装有高频调节器:**	
		-磁带型:	
		---磁带型录像机:	
	8521.1011	----广播级磁带型录像机	台/千克
	8521.1019	----其他磁带型录像机	台/千克
	8521.1020	---磁带型放像机	台/千克
		-其他视频信号录制或重放设备:	
		---激光视盘机:	

品目	商品编码	商品名称	计量单位
	8521.9011	----视频高密光盘(VCD)播放机	台/千克
	8521.9012	----数字化视频光盘(DVD)播放机	台/千克
	8521.9019	----其他激光视盘机	台/千克
	8521.9090	---未列名视频信号录制或重放设备	台/千克
85.22		**专用于或主要用于品目85.19或85.21所列设备的零件、附件:**	
	8522.1000	-拾音头	个/千克
		-其他:	
	8522.9010	---转盘或唱机的零件、附件	千克
		---盒式磁带录音机或放声机用:	
	8522.9021	----走带机构(机芯),不论是否装有磁头	千克
	8522.9022	----磁头	个/千克
	8522.9023	----磁头零件	千克
	8522.9029	----盒式磁带录音机或放声机的其他零件、附件	千克
		---视频信号录制或重放设备用:	
	8522.9031	----激光视盘机的机芯	千克
	8522.9039	----其他视频信号录制或重放设备的零件、附件	千克
		---其他:	
	8522.9091	----车载音频转播器或发射器	台/千克
	8522.9099	----品目85.19或85.21所列设备的其他零件、附件	千克
85.23		**录制声音或其他信息用的圆盘、磁带、固态非易失性数据存储器件、"智能卡"及其他媒体,不论是否已录制,包括供复制圆盘用的母片及母带,但不包括第三十七章的产品:**	
		-磁性媒体:	
		--磁条卡:	
	8523.2110	---未录制磁条卡	个/千克
	8523.2120	---已录制磁条卡	个/千克
		--其他磁性媒体:	
		---磁盘:	
	8523.2911	----未录制磁盘	个/千克
	8523.2919	----已录制磁盘	个/千克
		---磁带:	
	8523.2921	----未录制的宽度不超过4毫米磁带	盘/千克
	8523.2922	----未录制的宽度超过4毫米,但不超过6.5毫米的磁带	盘/千克
	8523.2923	----未录制的宽度超过6.5毫米磁带	盘/千克

品　目	商品编码	商　品　名　称	计量单位
	8523.2928	----重放声音或图像信息的磁带	盘/千克
	8523.2929	----已录制的其他磁带	盘/千克
	8523.2990	---其他磁性媒体	盘/千克
		-光学媒体：	
	8523.4100	--未录制光学媒体	张/千克
		--其他：	
	8523.4910	---已录制仅用于重放声音信息的光学媒体	张/千克
	8523.4920	---已录制用于重放声音、图像以外信息的，品目84.71所列机器用光学媒体	张/千克
	8523.4990	---已录制其他光学媒体	张/千克
		-半导体媒体：	
		--固态非易失性存储器件（闪速存储器）：	
	8523.5110	---未录制固态非易失性存储器件（闪速存储器）	个/千克
	8523.5120	---已录制固态非易失性存储器件（闪速存储器）	个/千克
		--“智能卡”：	
	8523.5210	---未录制“智能卡”	个/千克
	8523.5290	---已录制“智能卡”	个/千克
		--其他半导体媒体：	
	8523.5910	---其他未录制半导体媒体	个/千克
	8523.5920	---其他已录制半导体媒体	个/千克
		-其他录制声音或其他信息用的媒体，不论是否已录制：	
		---唱片：	
	8523.8011	----已录制唱片	张/千克
	8523.8019	----未录制唱片	张/千克
		---品目84.71所列机器用：	
	8523.8021	----其他品目84.71所列机器用录制声音或其他信息用的媒体，未录制	张/千克
	8523.8029	----其他品目84.71所列机器用录制声音或其他信息用的媒体，已录制	张/千克
		---其他：	
	8523.8091	----未列名录制声音或其他信息用的媒体，未录制	张/千克
	8523.8099	----未列名录制声音或其他信息用的媒体，已录制	张/千克
85.25		**无线电广播、电视发送设备，不论是否装有接收装置或声音的录制、重放装置；电视摄像机、数字照相机及视频摄录一体机：**	
	8525.5000	-无线电广播、电视发送设备	台/千克

品　目	商品编码	商　品　名　称	计量单位
		-装有接收装置的发送设备：	
	8525.6010	---卫星地面站设备	台/千克
	8525.6090	---其他装有接收装置的发送设备	台/千克
		-电视摄像机、数字照相机及视频摄录一体机：	
		---电视摄像机：	
	8525.8011	----特种用途的电视摄像机	台/千克
	8525.8012	----非特种用途的广播级电视摄像机	台/千克
	8525.8013	----非特种用途的其他类型电视摄像机	台/千克
		---数字照相机：	
	8525.8021	----特种用途的数字照相机	台/千克
	8525.8022	----非特种用途的单镜头反光型数字照相机	台/千克
	8525.8025	----非特种用途的其他可换镜头的数字照相机	台/千克
	8525.8029	----非特种用途的其他类型数字照相机	台/千克
		---视频摄录一体机：	
	8525.8031	----特种用途的视频摄录一体机	台/千克
	8525.8032	----非特种用途的广播级视频摄录一体机	台/千克
	8525.8033	----非特种用途的家用型视频摄录一体机	台/千克
	8525.8039	----非特种用途的其他类型视频摄录一体机	台/千克
85.26		**雷达设备、无线电导航设备及无线电遥控设备：**	
		-雷达设备：	
	8526.1010	---导航用雷达设备	台/千克
	8526.1090	---其他雷达设备	台/千克
		-其他：	
		--无线电导航设备：	
	8526.9110	---机动车辆用无线电导航设备	台/千克
	8526.9190	---其他无线电导航设备	台/千克
	8526.9200	--无线电遥控设备	台/千克
85.27		**无线电广播接收设备，不论是否与声音的录制、重放装置或时钟组合在同一机壳内：**	
		-不需外接电源的无线电收音机：	
	8527.1200	--袖珍盒式磁带收放机	台/千克
	8527.1300	--其他不需外接电源的收录(放)音组合机	台/千克
	8527.1900	--其他不需外接电源的无线电收音机	台/千克
		-需外接电源的汽车用无线电收音机：	

品　目	商品编码	商　品　名　称	计量单位
	8527.2100	--需外接电源的汽车用无线电收录(放)音组合机	台/千克
	8527.2900	--其他需外接电源的汽车用无线电收音机	台/千克
		-其他无线电广播接收设备:	
	8527.9100	--其他收录(放)音组合机	台/千克
	8527.9200	--其他带时钟的收音机	台/千克
	8527.9900	--未列名无线电广播接收设备	台/千克
85.28		**监视器及投影机,未装电视接收装置;电视接收装置,不论是否装有无线电收音装置或声音、图像的录制或重放装置:**	
		-阴极射线管监视器:	
	8528.4200	--可直接连接且设计用于品目84.71的自动数据处理设备的阴极射线管监视器	台/千克
		--其他阴极射线管监视器:	
	8528.4910	---彩色阴极射线管监视器	台/千克
	8528.4990	---单色阴极射线管监视器	台/千克
		-其他监视器:	
		--其他可直接连接且设计用于品目84.71的自动数据处理设备的监视器:	
		---液晶的:	
	8528.5211	----专用于或主要用于品目84.71的自动数据处理设备的液晶监视器	台/千克
	8528.5212	----其他可直接连接品目84.71的自动数据处理设备的彩色液晶监视器	台/千克
	8528.5219	----其他可直接连接品目84.71的自动数据处理设备的单色液晶监视器	台/千克
		---其他:	
	8528.5291	----专用于或主要用于品目84.71的自动数据处理设备的其他监视器	台/千克
	8528.5292	----可直接连接品目84.71的自动数据处理设备的其他彩色监视器	台/千克
	8528.5299	----可直接连接品目84.71的自动数据处理设备的其他单色监视器	台/千克
		--其他监视器:	
	8528.5910	---其他彩色监视器	台/千克
	8528.5990	---其他单色监视器	台/千克

品 目	商品编码	商 品 名 称	计量单位
		-投影机:	
		--可直接连接且设计用于品目 84.71 的自动数据处理设备的投影机:	
	8528.6210	---专用于或主要用于品目 84.71 的自动数据处理设备的投影机	台/千克
	8528.6220	---可直接连接品目 84.71 的自动数据处理设备的其他彩色投影机	台/千克
	8528.6290	---可直接连接品目 84.71 的自动数据处理设备的其他单色投影机	台/千克
		--其他投影机:	
	8528.6910	---其他彩色投影机	台/千克
	8528.6990	---单色投影机	台/千克
		-电视接收装置,不论是否装有无线电收音装置或声音、图像的录制或重放装置:	
		--在设计上不带有视频显示器或屏幕的电视接收装置:	
	8528.7110	---彩色卫星电视接收机	台/千克
	8528.7180	---其他彩色的在设计上不带有视频显示器或屏幕的电视接收装置	台/千克
	8528.7190	---其他单色在设计上不带有视频显示器或屏幕的电视接收装置	台/千克
		--在设计上带有视频显示器或屏幕的彩色电视接收装置:	
		---阴极射线显像管的彩色电视接收机:	
	8528.7211	----阴极射线显像管的彩色模拟电视接收机	台/千克
	8528.7212	----阴极射线显像管的彩色数字电视接收机	台/千克
	8528.7219	----其他阴极射线显像管的彩色电视接收机	台/千克
		---液晶显示器彩色电视接收机:	
	8528.7221	----液晶显示器彩色模拟电视接收机	台/千克
	8528.7222	----液晶显示器彩色数字电视接收机	台/千克
	8528.7229	----其他液晶显示器彩色电视接收机	台/千克
		---等离子显示器彩色电视接收机:	
	8528.7231	----等离子显示器彩色模拟电视接收机	台/千克
	8528.7232	----等离子显示器彩色数字电视接收机	台/千克
	8528.7239	----其他等离子显示器彩色电视接收机	台/千克
		---其他:	
	8528.7291	----其他彩色模拟电视接收机	台/千克
	8528.7292	----其他彩色数字电视接收机	台/千克

品 目	商品编码	商 品 名 称	计量单位
	8528.7299	----其他彩色电视接收机	台/千克
	8528.7300	--其他单色电视接收机	台/千克
85.29		**专用于或主要用于品目85.25至85.28所列装置或设备的零件：**	
		-各种天线或天线反射器及其零件：	
	8529.1010	---雷达及无线电导航设备用各种天线或天线反射器及其零件	千克
	8529.1020	---无线电收音机及其组合机、电视接收机用各种天线或天线反射器及其零件	千克
	8529.1090	---品目85.25至85.28所列其他装置或设备用各种天线或天线反射器及其零件	千克/个
		-其他：	
	8529.9010	---电视发送、差转设备及卫星电视地面接收转播设备零件	千克/个
		---电视摄像机、其他视频摄录一体机、数字照相机用：	
	8529.9041	----特种用途电视摄像机、其他视频摄录一体机、数字照相机的零件	千克
	8529.9042	----非特种用途的取像模块	千克
	8529.9049	----其他电视摄像机、其他视频摄录一体机、数字照相机的零件	千克
	8529.9050	---雷达设备及无线电导航设备零件	千克
	8529.9060	---无线电收音机及其组合机零件	千克
		---电视接收机零件(高频调谐器除外)：	
	8529.9081	----彩色电视接收机零件(等离子显像组件及其零件、有机发光二极管显示屏除外)	千克
	8529.9082	----电视接收机用等离子显像组件及其零件	千克
	8529.9083	----电视接收机用有机发光二极管显示屏	千克/个
	8529.9089	----其他电视接收机零件	千克
	8529.9090	---品目85.25至85.28所列装置或设备未列名零件	千克/个
85.30		**铁道、电车道、道路或内河航道、停车场、港口或机场用的电气信号、安全或交通管理设备(品目86.08的货品除外)：**	
	8530.1000	-铁道或电车道用的电气信号、安全或交通管理设备	个/千克
	8530.8000	-其他电气信号、安全或交通管理设备(品目86.08的货品除外)	个/千克
	8530.9000	-品目85.30所列设备的零件	千克

品目	商品编码	商品名称	计量单位
85.31		**电气音响或视觉信号装置(例如,电铃、电笛、显示板、防盗或防火报警器),但品目85.12或85.30的货品除外:**	
	8531.1000	-防盗或防火报警器及类似装置	个/千克
	8531.2000	-装有液晶装置(LCD)或发光二极管(LED)的显示板	个/千克
		-其他装置:	
	8531.8010	---蜂鸣器	个/千克
	8531.8090	---未列名电气音响或视觉信号装置	个/千克
		-零件:	
	8531.9010	---防盗或防火报警器及类似装置的零件	千克
	8531.9090	---品目85.31所列其他装置的零件	千克
85.32		**固定、可变或可调(微调)电容器:**	
	8532.1000	-固定电容器,用于50/60赫兹电路,其额定无功功率不低于0.5千瓦(电力电容器)	千克/千个
		-其他固定电容器:	
		--钽电容器:	
	8532.2110	---片式钽电容器	千克/千个
	8532.2190	---其他钽电容器	千克/千个
		--铝电解电容器:	
	8532.2210	---片式铝电解电容器	千克/千个
	8532.2290	---其他铝电解电容器	千克/千个
	8532.2300	--单层瓷介电容器	千克/千个
		--多层瓷介电容器:	
	8532.2410	---片式多层瓷介电容器	千克/千个
	8532.2490	---其他多层瓷介电容器	千克/千个
		--纸介质或塑料介质电容器:	
	8532.2510	---片式纸介质或塑料介质电容器	千克/千个
	8532.2590	---其他纸介质或塑料介质电容器	千克/千个
	8532.2900	--未列名固定电容器	千克/千个
	8532.3000	-可变或可调(微调)电容器	千克/千个
		-零件:	
	8532.9010	---编码8532.1000所列电容器的零件	千克
	8532.9090	---其他电容器的零件	千克
85.33		**电阻器(包括变阻器及电位器),但加热电阻器除外:**	
	8533.1000	-固定碳质电阻器,合成或薄膜式	千克/千个

品目	商品编码	商品名称	计量单位
		-其他固定电阻器：	
		--额定功率不超过 20 瓦的其他固定电阻器：	
	8533.2110	---额定功率不超过 20 瓦的片式固定电阻器	千克/千个
	8533.2190	---额定功率不超过 20 瓦的其他固定电阻器	千克/千个
	8533.2900	--额定功率超过 20 瓦的其他固定电阻器	千克/千个
		-线绕可变电阻器，包括变阻器及电位器：	
	8533.3100	--额定功率不超过 20 瓦的线绕可变电阻器	千克/千个
	8533.3900	--额定功率超过 20 瓦的线绕可变电阻器	千克/千个
	8533.4000	-其他可变电阻器	千克/千个
	8533.9000	-电阻器（包括变阻器及电位器）的零件	千克
85.34		**印刷电路：**	
	8534.0010	---四层以上的印刷电路	块/千克
	8534.0090	---四层及以下的印刷电路	块/千克
85.35		**电路的开关、保护或连接用的电气装置（例如，开关、熔断器、避雷器、电压限幅器、电涌抑制器、插头及其他连接器、接线盒），用于电压超过 1000 伏的线路：**	
	8535.1000	-用于电压超过 1000 伏线路的熔断器	个/千克
		-自动断路器：	
	8535.2100	--用于电压低于 72.5 千伏，但超过 1000 伏线路的自动断路器	个/千克
		--用于电压不低于 72.5 千伏线路的自动断路器：	
	8535.2910	---用于电压不低于 72.5 千伏，但不高于 220 千伏的线路的自动断路器	个/千克
	8535.2920	---用于电压高于 220 千伏，但不高于 750 千伏的线路的自动断路器	个/千克
	8535.2990	---用于电压高于 750 千伏线路的自动断路器	个/千克
		-用于电压超过 1000 伏线路的隔离开关及断续开关：	
	8535.3010	---用于电压不低于 72.5 千伏，但不高于 220 千伏的线路的隔离开关及断续开关	个/千克
	8535.3020	---用于电压高于 220 千伏，但不高于 750 千伏的线路的隔离开关及断续开关	个/千克
	8535.3090	---用于电压超过 1000 伏但低于 72.5 千伏，或高于 750 千伏的线路的隔离开关及断续开关	个/千克
	8535.4000	-用于电压超过 1000 伏线路的避雷器、电压限幅器及电涌抑制器	个/千克

品目	商品编码	商品名称	计量单位
	8535.9000	-其他用于电压超过1000伏线路的开关、保护或连接用电气装置	千克
85.36		**电路的开关、保护或连接用的电气装置(例如,开关、继电器、熔断器、电涌抑制器、插头、插座、灯座及其他连接器、接线盒),用于电压不超过1000伏的线路;光导纤维、光导纤维束或光缆用连接器:**	
	8536.1000	-用于电压不超过1000伏线路的熔断器	个/千克
	8536.2000	-用于电压不超过1000伏线路的自动断路器	个/千克
	8536.3000	-其他用于电压不超过1000伏线路的电路保护装置	个/千克
		-继电器:	
		--用于电压不超过60伏的线路:	
	8536.4110	---用于电压不超过36伏线路的继电器	个/千克
	8536.4190	---用于电压超过36伏,但不超过60伏线路的继电器	个/千克
	8536.4900	--用于电压超过60伏,但不超过1000伏线路的继电器	个/千克
	8536.5000	-用于电压不超过1000伏线路的开关	个/千克
		-灯座、插头及插座:	
	8536.6100	--用于电压不超过1000伏线路的灯座	个/千克
	8536.6900	--用于电压不超过1000伏线路的插头及插座	个/千克
	8536.7000	-光导纤维、光导纤维束或光缆用连接器	千克
		-其他用于电压不超过1000伏线路的连接用电气装置:	
		---接插件:	
	8536.9011	----工作电压不超过36伏的接插件	千克
	8536.9019	----工作电压超过36伏但不超过1000伏的接插件	千克
	8536.9090	---未列名用于电压不超过1000伏线路的连接用电气装置	千克
85.37		**用于电气控制或电力分配的盘、板、台、柜及其他基座,装有两个或多个品目85.35或85.36所列的装置,包括装有第九十章所列仪器或装置,以及数控装置,但品目85.17的交换机除外:**	
		-用于电压不超过1000伏线路:	
		---数控装置:	
	8537.1011	----用于电压不超过1000伏线路的可编程序控制器	个/千克
	8537.1019	----其他用于电压不超过1000伏线路的数控装置	个/千克
	8537.1090	---其他用于电压不超过1000伏线路的电气控制或电力分配的盘、板、台、柜及其他基座	个/千克

品　目	商品编码	商　品　名　称	计量单位
		-用于电压超过1000伏的线路：	
	8537.2010	---用于电压在500千伏及以上线路的全封闭组合式高压开关装置	台/千克
	8537.2090	---其他用于电压超过1000伏线路的电气控制或电力分配的盘、板(包括数控装置)、柜及其他基座	千克
85.38		**专用于或主要用于品目85.35、85.36或85.37所列装置的零件：**	
		-品目85.37所列货品用的盘、板、台、柜及其他基座，但未装有关装置：	
	8538.1010	---编码8537.2010所列货品的零配件	千克
	8538.1090	---品目85.37所列其他货品用的盘、板、台、柜及其他基座，但未装有关装置	千克
	8538.9000	-品目85.35、85.36或85.37所列装置的其他零件	千克
85.39		**白炽灯泡、放电灯管，包括封闭式聚光灯及紫外线灯管或红外线灯泡；弧光灯；发光二极管(LED)灯泡(管)：**	
	8539.1000	-封闭式聚光灯	只/千克
		-其他白炽灯泡，但不包括紫外线灯管或红外线灯泡：	
		--卤钨灯：	
	8539.2110	---科研、医疗专用卤钨灯	只/千克
	8539.2120	---火车、航空器及船舶用卤钨灯	只/千克
	8539.2130	---机动车辆用卤钨灯	只/千克
	8539.2190	---其他卤钨灯	只/千克
		--其他灯，功率不超过200瓦，但额定电压超过100伏：	
	8539.2210	---其他科研、医疗专用白炽灯泡，功率不超过200瓦，但额定电压超过100伏	只/千克
	8539.2290	---其他白炽灯泡，功率不超过200瓦，但额定电压超过100伏	只/千克
		--其他：	
	8539.2910	---科研、医疗专用未列名白炽灯泡	只/千克
	8539.2920	---火车、航空器及船舶用未列名白炽灯泡	只/千克
	8539.2930	---机动车辆用未列名白炽灯泡	只/千克
		---未列名白炽灯泡：	
	8539.2991	----12伏及以下未列名白炽灯泡	只/千克
	8539.2999	----其他未列名白炽灯泡	只/千克
		-放电灯管，但紫外线灯管除外：	
		--热阴极荧光灯：	

品 目	商品编码	商 品 名 称	计量单位
	8539.3110	---科研、医疗专用热阴极荧光灯	只/千克
	8539.3120	---火车、航空器及船舶用热阴极荧光灯	只/千克
		---其他:	
	8539.3191	----紧凑型热阴极荧光灯	只/千克
	8539.3199	----其他热阴极荧光灯	只/千克
		--汞或钠蒸汽灯;金属卤化物灯:	
	8539.3230	---钠蒸气灯	只/千克
	8539.3240	---汞蒸气灯	只/千克
	8539.3290	---其他金属卤化物灯	只/千克
		--其他:	
	8539.3910	---其他科研、医疗专用放电灯管	只/千克
	8539.3920	---其他火车、航空器及船舶用放电灯管	只/千克
	8539.3990	---其他放电灯管	只/千克
		-紫外线灯管或红外线灯泡;弧光灯:	
	8539.4100	--弧光灯	只/千克
	8539.4900	--紫外线灯管或红外线灯泡	只/千克
	8539.5000	-发光二极管(LED)灯泡(管)	只/千克
	8539.9000	-品目85.39所列货品的零件	千克
85.40		**热电子管、冷阴极管或光阴极管(例如,真空管或充气管、汞弧整流管、阴极射线管、电视摄像管):**	
		-阴极射线电视显像管,包括视频监视器用阴极射线管:	
	8540.1100	--彩色阴极射线电视显像管	只/千克
	8540.1200	--单色阴极射线电视显像管	只/千克
		-电视摄像管;变像管及图像增强管;其他光阴极管:	
	8540.2010	---电视摄像管	只/千克
	8540.2090	---变像管及图像增强管;其他光阴极管	只/千克
		-单色的数据/图形显示管;彩色的数据/图形显示管,屏幕荧光点间距小于0.4毫米:	
	8540.4010	---彩色数据/图形显示管,屏幕荧光点间距小于0.4毫米	只/千克
	8540.4020	---单色数据/图形显示管	只/千克
		-其他阴极射线管:	
	8540.6010	---雷达显示管	只/千克
	8540.6090	---其他阴极射线管	只/千克
		-微波管(例如,磁控管、速调管、行波管、返波管),但不包括栅控管:	
	8540.7100	--磁控管	只/千克

品目	商品编码	商品名称	计量单位
		--其他微波管：	
	8540.7910	---速调管	只/千克
	8540.7990	---其他微波管	只/千克
		-其他管：	
	8540.8100	--接收管或放大管	只/千克
	8540.8900	--未列名热电子管、冷阴极管	只/千克
		-零件：	
		--阴极射线管用：	
	8540.9110	---电视显像管零件	千克
	8540.9120	---雷达显示管零件	千克
	8540.9190	---其他阴极射线管零件	千克
		--其他：	
	8540.9910	---电视摄像管零件	千克
	8540.9990	---未列名热电子管、冷阴极管或光阴极管零件	千克
85.41		**二极管、晶体管及类似的半导体器件；光敏半导体器件，包括不论是否装在组件内或组装成块的光电池；发光二极管；已装配的压电晶体：**	
	8541.1000	-二极管，但光敏二极管或发光二极管除外	个/千克
		-晶体管，但光敏晶体管除外：	
	8541.2100	--耗散功率小于1瓦的晶体管	个/千克
	8541.2900	--耗散功率1瓦及以上的晶体管	个/千克
	8541.3000	-半导体开关元件、两端交流开关元件及三端双向可控硅开关元件，但光敏器件除外	个/千克
		-光敏半导体器件，包括不论是否装在组件内或组装成块的光电池；发光二极管：	
	8541.4010	---发光二极管	个/千克
	8541.4020	---太阳能电池	个/千克
	8541.4090	---其他光敏半导体器件，包括不论是否装在组件内或组装成块的光电池（太阳能电池除外）	个/千克
	8541.5000	-其他半导体器件	个/千克
	8541.6000	-已装配的压电晶体	个/千克
	8541.9000	-品目85.41所列货品的零件	千克
85.42		**集成电路：**	
		-集成电路：	
		--处理器及控制器，不论是否带有存储器、转换器、逻辑电路、放大器、时钟及时序电路或其他电路：	

品　目	商品编码	商　品　名　称	计量单位
		－－－多元件集成电路：	
	8542.3111	－－－－具有变流功能的半导体模块	个/千克
	8542.3119	－－－－其他用作处理器及控制器的多元件集成电路	个/千克
	8542.3190	－－－其他用作处理器及控制器的集成电路	个/千克
		－－存储器：	
	8542.3210	－－－用作存储器的多元件集成电路	个/千克
	8542.3290	－－－其他用作存储器的集成电路	个/千克
		－－放大器：	
	8542.3310	－－－用作放大器的多元件集成电路	个/千克
	8542.3390	－－－其他用作放大器的集成电路	个/千克
		－－其他集成电路：	
	8542.3910	－－－其他多元件集成电路	个/千克
	8542.3990	－－－其他集成电路	个/千克
	8542.9000	－集成电路零件	千克
85.43		**本章其他品目未列名的具有独立功能的电气设备及装置：**	
	8543.1000	－粒子加速器	台/千克
		－信号发生器：	
	8543.2010	－－－输出信号频率在1500兆赫兹以下的通用信号发生器	台/千克
	8543.2090	－－－其他信号发生器	台/千克
	8543.3000	－电镀、电解或电泳设备及装置	台/千克
		－其他具有独立功能的设备及装置：	
	8543.7091	－－－－金属、矿藏探测器	台/千克
	8543.7092	－－－－高、中频放大器	台/千克
	8543.7093	－－－－电篱网激发器	台/千克
	8543.7099	－－－－未列名具有独立功能的电气设备及装置	台/千克
		－零件：	
	8543.9010	－－－粒子加速器零件	千克
		－－－信号发生器用：	
	8543.9021	－－－－1500兆赫兹以下通用信号发生器的零件	千克
	8543.9029	－－－－其他信号发生器零件	千克
	8543.9030	－－－金属、矿藏探测器零件	千克
	8543.9040	－－－高、中频放大器零件	千克
	8543.9090	－－－品目85.43所列其他设备及装置的零件	千克

品　目	商品编码	商　品　名　称	计量单位
85.44		**绝缘(包括漆包或阳极化处理)电线、电缆(包括同轴电缆)及其他绝缘电导体,不论是否有接头;由每根被覆光纤组成的光缆,不论是否与电导体装配或装有接头:**	
		-绕组电线:	
	8544.1100	--铜制绕组电线	千克/米
	8544.1900	--其他绕组电线	千克/米
	8544.2000	-同轴电缆及其他同轴电导体	千克
		-车辆、航空器、船舶用点火布线组及其他布线组:	
	8544.3020	---机动车辆用点火布线组及其他布线组	千克
	8544.3090	---其他车辆、航空器、船舶用点火布线组及其他布线组	千克
		-其他电导体,额定电压不超过1000伏:	
		--有接头:	
		---额定电压不超过80伏:	
	8544.4211	----有接头电缆,额定电压不超过80伏	千克/米
	8544.4219	----其他有接头电导体,额定电压不超过80伏	千克
		---额定电压超过80伏,但不超过1000伏:	
	8544.4221	----有接头电缆,额定电压超过80伏,但不超过1000伏	千克/米
	8544.4229	----其他有接头电导体,额定电压超过80伏,但不超过1000伏	千克
		--其他:	
		---额定电压不超过80伏:	
	8544.4911	----其他电缆,额定电压不超过80伏	千克/米
	8544.4919	----其他电导体,额定电压不超过80伏	千克
		---额定电压超过80伏,但不超过1000伏:	
	8544.4921	----其他电缆,额定电压超过80伏,但不超过1000伏	千克/米
	8544.4929	----其他电导体,额定电压超过80伏,但不超过1000伏	千克
		-其他电导体,额定电压超过1000伏:	
		---电缆:	
	8544.6012	----额定电压超过1千伏但不超过35千伏的电缆	千克/米
	8544.6013	----额定电压超过35千伏但不超过110千伏的电缆	千克/米
	8544.6014	----额定电压超过110千伏但不超过220千伏的电缆	千克/米
	8544.6019	----额定电压超过220千伏的电缆	千克/米
	8544.6090	---额定电压超过1000伏的其他电导体	千克
	8544.7000	-光缆	千克/米
85.45		**碳电极、碳刷、灯碳棒、电池碳棒及电气设备用的其他石墨或碳精制品,不论是否带金属:**	

品 目	商品编码	商 品 名 称	计量单位
		-碳电极:	
	8545.1100	--炉用碳电极	千克
	8545.1900	--其他碳电极	千克
	8545.2000	-碳刷	千克
	8545.9000	-其他电气设备用石墨或碳精制品	千克
85.46		**各种材料制的绝缘子:**	
	8546.1000	-玻璃制的绝缘子	千克
		-陶瓷制的绝缘子:	
	8546.2010	---输变电线路绝缘瓷套管	千克
	8546.2090	---其他陶瓷制的绝缘子	千克
	8546.9000	-其他绝缘子	千克
85.47		**电气机器、器具或设备用的绝缘配件,除了为装配需要而在模制时装入的小金属零件(例如,螺纹孔)以外,全部用绝缘材料制成,但品目85.46的绝缘子除外;内衬绝缘材料的贱金属制线路导管及其接头:**	
	8547.1000	-陶瓷制绝缘零件	千克
	8547.2000	-塑料制绝缘零件	千克
		-其他:	
	8547.9010	---内衬绝缘材料的贱金属制线路导管及其接头	千克
	8547.9090	---未列名的电气机器、器具或设备用绝缘配件	千克
85.48		**原电池、原电池组和蓄电池的废碎料;废旧原电池、原电池组及蓄电池;机器或设备的本章其他品目未列名的电气零件:**	
	8548.1000	-原电池、原电池组和蓄电池的废碎料;废原电池、废原电池组及废蓄电池	千克
	8548.9000	-机器或设备的本章其他品目未列名的电气零件	千克

第十七类　车辆、航空器、船舶及有关运输设备

注释：

1. 本类不包括品目95.03或95.08的物品以及品目95.06的长雪橇、平底雪橇及类似品。
2. 本类所称“零件”及“零件、附件”，不适用于下列货品，不论其是否确定为供本类货品使用：
   (1)各种材料制的接头、垫圈或类似品（按其构成材料归类或归入品目84.84）或硫化橡胶（硬质橡胶除外）的其他制品（品目40.16）；
   (2)第十五类注释2所规定的贱金属制通用零件（第十五类）或塑料制的类似品（第三十九章）；
   (3)第八十二章的物品（工具）；
   (4)品目83.06的物品；
   (5)品目84.01至84.79的机器或装置及其零件，但供本类所列货品使用的散热器除外；品目84.81或84.82的物品及品目84.83的物品（这些物品是构成发动机或其他动力装置所必需的）；
   (6)电机或电气设备（第八十五章）；
   (7)第九十章的物品；
   (8)第九十一章的物品；
   (9)武器（第九十三章）；
   (10)品目94.05的灯具或照明装置；
   (11)作为车辆零件的刷子（品目96.03）。
3. 第八十六章至第八十八章所称“零件”或“附件”，不适用于那些非专用于或非主要用于这几章所列物品的零件、附件。同时符合这几章内两个或两个以上品目规定的零件、附件，应按其主要用途归入相应的品目。
4. 在本类中：
   (1)既可在道路上又可在轨道上行驶的特殊构造车辆，应归入第八十七章的相应品目；
   (2)水陆两用机动车辆，应归入第八十七章的相应品目；
   (3)可兼作地面车辆使用的特殊构造的航空器，应归入第八十八章的相应品目。
5. 气垫运输工具应按本类最相似的运输工具归类，其规定如下：
   (1)在导轨上运行的（气垫火车），归入第八十六章；
   (2)在陆地行驶或水陆两用的，归入第八十七章；
   (3)在水上航行的，不论能否在海滩或浮码头登陆及能否在冰上行驶，一律归入第八十九章。

   气垫运输工具的零件、附件，应按照上述规定，与最相类似的运输工具的零件、附件一并归类。

   气垫火车的导轨固定装置及附件应与铁道轨道固定装置及附件一并归类。气垫火车运

行系统的信号、安全或交通管理设备应与铁路的信号、安全或交通管理设备一并归类。

第八十六章 铁道及电车道机车、车辆及其零件；铁道及电车道轨道固定装置及其零件、附件；各种机械（包括电动机械）交通信号设备

注释：

1. 本章不包括：
   (1)木制或混凝土制的铁道或电车道轨枕及气垫火车用的混凝土导轨(品目44.06或68.10)；
   (2)品目73.02的铁道及电车道铺轨用钢铁材料；
   (3)品目85.30的电气信号、安全或交通管理设备。
2. 品目86.07主要适用于：
   (1)轴、轮、行走机构、金属轮箍、轮圈、毂及轮子的其他零件；
   (2)车架、底架、转向架；
   (3)轴箱；制动装置；
   (4)车辆缓冲器；钩或其他联结器及车厢走廊联结装置；
   (5)车身。
3. 除上述注释1另有规定的以外，品目86.08包括：
   (1)已装配的轨道、转车台、站台缓冲器、量载规；
   (2)铁道及电车道、道路、内河航道、停车场、港口或机场用的臂板信号机、机械信号盘、平交道口控制器、信号及道岔控制器及其他机械(包括电动机械)信号、安全或交通管理设备，不论是否装有电力照明装置。

品　目	商品编码	商　品　名　称	计量单位
86.01		**铁道电力机车，由外部电力或蓄电池驱动：**	
		-由外部电力驱动的铁道电力机车：	
		---直流电机驱动的铁道电力机车：	
	8601.1011	----微机控制的直流电机驱动铁道电力机车	辆/千克
	8601.1019	----其他直流电机驱动的铁道电力机车	辆/千克
	8601.1020	---交流电机驱动的铁道电力机车	辆/千克
	8601.1090	---其他由外部电力驱动的铁道电力机车	辆/千克
	8601.2000	-由蓄电池驱动的铁道电力机车	辆/千克
86.02		**其他铁道机车；机车煤水车：**	
		-柴油电力铁道机车：	

品 目	商品编码	商 品 名 称	计量单位
	8602.1010	－－－微机控制的柴油电力铁道机车	辆/千克
	8602.1090	－－－其他柴油电力铁道机车	辆/千克
	8602.9000	－其他铁道机车；机车煤水车	辆/千克
86.03		**铁道及电车道机动客车、货车、敞车，但品目86.04的货品除外：**	
	8603.1000	－由外部电力驱动的铁道及电车道机动客车、货车、敞车	辆/千克
	8603.9000	－其他铁道及电车道机动客车、货车、敞车	辆/千克
86.04		**铁道及电车道维修或服务车，不论是否机动（例如，工场车、起重机车、道砟捣固车、轨道校正车、检验车及查道车）：**	
		－－－铁道及电车道检验车及查道车：	
	8604.0011	－－－－隧道限界检查车	辆/千克
	8604.0012	－－－－钢轨在线打磨列车	辆/千克
	8604.0019	－－－－其他铁道及电车道检验车及查道车	辆/千克
		－－－铁道及电车道其他维修或服务车：	
	8604.0091	－－－－电气化接触网架线机（轨行式）	辆/千克
	8604.0099	－－－－铁道及电车道未列名维修或服务车	辆/千克
86.05		**铁道及电车道非机动客车；行李车、邮政车和其他铁道及电车道非机动特殊用途车辆（品目86.04的货品除外）：**	
	8605.0010	－－－铁道非机动客车	辆/千克
	8605.0090	－－－电车道非机动客车；行李车、邮政车和其他铁道及电车道非机动特殊用途车辆	辆/千克
86.06		**铁道及电车道非机动有篷及无篷货车：**	
	8606.1000	－铁道及电车道非机动油罐货车及类似车	辆/千克
	8606.3000	－铁道及电车道非机动自卸货车，但编码8606.1000的货品除外	辆/千克
		－其他：	
	8606.9100	－－铁道及电车道非机动带篷及封闭的货车	辆/千克
	8606.9200	－－铁道及电车道非机动敞篷货车，厢壁固定且高度超过60厘米	辆/千克
	8606.9900	－－未列名铁道及电车道非机动有篷及无篷货车	辆/千克
86.07		**铁道及电车道机车或车辆的零件：**	
		－转向架、轴、轮及其零件：	
	8607.1100	－－铁道及电车道机车或车辆的驾驶转向架	套/千克
	8607.1200	－－铁道及电车道机车或车辆的其他转向架	套/千克

品　目	商品编码	商　　品　　名　　称	计量单位
		--其他,包括零件:	
	8607.1910	---铁道及电车道机车或车辆的轴	根/千克
	8607.1990	---铁道及电车道机车或车辆的轮及上述货品的零件	千克
		-制动装置及其零件:	
	8607.2100	--铁道及电车道机车或车辆的空气制动器及其零件	千克
	8607.2900	--铁道及电车道机车或车辆的其他制动器及其零件	千克
	8607.3000	-铁道及电车道机车或车辆的钩、其他联结器、缓冲器及其零件	千克
		-其他:	
	8607.9100	--其他铁道及电车道机车零件	千克
	8607.9900	--其他铁道及电车道车辆零件	千克
86.08		**铁道及电车道轨道固定装置及附件;供铁道、电车道、道路、内河航道、停车场、港口或机场用的机械(包括电动机械)信号、安全或交通管理设备;上述货品的零件:**	
	8608.0010	---轨道自动计轴设备	千克/台
	8608.0090	---其他铁道及电车道轨道固定装置及附件;供铁道、电车道、道路、内河航道、停车场、港口或机场用的机械(包括电动机械)信号、安全或交通管理设备;上述货品的零件	千克
86.09		**集装箱(包括运输液体的集装箱),经特殊设计、装备适用于各种运输方式:**	
		---20 英尺集装箱:	
	8609.0011	----20 英尺保温式集装箱	个/千克
	8609.0012	----20 英尺罐式集装箱	个/千克
	8609.0019	----其他 20 英尺集装箱	个/千克
		---40 英尺集装箱:	
	8609.0021	----40 英尺保温式集装箱	个/千克
	8609.0022	----40 英尺罐式集装箱	个/千克
	8609.0029	----其他 40 英尺集装箱	个/千克
	8609.0030	---45、48、53 英尺集装箱	个/千克
	8609.0090	---其他集装箱(包括运输液体的集装箱)	个/千克

第八十七章　车辆及其零件、附件，但铁道及电车道车辆除外

注释：

1. 本章不包括仅可在钢轨上运行的铁道及电车道车辆。
2. 本章所称“牵引车、拖拉机”，是指主要为牵引或推动其他车辆、器具或重物的车辆。除了上述主要用途以外，不论其是否还具有装运工具、种子、肥料或其他货品的辅助装置。

   用于安装在品目 87.01 的牵引车、拖拉机上，作为可替换设备的机器或作业工具，即使与牵引车、拖拉机一同进口或出口，不论是否已安装在车上，仍应归入其各自相应品目。
3. 装有驾驶室的机动车辆底盘，应归入品目 87.02 至 87.04，而不归入品目 87.06。
4. 品目 87.12 包括所有儿童两轮车，其他儿童脚踏车归入品目 95.03。

品　目	商品编码	商　品　名　称	计量单位
87.01		牵引车、拖拉机（品目 **87.09** 的牵引车除外）：	
	8701.1000	-单轴拖拉机	辆/千克
	8701.2000	-半挂车用的公路牵引车	辆/千克
	8701.3000	-履带式牵引车、拖拉机	辆/千克
		-其他牵扯引车、拖拉机（品目 87.09 的牵扯引车除外）：	
		--发动机功率不超过 18 千瓦：	
	8701.9110	---发动机功率不超过 18 千瓦的其他拖拉机	辆/千克
	8701.9190	---发动机功率不超过 18 千瓦的其他牵引车	辆/千克
		--发动机功率超过 18 千瓦，但不超过 37 千瓦：	
	8701.9210	---发动机功率超过 18 千瓦，但不超过 37 千瓦的其他拖拉机	辆/千克
	8701.9290	---发动机功率超过 18 千瓦，但不超过 37 千瓦的其他牵引车	辆/千克
		--发动机功率超过 37 千瓦，但不超过 75 千瓦：	
	8701.9310	---发动机功率超过 37 千瓦，但不超过 75 千瓦的其他拖拉机	辆/千克
	8701.9390	---发动机功率超过 37 千瓦，但不超过 75 千瓦的其他牵引车	辆/千克
		--发动机功率超过 75 千瓦，但不超过 130 千瓦：	
	8701.9410	---发动机功率超过 75 千瓦，但不超过 130 千瓦的其他拖拉机	辆/千克

品 目	商品编码	商 品 名 称	计量单位
	8701.9490	---发动机功率超过75千瓦,但不超过130千瓦的其他牵引车	辆/千克
		--发动机功率超过130千瓦:	
	8701.9510	---发动机功率超过130千瓦的其他拖拉机	辆/千克
	8701.9590	---发动机功率超过130千瓦的其他牵引车	辆/千克
87.02		**客运机动车辆,10座及以上(包括驾驶座):**	
		-仅装有压燃式活塞内燃发动机(柴油或半柴油发动机)的车辆:	
	8702.1020	---仅装有压燃式活塞内燃发动机的机坪客车	辆/千克
		---其他:	
	8702.1091	----仅装有压燃式活塞内燃发动机的大型客车,30座及以上	辆/千克
	8702.1092	----仅装有压燃式活塞内燃发动机的机动客车,20座及以上,但不超过29座	辆/千克
	8702.1093	----仅装有压燃式活塞内燃发动机的机动客车,10座及以上,但不超过19座	辆/千克
		-同时装有压燃式活塞内燃发动机(柴油或半柴油发动机)及驱动电动机的车辆:	
	8702.2010	---同时装有压燃式活塞内燃发动机及驱动电动机的机坪客车	辆/千克
		---其他:	
	8702.2091	----同时装有压燃式活塞内燃发动机及驱动电动机的大型客车,30座及以上	辆/千克
	8702.2092	----同时装有压燃式活塞内燃发动机及驱动电动机的机动客车,20座及以上,但不超过29座	辆/千克
	8702.2093	----同时装有压燃式活塞内燃发动机及驱动电动机的机动客车,10座及以上,但不超过19座	辆/千克
		-同时装有点燃往复式活塞内燃发动机及驱动电动机的车辆:	
	8702.3010	---同时装有点燃往复式活塞内燃发动机及驱动电动机的大型客车,30座及以上	辆/千克
	8702.3020	---同时装有点燃往复式活塞内燃发动机及驱动电动机的机动客车,20座及以上,但不超过29座	辆/千克
	8702.3030	---同时装有点燃往复式活塞内燃发动机及驱动电动机的机动客车,10座及以上,但不超过19座	辆/千克
		-仅装有驱动电动机的车辆:	

品　目	商品编码	商　品　名　称	计量单位
	8702.4010	---仅装有驱动电动机的大型客车,30座及以上	辆/千克
	8702.4020	---仅装有驱动电动机的机动客车,20座及以上,但不超过29座	辆/千克
	8702.4030	---仅装有驱动电动机的机动客车,10座及以上,但不超过19座	辆/千克
		-其他:	
	8702.9010	---其他30座及以上的大型客车	辆/千克
	8702.9020	---其他20座及以上,但不超过29座的机动客车	辆/千克
	8702.9030	---其他10座及以上,但不超过19座的机动客车	辆/千克
87.03		**主要用于载人的机动车辆(品目87.02的货品除外),包括旅行小客车及赛车:**	
		-雪地行走专用车;高尔夫球车及类似车辆:	
		---高尔夫球车及类似车辆:	
	8703.1011	----全地形高尔夫球机动车	辆/千克
	8703.1019	----其他高尔夫球机动车及类似机动车辆	辆/千克
	8703.1090	---雪地行走专用机动车	辆/千克
		-仅装有点燃往复式活塞内燃发动机的其他机动车辆:	
		--气缸容量(排气量)不超过1000毫升:	
	8703.2130	---仅装有点燃往复式活塞内燃发动机的小轿车,排气量不超过1000毫升	辆/千克
	8703.2140	---仅装有点燃往复式活塞内燃发动机的越野车(4轮驱动),排气量不超过1000毫升	辆/千克
	8703.2150	---仅装有点燃往复式活塞内燃发动机的小客车(9座及以下),排气量不超过1000毫升	辆/千克
	8703.2190	---仅装有点燃往复式活塞内燃发动机的主要用于载人的其他机动车,排气量不超过1000毫升的	辆/千克
		--气缸容量(排气量)超过1000毫升,但不超过1500毫升:	
	8703.2230	---仅装有点燃往复式活塞内燃发动机的小轿车,排气量超过1000毫升,但不超过1500毫升	辆/千克
	8703.2240	---仅装有点燃往复式活塞内燃发动机的越野车(4轮驱动),排气量超过1000毫升,但不超过1500毫升	辆/千克
	8703.2250	---仅装有点燃往复式活塞内燃发动机的小客车(9座及以下),排气量超过1000毫升,但不超过1500毫升	辆/千克

品 目	商品编码	商 品 名 称	计量单位
	8703.2290	---仅装有点燃往复式活塞内燃发动机的主要用于载人的其他机动车,排气量超过1000毫升,但不超过1500毫升	辆/千克
		--气缸容量(排气量)超过1500毫升,但不超过3000毫升:	
		---气缸容量(排气量)超过1500毫升,但不超过2000毫升:	
	8703.2341	----仅装有点燃往复式活塞内燃发动机的小轿车,排气量超过1500毫升,但不超过2000毫升	辆/千克
	8703.2342	----仅装有点燃往复式活塞内燃发动机的越野车(4轮驱动),排气量超过1500毫升,但不超过2000毫升	辆/千克
	8703.2343	----仅装有点燃往复式活塞内燃发动机的小客车(9座及以下),排气量超过1500毫升,但不超过2000毫升	辆/千克
	8703.2349	----仅装有点燃往复式活塞内燃发动机的主要用于载人的其他机动车,排气量超过1500毫升,但不超过2000毫升	辆/千克
		---气缸容量(排气量)超过2000毫升,但不超过2500毫升:	
	8703.2351	----仅装有点燃往复式活塞内燃发动机的小轿车,排气量超过2000毫升,但不超过2500毫升	辆/千克
	8703.2352	----仅装有点燃往复式活塞内燃发动机的越野车(4轮驱动),排气量超过2000毫升,但不超过2500毫升	辆/千克
	8703.2353	----仅装有点燃往复式活塞内燃发动机的小客车(9座及以下),排气量超过2000毫升,但不超过2500毫升	辆/千克
	8703.2359	----仅装有点燃往复式活塞内燃发动机的主要用于载人的其他机动车,排气量超过2000毫升,但不超过2500毫升	辆/千克
		---气缸容量(排气量)超过2500毫升,但不超过3000毫升:	
	8703.2361	----仅装有点燃往复式活塞内燃发动机的小轿车,排气量超过2500毫升,但不超过3000毫升	辆/千克
	8703.2362	----仅装有点燃往复式活塞内燃发动机的越野车(4轮驱动),排气量超过2500毫升,但不超过3000毫升	辆/千克

品　目	商品编码	商　品　名　称	计量单位
	8703.2363	----仅装有点燃往复式活塞内燃发动机的小客车(9 座及以下),排气量超过 2500 毫升,但不超过 3000 毫升	辆/千克
	8703.2369	----仅装有点燃往复式活塞内燃发动机的主要用于载人的其他机动车,排气量超过 2500 毫升,但不超过 3000 毫升	辆/千克
		--气缸容量(排气量)超过 3000 毫升:	
		---气缸容量(排气量)超过 3000 毫升,但不超过 4000 毫升:	
	8703.2411	----仅装有点燃往复式活塞内燃发动机的小轿车,排气量超过 3000 毫升,但不超过 4000 毫升	辆/千克
	8703.2412	----仅装有点燃往复式活塞内燃发动机的越野车(4 轮驱动),排气量超过 3000 毫升,但不超过 4000 毫升	辆/千克
	8703.2413	----仅装有点燃往复式活塞内燃发动机的小客车(9 座及以下),排气量超过 3000 毫升,但不超过 4000 毫升	辆/千克
	8703.2419	----仅装有点燃往复式活塞内燃发动机的主要用于载人的其他机动车,排气量超过 3000 毫升,但不超过 4000 毫升	辆/千克
		---气缸容量(排气量)超过 4000 毫升:	
	8703.2421	----仅装有点燃往复式活塞内燃发动机的小轿车,排气量超过 4000 毫升	辆/千克
	8703.2422	----仅装有点燃往复式活塞内燃发动机的越野车(4 轮驱动),排气量超过 4000 毫升	辆/千克
	8703.2423	----仅装有点燃往复式活塞内燃发动机的小客车(9 座及以下),排气量超过 4000 毫升	辆/千克
	8703.2429	----仅装有点燃往复式活塞内燃发动机的主要用于载人的其他机动车,排气量超过 4000 毫升	辆/千克
		-仅装有压燃式活塞内燃发动机(柴油或半柴油发动机)的其他车辆:	
		--气缸容量(排气量)不超过 1500 毫升:	
		---气缸容量(排气量)不超过 1000 毫升:	
	8703.3111	----仅装有压燃式活塞内燃发动机的小轿车,排气量不超过 1000 毫升	辆/千克
	8703.3119	----仅装有压燃式活塞内燃发动机的其他主要用于载人的机动车,排气量不超过 1000 毫升	辆/千克

品　目	商品编码	商　品　名　称	计量单位
		---气缸容量(排气量)超过1000毫升,但不超过1500毫升:	
	8703.3121	----仅装有压燃式活塞内燃发动机的小轿车,排气量超过1000毫升,但不超过1500毫升	辆/千克
	8703.3122	----仅装有压燃式活塞内燃发动机的越野车(4轮驱动),排气量超过1000毫升,但不超过1500毫升	辆/千克
	8703.3123	----仅装有压燃式活塞内燃发动机的小客车(9座及以下),排气量超过1000毫升,但不超过1500毫升	辆/千克
	8703.3129	----仅装有压燃式活塞内燃发动机的其他主要用于载人的机动车,排气量超过1000毫升,但不超过1500毫升	辆/千克
		--气缸容量(排气量)超过1500毫升,但不超过2500毫升:	
		---气缸容量(排气量)超过1500毫升,但不超过2000毫升:	
	8703.3211	----仅装有压燃式活塞内燃发动机的小轿车,排气量超过1500毫升,但不超过2000毫升	辆/千克
	8703.3212	----仅装有压燃式活塞内燃发动机的越野车(4轮驱动),排气量超过1500毫升,但不超过2000毫升	辆/千克
	8703.3213	----仅装有压燃式活塞内燃发动机的小客车(9座及以下),排气量超过1500毫升,但不超过2000毫升	辆/千克
	8703.3219	----仅装有压燃式活塞内燃发动机的其他主要用于载人的机动车,排气量超过1500毫升,但不超过2000毫升	辆/千克
		---气缸容量(排气量)超过2000毫升,但不超过2500毫升:	
	8703.3221	----仅装有压燃式活塞内燃发动机的小轿车,排气量超过2000毫升,但不超过2500毫升	辆/千克
	8703.3222	----仅装有压燃式活塞内燃发动机的越野车(4轮驱动),排气量超过2000毫升,但不超过2500毫升	辆/千克
	8703.3223	----仅装有压燃式活塞内燃发动机的小客车(9座及以下),排气量超过2000毫升,但不超过2500毫升	辆/千克
	8703.3229	----仅装有压燃式活塞内燃发动机的其他主要用于载人的机动车,排气量超过2000毫升,但不超过2500毫升	辆/千克
		--气缸容量(排气量)超过2500毫升:	

品目	商品编码	商品名称	计量单位
		---气缸容量(排气量)超过2500毫升,但不超过3000毫升:	
	8703.3311	----仅装有压燃式活塞内燃发动机的小轿车,排气量超过2500毫升,但不超过3000毫升	辆/千克
	8703.3312	----仅装有压燃式活塞内燃发动机的越野车(4轮驱动),排气量超过2500毫升,但不超过3000毫升	辆/千克
	8703.3313	----仅装有压燃式活塞内燃发动机的小客车(9座及以下),排气量超过2500毫升,但不超过3000毫升	辆/千克
	8703.3319	----仅装有压燃式活塞内燃发动机的其他主要用于载人的机动车,排气量超过2500毫升,但不超过3000毫升	辆/千克
		---气缸容量(排气量)超过3000毫升,但不超过4000毫升:	
	8703.3321	----仅装有柴油发动机的小轿车,排气量超过3000毫升,但不超过4000毫升	辆/千克
	8703.3322	----仅装有柴油发动机的越野车(4轮驱动),排气量超过3000毫升,但不超过4000毫升	辆/千克
	8703.3323	----仅装有柴油发动机的小客车(9座及以下),排气量超过3000毫升,但不超过4000毫升	辆/千克
	8703.3329	----仅装有柴油发动机的其他主要用于载人的机动车,排气量超过3000毫升,但不超过4000毫升	辆/千克
		---气缸容量(排气量)超过4000毫升:	
	8703.3361	----仅装有柴油发动机的小轿车,排气量超过4000毫升	辆/千克
	8703.3362	----仅装有柴油发动机的越野车(4轮驱动),排气量超过4000毫升	辆/千克
	8703.3363	----仅装有柴油发动机的小客车(9座及以下),排气量超过4000毫升	辆/千克
	8703.3369	----仅装有柴油发动机的其他主要用于载人的机动车,排气量超过4000毫升	辆/千克
		-同时装有点燃往复式活塞内燃发动机及驱动电动机的其他车辆,可通过接插外部电源进行充电的除外:	
		---气缸容量(排气量)不超过1000毫升:	
	8703.4011	----同时装有点燃往复式活塞内燃发动机及驱动电动机的小轿车,排气量不超过1000毫升,不可接插外部电源充电	辆/千克

品目	商品编码	商品名称	计量单位
	8703.4012	----同时装有点燃往复式活塞内燃发动机及驱动电动机的越野车(4轮驱动),排气量不超过1000毫升,不可接插外部电源充电	辆/千克
	8703.4013	----同时装有点燃往复式活塞内燃发动机及驱动电动机的小客车(9座及以下),排气量不超过1000毫升,不可接插外部电源充电	辆/千克
	8703.4019	----同时装有点燃往复式活塞内燃发动机及驱动电动机的其他主要用于载人的机动车,排气量不超过1000毫升,不可接插外部电源充电	辆/千克
		---气缸容量(排气量)超过1000毫升,但不超过1500毫升:	
	8703.4021	----同时装有点燃往复式活塞内燃发动机及驱动电动机的小轿车,排气量超过1000毫升,但不超过1500毫升,不可接插外部电源充电	辆/千克
	8703.4022	----同时装有点燃往复式活塞内燃发动机及驱动电动机的越野车(4轮驱动),排气量超过1000毫升,但不超过1500毫升,不可接插外部电源充电	辆/千克
	8703.4023	----同时装有点燃往复式活塞内燃发动机及驱动电动机的小客车(9座及以下),排气量超过1000毫升,但不超过1500毫升,不可接插外部电源充电	辆/千克
	8703.4029	----同时装有点燃往复式活塞内燃发动机及驱动电动机的其他主要用于载人的机动车,排气量超过1000毫升,但不超过1500毫升,不可接插外部电源充电	辆/千克
		---气缸容量(排气量)超过1500毫升,但不超过2000毫升:	
	8703.4031	----同时装有点燃往复式活塞内燃发动机及驱动电动机的小轿车,排气量超过1500毫升,但不超过2000毫升,不可接插外部电源充电	辆/千克
	8703.4032	----同时装有点燃往复式活塞内燃发动机及驱动电动机的越野车(4轮驱动),排气量超过1500毫升,但不超过2000毫升,不可接插外部电源充电	辆/千克
	8703.4033	----同时装有点燃往复式活塞内燃发动机及驱动电动机的小客车(9座及以下),排气量超过1500毫升,但不超过2000毫升,不可接插外部电源充电	辆/千克

品　目	商品编码	商　品　名　称	计量单位
	8703.4039	----同时装有点燃往复式活塞内燃发动机及驱动电动机的其他主要用于载人的机动车，排气量超过1500毫升，但不超过2000毫升，不可接插外部电源充电	辆/千克
		---气缸容量（排气量）超过2000毫升，但不超过2500毫升：	
	8703.4041	----同时装有点燃往复式活塞内燃发动机及驱动电动机的小轿车，排气量超过2000毫升，但不超过2500毫升，不可接插外部电源充电	辆/千克
	8703.4042	----同时装有点燃往复式活塞内燃发动机及驱动电动机的越野车（4轮驱动），排气量超过2000毫升，但不超过2500毫升，不可接插外部电源充电	辆/千克
	8703.4043	----同时装有点燃往复式活塞内燃发动机及驱动电动机的小客车（9座及以下），排气量超过2000毫升，但不超过2500毫升，不可接插外部电源充电	辆/千克
	8703.4049	----同时装有点燃往复式活塞内燃发动机及驱动电动机的其他主要用于载人的机动车，排气量超过2000毫升，但不超过2500毫升，不可接插外部电源充电	辆/千克
		---气缸容量（排气量）超过2500毫升，但不超过3000毫升：	
	8703.4051	----同时装有点燃往复式活塞内燃发动机及驱动电动机的小轿车，排气量超过2500毫升，但不超过3000毫升，不可接插外部电源充电	辆/千克
	8703.4052	----同时装有点燃往复式活塞内燃发动机及驱动电动机的越野车（4轮驱动），排气量超过2500毫升，但不超过3000毫升，不可接插外部电源充电	辆/千克
	8703.4053	----同时装有点燃往复式活塞内燃发动机及驱动电动机的小客车（9座及以下），排气量超过2500毫升，但不超过3000毫升，不可接插外部电源充电	辆/千克
	8703.4059	----同时装有点燃往复式活塞内燃发动机及驱动电动机的其他主要用于载人的机动车，排气量超过2500毫升，但不超过3000毫升，不可接插外部电源充电	辆/千克
		---气缸容量（排气量）超过3000毫升，但不超过4000毫升：	

品目	商品编码	商品名称	计量单位
	8703.4061	----同时装有点燃往复式活塞内燃发动机及驱动电动机的小轿车,排气量超过3000毫升,但不超过4000毫升,不可接插外部电源充电	辆/千克
	8703.4062	----同时装有点燃往复式活塞内燃发动机及驱动电动机的越野车(4轮驱动),排气量超过3000毫升,但不超过4000毫升,不可接插外部电源充电	辆/千克
	8703.4063	----同时装有点燃往复式活塞内燃发动机及驱动电动机的小客车(9座及以下),排气量超过3000毫升,但不超过4000毫升,不可接插外部电源充电	辆/千克
	8703.4069	----同时装有点燃往复式活塞内燃发动机及驱动电动机的其他主要用于载人的机动车,排气量超过3000毫升,但不超过4000毫升,不可接插外部电源充电	辆/千克
		---气缸容量(排气量)超过4000毫升:	
	8703.4071	----同时装有点燃往复式活塞内燃发动机及驱动电动机的小轿车,排气量超过4000毫升,不可接插外部电源充电	辆/千克
	8703.4072	----同时装有点燃往复式活塞内燃发动机及驱动电动机的越野车(4轮驱动),排气量超过4000毫升,不可接插外部电源充电	辆/千克
	8703.4073	----同时装有点燃往复式活塞内燃发动机及驱动电动机的小客车(9座及以下),排气量超过4000毫升,不可接插外部电源充电	辆/千克
	8703.4079	----同时装有点燃往复式活塞内燃发动机及驱动电动机的其他主要用于载人的机动车,排气量超过4000毫升,不可接插外部电源充电	辆/千克
	8703.4090	---同时装有点燃往复式活塞内燃发动机及驱动电动机的未列名主要用于载人的机动车,不可接插外部电源充电	辆/千克
		-同时装有压燃式活塞内燃发动机(柴油或半柴油发动机)及驱动电动机的其他车辆,可通过接插外部电源进行充电的除外:	
		---气缸容量(排气量)不超过1000毫升:	
	8703.5011	----同时装有压燃式活塞内燃发动机及驱动电动机的小轿车,排气量不超过1000毫升,不可接插外部电源充电	辆/千克

品 目	商品编码	商 品 名 称	计量单位
	8703.5019	----同时装有压燃式活塞内燃发动机及驱动电动机的其他主要用于载人的机动车,排气量不超过1000毫升,不可接插外部电源充电	辆/千克
		---气缸容量(排气量)超过1000毫升,但不超过1500毫升:	
	8703.5021	----同时装有压燃式活塞内燃发动机及驱动电动机的小轿车,排气量超过1000毫升,但不超过1500毫升,不可接插外部电源充电	辆/千克
	8703.5022	----同时装有压燃式活塞内燃发动机及驱动电动机的越野车(4轮驱动),排气量超过1000毫升,但不超过1500毫升,不可接插外部电源充电	辆/千克
	8703.5023	----同时装有压燃式活塞内燃发动机及驱动电动机的小客车(9座及以下),排气量超过1000毫升,但不超过1500毫升,不可接插外部电源充电	辆/千克
	8703.5029	----同时装有压燃式活塞内燃发动机及驱动电动机的其他主要用于载人的机动车,排气量超过1000毫升,但不超过1500毫升,不可接插外部电源充电	辆/千克
		---气缸容量(排气量)超过1500毫升,但不超过2000毫升:	
	8703.5031	----同时装有压燃式活塞内燃发动机及驱动电动机的小轿车,排气量超过1500毫升,但不超过2000毫升,不可接插外部电源充电	辆/千克
	8703.5032	----同时装有压燃式活塞内燃发动机及驱动电动机的越野车(4轮驱动),排气量超过1500毫升,但不超过2000毫升,不可接插外部电源充电	辆/千克
	8703.5033	----同时装有压燃式活塞内燃发动机及驱动电动机的小客车(9座及以下),排气量超过1500毫升,但不超过2000毫升,不可接插外部电源充电	辆/千克
	8703.5039	----同时装有压燃式活塞内燃发动机及驱动电动机的其他主要用于载人的机动车,排气量超过1500毫升,但不超过2000毫升,不可接插外部电源充电	辆/千克
		---气缸容量(排气量)超过2000毫升,但不超过2500毫升:	
	8703.5041	----同时装有压燃式活塞内燃发动机及驱动电动机的小轿车,排气量超过2000毫升,但不超过2500毫升,不可接插外部电源充电	辆/千克

品目	商品编码	商品名称	计量单位
	8703.5042	----同时装有压燃式活塞内燃发动机及驱动电动机的越野车(4轮驱动),排气量超过2000毫升,但不超过2500毫升,不可接插外部电源充电	辆/千克
	8703.5043	----同时装有压燃式活塞内燃发动机及驱动电动机的小客车(9座及以下),排气量超过2000毫升,但不超过2500毫升,不可接插外部电源充电	辆/千克
	8703.5049	----同时装有压燃式活塞内燃发动机及驱动电动机的其他主要用于载人的机动车,排气量超过2000毫升,但不超过2500毫升,不可接插外部电源充电	辆/千克
		---气缸容量(排气量)超过2500毫升,但不超过3000毫升:	
	8703.5051	----同时装有压燃式活塞内燃发动机及驱动电动机的小轿车,排气量超过2500毫升,但不超过3000毫升,不可接插外部电源充电	辆/千克
	8703.5052	----同时装有压燃式活塞内燃发动机及驱动电动机的越野车(4轮驱动),排气量超过2500毫升,但不超过3000毫升,不可接插外部电源充电	辆/千克
	8703.5053	----同时装有压燃式活塞内燃发动机及驱动电动机的小客车(9座及以下),排气量超过2500毫升,但不超过3000毫升,不可接插外部电源充电	辆/千克
	8703.5059	----同时装有压燃式活塞内燃发动机及驱动电动机的其他主要用于载人的机动车,排气量超过2500毫升,但不超过3000毫升,不可接插外部电源充电	辆/千克
		---气缸容量(排气量)超过3000毫升,但不超过4000毫升:	
	8703.5061	----同时装有压燃式活塞内燃发动机及驱动电动机的小轿车,排气量超过3000毫升,但不超过4000毫升,不可接插外部电源充电	辆/千克
	8703.5062	----同时装有压燃式活塞内燃发动机及驱动电动机的越野车(4轮驱动),排气量超过3000毫升,但不超过4000毫升,不可接插外部电源充电	辆/千克
	8703.5063	----同时装有压燃式活塞内燃发动机及驱动电动机的小客车(9座及以下),排气量超过3000毫升,但不超过4000毫升,不可接插外部电源充电	辆/千克

品　目	商品编码	商　品　名　称	计量单位
	8703.5069	----同时装有压燃式活塞内燃发动机及驱动电动机的其他主要用于载人的机动车，排气量超过 3000 毫升，但不超过 4000 毫升，不可接插外部电源充电	辆/千克
		---气缸容量（排气量）超过 4000 毫升：	
	8703.5071	----同时装有压燃式活塞内燃发动机及驱动电动机的小轿车，排气量超过 4000 毫升，不可接插外部电源充电	辆/千克
	8703.5072	----同时装有压燃式活塞内燃发动机及驱动电动机的越野车（4 轮驱动），排气量超过 4000 毫升，不可接插外部电源充电	辆/千克
	8703.5073	----同时装有压燃式活塞内燃发动机及驱动电动机的小客车（9 座及以下），排气量超过 4000 毫升，不可接插外部电源充电	辆/千克
	8703.5079	----同时装有压燃式活塞内燃发动机及驱动电动机的其他主要用于载人的机动车，排气量超过 4000 毫升，不可接插外部电源充电	辆/千克
	8703.5090	---同时装有压燃式活塞内燃发动机及驱动电动机的未列名主要用于载人的机动车，不可接插外部电源充电	辆/千克
	8703.6000	-同时装有点燃往复式活塞内燃发动机及驱动电动机的主要用于载人的机动车，可接插外部电源充电	辆/千克
	8703.7000	-同时装有压燃式活塞内燃发动机（柴油或半柴油发动机）及驱动电动机的主要用于载人的机动车，可接插外部电源充电	辆/千克
	8703.8000	-仅装有驱动电动机的主要用于载人的机动车	辆/千克
	8703.9000	-未列名主要用于载人的机动车辆	辆/千克
87.04		**货运机动车辆：**	
		-非公路用自卸车：	
	8704.1030	---电动轮非公路用货运自卸车	辆/千克
	8704.1090	---其他非公路用货运自卸车	辆/千克
		-装有压燃式活塞内燃发动机（柴油或半柴油发动机）的其他货车：	
	8704.2100	--装有柴油发动机，车辆总重量不超过 5 吨的其他货车	辆/千克
		--车辆总重量超过 5 吨，但不超过 20 吨：	
	8704.2230	---装有柴油发动机，车辆总重量超过 5 吨，但小于 14 吨的其他货车	辆/千克

品 目	商品编码	商 品 名 称	计量单位
	8704. 2240	---装有柴油发动机,车辆总重量在 14 吨及以上,但不超过 20 吨的其他货车	辆/千克
	8704. 2300	--装有柴油发动机,车辆总重量超过 20 吨的其他货车	辆/千克
		-装有点燃式活塞内燃发动机的其他货车:	
	8704. 3100	--装有点燃式活塞内燃发动机,车辆总重量不超过 5 吨的其他货车	辆/千克
		--车辆总重量超过 5 吨:	
	8704. 3230	---装有点燃式活塞内燃发动机,车辆总重量超过 5 吨,但不超过 8 吨的其他货车	辆/千克
	8704. 3240	---装有点燃式活塞内燃发动机,车辆总重超过 8 吨的其他货车	辆/千克
	8704. 9000	-未列名货运机动车辆	辆/千克
87. 05		**特殊用途的机动车辆(例如,抢修车、起重车、救火车、混凝土搅拌车、道路清洁车、喷洒车、流动工场车及流动放射线检查车),但主要用于载人或运货的车辆除外:**	
		-机动起重车:	
		---全路面起重车:	
	8705. 1021	----最大起重重量不超过 50 吨的全路面起重车	辆/千克
	8705. 1022	----最大起重重量超过 50 吨,但不超过 100 吨的全路面起重车	辆/千克
	8705. 1023	----最大起重重量超过 100 吨的全路面起重车	辆/千克
		---其他机动起重车:	
	8705. 1091	----最大起重重量不超过 50 吨的其他起重车	辆/千克
	8705. 1092	----最大起重重量超过 50 吨,但不超过 100 吨的其他起重车	辆/千克
	8705. 1093	----最大起重重量超过 100 吨的其他起重车	辆/千克
	8705. 2000	-机动钻探车	辆/千克
		-机动救火车:	
	8705. 3010	---装有云梯的救火车	辆/千克
	8705. 3090	---其他机动救火车	辆/千克
	8705. 4000	-机动混凝土搅拌车	辆/千克
		-其他:	
	8705. 9010	---无线电通信车	辆/千克
	8705. 9020	---机动放射线检查车	辆/千克
	8705. 9030	---机动环境监测车	辆/千克
	8705. 9040	---机动医疗车	辆/千克

品　目	商品编码	商　品　名　称	计量单位
		---机动电源车：	
	8705.9051	----航空电源车(频率为400赫兹)	辆/千克
	8705.9059	----其他机动电源车	辆/千克
	8705.9060	---飞机加油车、调温车、除冰车	辆/千克
	8705.9070	---道路(包括跑道)扫雪车	辆/千克
	8705.9080	---石油测井车、压裂车、混沙车	辆/千克
		---其他特殊用途的机动车辆：	
	8705.9091	----混凝土泵车	辆/千克
	8705.9099	----未列名特殊用途的机动车辆	辆/千克
87.06		**装有发动机的机动车辆底盘，品目87.01至87.05所列车辆用：**	
	8706.0010	---非公路用自卸车装有发动机的底盘	台/千克
		---货车底盘：	
	8706.0021	----车辆总重量在14吨及以上的货车底盘，装有发动机	台/千克
	8706.0022	----车辆总重量在14吨以下的货车底盘，装有发动机	台/千克
	8706.0030	---30座及以上的机动客车底盘，装有发动机	台/千克
	8706.0040	---汽车起重车底盘，装有发动机	台/千克
	8706.0090	---品目87.01至87.05所列其他车辆装有发动机的底盘	台/千克
87.07		**机动车辆的车身(包括驾驶室)，品目87.01至87.05所列车辆用：**	
	8707.1000	-品目87.03所列车辆的车身(包括驾驶室)	台/千克
		-品目87.01、87.02、87.04、87.05所列车辆的车身(包括驾驶室)：	
	8707.9010	---10座及以上至29座客车车身(包括驾驶室)	台/千克
	8707.9090	---品目87.01、87.02、87.04、87.05所列其他车辆的车身(包括驾驶室)	台/千克
87.08		**机动车辆的零件、附件，品目87.01至87.05所列车辆用：**	
	8708.1000	-缓冲器(保险杠)及其零件	千克
		-车身(包括驾驶室)的其他零件、附件：	
	8708.2100	--坐椅安全带	千克
		--车身(包括驾驶室)的其他零件、附件：	
	8708.2930	---车窗玻璃升降器	千克
		---天窗：	

品　目	商品编码	商　品　名　称	计量单位
	8708.2941	----电动天窗	千克/套
	8708.2942	----手动天窗	千克/套
		---其他车身覆盖件：	
	8708.2951	----侧围	千克
	8708.2952	----车门	千克/个
	8708.2953	----发动机罩盖	千克
	8708.2954	----前围	千克
	8708.2955	----行李箱盖(或背门)	千克
	8708.2956	----后围	千克
	8708.2957	----翼子板(或叶子板)	千克
	8708.2959	----其他车身覆盖件	千克
	8708.2990	---车身(包括驾驶室)的未列名零件、附件	千克
		-制动器、助力制动器及其零件：	
	8708.3010	---装在蹄片上的制动摩擦片	千克
		---防抱死制动系统(ABS)：	
	8708.3021	----品目87.01及编码8704.1030、8704.1090所列车辆用防抱死制动系统	千克
	8708.3029	----其他车辆用防抱死制动系统	千克
		---其他制动器、助力制动器及其零件：	
	8708.3091	----品目87.01所列车辆用其他制动器、助力制动器及其零件	千克
	8708.3092	----编码8702.1091及8702.9010所列车辆用其他制动器、助力制动器及其零件	千克
	8708.3093	----编码8704.1030及8704.1090所列车辆用其他制动器、助力制动器及其零件	千克
	8708.3094	----编码8704.2100、8704.2230、8704.3100及8704.3230所列车辆用其他制动器、助力制动器及其零件	千克
	8708.3095	----编码8704.2240、8704.2300及8704.3240所列车辆用其他制动器、助力制动器及其零件	千克
	8708.3096	----品目87.05所列车辆用其他制动器、助力制动器及其零件	千克
	8708.3099	----未列名机动车辆用其他制动器、助力制动器及其零件	千克/个
		-变速箱及其零件：	
	8708.4010	---品目87.01所列车辆用变速箱及其零件	个/千克

品　目	商品编码	商　品　名　称	计量单位
	8708.4020	---编码 8702.1091 及 8702.9010 所列车辆用变速箱及其零件	个/千克
	8708.4030	---编码 8704.1030 及 8704.1090 所列车辆用变速箱及其零件	个/千克
	8708.4040	---编码 8704.2100、8704.2230、8704.3100 及 8704.3230 所列车辆用变速箱及其零件	个/千克
	8708.4050	---编码 8704.2240、8704.2300 及 8704.3240 所列车辆用变速箱及其零件	个/千克
	8708.4060	---品目 87.05 所列车辆用变速箱及其零件	个/千克
		---其他机动车辆用变速箱及其零件：	
	8708.4091	----小轿车用自动换挡变速箱及其零件	个/千克
	8708.4099	----未列名机动车辆用变速箱及其零件	个/千克
		-装有差速器的驱动桥及其零件，不论是否装有其他传动部件；非驱动桥及其零件：	
		---装有差速器的驱动桥及其零件，不论是否装有其他传动部件：	
	8708.5071	----品目 87.01 所列车辆用装有差速器的驱动桥及其零件	个/千克
	8708.5072	----编码 8702.1091 及 8702.9010 所列车辆用装有差速器的驱动桥及其零件	个/千克
	8708.5073	----编码 8704.1030 及 8704.1090 所列车辆用装有差速器的驱动桥及其零件	个/千克
	8708.5074	----编码 8704.2100、8704.2230、8704.3100 及 8704.3230 所列车辆用装有差速器的驱动桥及其零件	个/千克
	8708.5075	----编码 8704.2240、8704.2300 及 8704.3240 所列车辆用装有差速器的驱动桥及其零件	个/千克
	8708.5076	----品目 87.05 所列车辆用装有差速器的驱动桥及其零件	个/千克
	8708.5079	----未列名机动车辆用装有差速器的驱动桥及其零件	个/千克
		---非驱动桥及其零件：	
	8708.5081	----品目 87.01 所列车辆用非驱动桥及其零件	千克
	8708.5082	----编码 8702.1091 及 8702.9010 所列车辆用非驱动桥及其零件	千克
	8708.5083	----编码 8704.1030 及 8704.1090 所列车辆用非驱动桥及其零件	千克

品 目	商品编码	商 品 名 称	计量单位
	8708.5084	----编码8704.2100、8704.2230、8704.3100及8704.3230所列车辆用非驱动桥及其零件	千克
	8708.5085	----编码8704.2240、8704.2300及8704.3240所列车辆用非驱动桥及其零件	千克
	8708.5086	----品目87.05所列车辆用非驱动桥及其零件	千克
	8708.5089	----未列名机动车辆用非驱动桥及其零件	千克/个
		-车轮及其零件、附件：	
	8708.7010	---品目87.01所列车辆用车轮及其零件、附件	千克
	8708.7020	---编码8702.1091及8702.9010所列车辆用车轮及其零件、附件	千克
	8708.7030	---编码8704.1030及8704.1090所列车辆用车轮及其零件、附件	千克
	8708.7040	---编码8704.2100、8704.2230、8704.3100及8704.3230所列车辆用车轮及其零件、附件	千克
	8708.7050	---编码8704.2240、8704.2300及8704.3240所列车辆用车轮及其零件、附件	千克
	8708.7060	---品目87.05所列车辆用车轮及其零件、附件	千克
		---未列名机动车辆用车轮及其零件、附件：	
	8708.7091	----铝合金制的未列名机动车辆用车轮及其零件、附件	千克
	8708.7099	----非铝合金制未列名机动车辆用车轮及其零件、附件	千克
		-悬挂系统及其零件(包括减震器)：	
	8708.8010	---品目87.03所列车辆用悬挂系统及其零件(包括减震器)	千克
	8708.8090	---其他机动车辆的悬挂系统及其零件(包括减震器)	千克
		-其他零件、附件：	
		--散热器及其零件：	
	8708.9110	---水箱散热器	个/千克
	8708.9120	---机油冷却器	个/千克
	8708.9190	---其他散热器；散热器零件	个/千克
	8708.9200	--机动车辆的消声器(消音器)、排气管及其零件	千克
		--离合器及其零件：	
	8708.9310	---品目87.01所列车辆用离合器及其零件	千克
	8708.9320	---编码8702.1091及8702.9010所列车辆用离合器及其零件	千克
	8708.9330	---编码8704.1030及8704.1090所列车辆用离合器及其零件	千克

品 目	商品编码	商 品 名 称	计量单位
	8708.9340	---编码8704.2100、8704.2230、8704.3100及8704.3230所列车辆用离合器及其零件	千克
	8708.9350	---编码8704.2240、8704.2300及8704.3240所列车辆用离合器及其零件	千克
	8708.9360	---品目87.05所列车辆用离合器及其零件	千克
	8708.9390	---未列名机动车辆用离合器及其零件	千克
		--转向盘、转向柱及转向器及其零件：	
	8708.9410	---品目87.01所列车辆用转向盘、转向柱及转向器及其零件	千克
	8708.9420	---编码8702.1091及8702.9010所列车辆用转向盘、转向柱及转向器及其零件	千克
	8708.9430	---编码8704.1030及8704.1090所列车辆用转向盘、转向柱及转向器及其零件	千克
	8708.9440	---编码8704.2100、8704.2230、8704.3100及8704.3230所列车辆用转向盘、转向柱及转向器及其零件	千克
	8708.9450	---编码8704.2240、8704.2300及8704.3240所列车辆用转向盘、转向柱及转向器及其零件	千克
	8708.9460	---品目87.05所列车辆用转向盘、转向柱及转向器及其零件	千克
	8708.9490	---未列名机动车辆用转向盘、转向柱及转向器及其零件	千克
	8708.9500	--带充气系统的安全气囊及其零件	千克
		--品目87.01至87.05所列车辆用未列名零件、附件：	
	8708.9910	---品目87.01所列车辆用未列名零件、附件	千克
		---编码8702.1091及8702.9010所列车辆用未列名零件、附件：	
	8708.9921	----编码8702.1091及8702.9010所列车辆用车架	千克
	8708.9929	----编码8702.1091及8702.9010所列车辆用其他未列名零件、附件	千克
		---编码8704.1030及8704.1090所列车辆用未列名零件、附件：	
	8708.9931	----编码8704.1030及8704.1090所列车辆用车架	千克
	8708.9939	----编码8704.1030及8704.1090所列车辆用其他未列名零件、附件	千克

品 目	商品编码	商 品 名 称	计量单位
		---编码 8704.2100、8704.2230、8704.3100 及 8704.3230 所列车辆用未列名零件、附件:	
	8708.9941	----编码 8704.2100、8704.2230、8704.3100 及 8704.3230 所列车辆用车架	千克
	8708.9949	----编码 8704.2100、8704.2230、8704.3100 及 8704.3230 所列车辆用其他未列名零件、附件	千克
		---编码 8704.2240、8704.2300 及 8704.3240 所列车辆用未列名零件、附件:	
	8708.9951	----编码 8704.2240、8704.2300 及 8704.3240 所列车辆用车架	千克
	8708.9959	----编码 8704.2240、8704.2300 及 8704.3240 所列车辆用其他未列名零件、附件	千克
	8708.9960	---品目 87.05 所列车辆用未列名零件、附件	千克
		---品目 87.01 至 87.04 所列其他车辆用未列名零件、附件:	
	8708.9991	----品目 87.01 至 87.04 所列其他车辆用车架	千克/个
	8708.9992	----品目 87.01 至 87.04 所列其他车辆用传动轴	千克
	8708.9999	----品目 87.01 至 87.04 所列其他车辆用未列名零件、附件	千克
87.09		**短距离运输货物的机动车辆,未装有提升或搬运设备,用于工厂、仓库、码头或机场;火车站台上用的牵引车;上述车辆的零件:**	
		-车辆:	
		--电动短距离运输货物的机动车辆,未装有提升或搬运设备;火车站台上用的电动牵引车:	
	8709.1110	---电动牵引车	辆/千克
	8709.1190	---其他电动的短距离运输货物的机动车辆,未装有提升或搬运设备	辆/千克
		--其他短距离运输货物的机动车辆,未装有提升或搬运设备;其他火车站台上用机动牵引车:	
	8709.1910	---其他机动牵引车	辆/千克
	8709.1990	---其他短距离运输货物的机动车辆,未装有提升或搬运设备	辆/千克
	8709.9000	-短距离运输货物的机动车辆及火车站台上用牵引车的零件	千克

品目	商品编码	商品名称	计量单位
87.10		**坦克及其他机动装甲战斗车辆,不论是否装有武器;上述车辆的零件:**	
	8710.0010	---坦克及其他机动装甲战斗车辆	辆/千克
	8710.0090	---坦克及其他机动装甲战斗车辆的零件	千克
87.11		**摩托车(包括机器脚踏两用车)及装有辅助动力装置的脚踏车,不论有无边车;边车:**	
	8711.1000	-装有往复式活塞内燃发动机,排气量不超过50毫升的摩托车及装有辅助发动机的脚踏车	辆/千克
		-装有往复式活塞内燃发动机,排气量超过50毫升,但不超过250毫升的摩托车及装有辅助发动机的脚踏车:	
	8711.2010	---装有往复式活塞内燃发动机,排气量超过50毫升,但不超过100毫升的摩托车及装有辅助发动机的脚踏车	辆/千克
	8711.2020	---装有往复式活塞内燃发动机,排气量超过100毫升,但不超过125毫升的摩托车及装有辅助发动机的脚踏车	辆/千克
	8711.2030	---装有往复式活塞内燃发动机,排气量超过125毫升,但不超过150毫升的摩托车及装有辅助发动机的脚踏车	辆/千克
	8711.2040	---装有往复式活塞内燃发动机,排气量超过150毫升,但不超过200毫升的摩托车及装有辅助发动机的脚踏车	辆/千克
	8711.2050	---装有往复式活塞内燃发动机,排气量超过200毫升,但不超过250毫升的摩托车及装有辅助发动机的脚踏车	辆/千克
		-装有往复式活塞内燃发动机,排气量超过250毫升,但不超过500毫升的摩托车及装有辅助发动机的脚踏车:	
	8711.3010	---装有往复式活塞内燃发动机,排气量超过250毫升,但不超过400毫升的摩托车及装有辅助发动机的脚踏车	辆/千克
	8711.3020	---装有往复式活塞内燃发动机,排气量超过400毫升,但不超过500毫升的摩托车及装有辅助发动机的脚踏车	辆/千克
	8711.4000	-装有往复式活塞内燃发动机,排气量超过500毫升,但不超过800毫升的摩托车及装有辅助发动机的脚踏车	辆/千克

品 目	商品编码	商 品 名 称	计量单位
	8711.5000	-装有往复式活塞内燃发动机,排气量超过800毫升的摩托车及装有辅助发动机的脚踏车	辆/千克
	8711.6000	-装有驱动电动机的摩托车及脚踏车	辆/千克
	8711.9000	-未列名摩托车及装有辅助动力装置的脚踏车;边车	辆/千克
87.12		**自行车及其他非机动脚踏车(包括运货三轮脚踏车):**	
	8712.0020	---竞赛型自行车	辆/千克
	8712.0030	---山地自行车	辆/千克
		---越野自行车:	
	8712.0041	----16、18、20英寸越野自行车	辆/千克
	8712.0049	----其他越野自行车	辆/千克
		---其他自行车:	
	8712.0081	----16英寸及以下的未列名自行车	辆/千克
	8712.0089	----其他未列名自行车	辆/千克
	8712.0090	---其他非机动脚踏车	辆/千克
87.13		**残疾人用车,不论是否机动或其他机械驱动:**	
	8713.1000	-非机械驱动残疾人用车	辆/千克
	8713.9000	-其他残疾人用车	辆/千克
87.14		**零件、附件,品目87.11至87.13所列车辆用:**	
	8714.1000	-摩托车(包括机器脚踏两用车)用零件、附件	千克
	8714.2000	-残疾人车辆用零件、附件	千克
		-其他:	
	8714.9100	--品目87.11至87.13所列其他车辆用车架、轮叉及其零件	千克
		--品目87.11至87.13所列其他车辆用轮圈及辐条:	
	8714.9210	---品目87.11至87.13所列其他车辆用轮圈	千克
	8714.9290	---品目87.11至87.13所列其他车辆用辐条	千克
		--品目87.11至87.13所列其他车辆用轮毂(倒轮制动毂及毂闸除外)及飞轮、链轮:	
	8714.9310	---品目87.11至87.13所列其他车辆用轮毂(倒轮制动毂及毂闸除外)	千克
	8714.9320	---品目87.11至87.13所列其他车辆用飞轮	千克
	8714.9390	---品目87.11至87.13所列其他车辆用链轮	千克
	8714.9400	--品目87.11至87.13所列其他车辆用制动器(包括倒轮制动毂及毂闸)及其零件	千克
	8714.9500	--品目87.11至87.13所列其他车辆用鞍座	千克/个

品 目	商品编码	商 品 名 称	计量单位
		--品目87.11至87.13所列其他车辆用脚蹬、曲柄链轮及其零件：	
	8714.9610	---品目87.11至87.13所列其他车辆用脚蹬及其零件	千克
	8714.9620	---品目87.11至87.13所列其他车辆用曲柄链轮及其零件	千克
	8714.9900	--品目87.11至87.13所列其他车辆用未列名零件、附件	千克
87.15		**婴孩车及其零件：**	
	8715.0000	婴孩车及其零件	千克
87.16		**挂车及半挂车或其他非机械驱动车辆及其零件：**	
	8716.1000	-供居住或野营用厢式挂车及半挂车	辆/千克
	8716.2000	-农用自装或自卸式挂车及半挂车	辆/千克
		-其他货运挂车及半挂车：	
		--罐式挂车及半挂车：	
	8716.3110	---油罐挂车及半挂车	辆/千克
	8716.3190	---其他罐式挂车及半挂车	辆/千克
		--其他：	
	8716.3910	---货柜挂车及半挂车	辆/千克
	8716.3990	---其他货运挂车及半挂车	辆/千克
	8716.4000	-未列名挂车及半挂车	辆/千克
	8716.8000	-未列名非机械驱动车辆	辆/千克
	8716.9000	-挂车及半挂车或其他非机械驱动车辆的零件	千克

第八十八章 航空器、航天器及其零件

子目注释：

1. 子目 8802.11 至 8802.40 所称“空载重量”，是指航空器在正常飞行情况下，除去机组人员、燃料及非永久性安装设备后的重量。

品 目	商品编码	商 品 名 称	计量单位
88.01		**气球及飞艇；滑翔机、悬挂滑翔机及其他无动力航空器：**	
	8801.0010	---滑翔机及悬挂滑翔机	架/千克
	8801.0090	---气球、飞艇及其他无动力航空器	架/千克
88.02		**其他航空器（例如，直升机、飞机）；航天器（包括卫星）及运载工具，亚轨道运载工具：**	
		-直升机：	
	8802.1100	--空载重量不超过 2000 千克的直升机	架/千克
		--空载重量超过 2000 千克的直升机：	
	8802.1210	---空载重量超过 2000 千克，但不超过 7000 千克的直升机	架/千克
	8802.1220	---空载重量超过 7000 千克的直升机	架/千克
	8802.2000	-飞机及其他航空器，空载重量不超过 2000 千克	架/千克
	8802.3000	-飞机及其他航空器，空载重量超过 2000 千克，但不超过 15000 千克	架/千克
		-飞机及其他航空器，空载重量超过 15000 千克：	
	8802.4010	---飞机及其他航空器，空载重量超过 15000 千克，但不超过 45000 千克	架/千克
	8802.4020	---飞机及其他航空器，空载重量超过 45000 千克	架/千克
	8802.6000	-航天器（包括卫星）及其运载工具、亚轨道运载工具	架/千克
88.03		**品目 88.01 或 88.02 所列货品的零件：**	
	8803.1000	-推进器、水平旋翼及其零件	千克
	8803.2000	-起落架及其零件	千克
	8803.3000	-飞机及直升机的其他零件	千克
	8803.9000	-航空器、航天器及其运载工具的未列名零件	千克
88.04		**降落伞（包括可操纵降落伞及滑翔降落伞）、旋翼降落伞及其零件、附件：**	
	8804.0000	降落伞（包括可操纵降落伞及滑翔降落伞）、旋翼降落伞及其零件、附件	千克

品　目	商品编码	商　品　名　称	计量单位
88.05		**航空器的发射装置、甲板停机装置或类似装置和地面飞行训练器及其零件：**	
	8805.1000	-航空器的发射装置及其零件；甲板停机装置或类似装置及其零件	千克
		-地面飞行训练器及其零件：	
	8805.2100	--地面飞行训练用空战模拟器及其零件	千克
	8805.2900	--其他地面飞行训练器及其零件	千克

第八十九章　船舶及浮动结构体

注释：

1. 已装配、未装配或已拆卸的船体、未完工或不完整的船舶以及未装配或已拆卸的完整船舶，如果不具有某种船舶的基本特征，应归入品目89.06。

品　目	商品编码	商　品　名　称	计量单位
89.01		巡航船、游览船、渡船、货船、驳船及其类似的客运或货运船舶：	
		-巡航船、游览船及主要用于客运的类似船舶；各式渡船：	
	8901.1010	---机动巡航船、游览船及主要用于客运的类似船舶、各式渡船	艘/千克
	8901.1090	---非机动巡航船、游览船及主要用于客运的类似船舶、各式渡船	艘/千克
		-液货船：	
		---成品油船：	
	8901.2011	----载重量不超过10万吨的成品油船	艘/千克
	8901.2012	----载重量超过10万吨，但不超过30万吨的成品油船	艘/千克
	8901.2013	----载重量超过30万吨的成品油船	艘/千克
		---原油船：	
	8901.2021	----载重量不超过15万吨的原油船	艘/千克
	8901.2022	----载重量超过15万吨，但不超过30万吨的原油船	艘/千克
	8901.2023	----载重量超过30万吨的原油船	艘/千克
		---液化石油气船：	
	8901.2031	----容积在20000立方米及以下的液化石油气船	艘/千克
	8901.2032	----容积在20000立方米以上的液化石油气船	艘/千克
		---液化天然气船：	
	8901.2041	----容积在20000立方米及以下的液化天然气船	艘/千克
	8901.2042	----容积在20000立方米以上的液化天然气船	艘/千克
	8901.2090	---其他液货船	艘/千克
	8901.3000	-冷藏船	艘/千克
		-其他货运船舶及其他客货兼运船舶：	
		---机动集装箱船：	
	8901.9021	----可载标准集装箱在6000箱及以下的机动集装箱船	艘/千克
	8901.9022	----可载标准集装箱在6000箱以上的机动集装箱船	艘/千克

品　目	商品编码	商　品　名　称	计量单位
		---机动滚装船：	
	8901.9031	----载重量在2万吨及以下的机动滚装船	艘/千克
	8901.9032	----载重量在2万吨以上的机动滚装船	艘/千克
		---机动散货船：	
	8901.9041	----载重量不超过15万吨的机动散货船	艘/千克
	8901.9042	----载重量超过15万吨，但不超过30万吨的机动散货船	艘/千克
	8901.9043	----载重量超过30万吨的机动散货船	艘/千克
	8901.9050	---机动多用途船	艘/千克
	8901.9080	---其他机动货运船舶及客货兼运船舶	艘/千克
	8901.9090	---非机动货运船舶及客货兼运船舶	艘/千克
89.02		**捕鱼船；加工船及其他加工保藏鱼类产品的船舶：**	
	8902.0010	---机动捕鱼船、加工船及其他加工保藏鱼类产品的船舶	艘/千克
	8902.0090	---非机动捕鱼船、加工船及其他加工保藏鱼类产品的船舶	艘/千克
89.03		**娱乐或运动用快艇及其他船舶；划艇及轻舟：**	
	8903.1000	-娱乐或运动用充气快艇及其他船舶；充气划艇及轻舟	艘/千克
		-其他：	
	8903.9100	--帆船，不论是否装有辅助发动机	艘/千克
	8903.9200	--汽艇，装有舷外发动机的除外	艘/千克
	8903.9900	--未列名娱乐或运动用船舶、划艇及轻舟	艘/千克
89.04		**拖轮及顶推船：**	
	8904.0000	拖轮及顶推船	艘/千克
89.05		**灯船、消防船、挖泥船、起重船及其他不以航行为主要功能的船舶；浮船坞；浮动或潜水式钻探或生产平台：**	
	8905.1000	-挖泥船	艘/千克
	8905.2000	-浮动或潜水式钻探或生产平台	座/千克
		-其他：	
	8905.9010	---浮船坞	个/千克
	8905.9090	---灯船、消防船、起重船及其他不以航行为主要功能的船舶	个/千克
89.06		**其他船舶，包括军舰及救生船，但划艇除外：**	
	8906.1000	-军舰	艘/千克
		-其他船舶，包括救生船，但划艇除外：	
	8906.9010	---未列名机动船舶，包括救生船，但划艇除外	艘/千克

品 目	商品编码	商 品 名 称	计量单位
	8906.9020	---未列名非机动船舶,包括救生船,但划艇除外	艘/千克
	8906.9030	---未制成或不完整的船舶,包括船舶分段	艘/千克
89.07		**其他浮动结构体(例如,筏、柜、潜水箱、浮码头、浮筒及航标):**	
	8907.1000	-充气筏	艘/千克
	8907.9000	-未列名浮动结构体	个/千克
89.08		**供拆卸的船舶及其他浮动结构体:**	
	8908.0000	供拆卸的船舶及其他浮动结构体	艘/千克

第十八类　光学、照相、电影、计量、检验、医疗或外科用仪器及设备、精密仪器及设备；钟表；乐器；上述物品的零件、附件

第九十章　光学、照相、电影、计量、检验、医疗或外科用仪器及设备、精密仪器及设备；上述物品的零件、附件

注释：

1. 本章不包括：

(1)机器、设备或其他专门技术用途的硫化橡胶(硬质橡胶除外)制品(品目40.16)、皮革或再生皮革制品(品目42.05)或纺织材料制品(品目59.11)；

(2)纺织材料制的承托带及其他承托物品,其承托器官的作用仅依靠自身的弹性(例如,孕妇用的承托带,用于胸部、腹部、关节或肌肉的承托绷带)(第十一类)；

(3)品目69.03的耐火材料制品,品目69.09的实验室、化学或其他专门技术用途的陶瓷器；

(4)品目70.09的未经光学加工的玻璃镜及品目83.06或第七十一章的非光学元件的贱金属或贵金属制的镜子；

(5)品目70.07、70.08、70.11、70.14、70.15或70.17的货品；

(6)第十五类注释2所规定的贱金属制通用零件(第十五类)或塑料制的类似品(第三十九章)；

(7)品目84.13的装有计量装置的泵；计数和检验用的衡器或单独报验的天平砝码(品目84.23)；升降、起重及搬运机械(品目84.25至84.28)；纸张或纸板的各种切割机器(品目84.41)；品目84.66的用于机床或水射流切割机上调整工件或工具的附件,包括具有读度用的光学装置的附件(例如,"光学"分度头),但其本身主要是光学仪器的除外(例如,校直望远镜)；计算机器(品目84.70)；品目84.81的阀门及其他装置；品目84.86的机器及装置(包括将电路图投影或绘制到感光半导体材料上的装置)；

(8)自行车或机动车辆用探照灯或聚光灯(品目85.12),品目85.13的手提式电灯,电影录音机、还音机及转录机(品目85.19),拾音头或录音头(品目85.22),电视摄像机、数字照相机及视频摄录一体机(品目85.25),雷达设备、无线电导航设备或无线电遥控设备(品目85.26),光导纤维、光导纤维束或光缆用连接器(品目85.36),品目85.37的数字控制装置,品目85.39的封闭式聚光灯,品目85.44的光缆；

(9)品目 94.05 的探照灯及聚光灯；

(10)第九十五章的物品；

(11)品目 96.20 的独脚架、双脚架、三脚架及类似品；

(12)容量的计量器具(按其构成的材料归类)；

(13)卷轴、线轴及类似芯子(按其构成材料归类，例如，归入品目 39.23 或第十五类)。

2. 除上述注释 1 另有规定的以外，本章各品目所列机器、设备、仪器或器具的零件、附件，应按下列规定归类：

(1)凡零件、附件本身已构成本章或第八十四章、第八十五章或第九十一章各品目(品目 84.87、85.48 或 90.33 除外)所包括的货品，应一律归入其相应的品目；

(2)其他零件、附件，如果专用于或主要用于某种或同一品目项下的多种机器、仪器或器具(包括品目90.10、90.13或90.31的机器、仪器或器具)，应归入相应机器、仪器或器具的品目；

(3)所有其他零件、附件均应归入品目 90.33。

3. 第十六类的注释 3 及 4 的规定也适用于本章。

4. 品目 90.05 不包括武器用望远镜瞄准具、潜艇或坦克上的潜望镜式望远镜及本章或第十六类的机器、设备、仪器或器具用的望远镜；这类望远镜瞄准具及望远镜应归入品目 90.13。

5. 计量或检验用的光学仪器、器具或机器，如果既可归入品目 90.13，又可归入 90.31，则应归入品目 90.31。

6. 品目 90.21 所称"矫形器具"，是指下列用途的器具：

——预防和矫正人体畸变；

——生病、手术或受伤后人体部位的支撑或固定。

矫形器具包括用于矫正畸形的鞋及特种鞋垫，但需符合下列任一条件：

(1)定制的；

(2)成批生产的；单独报验、且不成双的、设计为左右两脚同样适用。

7. 品目 90.32 仅适用于：

(1)液体或气体的流量、液位、压力或其他变化量的自动控制仪器及装置或温度自动控制装置，不论是否依靠要被自控的因素所发生的电现象来进行工作，这些仪器或装置将被自控因素调到并保持在一设定值上，通过持续或定期测量实际值来保持稳定，修正偏差；

(2)电量自动调节器及自动控制非电量的仪器或装置，依靠要被控制的因素所发生的电现象来进行工作，这些仪器或装置将被控制的因素调到并保持在一设定值上，通过持续或定期测量实际值来保持稳定，修正偏差。

品　目	商品编码	商　品　名　称	计量单位
90. 01		**光导纤维及光导纤维束；光缆，但品目 85. 44 的货品除外；偏振材料制的片及板；未装配的各种材料制透镜（包括隐形眼镜片）、棱镜、反射镜及其他光学元件，但未经光学加工的玻璃制上述元件除外：**	
	9001. 1000	-光导纤维、光导纤维束及光缆，但品目 85. 44 的货品除外	千克
	9001. 2000	-偏振材料制的片及板	千克
	9001. 3000	-隐形眼镜片	片/千克
		-玻璃制眼镜片：	
	9001. 4010	---玻璃制变色镜片	片/千克
		---其他：	
	9001. 4091	----玻璃制太阳镜片	片/千克
	9001. 4099	----其他玻璃制眼镜片	片/千克
		-其他材料制眼镜片：	
	9001. 5010	---其他材料制变色镜片	片/千克
		---其他：	
	9001. 5091	----其他材料制太阳镜片	片/千克
	9001. 5099	----其他材料制眼镜片	片/千克
		-其他未装配的光学元件：	
	9001. 9010	---彩色滤光片	千克
	9001. 9090	---未列名未装配的光学元件	千克
90. 02		**已装配的各种材料制透镜、棱镜、反射镜及其他光学元件，作为仪器或装置的零件、附件，但未经光学加工的玻璃制上述元件除外：**	
		-物镜：	
		--照相机、投影仪、照片放大机及缩片机用：	
	9002. 1110	---制版、缩微及特种照相机用物镜	千克/个
	9002. 1120	---缩微阅读机用物镜	千克/个
		---其他照相机用：	
	9002. 1131	----单反相机镜头	千克/个
	9002. 1139	----其他照相机用物镜	千克/个
	9002. 1190	---其他投影仪、照片放大机及缩片机用物镜	千克/个
		--其他：	
	9002. 1910	---摄影机或放映机用物镜	千克/个
	9002. 1990	---其他物镜	千克/个
		-滤色镜：	
	9002. 2010	---照相机用滤色镜	千克/个
	9002. 2090	---其他滤色镜	千克/个

品　目	商品编码	商　品　名　称	计量单位
		-其他:	
	9002.9010	---照相机用其他已装配的光学元件	千克/个
	9002.9090	---其他已装配的光学元件	千克/个
90.03		**眼镜架及其零件:**	
		-眼镜架:	
	9003.1100	--塑料制眼镜架	千克/副
		--其他材料制眼镜架:	
	9003.1910	---金属材料制眼镜架	千克/副
	9003.1920	---天然材料制眼镜架	千克/副
	9003.1990	---未列名材料制眼镜架	千克/副
	9003.9000	-眼镜零件	千克
90.04		**矫正视力、保护眼睛或其他用途的眼镜、挡风镜及类似品:**	
	9004.1000	-太阳镜	千克/副
		-其他:	
	9004.9010	---变色镜	千克/副
	9004.9090	---其他矫正视力、保护眼睛或其他用途的眼镜、挡风镜及类似品	千克/副
90.05		**双筒望远镜、单筒望远镜、其他光学望远镜及其座架;其他天文仪器及其座架,但不包括射电天文仪器:**	
	9005.1000	-双筒望远镜	个/千克
		-其他仪器:	
	9005.8010	---天文望远镜及其他天文仪器	台/千克
	9005.8090	---单筒望远镜、其他光学望远镜	台/千克
		-零件、附件(包括座架):	
	9005.9010	---天文望远镜及其他天文仪器的零件、附件	千克
	9005.9090	---其他光学望远镜的零件、附件	千克
90.06		**照相机(电影摄影机除外);照相闪光灯装置及闪光灯泡,但品目85.39的放电灯泡除外:**	
	9006.3000	-水下、航空测量或体内器官检查用的特种照相机;法庭或犯罪学用的比较照相机	台/千克
	9006.4000	-一次成像照相机	台/千克
		-其他照相机:	
	9006.5100	--通过镜头取景[单镜头反光式(SLR)],使用胶片宽度不超过35毫米的照相机	台/千克
		--其他使用胶片宽度小于35毫米的照相机:	

品　目	商品编码	商　品　名　称	计量单位
	9006.5210	---使用缩微胶卷、胶片或其他缩微品的缩微照相机	台/千克
	9006.5290	---其他使用胶片宽度小于35毫米的照相机	台/千克
	9006.5300	--其他使用胶片宽度为35毫米的照相机	台/千克
		--其他照相机：	
	9006.5910	---激光照相排版设备	台/千克
		---制版照相机：	
	9006.5921	----电子分色机	台/千克
	9006.5929	----其他制版照相机	台/千克
	9006.5990	---未列名照相机	台/千克
		-照相闪光灯装置及闪光灯泡：	
	9006.6100	--放电式(电子式)闪光灯装置	个/千克
		--其他：	
	9006.6910	---闪光灯泡	个/千克
	9006.6990	---其他照相闪光灯装置	个/千克
		-零件、附件：	
		--照相机用：	
	9006.9110	---编码9006.3000、9006.5921及9006.5929所列照相机用的零件、附件	千克
	9006.9120	---一次成像照相机用零件、附件	千克
		---其他照相机的零件、附件：	
	9006.9191	----其他照相机自动调焦组件	千克/套
	9006.9192	----其他照相机用快门组件	千克/套
	9006.9199	----其他照相机未列名零件	千克
	9006.9900	--照相闪光灯装置的零件、附件	千克
90.07		**电影摄影机、放映机，不论是否带有声音的录制或重放装置：**	
		-摄影机：	
	9007.1010	---电影高速摄影机	台/千克
	9007.1090	---其他电影摄影机	台/千克
		-放映机：	
	9007.2010	---数字式电影放映机	台/千克
	9007.2090	---其他电影放映机	台/千克
		-零件、附件：	
	9007.9100	--电影摄影机的零件、附件	千克
	9007.9200	--电影放映机的零件、附件	千克

品 目	商品编码	商 品 名 称	计量单位
90.08		**影像投影仪,但电影用除外;照片(电影片除外)放大机及缩片机:**	
		-投影仪、放大机及缩片机:	
	9008.5010	---幻灯机	台/千克
	9008.5020	---缩微胶卷、缩微胶片或其他缩微品的阅读机,不论是否可以进行复制	台/千克
		---其他影像投影仪:	
	9008.5031	----正射投影仪	台/千克
	9008.5039	----其他影像投影仪	台/千克
	9008.5040	---照片(电影片除外)放大机及缩片机	台/千克
		-零件、附件:	
	9008.9010	---缩微阅读机的零件、附件	千克
	9008.9020	---照片放大机及缩片机的零件、附件	千克
	9008.9090	---其他影像投影仪的零件、附件	千克
90.10		**本章其他品目未列名的照相(包括电影)洗印用装置及设备;负片显示器;银幕及其他投影屏幕:**	
		-照相(包括电影)胶卷或成卷感光纸的自动显影装置及设备或将已冲洗胶卷自动曝光到成卷感光纸上的装置及设备:	
	9010.1010	---电影胶卷的自动洗印设备	台/千克
	9010.1020	---特种照相用胶卷或成卷感光纸的自动洗印设备	台/千克
		---其他照相胶卷或成卷感光纸的自动洗印设备:	
	9010.1091	----彩色胶卷洗印设备	台/千克
	9010.1099	----未列名照相胶卷或成卷感光纸的自动洗印设备	台/千克
		-照相(包括电影)洗印用其他装置和设备;负片显示器:	
	9010.5010	---负片显示器	台/千克
		---其他:	
	9010.5021	----电影洗印用其他装置及设备	台/千克
	9010.5022	----特种照相洗印用其他装置及设备	台/千克
	9010.5029	----其他照相洗印用未列名装置和设备	台/千克
	9010.6000	-银幕及其他投影屏幕	个/千克
		-零件、附件:	
	9010.9010	---电影洗印用装置和设备的零件、附件	千克
	9010.9020	---特种照相洗印用装置和设备的零件、附件	千克
	9010.9090	---其他照相洗印用装置和设备的零件、附件	千克

品　目	商品编码	商　品　名　称	计量单位
90.11		**复式光学显微镜，包括用于显微照相、显微电影摄影及显微投影的：**	
	9011.1000	-立体显微镜	台/千克
	9011.2000	-显微照相、显微电影摄影及显微投影用的其他复式光学显微镜	台/千克
	9011.8000	-未列名复式光学显微镜	台/千克
	9011.9000	-复式光学显微镜的零件、附件	千克
90.12		**显微镜，但光学显微镜除外；衍射设备：**	
	9012.1000	-显微镜（光学显微镜除外）；衍射设备	台/千克
	9012.9000	-显微镜（光学显微镜除外）及衍射设备的零件、附件	千克
90.13		**其他处未列名的液晶装置；激光器，但激光二极管除外；本章其他品目未列名的光学仪器及器具：**	
	9013.1000	-武器用望远镜瞄准具；潜望镜式望远镜；作为本章或第十六类的机器、设备、仪器或器具部件的望远镜	个/千克
	9013.2000	-激光器，激光二极管除外	个/千克
		-其他装置、仪器及器具：	
	9013.8010	---放大镜	个/千克
	9013.8020	---光学门眼	个/千克
	9013.8030	---液晶显示板	个/千克
	9013.8090	---未列名液晶装置和其他光学仪器及器具	个/千克
		-零件、附件：	
	9013.9010	---编码 9013.1000 及 9013.2000 所列货品的零件、附件	千克
	9013.9020	---编码 9013.8030 所列货品的零件、附件	千克
	9013.9090	---编码 9013.8010、9013.8020 及 9013.8090 所列货品的零件、附件	千克
90.14		**定向罗盘；其他导航仪器及装置：**	
	9014.1000	-定向罗盘	个/千克
		-航空或航天导航仪器及装置（罗盘除外）：	
	9014.2010	---自动驾驶仪	个/千克
	9014.2090	---其他航空或航天导航仪器及装置（罗盘除外）	个/千克
	9014.8000	-其他导航仪器及装置	个/千克
		-导航仪器及装置的零件、附件：	
	9014.9010	---自动驾驶仪用零件、附件	千克
	9014.9090	---其他导航仪器及装置的零件、附件	千克

品 目	商品编码	商 品 名 称	计量单位
90.15		**大地测量(包括摄影测量)、水道测量、海洋、水文、气象或地球物理用仪器及装置,不包括罗盘;测距仪:**	
	9015.1000	-测距仪	台/千克
	9015.2000	-经纬仪及视距仪	台/千克
	9015.3000	-水平仪	台/千克
	9015.4000	-摄影测量用仪器及装置	千克
	9015.8000	-其他大地测量、水道测量、海洋、水文、气象或地球物理用仪器及装置	台/千克
	9015.9000	-品目 90.15 所列仪器及装置的零件、附件	千克
90.16		**感量为 50 毫克或更精密的天平,不论是否带有砝码:**	
	9016.0010	---感量为 0.1 毫克或更精密的天平	台/千克
	9016.0090	---感量为 0.1 毫克以上 50 毫克及以下的天平	台/千克
90.17		**绘图、画线或数学计算仪器及器具(例如,绘图机、比例缩放仪、分度规、绘图工具、计算尺及盘式计算器);本章其他品目未列名的手用测量长度的器具(例如,量尺、量带、千分尺及卡尺):**	
	9017.1000	-绘图台及绘图机	台/千克
	9017.2000	-其他绘图、画线或数学计算器具	个/千克
	9017.3000	-千分尺、卡尺及量规	个/千克
	9017.8000	-其他手用测量长度的器具	个/千克
	9017.9000	-品目 90.17 所列仪器及器具的零件、附件	千克
90.18		**医疗、外科、牙科或兽医用仪器及器具,包括闪烁扫描装置、其他电气医疗装置及视力检查仪器:**	
		-电气诊断装置(包括功能检查或生理参数检查用装置):	
	9018.1100	--心电图记录仪	台/千克
		--超声波扫描装置:	
	9018.1210	---B 型超声波诊断仪	台/千克
		---其他超声波扫描装置:	
	9018.1291	----彩色超声波诊断仪	台/千克
	9018.1299	----未列名超声波扫描装置	台/千克
		--核磁共振成像装置:	
	9018.1310	---成套的核磁共振成像装置	套/千克
	9018.1390	---核磁共振成像装置的零件	个/千克
	9018.1400	--闪烁摄影装置	台/千克
		--其他:	
	9018.1930	---病员监护仪	台/千克

品 目	商品编码	商 品 名 称	计量单位
		---听力诊断装置：	
	9018.1941	----听力计	台/千克
	9018.1949	----其他听力诊断装置	台/千克
	9018.1990	---其他电气诊断装置	台/千克
	9018.2000	-紫外线及红外线装置	台/千克
		-注射器、针、导管、插管及类似品：	
	9018.3100	--注射器,不论是否装有针头	个/千克
		--管状金属针头及缝合用针：	
	9018.3210	---管状金属针头	千克
	9018.3220	---缝合用针	千克
	9018.3900	--其他针、导管、插管及类似品	个/千克
		-牙科用其他仪器及器具：	
	9018.4100	--牙钻机,不论是否与其他牙科设备组装在同一底座上	台/千克
		--其他：	
	9018.4910	---装有牙科设备的牙科用椅	台/千克
	9018.4990	---牙科用其他仪器及器具	台/千克
	9018.5000	-眼科用其他仪器及器具	千克
		-其他仪器及器具：	
	9018.9010	---听诊器	个/千克
	9018.9020	---血压测量仪器及器具	个/千克
	9018.9030	---内窥镜	台/千克
	9018.9040	---肾脏透析设备(人工肾)	台/千克
	9018.9050	---透热疗法设备	台/千克
	9018.9060	---输血设备	台/千克
	9018.9070	---麻醉设备	台/千克
		---其他：	
	9018.9091	----宫内节育器	个/千克
	9018.9099	----其他医疗、外科或兽医用仪器及器具	台/千克
90.19		**机械疗法器具;按摩器具;心理功能测验装置;臭氧治疗器;氧气治疗器、喷雾治疗器、人工呼吸器及其他治疗用呼吸器具：**	
		-机械疗法器具;按摩器具;心理功能测验装置：	
	9019.1010	---按摩器具	台/千克
	9019.1090	---其他机械疗法器具及心理功能测验装置	台/千克

品目	商品编码	商品名称	计量单位
	9019.2000	-臭氧治疗器、氧气治疗器、喷雾治疗器、人工呼吸器或其他治疗用呼吸器具	台/千克
90.20		**其他呼吸器具及防毒面具，但不包括既无机械零件又无可互换过滤器的防护面具：**	
	9020.0000	其他呼吸器具及防毒面具，但不包括既无机械零件又无可互换过滤器的防护面具	千克
90.21		**矫形器具，包括支具、外科手术带、疝气带；夹板及其他骨折用具；人造的人体部分；助听器及为弥补生理缺陷或残疾而穿戴、携带或植入人体内的其他器具：**	
	9021.1000	-矫形或骨折用器具	千克
		-假牙及牙齿固定件：	
	9021.2100	--假牙	千克
	9021.2900	--牙齿固定件	千克
		-其他人造的人体部分：	
	9021.3100	--人造关节	千克/套
	9021.3900	--其他人造的人体部分	千克
	9021.4000	-助听器，不包括零件、附件	个/千克
	9021.5000	-心脏起搏器，不包括零件、附件	个/千克
		-其他：	
		---支架：	
	9021.9011	----血管支架	千克/个
	9021.9019	----其他支架	千克/个
	9021.9090	---其他为弥补生理缺陷或残疾而穿戴、携带或植入人体内的其他器具	千克
90.22		**X 射线或 α 射线、β 射线、γ 射线的应用设备，不论是否用于医疗、外科、牙科或兽医，包括射线照相及射线治疗设备，X 射线管及其他 X 射线发生器、高压发生器、控制板及控制台、荧光屏、检查或治疗用的桌、椅及类似品：**	
		-X 射线的应用设备，不论是否用于医疗、外科、牙科或兽医，包括射线照相或射线治疗设备：	
	9022.1200	--X 射线断层检查仪	台/千克
	9022.1300	--其他，牙科用 X 射线应用设备	台/千克
	9022.1400	--其他医疗、外科或兽医用 X 射线应用设备	台/千克
		--其他 X 射线的应用设备：	
	9022.1910	---低剂量 X 射线安全检查设备	台/千克
	9022.1920	---X 射线无损探伤检测仪	台/千克

品　目	商品编码	商　品　名　称	计量单位
	9022.1990	－－－未列名X射线的应用设备	台/千克
		－α、β、γ射线的应用设备，不论是否用于医疗、外科、牙科或兽医，包括射线照相或射线治疗设备：	
	9022.2100	－－医疗、外科、牙科或兽医用α、β、γ射线的应用设备	台/千克
		－－其他α、β、γ射线的应用设备：	
	9022.2910	－－－γ射线无损探伤检测仪	台/千克
	9022.2990	－－－其他α、β、γ射线的应用设备	台/千克
	9022.3000	－X射线管	个/千克
		－其他，包括零件、附件：	
	9022.9010	－－－X射线影像增强器	个/千克
	9022.9090	－－－其他X射线发生器、高压发生器、控制板及控制台、荧光屏、检查或治疗用的桌、椅及类似品；品目90.22所列设备的零件、附件	个/千克
90.23		**专供示范（例如，教学或展览）而无其他用途的仪器、装置及模型：**	
	9023.0010	－－－教习头	千克
	9023.0090	－－－其他专供示范（例如，教学或展览）而无其他用途的仪器、装置及模型	千克
90.24		**各种材料（例如，金属、木材、纺织材料、纸张、塑料）的硬度、强度、压缩性、弹性或其他机械性能的试验机器及器具：**	
		－金属材料的试验用机器及器具：	
	9024.1010	－－－电子万能试验机	台/千克
	9024.1020	－－－硬度计	台/千克
	9024.1090	－－－其他金属材料的试验用机器及器具	台/千克
	9024.8000	－其他材料的试验用机器及器具	台/千克
	9024.9000	－材料试验用机器及器具的零件、附件	千克
90.25		**记录式或非记录式的液体比重计及类似的浮子式仪器、温度计、高温计、气压计、湿度计、干湿球湿度计及其组合装置：**	
		－温度计及高温计，未与其他仪器组合：	
	9025.1100	－－液体温度计，可直接读数	个/千克
		－－其他：	
	9025.1910	－－－工业用温度计及高温计，未与其他仪器组合	个/千克
	9025.1990	－－－其他温度计及高温计，未与其他仪器组合	个/千克

品　目	商品编码	商　品　名　称	计量单位
	9025.8000	-其他记录式或非记录式的液体比重计及类似的浮子式仪器气压计、湿度计、干湿球湿度计及品目90.25所列货品的组合装置	个/千克
	9025.9000	-品目90.25所列货品的零件、附件	千克
90.26		**液体或气体的流量、液位、压力或其他变化量的测量或检验仪器及装置(例如,流量计、液位计、压力表、热量计),但不包括品目90.14、90.15、90.28或90.32的仪器及装置:**	
	9026.1000	-测量、检验液体流量或液位的仪器及装置	个/千克
		-测量、检验压力的仪器及装置:	
	9026.2010	---压力/差压变送器	个/千克
	9026.2090	---其他测量、检验压力的仪器及装置	个/千克
		-其他:	
	9026.8010	---测量气体流量的仪器及装置	个/千克
	9026.8090	---未列名测量或检验液体或气体变化量的仪器及装置	个/千克
	9026.9000	-测量或检验液体或气体变化量的仪器及装置的零件、附件	千克
90.27		**理化分析仪器及装置(例如,偏振仪、折光仪、分光仪、气体或烟雾分析仪);测量或检验黏性、多孔性、膨胀性、表面张力及类似性能的仪器及装置;测量或检验热量、声量或光量的仪器及装置(包括曝光表);检镜切片机:**	
	9027.1000	-气体或烟雾分析仪	台/千克
		-色谱仪及电泳仪:	
		---色谱仪:	
	9027.2011	----气相色谱仪	台/千克
	9027.2012	----液相色谱仪	台/千克
	9027.2019	----其他色谱仪	台/千克
	9027.2020	---电泳仪	台/千克
	9027.3000	-使用光学射线(紫外线、可见光、红外线)的分光仪、分光光度计及摄谱仪	台/千克
	9027.5000	-使用光学射线(紫外线、可见光、红外线)的其他仪器及装置	台/千克
		-品目90.27所列的其他仪器及装置:	
		---质谱仪:	
	9027.8011	----集成电路生产用氦质谱检漏台	台/千克
	9027.8012	----质谱联用仪	台/千克
	9027.8019	----其他质谱仪	台/千克

品　目	商品编码	商　品　名　称	计量单位
		---其他仪器及装置：	
	9027.8091	----曝光表	个/千克
	9027.8099	----品目 90.27 所列的其他仪器及装置，检镜切片机除外	台/千克
	9027.9000	-检镜切片机；品目 90.27 所列仪器及装置的零件及附件	千克
90.28		**生产或供应气体、液体及电力用的计量仪表，包括它们的校准仪表：**	
		-气量计：	
	9028.1010	---煤气表	个/千克
	9028.1090	---其他气量计	个/千克
		-液量计：	
	9028.2010	---水表	个/千克
	9028.2090	---其他液量计	个/千克
		-电量计：	
		---电度表：	
	9028.3011	----单相感应式电度表	个/千克
	9028.3012	----三相感应式电度表	个/千克
	9028.3013	----单相电子式（静止式）电度表	个/千克
	9028.3014	----三相电子式（静止式）电度表	个/千克
	9028.3019	----其他电度表	个/千克
	9028.3090	---其他电量计	个/千克
		-零件、附件：	
	9028.9010	---工业用生产或供应气体、液体及电力计量仪表的零件及附件	千克
	9028.9090	---其他生产或供应气体、液体及电力计量仪表的零件及附件	千克
90.29		**转数计、产量计数器、车费计、里程计、步数计及类似仪表；速度计及转速表，品目 90.14 及 90.15 的仪表除外；频闪观测仪：**	
		-转数计、产量计数器，车费计、里程计、步数计及类似仪表：	
	9029.1010	---转数计	个/千克
	9029.1020	---车费计、里程计	个/千克
	9029.1090	---产量计数器、步数计及类似仪表	个/千克
		-速度计及转速表，频闪观测仪：	
	9029.2010	---车辆用速度计	个/千克
	9029.2090	---其他速度计及转速表，频闪观测仪	个/千克

品目	商品编码	商品名称	计量单位
	9029.9000	-品目90.29所列仪表的零件及附件	千克
90.30		**示波器、频谱分析仪及其他用于电量测量或检验的仪器和装置,但不包括品目90.28的各种仪表;α射线、β射线、γ射线、X射线、宇宙射线或其他离子射线的测量或检验仪器及装置:**	
	9030.1000	-离子射线的测量或检验仪器及装置	台/千克
		-示波器:	
	9030.2010	---测试频率在300兆赫兹以下的通用示波器	台/千克
	9030.2090	---其他示波器	台/千克
		-检测电压、电流、电阻或功率的其他仪器及装置:	
		--万用表,不带记录装置:	
	9030.3110	---量程在五位半及以下的数字万用表,不带记录装置	台/千克
	9030.3190	---其他万用表,不带记录装置	台/千克
	9030.3200	--万用表,带记录装置	台/千克
		--其他检测电压、电流、电阻或功率的仪器及装置,不带记录装置:	
	9030.3310	---量程在五位半及以下的数字电流表、电压表,不带记录装置	台/千克
	9030.3320	---电阻测试仪,不带记录装置	台/千克
	9030.3390	---其他检测电压、电流或功率的仪器及装置,不带记录装置	台/千克
	9030.3900	--其他检测电压、电流、电阻或功率的仪器及装置,带记录装置	台/千克
		-通信专用的其他仪器及装置(例如,串音测试器、增益测量仪、失真度表、噪声计):	
	9030.4010	---测试频率在12.4千兆赫兹以下的数字式频率计	台/千克
	9030.4090	---其他通信专用的仪器及装置	台/千克
		-其他仪器及设备:	
	9030.8200	--测试或检验半导体晶片或元器件用仪器及装置	台/千克
		--其他装有记录装置的用于电量测量或检验的仪器及装置:	
	9030.8410	---装有记录装置的电感及电容测试仪	台/千克
	9030.8490	---其他装有记录装置用于电量测量或检验的仪器和装置	台/千克
		--其他:	
	9030.8910	---未装有记录装置的电感及电容测试仪	台/千克

品 目	商品编码	商 品 名 称	计量单位
	9030.8990	---未列名用于电量测量或检验的仪器和装置	台/千克
	9030.9000	-品目90.30所列仪器和装置的零件及附件	千克
90.31		**本章其他品目未列名的测量或检验仪器、器具及机器；轮廓投影仪：**	
	9031.1000	-机械零件平衡试验机	台/千克
	9031.2000	-试验台	台/千克
		-其他测量或检验用光学仪器及器具：	
	9031.4100	--制造半导体器件时检验半导体晶片、元器件或检测光掩模及光栅用的光学仪器及器具	台/千克
		--其他测量或检验用光学仪器及器具：	
	9031.4910	---轮廓投影仪	台/千克
	9031.4920	---光栅测量装置	台/千克
	9031.4990	---其他测量或检验用光学仪器及器具	台/千克
		-其他测量或检验仪器、器具及机器：	
	9031.8010	---光纤通讯及光纤性能测试仪	台/千克
	9031.8020	---坐标测量仪	台/千克
		---无损探伤检测仪器（射线探伤仪除外）：	
	9031.8031	----超声波探伤检测仪	台/千克
	9031.8032	----磁粉探伤检测仪	台/千克
	9031.8033	----涡流探伤检测仪	台/千克
	9031.8039	----其他无损探伤检测仪器（射线探伤仪除外）	台/千克
	9031.8090	---未列名测量或检验仪器、器具及机器	台/千克
	9031.9000	-品目90.31所列仪器、器具及机器的零件及附件	千克
90.32		**自动调节或控制仪器及装置：**	
	9032.1000	-恒温器	台/千克
	9032.2000	-恒压器	台/千克
		-其他仪器及装置：	
	9032.8100	--液压或气压自动调节或控制仪器及装置	台/千克
		--其他自动调节或控制仪器及装置：	
		---列车自动控制系统（ATC）车载设备：	
	9032.8911	----列车自动防护系统（ATP）车载设备	台/千克
	9032.8912	----列车自动运行系统（ATO）车载设备	台/千克
	9032.8919	----其他列车自动控制系统（ATC）车载设备	台/千克
	9032.8990	---其他自动调节或控制仪器及装置	台/千克
	9032.9000	-自动调节或控制仪器及装置的零件及附件	千克

品　目	商品编码	商　品　名　称	计量单位
90.33		**第九十章所列机器、器具、仪器或装置用的本章其他品目未列名的零件、附件：**	
	9033.0000	第九十章所列机器、器具、仪器或装置用的本章其他品目未列名的零件、附件	千克

第九十一章　钟表及其零件

注释:

1. 本章不包括:
   (1)钟表玻璃及钟锤(按其构成材料归类);
   (2)表链(根据不同情况,归入品目71.13或71.17);
   (3)第十五类注释2所规定的贱金属制通用零件(第十五类)、塑料制的类似品(第三十九章)及贵金属或包贵金属制的类似品(一般归入品目71.15);但钟、表发条则应作为钟、表的零件归类(品目91.14);
   (4)轴承滚珠(根据不同情况,归入品目73.26或84.82);
   (5)品目84.12的物品,不需擒纵器可以工作的;
   (6)滚珠轴承(品目84.82);
   (7)第八十五章的物品,本身未组装在或未与其他零件组装在钟、表机芯内,也未组装成专用于或主要用于钟、表机芯零件的。
2. 品目91.01仅包括表壳完全以贵金属或包贵金属制的表,以及用贵金属或包贵金属与品目71.01至71.04的天然、养殖珍珠或宝石、半宝石(天然、合成或再造)合制的表。用贱金属上镶嵌贵金属制成表壳的表应归入品目91.02。
3. 本章所称"表芯",是指由摆轮及游丝、石英晶体或其他能确定时间间隔的装置来进行调节的机构,并带有显示器或可装机械指示器的系统。表芯的厚度不超过12毫米,长、宽或直径不超过50毫米。
4. 除注释1另有规定的以外,钟、表的机芯及其他零件,既适用于钟或表,又适用于其他物品(例如,精密仪器)的,均应归入本章。

品　目	商品编码	商　品　名　称	计量单位
91.01		**手表、怀表及其他表,包括秒表,表壳用贵金属或包贵金属制成的:**	
		-电动手表,不论是否附有秒表装置:	
	9101.1100	--仅有机械指示器的电动手表,不论是否附有秒表装置,表壳用贵金属或包贵金属制成	只/千克
		--其他电动手表,不论是否附有秒表装置:	
	9101.1910	---仅有光电显示器的电动手表,不论是否附有秒表装置,表壳用贵金属或包贵金属制成	只/千克
	9101.1990	---其他电动手表,不论是否附有秒表装置,表壳用贵金属或包贵金属制成	只/千克
		-其他手表,不论是否附有秒表装置:	

品目	商品编码	商品名称	计量单位
	9101.2100	--自动上弦的手表,表壳用贵金属或包贵金属制成	只/千克
	9101.2900	--其他手表,表壳用贵金属或包贵金属制成	只/千克
		-其他:	
	9101.9100	--电动的怀表及其他表,包括秒表,表壳用贵金属或包贵金属制成	只/千克
	9101.9900	--未列名怀表及其他表,包括秒表,表壳用贵金属或包贵金属制成	只/千克
91.02		**手表、怀表及其他表,包括秒表,但品目91.01的货品除外:**	
		-电动手表,不论是否附有秒表装置:	
	9102.1100	--仅有机械显示器的电动手表,不论是否附有秒表装置	只/千克
	9102.1200	--仅有光电显示器的电动手表,不论是否附有秒表装置	只/千克
	9102.1900	--其他电动手表,不论是否附有秒表装置	只/千克
		-其他手表,不论是否附有秒表装置:	
	9102.2100	--其他自动上弦的手表	只/千克
	9102.2900	--未列名手表	只/千克
		-其他:	
	9102.9100	--电动的怀表及表,包括秒表	只/千克
	9102.9900	--其他怀表及表,包括秒表	只/千克
91.03		**以表芯组装成的钟,但不包括品目91.04的钟:**	
	9103.1000	-电动的以表芯组装成的钟	只/千克
	9103.9000	-其他以表芯组装成的钟	只/千克
91.04		**仪表板钟及车辆、航空器、航天器或船舶用的类似钟:**	
	9104.0000	仪表板钟及车辆、航空器、航天器或船舶用的类似钟	只/千克
91.05		**其他钟:**	
		-闹钟:	
	9105.1100	--电动的闹钟	只/千克
	9105.1900	--其他闹钟	只/千克
		-挂钟:	
	9105.2100	--电动的挂钟	只/千克
	9105.2900	--其他挂钟	只/千克
		-其他:	
		--电动的其他钟:	
	9105.9110	---电动的天文钟	只/千克
	9105.9190	---电动的其他钟	只/千克
	9105.9900	--未列名其他钟	只/千克

品　目	商品编码	商　品　名　称	计量单位
91.06		**时间记录器以及测量、记录或指示时间间隔的装置，装有钟、表机芯或同步电动机的（例如，考勤钟、时刻记录器）：**	
	9106.1000	-考勤钟、时刻记录器	只/千克
	9106.9000	-其他装有钟、表机芯或同步电动机的时间记录器以及测量、记录时间间隔的装置	只/千克
91.07		**装有钟、表机芯或同步电动机的定时开关：**	
	9107.0000	装有钟、表机芯或同步电动机的定时开关	个/千克
91.08		**已组装的完整表芯：**	
		-电动的：	
	9108.1100	--已组装的完整电动表芯，仅有机械指示器或可装机械指示器装置	只/千克
	9108.1200	--已组装的完整电动表芯，仅有光电显示器	只/千克
	9108.1900	--其他已组装的完整电动表芯	只/千克
	9108.2000	-已组装的自动上弦的完整表芯	只/千克
		-其他已组装的完整表芯：	
	9108.9010	---已组装的完整表芯，表面尺寸在33.8毫米及以下	只/千克
	9108.9090	---未列名已组装的完整表芯	只/千克
91.09		**已组装的完整钟芯：**	
	9109.1000	-已组装的完整的电动钟芯	只/千克
	9109.9000	-其他已组装的完整钟芯	只/千克
91.10		**未组装或部分组装的完整钟、表机芯（机芯套装件）；已组装的不完整钟、表机芯；未组装的不完整钟、表机芯：**	
		-表的：	
	9110.1100	--未组装或部分组装的完整表芯	只/千克
	9110.1200	--已组装的不完整表芯	千克
	9110.1900	--未组装的不完整表芯	千克
		-其他：	
	9110.9010	---未组装或部分组装的完整钟芯	千克/只
	9110.9090	---已组装的或未组装的不完整钟芯	千克
91.11		**表壳及其零件：**	
	9111.1000	-贵金属或包贵金属表壳	只/千克
	9111.2000	-贱金属表壳，不论是否镀金或镀银	只/千克
	9111.8000	-其他表壳	只/千克
	9111.9000	-表壳零件	千克
91.12		**钟壳和本章所列其他货品的类似外壳及其零件：**	
	9112.2000	-钟壳及本章所列其他货品的类似外壳	只/千克

品　目	商品编码	商　品　名　称	计量单位
	9112.9000	-钟壳和本章所列其他货品类似外壳的零件	千克
91.13		**表带及其零件:**	
	9113.1000	-贵金属或包贵金属制表带及其零件	千克
	9113.2000	-贱金属表带及其零件,不论是否镀金或镀银	千克
	9113.9000	-其他材料表带及其零件	千克
91.14		**钟、表的其他零件:**	
	9114.1000	-钟表发条,包括游丝	千克
	9114.3000	-钟面或表面	千克
	9114.4000	-钟表夹板及横担(过桥)	千克
		-其他:	
	9114.9010	---钟表宝石轴承	千克
	9114.9090	---其他钟表零件	千克

第九十二章　乐器及其零件、附件

注释：

1. 本章不包括：

(1)第十五类注释 2 所规定的贱金属制通用零件(第十五类)或塑料制的类似品(第三十九章)；

(2)第八十五章或第九十章的传声器、扩大器、扬声器、耳机、开关、频闪观测仪及其他附属仪器、器具或设备，虽用于本章物品但未与该物品组成一体或安装在同一机壳内；

(3)玩具乐器或器具(品目 95.03)；

(4)清洁乐器用的刷子(品目 96.03)，或独脚架、双脚架、三脚架及类似品(品目 96.20)；

(5)收藏品或古物(品目 97.05 或 97.06)。

2. 用于演奏品目 92.02、92.06 所列乐器的弓、槌及类似品，如果与该乐器一同进口或出口，数量合理，用途明确，应归入有关乐器的相应品目。

品目 92.09 的卡片、盘或卷，即使与乐器一同进口或出口，也不视为该乐器的组成部分，而应作为单独进口或出口的物品对待。

品　目	商品编码	商　品　名　称	计量单位
92.01		**钢琴，包括自动钢琴；拨弦古钢琴及其他键盘弦乐器：**	
	9201.1000	-竖式钢琴，包括自动钢琴	台/千克
	9201.2000	-大钢琴，包括自动钢琴	台/千克
	9201.9000	-拨弦古钢琴及其他键盘弦乐器	台/千克
92.02		**其他弦乐器(例如，吉他、小提琴、竖琴)：**	
	9202.1000	-弓弦乐器	只/千克
	9202.9000	-其他弦乐器	只/千克
92.05		**管乐器(例如，键盘管风琴、手风琴、单簧管、小号、风笛)，但游艺场风琴及手摇风琴除外：**	
	9205.1000	-铜管乐器	只/千克
		-其他管乐器：	
	9205.9010	---键盘管风琴；簧风琴及类似的游离金属簧片键盘乐器	只/千克
	9205.9020	---手风琴及类似乐器	只/千克
	9205.9030	---口琴	只/千克
	9205.9090	---其他管乐器，但游艺场风琴及手摇风琴除外	只/千克

品　目	商品编码	商　品　名　称	计量单位
92.06		**打击乐器(例如,鼓、木琴、铙、钹、响板、响葫芦):**	
	9206.0000	打击乐器	只/千克
92.07		**通过电产生或扩大声音的乐器(例如,电风琴、电吉他、电手风琴):**	
	9207.1000	-通过电产生或扩大声音的键盘乐器,手风琴除外	只/千克
	9207.9000	-其他通过电产生或扩大声音的乐器	个/千克
92.08		**百音盒、游艺场风琴、手摇风琴、机械鸣禽、乐锯及本章其他品目未列名的其他乐器;各种媒诱音响器、哨子、号角、口吹音响信号器:**	
	9208.1000	-百音盒	个/千克
	9208.9000	-游艺场风琴、手摇风琴、机械鸣禽、乐锯及本章其他品目未列名的其他乐器;各种媒诱音响器、哨子、号角、口吹音响信号器	个/千克
92.09		**乐器的零件(例如,百音盒的机械装置)、附件(例如,机械乐器用的卡片、盘及带卷);节拍器、音叉及各种定音管:**	
	9209.3000	-乐器用弦	千克
		-其他:	
	9209.9100	--钢琴的零件、附件	千克
	9209.9200	--品目92.02所列乐器的零件、附件	千克
	9209.9400	--品目92.07所列乐器的零件、附件	千克
		--其他乐器的零件、附件:	
	9209.9910	---节拍器、音叉及定音管	千克
	9209.9920	---百音盒的机械装置	千克
	9209.9990	---未列名的乐器零件、附件	千克

第十九类　武器、弹药及其零件、附件

第九十三章　武器、弹药及其零件、附件

注释：

1. 本章不包括：
   (1) 第三十六章的货品（例如，火帽、雷管、信号弹）；
   (2) 第十五类注释2所规定的贱金属制通用零件（第十五类）或塑料制的类似品（第三十九章）；
   (3) 装甲战斗车辆（品目87.10）；
   (4) 武器用的望远镜瞄准具及其他光学装置（第九十章），但安装在武器上或与武器一同进口或出口以备安装在该武器上的除外；
   (5) 弓、箭、钝头击剑或玩具（第九十五章）；
   (6) 收藏品及古物（品目97.05或97.06）。
2. 品目93.06所称"零件"，不包括品目85.26的无线电设备及雷达设备。

品目	商品编码	商品名称	计量单位
93.01		**军用武器，但左轮手枪、其他手枪及品目93.07的兵器除外：**	
		-火炮武器（例如，榴弹炮及迫击炮）：	
	9301.1010	---自推进的火炮武器（例如，榴弹炮及迫击炮）	座/千克
	9301.1090	---其他火炮武器（例如，榴弹炮及迫击炮）	座/千克
	9301.2000	-火箭发射装置；火焰喷射器；手榴弹发射器；鱼雷发射管及类似发射装置	个/千克
	9301.9000	-其他军用武器，但左轮手枪、其他手枪及品目93.07的兵器除外	支/千克
93.02		**左轮手枪及其他手枪，但品目93.03或93.04的货品除外：**	
	9302.0000	左轮手枪及其他手枪，但品目93.03或93.04的货品除外	支/千克
93.03		**靠爆炸药发射的其他火器及类似装置（例如，运动用猎枪及步枪、前装枪、维利式信号枪及其他专为发射信号弹的装置、发射空包弹的左轮手枪和其他手枪、弩枪式无痛捕杀器、抛缆枪）：**	
	9303.1000	-前装枪	支/千克

品　目	商品编码	商　品　名　称	计量单位
	9303.2000	-其他运动、狩猎或打靶用猎枪,包括组合式滑膛/来复枪	支/千克
	9303.3000	-其他运动、狩猎或打靶用步枪	支/千克
	9303.9000	-其他靠爆炸药发射的火器及类似装置	支/千克
93.04		**其他武器(例如,弹簧枪、气枪、气手枪、警棍),但不包括品目 93.07 的货品:**	
	9304.0000	其他武器(例如,弹簧枪、气枪、气手枪、警棍),但不包括品目 93.07 的货品	支/千克
93.05		**品目 93.01 至 93.04 所列物品的零件、附件:**	
	9305.1000	-左轮手枪或其他手枪用的零件、附件	千克
	9305.2000	-品目 93.03 的猎枪或步枪用零件、附件	千克
		-其他:	
	9305.9100	--品目 93.01 的军用武器用零件、附件	千克
	9305.9900	--其他品目 93.01 至 93.04 所列物品的零件、附件	千克
93.06		**炸弹、手榴弹、鱼雷、地雷、水雷、导弹及类似武器及其零件;子弹、其他弹药和射弹及其零件,包括弹丸及弹垫:**	
		-猎枪子弹及其零件;气枪弹丸:	
	9306.2100	--猎枪子弹	千克
	9306.2900	--猎枪子弹零件,气枪弹丸	千克
		-其他:	
	9306.3080	---铆接机或类似工具用子弹及其零件(包括弩枪式无痛捕杀器用)	千克
	9306.3090	---其他子弹及其零件	千克
	9306.9000	-其他弹药和射弹及其零件;炸弹、手榴弹、鱼雷、地雷、水雷、导弹及类似武器及其零件	千克
93.07		**剑、短弯刀、刺刀、长矛和类似的武器及其零件;刀鞘、剑鞘:**	
	9307.0010	---军用的剑、短弯刀、刺刀、长矛和类似的武器及其零件;军用的刀鞘、剑鞘	千克/件
	9307.0090	---其他剑、短弯刀、刺刀、长矛和类似的武器及其零件;其他刀鞘、剑鞘	千克/件

第二十类　杂项制品

第九十四章　家具；寝具、褥垫、弹簧床垫、软坐垫及类似的填充制品；未列名灯具及照明装置；发光标志、发光铭牌及类似品；活动房屋

注释：

1. 本章不包括：

(1)第三十九章、第四十章或第六十三章充气或充水的褥垫、枕头及坐垫；

(2)落地镜[例如，品目 70.09 的试衣镜(旋转镜)]；

(3)第七十一章的物品；

(4)第十五类注释 2 所规定的贱金属制通用零件(第十五类)、塑料制的类似品(第三十九章)或品目 83.03 的保险箱；

(5)冷藏或冷冻设备专用的特制家具(品目 84.18)；缝纫机专用的特制家具(品目 84.52)；

(6)第八十五章的灯具及照明装置；

(7)品目 85.18、85.19、85.21 或品目 85.25 至 85.28 所列装置专用的特制家具(应分别归入品目 85.18、85.22 或 85.29)；

(8)品目 87.14 的物品；

(9)装有品目 90.18 所列牙科用器具或漱口盂的牙科用椅(品目 90.18)；

(10)第九十一章的物品(例如，钟及钟壳)；

(11)玩具家具、玩具灯或玩具照明装置(品目 95.03)、台球桌或其他供游戏用的特制家具(品目 95.04)、魔术用的特制家具或中国灯笼及类似的装饰品(电气彩灯串除外)(品目 95.05)；

(12)独脚架、双脚架、三脚架及类似品(品目 96.20)。

2. 品目 94.01 至 94.03 的物品(零件除外)，只适用于落地式的物品。

对下列物品，即使是悬挂的、固定在墙壁上的或叠摞的，仍归入上述各品目：

(1)碗橱、书柜、其他架式家具(包括与将其固定于墙上的支撑物一同报验的单层搁架)及组合家具；

(2)坐具及床。

3. (1)品目 94.01 至 94.03 所列货品的零件，不包括玻璃(包括镜子)、大理石或其他石料以及第六十八章、第六十九章所列任何其他材料的片、块(不论是否切割成形，但未与其他零件组装)；

(2)品目 94.04 的货品,如果单独进口或出口,不能作为品目 94.01、94.02 或 94.03 所列货品的零件归类。

4. 品目 94.06 所称"活动房屋",是指在工厂制成成品或制成部件并一同进口或出口,供以后在有关地点上组装的房屋,例如,工地用房、办公室、学校、店铺、工作棚、车房或类似的建筑物。

品　目	商品编码	商　品　名　称	计量单位
94.01		**坐具(包括能作床用的两用椅,但品目 94.02 的货品除外)及其零件:**	
	9401.1000	-飞机用坐具	个/千克
		-机动车辆用坐具:	
	9401.2010	---皮革或再生皮革制面的机动车辆用坐具	个/千克
	9401.2090	---机动车辆用其他坐具	个/千克
	9401.3000	-可调高度的转动坐具	个/千克
		-能作床用的两用椅,但庭园坐具或野营设备除外:	
	9401.4010	---皮革或再生皮革制面的能作床用的两用椅,但庭院坐具或野营设备除外	个/千克
	9401.4090	---其他能作床用的两用椅,但庭院坐具或野营设备除外	个/千克
		-藤、柳条、竹及类似材料制的坐具:	
	9401.5200	--竹制的坐具	个/千克
	9401.5300	--藤制的坐具	个/千克
	9401.5900	--柳条坐具;其他类似材料制的坐具	个/千克
		-木框架的其他坐具:	
		--带软垫的:	
	9401.6110	---皮革或再生皮革制面的带软垫的木框架坐具	个/千克
	9401.6190	---其他带软垫的木框架坐具	个/千克
	9401.6900	--其他木框架坐具	个/千克
		-金属框架的其他坐具:	
		--带软垫的:	
	9401.7110	---皮革或再生皮革制面的带软垫的金属框架坐具	个/千克
	9401.7190	---其他带软垫的金属框架坐具	个/千克
	9401.7900	--其他金属框架坐具	个/千克
		-其他坐具:	
	9401.8010	---石制的其他坐具	个/千克
	9401.8090	---未列名坐具	个/千克

品　目	商品编码	商　品　名　称	计量单位
		-坐具零件：	
		---机动车辆用：	
	9401.9011	----坐椅调角器	套/千克
	9401.9019	----其他机动车辆用坐具零件	千克
	9401.9090	---其他坐具零件	千克
94.02		**医疗、外科、牙科或兽医用家具（例如，手术台、检查台、带机械装置的病床、牙科用椅）；有旋转、倾斜、升降装置的理发用椅及类似椅；上述物品的零件：**	
		-牙科用椅，理发用椅及类似椅及其零件：	
	9402.1010	---理发用椅及其零件	个/千克
	9402.1090	---牙科用椅及其零件；理发用椅的类似椅及其零件	个/千克
	9402.9000	-其他医用家具及其零件	件/千克
94.03		**其他家具及其零件：**	
	9403.1000	-办公室用金属家具	件/千克
	9403.2000	-其他金属家具	件/千克
	9403.3000	-办公室用木家具	件/千克
	9403.4000	-厨房用木家具	件/千克
		-卧室用木家具：	
	9403.5010	---卧室用红木家具	件/千克
		---其他：	
	9403.5091	----卧室用天然漆（大漆）漆木家具	件/千克
	9403.5099	----其他卧室用木家具	件/千克
		-其他木家具：	
	9403.6010	---其他红木家具	件/千克
		---其他木家具：	
	9403.6091	----其他天然漆（大漆）漆木家具	件/千克
	9403.6099	----未列名木家具	件/千克
	9403.7000	-塑料家具	件/千克
		-其他材料制的家具，包括藤、柳条、竹或类似材料制的：	
	9403.8200	--竹制家具	件/千克
	9403.8300	--藤制家具	件/千克
		--其他材料制：	
	9403.8910	---柳条及类似材料制家具	件/千克
	9403.8920	---石制家具	件/千克
	9403.8990	---其他材料制家具	件/千克
	9403.9000	-家具的零件	千克

品目	商品编码	商品名称	计量单位
94.04		**弹簧床垫;寝具及类似用品,装有弹簧、内部用任何材料填充、衬垫或用海绵橡胶、泡沫塑料制成,不论是否包面(例如,褥垫、棉被、羽绒被、靠垫、坐垫及枕头):**	
	9404.1000	-弹簧床垫	个/千克
		-褥垫:	
	9404.2100	--海绵橡胶或泡沫塑料制褥垫,不论是否包面	个/千克
	9404.2900	--其他材料制褥垫	个/千克
		-睡袋:	
	9404.3010	---羽毛或羽绒填充的睡袋	个/千克
	9404.3090	---其他睡袋	个/千克
		-其他:	
	9404.9010	---羽绒或羽毛填充的其他寝具及类似用品	千克
	9404.9020	---兽毛填充的其他寝具及类似用品	千克
	9404.9030	---丝绵填充的其他寝具及类似用品	千克
	9404.9040	---化纤棉填充的其他寝具及类似用品	千克
	9404.9090	---其他寝具及类似用品	千克
94.05		**其他处未列名的灯具及照明装置,包括探照灯、聚光灯及其零件;装有固定光源的发光标志、发光铭牌及类似品,以及其他处未列名的这些货品的零件:**	
	9405.1000	-枝形吊灯及天花板或墙壁上的其他电气照明装置,但不包括公共露天场所或街道上的电气照明装置	个/千克
	9405.2000	-电气的台灯、床头灯或落地灯	台/千克
	9405.3000	-圣诞树用的成套灯具	套/千克
		-其他电灯及照明装置:	
	9405.4010	---探照灯	台/千克
	9405.4020	---聚光灯	台/千克
	9405.4090	---其他电灯及照明装置	千克
	9405.5000	-非电气的灯具及照明装置	千克
	9405.6000	-发光标志、发光铭牌及类似品	千克
		-零件:	
	9405.9100	--品目 94.05 所列货品的玻璃制零件	千克
	9405.9200	--品目 94.05 所列货品的塑料制零件	千克
	9405.9900	--品目 94.05 所列货品的其他材料制零件	千克
94.06		**活动房屋:**	
	9406.1000	-木制活动房屋	千克
	9406.9000	-其他材料制活动房屋	千克

第九十五章　玩具、游戏品、运动用品及其零件、附件

注释：

1. 本章不包括：

(1)蜡烛(品目34.06)；

(2)品目36.04的烟花、爆竹或其他烟火制品；

(3)已切成一定长度但未制成钓鱼线的纱线、单丝、绳、肠线及类似品(第三十九章、品目42.06或第十一类)；

(4)品目42.02、43.03或43.04的运动用袋或其他容器；

(5)第六十一章或第六十二章的纺织品制的化妆舞会服装；第六十一章或第六十二章的纺织品制的运动服装或特殊衣着(例如，击剑服或足球守门员球衣)，无论是否附带保护配件，例如，肘部、膝部或腹股沟部位的保护垫或填充物；

(6)第六十三章的纺织品制的旗帜及小船或滑行车用帆；

(7)第六十四章的运动鞋靴(装有冰刀或滑轮的溜冰鞋除外)或第六十五章的运动用帽；

(8)手杖、鞭子、马鞭或类似品(品目66.02)及其零件(品目66.03)；

(9)品目70.18的未装配的玩偶或其他玩具用的玻璃假眼；

(10)第十五类注释2所规定的贱金属制通用零件(第十五类)或塑料制的类似货品(第三十九章)；

(11)品目83.06的铃、钟、锣及类似品；

(12)液体泵(品目84.13)、液体或气体的过滤、净化机器及装置(品目84.21)、电动机(品目85.01)、变压器(品目85.04)；录制声音或其他信息用的圆盘、磁带、固态非易失性数据存储器件、"智能卡"及其他媒体。不论是否已录制(品目85.23)；无线电遥控设备(品目85.26)或无绳红外线遥控器件(品目85.43)；

(13)第十七类的运动用车辆(长雪橇、平底雪橇及类似品除外)；

(14)儿童两轮车(品目87.12)；

(15)运动用船艇，例如，轻舟、赛艇(第八十九章)及其桨、橹和类似品(木制的归入第四十四章)；

(16)运动及户外游戏用的眼镜、护目镜及类似品(品目90.04)；

(17)媒诱音响器及哨子(品目92.08)；

(18)第九十三章的武器及其他物品；

(19)各种电气彩灯串(品目94.05)；

(20)独脚架、双脚架、三脚架及类似品(品目96.20)；

(21)球拍线、帐篷或类似的野营用品、分指手套、连指手套及露指手套(按其构成材料归类)；

(22)餐具、厨房用具、盥洗用品、地毯及纺织材料制的其他铺地制品、服装、床上及餐桌

用织物制品、盥洗及厨房用织物制品及具有实用功能的类似货品(按其构成材料归类)。

2. 本章包括珍珠、养珠、宝石或半宝石(天然、合成或再造)、贵金属或包贵金属只作为小零件的物品。
3. 除上述注释1另有规定的以外,凡专用于或主要用于本章各编码所列物品的零件、附件,应与有关物品一并归类。
4. 除上述注释1另有规定的以外,品目95.03特别适用于该品目物品和一项或多项其他物品组合而成的货品,但上述组合的货品不能视为归类总规则3(2)所指的成套货品,且在单独报验时应归入其他品目,只要该货品零售包装在一起,且组合后具备了玩具的基本特征,仍归入本品目。
5. 品目95.03不包括因其设计、形状或构成材料可确认为专供动物使用的物品,例如,"宠物玩具"(归入其相应的品目)。

子目注释:

1. 子目9504.50包括:

(1)在电视机、监视器或其他外部屏幕或表面上重放图像的视频游戏控制器;或

(2)自带显示屏的视频游戏设备,不论是否便携式。

本子目不包括用硬币、钞票、银行卡、代币或任何其他支付使其工作的视频游戏控制器或设备(子目9504.30)。

品目	商品编码	商品名称	计量单位
95.03		**三轮车、踏板车、踏板汽车及类似的带轮玩具;玩偶车;玩偶;其他玩具;缩小(按比例缩小)的模型及类似的娱乐用模型,不论是否活动;各种智力玩具:**	
	9503.0010	---三轮车、踏板车、踏板汽车和类似的带轮玩具;玩偶车	辆/千克
		---玩偶,不论是否着装;玩具动物:	
	9503.0021	----玩具动物	个/千克
	9503.0029	----玩偶,不论是否着装	个/千克
	9503.0060	---智力玩具	套/千克
		---其他:	
	9503.0083	----带动力装置的其他玩具及模型	套/千克
	9503.0089	----未列名玩具及模型	个/千克
	9503.0090	---品目95.03所列货品的零件、附件	千克

品 目	商品编码	商 品 名 称	计量单位
95.04		**视频游戏控制器及设备、游艺场所、桌上或室内游戏用品,包括弹球机、台球、娱乐专用桌及保龄球自动球道设备:**	
	9504.2000	-各种台球用品及附件	千克
		-用硬币、钞票、银行卡、代币或任何其他支付方式使其工作的其他游戏用品,但保龄球自动球道设备除外:	
	9504.3010	---用硬币、钞票、银行卡、代币或任何其他支付方式使其工作的电子游戏机	台/千克
	9504.3090	---其他用硬币、钞票、银行卡、代币或任何其他支付方式使其工作的游戏用品,但保龄球自动球道设备除外	台/千克
	9504.4000	-扑克牌	副/千克
		-视频游戏控制器及设备,但子目9504.30的货品除外:	
		---与电视接收机配套使用的视频游戏控制器及设备,但子目9504.30的货品除外:	
	9504.5011	----与电视接收机配套使用的视频游戏控制器及设备的零件及附件	个/千克
	9504.5019	----与电视接收机配套使用的视频游戏控制器及设备	台/千克
		---其他视频游戏控制器及设备,但子目9504.30的货品除外:	
	9504.5091	----其他视频游戏控制器及设备的零件及附件	个/千克
	9504.5099	----其他视频游戏控制器及设备	台/千克
		-其他:	
	9504.9010	---其他电子游戏机	台/千克
		---保龄球自动球道设备及器具:	
	9504.9021	----保龄球自动分瓶机	台/千克
	9504.9022	----保龄球	个/千克
	9504.9023	----保龄球瓶	个/千克
	9504.9029	----其他保龄球自动球道设备及器具	台/千克
	9504.9030	---中国象棋、国际象棋、跳棋等棋类用品	副/千克
	9504.9040	---麻将及类似桌上游戏用品	副/千克
	9504.9090	---其他游艺场所、桌上或室内游戏用品	台/千克
95.05		**节日(包括狂欢节)用品或其他娱乐用品,包括魔术道具及嬉戏品:**	
	9505.1000	-圣诞节用品	千克
	9505.9000	-其他节日用品或娱乐用品,包括魔术道具及嬉戏品	千克

品目	商品编码	商品名称	计量单位
95.06		**一般的体育活动、体操、竞技及其他运动(包括乒乓球运动)或户外游戏用本章其他品目未列名的用品及设备;游泳池或戏水池:**	
		-滑雪屐及其他滑雪器械:	
	9506.1100	--滑雪屐	双/千克
	9506.1200	--滑雪屐扣件(滑雪屐带)	千克
	9506.1900	--其他滑雪器械	千克
		-滑水板、冲浪板、帆板及其他水上运动器械:	
	9506.2100	--帆板	个/千克
	9506.2900	--滑水板、冲浪板及其他水上运动器械	个/千克
		-高尔夫球棍及其他高尔夫球器械:	
	9506.3100	--完整的高尔夫球棍	根/千克
	9506.3200	--高尔夫球	个/千克
	9506.3900	--其他高尔夫球器械	千克
		-乒乓球用品及器械:	
	9506.4010	---乒乓球	百个/千克
	9506.4090	---其他乒乓球用品及器械	千克
		-网球拍、羽毛球拍或类似的球拍,不论是否装弦:	
	9506.5100	--草地网球拍	支/千克
	9506.5900	--羽毛球拍或类似球拍	支/千克
		-球,但高尔夫球及乒乓球除外:	
	9506.6100	--草地网球	个/千克
		--可充气的球:	
	9506.6210	---足球、篮球、排球	个/千克
	9506.6290	---其他可充气的运动用球	个/千克
	9506.6900	--其他运动用球	个/千克
		-溜冰鞋及旱冰鞋,包括装有冰刀的溜冰靴:	
	9506.7010	---溜冰鞋	双/千克
	9506.7020	---旱冰鞋	双/千克
		-其他:	
		---一般的体育活动、体操或竞技用品及设备:	
		---健身及康复器械:	
	9506.9111	----跑步机	台/千克

品 目	商品编码	商 品 名 称	计量单位
	9506.9119	----其他健身及康复器械	千克
	9506.9120	---滑板	个/千克
	9506.9190	---未列名一般的体育活动、体操或竞技用品及设备	千克
	9506.9900	--其他运动或户外游戏用品及设备;游泳池或戏水池	个/千克
95.07		**钓鱼竿、钓鱼钩及其他钓鱼用品;捞鱼网、捕蝶网及类似网;囮子“鸟”(品目92.08或97.05的货品除外)及类似的狩猎用品:**	
	9507.1000	-钓鱼竿	副/千克
	9507.2000	-钓鱼钩,不论有无系钩丝	千克
	9507.3000	-钓线轮	个/千克
	9507.9000	-其他钓鱼用品;捞鱼网、捕蝶网及类似网;囮子“鸟”及类似的狩猎用品	千克
95.08		**旋转木马、秋千、射击用靶及其他游乐场的娱乐设备;流动马戏团及流动动物园;流动剧团:**	
	9508.1000	-流动马戏团及流动动物园	千克
	9508.9000	-其他旋转木马、秋千、射击用靶及其他游乐场的娱乐设备;流动剧团	千克

第九十六章　杂项制品

注释：

1. 本章不包括：
   (1)化妆盥洗用笔(第三十三章)；
   (2)第六十六章的制品(例如，伞或手杖的零件)；
   (3)仿首饰(品目71.17)；
   (4)第十五类注释2所规定的贱金属制通用零件(第十五类)或塑料制的类似品(第三十九章)；
   (5)第八十二章的利口器及其他物品，其柄或其他零件是雕刻或模塑材料制的；但品目96.01或96.02适用于单独进口或出口的上述物品的柄或其他零件；
   (6)第九十章的物品，例如，眼镜架(品目90.03)、数学绘图笔(品目90.17)、各种牙科、医疗、外科或兽医专用刷子(品目90.18)；
   (7)第九十一章的物品(例如，钟壳或表壳)；
   (8)乐器及其零件、附件(第九十二章)；
   (9)第九十三章的物品(武器及其零件)；
   (10)第九十四章的物品(例如，家具、灯具及照明装置)；
   (11)第九十五章的物品(玩具、游戏品、运动用品)；
   (12)艺术品、收藏品及古物(第九十七章)。
2. 品目96.02所称"植物质或矿物质雕刻材料"，是指：
   (1)用于雕刻的硬种子、硬果核、硬果壳、坚果及类似植物材料(例如，象牙果及棕榈子)；
   (2)琥珀、海泡石、粘聚琥珀、粘聚海泡石、黑玉及其矿物代用品。
3. 品目96.03所称"制帚、制刷用成束、成簇的材料"，仅指未装配的成束、成簇的兽毛、植物纤维或其他材料。这些成束、成簇的材料无需分开即可安装在帚、刷之上，或只需经过简单加工(例如，将顶端修剪成形)即可安装的。
4. 除品目96.01至96.06或96.15的货品以外，本章的物品还包括全部或部分用贵金属、包贵金属、珍珠、养珠、宝石或半宝石(天然、合成或再造)制成的物品。而且，品目96.01至96.06及96.15包括珍珠、养珠、宝石或半宝石(天然、合成或再造)、贵金属或包贵金属只作为小零件的物品。

品 目	商品编码	商 品 名 称	计量单位
96.01		**已加工的兽牙、骨、玳瑁壳、角、鹿角、珊瑚、珍珠母及其他动物质雕刻材料及其制品（包括塑模制品）：**	
	9601.1000	-已加工的兽牙及其制品	千克
	9601.9000	-已加工的兽骨、玳瑁壳、角、鹿角、珊瑚、珍珠母及其他动物质雕刻材料及其制品	千克
96.02		**已加工的植物质或矿物质雕刻材料及其制品；蜡、硬脂、天然树胶、天然树脂或塑型膏制成的模塑或雕刻制品以及其他处未列名的模塑或雕刻制品；已加工的未硬化明胶（品目35.03的明胶除外）及未硬化明胶制品：**	
	9602.0010	---明胶制装药用胶囊	千克
	9602.0090	---已加工的植物质或矿物质雕刻材料及其制品；蜡、硬脂、天然树胶、天然树脂或塑型膏制成的模塑或雕刻制品；未列名的模塑或雕刻制品；已加工的未硬化明胶及其他未硬化明胶制品	千克
96.03		**帚、刷（包括作为机器、器具、车辆零件的刷）、非机动的手工操作地板清扫器、拖把及毛掸；供制帚、刷用的成束或成簇的材料；油漆块垫及滚筒；橡皮扫帚（橡皮辊除外）：**	
	9603.1000	-用枝条或其他植物材料捆扎而成的帚及刷，不论是否有把	把/千克
		-牙刷、剃须刷、发刷、指甲刷、睫毛刷及其他梳妆用刷，包括作为器具零件的上述刷：	
	9603.2100	--牙刷，包括齿板刷	把/千克
	9603.2900	--剃须刷、发刷、指甲刷、睫毛刷及其他梳妆用刷，包括作为器具零件者	支/千克
		-画笔、毛笔及化妆用的类似笔：	
	9603.3010	---画笔	支/千克
	9603.3020	---毛笔	支/千克
	9603.3090	---化妆用的类似笔	支/千克
		-油漆刷、涂料刷、清漆刷及类似刷；油漆块垫及滚筒：	
		---漆刷及类似刷：	
	9603.4011	----猪鬃制漆刷及类似刷	把/千克
	9603.4019	----其他漆刷及类似刷	把/千克
	9603.4020	---油漆块垫及滚筒	个/千克
		-作为机器、器具、车辆零件的刷：	
		---金属丝刷：	
	9603.5011	----作为机器、器具零件的金属丝刷	个/千克

品 目	商品编码	商 品 名 称	计量单位
	9603.5019	----作为车辆零件的金属丝刷	个/千克
		---其他:	
	9603.5091	----其他作为机器、器具零件的刷	个/千克
	9603.5099	----其他作为车辆零件的刷	个/千克
		-其他:	
	9603.9010	---羽毛掸	个/千克
	9603.9090	---其他帚、刷、非机动的手工操作地板清扫器、拖把及毛掸;供制帚、刷用的成束或成簇的材料;橡皮扫帚	个/千克
96.04		**手用粗筛、细筛:**	
	9604.0000	手用粗筛、细筛	个/千克
96.05		**个人梳妆、缝纫或清洁鞋靴、衣服用的成套旅行用具:**	
	9605.0000	个人梳妆、缝纫或清洁鞋靴、衣服用的成套旅行用具	套/千克
96.06		**纽扣、揿扣、纽扣芯及纽扣和揿扣的其他零件;纽扣坯:**	
	9606.1000	-揿扣及其零件	千克
		-纽扣:	
	9606.2100	--塑料制纽扣,未用纺织材料包裹	千克
	9606.2200	--贱金属制纽扣,未用纺织材料包裹	千克
	9606.2900	--其他纽扣	千克
	9606.3000	-纽扣芯及纽扣的其他零件;纽扣坯	千克
96.07		**拉链及其零件:**	
		-拉链:	
	9607.1100	--装有贱金属齿的拉链	米/千克
	9607.1900	--其他拉链	米/千克
	9607.2000	-拉链零件	千克
96.08		**圆珠笔;毡尖及其他渗水式笔尖笔及唛头笔;自来水笔、铁笔型自来水笔及其他钢笔;蜡纸铁笔;活动铅笔;钢笔杆、铅笔杆及类似的笔杆;上述物品的零件(包括帽、夹),但品目96.09的货品除外:**	
	9608.1000	-圆珠笔	支/千克
	9608.2000	-毡尖及其他渗水式笔尖笔及唛头笔	支/千克
		-自来水笔、铁笔型自来水笔及其他钢笔:	
	9608.3010	---墨汁画笔	支/千克
	9608.3020	---自来水笔	支/千克
	9608.3090	---铁笔型自来水笔及其他钢笔	支/千克
	9608.4000	-活动铅笔	支/千克
	9608.5000	-由上述两个或多个子目所列物品组成的成套货品	套/千克

品　目	商品编码	商　品　名　称	计量单位
	9608.6000	-圆珠笔芯，由圆珠笔头和墨芯构成	支/千克
		-其他：	
	9608.9100	--钢笔头及笔尖粒	支/千克
		--其他：	
	9608.9910	---机器、仪器用笔	支/千克
	9608.9920	---蜡纸铁笔；钢笔杆、铅笔杆及类似笔杆	支/千克
	9608.9990	---其他笔零件	千克
96.09		**铅笔（品目96.08的铅笔除外）、颜色铅笔、铅笔芯、蜡笔、图画碳笔、书写或绘画用粉笔及裁缝划粉：**	
		-铅笔及颜色铅笔：	
	9609.1010	---铅笔	千克/百支
	9609.1020	---颜色铅笔	千克
	9609.2000	-铅笔芯，黑的或其他颜色的	千克
	9609.9000	-蜡笔、图画碳笔、书写或绘画用粉笔及裁缝划粉	千克
96.10		**具有书写或绘画面的石板、黑板及类似板，不论是否镶框：**	
	9610.0000	具有书写或绘画面的石板、黑板及类似板，不论是否镶框	千克
96.11		**手用日期戳、封缄戳、品目戳及类似印戳（包括标签压印器）；手工操作的排字盘及带有排字盘的手印器：**	
	9611.0000	手用日期戳、封缄戳、品目戳及类似印戳（包括标签压印器）；手工操作的排字盘及带有排字盘的手印器	千克
96.12		**打字机色带或类似色带，已上油或经其他方法处理能着色的，不论是否装轴或装盒；印台，不论是否已加印油或带盒子：**	
	9612.1000	-打字机色带或类似色带，已上油或经其他方法处理能着色的，不论是否装轴或装盒	个/千克
	9612.2000	-印台，不论是否已加印油或带盒子	个/千克
96.13		**香烟打火机和其他打火器（不论是机械的，还是电气的）及其零件，但打火石及打火机芯除外：**	
	9613.1000	-袖珍气体打火机，一次性的	个/千克
	9613.2000	-袖珍气体打火机，可充气的	个/千克
	9613.8000	-其他打火器	个/千克
	9613.9000	-打火机和其他打火器零件，但打火石及打火机芯除外	千克
96.14		**烟斗（包括烟斗头）和烟嘴及其零件：**	
	9614.0010	---烟斗及烟斗头	个/千克
	9614.0090	---烟嘴；烟斗及烟嘴的零件	千克

品目	商品编码	商品名称	计量单位
96.15		**梳子、发夹及类似品;发卡、卷发夹、卷发器或类似品及其零件,但品目85.16的货品除外:**	
		-梳了、发夹及类似品:	
	9615.1100	--硬质橡胶或塑料制梳子、发夹及类似品	千克
	9615.1900	--其他梳子、发夹及类似品	千克
	9615.9000	-发卡、卷发夹、卷发器或类似品及零件	千克
96.16		**香水喷雾器或类似的化妆用喷雾器及其座架、喷头;粉扑及粉拍,施敷脂粉或化妆品用:**	
	9616.1000	-香水喷雾器或类似的化妆用喷雾器及其座架、喷头	千克
	9616.2000	-粉扑及粉拍,施敷脂粉或化妆品用	千克
96.17		**带壳的保温瓶和其他真空容器及其零件,但玻璃瓶胆除外:**	
		---带壳的保温瓶:	
	9617.0011	----玻璃内胆制的带壳保温瓶	个/千克
	9617.0019	----其他带壳的保温瓶	个/千克
	9617.0090	---其他真空容器;真空容器的零件,但玻璃瓶胆除外	千克
96.18		**裁缝用人体模型及其他人体活动模型;橱窗装饰用自动模型及其他活动陈列品:**	
	9618.0000	裁缝用人体模型及其他人体活动模型;橱窗装饰用自动模型及其他活动陈列品	千克
96.19		**任何材料制的卫生巾(护垫)及止血塞、婴儿尿布及尿布衬里和类似品:**	
		---任何材料制的尿裤及尿布:	
	9619.0011	----供婴儿使用的尿裤及尿布,任何材料制	千克
	9619.0019	----其他任何材料制的尿裤及尿布	千克
	9619.0020	---任何材料制的卫生巾(护垫)及止血塞	千克
	9619.0090	---任何材料制的尿布衬里及本品目所列货品的类似品	千克
96.20		**独脚架、双脚架、三脚架及类似品:**	
	9620.0000	独脚架、双脚架、三脚架及类似品	千克

第二十一类　艺术品、收藏品及古物

第九十七章　艺术品、收藏品及古物

注释：

1. 本章不包括：
   (1)品目 49.07 的未经使用的邮票、印花税票、邮政信笺(印有邮票的纸品)及类似的票证；
   (2)作舞台、摄影的布景及类似用途的已绘制画布(品目 59.07)，但可归入品目 97.06 的除外；
   (3)天然或养殖珍珠、宝石或半宝石(品目 71.01 至 71.03)。
2. 品目 97.02 所称"雕版画、印制画、石印画的原本"，是指以艺术家完全手工制作的单块或数块印版直接印制出来的黑白或彩色原本，不论艺术家使用何种方法或材料，但不包括使用机器或照相制版方法制作的。
3. 品目 97.03 不适用于成批生产的复制品及具有商业性质的传统手工艺品，即使这些物品是由艺术家设计或制造的。
4. (1)除上述注释 1 至 3 另有规定的以外，可归入本章各品目的物品，均应归入本章的相应品目而不归入本目录的其他品目；
   (2)品目 97.06 不适用于可以归入本章其他各品目的物品。
5. 已装框的油画、粉画及其他绘画、版画、拼贴画及类似装饰板，如果框架的种类及价值与作品相称，应与作品一并归类。如果框架的种类及价值与作品不相称，应分别归类。

品　目	商品编码	商　品　名　称	计量单位
97.01		**油画、粉画及其他手绘画，但带有手工绘制及手工描饰的制品或品目 49.06 的图纸除外；拼贴画及类似装饰板：**	
		-油画、粉画及其他手绘画，但带有手工绘制及手工描饰的制品或品目 49.06 的图纸除外：	
		---油画、粉画及其他手绘画的原件：	
	9701.1011	----唐卡原件	幅/千克
	9701.1019	----其他油画、粉画及其他手绘画的原件	幅/千克
	9701.1020	---手绘油画、粉画及其他画复制件	幅/千克
	9701.9000	-拼贴画及类似装饰板	千克
97.02		**雕版画、印制画、石印画的原本：**	

品　目	商品编码	商　品　名　称	计量单位
	9702.0000	雕版画、印制画、石印画的原本	幅/千克
97.03		**各种材料制的雕塑品原件:**	
	9703.0000	各种材料制的雕塑品原件	幅/千克
97.04		**使用过或未使用过的邮票、印花税票、邮戳印记、首日封、邮政信笺(印有邮票的纸品)及类似品,但品目49.07的货品除外:**	
	9704.0010	---使用过或未使用过的邮票	千克
	9704.0090	---使用过或未使用过的印花税票、邮戳印记、首日封、邮政信笺(印有邮票的纸品)及类似品	千克
97.05		**具有动物学、植物学、矿物学、解剖学、历史学、考古学、古生物学、人种学或钱币学意义的收集品及珍藏品:**	
	9705.0000	具有动物学、植物学、矿物学、解剖学、历史学、考古学、古生物学、人种学或钱币学意义的收集品及珍藏品	千克
97.06		**超过100年的古物:**	
	9706.0000	超过100年的古物	千克

第二十二类　特殊交易品及未分类商品

第九十八章　特殊交易品及未分类商品

品　目	商品编码	商　　品　　名　　称	计量单位
98.01		**未分类商品：**	
	9801.0010	---单项记录商品价值在人民币2000元及以下的非税、非证进口商品	千克
	9801.0090	---其他未分类商品	千克
	9801.3000	-流通中的货币现钞(不统计)	千克
98.03		**定制型计算机软件(仅用于出口,不包括与产品固化或集成为一体的软件)：**	
	9803.0010	---定制型系统软件(指构成计算机系统或其他数字计算装置运行环境,平台的操作系统软件,支持应用软件运行)	套
	9803.0020	---定制型支撑软件(指在操作系统软件和应用软件之间,提供应用软件设计、系统测试运行等辅助功能的软件)	套
	9803.0030	---定制型应用软件	套
	9803.0090	---其他定制型软件	套
98.04		**低值简易通关商品：**①	
	9804.0000	低值简易通关商品	千克
98.05		**个人跨境电商商品：**②	
	9805.0000	个人跨境电商商品	千克/件

① 品目98.04包括2015年以来按照边民互市、快件C类以及跨境电商“清单核放、汇总统计”模式简易通关的商品。

② 品目98.05包括2019年以来按照邮件及快件B类模式通关的跨境电商商品,计量单位中的“件”是指包裹件数。

附 录

附录一

《商品名称及编码协调制度》的归类总规则

货品在本目录上的归类,应遵循以下原则:

规则 1 类、章及分章的标题,仅为查找方便而设;具有法律效力的归类,应按品目条文和有关类注或章注确定,如品目、类注或章注无其他规定,按以下规则确定:

规则 2 (1)品目所列货品,应视为包括该项货品的不完整品或未制成品,只要在进口或出口时该项不完整品或未制成品具有完整品或制成品的基本特征;还应视为包括该项货品的完整品或制成品(或按本款可作为完整品或制成品归类的货品)在进口或出口时的未组装件或拆散件。

(2)品目中所列材料或物质,应视为包括该种材料或物质与其他材料或物质混合或组合的物品。品目所列某种材料或物质构成的货品,应视为包括全部或部分由该种材料或物质构成的货品。由一种以上材料或物质构成的货品,应按规则 3 归类。

规则 3 当货品按规则 2(2)或由于其他原因看起来可归入两个或两个以上品目时,应按以下规则归类:

(1)列名比较具体的品目,优先于列名一般的品目。但是,如果两个或两个以上品目都仅述及混合或组合货品所含的某部分材料或物质,或零售的成套货品中的某些货品,即使其中某个品目对该货品描述得更为全面、详细,这些货品在有关品目的列名应视为同样具体。

(2)混合物、不同材料构成或不同部件组成的组合物以及零售的成套货品,如果不能按照规则 3(1)归类时,在本款可适用的条件下,应按构成货品基本特征的材料或部件归类。

(3)货品不能按照规则 3(1)或(2)归类时,应按号列顺序归入其可归入的最末一个品目。

规则 4 根据上述规则无法归类的货品,应归入与其最相类似的货品的品目。

规则 5 除上述规则外,本规则适用于下列货品的归类:

(1)制成特殊形状仅适用于盛装某个或某套物品并适合长期使用的照相机套、乐器盒、枪套、绘图仪器盒、项链盒及类似容器,如果与所装物品同时进口或出口,并通常与所装物品一同出售的,应与所装物品一并归类。但本款不适用于本身构成整个货品基本特征的容器。

(2)除规则 5(1)规定的以外,与所装货品同时进口或出口的包装材料或包装容器如果通常是用来包装这类货品的,应与所装货品一并归类。但明显可重复使用的包装材料和包装容器可不受本款限制。

规则 6 货品在某一品目项下各子目的法定归类,应按子目条文或有关的子目注释以及以上各条规则来确定,但子目的比较只能在同一数级上进行。除本目录条文另有规定的以外,有关的类注、章注也适用于本规则。

附录二

海关统计与海关通关系统计量单位代码对照表

计量单位名称	统计代码	通关系统代码	计量单位名称	统计代码	通关系统代码	计量单位名称	统计代码	通关系统代码
台	01	001	卷	01	018	百片	21	044
座	01	002	副	01	019	百枝	21	049
辆	01	003	片	01	020	千个	31	054
艘	01	004	幅	01	023	千枝	31	053
架	01	005	株	01	028	千只	31	050
套	01	006	盘	01	031	千块	31	051
个	01	007	双	02	025	千盒	31	052
只	01	008	对	02	026	千升	37	063
头	01	009	米	04	030	千伏安	38	060
张	01	010	平方米	05	032	吨	39	070
件	01	011	立方米	06	033	千瓦	48	061
支	01	012	升	07	095	克拉	49	084
枝	01	013	千克	09	035	千瓦时	58	062
根	01	014	百副	21	040	克	59	036
条	01	015	百支	21	041	百万贝可	63	149
把	01	016	百把	21	042			
块	01	017	百个	21	043			

附录三

度量衡换算表

面（地）积换算

公制		英美制			中国市制
平方米	平方厘米	平方码	平方英尺	平方英寸	平方尺
1	10000	1.1960	10.7639	1550	9
0.0001	1	0.00012	0.00108	0.155	0.0009
0.8361	8361	1	9	1296	7.525
0.0929	929	0.1111	1	144	0.836
0.00065	6.45	0.00077	0.00694	1	0.0058
0.111	1111	0.133	1.196	172.2	1

长度换算

公制		中国市制	英美制		
米	厘米	尺	码	英尺	英寸
1	100	3	1.094	3.2808	39.37
0.01	1	0.03	0.01094	0.03281	0.3937
0.3333	33.33	1	0.3646	1.094	13.123
0.9144	91.44	2.743	1	3	36
0.3048	30.48	0.9144	0.3334	1	12
0.0254	2.54	0.0762	0.0278	0.0833	1

1 米 = 100 厘米 = 1000 毫米　　1 千米 = 1 公里

重 量 换 算 （一）

公 制	英 制	美 制	港 制
公 吨	长 吨	短 吨	司马担
1	0. 9842	1. 1023	16. 535
1. 016	1	1. 12	16. 8
0. 9072	0. 8929	1	15
0. 05	0. 04921	0. 0551	0. 8267
0. 0508	0. 05	0. 056	0. 8402
0. 0605	0. 05954	0. 0667	1

港制：1 司马担=100 司马斤

公制：1 公吨=10 公担

英制：1 长吨=20 英担（CWT）

1 英担=50. 8024 千克

美制：1 短吨=20 短担（CWT）

1 短担=100 磅=45. 36 千克

公 制	中国市制	英美制
千 克	斤	磅
1000	2000	2204. 6
1016	2032	2240
907	1814	2000
50	100	110. 23
50. 8	101. 6	112
60. 48	120. 96	133. 33
1	2	2. 2046
0. 5	1	1. 1023
0. 4536	0. 9072	1

重 量 换 算 （二）

公 制		英美制常衡		英美制金衡或药衡		中国市制
千 克	克	磅	唡	磅	唡	两
1	1000	2. 2046	35. 2736	2. 679	32. 1507	20
0. 001	1	0. 0022	0. 03527	0. 00268	0. 0321	0. 02
0. 4536	453. 59	1	16	1. 2153	14. 5833	9. 072
0. 02835	28. 35	0. 0625	1	0. 07595	0. 9114	0. 567
0. 3732	373. 24	0. 82286	13. 1657	1	12	7. 465
0. 0311	31. 10	0. 06857	1. 0971	0. 08333	1	0. 622
0. 05	50	0. 1102	1. 76368	0. 13396	1. 6075	1

宝石：1 克拉=0. 2 克　　　　1 金衡=155. 5 克拉

容(体)积换算(一)

公制	中国市制	英制	美制
升	升	英加仑	美加仑
1	1	0. 22	0. 264
4. 546	4. 546	1	1. 201
3. 785	3. 785	0. 833	1

1000 升=1 立方米　　1 升=1000 毫升=1000 立方厘米(C. C)

英制:1 加仑=277. 42 立方英寸　　美制:1 加仑=231 立方英寸

容(体)积换算(二)

公制		英美制			中国市制
立方米	立方厘米	立方码	立方英尺	立方英寸	立方尺
1	1000000	1. 303	35. 3147	61024	27
0. 000001	1	0. 0000013	0. 00004	0. 06102	0. 000027
0. 7636	764555	1	27	46656	20. 643
0. 02832	28317	0. 037	1	1728	0. 7646
0. 000016	16. 387	0. 00002	0. 00058	1	0. 00044
0. 037	37037	0. 0484	1. 308	2260	1

木材体积单位换算

板呎(Board Foot Measure,BFM):指厚一英寸、面积一平方英尺的木材

板材的换算:1000 板呎=2. 36 立方米

原木的换算:1000 板呎=5 立方米(近似值)

功 率 换 算

1 千瓦(kW) = 1. 34 英制马力(hp) = 1. 36 公制马力(hp)

1 英制马力 = 0. 746 千瓦(kW)

1 公制马力 = 0. 735 千瓦(kW)

粮谷重量容积换算

品　　名	1 公吨折合蒲式耳	1 蒲 式 耳 折 合	
		磅	千　　克
小麦、大豆	36. 743	60	27. 216
玉米	39. 368	56	25. 402
大麦(英制)	44. 092	50	22. 68
大麦(美制)	45. 931	48	21. 773

1 英制蒲式耳(= 1. 0321 美制蒲式耳)合 36. 3677 升。

石(原)油重量、容积换算

国　　别	1 公 吨 折 合			
	千　　升	美 制 桶	英制加仑	美制加仑
美国、印度尼西亚	1. 18	7. 4	259. 1	310. 6
伊朗、沙特阿拉伯	1. 19	7. 49	261. 8	314. 5
日本	1. 11	6. 99	244. 5	293. 3
英国、科威特	1. 16	7. 31	255. 8	306. 7
委内瑞拉	1. 09	6. 84	239. 2	287. 4

注:世界平均比重的原油通常以 1 公吨 = 7. 35 桶(每桶为 42 美制加仑)或 1174 升计。

常用度量衡英文名称和简写

名 称	英文名称	简 写	名 称	英文名称	简 写
克	gram	g.	码	yard	yd.
千克	kilogram	kg.	英尺	foot	ft.
公担	quintal	q.	英寸	inch	in.
公吨	metric ton	m. t.	平方米	square metre	sq. m.
长吨	long ton	l. t.	平方英尺	square foot	sq. ft.
短吨	short ton	sh. t.	平方码	square yard	sq. yd.
英担	hundredweight	cwt.	立方米	cubic metre	cu. m.
美担	hundredweight	cwt.	立方英尺	cubic foot	cu. ft.
磅	pound	lb.	升	litre	l.
唡(常衡)	ounce	oz.	毫升	millilitre	ml.
(金衡)	ounce	oz. t	加仑	gallon	gal.
司马担	picul		蒲式耳	bushel	bu.
米	metre	m.	克拉	carat	car.
千米	kilometre	km.	马力	horse power	hp.
厘米	centimetre	cm.	千瓦	kilowatt	kW.
毫米	millimetre	mm.	公吨度	metric ton unit	m. t. u.

附录四

磁带长度计算表

盒式录音磁带(在标准带速4.76毫米/秒情况下)

种　　类	长　度
60分钟盒式磁带	85.7米
90分钟盒式磁带	128.5米
120分钟盒式磁带	171.4米

VHS盒式录像磁带(在标准带速23.39毫米/秒情况下)

种　　类	长　度
120分钟盒式磁带	168.41米
180分钟盒式磁带	252.61米
240分钟盒式磁带	336.82米

未裁剪宽带(宽片,宽度有520毫米、330毫米等)

录音磁带	折算成宽3.81毫米,每盘长85.7米磁带计其盘数
录像磁带及其他磁带	折算成宽12.7毫米,每盘长252.61米磁带计其盘数

附录五

2019 年海关统计出口主要商品目录

序号	列目名称	编码范围	计量单位
1	活猪（种猪除外）	01039	万头
2	活家禽	0105	万只
3	肉及杂碎	02，0504	吨
	其中：		
4	牛肉	0201-0202	吨
5	猪肉	0203	吨
6	羊肉	0204	吨
7	冻鸡	020712，020714	吨
8	水海产品	02084，021092，03019，0302－0308，1604，1605，2008993	万吨
	其中：		
9	活鱼	03019	吨
10	冻鱼、冻鱼片	0303，03046-03048	万吨
11	鲜、冻对虾	03061629，03061729，03063520，03063620	吨
12	冻虾仁	03061611，03061621，03061711，03061721，03061911	吨
13	鲜蛋	04071，04072	百万个
14	粮食	0701，0713，0714，10，1101-1103，110423，1201	万吨
	其中：		
15	木薯	07141	万吨
16	谷物及谷物粉	10，1101-1103，110423	万吨
	其中：		
17	稻谷和大米	1006，1102902，1103193	吨

序号	列目名称	编码范围	计量单位
18	玉米	1005，11022，110313，110423	吨
19	高粱	1007	吨
20	薯类及含有淀粉的块茎	0701，0714	万吨
21	豆类	0713，1201	万吨
22	蔬菜	0701 - 0712，0714101，0714201，07143 - 07149，09101，12122，2001，2002109，2002909，2003109，2003909，2004，20051 - 20054，2005519，2005599，2005609，20057，20058，2005919，2005994 - 2005996，20059999	万吨
	其中：		
23	鲜或冷藏蔬菜	0701 - 0709，0714101，0714201，07143 - 07149	万吨
24	干的食用菌类	07123	吨
25	鲜、干水果及坚果	0801-0810，0813	万吨
	其中：		
26	橘、橙	08051，08052，08104	吨
27	苹果	08081	吨
28	梨	08083	吨
29	松子仁	0802903	吨
30	乳品	0401-0406，19011，19019	吨
31	果蔬汁	2009	万吨
	其中：		
32	橙汁	20091	吨
33	苹果汁	20097	万吨
34	食用油籽	1201，1202，1205，1206，12072-12075	万吨
	其中：		
35	大豆	1201	万吨

序号	列目名称	编码范围	计量单位
36	花生、花生仁	1202	万吨
37	食用植物油（包括棕榈油）	1507 – 1510，15111，1511901，1511909，1512，1514，15152，15155	吨
	其中：		
38	豆油	1507	吨
39	菜子油和芥子油	1514	吨
40	花生油	1508	吨
41	烘焙花生	2008112	吨
42	食糖	1701	吨
43	天然蜂蜜	0409	吨
44	茶叶	0902	吨
45	辣椒干	090421	吨
46	猪肉罐头	1602491	吨
47	制作或保藏的鳗鱼	160417	吨
48	番茄酱	2002901，21032	万吨
49	蘑菇罐头	2003101，2003901	吨
50	啤酒	2203	万升
51	肠衣	0504001	吨
52	填充用羽毛；羽绒	05051	吨
53	中药材及中式成药	0507901，0507902，0510，09102，12112，12115，12119011 – 12119039，1301902，1301903，130214，2530901，3004905	吨
	其中：		
54	动物性药材	0507901，0507902，0510	吨
55	植物性药材	09102，12112，12115，12119011 – 12119039，1301902，1301903，130214	吨
56	矿物性药材	2530901	吨
57	烤烟	2401101，2401201	吨

序号	列目名称	编码范围	计量单位
58	纸烟	24022	万条
59	肥料	2827101，2834211，3101－3103，3104209，31043，31049，3105	万吨
	其中：		
60	矿物肥料及化肥	3102，3103，3104209，31043，31049，3105	万吨
	其中：		
61	尿素	31021	万吨
62	氮、磷、钾复合肥	31052	吨
63	磷酸氢二铵	31053	万吨
64	氯化钾	3104209	吨
65	硫酸钾	31043	吨
66	锯材	4407	万立方米
67	胶合板及类似多层板	4412	万立方米
68	印刷品	49	吨
69	生丝	5002	吨
70	山羊绒	510211，5102192，510531，5105392	吨
71	棉花	5201，5203	吨
72	硫磺	2503，2802	吨
73	黏土及其他耐火矿物	2504，2507，2508，2518-2519	万吨
	其中：		
74	天然石墨	2504	万吨
75	天然碳酸镁；氧化镁	2519	万吨
76	萤石（氟石）	25292	万吨
77	天然硫酸钡（重晶石）	25111	万吨
78	滑石	2526102，2526202	万吨
79	钼矿砂及其精矿	2613	吨
80	煤及褐煤	2701，2702	万吨

序号	列目名称	编码范围	计量单位
	其中：		
81	无烟煤	270111	万吨
82	炼焦煤	2701121	万吨
83	其他烟煤	2701129	万吨
84	褐煤	2702	吨
85	焦炭及半焦炭	2704001	万吨
86	原油	2709	万吨
87	成品油	2710	万吨
	其中：		
88	汽油	2710121	万吨
89	煤油	27101911，27101912	万吨
90	柴油	27101923	万吨
91	其他燃料油	27101922，27101929	万吨
92	石脑油	2710122	万吨
93	天然气	271111，271121	万吨
	其中：		
94	液态天然气	271111	万吨
95	气态天然气	271121	万吨
96	石蜡	27122	万吨
97	电流	2716	百万千瓦时
98	稀土及其制品	2530902，28053，2846，3606901，7202991，72029991，8505111	吨
	其中：		
99	稀土	2530902，28053，2846	吨
100	氧化铝	28182	吨
101	钨品	2611，2620991，2825901，28418，2849902，8101	吨

序号	列目名称	编码范围	计量单位
	其中：		
102	钨矿砂	2611	吨
103	仲钨酸铵	2841801	吨
104	钨及其制品	8101	吨
105	氧化锌及过氧化锌	2817	吨
106	碳酸钠（纯碱）	28362	万吨
107	柠檬酸	291814	万吨
108	合成有机染料	320411-320416，320419	吨
109	锌钡白（立德粉）	3206421	吨
110	医药品	2936-2939，2941，3001-3006	吨
	其中：		
111	维生素 C	293627	吨
112	抗菌素（制剂除外）	2941	吨
113	中式成药	3004905	吨
114	医用敷料	3005	吨
115	美容化妆品及护肤品	3304	吨
116	口腔及牙齿清洁剂	3306	吨
117	洗衣粉	3402201	吨
118	烟花、爆竹	36041	吨
119	松香及树脂酸	38061	吨
120	杀虫剂、除草剂及类似品	3808	万吨
121	初级形状的聚氯乙烯	39041，39042	万吨
122	新的充气橡胶轮胎	4011	万条
123	家用或装饰用木制品	4414，4419，4420	万吨
124	纸及纸板（未切成形的）	4801-4812，48139，4814	万吨
	其中：		
125	新闻纸	4801	吨

序号	列目名称	编码范围	计量单位
126	牛皮纸	4804，48084	吨
127	纺织纱线、织物及制品	5004-5007，5106-5113，5204-5212，5306-5311，54，5508-5516，56-60，63，6501，6502，701911-701919，70194-70195	—
	其中：		
128	棉纱线	5204-5207	吨
129	丝织物	5007，5801901，5802201，5802301，5803002，5804101，5804291，5806391，5811001，6002402，6002902，6004102，6004902	—
130	毛纺机织物	5111-5113，58011，5802202，5802302，5806392	—
131	棉机织物	5208-5212，58012，58021，5803001，5806101，580631	—
132	亚麻及苎麻机织物	5309，5311001	万米
133	合成短纤与棉混纺机织物	5513，5514	万米
134	地毯	57	万平方米
135	塑料编织袋（周转袋除外）	630533	万条
136	水泥及水泥熟料	2523	万吨
137	花岗岩石材及其制品	680223，680293	万吨
138	平板玻璃	70031，70032，7004，7005	万平方米
139	玻璃制品	7010，7013，7014，70161，7017，7018，7020009	万吨
	其中：		
140	玻璃器皿	7013	万吨
141	陶瓷产品	69	万吨
	其中：		
142	家用陶瓷	6910-6912	万吨
143	建筑用陶瓷	6902，6904-6907	万吨

序号	列目名称	编码范围	计量单位
144	装饰用陶瓷	6913	万吨
145	珍珠、钻石、宝石及半宝石	7101-7103	—
146	生铁及镜铁	7201	万吨
147	铁合金	7202	万吨
148	钢坯及粗锻件	7207，72189，72249	万吨
149	钢材	7208-7217，7219-7223，7225-7229，7301-7307	万吨
	其中：		
150	钢铁棒材	7213－7215，7221，72221－72223，7227，72281-72286，72288	万吨
151	角钢及型钢	7216，72224，72287，7301	万吨
152	钢铁板材	7208-7212，7219，7220，7225，7226	万吨
153	钢铁线材	7217，7223，7229	万吨
154	钢铁管配件	7307	万吨
155	废钢	7204	吨
156	未锻轧铜及铜材	7402，7403，7405-7412	吨
	其中：		
157	未锻轧铜（包括铜合金）	7402，7403，7405	吨
158	铜材	7406-7412	吨
159	未锻轧铝及铝材	7601，7603-7609	万吨
	其中：		
160	未锻轧铝（包括铝合金）	7601	吨
161	铝材	7603-7609	万吨
162	未锻轧锌及锌合金	7901	吨
163	未锻轧锡及锡合金	8001	吨
164	未锻轧锑、粉末及废碎料	81101，81102	吨
165	镁及其制品（包括废碎料）	8104	吨
166	未锻轧锰	8111001	吨

序号	列目名称	编码范围	计量单位
167	钢铁或铜制标准紧固件	7318，74152，74153	万吨
168	不锈钢厨具、餐具等家用器具	732393	吨
169	餐桌、厨房及其他家用搪瓷器	732392，732394	吨
170	手用或机用工具	8201-8209	万吨
171	电扇	84145	万台
172	空气调节器（车用除外）	84151，84158	万台
173	冰箱	84181-84185	万台
174	洗衣机	84501，84502	万台
175	微波炉	85165	万个
176	家用空气净化器	8421391	万个
177	纺织机械及其零件	8444-8449，84513-84519	—
178	家用型缝纫机	84521	万台
179	工业用缝纫机	84522	万台
180	金属加工机床	8456-8463	万台
	其中：		
181	车床	8458	台
182	铣床	84595，84596	台
183	电子计算器（包括具有计算功能的袖珍数据记录重现机）	84701，84702	万台
184	自动数据处理设备及其部件	844331，8443321，8471，852842，852852，852862	万台
	其中：		
185	自动数据处理设备	84713，84714	万台
	其中：		
186	平板电脑	8471301	万台
187	便携式电脑（平板电脑除外）	8471309	万台
188	微型电脑	8471414，8471494	万台

序号	列目名称	编码范围	计量单位
189	打印机（包括多功能一体机）	844331，8443321	万台
190	中央处理部件	84715	万台
191	显示器	852842，852852	万台
	其中：		
192	液晶显示器	85285211	万台
193	存储部件	84717	万台
194	键盘、鼠标器	8471607	万个
195	自动数据处理设备的零件	84733	万吨
196	液晶显示板	9013803	万个
197	轴承	84821-84828	万套
198	电动机及发电机	8501	万台
199	风力发电机组	850231	台
200	变压器	85042，85043	万个
201	静止式变流器	85044	万个
202	原电池	85061-85068	百万个
203	蓄电池	85071-85078	万个
	其中：		
204	铅酸蓄电池	85071，85072	万个
205	太阳能电池	8541402	万个
206	电话机	85171	万台
	其中：		
207	手持或车载无线电话机	8517121	万台
208	扬声器	85182	万个
209	激光唱机	85198121	万台
210	录、放像机	8521	万台
	其中：		

序号	列目名称	编码范围	计量单位
211	DVD 播放机	85219012	万台
212	声音录制或重放设备	8519	万台
213	收音设备	8527	万台
214	彩色电视机	852872	万台
	其中：		
215	液晶电视机	8528722	万台
216	录放音、像机及唱机的零附件	8522	—
217	电视、收音机及无线电讯设备的零附件	8529	吨
218	电容器	85321-85323	吨
219	印刷电路	8534	百万块
220	通断保护电路装置及零件	8535-8538	—
221	二极管及类似半导体器件	85411-85415	百万个
222	集成电路	85423	百万个
	其中：		
223	处理器及控制器	854231	百万个
224	存储器	854232	百万个
225	放大器	854233	百万个
226	电线和电缆	85441-85446	万吨
227	集装箱	8609	万个
228	汽车	8702，87032-87039，8704，8705	万辆
	其中：		

序号	列目名称	编码范围	计量单位
229	小轿车	8703213，8703223，87032341，87032351，87032361，87032411，87032421，87033111，87033121，87033211，87033221，87033311，87033321，87033361，87034011，87034021，87034031，87034041，87034051，87034061，87034071，87035011，87035021，87035031，87035041，87035051，87035061，87035071，87036，87037，87038	辆
230	四轮驱动轻型越野车	8703214，8703224，87032342，87032352，87032362，87032412，87032422，87033122，87033212，87033222，87033312，87033322，87033362，87034012，87034022，87034032，87034042，87034052，87034062，87034072，87035022，87035032，87035042，87035052，87035062，87035072	辆
231	小客车（9座及以下）	8703215，8703225，87032343，87032353，87032363，87032413，87032423，87033123，87033213，87033223，87033313，87033323，87033363，87034013，87034023，87034033，87034043，87034053，87034063，87034073，87035023，87035033，87035043，87035053，87035063，87035073	辆
232	货车	87042-87049	辆
233	*电动载人汽车	87022-87024，87034-87038	辆
	其中：		
234	纯电动轿车及越野车	87038	辆
235	插电式混合动力轿车及越野车	87036，87037	辆
236	非插电式混合动力轿车及越野车	87034，87035	辆
237	纯电动客车（10座及以上）	87024	辆

序号	列目名称	编码范围	计量单位
238	混合动力客车（10 座及以上）	87022，87023	辆
239	装有引擎的汽车底盘	8706	台
240	汽车零配件	40111，40112，401211，401212，4012201，4012902，40131，7007119，7007219，70091，85122，8512301，85124，8707，8708，840734，84082，84152	—
241	摩托车	8711	万辆
242	自行车	8712002-8712008	万辆
243	摩托车及自行车的零配件	40114，40115，40132，7315111，7315112，87141，87149，85121，8512309	—
244	船舶	8901，8902，890391，890392，8904，89051，8905909，8906	艘
	其中：		
245	液货船（包括成品油船、原油船和液化石油及天然气船）	89012	艘
246	冷藏船	89013	艘
247	集装箱船	8901902	艘
248	滚装船	8901903	艘
249	散货船	8901904	艘
250	照相机	8525802，90063-90065	万架
	其中：		
251	数字式相机	8525802	万台
252	眼镜及其零件	90013-90015，9003，9004	—
253	医疗仪器及器械	9018 - 9020，902212 - 902214，902221，9402109，94029	—
254	手表	91011，91012，91021，91022	万只
	其中：		
255	机械手表	91012，91022	万只

序号	列目名称	编码范围	计量单位
256	电动手表	91011，91021	万只
257	日用钟	9103，9105	万只
258	家具及其零件	9401，9403	—
259	床垫、寝具及类似品	9404	—
260	灯具、照明装置及零件	9405	—
261	箱包及类似容器	4202	万吨
262	体育用品及设备	9506	—
263	服装及衣着附件	39262，4015，4203，4303101，4303102，61-62，6504-6507	—
	其中：		
264	织物制服装	6101-6114，6201-6211	—
	其中：		
265	非针织钩编织物服装	6201-6211	—
266	针织或钩编的服装	6101-6114	—
267	皮革服装	42031	万件
268	裘皮服装	4303101	吨/万件
269	皮革手套	42032	万双
270	织物制手套	6116，6216	万双
271	织物制袜子	6115，6217101	百万双
272	帽类	6504-6506	万个
273	鞋类	64	万吨
	其中：		
274	鞋	6401-6405	万双
	其中：		
275	外底及鞋面均以橡胶或塑料制的鞋	6401-6402	万双
276	皮面鞋	6403，64051	万双

序号	列目名称	编码范围	计量单位
277	橡胶或塑料底纺织材料为面的鞋	64041	万双
278	鞋靴零件；护腿及类似品	6406	吨
279	塑料制品	3918，3922-3925，39261，39263-39269	万吨
280	玩具	9503	—
281	游戏机及零附件	9504301，95045，9504901	吨
282	圣诞用品	95051	吨
283	足球、篮球、排球	9506621	万个
284	打火机	96131，96132	百万个
285	艺术品、收藏品及古董	97	—
286	贵金属或包贵金属的首饰	7113	千克
287	伞	6601	万把
288	竹编结品	460211	吨
289	藤编结品	460212	吨
290	草编结品	4602191	吨
291	柳编结品	4602193	吨
292	*农产品	01-24，290543，290544，3301，3501-3505，38091，38246，4101-4103，4301，5001-5003，5101-5103，5201-5203，5301，5302	—
293	*机电产品	同第294-299项	—
294	金属制品	7307-7326，7412-7419，75072，7508，7609-7616，7806009，7907，8007004，8007009，8101999，810299，8103909，8104902，81059，8106009，81079，8108909，81099，81109，8111009，811219，811229，811259，811299，82，83	万吨
295	机械设备	84	—
296	电器及电子产品	85	—

序号	列目名称	编码范围	计量单位
297	运输工具	86，8701-8709，8711-8716，88，89	—
298	仪器仪表	90	—
299	其他	680421，6804221，6805，7011，91，9207，93031-93033，9304，93052，93059，93062，93063，94011-94013，9402，94031，94032，9405，9406，9503001，95030083，95045，95043，9504901，9504902，9504904，95069，9508，9613	—
300	*高新技术产品	同第301-309项	—
301	生物技术	29371，293723，293729，2940，30022-30029	—
302	生命科学技术	28444，28459，28521，291462，291469，29189，292149，292216，292217，292218，292219，292229，292249，29225，292425，292429，2928，29306，29307，29308，29309，2931，293214，293219，2932209，293291，293292，293299，293319，293329，293339，293349，293359，29339，29343，29349，30021，30046，30049，900661，90118，90119，9012，901811-901814，90185，9019，90211，90213-90219，90221-90223，90279	—
303	光电技术	84561，85192，85198119，85198121，85198129，85198139，85198990，854089，90029，9013803，90151-90154，90241，90248，90273，90292，903141，903149，90318	—

序号	列目名称	编码范围	计量单位
304	计算机与通信技术	8443319，8443321，8443329，8443999，84705，8471，84733，84735，85049，8517121，8517122，851718，851761-851769，8517701-8517704，8517709，8521，8523291，85232929，852341，8523492，8523499，8523512，8523592，8523802，8523809，8525，8526，852842，852852，852862，852869，852871，852872，85299，88039	—
305	电子技术	85177060，852352，8534，85371，8540799，85411-85415，85419，8542，85431，85432，901819，90189，90309	—
306	计算机集成制造技术	842489，84271，84289，84562-84569，8457，845811，845891，84591，845921，845931，8459401，845941，845951，845961，84597，846011，8460121，846021，8460221，8460231，8460241，846031，84604，84609，84612，84613，84615，84619，846221，846231，846241，84629，84641，84649，84795，84797，847989，84799，8486，850819，85086，85087090，85143，851521，851531，90172，90302，903031，903033-903040，903082，90328	—
307	材料技术	3818，85447，90011，90019，900791	吨
308	航空航天技术	8411，84121，880211，880212，88023-88026，88031-88033，88052，90141-90142，90149，90158，90229，90275	—
309	其他技术	28442，8401，90051，90058，90131，90148，90301	—

序号	列目名称	编码范围	计量单位
310	＊文化产品	36041，3704－3706，39264，4414，44201，46021，48021，4823903，4901－4906，4909－4911，5002001，5004－50072019，50072031－5007209，57021，5801901，5802201，5802301，5803002，5804101，5804291，5805，5806391，5810，5811001，5907002，6002402，6002902，6004102，6004902，6107191，6107291，6108192，6108291，6108391，6109901，6110901，6203191，6203291，6203391，6204191，6204291，6204391，6204491，6204591，6205901，62061，6207191，6207291，6207991，6208191，6208291，6208991，6211391，6211491，6213201，6213902，62141，62151，6302291，6302311，6302321，6302391，63023921，63023991，6302511，6302531，63025911，6304191，63041921，63041931，63041991，6304921，6304931，6304991，63049921，6702，6913，70189，7113，7116，71179，83062，844311，844313－844319，8443322－8443329，8443393－8443399，84439119，851822，85232919，85232928，8523491，8523499，8523512，8523592，85238011，85238029，85238099－8525801，85258031，85258032，85258039，853941，9007，9010101，90105021，90106，9010901，92，9503，95043－9504901，9504903－9505，95089－9601，9603301，9603302，9608301，97	—

注：带有＊号标记的商品与表内其他商品的编码范围有交叉。

附录六

2019 年海关统计进口主要商品目录

序号	列目名称	编码范围	计量单位
1	水海产品	02084，021092，03019，0302－0308，1604，1605，2008993	万吨
	其中：		
2	冻鱼	0303	万吨
3	肉及杂碎	02，0504	吨
	其中：		
4	牛肉	0201，0202	吨
5	猪肉	0203	吨
6	羊肉	0204	吨
7	冻鸡	020712，020714	吨
8	鲜、干水果及坚果	0801-0810，0813	万吨
	其中：		
9	香蕉（包括芭蕉）	0803	吨
10	鲜龙眼	0810903	吨
11	乳品	0401-0406，19011，19019	吨
	其中：		
12	奶粉	04021，04022，1901101	吨
13	粮食	0701，0713，0714，10，1101-1103，110423，1201	万吨
	其中：		
14	木薯	07141	万吨
15	谷物及谷物粉	10，1101-1103，110423	万吨
	其中：		
16	玉米	1005，11022，110313，110423	万吨

序号	列目名称	编码范围	计量单位
17	小麦	1001，1101，110311，1103201	万吨
	其中：		
18	小麦粉	1101，110311	吨
19	大麦	1003	万吨
20	稻谷和大米	1006，1102902，1103193	万吨
21	高粱	1007	万吨
22	大豆	1201	万吨
23	食用植物油	1507 – 1510，15111，1511901，1511909，1512，1514，15152，15155	万吨
	其中：		
24	豆油	1507	万吨
25	花生油	1508	吨
26	橄榄油	1509，1510	吨
27	棕榈油	15111，1511901，1511909	万吨
28	菜子油和芥子油	1514	万吨
29	食糖	1701	万吨
30	酒类	2203-2206，22072，2208	千升
	其中：		
31	啤酒	2203	千升
32	葡萄酒	2204，2205，22082	千升
33	饲料用鱼粉	2301201	万吨
34	豆饼、豆粕	2304	吨
35	纸烟	24022	万条
36	天然橡胶（包括胶乳）	40011，40012	万吨
37	合成橡胶（包括胶乳）	4002	万吨
38	原木	4403	万立方米
39	锯材	4407	万立方米

序号	列目名称	编码范围	计量单位
40	胶合板及类似多层板	4412	万立方米
	其中：		
41	木质薄板制胶合板	4412101，44123	万立方米
42	纸浆	4701-4706	万吨
43	羊毛	5101，5103101	吨
44	毛条	51051，51052	吨
45	棉花	5201，5203	万吨
46	二醋酸纤维丝束	5403331，5502101	吨
47	纺织用合成纤维	5501，5503，5506	万吨
	其中：		
48	聚酯纤维	55012，55032，55062	吨
49	聚丙烯腈纤维	55013，55033，55063	吨
50	人造纤维短纤	5504，5507	吨
51	铁矿砂及其精矿	2601	万吨
52	锰矿砂及其精矿	2602	万吨
53	铜矿砂及其精矿	2603	万吨
54	铬矿砂及其精矿	2610	万吨
55	铅矿砂及其精矿	2607	万吨
56	氧化铝	28182	万吨
57	煤及褐煤	2701，2702	万吨
	其中：		
58	无烟煤	270111	万吨
59	炼焦煤	2701121	万吨
60	其他烟煤	2701129	万吨
61	褐煤	2702	万吨
62	原油	2709	万吨
63	成品油	2710	万吨

序号	列目名称	编码范围	计量单位
	其中：		
64	汽油	2710121	吨
65	煤油	27101911，27101912	万吨
66	柴油	27101923	万吨
67	其他燃料油	27101922，27101929	万吨
68	天然气	271111，271121	万吨
	其中：		
69	液化天然气	271111	万吨
70	气态天然气	271121	万吨
71	电流	2716	万千瓦时
72	甲苯	29023	吨
73	二甲苯	29024	万吨
74	苯乙烯	29025	万吨
75	乙二醇	290531	万吨
76	异氰酸酯	29291	吨
77	对苯二甲酸	2917361	万吨
78	己内酰胺	293371	吨
79	医药品	2936-2939，2941，3001-3006	吨
	其中：		
80	抗菌素（制剂除外）	2941	吨
81	抗菌素制剂	30031，30032，30041，30042	吨
82	美容化妆品及护肤品	3304	吨
83	肥料	2827101，2834211，3101－3103，3104209，31043，31049，3105	万吨
	其中：		
84	矿物肥料及化肥	3102，3103，3104209，31043，31049，3105	万吨
	其中：		

序号	列目名称	编码范围	计量单位
85	尿素	31021	吨
86	氮、磷、钾复合肥	31052	万吨
87	磷酸氢二铵	31053	万吨
88	氯化钾	3104209	万吨
89	硫酸钾	31043	万吨
90	合成有机染料	320411-320416，320419	吨
91	钛白粉	3206111	吨
92	聚合物油漆及清漆	3208，3209	吨
93	感光材料	3701-3703	—
94	初级形状的塑料	3901-3914	万吨
	其中：		
95	初级形状的聚乙烯	39011，39012	万吨
96	初级形状的线型低密度聚乙烯	3901902，3901402	万吨
97	初级形状的聚丙烯	39021	万吨
98	初级形状的苯乙烯聚合物	3903	万吨
	其中：		
99	ABS 树脂	39033	万吨
100	初级形状的聚氯乙烯	39041，39042	万吨
101	初级形状的聚酯	39074-39079	万吨
	其中：		
102	聚酯切片（PET）	3907601，3907611，3907691	万吨
103	聚酰胺切片	3908101	万吨
104	非泡沫塑料的板、片、膜、箔	3920	万吨
105	废塑料	3915	万吨
106	杀虫剂、除草剂及类似品	3808	吨
107	牛皮革及马皮革	4104，4107	吨

序号	列目名称	编码范围	计量单位
108	废纸	4707	万吨
109	纸及纸板（未切成形的）	4801-4812，48139，4814	万吨
	其中：		
110	新闻纸	4801	万吨
111	牛皮纸	4804，48084	万吨
112	瓦楞原纸	48051	万吨
113	涂布纸	4810，4811	万吨
114	纺织纱线、织物及制品	5004-5007，5106-5113，5204-5212，5306-5311，54，5508-5516，56-60，63，6501，6502，701911-701919，70194，70195	—
	其中：		
115	毛纱线	5106-5110	吨
116	棉纱线	5204-5207	万吨
117	合成纤维纱线	54011，5402，5406001，55081，5509，55111，55112	吨
	其中：		
118	聚酰胺纤维长丝（缝纫线除外）	54021，540231，540232，540245，540251，540261	吨
119	聚酯纤维长丝（缝纫线除外）	54022，540233，540246，540247，540252，540262	吨
120	丝织物	5007，5801901，5802201，5802301，5803002，5804101，5804291，5806391，5811001，6002402，6002902，6004102，6004902	—
121	棉机织物	5208-5212，58012，58021，5803001，5806101，580631	—
122	合成纤维长丝机织物	5407	万米
123	合成短纤与棉混纺机织物	5513，5514	万米
124	化纤起绒、绳绒及毛圈机织物	58013，5802203	万米

序号	列目名称	编码范围	计量单位
125	涂覆浸渍塑料的织物	5903	吨
126	针织或钩编织物	60	万米
127	服装及衣着附件	39262，4015，4203，4303101，4303102，61，62，6504-6507	—
128	玻璃纤维及其制品	7019	吨
129	钻石	7102	千克
130	废金属	7204，7404，7503，7602，7802，7902，8002，810197，810297，81033，81042，81053，81073，81083，81093，81102，811213，811222，811252	万吨
	其中：		
131	废钢	7204	万吨
132	废铜	7404	万吨
133	废铝	7602	万吨
134	钢坯及粗锻件	7207，72189，72249	万吨
135	钢材	7208-7217，7219-7223，7225-7229，7301-7307	万吨
	其中：		
136	钢铁棒材	7213 - 7215，7221，72221 - 72223，7227，72281-72286，72288	万吨
137	角钢及型钢	7216，72224，72287，7301	万吨
138	钢铁板材	7208-7212，7219，7220，7225，7226	万吨
139	钢铁管材及空心异型材	7303-7306	万吨
140	钢铁制标准紧固件	7318	吨
141	未锻轧铜及铜材	7402，7403，7405-7412	万吨
	其中：		
142	未锻轧铜（包括铜合金）	7402，7403，7405	万吨
143	铜材	7406-7412	吨

序号	列目名称	编码范围	计量单位
144	未锻轧铝及铝材	7601，7603-7609	吨
	其中：		
145	未锻轧铝（包括铝合金）	7601	吨
146	铝材	7603-7609	吨
147	钢铁或铝制结构体及其部件	7308，7610	吨
148	蒸汽锅炉及过热水锅炉	84021，84022	台
149	活塞式内燃机的零件	8409	吨
150	涡轮喷气发动机	84111	台
151	液泵及液体提升机	841311-841382	万台
152	制冷设备用压缩机	84143	万台
153	空气调节器（车用除外）	84151，84158	台
154	冷冻机和制冷设备	84181-84185，841869	台
155	家用空气净化器	84213910	个
156	非家用型水的过滤、净化机器	8421219	台
157	饮料及液体食品灌装设备	8422301	台
158	机械提升搬运装卸设备及零件	8425-8428，84311-84313，8709	—
	其中：		
159	载客电梯	8428101	台
160	建筑及采矿用机械及零件	8429，8430，843141-843149，84791	—
161	食品、饮料工业用加工机械及零件	8435，84378，84379，8438，84792	—
162	制造纸及纸制品用机械及零件	8439，8441	—
163	印刷、装订机械及零件	8440，8442，8443	—
164	纺织机械及零件	8444-8449，84513-84519	—
	其中：		
165	纺织纱线生产及预处理机	84452-84459	台
166	织机	8446	台

序号	列目名称	编码范围	计量单位
167	针织机及缝编机	84471，84472	台
168	纱线织物等后整理机器	84513-84518	台
169	工业用缝纫机	84522	台
170	金属加工机床	8456-8463	台
	其中：		
171	加工中心	84571	台
172	数控机床	845811，845891，845921，845931，845941，845951，845961，846012，846022，846023，846024，846031，8461401，8462101，846221，846231，846241	台
173	金属轧机及零件	8455	—
174	橡胶或塑料加工机械及零件	8477	—
175	型模及金属铸造用型箱	8480	—
176	阀门	84811-84814，8481802-8481804	万套
177	自动数据处理设备及其部件	844331，8443321，8471，852842，852852，852862	万台
	其中：		
178	自动数据处理设备	84713，84714	万台
179	中央处理部件	84715	万台
180	存储部件	84717	万台
181	自动数据处理设备的零件	84733	吨
182	制造单晶柱或晶圆用的机器及装置	84861	台
183	制造半导体器件或集成电路用的机器及装置	84862	台
184	制造平板显示器用的机器及装置	84863	台
185	电动机及发电机	8501	万台
186	发电机组及旋转式变流机	8502	台

序号	列目名称	编码范围	计量单位
	其中：		
187	风力发电机组	85023100	台
188	变压、整流、电感器及零件	8504	—
189	蓄电池	85071-85078	万个
	其中：		
190	铅酸蓄电池	85071，85072	万个
191	电话机	85171	万台
192	数字式程控电话或电报交换机	8517621	台
193	无线电导航雷达及遥控设备	8526	万台
194	激光视盘放像机	8521901	台
195	电视摄像机、数字照相机及视频摄录一体机	85258	万台
196	声音录制或重放设备	8519	万台
197	*收音设备（包括收录音组合机及整套散件）	8527	万台
198	彩色电视机	852872	台
199	电视、收音机及无线电讯设备的零附件	8529	吨
200	电容器	85321-85323	吨
201	电阻器	85331-85334	吨
202	印刷电路	8534	万块
203	通断保护电路装置及零件	8535-8538	—
204	电视显像管	85401	只
	其中：		
205	彩色显像管	854011	只
206	彩色数据/图形显示管	8540401	只

序号	列目名称	编码范围	计量单位
207	二极管及类似半导体器件	85411-85415	百万个
208	集成电路	85423	百万个
209	电线和电缆	85441-85446	吨
210	铁道电力机车	8601	辆
211	汽车	8702，87032-87039，8704，8705	万辆
	其中：		
212	小轿车	8703213，8703223，87032341，87032351，87032361，87032411，87032421，87033111，87033121，87033211，87033221，87033311，87033321，87033361，87034011，87034021，87034031，87034041，87034051，87034061，87034071，87035011，87035021，87035031，87035041，87035051，87035061，87035071，87036，87037，87038	辆
213	四轮驱动轻型越野车	8703214，8703224，87032342，87032352，87032362，87032412，87032422，87033122，87033212，87033222，87033312，87033322，87033362，87034012，87034022，87034032，87034042，87034052，87034062，87034072，87035022，87035032，87035042，87035052，87035062，87035072	辆
214	小客车（9 座及以下）	8703215，8703225，87032343，87032353，87032363，87032413，87032423，87033123，87033213，87033223，87033313，87033323，87033363，87034013，87034023，87034033，87034043，87034053，87034063，87034073，87035023，87035033，87035043，87035053，87035063，87035073	辆
215	货车	87042-87049	辆
216	非公路用自卸车	87041	辆
217	专用汽车	8705	辆

序号	列目名称	编码范围	计量单位
218	30座及以上的客车	87021091，87022091，8702301，8702401，8702901	辆
219	10座至29座的客车	87021092，87021093，87022092，87022093，8702302，8702303，8702402，8702403，8702902，8702903	辆
220	*电动载人汽车	87022-87024，87034-87038	辆
	其中：		
221	纯电动轿车及越野车	87038	辆
222	插电式混合动力轿车及越野车	87036，87037	辆
223	非插电式混合动力轿车及越野车	87034，87035	辆
224	纯电动客车（10座及以上）	87024	辆
225	混合动力客车（10座及以上）	87022，87023	辆
226	装有引擎的汽车底盘	8706	台
227	汽车零配件	40111，40112，401211，401212，4012201，4012902，40131，7007119，7007219，70091，85122，8512301，85124，8707，8708，840734，84082，84152	—
228	飞机及其他航空器	88021-88024	架
	其中：		
229	空载重量超过2吨的飞机	880212，88023，88024	架
230	航空器零件	8803	吨
231	船舶	8901，8902，890391，890392，8904，89051，8905909，8906	艘
232	液晶显示板	90138030	万个

序号	列目名称	编码范围	计量单位
233	医疗仪器及器械	9018 - 9020，902212 - 902214，902221，9402109，94029	—
234	计量检测分析自控仪器及器具	9014-9017，902219，902229，9023-9033	—
235	手表	91011，91012，91021，91022	万只
	其中：		
236	机械手表	91012，91022	万只
237	电动手表	91011，91021	万只
238	已组装的完整表芯	9108	万只
239	印刷品	49	吨
240	塑料制品	3918，3922-3925，39261，39263-39269	吨
241	* 农产品	01-24，290543-290544，3301，3501-3505，38091，38246，4101 - 4103，4301，5001 - 5003，5101-5103，5201-5203，5301，5302	—
242	* 机电产品	同第 243-248 项	—
243	金属制品	7307 - 7326，7412 - 7419，75072，7508，7609 - 7616，7806009，7907，8007004，8007009，8101999，810299，8103909，8104902，81059，8106009，81079，8108909，81099，81109，8111009，811219，811229，811259，811299，82，83	万吨
244	机械设备	84	—
245	电器及电子产品	85	—
246	运输工具	86，8701-8709，8711-8716，88，89	—
247	仪器仪表	90	—
248	其他	680421，6804221，6805，7011，91，9207，93031-93033，9304，93052，93059，93062，93063，94011-94013，9402，94031，94032，9405，9406，9503001，95030083，95045，95043，9504901，9504902，9504904，95069，9508，9613	—

序号	列目名称	编码范围	计量单位
249	*高新技术产品	同第 250-258 项	—
250	生物技术	29371，293723，293729，2940，30022-30029	—
251	生命科学技术	28444，28459，28521，291462，291469，29189，292149，292216，292217，292218，292219，292229，292249，29225，292425，292429，2928，29306，29307，29308，29309，2931，293214，293219，2932209，293291，293292，293299，293319，293329，293339，293349，293359，29339，29343，29349，30021，30046，30049，900661，90118，90119，9012，901811 - 901814，90185，9019，90211，90213-90219，90221-90223，90279	—
252	光电技术	84561，85192，85198119，85198121，85198129，85198139，85198990，854089，90029，9013803，90151 - 90154，90241，90248，90273，90292，903141，903149，90318	—
253	计算机与通信技术	8443319，8443321，8443329，8443999，84705，8471，84733，84735，85049，8517121，8517122，851718，851761-851769，8517701-8517704，8517709，8521，8523291，85232929，852341，8523492，8523499，8523512，8523592，8523802，8523809，8525，8526，852842，852852，852862，852869，852871，852872，85299，88039	—
254	电子技术	85177060，852352，8534，85371，8540799，85411-85415，85419，8542，85431，85432，901819，90189，90309	—

序号	列目名称	编码范围	计量单位
255	计算机集成制造技术	842489，84271，84289，84562-84569，8457，845811，845891，84591，845921，845931，8459401，845941，845951，845961，84597，846011，8460121，846021，8460221，8460231，8460241，846031，84604，84609，84612，84613，84615，84619，846221，846231，846241，84629，84641，84649，84795，84797，847989，84799，8486，850819，85086，85087090，85143，851521，851531，90172，90302，903031，903033－903040，903082，90328	—
256	材料技术	3818，85447，90011，90019，900791	吨
257	航空航天技术	8411，84121，880211，880212，88023－88026，88031-88033，88052，90141，90142，90149，90158，90229，90275	—
258	其他技术	28442，8401，90051，90058，90131，90148，90301	—
259	* 文化产品	36041，3704－3706，39264，4414，44201，46021，48021，4823903，4901－4906，4909－4911，5002001，5004－50072019，50072031－5007209，57021，5801901，5802201，5802301，5803002，5804101，5804291，5805，5806391，5810，5811001，5907002，6002402，6002902，6004102，6004902，6107191，6107291，6108192，6108291，6108391，6109901，6110901，6203191，6203291，6203391，6204191，6204291，6204391，6204491，6204591，6205901，62061，6207191，6207291，6207991，6208191，6208291，6208991，6211391，6211491，6213201，6213902，62141，62151，6302291，6302311，6302321，6302391，63023921，63023991，6302511，6302531，63025911，6304191，63041921，63041931，63041991，6304921，6304931，6304991	—

序号	列目名称	编码范围	计量单位
259	*文化产品	63049921，6702，6913，70189，7113，7116，71179，83062，844311，844313－844319，8443322－8443329，8443393－8443399，84439119，851822，85232919，85232928，8523491，8523499，8523512，8523592，85238011，85238029，85238099－8525801，85258031，85258032，85258039，853941，9007，9010101，90105021，90106，9010901，92，9503，95043－9504901，9504903－9505，95089－9601，9603301，9603302，9608301，97	—

注：带有*号标记的商品与表内其他商品的编码范围有交叉。

附录七

2020 年海关统计出口主要商品目录

序号	列目层级	列目名称	编码范围	计量单位	备注
1	1	＊农产品	01-24，290543，290544，3301，3501 - 3505，38091，38246，4101-4103，4301，5001-5003，5101-5103，5201-5203，5301，5302	—	编码范围来自乌拉圭回合协议列名编码范围，以及水海产品口径的合集。
2	2	肉类（包含杂碎）	02，0504	万吨	列目名称由“肉及杂碎”调整为“肉类（包含杂碎）”，编码范围不变。计量单位由“吨”调整为“万吨”。
3	2	水海产品	02084，021092，03019，0302 - 0308，121221，1604，1605，2008993	万吨	编码范围增加121221。
4	2	蔬菜	0701-0712，0714101，0714201，07143-07149，09101，12122，2001，2002109，2002909，2003109，2003909，2004，20051-20054，2005519，2005599，2005609，20057，20058，2005919，2005994-2005996，20059999	万吨	
5	3	鲜或冷藏蔬菜	0701-0709，0714101，0714201，07143-07149	万吨	
6	2	鲜、干水果及坚果	0801-0810，0813	万吨	
7	3	苹果	08081	万吨	计量单位由“吨”调整为“万吨”。

序号	列目层级	列目名称	编码范围	计量单位	备注
8	2	茶叶	0902	吨	
9	2	粮食	0701，0713，0714，10，1101－1103，110423，1201	万吨	
10	3	稻谷及大米	1006，1102902，1103193	万吨	列目名称由“稻谷和大米”调整为“稻谷及大米”。计量单位由“吨”调整为“万吨”。
11	2	罐头	1602321，1602391，1602491，1602501，1602901，1604201，2002101，2002901，2003101，2003901，2005511，2005591，2005601，2005911，2005992，20059991，2007991，2008111，2008191，2008192，2008201，2008301，2008401，2008601，2008701，2008991，2008992，2008994	吨	编码范围仅包含《统计商品目录》中条文含“罐头”的编码。
12	3	蔬菜罐头	2002101，2002901，2003101，2003901，2005511，2005591，2005601，2005911，2005992，20059991	吨	
13	2	酒类及饮料	2009，2201-2206，22072，2208	—	新增列目。
14	3	果蔬汁	2009	万吨	
15	3	啤酒	2203	万升	
16	2	烟草及其制品	24	吨	新增列目。
17	3	烤烟	2401101，2401201	吨	
18	3	卷烟	24022	万条	列目名称由“纸烟”调整为“卷烟”。
19	1	制盐	2501001，2501002	吨	新增列目。
20	1	水泥及水泥熟料	2523	万吨	

序号	列目层级	列目名称	编码范围	计量单位	备注
21	1	钨品	2611，2620991，2825901，28418，2849902，8101	吨	
22	1	煤及褐煤	2701，2702	万吨	
23	1	焦炭及半焦炭	2704001	万吨	
24	1	成品油	2710	万吨	
25	2	汽油	2710121	万吨	
26	2	航空煤油	27101911	万吨	列目名称由“煤油”调整为“航空煤油”，编码范围删除27101912。
27	2	柴油	27101923	万吨	
28	1	氧化铝	28182	万吨	计量单位由“吨”调整为“万吨”。
29	1	稀土及其制品	2530902，28053，2846，3606901，7202991，72029991，8505111	吨	
30	2	稀土	2530902，28053，2846	吨	
31	1	基本有机化学品	22072，2901－2904，290511－290544，290549－290559，2906－2908，2909－2914，2915－2917，29181，291829，291899，2919－2921，29221－29223，292243，292244，292249，29225，292421，2925－2931，29321，29329，293329－293349，293361，293371－293399，29341，29342，29349，2942，31025，3507，38231，38237	—	新增列目。列目名称及编码范围根据《联合国产品总分类》（CPC）确定。
32	2	柠檬酸	291814	万吨	

序号	列目层级	列目名称	编码范围	计量单位	备注
33	1	医药材及药品	0507901，0507902，0510，09102，12112，12115，12119011-12119039，12119099，1301902，1301903，2530901，2936-2939，2941，3001-3006	吨	扩大原有“医药品”的编码范围，使其包含中药材。
34	2	中药材	0507901，0507902，0510，09102，12112，12115，12119011-12119039，12119099，1301902，1301903，2530901	吨	将“中药材及中式成药”拆分为“中药材”和“中式成药”两个列目。中药材的商品编码删除130214，增加12119099。
35	2	中式成药	3004905	吨	将“中药材及中式成药”拆分为“中药材”和“中式成药”两个列目。
36	2	抗菌素（制剂除外）	2941	吨	
37	2	医用敷料	3005	吨	
38	1	肥料	2827101，2834211，3101-3103，3104209，31043，31049，3105	万吨	
39	2	尿素	31021	万吨	
40	2	硫酸铵	310221	万吨	新增列目。
41	2	磷酸氢二铵	31053	万吨	
42	2	磷酸二氢铵	31054	万吨	新增列目。
43	1	合成有机染料	320411-320416，320419	吨	

序号	列目层级	列目名称	编码范围	计量单位	备注
44	1	美容化妆品及洗护用品	3303 - 3306，33071 - 33073，33079，340111，34013	吨	列目名称由“美容化妆品及护肤品”调整为“美容化妆品及洗护用品”，编码范围原仅为3304，现增加3303，3305，3306，33071-33073，33079，340111，34013。
45	1	烟花、爆竹	36041	吨	
46	1	塑料制品	3916-3926，630533，85472，900311，94037，940592，960621，961511	—	编码范围增加3916、3917以及《统计商品目录》明确列名由塑料制的制品。
47	1	橡胶轮胎	4011-4013	万吨	新增列目。
48	2	新的充气橡胶轮胎	4011	万吨/万条	计量单位由“万条”调整为“万吨/万条”。
49	1	皮革、毛皮及其制品	4104 - 4115，420211，420221，420231，420291，4203，4205，4302，4303，6506991，6506992	—	新增列目。
50	2	裘皮服装	4303101	吨/万件	
51	1	箱包及类似容器	4202	万吨	
52	2	皮革箱包及类似容器	420211，420221，420231，420291	吨	新增列目。
53	1	木及其制品	4403-4421	万吨	新增列目。编码范围不包含“木家具”。
54	2	家用或装饰用木制品	4414，4419，4420	万吨	

序号	列目层级	列目名称	编码范围	计量单位	备注
55	2	胶合板及类似多层板	4412	万立方米	
56	1	植物材料编结品	46	吨	新增列目。
57	1	纸浆、纸及其制品	4701-4706，48	万吨	新增列目。
58	1	纺织原料	5001，5002，5101，5102，5104，5105，5201，5203，5301-5305，5501-5504，5506，5507	万吨	根据纺织工艺新增列目。编码范围不包含已列名废料。
59	2	化学纤维纺织原料	5501-5504，5506，5507	万吨	新增列目。
60	1	纺织纱线、织物及其制品	5004-5007，5106-5113，5204-5212，5306-5311，54，5508-5516，56-60，63，6501，6502	—	编码范围调整，删除玻璃纤维及制品。
61	2	纺织纱线	5004-5006，5106-5110，5204-5207，5306-5308，5401-5406，5508-5511	—	新增列目。
62	2	纺织织物	5007，5111-5113，5208-5212，5309-5311，5407，5408，5512-5516，5605，5606，5801-5806，5809，60	—	新增列目。
63	2	纺织制品	5601-5604，5607-5609，57，5807，5808，5810，5811，59，63，6501，6502	—	新增列目。
64	1	服装及衣着附件	39262，4015，4203，4303101，4303102，61，62	—	编码范围删除 6504-6507（帽类）。
65	2	服装	3926209，42031，4303101，6101-6114，6201-6211，62121，62123	—	
66	1	鞋靴	6401-6405	万双	列目名称由“鞋”改为“鞋靴”。

序号	列目层级	列目名称	编码范围	计量单位	备注
67	1	帽类	6504-6506	万个	新增列目。
68	1	伞	6601	万把	
69	1	花岗岩石材及其制品	680223，680293	万吨	
70	1	陶瓷产品	69	万吨	
71	2	日用陶瓷	690911，690919，69099，6910-6914	万吨	新增列目。
72	2	建筑用陶瓷	6902，6904-6907	万吨	
73	1	玻璃及其制品	70，85461，90014，940591	—	新增列目。
74	1	珍珠、宝石及半宝石	7101-7105	—	编码范围扩大，增加7104、7105。列目名称调整，删去其中的“钻石”。
75	1	贵金属或包贵金属的首饰	7113	吨	计量单位由“千克”调整为“吨”。
76	1	铁合金	7202	万吨	
77	1	钢材	7208-7217，7219-7223，7225-7229，7301-7307	万吨	
78	2	钢铁棒材	7213-7215，7221，72221-72223，7227，72281-72286，72288	万吨	
79	2	角钢及型钢	7216，72224，72287，7301	万吨	
80	2	钢铁板材	7208-7212，7219，7220，7225，7226	万吨	
81	2	钢铁线材	7217，7223，7229	万吨	
82	1	未锻轧铜及铜材	7402，7403，7405-7412	吨	
83	1	未锻轧铝及铝材	7601，7603-7609	吨	计量单位由“万吨”调整为“吨”。
84	1	家具及其零件	9401，9403	—	
85	1	玩具	9503	—	
86	1	体育用品及设备	9506	—	

序号	列目层级	列目名称	编码范围	计量单位	备注
87	1	笔及其零件	9603301，9603302，9608，9609	—	新增列目。
88	1	＊机电产品	40111-40113，401211-401213，4012201，4012901，4012902，40131，40132，4013901，63011，68042，6805，700711，700721，70091，7011，7308-7326，7413-7419，7508，7610-7616，7806009，7907003-7907009，8007009，8101999，810299，8103909，8104902，81059，8106009，81079，8108909，81099，81109，8111009，811219，811229，811259，811299，82-91，9207，93031-93033，9304，93052，93059，93062，93063，94011，94012，9402，9405，9406，9503001，95030083，95043，95045，9504901，9504902，95069，9508，9613	—	编码范围调整。删除钢材、铜材、其他金属材料、金属办公家具、麻将器具等。增加橡胶轮胎等。下级目录的设置及编码范围根据相关管理部门的需要及行业标准确定。
89	2	机械基础件	7315119-7315900，7317，7318，7320，7415，74191，7419992，76161，84122，84123，8480，8482，8484	—	新增列目。
90	3	紧固件	7317，7318，7415，76161	吨	新增列目。
91	3	轴承	84821-84828	吨	计量单位由“万套”调整为“吨”。
92	2	手用或机用工具	8201-8209	万吨	
93	2	农业机械	841931，842111，84244，842482，84321-84324，84328，84331-84336，84341，84361-84368，84371，84378，84386，84781，84792，87011，87013，8701911，8701921，8701931，8701941，8701951，87162	—	新增列目。

序号	列目层级	列目名称	编码范围	计量单位	备注
94	3	拖拉机	87011，87013，8701911，8701921，8701931，8701941，8701951	辆	新增列目。
95	2	食品加工机械	84172，841981，842122，84342，84351，84381－84385，84388	万台	新增列目。
96	2	包装机械	842219－842240，84391－84393，84412-84418	万台	新增列目。
97	2	印刷、装订机械及其零件	8440，8442，8443	—	新增列目。
98	3	打印机、复印机及一体机	84431-84433	台	新增列目。
99	2	通用机械设备	84131，84132，84135－84138，84141－84143，8414593，8414599，84148，84151022，8415812，8415822，841583，8418301，8418401，84185，84186，841932，841939，84196，842119，8421219，842129，8421392-8421399，84811-84818	—	新增列目。
100	3	泵	84131，84132，84135－84138，84141，84142	万台	新增列目。
101	3	压缩机	84143，8414802，8414804	万台	新增列目。
102	3	分离设备	84196，842119，8421219，842129，8421392-8421399	—	新增列目。
103	3	阀门及类似装置	84811-84818	万套	新增列目。
104	2	纺织机械及其零件	8444-8449，84513-84519	—	
105	2	缝制机械及其零件	8452	—	新增列目。
106	2	机床	8456-8465	台	新增列目。

序号	列目层级	列目名称	编码范围	计量单位	备注
107	2	自动数据处理设备及其零部件	8471，84733，852842，852852，852862	—	列目名称由“自动数据处理设备及其部件”调整为“自动数据处理设备及其零部件”，编码范围增加零件的编码，删除844331，8443321。
108	3	自动数据处理设备	84713，84714	万台	
109	4	平板电脑	8471301	万台	
110	4	笔记本电脑	8471309	万台	列目名称由“便携式电脑（平板电脑除外）”调整为“笔记本电脑”。
111	3	中央处理部件	84715	万台	
112	3	存储部件	84717	万台	
113	3	自动数据处理设备的零件、附件	84733	吨	列目名称由“自动数据处理设备的零件”调整为“自动数据处理设备的零件、附件”。计量单位由“万吨”调整为“吨”。
114	3	液晶监视器	8528521	万台	新增列目。
115	2	电工器材	85042－85044，8505，85061－85068，85071－85078，85111－85118，85141－85144，85151－85158，8535－8537，85441，85442，85444，85446，8545－8547	—	新增列目。

序号	列目层级	列目名称	编码范围	计量单位	备注
116	3	变压器	85042，85043	万个	
117	3	原电池	85061-85068	亿个	计量单位由“百万个”调整为“亿个”。
118	3	蓄电池	85071-85078	万个	
119	4	锂离子蓄电池	85076	万个	新增列目。
120	3	电气控制装置	8535，85361 - 85366，85369，8537	—	新增列目。
121	4	高压开关及控制装置	8535，85372	—	新增列目。
122	4	低压开关及控制装置	85361-85366，85369，85371	—	新增列目。
123	3	电线及电缆	85441，85442，85444，85446	万吨	列目名称由“电线和电缆”调整为“电线及电缆”，编码范围不含作为车辆及航空器等零件用的。
124	2	手机	8517121	万台	
125	2	家用电器	63011，841451，8414601，8415101，84151021，8415811，8415821，84181，84182，8418302，8418402，8421121，8421211，8421391，842211，84501，845121，850811，85094，85098，85101 - 85103，85161，851621，8516292 - 8516299，85163-85167	万台	新增列目。编码范围不包含音视频设备和按摩器具。
126	3	电扇	841451	万台	编码范围缩小，仅限于家用，删去841459。

序号	列目层级	列目名称	编码范围	计量单位	备注
127	3	空调	8415101，84151021，8415811，8415821	万台	新增列目。
128	3	冰箱	84181，84182，8418302，8418402	万台	编码范围缩小，仅限于家用，原编码范围为 84181-84185。
129	3	洗衣机	84501	万台	编码范围缩小，仅限于家用，删去 84502。
130	3	吸尘器	850811	万台	新增列目。
131	3	微波炉	85165	万个	
132	2	音视频设备及其零件	8519，8521，85221，8522901-8522903，85229099，85258，85271，85279，852849，852859，852869，85287，8529102，8529109，8529904，8529906，8529908，8529909	—	新增列目。编码范围不包含车载及用于 8471 自动数据处理设备项下的音视频设备。
133	3	电视摄像机、数字照相机及视频摄录一体机	85258	万台	新增列目。
134	4	数字照相机	8525802	万台	新增列目。
135	3	无线电广播接收设备	85271，85279	万台	新增列目。
136	3	液晶电视机	8528722	万台	
137	3	音视频设备的零件	85221，8522901-8522903，85229099，8529102，8529109，8529904，8529906，8529908，8529909	—	新增列目。
138	4	有机发光二极管显示屏	85299083	万块	新增列目。

序号	列目层级	列目名称	编码范围	计量单位	备注
139	2	电子元件	85041，85045，85176294，85181-85185，8531801，85321-85323，85331 - 85334，8534，85411 - 85416，85423，85447，90011	—	新增列目。
140	3	印刷电路	8534	亿块/万吨	计量单位由“百万块”调整为“亿块/万吨”。
141	3	二极管及类似半导体器件	85411-85416	亿个/万吨	编码范围扩大，增加85416。计量单位由“百万个”调整为“亿个/万吨”。
142	4	太阳能电池	8541402	万个/万吨	计量单位由“万个”调整为“万个/万吨”。
143	3	集成电路	85423	亿个/万吨	计量单位由“百万个”调整为“亿个/万吨”。
144	2	集装箱	8609	万个	
145	2	摩托车	8711	万辆	
146	3	内燃机摩托车	87111-87115	万辆	新增列目。
147	3	电动摩托车及脚踏车	87116	万辆	新增列目。
148	2	自行车	8712002-8712008	万辆	
149	2	摩托车及自行车的零配件	40114，40115，40132，7315111，7315112，85121，8512309，87141，87149	—	
150	2	汽车（包含底盘）	87012，8701919，8701929，8701939，8701949，8701959，8702，87032-87039，8704-8706	万辆	新增列目。在原汽车范围基础上，增加8701中的牵引车和装有引擎的汽车底盘。
151	3	乘用车	87032-87039	辆	新增列目。

序号	列目层级	列目名称	编码范围	计量单位	备注
152	3	商用车	87012，8701919，8701929，8701939，8701949，8701959，8702，8704-8706	辆	新增列目。
153	4	客车（10座及以上）	8702	辆	新增列目。
154	4	货车	87042-87049	辆	
155	4	专用汽车	8705	辆	新增列目。
156	2	汽车零配件	40111，40112，401211，401212，4012201，4012902，40131，7007119，7007219，70091，83012，83023，84073，84082，84152，85122，8512301，85124，85229091，8526911，85272，8539213，8539293，8544302，8707，8708，9029201，9401201，9401209，94019011	—	编码范围调整。
157	3	车用发动机	84073，84082	万台	新增列目。
158	3	汽车轮胎	40111，40112，401211，401212，4012201，4012902，40131	吨	新增列目。
159	2	婴孩车及其零件	8715	吨	新增列目。
160	2	船舶	8901，8902，890391，890392，8904，89051，8905909，8906	艘	
161	3	液货船	89012	艘	列目名称简化。编码范围不变。
162	3	集装箱船	8901902	艘	
163	3	散货船	8901904	艘	
164	2	眼镜及其零件	90013-90015，9003，9004	—	

序号	列目层级	列目名称	编码范围	计量单位	备注
165	2	液晶显示板	9013803	万个/吨	计量单位由“万个”调整为“万个/吨”。
166	2	计量检测分析自控仪器及器具	9014－9017，902219，902229，9023-9033	—	新增列目。
167	3	分析仪器	90271-90278	台	新增列目。
168	2	医疗仪器及器械	9018－9020，902212－902214，902221，9402109，94029	—	
169	2	钟表及其零件	91	—	新增列目。
170	3	手表	91011，91012，91021，91022	万只	
171	2	灯具、照明装置及其零件	9405	—	
172	2	游戏机及其零附件	9504301，95045，9504901	吨	
173	1	*高新技术产品	28442，28444，28459，28521，291462，291469，29189，292149，292216，292217，292218，292219，292229，292249，29225，292425，292429，2928，29306，29307，29308，29309，2931，293214，293219，2932209，293291，293292，293299，293319，293329，293339，293349，293359，29339，29343，29349，29371，293723，293729，2940，30021，30022-30029，30046，30049，3818，8401，8411，84121，842489，84271，84289，8443319，8443321，8443329，8443999，84561，84562-84569，8457，845811，845891，84591	—	

序号	列目层级	列目名称	编码范围	计量单位	备注
173	1	* 高新技术产品	845921，845931，8459401，845941，845951，845961，84597，846011，8460121，846021，8460221，8460231，8460241，846031，84604，84609，84612，84613，84615，84619，846221，846231，846241，84629，84641，84649，84705，8471，84733，84735，84795，84797，847989，84799，8486，85049，850819，85086，85087090，85143，851521，851531，8517121，8517122，851718，851761 – 851769，8517701 – 8517704，85177060，8517709，85192，85198119，85198121，85198129，85198139，85198990，8521，8523291，85232929，852341，8523492，8523499，8523512，852352，8523592，8523802，8523809，8525，8526，852842，852852，852862，852869，852871，852872，85299，8534，85371，8540799，854089，85411–85415，85419，8542，85431，85432，85447，880211，880212，88023 – 88026，88031 – 88033，88039，88052，90011，90019，90029，90051，90058，900661，900791，90118，90119，9012，90131，9013803，90141，90142，90148，90149，90151 – 90154，90158，90172，901811 – 901814，90185，9019，90211，90213 – 90219，90221 – 90223，90229，90241，90248，90273，90275，90279，90292，90301，90302，903031，903033 – 903040，903082，903141，903149，90318，90328，901819，90189，90309	—	

序号	列目层级	列目名称	编码范围	计量单位	备注
174	2	生物技术	29371，293723，293729，2940，30022-30029	—	
175	2	生命科学技术	28444，28459，28521，291462，291469，29189，292149，292216，292217，292218，292219，292229，292249，29225，292425，292429，2928，29306，29307，29308，29309，2931，293214，293219，2932209，293291，293292，293299，293319，293329，293339，293349，293359，29339，29343，29349，30021，30046，30049，900661，90118，90119，9012，901811－901814，90185，9019，90211，90213－90219，90221－90223，90279	—	
176	2	光电技术	84561，85192，85198119，85198121，85198129，85198139，85198990，854089，90029，9013803，90151－90154，90241，90248，90273，90292，903141，903149，90318	—	
177	2	计算机与通信技术	8443319，8443321，8443329，8443999，84705，8471，84733，84735，85049，8517121，8517122，851718，851761－851769，8517701－8517704，8517709，8521，8523291，85232929，852341，8523492，8523499，8523512，8523592，8523802，8523809，8525，8526，852842，852852，852862，852869，852871，852872，85299，88039	—	

序号	列目层级	列目名称	编码范围	计量单位	备注
178	2	电子技术	85177060，852352，8534，85371，8540799，85411-85415，85419，8542，85431，85432，901819，90189，90309	—	
179	2	计算机集成制造技术	842489，84271，84289，84562-84569，8457，845811，845891，84591，845921，845931，8459401，845941，845951，845961，84597，846011，8460121，846021，8460221，8460231，8460241，846031，84604，84609，84612，84613，84615，84619，846221，846231，846241，84629，84641，84649，84795，84797，847989，84799，8486，850819，85086，85087090，85143，851521，851531，90172，90302，903031，903033-903040，903082，90328	—	
180	2	材料技术	3818，85447，90011，90019，900791	吨	
181	2	航空航天技术	8411，84121，880211，880212，88023－88026，88031－88033，88052，90141－90142，90149，90158，90229，90275	—	
182	2	其他技术	28442，8401，90051，90058，90131，90148，90301	—	
183	1	* 电动载人汽车	87022-87024，87034-87038	辆	
184	2	混合动力客车（10 座及以上）	87022，87023	辆	
185	2	纯电动客车（10 座及以上）	87024	辆	

序号	列目层级	列目名称	编码范围	计量单位	备注
186	2	非插电式混合动力乘用车	87034，87035	辆	原列目名称中的“轿车及越野车”调整为“乘用车”，编码范围不变。
187	2	插电式混合动力乘用车	87036，87037	辆	原列目名称中的“轿车及越野车”调整为“乘用车”，编码范围不变。
188	2	纯电动乘用车	87038	辆	原列目名称中的“轿车及越野车”调整为“乘用车”，编码范围不变。
189	1	＊文化产品	36041，3704 - 3706，39264，4414，44201，46021，48021，4823903，4901 - 4906，4909 - 4911，5002001，5004 - 50072019，50072031 - 5007209，57021，5801901，5802201，5802301，5803002，5804101，5804291，5805，5806391，5810，5811001，5907002，6002402，6002902，6004102，6004902，6107191，6107291，6108192，6108291，6108391，6109901，6110901，6203191，6203291，6203391，6204191，6204291，6204391，6204491，6204591，6205901，62061，6207191，6207291，6207991，6208191，6208291，6208991，6211391，6211491，6213201，6213902，62141，62151，6302291，6302311，6302321，6302391，63023921，63023991，6302511，6302531	—	

序号	列目层级	列目名称	编码范围	计量单位	备注
189	1	*文化产品	63025911，6304191，63041921，63041931，63041991，6304921，6304931，6304991，63049921，6702，6913，70189，7113，7116，71179，83062，844311，844313-844319，8443322-8443329，8443393-8443399，84439119，851822，85232919，85232928，8523491，8523499，8523512，8523592，85238011，85238029，85238099-8525801，85258031，85258032，85258039，853941，9007，9010101，90105021，90106，9010901，92，9503，95043-9504901，9504903-9505，95089-9601，9603301，9603302，9608301，97	—	

注：带有*号标记的商品与表内其他商品的编码范围有交叉。

附录八

2020年海关统计进口主要商品目录

序号	列目层级	列目名称	编码范围	计量单位	备注
1	1	* 农产品	01-24，290543，290544，3301，3501 - 3505，38091，38246，4101-4103，4301，5001-5003，5101-5103，5201-5203，5301，5302	—	编码范围来自乌拉圭回合协议列名编码范围，以及水海产品口径的合集。
2	2	肉类（包含杂碎）	02，0504	万吨	列目名称由“肉及杂碎”调整为“肉类（包含杂碎）”，编码范围不变。计量单位由“吨”调整为“万吨”。
3	3	牛肉及牛杂碎	0201，0202，02061，02062，02102	万吨	新增列目。
4	4	牛肉	0201，0202，02102	万吨	编码范围增加02102。计量单位由“吨”调整为“万吨”。
5	3	猪肉及猪杂碎	0203，02063，02064，02091，02101，05040011，05040014	万吨	新增列目。
6	4	猪肉	0203，02091，02101	万吨	编码范围增加02091，02101。计量单位由“吨”调整为“万吨”。
7	2	水海产品	02084，021092，03019，0302-0308，121221，1604，1605，2008993	万吨	编码范围增加121221。
8	3	冻鱼	0303	万吨	

序号	列目层级	列目名称	编码范围	计量单位	备注
9	2	乳品	0401-0406，19011，19019	万吨	计量单位由“吨”调整为“万吨”。
10	3	奶粉	04021，04022，1901101	万吨	计量单位由“吨”调整为“万吨”。
11	2	鲜、干水果及坚果	0801-0810，0813	万吨	
12	2	粮食	0701，0713，0714，10，1101-1103，110423，1201	万吨	
13	3	小麦	1001，1101，110311，1103201	万吨	
14	3	大麦	1003	万吨	
15	3	玉米	1005，11022，110313，110423	万吨	
16	3	稻谷及大米	1006，1102902，1103193	万吨	列目名称由“稻谷和大米”调整为“稻谷及大米”。计量单位由“吨”调整为“万吨”。
17	3	高粱	1007	万吨	
18	3	大豆	1201	万吨	
19	2	食用植物油	1507-1510，15111，1511901，1511909，1512，1514，15152，15155	万吨	
20	3	豆油	1507	万吨	
21	3	棕榈油	15111，1511901，1511909	万吨	
22	3	菜子油及芥子油	1514	万吨	
23	2	食糖	1701	万吨	
24	2	酒类及饮料	2009，2201-2206，22072，2208	—	新增列目。
25	3	啤酒	2203	万升	计量单位由“千升”调整为“万升”。

序号	列目层级	列目名称	编码范围	计量单位	备注
26	3	葡萄酒	2204，2205，22082	万升	计量单位由“千升”调整为“万升”。
27	1	制盐	2501001，2501002	吨	新增列目。
28	1	金属矿及矿砂	2502，2519，2530902，2601－2617	万吨	新增列目。
29	2	铁矿砂及其精矿	2601	万吨	
30	2	铜矿砂及其精矿	2603	万吨	
31	2	铝矿砂及其精矿	2606	万吨	新增列目。
32	1	煤及褐煤	2701，2702	万吨	
33	1	原油	2709	万吨	
34	1	成品油	2710	万吨	
35	2	石脑油	2710122	万吨	新增列目。
36	2	航空煤油	27101911	万吨	列目名称由“煤油”调整为“航空煤油”，编码范围删除27101912。
37	1	天然气	271111，271121	万吨	
38	2	液化天然气	271111	万吨	
39	2	气态天然气	271121	万吨	
40	1	多晶硅	2804619	吨	新增列目。

序号	列目层级	列目名称	编码范围	计量单位	备注
41	1	基本有机化学品	22072，2901-2904，290511-290544，290549-290559，2906-2908，2909-2914，2915-2917，29181，291829，291899，2919-2921，29221-29223，292243，292244，292249，29225，292421，2925-2931，29321，29329，293329-293349，293361，293371-293399，29341，29342，29349，2942，31025，3507，38231，38237	—	新增列目。列目名称及编码范围根据《联合国产品总分类》（CPC）确定。
42	2	二甲苯	29024	万吨	
43	2	乙二醇	290531	万吨	
44	1	医药材及药品	0507901，0507902，0510，09102，12112，12115，12119011-12119039，12119099，1301902，1301903，2530901，2936－2939，2941，3001-3006	吨	扩大原有“医药品”的编码范围，使其包含中药材。
45	2	中药材	0507901，0507902，0510，09102，12112，12115，12119011-12119039，12119099，1301902，1301903，2530901	吨	将“中药材及中式成药”拆分为“中药材”和“中式成药”两个列目。中药材的编码范围删除130214，增加12119099。
46	2	人用疫苗	30022	千克	新增列目。
47	1	肥料	2827101，2834211，3101-3103，3104209，31043，31049，3105	万吨	
48	2	氯化钾	3104209	万吨	

序号	列目层级	列目名称	编码范围	计量单位	备注
49	2	氮磷钾三元复合肥	31052	万吨	列目名称由“氮、磷、钾复合肥”调整为“氮磷钾三元复合肥”。
50	1	美容化妆品及洗护用品	3303-3306，33071-33073，33079，340111，34013	吨	列目名称由“美容化妆品及护肤品”调整为“美容化妆品及洗护用品”，编码范围原仅为3304，现增加3303，3305，3306，33071-33073，33079，340111，34013。
51	1	初级形状的塑料	3901-3914	万吨	
52	1	塑料制品	3916-3926，630533，85472，900311，94037，940592，960621，961511	—	编码范围增加3916，3917以及《统计商品目录》明确列名由塑料制的制品。
53	1	天然及合成橡胶(包括胶乳)	40011，40012，4002	万吨	新增列目。
54	1	皮革、毛皮及其制品	4104 - 4115，420211，420221，420231，420291，4203，4205，4302，4303，6506991，6506992	—	新增列目。
55	2	牛皮革及马皮革	4104，4107	吨	
56	1	木及其制品	4403-4421	万吨	新增列目。编码范围不包含“木家具”。
57	2	原木	4403	万立方米	
58	2	锯材	4407	万立方米	

序号	列目层级	列目名称	编码范围	计量单位	备注
59	1	纸浆、纸及其制品	4701-4706，48	万吨	新增列目。
60	2	纸浆	4701-4706	万吨	
61	1	纺织原料	5001，5002，5101，5102，5104，5105，5201，5203，5301－5305，5501-5504，5506，5507	万吨	根据纺织工艺新增列目。编码范围不包含已列名废料。
62	2	羊毛及毛条	5101，51051，51052	吨	新增列目。
63	2	棉花	5201，5203	万吨	
64	1	纺织纱线、织物及其制品	5004-5007，5106-5113，5204-5212，5306－5311，54，5508－5516，56-60，63，6501，6502	—	编码范围调整，删除玻璃纤维及制品。
65	2	纺织纱线	5004-5006，5106-5110，5204-5207，5306-5308，5401-5406，5508-5511	—	新增列目。
66	3	棉纱线	5204-5207	万吨	
67	3	合成纤维纱线	54011，5402，5406001，55081，5509，55111，55112	吨	
68	1	服装及衣着附件	39262，4015，4203，4303101，4303102，61，62	—	编码范围删除 6504-6507（帽类）。
69	1	玻璃及其制品	70，85461，90014，940591	—	新增列目。
70	2	玻璃纤维及其制品	7019	吨	
71	1	珍珠、宝石及半宝石	7101-7105	—	新增列目。
72	2	钻石	7102	千克	
73	1	钢材	7208-7217，7219-7223，7225-7229，7301-7307	万吨	
74	1	未锻轧铜及铜材	7402，7403，7405-7412	吨	计量单位由“万吨”调整为“吨”。
75	1	未锻轧铝及铝材	7601，7603-7609	吨	

序号	列目层级	列目名称	编码范围	计量单位	备注
76	1	* 机电产品	40111-40113，401211-401213，4012201，4012901，4012902，40131，40132，4013901，63011，68042，6805，700711，700721，70091，7011，7308-7326，7413-7419，7508，7610-7616，7806009，7907003-7907009，8007009，8101999，810299，8103909，8104902，81059，8106009，81079，8108909，81099，81109，8111009，811219，811229，811259，811299，8291，9207，93031-93033，9304，93052，93059，93062，93063，94011，94012，9402，9405，9406，9503001，95030083，95043，95045，9504901，9504902，95069，9508，9613	—	编码范围调整。删除钢材、铜材、其他金属材料、金属办公家具、麻将器具等。增加橡胶轮胎等。下级目录的设置及编码范围根据相关管理部门的需要及行业标准确定。
77	2	机械基础件	7315119-7315900，7317，7318，7320，7415，74191，7419992，76161，84122，84123，8480，8482，8484	—	新增列目。
78	2	农业机械	841931，842111，84244，842482，84321-84324，84328，84331-84336，84341，84361-84368，84371，84378，84386，84781，84792，87011，87013，8701911，8701921，8701931，8701941，8701951，87162	—	新增列目。
79	3	收获机械	841931，84335，84336，84371	台	新增列目。
80	3	拖拉机	87011，87013，8701911，8701921，8701931，8701941，8701951	辆	新增列目。
81	2	食品加工机械	84172，841981，842122，84342，84351，84381-84385，84388	万台	新增列目。

序号	列目层级	列目名称	编码范围	计量单位	备注
82	2	包装机械	842219－842240，84391－84393，84412-84418	台	新增列目。
83	2	印刷、装订机械及其零件	8440，8442，8443	—	
84	3	打印机、复印机及一体机	84431-84433	台	新增列目。
85	2	通用机械设备	84131，84132，84135-84138，84141-84143，8414593，8414599，84148，84151022，8415812，8415822，841583，8418301，8418401，84185，84186，841932，841939，84196，842119，8421219，842129，8421392-8421399，84811-84818	—	新增列目。
86	3	泵	84131，84132，84135－84138，84141，84142	万台	新增列目。
87	3	压缩机	84143，8414802，8414804	万台	新增列目。
88	3	分离设备	84196，842119，8421219，842129，8421392-8421399	—	新增列目。
89	3	阀门及类似装置	84811-84818	万套	列目名称由“阀门”调整为“阀门及类似装置”，编码范围相应扩大。
90	2	机床	8456-8465	台	新增列目。
91	2	自动数据处理设备及其零部件	8471，84733，852842，852852，852862	—	列目名称由“自动数据处理设备及其部件”调整为“自动数据处理设备及其零部件”，编码范围增加零件的编码，删除 844331，8443321。

序号	列目层级	列目名称	编码范围	计量单位	备注
92	3	自动数据处理设备	84713，84714	万台	
93	3	中央处理部件	84715	万台	
94	3	存储部件	84717	万台	
95	3	自动数据处理设备的零件、附件	84733	吨	列目名称由“自动数据处理设备的零件”调整为“自动数据处理设备的零件、附件”。
96	2	半导体制造设备	84861-84864	台	新增列目。
97	3	制造单晶柱或晶圆用的机器及装置	84861	台	
98	3	制造半导体器件或集成电路用的机器及装置	84862	台	
99	3	制造平板显示器用的机器及装置	84863	台	
100	2	电工器材	85042－85044，8505，85061－85068，85071－85078，85111－85118，85141－85144，85151－85158，8535－8537，85441，85442，85444，85446，8545－8547	—	新增列目。
101	3	变压器	85042，85043	万个	新增列目。
102	3	蓄电池	85071-85078	万个	

序号	列目层级	列目名称	编码范围	计量单位	备注
103	4	锂离子蓄电池	85076	万个	新增列目。
104	3	电气控制装置	8535，85361 - 85366，85369，8537	—	新增列目。
105	3	电线及电缆	85441，85442，85444，85446	万吨	列目名称由“电线和电缆”调整为“电线及电缆”，编码范围不含作为车辆及航空器等零件用的。
106	2	音视频设备及其零件	8519，8521，85221，8522901-8522903，85229099，85258，85271，85279，852849，852859，852869，85287，8529102，8529109，8529904，8529906，8529908，8529909	—	新增列目。编码范围不包含车载及用于 8471 自动数据处理设备项下的音视频设备。
107	3	电视摄像机、数字照相机及视频摄录一体机	85258	万台	
108	3	音视频设备的零件	85221，8522901 - 8522903，85229099，8529102，8529109，8529904，8529906，8529908，8529909	—	新增列目。
109	4	有机发光二极管显示屏	85299083	万块	新增列目。
110	2	电子元件	85041，85045，85176294，85181-85185，8531801，85321-85323，85331 - 85334，8534，85411 - 85416，85423，85447，90011	—	新增列目。

序号	列目层级	列目名称	编码范围	计量单位	备注
111	3	电容器	85321-85323	亿个/万吨	计量单位由“吨”调整为“亿个/万吨”。
112	3	印刷电路	8534	亿块/万吨	计量单位由“万块”调整为“亿块/万吨”。
113	3	二极管及类似半导体器件	85411-85416	亿个/万吨	编码范围扩大，增加 85416。计量单位由“百万个”调整为“亿个/万吨”。
114	3	集成电路	85423	亿个/万吨	计量单位由“百万个”调整为“亿个/万吨”。
115	2	汽车（包含底盘）	87012，8701919，8701929，8701939，8701949，8701959，8702，87032-87039，8704-8706	万辆	新增列目。在原汽车范围基础上增加 8701 中的牵引车和装有引擎的汽车底盘。
116	3	乘用车	87032-87039	辆	新增列目。
117	3	商用车	87012，8701919，8701929，8701939，8701949，8701959，8702，8704-8706	辆	新增列目。
118	4	货车	87042-87049	辆	
119	4	专用汽车	8705	辆	

序号	列目层级	列目名称	编码范围	计量单位	备注
120	2	汽车零配件	40111，40112，401211，401212，4012201，4012902，40131，7007119，7007219，70091，83012，83023，84073，84082，84152，85122，8512301，85124，85229091，8526911，85272，8539213，8539293，8544302，8707，8708，9029201，9401201，9401209，94019011	—	编码范围调整。
121	3	车用发动机	84073，84082	万台	新增列目。
122	3	汽车轮胎	40111，40112，401211，401212，4012201，4012902，40131	吨	新增列目。
123	2	飞机及其他航空器	88021-88024	架	
124	3	空载重量超过 2 吨的飞机	880212，88023，88024	架	
125	2	航空器零部件	40113，401213，4012903，4013901，84121，84091，84071，84111，84112，841191，8412101，8412901，8803，94011	—	编码范围调整，增加轮胎、电线等零部件。
126	3	涡轮喷气发动机	84111	台	
127	3	涡轮螺桨发动机	84112	台	新增列目。
128	2	船舶	8901，8902，890391，890392，8904，89051，8905909，8906	艘	
129	2	液晶显示板	9013803	万个/吨	计量单位由“万个”调整为“万个/吨”。

序号	列目层级	列目名称	编码范围	计量单位	备注
130	2	计量检测分析自控仪器及器具	9014 - 9017，902219，902229，9023-9033	—	
131	2	医疗仪器及器械	9018 - 9020，902212 - 902214，902221，9402109，94029	—	
132	2	钟表及其零件	91	—	新增列目。
133	3	手表	91011，91012，91021，91022	万只	
134	4	电动手表	91011，91021	万只	
135	4	机械手表	91012，91022	万只	
136	1	* 高新技术产品	28442，28444，28459，28521，291462，291469，29189，292149，292216，292217，292218，292219，292229，292249，29225，292425，292429，2928，29306，29307，29308，29309，2931，293214，293219，2932209，293291，293292，293299，293319，293329，293339，293349，293359，29339，29343，29349，29371，293723，293729，2940，30021，30022 - 30029，30046，30049，3818，8401，8411，84121，842489，84271，84289，8443319，8443321，8443329，8443999，84561，84562 - 84569，8457，845811，845891，84591，845921，845931，8459401，845941，845951，845961，84597，846011，8460121，846021，8460221，8460231，8460241，846031	—	

序号	列目层级	列目名称	编码范围	计量单位	备注
136	1	*高新技术产品	84604，84609，84612，84613，84615，84619，846221，846231，846241，84629，84641，84649，84705，8471，84733，84735，84795，84797，847989，84799，8486，85049，850819，85086，85087090，85143，851521，851531，8517121，8517122，851718，851761-851769，8517701-8517704，85177060，8517709，85192，85198119，85198121，85198129，85198139，85198990，8521，8523291，85232929，852341，8523492，8523499，8523512，852352，8523592，8523802，8523809，8525，8526，852842，852852，852862，852869，852871，852872，85299，8534，85371，8540799，854089，85411－85415，85419，8542，85431，85432，85447，880211－880212，88023－88026，88031－88033，88039，88052，90011，90019，90029，90051，90058，900661，900791，90118，90119，9012，90131，9013803，90141－90142，90148，90149，90151－90154，90158，90172，901811－901814，90185，9019，90211，90213－90219，90221－90223，90229，90241，90248，90273，90275，90279，90292，90301，90302，903031，903033-903040，903082，903141，903149，90318，90328，901819，90189，90309	—	

序号	列目层级	列目名称	编码范围	计量单位	备注
137	2	生物技术	29371，293723，293729，2940，30022-30029	—	
138	2	生命科学技术	28444，28459，28521，291462，291469，29189，292149，292216，292217，292218，292219，292229，292249，29225，292425，292429，2928，29306，29307，29308，29309，2931，293214，293219，2932209，293291，293292，293299，293319，293329，293339，293349，293359，29339，29343，29349，30021，30046，30049，900661，90118-90119，9012，901811-901814，90185，9019，90211，90213-90219，90221-90223，90279	—	
139	2	光电技术	84561，85192，85198119，85198121，85198129，85198139，85198990，854089，90029，9013803，90151-90154，90241，90248，90273，90292，903141，903149，90318	—	
140	2	计算机与通信技术	8443319，8443321，8443329，8443999，84705，8471，84733，84735，85049，8517121，8517122，851718，851761-851769，8517701-8517704，8517709，8521，8523291，85232929，852341，8523492，8523499，8523512，8523592，8523802，8523809，8525，8526，852842，852852，852862，852869，852871，852872，85299，88039	—	

序号	列目层级	列目名称	编码范围	计量单位	备注
141	2	电子技术	85177060，852352，8534，85371，8540799，85411-85415，85419，8542，85431，85432，901819，90189，90309	—	
142	2	计算机集成制造技术	842489，84271，84289，84562-84569，8457，845811，845891，84591，845921，845931，8459401，845941，845951，845961，84597，846011，8460121，846021，8460221，8460231，8460241，846031，84604，84609，84612，84613，84615，84619，846221，846231，846241，84629，84641，84649，84795，84797，847989，84799，8486，850819，85086，85087090，85143，851521，851531，90172，90302，903031，903033-903040，903082，90328	—	
143	2	材料技术	3818，85447，90011，90019，900791	吨	
144	2	航空航天技术	8411，84121，880211，880212，88023 - 88026，88031 - 88033，88052，90141，90142，90149，90158，90229，90275	—	
145	2	其他技术	28442，8401，90051，90058，90131，90148，90301	—	
146	1	*电动载人汽车	87022-87024，87034-87038	辆	
147	2	混合动力客车（10座及以上）	87022，87023	辆	
148	2	纯电动客车（10座及以上）	87024	辆	

序号	列目层级	列目名称	编码范围	计量单位	备注
149	2	非插电式混合动力乘用车	87034，87035	辆	原列目名称中的“轿车及越野车”调整为“乘用车”，编码范围不变。
150	2	插电式混合动力乘用车	87036，87037	辆	原列目名称中的“轿车及越野车”调整为“乘用车”，编码范围不变。
151	2	纯电动乘用车	87038	辆	原列目名称中的“轿车及越野车”调整为“乘用车”，编码范围不变。
152	1	* 文化产品	36041，3704 - 3706，39264，4414，44201，46021，48021，4823903，4901 - 4906，4909 - 4911，5002001，5004 - 50072019，50072031 - 5007209，57021，5801901，5802201，5802301，5803002，5804101，5804291，5805，5806391，5810，5811001，5907002，6002402，6002902，6004102，6004902，6107191，6107291，6108192，6108291，6108391，6109901，6110901，6203191，6203291，6203391，6204191，6204291，6204391，6204491，6204591，6205901，62061，6207191，6207291，6207991，6208191，6208291，6208991，6211391，6211491，6213201，6213902，62141，62151，6302291，6302311，6302321	—	

序号	列目层级	列目名称	编码范围	计量单位	备注
152	1	* 文化产品	6302391，63023921，63023991，6302511，6302531，63025911，6304191，63041921，63041931，63041991，6304921，6304931，6304991，63049921，6702，6913，70189，7113，7116，71179，83062，844311，844313 - 844319，8443322 - 8443329，8443393 - 8443399，84439119，851822，85232919，85232928，8523491，8523499，8523512，8523592，85238011，85238029，85238099 - 8525801，85258031，85258032，85258039，853941，9007，9010101，90105021，90106，9010901，92，9503，95043-9504901，9504903 - 9505，95089 - 9601，9603301，9603302，9608301，97	—	

注：带有 * 号标记的商品与表内其他商品的编码范围有交叉。